三十六计

三

原著◎南朝宋·檀道济

图文版

主编◎赖咏

中国书店

目　录

第四编　《三十六计》智谋经典

无中生有,计谋害忠

萧望之,字长倩,东海兰陵(今山东枣庄东南)人,后徙杜陵。家世以田为业。至萧望之,好学,研究齐地所传《诗经》。又习《论语》、《礼服》等,成为专家,受到京师诸儒的尊重。汉昭帝时,大将军霍光秉政,诛杀上官杰之后,出入皆列兵自卫。召见吏民时,要先搜身,然后两吏挟持而见。长史丙吉推荐萧望之给霍光,霍光召见萧望之。两吏挟持萧望之而进。而萧望之却受不了这个规定,大闹大嚷,宁愿不见霍光也不愿受人挟持。霍光听见萧望之吵闹,敕吏勿挟持。萧望之到霍光面前说:"将军以功德辅幼主,将以流化天下,致于治平,足以使天下之士延颈企踵,争愿自效,以辅高明。今士之见者皆先露索挟持,恐非周公相成躬吐握之礼,致白屋之意。"霍光很不高兴,独不提拔萧望之,而任用其他几人,萧望之被派去守宫门,同门对他说:"不肯碌碌,反抱关而守邪?"萧望之说:"各从己志。"

霍光去世后,萧望之见霍家权势极盛,有衰败之兆,便上书陈灾异之变。后霍家被灭,萧望之开始受到重用。汉宣帝见萧望之精明持重,议论有余,材任宰相,想试一下萧望之的为政能力,便委任萧望之为左冯翊。萧望之为左冯翊三年,受到人们的称赞,宣帝延他为大鸿胪,向朝廷之建议屡被采纳。后萧望之因非难耿寿昌建长平仓,又和丞相丙吉争执,宣帝不悦,左迁萧望之为太子太傅,以《论语》、《礼服》教授皇太子。

汉宣帝病重时,选大臣之可属以后事者,召外家亲属侍中乐陵侯史高、太子太傅萧望之,少府周堪至禁中,拜史高为大司马车骑将军,萧望之为前将军光禄勋,周堪为光禄大夫,皆受遗诏辅政,领尚书事。汉宣帝去世后,汉元帝即位,萧望之和周堪做过元帝的老师,因而颇受尊重,数次被汉元帝设宴召见,言治乱,陈王事。萧望之又推荐刘氏宗室刘更生(刘向)和侍中金敞并拾遗左右,四人同心谋议,规划朝政,汉元帝对他们也比较信任。

当初,汉宣帝在世时,不太注重儒术,而多用法律之士,中书宦官开始参预政事。中书令宦弘恭、石显久典枢机,明习文法,也和车骑将军史高相为表里,论议朝政常持故法而不从萧望之等人。弘恭和石显二人不能持正公平,多挑起事端。萧望之以为,中书为国家政治之根本,应选用贤明的人来充任。自汉武帝游宴后庭,为图省力而开始任用宦官,但此非汉家旧制,又违背不近刑余之人的古训。因此,萧望之向元帝建议中书官应选士人充任。而此举正和史高、弘恭,石显之辈相抵触。当时,汉元帝刚即位不久,谦让而重改作,讨论了很久而不能确定下来,刘更生反而被他们排挤出去任宗正之职。

萧望之和周堪是当时很有威望的学者,数次向汉元帝推荐名儒茂材以充任谏官。会稽(今浙江绍兴)人郑朋暗中想依附萧望之,向汉元帝上书告发车骑将军史高派遣门客在郡国地方图谋奸利,以及许家和史家子弟的各种罪过。元帝接到郑朋的奏折后,拿给周堪看,周堪请元帝让郑朋待诏金马门。郑朋又上奏赞扬萧望之说:"将军体周、召之德,秉公绰之质,有卞、庄之

威,至乎耳顺之年(六十岁),履折冲之位,号至将军,诚为士人之高致。窟穴黎庶(平民)莫不欢喜,都说国家委任将军诚得其人也。"萧望之接待了郑朋。郑朋几次在朝堂称述萧望之,而攻击车骑将军史高,谈许氏和史氏的过失。

后来,郑朋行为倾邪阴险,萧望之便和他断绝了来往。郑朋和大司农史李宫俱待诏,周堪只推荐了李宫为黄门郎。郑朋因此心怀怨恨,转而投靠许、史两家,将以前的事情都推到别人身上,说:"这都是周堪和刘更生他们教我的。我是关东人,怎么知道这些事情?"侍中许章向汉元帝引见了郑朋。郑朋出宫后,扬言说:"我见了皇帝陛下,谈了前将军的五个小过失,一个大罪。中书令在旁边,知道我是怎么讲的。"萧望之听说后,去问弘恭和石显。弘恭和石显怕萧望之自己向汉元帝倾诉,而使这件事由他人处理,便挟制郑朋和待诏华龙。华龙在宣帝时也是待诏,品行不端,升不上去。想投靠周堪等,不被接纳,这时便和郑朋相勾结,弘恭和石显命他二人向汉元帝告萧望之等人准备斥退车骑将军史高和许、史二家,趁萧望之放假回家休息,让二人入宫上奏。汉元帝将此事交给弘恭处理,萧望之回答说:"外戚之在位者多奢侈淫靡,这样做是为匡正国家,非为个人。"弘恭、石显便告"萧望之、周堪、刘更生等结为朋党,互相称举,数次诽谤大臣,诋毁离间陛下的亲戚,欲以专擅权势,为臣不忠,诬上不道,请谒者召致廷尉"。当时,汉元帝刚刚即位,不知道"谒者召致廷尉"的意思就是下狱,便同意了。后来,元帝要召见周堪和萧望之,左右回答说已关进了监狱,元帝一听大惊,说:"不是讲光廷尉查问一下吗?"召责弘恭和石显,二人皆叩头道歉。元帝下令让二人出狱视事。弘恭和石显去找史高,让史高对汉元帝说:"皇上刚刚即位,未以德化闻于天下,而先验师傅。既然已经将九卿下狱,那就应当审问清楚。"元帝便下诏说:"前将军萧望之傅朕八年,没有其他罪过,今事已久远,志忘难明。其赦萧望之罪,收前将军光禄勋印绶,以及周堪、刘更生等,皆免为庶人。"而郑朋却当上了黄门郎。

几个月后,汉元帝又下诏:"国之将兴,尊师而重傅,故前将军萧望之傅朕八年,道以经术,此功劳非小。其赐萧望之关内侯,食邑六百户,坐次将军。"汉元帝正想倚重萧望之,任萧望之为丞相,正赶上萧望之的儿子萧伋上书讼父亲无罪,事下有司,复奏"萧望之教子上书,称引《诗经》,失大臣之体,不敬,请逮捕。"弘恭和石显知道萧望之平素志节高尚,不肯受任何屈辱,便对汉元帝说:"萧望之为将军辅政,想排斥许、史二家,专擅朝政。幸得不被治罪,又赐以爵位,与闻政事,不悔过服罪,则圣朝天以施恩厚。"汉元帝说:"萧太傅平素十分刚强,怎么肯让狱吏去审问他?"石显便哄骗汉元帝说:"人命至重,萧望之只是犯了言语之罪,不会有什么事。"汉元帝便同意了。石显等见诡计得逞,立即将诏令交给谒者去敕令萧望之接旨,一面令太常赶快调发执金吾所属军队包围萧望之的家。使者至,召萧望之,萧望之想自杀,夫人拦住了他,以为此非天子之意。萧望之问门生朱云,朱云是个节烈之士,劝萧望之自杀。于是,萧望之仰天长叹,说:"我曾经备位将相,年过六十,老而入狱,苟求活命,那样不是太没有一点骨气了吗?"之后便喝药自杀了。汉元帝知道后大惊,说:"我本来就知道他不肯就牢狱。你们果然杀了我的师傅!"元帝当时正在吃饭,气得连饭也吃不下,哭了起来。之后又召石显等人问情况。石显见奸意已逞,又摸透了元帝的脾气,只是免冠而谢。汉元帝虽然为师傅的死而悲伤,却不知道将罪魁祸首石显等人治罪,实在可悲。

南风权诈,计废太子

贾南风是以奸诈凶狠闻名西晋后宫,也是引发"八王之乱"的祸首之一。晋武帝时,她因父亲贾充居开国功臣之位,又矮又黑的南风才得以入选,立为太子司马衷妃。司马衷本是个白痴,心毒手辣又多权诈的贾妃令其畏惧不已,基本上被贾氏操纵。

太熙元年(290年),晋武帝病逝,太子司马衷继位,为晋惠帝,立贾南风为皇后,立司马遹为太子。

太子司马遹是惠帝司马衷与宫女谢玖所生的儿子,谢本为晋武帝宫中才人,司马衷纳妃之前,武帝担心儿子年幼,不懂房中事,派谢玖去东宫侍寝,由此怀孕。俟到贾南风入宫立妃,谢玖因遭贾妃所忌,请求返回西宫,才平安生下司马遹。司马遹少小聪颖,一天夜里,宫中失火,晋武帝要上楼观望,他扯住祖父衣服,拉其到黑暗处,武帝问其故,他答曰:"黑夜救火仓猝之间,秩序很乱,应防备于万一,免得火光照见祖父,被坏人窥见,乘机不轨。"乐得晋武帝连连称奇。又有一次,司马遹随祖父察看猪圈,对祖父说:"猪已经养肥,为什么不杀了猪,来享士人,却让猪久费五谷,白白浪费掉粮食呢?"诸此小事,都合晋武帝心意,公开对朝臣称赞,夸之能使司马家族兴旺,还说司马遹的相貌酷似宣帝司马懿。晋武帝由此垂目皇太孙,爱屋及乌的结果,也打消了后期想废掉不能胜任的儿子司马衷主意。晋武帝了解贾南风性忌凶狠,司马遹非其所生,后期安排司马衷同母弟司马柬、司马玮、司马允等人,镇守要害之地,钳制贾妃势力。

贾南风是个生了四个女儿,一直未生男儿的皇后,所以非常嫉妒谢玖生了司马遹,而司马衷也是过了三四年后才知道有司马遹这个儿子。对司马衷的其他妃嫔宫女,只要听说怀有身孕,贾后就令人用戟痛打,必使之流产才罢手。后来,贾后又想了一个主意,把自己打扮成怀有身孕之样,暗中把妹妹的孩子抱入宫中,取名慰祖,对外称是为武帝丧居期间所生。贾后的目的,是要立祖慰为太子,废除原太子通。贾南风要废太子,其意亦为晋廷中人所共知。当时洛中即有民谣传唱:"南风烈烈吹黄沙,遥望鲁国郁嵯峨,前至三月灭汝家。"司马遹小名"沙门",贾南风父亲贾充曾封为鲁郡公。(贾)南风烈烈吹沙,嵯峨鲁郡要灭(司马)门。即是暗示贾后要下毒手夺权。朝中一些佞人,焉有不懂贾后心思的,贾谧即其中之一。谧是贾南风妹妹的儿子,本姓韩又过继给贾家立为贾充的孙子,改姓贾。他经常入宫与太子游玩,司马遹性情刚烈,对贾谧厌恶之情不加掩饰,结果贾谧就经常到贾南风前诉苦,说太子敌视贾家之人。后来贾后礼聘王衍美貌的女儿为贾谧妻,却把长相不及的小女儿聘为太子妻,太子心中不平,在贾谧前言及。贾谧马上报告贾后,夸大其词,说"太子有废皇后之心"。

贾南风哪能容忍太子有谋己之心,于是加紧废除太子司马遹的步伐。先是四处大造舆论,诽谤太子的德行。当时洛阳城中,童谣传唱:"东宫太子莫聋空,前至腊月缠汝发。"好在太子固执,并不为别人的提醒所动,方便了弄权的贾后。

元康九年十二月,贾后果然动手了。她先诈称皇上要召见太子,将太子骗入宫中。太子入见,并没有见到皇上,却见贾皇后的侍女陈舞端酒三升,及一盘大枣而来,陈舞说:"这是皇上赐给太子的,请务必饮尽。"太子见盛酒太多,推辞说不能尽饮。贾皇后从远处发话:"你平日在父皇前喝酒爽快,为什么现在不喝呢?这也是皇上赐的酒啊!"太子再一次婉拒,说皇上马上召见,喝酒太多误事。侍女陈舞上前强劝:"不孝啊,皇上赐酒竟然不饮,难道酒中有不洁之物吗?"司马遹无法,只得勉强自己,饮完三升酒后,已是神志不清,摇摇摆摆。于是贾后拿出事先准备好的,以太子口气实是心腹伪撰的一篇祷告文字,要太子抄写,诈称皇上所令,等着使用。太子已是酒醉迷惑,不辨内容,好一会才抄录完毕。

贾后见太子抄毕,立即呈给晋惠帝,惠帝拿来细看,只见文中写道:"陛下宜自了,不自了,吾当了之。皇后亦当自了,否则吾当亲手了结。已与谢妃约定共同举事,不要犹豫不决,招致后患。将立道文为王,美人为后。事成,吾将三牲祭祀北君,大赦天下……"惠帝阅后,怒火中烧,旋召群臣入见,把太子所写示群臣,并说:"太子所写大逆不道,要赐死。"此时,侍中张华劝惠帝不能轻易结论。尚书右仆射裴颀认为要核对笔迹,以防有诈。贾后见状,又假托长乐公主传话说:"事宜速决,群臣若不从诏,宜以军法论处。"惠帝意在赐死,但张华、裴颀力保,贾后见机会将失,变动主张,奏请免太子为庶人,愚痴的惠帝立即诏准。于是迁太子、王妃、及其三子至金墉城,太子母谢玖则被拷打至死。次年三月,贾后让太医配制毒药,送至囚禁太子的许昌宫逼太子服吃,太子不从,被来人用药杵活活打死,时年 23 岁。

皇后贾南风杀死太子司马遹,是晋惠帝时期,西晋宫廷中为争夺皇位继承的一场纷繁残酷的宫廷政治斗争。贾南风虽贵为皇后,但有无儿子之痛苦,为了永久巩固自己的地位,私下抱其妹妹之子入宫。但要让祖尉为嗣,就必须先废原太子司马遹。司马遹少小聪慧,于朝中早有好名声,于是贾后先造谣中伤,以诽谤法,制造废太子的舆论。舆论有了,但太子仍在,如何除去太子?工于心计、又多权诈的贾南风,实施了无中生有,构陷栽赃之计。先把太子逛入宫中,大灌其酒,待其酒后迷惑,让太子抄录草好的文章,终于拿到了定罪陷害的证据。至此,贾南风完成了无中生有计谋的第一步,即凭空生事。第二步,贾皇后利用愚痴的丈夫晋惠帝,拟赐死太子,除去障碍。张华等人对太子的力保,打乱了她的如意计划,但贾皇后及时转变,变赐死太子为废为庶人,虽然暂时太子还活着,但废去太子的目标已经实现。在此步由虚转实,由假成真的转化中,贾南风不愧为权变老手,裴颀要核对太子的笔迹,以防有诈,差点揭穿了贾南风的画皮。幸亏皇帝是个白痴,已为她所控制,她的"废太子为庶人"的奏请及时而乖巧,聪明的太子只好坐着粗糙的牛车至囚禁之处了。

编造秘事,诬陷废帝

东晋时桓温把持朝政,拥兵自重,野心勃勃,想自立为帝。桓温曾经抚枕慨叹道:"男子汉不能流芳百世,也应当遗臭万年!"方术之士杜炅,能预测人的贵贱,桓温问他自己的官位能到什么地步。杜炅说:"明公的功勋举世无双,官位能到大臣的顶峰。"桓温听后不高兴。桓温想先在河朔建立战功,以此为自己赢得更大的声望,回来后接受加九锡的礼遇。等到在枋头失败,他的威赫名声陷于困顿,受到挫折。攻克寿春以后,桓温对参军郗超说:"这足以雪枋头的耻辱了吧?"郗超说:"没有。"过了许久,郗超到桓温的住所留宿,半夜时分对桓温说:"明公在这里没有考虑什么吗?"桓温说:"你想有话对我说吗?"郗超说:"明公承担着天下的重任,如今以六十高龄,却在一次大规模的行动中失败,如果不建立非常的功勋,就不足以镇服、满足百姓的愿望!"桓温说:"那么该怎么办呢?"郗超说:"明公不干伊尹放逐太甲、霍光废黜昌邑王那样的事情,就无法建立大的威势与权力,镇压四海。"桓温历来怀有此心,对郗超所说的深以为然,于是就和他商定计议。考虑到简文帝素平谨慎小心,没有什么过错,而利用床第之事则容易对他进行诬陷,于是就说:"皇上早就患有阳痿,宠臣相龙、计好、朱灵宝等,参与服侍起居床第之事,与田氏、孟氏两位美人生下了三个儿子,将要设立太子赐封王位,转移皇上的基业。"并将这话秘密地传播到民间,当时的人们都无法辨别真假。

民间所传,本非根据,但飞短流长的谣言力量是巨大的,传谣不久散到宫中,褚太后也时有所闻。现在拥兵势众的大司马桓温特来建康,呈奏章专言此事,听了谣言,心头已有疑惑的褚太后未等奏章看完,就拿笔批写道:"未亡人不幸罹此百忧,感念存殁,心焉如割。"交内侍还折桓温,桓温见奏章退回,而且没有驳议之处,立即命人草诏。十一月己酉日(1月6日),桓温聚集百官,以褚太后名义下诏令,当庭宣告:王室艰难,穆帝司马聃、哀帝司马丕均短祚,国嗣不育,储宫靡立。琅琊王司马奕,为哀帝弟弟,故此登大位。但是司马奕不图建德,反而昏庸溃乱,动违礼度。信用朱灵宝等人,生下的三个孽子,还不知是谁的种子。司马奕人伦道丧,丑声遐布。既不能奉守社稷,敬承宗庙,且昏孽并大,还想建树储藩,立不知谁姓的孽种为嗣,诬罔祖宗,倾移皇基,是而可忍,孰不可怀!命废司马奕为东海王,以王还第,供卫之仪,仿照汉时霍光废昌邑故事。念及此事虽然心如割肉痛心,但为社稷大计,义不获已。丞相录尚书事会稽王司马昱,体自中宗,明德劭令,英秀玄虚,神契事外,以具瞻允塞,又长时负有人望,故顺从天人之心,以统皇极。

诏令一下,百官相继失色,但得知是秉政的大司马桓温所倡言,又是王公之中势强的司马昱登位,谁也不敢再言。当天,桓温派散骑侍郎刘享,前去宫中收回废帝玺绶,逼司马奕快速离宫。时值仲秋,天气尚暖,司马奕身穿白蛤单衣,一步一步走下西堂,乘犊车由神兽门出宫。朝中大臣一一拜辞,远望废帝,想起来莫不唏嘘。侍御史殿中监,领兵士百名,护送司马奕萧瑟而去,抵达东海府第,司马奕从此屈身忍辱,被迫做起了一个知命的东海王,直到死去。

司马奕被废当天,桓温率领百官,热热闹闹地到会稽王府前迎司马昱,昱单衣东向,拜受玺绶,旋入宫换上皇帝的龙袍,改年咸安元年,是为东晋简文帝。

从上述史实可以看出,桓温为逼晋帝司马奕退位,可谓机关算尽,主意冠绝。司马奕自公元366年建元太和,在位六年,没有什么丧失帝德之处,何况当时桓温身为大司马,一切外政实由他所出,而朝政又有会稽王司马昱为丞相,司马奕处在两人内外夹缝中，与傀儡相比，也没有什么两样。桓温在司马奕身上找不到什么可以指摘之处，用谋士郗超之计，制造谣言，说废帝有痿疾，不能御女传神，所生三个儿子也是嬖人朱灵宝等人的孽种。这样的谣言，真是登峰造极了。帝王的宫闱床第秘事，谁人能去证实？就是处长辈位置的褚太后也恐怕不能去亲自证实的。田氏、孟氏所生的三个男儿，到底是谁人的孩子，在科学发达的今天，是可以借用遗传基因学说证实的，东晋时候，还没有如此先进技术，所以谣言高涨到宫中，而大司马桓温又以势施加压力的时候，妇道女人的褚太后还有什么话可讲，只能说心如被割，如绞肉之痛，自叹不幸而已。古今中外，实施无中生有之计者，就凭空捏造、无事造谣这一点来讲，超出桓温者可谓寥寥无几，是可以同秦时赵高指鹿为马，无事生非相提并论的人物。当然，这中间也有郗超的功劳。郗超是一向自视甚高的桓温所信用的第一谋士，桓温手下的人都说，留着连鬓胡子的髯参军郗超，"能令公喜，能令公怒"。郗超很善于揣摩桓温的心思，也得到了桓温礼遇器重。桓温产生废司马奕的想法，也是与郗超的鼓动大有关系。自东晋定都建康以来，不少有志之士，不甘忍辱江南，有志北伐恢复旧地。东晋成帝、康帝时期，庾亮、庾翼、庾冰等兄弟先后倡议北伐，但每每因为东晋朝廷内部的势力牵制，都没有大的进展。桓温是个有才干，又有大志的人，人称眼如紫石棱，须作猬毛磔，是孙仲谋、晋宣王一类的人物。他是晋明帝司马绍的女婿，和主张北伐的庾翼关系密切。庾翼认为他少有雄略，可以委重任，托付救助危难的大业，特别向晋明帝推荐。庾氏兄弟去世后，他不懈北伐之志，永和二年（公元 364 年），他上表请求率兵伐蜀，次年，他攻克成都，俘虏蜀帝李势，灭了蜀汉，一时威名大震。桓温有心北伐，且借功立威，但主政的会稽王司马昱重用殷浩，牵制桓温，以平衡权力。殷浩于永和八年（公元 352 年）、九年（公元 353 年）两次率师出伐，结果却失败而返，接着才有桓温永和十年、十二年的两次北伐取得胜利。永和十二年，桓温乘军事上得手，上表东晋朝廷，请求朝廷过江北上，都迁洛阳，实际上是想以功要挟朝廷。北迁之议遭到反对，不久，桓温被任命为大司马、都督中外诸军事、录尚书事等职，成了东晋朝廷在外的权臣。虽然后来，司马昱想把他调往京城建康，以削减其势。但桓温借口国事危险，"镇守遐外，据守河洛，不敢解带逍遥于朝中"。他不仅不肯入朝，还想凭军功封爵，加受九锡，实现勋格宇宙，位极人臣的心愿。他曾对左右亲信说："为尔寂寂，恐将为文景所笑。"担心无所作为。他甚至说："不能流芳百世，亦当遗臭万年。"太和四年（369 年）他再次上疏，要求北伐前燕，结果在枋头（河南浚县境）等地，陷入困境，第三次北伐失利而终。枋头兵败，桓温遭到时议，声名顿挫。此战之前，谋臣郗超曾建议直趋邺城，缓兵作战方略，但桓温弃之不用，后来果然致败，所以到了太和六年（371 年），他统兵攻克寿阳后，就得意地对郗超说"此次战胜，能雪前耻否？"。郗超说"尚未"。郗超知道桓温心雄，自己的回答对桓温是一大刺激，当晚便同桓温共宿，至半夜时语及桓温："明公要镇慑民望，非立大功不可。只有建有伊尹、霍光盛举，行废立大事，以此宣威四海，震服宇内兆民。"于是献上加诬司马奕之计，把床第之上，这种无法对质的秘事广为传播。谣言本是"空无"，废司马奕以达建功立威才是桓温真正的目的。桓温借助谣言,撰书上奏,褚太后对认真起来的大司马,只能顺其意愿。当太后诏令在朝中宣读,司马奕由此被逐出宫廷,贬为东海王的时候,桓温的无中生有计策完全成功了。只是桓温命薄,他立了司马昱,是想做了皇帝的司马昱能感其恩,行禅让,但司马氏的天下岂能轻易拱手相让,风雅的简文帝这时每见桓温,以泪洗面,使其行禅让之言难以开口。又吟咏"志士痛朝危,忠臣哀主辱"等诗句,感动了桓温的谋臣郗超,郗超以家族百口作为担保,保证不让司马奕之事再在简文帝身上发生。郗超的消极筹谋,加上朝中谢安等人的有意拖延,直到桓温临死,未能受九锡,行禅让故事,当然这些都是后话了。

无中生有,谋害元怿

北魏太傅、侍中、清河文献王元怿,神采仪表俱佳,胡太后迫使他接受宠幸。但是元怿素有才能,辅政多所匡益,又爱好文学,对士大夫很尊敬,在社会上的声望很高。侍中、领军将军元义在门下省,又兼任统管禁卫之兵,他倚仗太后的宠幸骄傲放肆,穷奢极欲,元怿常常按法律治裁他,因此元义非常怨恨元怿。卫将军、仪同三司刘腾的权势在朝廷内外都很大,吏部为了讨刘腾的欢心,奏请任命刘腾的弟弟为郡太守,但是因刘腾的弟弟无论才能和资历都不够格,元怿便压下来,不肯上报,因此刘腾也怨恨他了。龙骧府长史宋维是宋弁的儿子,元怿推荐他做了通直郎,但是宋维实际上是个轻薄无行之徒。元义答应使宋维荣华富贵,让宋维告司染都尉韩文殊父子二人谋划叛乱,要立元怿为王。元怿因此而被监禁,经过查验,没有发现谋反的行为,才被释放。宋维因诬告而应当坐以谋反作乱之罪,元义对太后说:"如果现在杀了宋维,以后有了真反叛的人,谁也不敢报告了。"于是只把宋维贬为昌平郡太守。

元义怕元怿最终成为自己的心头之患,就和刘腾密谋,让主食中黄门胡定自己供认说:"元怿贿赂我,让我毒死皇上,许诺如果他做了皇上,便让我荣华富贵。"北魏孝明帝当时只有十一岁,相信了胡定的诬陷。秋季,七月丙子(初四),胡太后在嘉福殿,没有到前殿来,元义奉侍皇帝来到显阳殿,刘腾关闭了永巷门,胡太后不能出来。元怿入宫,在含章殿后遇上了元义,元义厉声喝止,不许元怿进入,元怿说:"你想造反吗?"元义说:"我不造反,我正想抓要造反的人呢?"于是命令宗士和直斋们揪住元怿的衣袖,把他送到含章东省,派人看守住他。刘腾伪称皇上的命令召集公卿们来议论,数说元怿谋反的罪状;大家都畏惧元义,没有人敢表示不同意见,只有仆射新泰文贞公游肇反驳说元怿不可能谋反,到底也没有下笔签名。

元义、刘腾拿着王公们的意见进宫,很快就得到孝明帝批准,半夜时杀掉了元怿。于是他们又伪装胡太后的旨令,说她自己有了病,要将政权交还给孝明帝。他们把胡太后囚禁在北宫的宣光殿,宫门昼夜都关闭着,内外隔断,刘腾自己掌管着钥匙,连孝明帝都不能探视,只允许递送食物。胡太后的衣服饮食都不能像原来那样了,因此免不了忍饥受寒,于是她叹息道:"养虎却被虎吃掉了,说的就是我呀。"元义又派中常侍贾粲陪侍孝明帝读书,暗中命令他提防监视孝明帝的行动。元义便与大师高阳王元雍等人一同辅政,孝明帝称元义为姨父。元义和刘腾内外专权,相互勾结,元义专管抵挡来自于朝廷之外的攻击,刘腾负责对朝廷内部的监视。他们常常在宫中值勤,一同决定赏罚,政事不论大小,都由他们两人决定,他们威震朝廷内外,以致百官们个个小心翼翼,不敢轻举妄动。

朝野之人听到元怿的死讯,莫不痛心疾首,甚至胡夷中有好几百人痛哭他的死时都划破了面孔。游肇气愤不过死掉了。

刘腾、元义的第二次诬告栽赃活动是成功的。其原因首先是诬告得人。由皇帝的膳食厨师做诬告人,假称是元怿让他们在皇帝的饮食中下毒药。皇帝还活着,说明毒药还没有下。但还没有下毒药,不代表不想、不打算下毒药,这个想打算的问题,是存在于人的头脑中的,了无实证的事,你说有它就有,你说无它就无。其次是欺骗对象选择得好,孝明帝是个11岁的孩子,听说叛反,只会跟元义向前宫跑,哪有心思再仔细考虑刘腾、元义所说的是否是事实,只能被其愚弄欺骗。刘腾、元义在朝中又有势力,一个是权宦,一个是皇亲贵族,都是政权、军权集于一人,平时单手能遮天的人物,谁又敢与他们作对。即使个别人反对,也是难成气候。加上刘腾、元义速斩元怿,想救也来不及了。能够辨识刘腾、元义所说真伪的人是胡太后,可是胡太后此时是身不由己,已被刘腾等人控制软禁在后宫,元怿被杀,胡太后明白他是被诬杀,曾经伤心流泪过,但没有多少天,刘腾、元义又以胡太后名义宣旨,太后决定敬逊别宫,退政归居,处于实际被废的地位。由此开始,元义、刘腾执领北魏朝政,中间虽有胡太后的侄儿及张东渠等人谋杀元义;中山王元熙、城阳王元徽等皇族起兵图谋执杀刘腾、元义;右卫将军奚康生谋刺元义等事件,结果都是以失败告终。直到孝昌元年(公元525年),胡太后才在一些王公大臣谋划下,复位出宫,再次临朝听政。

借机生事,陷害皇后

唐太宗的儿子高宗李治在贞观二十三年(650年)六月即位,弘道元年高宗死后,皇后武则天临朝称制,改唐为周。武则天的统治到公元705.年结束,连高宗在位时在内,她一共统治天下50多年。

武则天是唐朝前期为乱宫廷、善于弄权的一个有名人物。她为了谋夺皇后之位,构陷并杀害高宗王皇后、萧淑妃,排除长孙无忌等异己重臣,杀死亲子李弘、李贤,高宗时称天后,后来干脆以武周代唐,废子为王,自己做了神圣皇帝。武则天的得势,依靠的是一步步设计弄权,王皇后之被废,即是明证。

原来,太宗生前曾有一小宠姬,生得妩媚艳丽,14岁进宫,被封为才人。她就是大名鼎鼎的武则天,名曌。高宗做太子时,乘入侍太宗之机,与她偷过情。太宗去世,武才人和许多太宗嫔御一起被安置在感业寺中为尼。高宗进了感业寺,寺众接驾。高宗举目望去,其中姿容出众,丽色照人的正是武才人,只见她桃花如旧,人面依然,不过少了一头凤髻、两鬓鸦鬟。等烧过了香,高宗便携了武氏进云房叙旧,两人久别重逢,悲喜交集,不由情不自禁,相对哭泣。

这事给王皇后知道了。但王皇后正因妒忌萧淑妃,一想正好可给萧淑妃树一敌手,所以非但不责怪,反而劝高宗把武才人接回宫来,还暗中叫武氏蓄发。武氏蓄发不久,又是一头乌云,便随了内侍回到唐宫。这时她26岁。武氏十分乖觉,见了王皇后,就恭恭敬敬地叩下头去,还说了许多恭维话,王皇后十分高兴。以后,武氏极力巴结王皇后,把王皇后哄得喜欢不尽。王皇后也就常在高宗面前说武氏的好话。不久,高宗封武氏为昭仪。

从此,萧淑妃和王皇后都日益失宠。王皇后见弄巧成拙,十分懊悔,就与萧淑妃联手,与武昭仪争宠。可高宗根本不理她们,只相信武昭仪的话。武昭仪见自己名位已定,又愈来愈受高宗宠爱,就开始了陷害王皇后、争夺后位的阴谋。

武昭仪先百般笼络宫女、女官,每次得到赏赐就全分给她们。这些宫人因为王皇后平时脾气大,不尊重她们,对王皇后素有怨言,如今见武昭仪对她们倾心相交,自然很感激,都乐意为她所用。然后,武昭仪就命受她笼络的宫人暗中监视王皇后,把王皇后的一举一动报告给她。她再添油加醋说给高宗听。可谁知高宗虽然不常与王皇后同房,却也没有废后之意。武昭仪只好另想良计。

机会终于来了。永徽五年(650年)十月,武昭仪生了个女孩,王皇后很喜欢,到昭仪宫中看玩。武昭仪心中盘算定当,等王皇后一走,就残忍无情,扼死了亲生女儿,然后再给死婴盖上被子。高宗来了,武昭仪承欢言笑了一会儿,就揭开被子,装作突然发现死婴,假意啼哭起来,并问左右有谁来过。左右都说:"皇后刚刚来过。"高宗听了,勃然大怒,说:"皇后杀了我的女儿!"武昭仪乘机大进谗言,于是高宗决意废王皇后。

废立皇后,在中国帝王朝代,可是国家大事,必须通过大臣。高宗感到首先要取得执政的舅舅长孙无忌的支持,当夜就带了武昭仪,御驾来到太尉府。君臣在厅上畅饮,饮到高兴处,高宗忽然授长孙无忌的三个儿子为朝散大夫。长孙无忌推辞不过,接受了。这时高宗装作随便的样子,说皇后无子还要妒忌别人。长孙无忌方知高宗此来用意,但他假痴假呆,不接口,旁顾左右而言他。高宗与武昭仪见长孙无忌有意回避,心中不悦,罢席而归。

但高宗还不死心,暗中派内侍送去金银宝器各一车,绫锦十车,讨好长孙无忌。武昭仪又多次支使母亲杨氏到太尉府,祈请长孙无忌立武昭仪为后,长孙无忌不应许。卫尉卿许敬宗也屡去见长孙无忌,劝长孙无忌依允,给长孙无忌狠狠训了一顿。

这时武昭仪又生了个儿子,叫李弘。她得意非凡,非要取王皇后而代之。她命心腹宫女准备了一个木偶,上写高宗姓名与年庚八字,悄悄埋在王皇后宫中,然后便去报告高宗,高宗气冲冲来到王皇后宫中,命内侍挖掘,果然得一木偶,不由大骂王皇后。他不听王皇后分辩,也不顾大臣反对,准备一意孤行,要废王皇后。永徽六年(655 年)六月,高宗在武昭仪撺掇下,下敕禁止皇后柳氏入宫,把吏部尚书柳奭贬到外州去做刺史。武昭仪又引许敬宗、御史大夫崔义玄、中丞袁公瑜、中书侍郎李义府为心腹,在朝臣中为她活动。瓦岗名将裴仁基之子长安令裴行俭获知高宗执意要立武昭仪为后,认为国家之祸将从开始,十分焦虑,与长孙无忌、褚遂良商议怎么办。此事被袁公瑜侦知,告发,裴行俭也被贬为外任。

就这样,废立皇后事被长孙无忌等大臣顶了半年多,君臣冲突终于爆发了。

九月,高宗升许敬宗为礼部尚书,表明了要立武昭仪为后的意向。退朝后,召长孙无忌、李世勣、于志宁、褚遂良入内殿议事。褚遂良看出了高宗的意向,说:"今日召我们,多半为了中宫的事。皇上心意已决。太尉是元舅,司空(李世勣)是功臣,不能让皇上背上杀元舅功臣的恶名。我起自草莽,无汗马功劳,得居高位,又受先帝顾托,不以死争,有什么面孔去见先帝!"表示由他去力争,阻止高宗废王皇后。于是李世勣称病不入。

长孙无忌、褚遂良、于志宁三人进了内殿,高宗劈面就问:"皇后不生儿子,武昭仪有儿子,今朕欲立武昭仪为皇后,怎么样?"褚遂良挺身反对,说:"皇后出身名门,是先帝为陛下所娶。先帝临崩时,拉着臣手说:'朕佳儿佳妇,托付给卿。'这话陛下也听到了。如今言犹在耳。皇后没有过失,岂可轻废!臣不敢曲从陛下,违背先帝遗命!"君臣不欢而散。

第二天,高宗临朝,正式提废立皇后的事。褚遂良跪奏说:"陛下一定要另立皇后,也应慎重从名族中选择,何必立武氏?武氏侍奉过先帝,天下人都知道,实在不妥,后世也要议论陛下!"说完,把朝笏放在殿阶上,脱帽叩头,说:"笏还给陛下,放臣归田里。"血都叩了出来。这番话无疑是揭了高宗的丑,高宗恼羞成怒,命令左右将褚遂良撵出去。武昭仪在帘内火上浇油,大声尖叫:"何不扑杀此獠!"长孙无忌闻言,急忙出班保奏:"遂良是顾命大臣,就是有罪,也不可加刑。"褚遂良才得免难。侍中、太子宾客韩瑗和中书令、检校吏部尚书来济也都涕泣谏阻废王皇后,弄得高宗无法可想。

可就在这时,李世勣背叛了长孙无忌、褚遂良,在另一天,单独去见高宗。高宗向他问计:"朕想立武昭仪为后,褚遂良坚持反对,他又是顾命大臣。难道这事就这样算了吗?李世勣说:"这是陛下家事,何必还去问外人。"为高宗解决了难题,高宗主意打定了。许敬宗受到讽示,就在朝房中,肆无忌惮地宣扬:"田舍翁多收了十斛麦子,还想换个老婆,何况天子呢!天子要另立皇后,关别人什么事,要妄生异议!"

于是,高宗放开了手脚,贬褚遂良到离长安 2400 多里的潭州(治所今湖南长沙)做都督,来做戒反对另立皇后的朝臣。朝瑗悲泣不已,上疏再谏,说褚遂良是社稷忠臣、大唐的微子,不能远放。影射武昭仪是亡殷的妲己,一旦立为皇后,大唐易姓就不远了。高宗根本听不进去。

十月,高宗下诏说:王皇后、萧淑妃谋行鸩毒,废为庶人。她们的母亲及其兄弟都除名,流放岭南。第七天诏立武昭仪为皇后。十一月初一,举行册立仪式,由李世勣把皇后玺绶武后,百官在肃仪门朝见新皇后。武后从此走向了中国的历史舞台。

武则天生事阴险,致王皇后丢下了自己的宝座。但这只是武则天目的所行的第一步。只要王、萧两人还活在世上,就是对自己的威胁,她非常清楚,一旦自己废王皇后的阴谋被识破,自己的处境就会危险。何况高宗有次去探视王、萧,居然还以皇后、淑妃相称,甚至表示要重新处理囚禁之事。于是武则天旋即命人前去棍打王、萧两人,又砍去两人手脚,置身于酒瓮中,令之骨醉。两人受此残酷折磨,即刻死去。临死之前,萧妃咒骂武则天"阿武妖道、狡猾,但愿来世为猫,她生做鼠,活活咬死她"。武则天终于除去了对手,只是从此失去了养猫的习惯。

后宫,历来是封建政治激烈斗争的交汇点之一,武则天被高宗看中,因王皇后的帮助而得以入宫。老于世故,精通人情的武则天不可能对王皇后迎其入宫的动机不清楚,故此先奉承于前,一旦为高宗专宠,就横下心来施展起计谋。做过太宗才人的武媚娘,当然知道王皇后在朝中的分量,及其背靠的关陇势力集团。"对这样一个强硬的对手,又被太宗称为"好儿媳"的王皇后,轻易下手,借机寻隙是很难的,所以只有采用阴毒的手法,就是要无事生非,制造事端,栽祸于皇后之身,使之有口难辩。实施无中生有之计,关键要掌握好两个条件:一是,能以空无真正地做到迷惑对方。武则天巧妙布置,乘王皇后来探视亲女,高宗接着来探的当口,自残其女,使高宗坚信不疑,一定是王皇后"杀吾女"。王皇后被栽赃,跳到黄河也洗不清。高宗被诳骗,由此下了废皇后的决心。第二个条件是适时做好由无生有,变虚为实的转变。武则天栽诬王皇后只是计谋的第一步,贪权的武氏最终目的是要以此为进身铺道,废皇后,自立为后才是真正的目标。武则天抓住机会,使高宗亲自出面为之活动废后,在遭到长孙无忌、褚遂良等

人抵制后,转而寻找另外力量,以急于升官的许敬宗、李义府等打前锋,以这些人的力量牵制反对派,直至逐退反对派。当高宗下诏,正式废去王皇后、萧淑妃,自己爬上皇后地位,武则天又施斩草除根之法,诛杀王、萧两人,彻底断绝自己的对手东山再起的可能性。又贬逐追杀长孙无忌等人,直到这些敌对势力客死远荒为止。武则天的计谋运用是成功的,只是阴毒过甚,世间难找。

阳行诈计,杀傅友德

明洪武二十七年(公元1394年)十一月,太祖朱元璋令在宫殿上大宴朝臣,太子太师、颖国公傅友德也在邀请之列。恰好,他的两个儿子驸马都尉傅忠、金吾卫镇抚傅让在御前值日。宴会尚未开始,朱元璋出殿稍作巡视,瞥见傅让忘了佩带箭囊,立即高声斥责傅让行为傲慢,不守礼仪。坐在御座旁的傅友德连忙躬腰站起,打算代子赔罪。赔罪之话尚未出口,却听耳边又响起朱元璋对自己的声责,说他对皇家大不敬。太祖话完不久,要傅友德把傅忠,傅让召来,傅友德情知不好,赶紧往殿外走去,将至大殿门口,禁兵传旨:携二子首级来见。友德听旨,宛如五雷轰顶,挣扎着走向殿外,一会儿,双手提着两个爱子首级直奔大殿,来到朱元璋面前,盯着太祖一言不发。朱元璋见傅友德上殿,故作吃惊状,又大声叫道:"你怎么如此残忍啊!莫不是想以此怨恨朕吧。"傅友德被逼亲杀两子,已失常态,又听朱元璋如此诬陷,再也控制不住自己的感情,随之高声回太祖:"你不是早想要我们父子的人头,现在不是正合了你的意愿吗!"话完,抽出佩剑,引颈自刎。朱元璋随之下令,削友德爵封,妻儿发配辽东等地。

朱元璋欲杀傅友德,又要找到一个合适的借口,借口不好找,只能无事生事。于是以其子箭囊未备为由,让傅友德亲自召两子上殿见君,傅友德早先站起来为儿子赔罪,朱元璋又不给其说话的机会,连带傅友德责骂,已见别有用心。等到傅友德出殿召子,半路上朱元璋让士兵传旨,携其两子首级前来相见。箭囊未备,是罪不至死的,既定死罪,何故又要杀已备箭囊的傅忠呢?傅友德真的杀了两子,待其上殿,朱元璋又装作吃惊状,甚至斥友德杀子是残忍,是以此怨恨君主。世上人情,亲莫如父子,谁家的父亲愿意斩杀自己的孩子呢?傅友德被元璋威逼手杀两子,还要被加上一个"残忍"、"罪君"的帽子,真是欲加之罪,何患无辞。朱元璋身为君主,在封建时代,君叫臣死,臣不得不死。但傅友德是开国功勋,到了洪武二十七年光景,又是朝中仅剩无几的元勋重臣,要顺理成章地杀傅友德,并不怎么容易。朱元璋在此施行了无中生有之法,只不过身为君主地位,其法实施中,与一般的阴陷栽赃有所不同,一切都是在光天化日之下进行。从傅让因箭囊事被怒斥到傅友德亲杀儿子,朱元璋无风起浪,以欺诈手法有意构事。从傅友德携两子首级上殿,到引剑自刎,朱元璋是大耍诬赃陷害。明明是自己传旨杀人,却当面不承认,还给傅友德加上一个残忍、怨君的罪名,这里,朱元璋耍了两个诡计:一是传旨傅友德时,不在大殿上公开宣布,而是半路上让士兵传旨,让其他人难辨事实真相。二是故作假象,以势压人。傅友德刚刚手杀爱子,其怒难抑,有怨难诉,待其怒火中烧,心情激动,面见元璋无言时,故意

装作一副出乎意料的吃惊相，接着挟天子之势，大发龙威，栽赃傅友德。好像傅忠兄弟死，最伤心、最受害的是自己，而最残忍的人就是傅友德了。傅友德性情刚烈，焉能受其奇辱，只好自刎，以省却朱元璋动手了。临死之前，傅友德揭破了朱元璋的用心：说你不是早就要我们父子的人头，这样做不遂了你的心愿吗？难得傅友德如此善断，只是马后之炮，言亦无用。

傅友德被无中生有逼杀，是朱元璋建国登位之后，对功勋元老势力集团大肆杀伐的政治清洗运动的继续和扩大。朱元璋是一个从托钵行乞的贫僧，乘乱而起以武力征战，一跃升到至尊的皇位的。起事之初，他广罗贤才，傅友德从1361年投奔朱元璋后，多次跟随元璋征战，立有赫赫战功。朱元璋称赞他"勇略冠诸军，可授先锋，当一面"。洪武三年，朱元璋封傅友德为开国辅运推诚宣力武臣、荣禄大夫、柱国，食禄一千五百石，位列开国二十八侯，赐给诰命、铁券。平征川蜀时，朱元璋撰文纪念，傅友德功列第一。后来北征元朝、平定云南、屯田边塞等，傅友德均有建树，被加封颖国公、右柱国，食三千石，还把寿春公主嫁给其子傅忠，又册立其女为晋王世子济熺妃，成了皇帝的亲戚。但是当明朝政权刚刚稳固，朱元璋就忌惮起往日的功臣勋贵，担心这些开国元勋势力显赫，尾大不掉，威胁到朱氏王朝的利益和儿孙们未来河山的稳固。而一些开国功臣慢慢地也恃功骄恣，纵情不法，又互相倾轧，结党朋比，形成了李善长、胡惟庸等淮西勋贵集团，有刘基等浙东名士豪族势力。立国伊始，朱元璋即着手加强中央集权制度，多次给予文武功勋警告，要他们注意晚节。不可"事主之心日骄，富贵之志日淫"。洪武五年，颁布《铁榜文》，严禁公侯与都司卫所军官相互结纳，或侵夺田地等不法之事，对功臣权限亦颁文加以限制。次年，颁布《大明律》，明确宣布"重典治国"的治政方略。朱元璋还号召功臣元勋，仿效信国公汤和，解甲归田，富贵还乡。但这些功臣宿将，罕有响应，令朱元璋大为气恼。为了消除隐患，永保朱家子孙的政权稳固，朱元璋不惜大动干戈，屡兴大狱，行瓜蔓抄，消灭异己。洪武十三年(1380年)，左丞相胡惟庸仅凭几个人的口供，被定为"谋不轨"大罪，诛杀。此案延续到十年之后，洪武二十三年，又为朱元璋借题发挥，大兴党狱，随意罗织，明朝首任丞相，位列开国第一名臣的韩国公李善长，以知情不报，即是心存异心、罪同反叛等十大罪名，伏诛，其妻、女、弟、侄家门70多人亦连坐诛死。列侯陆胜亭及唐胜宗、费聚、朱亮祖等元勋均被株连网中，因胡案蔓引牵连，被杀的有三万余人之多。洪武二十六年（1393年），朱元璋又兴蓝玉大狱，凉国公蓝玉、列侯张翼等人伏诛，牵连者又是上万人。以上几次大狱后，开国元勋宿将几乎尽戮，傅友德因为长时在外备边等原因，得以幸免。李善长被赐死后，朱元璋曾改撰勋臣榜，傅友德因机谋善战，取荆楚吴越，下中原滇蜀，征金山等功，再次榜列其中。

傅友德位列勋臣榜上一年多时间后，就倒在了血泊之中，其中亦有他与太祖朱元璋的利害矛盾冲突加剧相关。洪武二十五年（1392年），傅友德请求朱元璋拨其老家怀远官田作为园圃供他使用，遭元璋严厉责骂。蓝玉案后，同傅友德经常一起出征的定远侯王弼到傅友德处，私下感叹："皇上春秋日高，喜怒无常，令人捉摸不定，我们会不会也被罗织进去，没有一个好下场呢？"两人室中相叙，未料隔墙有耳，被特务听去，报与朱元璋。由此，祸根埋下，不久朱元璋就导演了一场无中生有的戏剧杰作。

忠贤阴谋，陷害六君子

明朝天启五年（公元1625年），朝廷之上，发生了一起轰动朝野的事件，即左副都御史杨涟、左佥都御史左光斗、给事中魏大中、御史袁化中、太仆寺少卿周朝瑞、陕西副史顾大章等"六君子"受贿大案。七月，六人先后被捕下狱，同月，杨左就死亡，死时杨涟体无完肤，土袋压身，铁钉贯穿双耳，仅用血衣裹身得以勉强置入棺中，左光斗尸身腐臭生有蛆虫，魏大中尸体溃烂，面不可识。次月，袁化中、周朝瑞毙命，顾大章紧接着自杀身亡。时人尊称，把死去的杨左诸人号为"六君子"，六君子被杀之经过，史称"六君子事件"。

那么，六君子事件是如何发生的，六君子为何如此惨死狱中，又号为千古沉冤呢？实际上，六君子事件是明朝朝廷内部几十年来的党同伐异的政治斗争白热化的一个产物，而六君子之惨死，则是以明末大宦官魏忠贤为首的阉党势力，为了排除异己，不惜大兴冤狱，施用无中生有之计，栽赃陷害再辅之以酷刑虐待，直至置其于死地而方休的卑劣行为的大暴露。

明朝自神宗以来，宫廷上层先后发生有"争国本"和"梃击案"、"红丸案"、"移宫案"三大震惊百官，牵连朝野的政治风暴。"争国本"是郑贵妃为首的帮派势力，恃宠争立神宗三皇子朱常洵，而企图废黜皇长子朱常洛所引发的事件。梃击案则是争国本案的延续，郑贵妃愿望未达，试图谋害太子，建储朱常洵，遭张差欲以棍杖击杀皇太子。红丸案是即位的太子朱常洛因沉湎于郑贵妃所馈送的美色环绕，掏空了身子，而在病中先吃了郑贵妃指使太监所进的泻药，后来又食鸿胪寺丞李可灼所献的红色药丸，结果一命呜呼，朝中君臣纷饬奏本，要求查拿进奉"红丸"弑君真凶，事牵较大，李可灼被流戍，一些官员牵涉其中亦遭贬逐。移宫案则是红丸案的尾声，光宗暴死，皇长子朱由校被大臣给事中杨涟、刘一燝等拥戴即帝位，是为明熹宗。光宗选侍李氏，不愿搬迁，要与即帝位的皇长子熹宗同住在她理应让出的乾清宫，意在擅权。杨涟、左光斗、周嘉谟等人上疏抗辩，一再敦请李选侍移出，甚至示之以颜色，终于逼李氏迁出皇宫。以上四大事件发生过程中，围绕着问题的中心，朝官们意见纷纷不一，随之形成了各自的势力集团，势力较大的有以地域关系所形成的齐党、浙党、楚党,而与三党对立的一方主要是东林党。东林党原是一个文人政治团体,是在明朝廷内部激烈斗争的情况下逐渐形成。在争国本事件中,吏部郎中顾宪成,因政见不合于当时的皇帝神宗以及首辅王锡爵,结果被革职回故乡无锡。顾宪成不甘沉默,返乡后联络好友高攀龙、钱一本等志同道合者,在无锡城东的东林书院聚会讲学,"裁量人物,訾议国政"。一时朝野的士大夫遥相呼应,结果遭反对派势力所敌视,称其为东林党。从争国本事件开始,三党和东林党之间,即开展权力的相互争夺。熹宗即位,东林党人杨涟、左光斗等在移宫案中力陈争辩,迫使李选侍移宫,东林党人取得了胜利,其成员分任内阁首辅及吏、兵等部院长官,一时势盛。三党势力在与东林党人倾轧中失利后,怒而拜投到宫中以魏忠贤、客氏为首的阉党门下,极力怂恿和辅助与东林党人亦有仇隙的魏忠贤消灭东林党。

魏忠贤本是个市井无赖,因赌债高筑,无奈进入明宫做了太监,进宫后他利用与其"对食"的客氏(客氏为皇太子朱由校的乳娘),先在后宫内大肆杀伐,对魏忠贤晋升有恩的王安、魏朝,都先后被魏杀死。不久,魏忠贤就变成了宫中说一不二的大太监,但他并不甘心做个阉人首领,为了达到专权朝政的目的,他一方面极力满足东林党人抬出的熹宗昏愦无能喜女色好游猎的特性,操纵熹宗。另一方面,在朝廷内外,广结私党。宫内利用客氏,朝中则广纳吃了东林党败仗,前来投靠的三党人物。王绍徽、阮大铖、崔呈秀、魏广微、冯铨、徐大化、霍维华、孙杰等,或认养父,或认同宗,纷纷聚集魏忠贤门下,在这些中过进士,读过四书五经的文化人帮助之下,本来只能一味蛮横,在后宫内犁廷扫穴的魏忠贤,很快地提高了攻击异己的弄权设计水平,诬杀杨左六君子,正是三党人物与魏忠贤合作的一幕杰作。

天启四年(1624年)六月,东林党人杨涟首先上疏,指斥阉党首领魏忠贤有:自行拟旨,擅权专政;斥逐直臣,重用私党;违反祖制,滥袭恩荫;毁人房屋,起建牌坊;利用厂卫,陷害忠良等二十四项"大奸恶"的罪行。杨的奏章中还说:"当前宫廷和都城之内,人人只知魏忠贤,而不知有陛下,掌生杀予夺之权,而皇上怎么能不自主决定,而受制于魏氏小丑呢?"杨涟的奏章直陈魏忠贤专权篡国的野心,使魏忠贤非常害怕,于是串通阉党王体乾等人,大事化小,让客氏在熹宗前哭闹疏解,结果,魏忠贤不仅自己毫无损伤,反而杨涟遭诏书痛斥,虽然后来魏大中、左光斗等一百多人,皆上条呈奏章,纷纷劾参魏忠贤,都因熹宗的祖护和魏氏的暗中做下手脚,东林党人攻击阉党的努力终于失败。而魏忠贤则因杨涟、左光斗等人的参劾刺激,顿生杀意,经过与三党人物密谋,首先拿天启三年曾被下狱革职,又与杨涟、左光斗关系密切的前内阁中书、东林干将的汪文言开刀。

天启四年十二月,魏忠贤命腹将将汪文言第二次逮捕,交其党羽锦衣卫北镇抚司许显纯审理。意在通过汪文言,牵连出杨涟、左光斗、魏大中等东林党人,罗织罪名,一网打尽。三党人物徐大化,为魏忠贤献计,认为如果仅仅定汪文言一个"移宫案"中交通他人的罪名,难以株连广大,也不易诛杀。如果定个受贿罪名,诬他个收受边疆大吏熊廷弼的贿赂,就可以行斩杀之名了。许显纯是个心毒手辣的酷吏,他对汪文言施用械、镣、棍、桚、夹杠五毒刑具，汪文言下狱两月，备受刑逼。一天，许显纯在酷打汪文言后，要汪招承杨涟、左光斗等人接受辽东败将杨镐、熊廷弼的贿赂。汪文言大叫"世间哪有贪赃的杨大洪（杨涟别名）啊！"斥责许显纯制造冤狱："要我作贪污受贿的伪证，去诬陷正直清廉的君子，宁死无招。"汪文言铮铮铁骨，使许显纯无法向魏忠贤复命。于是心生毒计，活活打死汪文言，又以汪文言的名义写自供状，伪称杨涟、左光斗接受熊廷弼等二万金，魏大中等人收赃三千不等。状后按上汪文言指纹，呈送魏忠贤。

魏忠贤接呈，很快命人前去各处捕拿，杨涟、左光斗、魏大中等六人被押交锦衣卫北镇司拷审、追赃。杨涟为最先弹劾魏忠贤二十四大罪之人，为魏氏阉党恨之入骨。左光斗参与杨对魏的弹劾，而且自己草拟有魏忠贤、魏广微三十二该斩罪奏本。左光斗参魏忠贤奏本中，暗斥三党人物魏广微身为东阁大学士却自作下贱，作为魏忠贤的门生，使广微气恼万分，有意把左光斗牵扯汪文言案中。周朝瑞、顾大章因为是魏忠贤心腹徐大化眼中的钉子，徐大化乘其机会窜其名于汪文言案中。他们都因得罪和触犯魏忠贤阉党和三党人物，关入狱中。而所说为杨镐、熊廷弼说情开罪，接受贿赂事，纯属子虚乌有。杨镐是在万历年间的萨尔浒战役失败，后来熊廷弼领兵出关，由于巡抚王化贞刚愎自用，广宁失守，熊廷弼、王化贞被捕下狱。熊失利后左光斗还上书，弹劾熊廷弼守辽有余，复辽不足。这般的情况，如何能受杨、熊的贿赂呢？

杨、左六君子下狱后，许显纯屡次动用全套酷刑，逼六人招认收贿事。六人经几次施刑后已不成人形。左光斗膝下筋骨剥落，面目焦烂，眼睛肿烂不能睁。其他人均血肉翻出。在此情况下，书生气十足的杨涟劝告五人："他们欲处死我们无非两个办法，或乘我们坚不承招，严刑打死，或谎称我们'患病'，暗中害死。同是一死，我们不如暂且屈招，等此案移交到法司定罪时，我们再翻供，讲出前后原因，或许不至于死。"杨涟的意见，得到了五人的赞同，于是六人在下次审讯时全部屈招。魏忠贤见六人松口，马上令镇抚司严行追赃，限五日之内每家交足，否则动刑。并把此案仍置锦衣卫镇抚司审理。杨涟等人，被迫之下屈打成招，家中哪有资产可以抵"赃"。而许显纯追赃火急，杨涟家人把家产变卖干净，两个儿子沿街乞讨供

母亲、祖母饮食。左光斗家破人亡。魏大中之子学伊为借款、抵"赃"，死于奔走之中。结果六人因款不齐，每五日被许显纯全刑拷打。六人旧疮未愈，新痂又来，直至不能站立躺着受刑。此时六君子拼死搏命，凡一苏醒，骂不绝口。杨涟以血书于地上，"魏阉奸党，天必诛之"。

杨涟六君子下狱不长，终于难挨许显纯酷刑，皆惨死狱中。

杨左六君子冤死，充分反映了无中生有之计在政治斗争中的残酷、卑劣的特征。权阉魏忠贤以及欲置东林党人于死地的三党人物，为了铲除政敌，首先凭空杜撰了一个受贿案。汪文言铮铮铁骨、视死如归，差点使魏忠贤牵连东林党人的计划落空。党羽许显纯，可谓造假到家，先写好假招供，按上已死的汪文言手印，终于制成了赃证，就此捕拿下狱杨涟等东林六君子，以无中生有，凭空捏造而又达栽赃陷害的目的。当杨涟等人入狱后，许显纯又秉魏忠贤之意，以酷刑拷问，直至杨、左等人求死而不得，产生出屈招求生的愿望，终于拿到了生赃的证据。杨涟等人的屈招，目的是想为日后翻招保存体力，但是狡猾的魏忠贤并不把案子按明律规定交给法司，而是继续置于自己控制的锦衣卫之下。目的就是以诬证为借口，夺赃杀人，一举两得。可惜六君子，自己遭戮，又连带了家庭，真正是一个倾家荡产，家破人亡的千古奇冤。

擅自认和，似道欺君

南宋奸相贾似道，本是市井无赖，后靠姐姐的裙带，逐渐委以重任，直至相位。

宋理宗端平元年（公元1234年），南宋朝廷重演北宋末年联金灭辽的故技，与蒙古大汗窝阔台共订宋、蒙联合灭金协议，他们约定灭金之后以陈蔡为两国交界。但是灭掉金国之后，蒙古又毁弃前约，挑起攻打宋朝的战争。由于南宋军民的奋勇抵抗，他们一直没有得手。到宋理宗开庆元年（公元1259年），蒙古军在大汗蒙哥和忽必烈的率领下，分别向四川、鄂州、云南等地发动进攻。南宋军队在蒙古大军的打击下，节节败退。宋理宗吓得惊慌失措。此时贾似道正官运亨通，被任命为京西、两湖南北、四川宣抚使，兼督江西、两淮军马。理宗慌忙中没来得及多想，便派贾似道率军赴汉阳，以增援鄂州。为了提高他的威信和加大他的权力，以有利于统一指挥鄂州作战，在军中升他为右丞相兼枢密使。

再说忽必烈大军一路向南推进，势如破竹，贾似道总督南宋兵马的消息，早由密探报知与他。忽必烈对贾似道的特长了如指掌，他放胆前进，准备渡过长江挥师南下，直取南宋首都临安。

贾似道在蒙古大军的攻势下，早就吓破了胆，龟缩在汉阳城不敢出来。他的任务是增援鄂州，而此时鄂州正处于蒙古军的包围之中。他好不容易等到宋军大将、襄阳统制高达来援鄂州，这才率兵来到鄂州。

贾似道根本没有军事知识，更没这方面才能。作为一军主帅，本应调动军马打击敌人。可是他却手足无措，不知如何是好。高达和部将对这位既不懂战术，又胆小如鼠，还摆大架子的总督十分反感，根本不理他那一套，出兵打仗什么事也不问贾似道。在高达的指挥下，鄂州守军英勇作战，局势发生了很大变化。贾似道真是恨透了高达，但此时又不敢发作。

就在这时,忽然又接到朝中命令,为了防止蒙古军从潭州攻入江西,命贾似道立即到黄州去指挥抗敌。朝中左丞相吴潜,从整个战略上考虑,认为鄂州有大将高达把守,基本上不会有问题。为了防止万一出现漏洞,黄州在鄂州下游,是过江西的必经之路,贾总督先去布防,可保无虞。可是贾似道接到诏书,大为恼火,心想在这里汇聚着各路大军几十万,还有几位身经百战的大将。我贾似道虽然不懂带兵打仗,但如果在这里阻止住忽必烈的大军,功劳当然是我的。退一步说,一旦挡不住有这些人保护,至少生命不受威胁。可是你吴潜偏偏在这个时候让我独去黄州,这不是成心出我的丑,要我的命吗?贾似道越想越生气,但圣旨已下,也只好硬着头皮走一遭了。但这笔账算记下了。

贾似道在几百名精锐骑兵的保护下,向黄州进发了。一路上他贼眼四顾,生怕遇上蒙古军队。真是屋漏偏逢连阴雨,正在他提心吊胆想心事时,忽然有骑探来报:蒙古军来了。吓得贾似道差点从马上掉下来。颤抖着问统制孙虎臣该怎么办。孙虎臣见他吓得脸色苍白的样子,觉得他根本不能指挥作战,让他躲一下吧,否则光保护他都忙不过来,怎么打仗。于是让贾似道带着几个亲兵躲了起来。躲是躲起来了,但孙虎臣一去,只剩下身边数人,贾似道更加觉得不安全,心里对吴潜的怒火越烧越旺。不久,孙虎臣带兵得胜归来。原来这是一支押送抢掠物品回蒙古的老兵,而且人数不多,很快便被消灭了。贾似道那颗悬着的心才放下来。

到了黄州之后,贾似道屁股还没坐稳,鄂州告急,请求支援。贾似道此时惊魂未定,哪里还敢出兵增援。心想眼下可保自己不死的惟一办法就是同蒙古军议和,只要他们把军队撤回去不就没事了吗?他急忙派人到蒙古军大营求和,表示宋朝愿向蒙古称臣纳贡,请大军撤回北边。忽必烈野心正旺,他想一口气打到临安,那时就不是称臣的问题了。再说此时士气正盛,征服大宋势在必得。忽必烈没有答应贾似道的请求,使贾似道更加绝望。

此时蒙哥率军在钓鱼山战斗中,受到了宋军顽强的抵抗,损失十分惨重,他本人受到箭伤,不久就死在军中,听到这个消息之后,贾似道精神一下子振奋起来,赶忙又找来心腹宋京,暗中再派他去蒙古军中求和,表示愿意除了称臣之外,以长江为界,每年奉银20万两,绢20万匹。忽必烈还是不肯答应。他手下的谋臣献策说:"今国遭大丧,神器无主,大汗之位,宗族诸王都在注视着,一旦汗位被别人抢先夺去,那什么都谈不到了。我们现在答应他们的请求,回去办理完丧事,国内局势平稳后再来征伐宋朝也不晚。"忽必烈是蒙哥的弟弟,他也看到国内权争越演越烈,人们都想得到大权,确如谋士所说。于是便同意了议和条件,拔寨起兵北还。

蒙古军主力北撤之后,留下了部将张杰、阎旺带领小股部队殿后。此时贾似道真是贼跑了之后挥扁担,派夏贵率军去袭击,结果歼灭了170多名蒙古兵。

蒙古大军全部撤离宋朝边境之后,贾似道便敲锣打鼓,浩浩荡荡地班师还朝,他不仅隐匿了与蒙古军议和的可耻行为不报,而且还无中生有、编造事实,谎报诸路大捷,鄂围已解,大大地夸耀了一顿自己的战功,把忽必烈的主动撤军,说成是在他的指挥下,各军协同作战取得的胜利。把歼灭100多人进行了无限的夸张。他这样做的目的,就是为了以军功向朝廷邀功请赏,为自己争夺大权制造舆论。

果然,宋理宗见到奏表心中非常高兴,因为边患是南宋王朝最头痛的事,还真没有哪位主帅能够如此轻松地把边敌入侵赶出境外的。以往人家撤军,不是要咱们大宋称臣,就是割地纳贡。可是今天贾爱卿统领三军,威震北疆,真有再造江山之功。于是便加少傅、右丞相之衔召贾似道入朝,并命文武百官列队到城外迎接凯旋的英雄。贾似道也还真不含糊,脸皮厚到不知羞耻的程度,真的摆出了一副英雄架势,腿比躲在草丛里时站得直多了,那双东南西北四处环顾的小眼睛,此时竟连眼皮都没抬一抬,也许是眼睛过于疲劳的缘故。

此时的贾似道在宋理宗的眼睛里,已经是朝中惟一的大功臣。贾似道当然也就假戏真做,以国臣自居。当然,他心里也非常清楚,那些在鄂州拼死抗敌的将士,知道他是什么东西。如果要长久保持自己的英雄形象,必须将那些了解内情的人搞掉,也只有这样才能稳固自己靠欺骗弄到的权力。尤其在鄂州,高达那些将士使自己出尽洋相,吴潜派自己移防黄州,半路遇敌胆子都差点吓破,更是不能饶恕。他暗下决心,分头找机会打击陷害。

此时他最想陷害的就是高达。在鄂州时,每次高达见他督战,就当着将士面奚落他说:"那个戴高巾的人怎么能指挥打仗呢?"更让贾似道不能容忍的是,高达每次同蒙古军开仗前,一定让贾似道亲自出来慰问才出兵。当时贾似道气得七窍生烟,但没办法,现在他大权在握,怎能不出这口恶气。他反复要求理宗杀掉高达,但是理宗得到高达在鄂州守卫战中立了大功,觉得诛杀功臣弄不好会使军中哗变,没有同意,但为了照顾贾似道的面子,将高达的军功降到第二位。为了对那些对自己不恭的将士进行报复,贾似道便推出了"打算法",用核实军费的名义,将一些将军在抗击蒙古军时支取的各种用品,统统算作贪污,扣上"侵盗官钱"的帽子,进行处罚。有的被革职流放,不少立有战功的将士没死在战场,反倒被贾似道害死。曹世雄、向士壁二位将领,战功赫赫,却都被加上侵盗军饷的罪名贬窜远处。尤其向士壁被害死后,贾似道仍觉没出气,又将其家属抓起来,逼迫他们继续偿还赔补所谓"赃私"。也有一些抗蒙名将,只因没有依附贾似道,也惨遭迫害。

贾似道凭着无中生有编造出来的"盖世战功"不断清除、打击异己,为自己独揽大权铺平道路。此时,左丞相吴潜成了他专权的最大障碍。他在千方百计找机会陷害他,只有把吴潜从朝中赶走,贾似道才可以主宰南宋小朝廷。

其实,贾似道很早就对吴潜恨之入骨,那次调他防守黄州,他就怀疑吴潜是想借调防之机用蒙古人的手杀他,再加上躲在草地时被蒙军小部队吓破了胆,对吴潜之仇更是不共戴天。从返朝之后,已经开始想办法报复。但是吴潜为人刚正、直爽,在朝中上下人缘很好,且很有威望,不是随便找理由就可以整掉他的。贾似道虽然文治武功属于外行,但整人搞小动作却是行家。为了达到离间君臣关系的目的,他背地里唆使党羽编了一些歌谣。其中有一首是这样的:

"小蜈蚣,小蜈蚣,尽是人间业毒虫;夤缘攀附百虫丛,若使飞天能食龙。"

这首歌谣在南宋京城临安流传开来,并且传入宫中,也飞进了理宗耳朵里。尤其这"能食龙"更是歹毒,在封建社会中,天子自认是龙,食龙不就是要吃掉皇帝吗?因此使理宗大生疑心,认为吴潜准备图谋不轨。但是没有抓住吴潜的罪证,也不能随便驱逐大臣。恰在此时,理宗要立忠王为太子,吴潜反对,贾似道觉得这是整垮吴潜的一个机会,便抓住不放,大做文章。

原来理宗有个儿子名叫赵缉,早年夭折,此后再无子嗣。现在理宗已年过半百,便想立弟弟荣王的儿子忠王赵孜为太子。太子的废立关系重大,不能不征求掌朝大臣的意见。当理宗就此事询问宰相吴潜时,吴潜却说:"以臣之见,忠王无陛下之福。"因为这忠王不仅软弱昏庸,并且还荒淫无度,根本就担当不起立国大任,如果让他做皇帝,也只能是个昏君,立之于国于民都是灾难。作为正直的宰相,为大宋的江山社稷着想,为天下百姓着想,便实话实说了。理宗满心高兴地以为,只要自己和吴潜打个招呼,他一定会顺水推舟,表示同意,然后借着抗蒙胜利之时举行个仪式,把太子也就算立了。哪知吴潜不知好歹,竟表示反对,理宗听罢勃然大怒,说:"那你认为谁可以做太子?"吴潜想了想那几位王子,觉得没有一个可以立为太子的,便没再作声。这使理宗更加气愤。

贾似道听说了这些事后,急忙跑进宫中,他装出一副忧国忧民的样子,主动

建议理宗早立太子,并积极推荐忠王赵孜,说他如何贤德,足以担当大任。私下里又指使言官上书弹劾吴潜,说:"册立忠王,足慰众望,潜独倡为异议,居心殆不可问。"这使理宗又联想起那些歌谣,确定吴潜另有图谋,便下诏罢免了吴潜宰相之职。不久,立忠王为太子。

正当南宋小朝廷在热烈庆祝抗蒙大捷,论功行赏之际,忽必烈早已回蒙古,在诸王的拥立下建立了元帝国,登上帝位。之后,立即派使者郝经来与宋朝议事,一方面通知忽必烈已登帝位,另一方面是来索取岁贡,履行与贾似道在鄂州签订的和约。他先到了宿州,派副使询问进京的日期。边庭立即上报,说元朝使臣郝经询问入京日期,贾似道闻知暗暗叫苦。他似乎忘了自己的大功是靠向元军卑躬屈膝所得,正在让党羽、无聊文人廖莹中等人撰写歌颂自己丰功伟绩的《福华编》。正是有这杀元兵100多人、私定和约的功绩,自己得以独揽大权,党羽随着飞黄腾达,怎能不大加颂扬呢?此时边庭来报,使他如同做了一场噩梦,出了一身冷汗。如果郝经入朝,一切都会真相大白,自己骗来的这一切,也就付诸东流了。他立即派人加以阻止,但郝经已经三次上书枢密院,弄不好事情便会暴露。情急之下,他只好委屈郝经了,派人秘密将郝经囚禁起来。总算平息了这件事,但他还不放心。他怕宫廷中有人对此事略知一二,便把阎妃的亲信董宋臣及党羽从宫廷中清理了出去。这些人靠阎妃的关系在宫中作威作福,也干尽了坏事,把他们清出朝廷,人们拍手称快,以为贾似道为朝廷做了一件大好事。他们哪里知道,这些人本是一丘之貉,只是为了掩盖更大的罪恶,才驱逐了这些小恶。紧接着,贾似道又培植了一大批自己的党羽爪牙,让他们充任各种要职。这样一来,他便真正控制了朝廷,牢牢把大权握在了手中。那宋理宗已年过六十,不理朝政,整天花天酒地在后宫莺歌燕舞,国政也就由贾似道一人操纵了,几乎形成了人们只知有贾丞相而不知有宋理宗的局面。

大权在握,贾似道便更加疯狂地迫害朝中大臣,凡是对自己相位有威胁的人,不是被罢官免职,就是流放杀死。他担心吴潜被重新起用,分割自己的权力,便决定将其置于死地。

贾似道唆使党羽弹劾吴潜,便将吴潜流放到循州编管起来。吴潜知道贾似道是个心毒手辣的奸佞小人,必欲置自己死地而后快,肯定用卑劣的手段害人。因此事事处处都极为小心,致使贾似道派去监视他的人无法下手。但是,最终还是难逃一死。吴潜死后,贾似道觉得朝中再也没有人可以同他争权了,不禁暗暗松了一口气。从此更加为所欲为。

景定五年,宋理宗病故,贾似道拥立度宗赵孜(后改禥)即位。度宗因为在立太子时遭到吴潜的反对,是贾似道力排众议,使他得以立太子,才有今天的帝位,当然功在贾似道。因此对贾似道恭敬有加,每次贾似道入朝,赵禥便起身离座答拜,称之为"师臣",很少直呼其名。那些谄媚拍马的官员为了讨好,都称贾似道为"周公"。把贾似道捧得不知东南西北,甚至在太后和皇帝面前也摆架子,以为朝中少了他玩不转,动不动就以辞官相威胁,以显示自己的权力。

在安葬完理宗之后,贾似道假装弃官回乡,回家与那些狐朋狗友寻欢作乐,并指使心腹谎报军事,说蒙古大军南侵,攻打下沱,请朝廷火速发兵救援。朝中闻讯震惊。因军情严重，太后和度宗连忙下手诏请贾似道归朝。贾似道为了得到太师的位子，故意推三让四不肯回来，更加让度宗感到不安，像盼救星一样盼他回来。贾似道回来后，度宗便要拜他为太师，使其死心塌地地为朝廷服务。但是按照宋代的规定，受封太师前，必须持朝廷符节出京。于是贾似道被授为镇东节度使。哪知贾似道接到任命书，竟生气地说："节度使是个粗人的职务，为什么要我任这个职务？"在他受命出节时，京城中很多人都来观看，热闹非凡。可是他持节出京后，突

然以"时辰不吉利"为名，命令立即回京。根据宋朝旧制，大臣奉命出节，即使是拆墙坏门，也要继续前进，不准将节撤回。这"节"是气节的象征，表示有节操。节出复返，使人们感到十分震惊，现在大兵压境，这位贾太师不肯出临前敌，那宋朝江山还能保住吗？对贾似道如此目无朝纲，大臣们议论纷纷，贾似道听到之后，又以辞官威胁度宗。急得度宗连君臣之礼也忘了，向他下拜。左相江万里看贾似道如此大耍流氓手段，心里很气愤，便上前扶起度宗说："自古君臣间没有这样的礼节，陛下不能下拜，贾太师也不要再提辞官的事了。"贾似道真是显足了威风，同时他也感到了他在度宗心目中的地位。因此，只要稍不如意，或有什么没得到，他便大耍无赖，以辞职相要挟，可是度宗昏弱无能，根本看不清贾似道的真面目。一次贾似道又要求辞职还乡，度宗怕他离去，不仅每天数次传旨固留，而且还多次派中使送去赏赐的物品，甚至晚上还派宦官轮流睡在贾府门外，怕他夜间离开。其实贾似道根本没有要辞职的打算，只是想靠这种手段抬高自己的身价，进一步稳固自己的权力而已。

为了使这位专横骄妄的股肱大臣能安心在朝中，度宗又封贾似道为平章军国重事，每月三赴经筵，三日一朝。他常常不到朝中办公，朝中的一切政务却牢牢地控制在他手中。凡有大事，只让随从小吏抱着文件到他家中签署。凡有台谏弹劾，各官府举荐和京畿、漕运一切事务，都必须请示他后才敢施行。凡是不与他同流合污的官员，不论你品级多高，才学多博，一律罢斥。状元文天祥及李芾、陈文龙等忠正之士，都遭到了贾似道的贬斥，并让度宗下诏终身不用。左相江万里乃一饱学之士，度宗在经筵每次问贾似道一些古人姓名和经史中的一些问题，贾似道懵然不知，无以对答，江万里

有时只好代他回答。此事使贾似道十分难堪,对江万里开始嫉妒,并处处为难他,排挤他。江万里当朝左相,就因为才学比贾似道高,便被排挤出朝。贾似道的权威便可想而知了。

咸淳八年九月,度宗在明堂行祭祀之礼,任贾似道为大礼使。礼成后正赶上天下大雨,贾似道约定度宗雨停之后再乘车回宫。但是大雨下个不停。正好胡贵嫔的哥哥胡显祖带了遮雨的雨具,就请度宗乘"逍遥辇"回宫。度宗忙问:"这事太师知道吗?"胡显祖早已等得不耐烦了,便撒谎说:"他已经同意了。"度宗便在他的陪同下乘辇回宫。贾似道对此事大发脾气,说:"我身为大礼使,陛下的行动居然不让我知道,我请求辞职。"说罢当天就走了,度宗怎么也留不住,没办法,度宗只好罢免了胡显祖的职务,又流着泪把胡贵嫔送出宫外当了尼姑,贾似道才勉强回来。贾似道如此擅权,专横跋扈,朝中竟无人敢议,度宗只好忍让。

此时的贾似道真可以说位极人臣,权倾朝野了。这个早年专会寻花问柳、酗酒赌博的市井无赖,为相之后,不仅恶习不改,更是依仗权势,恣意淫乐。度宗将西湖葛岭的一处甲第赐给了他。这里传说是晋代葛洪炼丹的地方,风光秀丽,建筑豪华。他把台亭称为"半闲堂",把花园叫做"养乐圃",终日悠闲自得,尽情享乐。当时蒙古军队围攻襄樊,贾似道却置若罔闻,派手下的爪牙到民间骗抢女子做小妾,府内还养妓女、尼姑数十人,整日鬼混。他还常常同赌徒嫖客妓女们一起斗蟋蟀,并将自己养斗蟋蟀的经验加以总结,编了一本《蟋蟀经》。京湖制置使汪立言对贾似道的荒淫无耻实在看不下去了,便写了封信给他说:现在宋朝天下大势已去,可你却有心思于声色犬马,不顾国家安危。贾似道看了信后,不知自省,反而暴跳如雷,对他进行了残酷的打击迫害。

一天,贾似道正同小妾群妓们围在一起斗蟋蟀,正斗得兴起之时,门报说钦使到。贾似道觉得扫了他的兴,非常不耐烦地叫道:"就是皇帝来了也得等我斗完蟋蟀再说。"终于等他斗完蟋蟀才接待钦使。钦使向他转达皇帝的诏命,要他尽快入宫议事,他拖到第二天才入宫见度宗。

度宗一见贾似道,便如同见到了救星,焦急地说:"襄阳已被蒙军包围三年了,这可怎么办呢?"在他的脑子里,只有贾似道能够打败蒙古军。贾似道心中暗暗吃惊,心想,我把消息封锁得这样严密,他怎么知道的。但脸上却故作镇静地说:"哪有这种事,蒙军早已北撤,陛下从哪里得到这一消息?"度宗说:"今天听女嫔说及此事,才召问师相。"贾似道不高兴地说:"陛下怎能听信妇人之言,难道朝中大臣不知有无此事吗?"贾似道怪此女多事,便派人查出其名姓,借口此女嫔有暧昧情事,逼度宗将她赐死。

原来蒙古派出郝经作为使臣到南宋被囚禁后,忽必烈派人多方打探他的下落,均无结果,便以此为借口准备大举南侵。被贾似道逼迫投降蒙古军的大将刘整,对南宋军情十分了解,他建议忽必烈,要取南宋必先攻取襄阳。在刘整的谋划下,蒙古军赶造5000只战船,大力加强水军训练。当蒙古军大举南侵的时候,贾似道正忙于斗蟋蟀,狎妓赌博,扣下了所有的奏报。但是告急文书雪片一样飞向京师,这时贾似道觉得纸怕是真包不住火了,才敦促范文虎率领10万大军前去解围,可是刚一交战,便大败而归,损失十分惨重,襄阳危机加剧。不少大臣都主张派高达率军前去支援,御史李旺把这个建议转报贾似道,希望他能同意这惟一可救襄阳的建议。贾似道却摇头说:"我如果用高达,那么吕氏怎么办呢?"(贾似道自比辅佐汉惠帝的吕后)一些朝廷大臣听他此言,不禁仰天长叹:"吕氏安赵氏就危险了。"为了救援襄阳,荆湖制置使李庭芝,招募三千骁勇的民兵,由将领张顺、张贵率领,乘汉水上涨时,带着火枪、火炮等驾船强行冲破敌军封锁,转战120里,进入襄阳城内。张顺在途中壮烈牺牲。张贵进入襄阳城后,与守将吕文焕共同御敌,后准备出城向范文虎请援兵,但被叛徒泄密,突围时被早有准备的蒙古军夹击。张贵奋勇拒敌,受伤被俘,以身殉国,所率勇士全部战死。

咸淳九年,蒙军采用水陆夹击的办法,烧断了浮桥,隔断了樊、襄两城的联系,使其无法互相救援,接着蒙军攻破了樊城。宋军守将范天顺面对强敌,浴血奋战,决心"生为宋臣,死为宋鬼",后终因寡不敌众,自缢殉国。樊城失陷后,襄阳便成了一座孤城。此时城内粮草断绝,人心惶惶,吕文焕又因得不到援兵,无法坚守,便投降了蒙古军。

襄、樊失守后,贾似道竟对度宗说:"我多次请求行边督战,但陛下不准,如果早派我出去,襄阳怎会失陷呢?"的确,在襄阳失陷之前,贾似道多次上书度宗,请求带兵抗击蒙古军。但这奸佞小人同时又暗中指派亲信党羽上表,坚决要求把他留下,"居中以运天下。"其实他胆小如鼠,怕得要死,只是故作姿态而已。现在襄、樊失守,他不得不再装装样子,于是上书表示:"目前局势如此,如果我不上下奔走,联络气势,恐怕事情更不好办。"可是宋度宗根本不知他是在卖关子,竟坚决地说:"师相必须留在临安,不可一日离开我身边。"度宗真的把他看成了保护神。于是贾似道又建立了机速房这样一个办事机构,名义上是要革除"泄露兵事,稽迟边报之弊",实际上便于更严密地控制蒙古军南下的消息。

咸淳十年,元世祖忽必烈下诏攻宋。其借口就是贾似道撕毁和约,扣押蒙古使臣郝经。丞相伯颜督率蒙古大军,水陆并进,从襄阳顺汉水入长江,相继攻陷郢州、汉口、汉阳诸镇。度宗在焦虑中病死,年仅4岁的赵㬎即位为恭帝,宋度宗母谢氏以太皇太后身份听政。迫于朝野的强大压力,贾似道不得已在临安建立都督府,摆出迎战的架势。贾似道因为惧怕叛将刘整,便找借口按兵不动。直到刘整在第二年病死,他才宣布出征。贾似道统率13万精兵,从临安出发。队伍浩浩荡荡,光用装载金帛、财宝的船只,连起来就有100多里。船队经过安吉时,由于他的船过大,在堰中搁浅。贾似道命几千人下去拽也没拽动,只得换船行进。抵达芜湖后,贾似道急忙派军中的蒙军战俘带着礼品去见伯颜,并派宋京随同前去议和,请求称臣纳贡。伯颜让宋京转告贾似道:"如果我军未渡江时尚可议和入贡,现在沿江州郡已被我军占领,谈论议和已晚。不过,贾似道如果真心议和,请他到我营中来面商。"贾似道本以为议和成功,年年入贡称臣,这南宋半壁江山尚可保住,自己仍然可以独掌大权。可是现在人家不许,自己的前程便很难把握了。

求和看来是没指望了,贾似道被迫与蒙古军交战。他将精兵7万人交给孙虎臣统领,驻扎在池州下流的丁家州。又命夏贵以战舰2500舰横列江

中,自己统领后军屯于鲁港,准备进行决战。孙虎臣本是一个无名小将,也实在没有什么指挥才能,突然间成为前敌总指挥,别的大将都不服气,因此号令不一。结果刚一交战,7万大军便被击垮。夏贵更是不战而逃。贾似道在鲁港坐镇,见孙虎臣、夏贵败归,慌忙鸣金收兵。贾似道手足无措,忙问夏贵现在该怎么办。夏贵说:"诸军已胆寒,无法再战,师相只有速入扬州,招集溃兵,至海上迎驾。"说完便回军中安排战事去了。贾似道和孙虎臣更无计可施,忙乘小船飞奔扬州。第二天,溃败的宋兵陆续沿江而下,贾似道派人登岸举着旗帜召集江面败兵,军士们一看旗上的贾字,无一人理睬,不少人反而向岸上唾弃、谩骂。

宋军全线溃败。

贾似道鲁港之役的大败,使南宋的精锐部队丧失殆尽。贾似道逃回后,召集各郡王到海上迎接皇上,并上书请求迁都,谢太后坚决不同意。此时忽必烈的诏书已公诸天下,贾似道暗中与蒙古军求和纳贡、扣押蒙古使臣的丑事无人不知,他欺君误国的真相昭然若揭。群情激忿,朝野詈骂,恨不得生吃贾似道的肉。枢密使陈宜中上书请诛贾似道以平民愤。但谢太后以贾似道效力三朝为由,只下诏罢免了贾似道的宰相职务。接着又招回了被贾似道贬逐的文天祥等官员,并下令处死贾似道的死党翁应龙、廖莹中、王庭等人。太学生们又连续上书请诛贾似道,一些大臣也纷纷响应,但谢太后还是不准。当时有大臣上书指出:"本朝权奸之祸,没有像贾似道这样酷烈的,朝野臣民多次上书弹奏,却被陛下搁置不问。如此不恤人言将何以谢天下?"太后才不得不下诏将其贬到婺州。婺州人听说贾似道要到这里,坚决不让入境。于是朝廷又将他贬往建宁,翁合上奏说:"建宁是大儒朱熹的家乡,即便是孩童也知礼义廉耻,听说贾似道的名字就恶心,怎能见他本人呢?"后来中书舍人王应麟等建议将他贬往岭南,编管在循州。

福王与芮非常痛恨贾似道,私下里招募想借机杀死贾似道的人做监押官,好在途中杀掉他。县尉郑虎臣父被贾似道所害,怀着为父报仇的愿望应招监押。途中他打发走贾似道的几十个随行姬妾,又命轿夫撤去轿子的顶盖,让他在烈日下暴晒,并反复羞辱他,直至最后将其打死。不久,南宋王朝被元兵推翻。南宋之灭亡,除社会原因外,与贾似道之专权亦有直接关系。

欺骗英法，进攻波兰

波兰是希特勒在并吞了奥地利、捷克斯洛伐克之后的又一个并吞目标。针对波兰而制定的侵略计划代号是"白色方案"。1939 年 8 月 31 日中午，经过多次策划后，希特动作出了最后决定，发出了"白色方案"第一号作战令……

8 月 31 日晚 8 点，靠近波兰边界的德国格莱维茨电台，突然被稠密的枪声笼罩，它受到了来自"波兰陆军"的进攻。"波兰陆军"向电台射击着，他们虽然手持轻型武器，却没用炮火，然而密集的射击，还是使德国电台的工作人员东一个、西一个地倒下了。战斗中，"波兰陆军"有的也倒下了，他们瘫卧在电台的四周，一动不动，看来非死也已重伤……

德国政府当然不能容忍这种公开的侵略。

9 月 1 日拂晓 4 点 45 分，德军大举越过波兰国境，分北、南、西三路向华沙逼进。公路上烟尘腾滚，天上德国的机群吼叫着。看来一场德国面对"侵略"被迫进行的"以牙还牙"、"以武力回敬武力"的战争开始了……

然而，"波兰陆军"的这场进攻，却是希特勒主演的一出假戏，他曾被秘密地称为"希姆莱计划"。那些向格莱维茨电台进攻的，是穿着波兰陆军军服、拿着波兰武器的党卫军。那些倒卧着的"波兰伤员"是从集中营提出的死囚，他们事先已被注射了麻醉剂。无论枪声多么激烈，他们身上流出了多少血，他们都会一动不动。为了这场戏，8 月初最高统帅部的谍报局长就接到了希特勒的命令，要他发给希姆莱和海德里西 150 套波兰陆军军服和若干波兰军队使用的小型武器。而这场戏的直接演出则是由一名叫瑙约克斯的党卫军特务负责的。

1945 年，瑙约克斯在纽伦堡国际法庭画押的口供中，有他交代的关于这场戏的准备和演出的经过。他说：

"1939 年 8 月 10 日或者这一天前后，保安处处长海德里西亲自下令，让我伪装进攻波兰边境附近的格莱维茨电台，而且要装作这支进攻部队像是波兰人组成的那样。"海德里西说："对外国报界和德国宣传来说，都需要有足以证明是波兰人进行这次进攻的真凭实据。

"给我的命令是攻占广播电台，占领时间要长到足以让一名归我指挥的能说波兰话的德国人广播完一篇波兰语的演说。海德里西告诉我，这篇演说应当讲到波兰人与德国人之间开战的时间已经到了。

"我到格莱维茨去，在那里等候了 14 天。在 8 月 25 日至 31 日之间，我去会见了秘密警察头子海因里希·缪勒，他当时正在附近奥普林。缪勒当着我的面同一个叫做海尔霍恩的人讨论了制造另一个边境事件的计划，要把事件做得看起来是波兰士兵进攻德国军队那样。缪勒说，他有 12 名到 13 名死囚，要让他们穿上军制服，把他们弄死后放在出事地点，以此表明他们是在进攻时被打死的。为了这个目的，海德里西部下的医生要给他们打毒药针，然后再用枪打，在他们身上造成伤口。事件发生后，把报界人士和其他人士带到现场去。

"缪勒告诉我，他从海德里西处接到一个命令，也要给我这样的死囚来布置格莱维茨事件……"

9月1日的早晨,希特勒驱车经过闷热而又冷清的街道,前往国会去为他进行的战争进行演说。尽管无线电和晨报向外不断传来重要新闻,街上的老百姓反应却分外冷淡。

在国会,希特勒对由他一手挑选、大部分是党棍的傀儡议员们说:"诸位知道,……在与我波兰政治家们的会谈中,我们诚恳的建议遭到了拒绝。我和我的政府整整等待了两天,但是我再也看不到波兰政府有任何诚意和我们真正地进行谈判。昨天夜里,波兰正规军已经向我们的领土发起第一次进攻。我们于清晨5时45分开始还击。从现在起,我们将以炸弹回敬炸弹!"

希特勒是阴谋老手、谎言大家,在历史的严重关头,他又在用谎言愚弄德国人民,并为他充满阴谋而又荒唐的行为辩护。

9月1日中午时分,德国装甲部队已深入波兰境内好几公里,它们突进着,撞倒一切阻挡物,不时喷出火舌;德国飞机轰炸了包括华沙在内的波兰大多数城市,爆炸的闪光不断,腾起的浓烟笼罩了天空,许多建筑物在燃烧,无数的波兰平民倒下了……

侵略波兰的炮声,终于还是震醒了英、法。9月1日的晚8点和晚9点,德国外交部长分别接待了英、法驻德大使的求见,他收到了两份内容相同的照会:除非德国停止对波兰的一切侵略行为,并准备立即从波兰领土上撤出其军队,否则英国和法国将毫不犹豫地履行各自对波兰承担的义务。

9月3日,上午9时和上午10时20分,英、法两国分别向德国发出了最后通牒。

希特勒想以外交手腕使英、法置身战争之外的企图彻底失败。英、法两国政府在人民的压力下,根据法波盟约和英波互助条约,匆忙向德宣战,第二次世界大战爆发了。

9月3日中午12点6分,曾经一味对希特勒姑息迁就的英国政治家张伯伦,沉痛地在下院发表了演说,宣布英国已同德国处于战争状态,他说:"今天是我们大家最感痛心的日子,但是没有一个人会比我更为痛心。在我担任公职的一生中,我所信仰的一切,我所为之工作的一切,都已毁于一旦。

现在我惟一能做的就是鞠躬尽瘁,使我们必须付出重大代价的事业取得胜利。"最后他说:"我相信,我会活着看到希特勒主义归之于毁灭和欧洲重新获得解放的一天。"

张伯伦醒悟得太晚了,他没能像他所相信的那样看到希特勒归之于毁灭和欧洲重新获得解放的那一天。1940年11月9日,他怀着绝望的心情与世长辞……

巧布疑阵,出奇制胜

在诺曼底战役前,英美方面为了不使德军获悉正确的情报,不惜花费大量人力物力,精心布置了一场规模庞大的伪装活动,诺曼底战役的成功,则是对于它的报偿。

按照盟军的计划,1944年9月,将发动西线攻势,开辟欧洲第二战场,与东线的苏联红军一道,两面夹击纳粹德国,打垮希特勒。

这一战役计划的战略企图是:利用苏军在东线提前发动进攻的有利形势,从法国北部德军防御薄弱的诺曼底地区突然上陆,尔后直指德国腹地,夺取反法西斯战争的最后胜利。要实现这个战略企图,就必须组织一支上百万人的庞大攻击部队,以闪电式的突击,一举登陆成功,突破德军的所谓"大西洋壁垒"。然而,这种庞大的军事行动,如何才能达成突然性,怎样才能不被德军发觉,如何才能使德军猜不到盟军预定的登陆地点。这是英美联军统帅部最为关心的问题。为此,未曾斗勇,先行斗智,盟军与德军之间先展开了一场迷惑与反迷惑的情报战。

英国情报机关为了迷惑德军,他们先是散布消息,表明英军登陆部队指挥官蒙哥马利元帅,5月份将前往直布罗陀和阿尔及尔,在那里编组英美联军,准备进攻法国的加莱地区。为了能让德国情报部门拿到一些"真实证据",英国人精心物色了一位蒙哥马利元帅的替身(陆军中尉杰姆斯),让他扮演蒙哥马利元帅。

杰姆斯中尉的相貌酷似蒙哥马利,而且他在战前是一个有25年表演履历的职业演员,能扮演各种角色,有丰富的表演经验。英国情报部门首先是让杰姆斯中尉熟悉蒙哥马利元帅的一切生活习惯、个性品质、言谈举止,甚至连吃饭时麦片粥中要不要放牛奶和糖这样的细节也不放过。然后,就安排杰姆斯与蒙哥马利在一起生活,进一步模仿和体会,直到使人们无法辨别真伪为止。

一切准备就绪之后,5月15日这一天,由杰姆斯中尉扮演的蒙哥马利元帅,由高级将领们欢送,搭乘首相专机飞往直布罗陀和阿尔及尔。纳粹德国当局得知消息后,开始也半信半疑。因为这以前,他们已经察觉到一些英美联军近期内有可能向诺曼底进攻的迹象,如果真的是去阿尔及尔,那么主要登陆地点就不应是诺曼底。为了证实真伪,德国特派了两名受过盖世太保严格训练、希特勒极为赏识的间谍,前往直布罗陀进行侦察。由于杰姆斯中尉表演逼真,有时还故意在容易泄露机密的场合谈论英美联军的作战问题,使德国间谍深信确实是蒙哥马利元帅到了直布罗陀。甚至连英国驻直布罗陀总督、蒙哥马利元帅的密友沙拉尔将军,也以为是真的蒙哥马利元帅前来视察。

这场出色的冒名顶替,收到了非常好的战略欺骗效果。德国统帅部真的相信盟军要在加莱地区登陆,于是,德军将防守诺曼底地区的2个坦克师和6个步兵师调往加莱地区,从而减轻了盟军在诺曼底登陆的阻力。

这次冒名顶替的行动前后,英美联军已在英吉利海峡沿岸一侧开始了一场庞大的伪装行动。

盟军在加莱地区对岸的英国多佛尔港口,设立了第一集团军司令部,任命的集团军司令就是出色地指挥过西西里登陆作战的美军名将——小乔治·巴顿中将,其用意昭然若揭。巴顿中将在多佛尔经常露面,拍发各种假电报,布置了企图在加莱登陆的假象。

与此同时,盟军在奥维尔、多佛尔、福克斯通等港口和泰晤士河口精心设计,构筑了规模宏大的与真码头一模一样的假码头,凡是真正的码头应该有的设施,全都齐备。这其中包括大吊车、油槽车、储油罐、发电站、消防队、高射炮台、货车车场等等,都给人以强烈的真实感。

盟军不仅伪造了军用码头,而且设置了大量舰艇模型。从洛斯托夫特到诺福克郡,从德文河到泰晤士河口,几乎没有一个港口海湾不停泊"登陆舰"和其他"舰艇"。集结在泰晤士河口的大量"舰艇",尽管是浮在油桶上用木材、铁管和篷布搭起的架子,但每艘舰艇的外表都非常逼真。"舰"上的烟囱冒着烟,四周水面上油迹斑斑,缆索上晾着衣物,水兵们在"舰"上来来往往……英军还故意把德军的侦察飞机放进来,让其在30000英尺以上的高空中摄影。在这样的高度拍下的照片上,依当时的技术条件,根本看不出那些"舰艇"有何不实之处。这样,一支完整的舰队正在加莱对岸紧张活

动的迹象的照片,挂在了德军统帅部的作战室里。

盟军的空军也没闲着,他们在攻击加莱的地段内设置了10多个假机场,摆上数百架木制作的假飞机。另外,还出动了大批飞机重点轰炸加莱地区。在诺曼底战役的准备阶段,盟军在加莱地区投下的炸弹吨数超过同期在诺曼底地区投弹量的2倍。

盟军费尽心力进行的大规模伪装活动,终于使德国人上了当。德军统帅部相信了盟军会因为加莱地区离英国海岸最近,海港设备良好,易于登陆而作为主要登陆点。希特勒本人虽

警告过德军西线统帅隆美尔元帅注意诺曼底。但随着英军伪装的成功,希特勒终究确信诺曼底不会出现令人震惊的壮举,即使有也不过是一场佯攻。根据错误判断,德军的防御重点偏向加莱,不仅增调了大批部队,而且在加莱地区海岸修筑了一道纵深达 5 至 6 公里的较严密的防御带,以钢筋混凝土构成的坚固支撑点,并布有大量地雷和其他障碍物。此外,在海滩上的高潮线、低潮线之间设置拒马、铁丝网等水下障碍物,低潮线之外还有 3 道水雷区。但在诺曼底地区的海岸防御工事则远远不及加莱地区,仅构筑了 88 个独立支撑点,其中只有一小部分是钢筋混凝土结构。

6 月初,英吉利海峡的气象十分恶劣。鉴于盟军以往不在坏天气进攻,德军放松了警惕。6 月 5 日早上 6 时,隆美尔元帅告假离开作战部队,回家去庆贺妻子的生日。

此时,英美联军为登陆集结的 5000 余艘舰船已经出海,将要利用恶劣气象中一个短暂的间隙,于 6 月 6 日晨发动历史上最大规模的两栖登陆作战——诺曼底战役。

6 日,晨曦未露,天空和海洋全都是一片黑暗。此刻,大批伪造的盟军舰船浩浩荡荡地向加莱方向驶去,中间夹杂着一些真正的军舰,尤其是一些炮舰。空中,30 架"堡垒"式飞机投掷了大量的金属箔片,干扰德军雷达,造成庞大的盟军舰队正星夜向加莱地区开进的假象。空中到处是盟军地面人员和飞行机组之间的交谈信号,所有迹象都表明,盟军即将在加莱地区登陆。

当然,这只不过是一次大胆而巧妙的佯攻。但德军统帅部却相信这一切都是真的,命令大量海空军向加莱方向增援。几乎在同一时刻,在真正的登陆地点诺曼底,5100 艘盟军舰船、2500 多架作战飞机,在数十架电子干扰飞机的掩护下,正朝着既定的 5 个海滩区疾进……

经过整整一天的血战,到 6 日晚上,5 个海滩区都为盟军掌握,登陆部队超过 50 万,为阻挡盟军的进攻,德军的冯·伦斯德元帅准备动用手中的 2 个预备装甲师,但希特勒坚持认为诺曼底不是盟军的主攻方向,结果在战斗最激烈的时候,这 2 个装甲师始终在袖手旁观。到了晚上,希特勒又命令准备调往诺曼底地区的装甲师和步兵师停止前进,改为增援加莱地区,到了此时,希特勒和他的一些将军们仍相信,巴顿的第一集团军将发动更大规模的"加莱登陆"。所以,希特勒拒不批准隆美尔元帅和伦斯德元帅调用加莱地区部队增援诺曼底的请求。说明盟军伪装欺骗行动的作用到这时仍没有消失。

诺曼底登陆战役终于取得了伟大的胜利。

制作假象,轰动全城

几年前,在美国肯塔基州的一个小镇上,有一家格调高雅的餐厅。店老板察觉到每星期二生意总是格外冷清,门可罗雀。

又到了一个星期二,店里照样是客人寥寥无几。店老板闲来无事,随便翻阅起了当地的电话号簿。他发现当地竟有一名叫约翰韦恩的人,与美国当时的大明星同名同姓,这个偶然的发现,使他的心为之一动。他立即打电话给这位约翰韦恩说,他的名字是在电话号码簿中随便抽样选出来的,他可以免费获得该餐厅的双份晚餐,时间是下星期二晚上8点,欢迎他偕夫人一起来。约翰韦恩欣然应邀。

第二天,这家餐厅门口贴出了一幅巨型海报,上面写着"欢迎约翰韦恩下星期二光临本餐厅",这张海报引起了当地居民的骚动和瞩目。

到了星期二,来客大增,创下了该餐厅有史以来的最高纪录。尤其是那个晚上,6点钟还不到就有人在等着被安排座位,7点钟队伍已排到大门外,8点钟店内已挤得水泄不通。大家都想一睹约翰韦恩这位巨星的风采。

过一会儿,店里的扩音器广播到:"各位女士,各位先生,约翰韦恩光临本店,让我们一起欢迎他和他的夫人。"

霎时,餐厅里鸦雀无声,众人的目光一齐投向大门口,谁知那儿竟站着一位典型的肯塔基州老农民,身旁站着一位同他一样不起眼的夫人。原来这位矮小的仁兄就是约翰。

店老板非常尴尬、惶恐,后悔这个安排太荒谬、离谱,但就在这时,人们顿时明白了这是怎么回事,于是在寂静了一刻之后,突然爆发出掌声和欢笑声,客人们簇拥着约翰夫妇上座,并要求与他们合影留念。

从此以后,店老板又继续从电话号码簿上寻找一些与名人同名的人,请他们星期二来晚餐,并出示海报,普告乡亲。于是,"猜猜谁来晚餐","将是什么人来晚餐"的话题,为生意清淡的星期二带来了高潮。

在英国的伦敦,有一家小型的珠宝店,开张伊始店老板就扬言,要获得令同行们刮目相看的经营业绩。然而,4年以来,因经营不善,濒临倒闭,同行们都讥讽他是"癞蛤蟆想吃天鹅肉"。店老板真是走投无路,冥思苦想着改善困境的对策。

机会终于来了。1980年,查尔斯王子和黛安娜王妃要举行婚礼,一时成为轰动英国以至全世界的新闻。黛安娜王妃容貌绝伦、仪态超群,令绝大多数英国人为之仰慕、倾倒,她甚至成了众多青年人崇敬的偶像。店老板想,如果能抓住这个千载难逢的机会,利用公众对王子王妃婚礼盛典的专注心理,导演一出虚假而又逼真的广告活剧,必定能使自己的珠宝店摆脱困境,大发其财。

于是,他四处搜寻长得像黛安娜王妃的年轻女子。历经艰苦,终于被他找到了一个相貌酷似黛安娜的时装模特。他重金聘用这个模特,对她从服饰、发型到神态、气质都做了煞费苦心的模仿训练。待到看不出破绽之后,店老板便向电视台记者发出了暗示:明晚将有英国最著名的嘉宾光临自己的珠宝店,采访这条新闻的条件是电视片中不得加入解说词。

第二天晚上,这家珠宝店灯火辉煌,店老板衣冠一新,神采奕奕地站在店门口,像是要恭候要人光临。此举顿时吸引得许多过往行人驻足观望。不一会儿,一辆豪华的轿车缓缓地驰到了门口,车一停下来,店老板便立即走上前去彬彬有礼地打开了门。那位相貌酷似黛安娜王妃的模特从容地从车上走下来,嫣然一笑,还向聚拢来的行人点头致意。有人喊了一声:"看,黛安娜王妃。"众人真的以为是黛安娜王妃来了,不及辨别便蜂拥而上,争相一睹黛安娜王妃的风采,挤到前头的青少年还为吻上了"黛安娜王妃的手"

而得意非常。电视台的记者不敢怠慢,急忙打开录像机频频摇动,警察怕影响"王妃"的活动,急忙过来维持秩序。

店老板此时更是从容不迫,先是感谢"王妃"的光临,随后笑容可掬地引她参观,店员们按老板的吩咐,相继介绍项链、耳环、钻石等名贵饰品,"黛安娜王妃"则面露欣喜,边挑边称赞。

第二天,电视台播放了这出以假乱真的新闻录像,因受老板的关照,被蒙在鼓里的记者,把它拍成了"默片",自始至终没有一句话和一句解说词。屏幕上出现的只是热烈非常的场面和珠宝店的店客。这一下震动了伦敦全城,人们纷纷传播这个重要的新闻,原来不知道这家珠宝店的人们不住地打听这家珠宝店的地址,都想在"黛安娜王妃"来过的珠宝店里买一件首饰当作礼品送人。青年人,黛安娜迷们爱屋及乌,络绎不绝地跑来抢购"黛安娜"所喜爱的各种首饰。原来生意清淡、门可罗雀的小珠宝店,顿时门庭若市,生意兴隆,叫老板和店员们应接不暇。短短的一个星期,这家珠宝店就获利 10 万英镑,超过开业 4 年来的总和。

这则消息传到白金汉宫,惊动了皇家贵族,皇家发言人立即郑重地发表声明:"经查日程安排,王妃没有去过那家珠宝店。"要求法院判处那家珠宝店的老板犯了诈骗罪。发了大财的珠宝店老板却振振有词地说:"电视片中没有一句话,我也没有说嘉宾是黛安娜,这在法律上不能构成犯罪,至于围观的公众'想当然'地把她当成王妃,我是无法阻止的。"

珠宝店老板利用假王妃,大肆制造社会新闻,使得伦敦全城沸沸扬扬,珠宝店也因此柳暗花明,绝处逢生。此举假借了权威效应,珠宝店老板深知黛安娜王妃在英国公众心目中的权威性,故请来一位模特扮演成王妃,光顾他的珠宝店,又巧妙地通过电视台加以宣传,从而大大提高了他的珠宝店的知名度和美誉度,吸引来众多的顾客,实现了预期的宣传效果,扩大了销售。这种手段,从道德上说,有愚弄公众之嫌,不宜提倡,但是,若能正确地在商业活动中利用权威效能,则是值得赞扬的。

8 计 暗 渡 陈 仓

李园兄妹,诡诈夺权

李园及其妹李环是战国时期赵国人,本是名不见经传的小人物。然而正是这两个小人物,实施"明修栈道,暗渡陈仓"之计,首先骗过了楚国令尹黄歇,由黄歇推荐,一人当上了楚国王后,一个成为楚国权臣,然后采用突袭手段杀黄歇于宫城,使其苦心经营二十多年而建立起来的朋党集团一朝倾覆。事情的原委是这样的。

黄歇,楚国人,早年出外求学,由于博闻强记,学业精到而闻名于世,后来投奔楚顷襄王,顷襄王发现黄歇能言善辩,思维敏捷,便派他出使秦国,在秦,黄歇大展辩术,说服了秦昭王取消进攻楚国的计划,得到顷襄王重用,晋升为左徒。后又随太子完一起赴秦为质,被太子引为患难知己。楚顷襄王三十六年(公元前263年)秋,顷襄王死去,太子完即位,即楚考烈王。黄歇被任命为令尹,此是楚国最高军政长官,加封号为春申君,成为战国四君之一。

这时齐国的孟尝君已经去世,但赵有平原君,魏有信陵君,加上各国封君大臣,仍然争相礼贤下士,招揽士人宾客,互相倾夺,专权把持国政。春申君黄歇虽为后来者,却也不示弱,积极加入礼贤下士的角逐。在极为短暂的时间里,招揽了几千名徒党,聚敛了巨大的财富。

秦国包围邯郸时,赵国平原君派人到楚国告急,又亲自到楚国结盟,后来楚国出兵,由春申君黄歇统领前去救赵。邯郸解围后,平原君为了感谢楚国及春申君相救之恩,派使者到楚国来见春申君。春申君黄歇安排来使住在最好的驿馆里。赵国的使者是平原君的门客,自以为平原君最为富有,自己不能丢了主人的面子,让楚人小看了,于是便戴上饰有玳瑁的头簪,刀剑的鞘上也装饰着珠宝玉石,约好与春申君的门客在馆驿相会。春申君的门客共有三千多人,来访者都是有身份的,当这些人来到馆驿时,赵国使者——平原君门客吃惊地发现,春申君的门客不但头上、佩剑上、腰带上金光闪闪,就连脚上穿的鞋子居然也镶着亮晶晶的珠宝!他惊得目瞪口呆,自惭形秽。

春申君黄歇把持相位,朋党门客势力越来越大,盘踞着中央地方政权的许多要害部门,这不能不引起其他贵族大臣直至考烈王本人的嫉恨,只因黄歇势力太大,一时无从下手。公元前241年,楚考烈王二十二年,也是春申君执政的第22年,东方各国诸侯看到秦国攻伐不已,便再次合纵,除齐国外,其他五国联合起来向秦国发起进攻。楚考烈王被推举为纵长,黄歇实际主持战事。合纵联军逼近函谷关,由于内部不和,矛盾重重,所以秦军一出,五国联军随即土崩瓦解。楚国无奈,为避开秦国日益强大的攻势,迁都到寿春(今安徽寿县)。考烈王抓住这个借口责怪黄歇,从此对他也开始疏远了。

眼看楚王对自己越来越疏远,黄歇尽管大权在握,但心中不免生起一种不祥的预感。他日夜焦虑,盘算着如何才能重新得到考烈王的信任和亲近。

考烈王虽然后宫庞大,可却没有儿子,黄歇认为这是自己表示忠心的大好机会,便四处寻觅生育力强的美女献进宫去,可是过了很久,仍未见生出半个王子来。黄歇急得寝食不安。这种情形最容易被野心家利用,野心家真的出现了。

李园是赵国人,他有个妹妹,生得美丽动人,倾国倾城。得知楚王寻访美女,李园便带着妹妹来到楚国,打算把妹妹献给楚王,碰碰运气。可是到了楚国后,听人说过去进献的女子都没有生子,李园担心妹妹也会因此而失宠,便踌躇起来,不久又听人说春申君党徒众多,权势炙手可热,又与考烈王有患难之交,许多美女都经过他的手送进宫去,李园沉思良久,一条毒计便在他的心中酝酿形成了。

这天,李园来到春申君府邸,请求春申君收他为舍人——即门客。黄歇见他眉清目秀,口齿伶俐,行动机敏,很是喜欢,便欣然收留了他。

没过几天,李园来向春申君请假,说是回家探亲,黄歇同意了,并定下了回来的日期。时间很快,过了日期很久,仍不见李园的人影,黄歇十分生气,心想:"这个人刚做我的门客就失期不归,实在不像话!"

又过了几天,有人报说李园求见,黄歇命他进见。只见李园风尘仆仆,好像走了很远的路,黄歇觉得奇怪,便问原由。李园急忙跪下请罪,然后解释道:"小人本来能准时返回的,只因齐王派使者到小人家里,要小人将妹子献给齐王,小人与他周旋数日,屡次将他灌醉,才得以脱身,逃回楚国。"

黄歇问道:"令妹有何才气,竟惹得齐王派人寻访?"

"舍妹会弹琴,能读《诗》《书》,可通一经。"李园急忙答道。

黄歇听了,不觉心里一动,又问道:"已将令妹聘给齐王了么?"

"哪里,小人将齐国使者灌醉后,便和舍妹一同奔到楚国,所以未聘与齐王。"

黄歇听罢,故作毫不介意,随便问道:"黄歇可否有幸一见令妹?"

"当然可以!"

"那么好吧,明天你带令妹到离亭来见我。"

看到黄歇上了圈套,李园心中一阵狂喜,便急忙回去为妹妹梳妆洗浴。准备第二天带她去见春申君。

赵国出美女,是有了名的。黄歇早有耳闻,李园当然知道自己妹妹的动人之处,绝非寻常美女可比,所以才敢冒这个险。这天他用一辆小彩车载着妹妹来到春申君家别墅后园。

黄歇早已摆下酒宴,备好琴瑟、手鼓。时值黄昏,只见一位少女,身披晚霞,飘然而至,向黄歇深深下拜:"民女李环再拜将军阁下。"

黄歇听到这清丽柔润的嗓音,不禁顺声望去:面前这位少女真个明眸皓齿、体态婀娜,浑身透出一股青春的生命力。只见她低垂眼帘,更显出几分羞涩和娇媚,看得春申君心旌摇荡,情不自禁,命她弹琴。一曲未终,黄歇早已叹服叫绝。曲罢,又亮起歌喉,清脆甜润,美妙无比。黄歇的魂魄立即被面前这位小精灵摄去了,忘了什么礼法、尊严,恨不能立刻和她融化在一起。他直着双眼,起身来到李环跟前,伸手挽住她的玉臂,恳求她留宿府中。李环含羞答应了……

第二天上午，已是艳阳高照，多年来早起晚归、勤苦严谨的春申君黄歇竟第一次懒懒地躺在床上，乜斜着眼睛欣赏着正在梳妆的李环，早已忘了时辰。李环回身注视着黄歇，故作郑重地说道："妾听说大王年老却没有子嗣，把国家都托付给将军。将军若在外面沉湎于酒色，不理政事，让大王知道了，不是有负于大王的信任，也让妾兄妹有负于将军夫人么？所以请将军赶快叮嘱属下，不要把这件事泄露出去。"

黄歇如梦方醒，立刻下令官属门客：不许说出淫于美女之事。

大约过了一个月左右，李环发现自己有了身孕。这天她突然呜咽着对黄歇哭述："妾承将军爱怜，恨不能终生陪伴，以报知遇之恩。可是看到将军处境艰难，妾身前途未卜，心中悲伤。"李环一句话，触到黄歇的隐痛：是啊，大王一天比一天疏远自己，形势对自己不利，现在又淫于美女，政事有所荒废，若让大王知道，将如何是好？想到这，他不禁长叹一声，却默然无话。

李环一见有机可乘，便趁势试探着说："妾想来想去，只有一个办法可解眼前危困。"

"有什么办法，美人请讲。"黄歇听说有办法，眼睛为之一亮。

李环欲言又止，犹豫道："妾不知当讲不当讲。"

"有话就讲，怕什么？"黄歇急了。

"将军若赦妾妄语之罪便讲。"李环又卖了一个关子。

"好，我赦罪，我保你无罪。"

李环这才将她兄妹二人早已策划好的一篇说辞和盘托出：

"将军莫急，听妾说来。将军知道，大王信任将军，使将军身居高位，富贵无比，就连大王的兄弟也比不上将军。将军担任楚国令尹已有20多年，也算位极人臣了。可大王没有子嗣，一旦驾崩，只能立兄弟为王，他们即位，肯定要任用自己的亲信，将军如何能长久保有眼前的宠幸和富贵呢？如果那样，将军从前所做的和所拥有的一切不就都白白失掉了么？将军掌权日久，总有对大王兄弟无礼之处，即使做得再好，他们也早就怨恨将军独占大王的信任和宠爱，所以一旦他们即位，将军免不了要大祸临头，哪还能保住相印和江东的封地呢……"

看到黄歇额头已渗出冷汗，李环掩饰不住内心的轻蔑和得意，转入正题:"妾如今已有身孕,别人还不知道,妾仰承将军的雨露之恩还不太久,将军若能凭借手中的权力,把妾进献给大王,妾一定会让大王以为腹中胎儿就是龙种,若苍天保佑赐给我们一个男孩,那么日后即位当王的不就是将军之子么? 到那时,整个楚国就是将军的家业,还担心什么前途不测,还怕什么君王怪罪呢?"

黄歇早被这个大胆而奇异的计策惊呆了,他不但没有怀疑,反倒深深叹服李环的聪明和机智,甚至为李环舍身救人的牺牲精神所感动,他不禁双膝跪下,握住李环的手说:"美人相救之恩,黄歇终身不忘!"说罢,两人抱头痛哭,宛若生离死别。

第二天,黄歇把李环安排到馆舍中暂住,命令兵将严密护卫。五天以后,黄歇趁早朝,对考烈王道:"城中有位赵国美女,臣已看过,非常适合大王,可为大王生育子嗣。"

考烈王听了,自然同意,便召李环入宫,加以宠幸。李环十月怀胎,一朝分娩,果然生下个男孩。考烈王大喜,整个宫中都沸腾起来,新生的小王子立即被册立为太子,母以子贵,李环也被立为王后。李环向楚王推荐哥哥李园,楚王二话不说,立即任用李园,这样,李园离开了春申君府,入朝担任大官。

短短一年时间,事情竟发生了戏剧性的变化,李环由一介平民女子,成为楚国王后,儿子立为太子,李园则从一个江湖骗子、私家门客,摇身一变成为国家大臣、王室国舅,显赫无比。兄妹俩的计划还没有全部实现,他们虽然实现了荣华富贵的梦想,却担心好景不长,害怕春申君黄歇把事情真相泄露出去,也怕他将来倚仗自己是新王的生父,骄横跋扈,妨碍他们最终控制楚国,实现野心,所以必欲除掉而后快。而要除掉黄歇,首先必须有比黄歇势力还要强大的朋党集团。于是李园也学着黄歇的样子,礼贤下士,招揽门客,从头做起,组建自己的朋党集团。不同的是,他还暗中豢养杀手,伺机杀掉黄歇。可见以李园为首的新的朋党集团具有更大的破坏性。

楚考烈王二十五年(公元前238年),也就是春申君黄歇执政的第25年,考烈王病重,形势对黄歇越来越不利,可他不但一点没有觉察,反倒沉浸在李环与他在枕畔立下的海誓山盟中,做着当太上王的美梦哩。

一天,有个叫朱英的门客深夜求见,说是有要事相告,黄歇屏退左右,两人便谈了起来。门客很认真地问黄歇:"不知君知道吗,世上本有意想不到的福禄,也有意想不到的祸患。眼下君正处在一个万事变幻莫测的时代,一切都在意想不到之中,所侍奉的又恰恰是命运无法预测的君王。不过即使有如此严重的危机,为什么不可能会有一个意想不到的有用之人呢?"

黄歇莫名其妙,疑惑不解地问道:"什么叫'意想不到的福禄'?"

朱英笑了:"君任楚国令尹二十余年,虽然名为相国,其实与楚王又有何区别? 如今楚王病重,早晚要驾崩,太子年幼,身体也不健壮,到时君辅佐少主,实际上是摄政当国,就像商朝的伊尹和周初的周公那样。侍王年长后再把权力归还给他。这不和南面称孤而拥有楚国一样么? 这就叫'意想不到的福禄'。"

"什么叫'意想不到的祸患'?"

"李园并非为官出身,虽是大王的国舅,却并未担任军事将官之职,可却偷偷蓄养杀手死士,已非一两日了。大王一旦驾崩,李园肯定抢先入宫,拥立少主,假借王命,然后除掉我主。这就是'意想不到的祸患'。"

"那谁又是'意想不到的人'呢?"

"臣此来特请君事先任命臣为郎中(即国王侍从)。大王驾崩后,李园必首先抢入宫中,臣请求替君刺杀李园。如此则君可免却那意想不到的无妄之灾。臣不就正是那个'意想不到的有用之人'么?"

春申君听了,哈哈大笑,挥手说:"先生算了吧,不要再说了。李园这个人我还不晓得?他是个软弱无能之人,我对他一直很好,他对我也是感恩戴德的,怎么会干那种事呢?这是绝对不可能的。"

朱英没想到黄歇竟如此粗心大意,看到无法说服主人,又怕事泄被杀,便急忙出来,连夜远走他乡,躲开了这块是非之地。

朱英走后的第17天,楚考烈王去世了。黄歇想起自己青年时代与考烈王一同生活在秦国,历尽难险,回国后又一同享尽人间的荣华富贵,后来尽管有些隔阂,但到底是生死之交,一生没有反目,如今考烈王死了,黄歇感到非常悲痛。他一边料理丧事,一边考虑着将来的打算。可是,另一方面,不管怎么说,考烈王死了,再也没有谁能把自己怎么样了,想到这,黄歇在悲痛之余,又有些轻松自得了。他哪里料到,大祸就在眼前。

按惯例,国不可一日无君,第二天是大臣进宫商议立新君的日子,黄歇早早便起床了,盛装朝服,仪容整齐威严,招呼几个门客,驾车往王宫而来,路上遇见别的大臣,他远远拱手示意。车子徐徐驶入宫城棘门。黄歇虽然面色严肃,心中却抑制不住兴奋和愉快,想到自己的儿子就要成为楚国的国

王,受到万民的朝贺,自己实际上成了太上王、摄政王,甚至还可能有机会和美人儿李环重叙旧情,唉,几年过去了,不知我那位可爱的美人儿如今怎么样了,是不是还是那么动人、那么多情,想到这儿,他的脸上不禁微微泛起一层红光,嘴角露出一丝笑意。突然,猛听得背后一声巨响,黄歇的车子刚刚进入棘门,他回头看时,只见宫门已经紧紧地关死了,再看前面,几十个武士手执戈矛冲到车前,黄歇脑海中闪过各种记忆,他想起了朱英的话,感到事情不妙,刚要张嘴喊叫,杀手们一拥而上,从两侧乱枪齐

刺,可怜黄歇少年辩口,用计强秦,20年的宰相威风,3000多门客势力,竟在几秒钟内便倒在血泊中,杀手们一拥而上,争着割下黄歇的人头,血淋淋地扔出宫门之外。大臣们见了,吓得纷纷逃避,几个随行的门客也早被杀手们消灭。这时李园出现了,只见他杀气腾腾,手执宝剑,命令杀手们带领官吏、兵丁、门客直奔春申君府邸,不分老幼,逢人便杀,很快便将黄歇满门抄斩,门客们见主子身死,家势败落,便一哄而散,苦心经营20多年建立起来的巨大的朋党集团就这样顷刻间瓦解了。

黄歇和李环的儿子悍被舅父李园立为楚王,即楚幽王。幽王立十年便夭折,据说幽王之后的惠王名叫犹,竟是悍的同母弟,即李环入宫后生的儿子,不知他的父亲到底是谁,即位不到两个月,便被自己的庶兄,即考烈王另外的妃子或宫女所生的儿子负刍杀死了。春申君败亡了,李园兄妹也未能善终。不到十年,两个儿子相继死去,发动暴乱夺取王位的负刍之流同样逃不脱厄运。就在负刍即位的第五年(公元前223年),秦王派大将王翦、蒙武率大军攻陷楚都寿春,俘虏负刍,历时千年的古老部族、800年的著名诸侯国,就这样灭亡了。

司马征辽,智擒公孙

春季,正月,明帝从长安召回司马懿,命他率4万人讨伐辽东。参与谋划的大臣有的认为4万兵员太多,军费难供。明帝说:"四千里远征讨伐,虽说要用奇兵,但也应当依靠实力,不应太计较军费。"明帝对司马懿说:"公孙渊对您将用什么计策?"司马懿回答说:"公孙渊弃城逃走,是上策;据守辽东抗拒大军,是中策;如死守襄平,必被活捉。"明帝说:"那三者中他将采用哪一种?"回答说:"只有明智的人,才能审时度势,客观衡量敌我双方的力量,才会预先有所舍弃。这不是公孙渊的能力能及的,他会认为我军是孤军远征,不能支持很长时间,一定是先在辽水抗击,然后退守襄平。"明帝说:"往返需要多长时间?"回答说:"进军一百天,进攻一百天,返回一百天,六十天为休息日,这样,一年就足够了。"公孙渊听到司马懿讨伐辽东的消息后,再次派遣使节向东吴称臣并要求救援。东吴打算杀掉来使。羊衜说:"不可,这是发泄匹夫一时怒气,而破坏称霸的大计,不如趁势厚待他,然后秘密派遣奇兵要公孙渊归附。如果魏讨伐公孙渊不能取胜,而我军远赴救难,便有恩于远方夷族,赴义的形象将传之万里。如果双方交战难解难分,辽东前方、后方分隔,那么我们就在它边陲郡县,驱逐劫掠而归,也足以表达上天的惩罚,雪往日之恨了。"吴主说:"好!"于是大规模地集结部队,并对公孙渊的来使说:"请回去等候音信,我一定按信上的要求去做,和公孙渊情如兄弟,一定休戚与共!"又说:"司马懿所向无敌,我深为老弟担忧。"明帝问护军将军蒋济道:"孙权会救援辽东吗?"蒋济说:"孙权知道我们戒备森严,他无利可图,援军深入力所不及,不深入又徒劳无功;即使是儿子、兄弟处于危境,孙权也不会救援,何况是异域他国之人,加上以前还被公孙渊羞辱过。如今宣扬出兵救辽,不过是欺骗辽东来使,使我们生产疑惧,一旦我们不能攻克,希望公孙渊会向他臣服。可是沓渚县离公孙渊所在地很远,如果大军受阻,与对方相持不下,战斗不能速决,那么孙权的临时决策,或者轻

兵突袭,就不好预料了。"

238年6月,司马懿大军到达辽东,公孙渊命大将军卑衍、杨祚带领步、骑兵数万人驻扎在辽隧,围城挖掘了20余里长的壕沟。魏军将领们想要入城,司马懿说:"敌人所以坚守壁垒不肯决战,是打算拖死我军,现在进攻,正中其计。而且敌人主力在此,他们的老巢必定空虚,我军直攻襄平,必定能够攻下。"于是,打出许多旗帜,假装向南方出动,卑衍等率全部精锐部队随之向南。司马懿率军暗中渡过辽河,向北直扑襄平。卑衍等大为惊恐,率军连夜撤回。魏各路大军进抵首山,公孙渊再让卑衍等迎战。司马懿进击,大败卑衍,率军包围襄平。秋季,7月,连降大雨,辽河暴涨,运粮船队从辽口可直达城下。大雨一个多月不停,平地水深数尺,魏三军恐惧,打算迁营,司马懿下令军中:"有敢说迁营者斩!"督督令史张静违犯禁令,被斩,军心才安定下来。敌人依仗水势,砍柴放牧依然如故,将领们想要俘获他们,司马懿都不准。司马陈珪说:"从前攻打上庸,八支部队同时进发,昼夜不停,所以能用16天时间攻克坚固之城,斩杀孟达。这次远征,反而安逸缓慢,我暗暗疑惑。"司马懿说:"孟达兵少但存粮可支一年,我军四倍于孟达,但粮食不能支持一个月。以一个月图谋一年,怎么可以不急速?以四个兵士攻击一个敌人,即使丧失一半也能够攻克,都应当去做,所以不顾死伤地强攻,是与粮食竞争啊!如今敌众我寡,敌饥我饱,何况雨水如此之大,攻力无法施展,虽然应当速战速决,又有什么办法呢?自打从京师出发,不担心敌人进攻,只害怕敌人逃跑。如今敌人粮食就要耗尽,可是我们的包围尚未完成,抢掠他们的马匹,抄袭他们的樵夫,这是故意逼迫他们逃走。用兵是诡诈之道,要善于根据具体情况随机应变。敌人凭仗人多雨大,虽然饥饿,还不肯束手投降,应当显示出我们无能以稳住他们。如因贪小利惊跑他们,不是好计策。"朝中听说大军遇雨,一致打算退兵,明帝说:"司马懿有能力临危控制变故,捉住公孙渊指日可待。雨止,司马懿马上合拢包围圈,堆土山,挖地道,用楯干、橹车、钩梯、冲车,日夜攻城,箭与雷石密下如雨。公孙渊窘迫危急,粮食耗尽,以至人与人互相残食,死亡极多,部将杨祚等投降,8月,公孙渊派遣相国王建、御史大夫柳甫向司马懿请求解围退兵,公孙渊君臣定当自缚而降。司马懿命斩来使,用檄文通知公孙渊说:"楚国和郑国地位相等,可是郑伯还光着脊背牵着羊出城迎降。

我是天子的上公，而王建等想要我解围后退，难道合乎礼节吗？这两个老家伙，传说不明，已被我杀掉。如果还想请降，就另派年轻有决断的人前来。"公孙渊又派侍中卫演出请求指定日期，派送人质。司马懿对卫演说："军事上大的要诀有五条，能战则战，不能战就坚守，不能坚守就逃走。其余两条，就只投降和死路了。公孙渊不肯自缚而降，就是想死，不必送人质！"壬午日，襄平城败溃，公孙渊与其子公孙修带数百骑突围向东南逃走，魏大军追击，在梁水边杀了公孙渊父子。司马懿攻入襄平城。诛杀城中公卿以下官民7000余人，积尸封土，筑成京观，辽东、带方、乐浪、玄菟四郡全部平定。公孙渊要反叛时，将军纶直、贾范等苦苦相劝，公孙渊把他们都杀了。司马懿于是堆上加高纶直等人的坟墓，让他们的子弟显扬，释放了还在囚禁着的公孙渊的叔父公孙恭。中原人想返回老家的，也听其自便。然后司马懿班师回朝。

刘裕密谋，计除长民

　　刘裕是东晋末期一位有为的大将，晋安帝元兴二年（公元403年），联合何无忌、刘毅，起兵反对东晋权臣桓玄，为恢复晋室立下大功，拜为侍中、车骑将军、都督中外诸军、录尚书事，一跃为晋朝廷权要。安帝义熙六年，又率师讨伐南燕，恢复东晋大片领土，再晋升为太尉。不久，又兴师北伐，连破后秦大军，俘秦王姚泓，一时间，东晋王朝为之兴盛，也就在这个时候，刘裕因功高权重，遭到内外朝臣的妒恨和排挤，先是与他共反桓玄的卫将军、荆州刺史刘毅居功自傲，极力反对刘裕入朝辅政，又处处抑制刘裕军权，激起刘裕亲率大军，沿江北上江陵讨伐刘毅。义熙八年九月，刘裕由建康率师出发，临行前，以豫州刺史诸葛长民监太尉留府事，心腹刘穆之为建武将军辅佐左右，防范京城意外事变发生。

　　诸葛长民也是早期与刘裕共谋东晋恢复大业的功勋人物，官拜豫州刺史，与刘裕先期关系亲密。

　　诸葛长民骄横放纵，贪婪奢侈，干的事大多都不合法度，成了百姓的一大祸患。他也常常担心太尉刘裕按查处罚他。到了刘毅被杀，诸葛长民便对他所亲近的人说："'前年杀彭越，今年杀韩信。'我的大祸就要来了！"于是，他把别人屏退，问刘穆之说："大家纷纷传言，都说太尉对我非常不满，这是什么原因？"刘穆之说："刘公逆流而上，远征刘毅，把老母和幼子全都交给您照顾，如果有一点点的不信任，哪里能这样呢？"诸葛长民的心里才稍稍安定一些。

　　诸葛长民的弟弟、辅国大将军诸葛黎民，劝说诸葛长民道："刘毅的死，也就是诸葛氏的可怕的下场，应该趁着刘裕还没有回来，抢先动手。"诸葛长民犹豫不决，没有行动，过后叹息说："贫贱的时候，常常想着富贵，富贵之后又一定会有危险。现在要想当一个丹徒的老百姓，怎么能行呢！"于是，给冀州刺史刘敬宣写信道："刘毅狠毒暴戾，专横任性，自己找的灭亡。现在，有叛乱之心的人已经要被剿灭，天下就要太平，如果有富贵的事情的话，希望我们一同享受。"刘敬宣回信说："下官我从义熙初年以来，荣幸地当过三个州的州长，七个郡的郡长，常常害怕福分就要过去，灾祸就要降在头上，因此只想回避太满的好处,宁可吃亏受损。您所说的富贵的意思,我实在不敢承当。"而且又把信送给刘裕,刘裕说:"刘敬宣理所应当不辜负我。"

刘穆之担心诸葛长民制造叛乱,屏退别人问太尉行参军、东海人何承天说:"刘公这次能不能成功?"何承天说:"荆州不怕不马上被平定,不过有另外一个值得忧虑的事。刘公过去在左里大胜之后回到石头,非常轻松愉快,但这次回来,却应该加倍谨慎。"刘穆之说:"不是你,听不到这样的忠告。"

刘裕在江陵,辅国将军王诞向刘裕表示,请求先行东还,刘裕说:"诸葛长民好像自己非常担心,你怎么敢轻易地就走!"王诞说:"诸葛长民知道我一向承蒙您的垂爱照顾,我现在轻装简从,单身而回,他就一定会觉得没有危险,这样也可以稍稍安定一下他的心意。"刘裕笑着说:"你的勇气,超过孟贲、夏育了。"于是就听凭他先回去。

晋安帝义熙九年(公元413年)二月,东晋太尉刘裕从江陵东下,返回建康,陆续把军用物资尽快地运送回去,但按照预定的日期来看,常常滞留,不能按期进发。诸葛长民与公卿们每天都到新亭去等候,每每错过日期。乙丑(三十日)夜,刘裕乘快速小艇迅速前进,暗中回到了东府。三月,丙寅朔(初一)凌晨,诸葛长民才得到消息,大吃一惊,急往晋见。刘裕命武士丁旿埋伏在幔中,然后迎接诸葛长民入内,把别人屏退,单独谈话,把凡是一生以来谈不透的话全部谈到了。诸葛长民非常高兴,却不料丁旿从帷幔后跳出来,在座位上绞死他,刘裕命令用车子把他的尸体拉到廷尉去判罪。又去抓他的弟弟诸葛黎民,诸葛黎民一向非常骁勇,拒捕格斗,被杀死。又杀了他的小弟弟大司马参军诸葛幼民、他的堂弟宁朔将军诸葛秀之。

诸葛长民之死使刘裕排除了一个主要异己政敌,为他向晋室动手,行禅让夺权,扫除了一个障碍。刘裕除诸葛长民,施行的是典型的暗渡陈仓之计。初始,由刘穆之施放温和气氛的烟雾,为刘裕后来从容实施计谋,提供一个充裕的时间。接着,刘裕故意让王诞单马一身回都,开始松懈诸葛长民的警惕,俟到大军由江陵还都,刘裕不是整队高奏凯旋之歌,而是让运送军需的辎重先行,大队人马缓行于后,接连几次的逾期未返,使每日到郊外新亭迎接大军的诸葛长民陷入迷惑之中,虚虚实实的变化,实际上是政治场上的佯攻,陷对手于判断失误。再说,要诛杀诸葛长民,总不能在他与朝中君臣相聚一起的时候,强行动手,很明显,这与企图自己称帝夺权,又想通过"有道德,有礼貌"的禅让形式上台的刘裕来说,是相违背的,所以明修栈道的佯攻,非常必要。果然,已放松警惕的诸葛长民单独进东府拜见,在私室里悄悄地结果他的性命,此时的突然袭击,已是囊中取物,万无一失。

石勒示弱,巧争天下

西晋白痴皇帝惠帝上台后,凶悍的皇后贾南风专权用事,引发了西晋政权固有的重重矛盾,一场长达16年的"八王之乱",使两晋政权仅剩的一点生气,消耗殆尽,王室的内乱,朝政的腐败,益发使天下人心怨愤不已。匈奴刘渊乘势起兵,建立了汉国(传至刘曜时称前赵),羯族人石勒也聚众起兵反晋,先投拜刘渊,封为辅汉将军、平晋王、安东大将军,所领军队成为刘渊政权中的一支骨干势力。他利用独领军权的机会,企图谋就自己的雄传大业。在长期作战之中,他先后灭除了自己的政治对手王弥等人。永嘉之乱之后,并州刺史刘琨和幽州刺史王浚,成为中原一带有强大军事力量的割据势力,石勒有心统一北方,于是采用谋臣张宾建议,舍弃晋北中郎将刘演据守的邺城,进占襄国(今河北刑台西南),以此为立业基地,把消除不利于自己建业的王浚、刘琨作为主要目标。

石勒占据襄国不久,广积储粮,积极修备,引起王浚的敌视。永嘉六年(公元311年),王浚勾结鲜卑首领段疾陆眷,围攻石勒,石勒闭门示弱,暗中出奇兵突袭,一举俘获鲜卑军首领之一段末柸,然后放俘示好,使王浚联合鲜卑攻击自己的企图落空。

石勒与鲜卑结好之后,开始图谋消灭王浚、刘琨,第一步先计划把首鼠两端的王浚诛除,于是问计谋臣张宾,张宾说:"王浚表面上称制南面,做晋朝的大臣,实际上怀有僭逆之志,企图废晋自立,可是担心四海英雄不能相从,他想得到您,就如项羽想得韩信,将军威震天下,举足轻重,如果用谦恭之辞、丰厚之礼折节迎逢,必能使其上当。"石勒采纳了张宾的建议。晋愍帝建兴元年(公元313年)十二月,石勒派舍人王之春、董肇携厚礼到浚处拜见,表示臣服。所呈上表中写道:"石勒本是小小胡人,因遭世局饥乱,四处流离屯守,流串冀州,不过想互相聚集保存性命罢了。现在晋室天祚论亡,中原无主,

殿下出身尊贵的名门望族,四海尊崇,能作天下帝王的人,非您莫属。石勒所以起兵诛讨凶暴,正是为了殿下驱除乱贼强寇而已,希望殿下应天顺人,早早登位。石勒愿奉戴殿下如天地父母,请殿下体察我的心愿,把我当作儿子一样看待。"王浚此时正为鲜卑、乌桓离叛自己,手下属官百姓不苛残暴纷纷逃离而苦恼,见到石勒劝进表,虽然心中欣喜,但开始还有怀疑,对王之春说:"石公是一时的英武豪杰,占据赵、魏旧地,与我成鼎峙之势,怎么向我称藩呢?"王之春赶紧巧言相劝:"殿下出身尊贵,势达于胡人、华人地区,自古以来胡人中有辅佐君主的名臣,却没有出帝王。右将军因顾虑帝王自有天道气数,非智力才能所能取得,即使强取,也未必为天人所承认,犹如项羽虽强,但天下终归汉朝。石将军相比殿下,犹如月亮之于太阳,所以鉴于前朝史事,归身殿下,这是石将军的远见卓识远远超过别人的地方,请殿下不要

相疑。"王浚听后心中大喜,封王之春、董肇为侯,予以重金酬谢。

石勒为消除王浚的疑虑,还重金贿赂王浚的左右枣嵩等人。王浚的部属游统,当时镇守范阳,此时暗地里派遣使者到襄国,想依附石勒,石勒令杀死使者送给王浚,王浚遂真心相信石勒忠诚依附自己。

建兴二年(公元314年)正月,王浚遣使者偕王之春到襄国,石勒令藏起精兵锐器,留下老弱残兵接待来者。使者出示王浚的信,石勒虔诚向北作拜后才敢接受。王浚送来的尘尾,石勒假装手不敢拿,悬之墙壁之上,朝夕叩拜,以示尊敬。他对使者说:"我没见到王公,见赐物如见公也。"又令董肇遣表王浚,约定三月中旬亲至幽州尊奉王浚为帝。又给王浚的心腹枣嵩去信,请求担任并州牧、广平公。王浚的使者返蓟地回报王浚:"石勒目前情形兵弱势寡,输诚之心无二。"王浚非常高兴,更加骄纵懈怠,对石勒不再戒备。

石勒从返襄国的王之春处详细询问幽州的政情,得知王浚刑政苛酷,赋税劳役频繁扰民,忠贤人士相继远离,夷狄胡人离心谋外,去年洪水灾后,幽州百姓无粮可食,王浚不思赈赡,反而囤积居奇。所属已是人心失散,皆知其将亡。而王浚自己却若无其事,毫不察觉,甚而把自己看作比刘邦、曹操还要高明。于是,石勒决意攻伐王浚。

石勒虽然下令军队作攻伐王浚的准备,但对同为晋室将领的刘琨非常顾虑,担心刘琨乘自己袭幽州时,进攻襄国,为此迟迟不发进攻命令。谋臣张宾为之献计,认为应该出奇制胜,不能拖延时间。还说"刘琨、王浚虽同列晋朝大臣,实际矛盾重重,如果我们遣使去信,送人质请求停战,刘琨只会为我们的顺服和王浚的灭亡而高兴,肯定不会援救王浚而背后袭击我们。"石勒听张宾说完,不由心喜,说:"我所未想到的事,张右侯都已决断,我还有什么可以犹豫迟疑的呢?"

石勒一边遣人送信刘琨,表示自己忠心晋室。刘琨见信,果然被欺骗迷惑,按兵不动。那边石勒亲率轻骑,举火把连夜行军,奔袭幽州,很快到达蓟城城下。大军过昌水的时候,王浚的部属孙伟本想阻拦,却被有心依附石勒的游统阻拦。王浚一心等待石勒来蓟城尊奉自己称帝,令部属宰杀牛羊,布置宴会。三月初三日,石勒喝开城门,令前锋赶放数千头牛羊进城,声称是向王浚献礼,实际是

堵塞街巷,防避城中伏军。王浚至此时才感到情况有异,开始坐立不安,刚想布置防御,可惜为时已晚,石勒领兵入其住地,王当众被缚。石勒命部下押其到襄国,中途王浚投水自杀未成,结果被士兵拉到襄国,斩其首级向汉主刘聪报捷。擒住王浚的时候,石勒指着王的鼻子痛骂:"你身为晋朝大臣,手握重兵,位居其他朝臣之上,却坐视朝廷倾覆,不去援救。还想自尊为天子。又专任奸诈小人,虐待百姓,残害忠良,祸害遍及燕土,真是凶恶叛逆,自取死亡。"

王浚被杀,刘琨才知上了石勒圈套,不得不上表晋室说:"东北八州,石勒灭了七个,晋朝的州牧,只剩下我一个。现今石勒占据襄国,与我一山之隔;朝发夕至,各城堡为之震骇惊恐,我虽然心怀忠心和仇恨,却力不从心呀!"建兴四年,石勒率大军与刘琨决战,大败其部将韩据、箕澹,朝据弃坫城而走,箕澹轻骑逃脱代郡,晋司空长史李弘率并州向石勒投降,刘琨进退失据,不知所措,投奔段匹磾,后来被段杀。石勒在河北的两个劲敌均被其用计各个击破,大兴二年(公元319年),石勒称赵王。咸和二年(公元329年),石勒灭前赵,兼并了关陇地区,建都襄国,称帝登极。

石勒是西晋十六国时期杰出政治家,是一个由奴隶逐渐晋升,直至做了后赵的皇帝,统一了曾经分崩离析、割据不停的黄河流域,他的成功不仅在于自己的军事征战,还得益于他成功的谋略,石勒灭西晋割据权臣王浚、刘琨,即是一个成功的例子。这里他使用的就是明修栈道、暗渡陈仓之计。要除王浚、刘琨,同时攻击两个目标将会导致两人联手谋己,所以他采取各个击破的战术,先取王浚。王浚有野心,想自立为王,谋叛晋室,石勒就投其所好,上表称臣劝进,要尊其为天子,且想方设法消除王浚的疑虑,示弱兵于王的使臣,把游统派来的使者杀死送给王浚,明示自己的无贰之心。以上措施终于使王浚完全放松了对他的戒心,石勒通过公开的以尊奉王浚为帝名义出兵,使王浚感到师出有名,乃常道也,不知常道之中,正隐藏了杀机。甚至石勒大军入城时,王浚还斥责要求防范石勒进攻的部下,说:"石公来是拥戴我的,妄说者斩首。"伪饰和好,上表称臣,使王浚懈怠戒备;遣使刘琨,呈信效忠晋室,造成刘琨麻痹,双管齐下,为成功偷袭王浚创造了好的条件,轻骑千里突袭,到达城下时,又以数千牛羊为诱饵,既可免王浚之疑,又防城中伏兵,可谓主意绝伦。王浚出府,来到中庭即被捆束手绑,也说明了石勒动手迅速敏捷,王浚被杀,刘琨孤立无援,正如他自己所说的,石勒大兵的到来,不过朝夕之间,其命运已定下,生死存亡只是时间问题,并州一失,最后刘琨逃到段匹磾处,已是他人手中之物,自然不能成任何气候了。

"兵以正合,事以奇胜。"古人认为,出奇制胜之法正是来源于正常的用兵之道。政坛上的政治斗争,也有其一定的,并被人们所认识的发展变化规律。政治家们正是利用人们对常道的教条和固执陈见,以常道造假,掩饰自己的真实意图。

吴王孙休,计杀孙琳

魏高贵乡公甘露三年(公元258年)九月,吴国权臣孙琳兵围吴国王宫,夺吴王玺绶,逼群臣同意废吴王孙亮,降其为会稽王。然后接受典正施正建议,迎立琅琊王孙休为吴主,于是派人送书孙休,指斥废帝孙亮,亲近刘承、全尚等佞臣,沉湎美色,搜取民女,不听劝谏,滥杀无辜大臣,为此自己推案旧典,运集大王,且百官立于道侧"迎侯王即帝位"。十月十八日,孙休将到建邺,孙琳的弟弟孙恩代执丞相职事,奉上御玺,孙休再三辞让,始接受皇帝玺绶。孙琳率士兵千人迎至建邺城郊外,拜于道旁,孙休也立即下车答拜。当天车驾朝廷正殿,宣布大赦天下,改吴国年号为永安。这时,孙琳又上殿交上印绶、节钺,自称草莽臣,诣阙上书,说:"臣自省才非国家干臣,虽位极人臣,不过因缘肺腑,伤锦败驾、罪负彰霸。陛下以圣德承大统,宜得良辅,但自思无益于朝政,故承上印绶节钺,退还故地,以求避让进贤之路。"吴王孙休赶快引进于殿,以好言慰解,下诏明示:大将军孙琳忠计内发,扶危定倾,为安康社稷,立有赫社功勋,令以孙琳为丞相、荆州牧,增加封邑五县。孙琳兄弟孙恩为御史大失,卫将军、中军督,封为县侯。孙据为右将军,封县侯。孙幹、孙闿均授将军职,封为亭侯。

孙休由会稽王被拥为吴王,是在吴国朝廷内部权力斗争白热化的形势下,吴王孙亮被黜废,大臣全尚等人遭逐杀,权臣孙琳因为顾及非议,暂时采取的权宜之计。孙休上台后,心里也非常清楚,东吴自孙权晚年以来,朝政人事更迭频繁,互相倾轧残杀从来没有停止,要想稳固住自己的皇位,非除去强臣孙琳不可。但自己在建邺城中力量不强,硬对硬的拼斗,只会重蹈孙亮覆辙。所以,登台伊始,他为稳住孙琳,极力予以笼络。孙琳一门,五人被封侯,且都是典掌禁兵,成为东吴以来,朝臣中罕见享受的荣耀,即是作为一项安置措施。接着他又对外明示无久居皇位之心,松懈孙琳等人的警惕性。当朝臣奏称请立皇太后、皇太子时,孙休明确下诏,"我以微薄之力,继承东吴大业,即位初始,并没有广施恩泽,后妃名号,嗣子之位,并非紧要之事,"一再拒绝朝臣奏请。

孙琳拥立吴王,并非出于真心,他一直对帝位跃跃欲试,就是在已经遣人迎立孙休的时候,他还想占居帝位。当时孙休正在驰往建邺的路上,孙琳打算搬进宫廷居住,且召集京城百官商议,群臣见状,大惊失色,但畏惧孙琳手握兵权,都一味的沉默,不肯公开表态。只有选曹郎虞氾,挺身而出,说:"明公现在是东吴的伊尹、周公,担当将相重任,执掌吴王废立的大权,居上安定宗庙社稷,下施恩惠于生民百姓,上上下下,大大小小,都为您欢呼跳跃,把您看作是商朝的伊尹,汉代的霍光再现于世。现在琅琊王还未来,您却想入宫,这样群臣百姓之心将为之动摇,人们会产生疑惑不解,此举非发扬忠孝,扬名后世的做法啊!"虞氾明褒暗贬的劝谏,群臣的沉默态度,孙琳虽然心中不满,但不便公开抗对,入宫打算只好暂时作罢。孙休即位不久,孙琳就带着牛和酒进奉吴王,吴王以群臣送礼一律不收为由婉拒,孙琳干脆转送到左将军张布府里,张布赶紧设宴款待,酒酣意浓时,孙琳大声报怨:"当初废掉少主时,不少人劝我自立为君,我以为皇上贤明,故此迎立。皇上没有我,哪能有今天。现在我给皇上送礼,都遭拒绝,这是把我与其他大臣同样看待,无所区别,我应当再立他人才是。"张布听其言,赶紧报告皇上孙休。

孙休见孙琳已萌发政变之意,急思对策,于是决意施行暗渡陈仓之计,佯攻偷袭。先是屡次赏赐孙綝，表示对孙綝宠信有加，一次，有人上朝密告，说孙綝心怀怨恨，欲图谋反，请吴王注意。孙休听到后，不仅不予将赏，反而把他拘捕起来送给孙綝处理，示以对孙綝坚信不疑。孙綝这时，又通过别人，要求带兵外出驻屯武昌，吴王立即答应，结果孙綝令自己所领中军万人，乘吴王有旨，尽取京都武库中的兵器，一齐装船驰往武昌。孙綝还要求把朝中中书两郎带走典领荆州军事，当时主管者声言中书郎官不应离京外出，但孙休特赦孙綝，允许带走。

　　吴王以上措施，削弱了孙綝在朝中的力量，执告密者送孙綝处理，表面上外示对孙綝的相信，又是佯攻，暗示孙綝在京谋反不会成功，吴王孙休早有警惕，不可造次。果然，孙綝心虚，把自己的亲信精兵，赶紧运往荆州，甚至要破例带走中书两郎。在吴王孙休看来，孙綝的亲信带走，当然是越多越好，而强留在京，只是增加孙綝的羽翼势力，所以，孙綝此类请求，孙休也痛快地答应。暗渡陈仓之计，离不开明修栈道，而修栈道的目的，是为了削弱敌人的力量，减少自己行动的损失，孙休以上举措，达到了这个目的。

　　寻找什么样的时机诛灭孙綝呢？孙休找到了亲近自己的辅义将军张布，张布向吴王推荐左将军丁奉智慧过人，能决断大事。丁奉受召，为吴王出谋，认为在朝中孙綝的同党很多，人心分散，不易动手擒获，可以乘着即将举行的腊祭集会的机会，乘虚攻击，布置禁兵杀他。吴王认为丁奉的计谋高明，命丁奉、张布事先布置。

　　吴永安元年十二月初八，吴王孙休举行腊祭集会，群臣纷纷聚集，孙休多次派人邀请孙綝，孙綝先称病不去，后顾虑到公开拒绝不妥，决定入宫参加集会，临行前嘱咐手下："你们事先做好预备，等我走后少许，府中起火示警，我即以此借口速还府中。"随即入宫拜见吴王。不久果然外面火光出现，孙綝乘机要求外出查看，吴王说："外面兵力很多，不用相烦丞相亲去。"孙綝强行离席，丁奉、张布已令左右士兵一拥而上，把孙綝绑个结实。孙綝见状赶紧哀求吴王："我愿意迁徙交州居住，远离朝廷。"吴王反答："当初为什么不把吕据、滕胤送到交州去呢。"吕、滕两人都是被孙綝无辜杀死的吴大将，而且滕胤还被孙綝谋杀三族，是故孙休如此讥讽孙綝。孙綝又说："我愿当个官家奴隶。"吴王又说："当初为什么不让滕胤、吕据做官奴呢。"说完，亲自监斩孙綝,又拿着孙綝首级,对孙綝手下兵将说:"与孙綝同谋的人,一体赦免。"结果五千人放下武器投向孙休。接着,孙休令夷灭孙綝三族,孙闿北逃魏国,路上也被追杀。

明里抗辽,暗谋帝位

公元959年后周皇帝周世宗病逝,由他七岁的幼子柴宗训继位,即周恭帝。周恭帝年少不能料理朝政,国家出现了不稳定的局面。大将赵匡胤多年跟随周世宗南征北战,取得了周世宗的信任,被安排在重要岗位上,这时已是殿前都点检、检校太尉、归德节度使,掌握着禁军的统帅权,在朝廷中是个举足轻重的人物。面对幼主临朝政局不稳的局面,赵匡胤想以赵代周,自立天子,建立自家的封建王朝。

公元960年,后周显德七年正月初一,正当朝廷群臣在开封欢度新春佳节的时候,突然边塞传来警报,北汉、辽军会师攻周,于是禁军最高将领、殿前都点检赵匡胤受命倾后周大军出征,北上抗辽。大军行至离开封东北二十公里远的陈桥驿,一幕"黄袍加身"的戏剧开演了:赵匡胤的弟弟赵匡义、亲信谋臣赵普,指使亲信高怀德,在将士中散布谣言:"皇上幼弱,我们纵然拼死力打仗杀敌,也无人晓得,不如先立殿前都点检为天子,然后再行北征。"集聚一起的出征将士,很快被传言煽动起来,赵匡义、赵普乘势诱导:"改朝换代,异姓兴王,虽说是天命,人心向背才是关系成败的关键大事,诸位将领如能严饬军士,勿使掳掠扰民,使都城人心安稳,则四方自然安稳。大功告成,诸位亦能共得富贵。"第二天凌晨,鼓噪一夜的众将领披甲执兵,叩门叫醒昨夜醉酒卧睡的赵匡胤,由赵匡义、赵普带领相继而入,共同要求:"诸将无主,愿策立点检为天子。"赵匡胤故作惊愕状,起身下床,众人一拥而上,把准备好的黄袍披在赵匡胤身上,接着排列跪拜,高呼万岁。赵匡胤随之乘马领兵南返,要求众将士,"如要保富贵,须听从号令。回城后不得惊忧宫阙,凌辱朝贵,劫掠府库。听从者厚赏,违命者戮及妻孥"。大军衔命,旋返归开封,城中早有赵匡胤亲信重将石守信、王审琦布置内应,后周满城文武,尚未从惊诧中回过味来,七岁的北周恭帝柴宗训,就被迫在正月初四日(公元966年2月3日)禅让帝位。次日,赵匡胤正式登基,改元建隆,称国号为宋,成了大宋王朝的开国始皇帝宋太祖。

陈桥兵变,黄袍加身,赵匡胤逼恭帝禅让登皇位一事,并非《宋史》所称的赵匡胤为大军所迫,顺从而行的一次偶然事件,实际上是赵匡胤施行明修栈道、暗渡陈仓之计,发动了一场一切皆在密谋策划之中的政变,而其谋主,就是赵匡胤。

赵匡胤祖籍涿州,世代为将,李姓唐朝政权崩溃后,他看到纷乱的天下,正是豪杰四出的风云际会之时,便投军到后汉枢密使郭威(后周太祖)帐下,亲自参加了郭威代汉的兵变。后来又被郭威的养子柴荣调至禁军任职。在周世宗柴荣统一关中、征战淮河流域、北伐契丹等一系列战争中,赵匡胤身为将领,既谋划得体,又身先士卒,很得柴荣信任。特别是公元954年随周世宗出征北汉、辽国一战,赵匡胤拍马向前,立下了赫赫战功。先后拔升为殿前都指挥使,拜定国军节度使。后周显德六年(公元959年),周世宗因病重难治,着手布置后事。以朝中甚得人望的魏仁浦为枢密使,兼宰相、中书侍郎、同平章事;宰相王溥,加门下侍郎,兼知枢密院事;宰相范质,兼知枢密院事;韩通以侍卫亲军副指挥部兼宰相职;周太祖女婿,世宗的妻弟张永德任殿前都点检。同年六月,周世宗猜忌张永德心蓄异志,把张削去军职,改任为宰相,而以禁军中由低职慢慢晋升的赵匡胤任殿前都点检,掌率禁军。世宗认为赵资历尚浅,不至于有胆量篡夺帝位。而朝中王溥、魏仁浦,范质等一帮老臣,文武相兼,可辅助新任皇帝。周世宗是后周历史上一个有为的皇帝,执政期间,厉行改革,在经济、政治方面,相继采取了一些有利于稳固国家政权,统一中国的措施,如对中央禁军的加强,使殿前诸班精兵强干,改变了唐朝后期冗兵之弊,也使中央政府有了足够的武力控制住地方藩镇,但正是在这个问题上,周世宗虑事有理,识人不当。去了“前狼”张永德,迎来了“后虎”赵匡胤,不知道赵匡胤也是一个窥视帝王宝座已久的野心家。

显德六年六月,年仅36岁的周世宗因病英年早逝,七岁的儿子柴宗训继父嗣位,母后符氏亦是一个入宫时间不长的妇人,新王不谙人事,太后不习国政,孤儿寡母高居台上,面对复杂的内政外侮,只能求助于辅政重臣。恭帝上台后,诏命李重进兼淮南节度使;韩通兼太平节度使;向训为西京洛阳的留守;赵匡胤封开国侯,兼归德节度使。四方布兵,拱卫京师。既掌禁兵大权,又节制地方藩镇的赵匡胤,见到后周朝廷内虚严重,正是谋夺帝位的大好时机,于是召集谋臣赵普,弟弟赵匡义一起密商,最后明察善断、处事周密的赵普出谋,设计了一个明修栈道、暗渡陈仓的计谋。

赵普等人计谋的第一步是利用幼主上台,畏惧边患,急于稳固政权的心理,先令人伪造假情报,谎报边患紧急,朝廷必然要求助掌握军事大权的赵匡胤,赵匡胤因此可以名正言顺地率领朝中大部禁兵出征,离开京都。这样既可以使赵匡胤避开朝中与自己地位资望相近的朝臣将帅,以及北周宗室王公、宰辅们的耳目,又可以转移朝廷视线,削弱朝廷军事力量,造成周政权内部虚弱,攻之无力还手的状态。而赵匡胤以禁军首领领大军出征,亦是国家遇边患时采取的通常做法,丝毫不使人怀疑。果然,当显德七年正月初一,突然从定、镇二州传来北汉、辽朝合兵南侵的消息后,宰相范质正沉浸在欢度春节的气氛中,军情火急。仓猝间,他也不思辽朝刚刚一个多月前战败而归,人马困乏未解,哪能马上再度南犯?于是召赵匡胤紧急商磋,赵当然顺水推舟,尽带朝中禁兵精华、心腹亲将,离京出征,至此,赵匡胤的以假情报迷惑对方,佯动掩护,造成对方暴露薄弱之处的目标达到,也为下一步回师突袭创造了条件。

赵匡胤北御辽寇本来就是假,大军的先锋殿前副点检兼镇宁军节度使慕容延钊是赵的莫逆之交,所以慢慢腾腾地走到了陈桥驿,就借故停了下来。心腹高怀德受赵匡义、赵普指使,先在军中煽动,鼓动军心。又有赵普、赵匡义从中以富贵功名相许,兵士当然兴致高昂,等到将领兵士们被鼓动起来,赵匡胤又故意装作醉酒,示以被迫顺从军心的样子。实际上,如果前方真的军情严重,敌人进犯,作为大军统帅,怎能第一天出征,就逗留不前,沉

涵于酒仙之中呢？何况禁军在军中喧闹一夜，声音嘈杂，他如果是一个赤心为国，一心御敌的将帅，又怎能容忍这种严重犯纪情况存在呢？故此，当众将领一致推之为首，黄袍披上身上之后，他就俨然以皇上口吻下令，要求众将领惟命是从，归城后不得违纪扰民，侵掠朝廷的府库财物，听命者重赏，违令者诛及子孙。起事的将领士兵已上圈套，当然会绝对服从。赵匡胤安顿了禁兵，第二天突然回师开封。京师本来兵力空虚，留下的石守信等人亦是赵匡胤的亲信。恭帝柴宗训、宰相范榜正翘首以盼赵帅的报功消息，意料不到赵匡胤回马京师，群臣毫无还手之力，只能束手就范。回师当天，恭帝被迫诏令，要效法古代尧舜禅让故事，让位给有上圣之姿，神武之略，功德具备的前殿前都点检赵匡胤。赵假惺惺地到崇光殿受命接禅让书，后周皇帝的宝座几天之内，移到了自己的身下。

暗渡陈仓，计除鳌拜

康熙帝姓爱新觉罗，名玄烨，是顺治帝的第三子，顺治十一年（公元1654年）三月十八日生于景仁宫。

康熙帝是清王朝的第三个皇帝，清王朝的奠基者是清太祖努尔哈赤，清朝的开创者是清太宗皇太极，皇太极是努尔哈赤的第八子。清太宗死后，他的儿子福临即位，他就是顺治帝，康熙帝就是顺治的儿子，顺治帝在康熙八岁那年死去，康熙的母亲又在康熙十岁时去世，康熙由他的祖母孝庄文皇太后带大。

鳌拜，瓜尔佳氏，满洲镶黄旗人。

鳌拜的祖父索尔果是苏完部落的首领，他于1588年率其子贺英东归顺了努尔哈赤。

鳌拜的叔父贺英东在努尔哈赤时，就位列"五大臣"之一。

鳌拜在清太宗天聪八岁（公元1634年）那年，就拜授牛章京，这是一个管三百人的基层官员，因屡立战功，被赠"巴鲁图"（勇士之意）荣誉称号。

这时，康熙帝还未出生。

崇德八年（公元1643年），鳌拜攻锦州，薄燕京，略山东，晋升为三等昂帮章京(管理一旗的户口、生产、教养、训练等事)。

顺治元年(公元1644年),清世祖福临即位后,鳌拜又因战功显赫,被晋升为一等。

鳌拜在清世祖福临亲政时,当上了议政大臣,领侍内大臣,累加少傅兼太子少傅,官职显赫。

福临6岁即位,当了18年皇帝,24岁就病逝了,福临在去世时遗诏要大臣索尼、苏克萨哈、遏必隆、鳌拜为辅政大臣。

四大臣扶康熙即位,在顺治灵前起誓:

"先帝不以索尼、苏克萨哈、遏必隆、鳌拜等为庸劣,遗诏寄托,保翊冲主。索尼等誓协忠诚,共生死,辅佐政务。不私亲戚,不计怨仇,不听旁人及兄弟子侄教唆之言,不求无义之富贵,不私往来诸王贝勒等府受其馈遗,不结党羽,不受贿赂,惟以忠心仰报先皇帝大恩。若各为身谋,有违斯誓,上天殛罚,夺算凶诛。"

四位辅政大臣中,索尼已经年老,虽列首位,但不能制约他人,遏必隆怯弱,追随依附鳌拜,苏克萨哈资望浅,虽有心与鳌拜争权,但难以限制鳌拜。

由于辅政大臣选择不当,为鳌拜逐步夺取朝中大权提供了客观条件,鳌拜心横跋扈,上欺幼帝康熙,下压朝中文武大臣,军国大事由他独断专行,广植私党,残害异己。

康熙元年(公元1662年),索尼病重而死,鳌拜就更加专横。本来,四位辅政大臣受命时,鳌拜名列在后,但"行班章奏"鳌拜皆列首位,他自以为自己战功最多,又是顾命大臣,因而言行无所顾忌。甚至出现"意气凌轹","从多惮之"的紧张局面。就连康熙也怨声载道,鳌拜"上违君父生托,下则残害生民,种种劣迹,难以极举。"

年仅8岁的康熙十分聪明,对朝中的各种事情看得很清楚,他长在深宫,目睹上层政治斗争的残酷性,因此,如何对付鳌拜,他非常谨慎,他知道,鳌拜遍植党羽,控制了朝中大权,如果自己表现出很高的理政能力,就可能有生命危险,除掉鳌拜的确不易,只有故作软弱,麻痹鳌拜,使他放松警惕,而自己暗中积蓄力量,等待时机,铲除鳌拜。

康熙六年(公元1667年),康熙已14岁,依照规定,他可以开始亲政了。他对鳌拜父子采取欲擒故纵的计策。他曾给鳌拜父子分别加过"一等公"、"二等公"的封号,以后又分别加了"太师"、"少师"的封号。至此,鳌拜父子也真到了位极人臣的地步。然而,加封不过是一种表面现象,而且是一种假象。玄烨是不甘做傀儡皇帝的。到康熙八年(1669年),鳌拜自恃位高权重,经常借口有病不上朝。有一次玄烨去探望鳌拜,御前侍卫和托发现鳌拜神色反常,便迅速走到鳌拜床前,揭开席子发现一把匕首,鳌拜见此情景十分紧张,玄烨却出人意外地笑笑说:"刀不离身是满人的故习,不足为怪!"当场稳住了鳌拜。

在很多事上,康熙还表现出很大的忍耐心,有时候,还做出一些出色的表演,以显示自己无能。

第一件事是"圈地事件"。

清王朝在入关前,实行圈地制度,入关后曾下令"凡近京各州县人无主荒田,及明国皇帝、驸马、公、侯、伯、太监等,死于寇乱者,无主地甚多,……尽行分给东来诸王、勋臣、兵丁人等。"

圈地虽下令圈无主荒田,但实际上是任意圈占,圈到那里,田主被逐出,室内的所有物品,都被圈地者抢占。

圈地制度,实际上满足了满洲贵族的贪得无厌的需求,保障八旗子弟腐化的生活。这种制度源于入关前,太祖、太宗把战争中掠夺的土地、人口分给王公贵族的惯例。

圈地制度,不利于经济的发展及社会的稳定。破坏生产。

顺治四年,清政府下令:"自今以后,民间田屋不得复兴圈拨,著永行禁止。"

多尔衮摄政时,曾把镶黄旗应分得的土地,给了正白旗,把保定、涿州等地较为贫瘠的土地分给了镶黄旗。

现在鳌拜掌权,他为了报此仇,要求将两旗土地重新更换过来。

鳌拜这种倒行逆施,不得人心,辅政大臣苏克萨哈表示反对,授权主管调换土地工作的户部尚书苏纳海、直隶总督朱昌祚、保安巡抚王登联也认为:"民族相安已久,民间地亩曾奉旨不许再圈"。就是鳌拜所在的镶黄旗的旗民也认为:"旧拨房地,垂二十年,今换给新地,未必尽胜于旧。"

鳌拜仗权,强行换地,结果使大批人民失去地,生活无着,很多土地被抛弃,农业生产受到极大影响。

负责圈换土地的户部尚书苏纳海和朱昌祚、王登联因反对换地,康熙曾召他,这引起鳌拜不满。鳌拜大怒,他说:"苏纳海拔地迟误、朱昌祚祖挠国事,统是目无君上,照例应一律处斩。"

康熙问其他辅政大臣,苏克萨哈俯首无言,遏必隆忙说:"应照辅臣鳌拜议。"结果三人交刑部议罪。鳌拜又矫旨将苏、朱、王三人斩首。

康熙帝知苏、朱、王三人是忠臣,他们的意见是正确的,但此时鳌拜势力大,不敢与他反目,只能强忍,使忠臣含冤。

索尼已死,遏必隆追随鳌拜,四大辅臣中只有苏克萨哈与鳌拜政见不合。

鳌拜决心整倒苏克萨哈。

苏克萨哈,是满族正白旗人。清太宗时,以战功卓著授于录章京世职,晋三等甲喇章京。后升至议政大臣,顺治帝临终,受遗诏辅政,成为四辅臣之一。

康熙帝六年(公元1667年),年14岁的康熙帝亲政。

康熙帝亲政,苏克萨哈递上了奏折:

臣以菲材,蒙先皇帝不次之擢,厕入辅臣之列,七载以来,毫无报称,罪状实多。兹遇皇上亲躬大政,伏祈令臣往守先皇帝陵寝,如线余息,得以生全,则臣仰报皇上豢养育之恩,亦得稍尽,谨此奏闻。

康熙看完,即用另纸写就朱谕道:

尔辅政大臣等,奉皇考遗诏,辅联七载,联正欲酬尔等勤劳。兹苏克萨哈奏请守陵,如线余息,得以生全,不识者有何逼迫之处?在此何以不得生?守陵何以得生?着议政王贝勒大臣会议具奏。

苏克萨哈为什么这样做?

他自有考虑:

一、苏克萨哈想以退为进,自己退下来,归政皇上,也迫使鳌拜退下来。

二、在朝中与鳌拜斗危险很大,他想及早抽身,保全生命。

康熙帝的朱谕一下,鳌拜立即就知道了,这件事重重地刺痛了他,激起了他难以遏制的仇愤。

鳌拜进行了恶毒的反扑。

鳌拜至议政王处活动。当时议政王中,以康亲王杰书,威望较高,但他见了鳌拜,也非常惧怕。

鳌拜见了杰书,要他听自己的命令办事,康亲王杰书唯唯听命,杰书召上写了奏书,他在奏书中写道:

苏克萨哈系辅政大臣,不知仰体遗诏,竭尽忠诚,反饰词欺藐主上,怀抢奸诈,存蓄异心,本朝从无犯此等罪名,应将苏克萨哈官职,尽行革去,即凌迟处死,所有子孙,俱着正法。

按清朝惯例,凌迟处死,是大逆不道的处分,苏克萨哈请守陵寝,又有何罪,怎么可以凌迟处死呢?并且还要灭族。

康熙帝看了,十分惊异,他召康亲王杰书等人,及遏必隆,鳌拜二人入内,说他复奏谬误。

鳌拜当即上前辩驳,康熙道:"你与苏克萨哈不知有什么仇恨,定要斩草除根?"

鳌拜道:"臣与苏克萨哈并无嫌隙,只是秉公处断。"

康熙道:"恐怕未必。"

鳌拜道:"若不如办法,将来臣下都要欺君罔上了。"

康熙帝不准奏。鳌拜不禁大怒,攘臂向前,欲以老掌相响。

康熙"吓得惊恐失色",便支吾道:"就要办他,亦不应凌迟处死。"

鳌拜道:"即不凌迟,也应斩首。"

康熙帝战栗不答,杰书同遏必隆,参了未议,定了绞决。

这是一次很好的表演,鳌拜看康熙帝如此软弱无能,吓得惊恐失色,浑身战栗,觉得这个少年太容易控制了。因此使康熙帝生命的危险性小了。

像康熙帝这样的人,看惯了上层斗争的刀光剑影,为除鳌拜,早已做了准备,胸有城府,即使鳌拜攘臂向前,他也不会惊恐失色。

事实正是如此,不久,康熙帝就加封鳌拜为一等公,鳌拜更加放心了。

康熙的计谋,取得了成功,上上下下都认为康熙太软弱,难以与鳌拜抗衡。

康熙帝真是软弱吗?

老虎伏下身子是为了出击,猎物就在眼前,康熙帝是不会放过鳌拜的。

在与鳌拜的周旋中,康熙帝时刻都在想着,怎样才能除掉鳌拜。

大臣可用吗?

御林军可用吗?

政权已被鳌拜控制,御林军也被鳌拜掌握,因此,康熙必须慎重。

有心计的康熙,从侍卫中选取身强力壮者,以练习布库(即摔跤)的名义组织了一支能为皇帝拼死效忠的少年武士亲信卫队,每日滚打练习。在鳌拜入朝奏事也不回避,鳌拜认为康熙贪玩,没什么大志,心里更加坦然,不加戒备。

康熙帝亲政,康熙与鳌拜的矛盾更加尖锐,康熙八年的一天,康熙以下棋为名,召索尼的儿子吏部侍郎索额图入宫,谋划擒拿鳌拜之计。这时,练习布库的侍卫武艺日渐进步,已有足够的力量擒拿鳌拜。

康熙帝单独召鳌拜入见,事先已将善于布库的侍卫埋伏在两侧。

由于鳌拜毫无戒备,欣然前往,到了内廷,见康熙在上面,鳌拜昂着头,走到康熙帝面前,说道:"皇上召臣何事?"

康熙猛喝一声:"你知罪么?"

鳌拜毫无畏惧,直答道:"臣有何罪?"

康熙道:"你结党营私,妨功害能罪不胜举,还说无罪!"

鳌拜忍耐不住,脾气发作,攘臂向往。

康熙帝一声令下:"左右与我拿下!"

鳌拜一点也不害怕:"哪个敢来拿我!"

一班会武功的少年侍卫一拥而上,将鳌拜擒获,然后押入大狱。

皇帝命康亲王杰书等勘问,列出鳌拜主要罪行30款,其要者有:

背负先帝重托,任意横行,欺君擅权;引用内外奸党,致失天下人望;与穆里玛、塞本得、班布尔善等结成奸党,一切政事,先与私家议定,然后施行;倚特党聚,紊乱国政,所喜者荐举,所恶者陷害;擅自起用侍卫之人;将苏克萨哈灭族,又将白尔黑图等无罪枉杀;以八旗更换备事,擅加杀害苏纳海等人;贪揽事权,延挨不清辞政;禁止科道陈言,阻塞言路……逆恶种种,所犯重大。

上述罪行经康熙帝亲自鞠讯,逐一落实。

朝廷大臣议决应将鳌拜革职,立斩。其亲子兄弟亦应斩。妻并孙为奴,家产籍没。其族人有官职及在护军者,均应改退,各鞭一百。

康熙帝年轻而有主张,他考虑到,鳌拜是顾命辅臣,且有战功又效力多年,不忍加诛。最后定为革职没籍,与其子纳穆福俱予终身禁锢。后来鳌拜死于狱中,纳穆福获释放。

鳌拜死党穆时玛、塞木特、纳莫·班布尔善、阿思哈、噶褚哈、泰必国、济世等主要罪犯,一律处死刑。

一场生与死的大较量结束了。鳌拜集团被彻底铲除。

康熙帝以布库戏少年陪伴娱乐为掩饰,训练自己的小型卫队,对鳌拜明示抚慰和非攻之意,使强臣鳌拜不以为然,放松警惕,然后乘其不备,单身进宫之时,就用这班令鳌拜不以为怪的游戏少年,一举而擒获鳌拜,铲除了他在朝廷中的势力。前者即是"明修"后者即是"暗渡",两者相辅相成,计谋终以得逞。

孝庄太后,计除鄂妃

在清朝开国之初历史中,曾经有一个清世祖顺治帝痴情董小宛,离位出家做和尚的故事,现在看来,顺治与董小宛的故事多有凭空杜撰,不过是以真人附假事,牵强附会而已。但是在顺治为帝时,倒是真有一个董鄂妃,因端庄贤淑,夺了顺治帝的爱心,甚至置自己的皇后于一边,陷情难拔,打算册立为皇后,以终日厮守,结果触犯了出身蒙古科尔沁部落的孝庄皇太后为代表的皇朝势力利益,孝庄皇太后巧施暗渡陈仓之计,拖垮了本来身体欠佳的董鄂妃,残酷的宫廷争斗致使董氏年仅21岁,就命丧黄泉。

顺治皇帝福临有名位的妻妾约有30多人,其中4人持有或曾经被封皇后尊号,她们是原配皇后博尔济吉特氏;被顺治疏远的再立皇后博尔济吉孝惠皇后;被顺治专宠的董鄂妃为死后追封的孝献端敬皇后;因生子康熙母以子贵的佟佳氏孝康章皇后。顺治皇帝前后几个皇后的册立废黜,并非简单的在任帝王顺治的好恶情怀,与操纵前清政局的清太宗皇太极的妻子孝庄皇太后有着极大的关系。孝庄皇太后出身蒙古王公,既嫁给皇太极后,辅助丈夫,发动攻明战争;巧计劝降了明朝大将洪承畴。皇太极死后,她着眼于大清基业,为避免清室内乱,不计嫌疑下嫁睿王多尔衮,力保6岁的福临上台,使顺治成为清入关后的第一代君王。正是孝庄皇太后多年的艰辛操劳培育,顺治帝得以小小年纪,就能顺利地操理军国大政,顺治帝本人,也对太后礼敬有加,基本上言听计从,很少顶撞反对。但是在自己的婚姻大事上,顺治帝却几次使孝庄皇太后失望,由此而引起宫廷之内多起残酷的争斗。

顺治帝第一次娶后是在顺治八年,时年只有14岁,皇后是由孝庄皇太后与皇父摄政王多尔衮亲自选定的蒙古科尔沁卓礼克图亲王吴克善之女博尔济吉特氏,即孝庄皇太后的亲侄女,很明显,这个婚姻具有很强

的政治色彩,是满蒙王公贵族又一次势力的联合,对加强孝庄皇太后在宫廷中的地位是有帮助的。可是,就在孝庄皇太后亲自主持的婚姻大典不过两年时间,顺治十年(1653年)八月,福临就叫人查询前代废后故事,一时间满朝为之震惊,满蒙出身的贵族大臣悚于皇帝的一意孤行,都不敢谏议,惟有一些汉臣,上疏劝谏,却被顺治帝斥为沽名之举。结果,博尔济吉特氏被降为静妃,迁居侧室。官方公布的谕旨上所写的理由是皇后"淑善难期,不足仰承宗庙之重。"实际原因,则是因为皇后妒忌心强,凡是宫女容貌妍艳者,都被其憎恶,必排挤打击置之死地而后快,这对放纵自己情感性欲的皇帝来说,当然不能容忍。在顺治废后的第二年,十一年六月,孝庄皇太后又为顺治册立了一位同样科尔沁贝勒出身的博尔济吉特氏,即孝惠皇后。她为第一后的侄女,孝庄皇太后的侄孙女。孝惠皇后被册立皇后,对皇太后来说,目的如一,就是要加强蒙古贵族在内廷的地位,孝惠皇后秉心淳朴,与第一后相比,没有强烈的刻薄嫉妒心,又无大错,按说可以安居后位,但时间不长,顺治帝又以其缺乏"长才"为由,疏远压抑,四处找碴,欲行废第一后之例。此时的顺治,欲废孝惠皇后的目的,只有一个原因,就是为了心爱的董鄂妃。

董鄂妃的出现,本出于偶然,她的父亲是内大臣鄂硕,16岁被嫁给顺治帝同父异母的弟弟襄昭亲王博穆搏果尔,襄昭亲王常年在外征战,性情古怪,两人爱情生活并不融洽。清初,有一个宗室嫡亲郡王命妇轮番进宫,入侍后妃的旧制,董鄂妃身为顺治弟媳,也经常出入宫禁。知书达理,颇有大家闺秀风范董鄂妃因得近天颜,不久就为顺治所看中,两人很快坠入情网。这时候,正是孝惠皇后迎立不久,皇帝的感情天平已经倾斜,孝庄皇太后发现顺治情形不对,立即以"严上下之体,杜绝嫌疑"为名,罢停命妇入侍后妃规制。但是,顺治、董鄂妃爱情的发展已不随她的意志为转移,当听说董鄂

妃在家遭到襄昭王申斥时,顺治不顾帝德,居然莫名其妙打了弟弟一个耳光。不久,襄昭亲王怨愤致死,顺治帝干脆把"未亡人"董鄂妃接入宫中。顺治十三年八月,他的弟弟死后一个月,董鄂妃被册立为"贤妃",十二月,又正式册立董鄂妃为皇贵妃,颁诏大赦。

顺治对董鄂妃的恩宠,是有清一代仅有的。董氏入宫即为贤妃,起点已是很高了,又跃升皇贵妃,跃过贵妃直逼中宫,而且是按照册封皇后的大礼举行,颁诏天下,礼仪之隆异乎寻常,这一切不异向孝庄皇太后宣布,孝惠皇后的废立就在眼前。

三十六计

清初以来,虽然满族贵族执掌朝政权柄,但自清太宗起,蒙古血统的贵妃一直执掌后宫牛耳,清太宗的五位后妃,都是蒙古博尔济吉特氏,顺治亲政,亦全靠博尔济吉特氏出身的孝庄皇太后一手策划。现在,第一后刚被废黜,又一位博尔济吉氏皇后将遭同一命运,这对孝庄皇太后来说,无疑是一大挑战。尽管董鄂妃在宫中周旋得体,侍奉孝庄皇太后及孝惠皇后竭尽心力,无可指斥,但三千宠爱集一身的局面,如此妇道,就宫廷权力消长来说,并不是重要的,最重要的是权力和地位。顺治十四年(公元1657年)十月,董鄂妃喜生贵子,顺治帝欣喜若狂,朝廷内外,都看出顺治不久会册立董之子为皇太子,董鄂妃将居正宫皇后之位。这一切对老于权道的孝庄皇太后来说,更是洞悉其中,于是不惜母子之情,决意拆散董鄂妃与顺治帝这对鸳鸯,巩固孝惠皇后的地位。

孝庄皇太后的第一个措施是移位京郊南苑,把董鄂妃调出皇宫,造成顺治卧侧空位,为孝惠皇后占居宫内制造条件。十四年冬天,孝庄皇后居南苑不久,即传出圣体违和消息,着令后宫嫔妃前去省视问安,董鄂妃产后不过两月,被宣诏至南苑,留在太后病榻前,朝夕奉侍,废寝忘食。结果劳心熬神过度,变得消容身癯,形销骨立,身体彻底拖垮。而孝惠皇后,却一改往日孝道,安居宫中,一次未去南苑探视,甚至连委派宫中侍人代为问安亦没有,很明显,孝惠皇后的举动,已得太后的旨意。

顺治帝有心立鄂妃为皇后,何尝不知太后明里迁居,暗中指使皇后居占帝侧的用意?不久,他也布置开始反击,借皇太后病中,皇后不去省视事亲,"有违孝道"为借口,停断孝惠皇后的中宫笺表,交诸王、贝勒大臣议行,甚至以太后痊愈,颁发大恩诏:"王公以下,中外臣僚,并加恩赉。直省通赋,悉与蠲免。吏民一切讳误,咸赦除之。"顺治帝如此动干戈地做文章,目的还是想废孝惠皇后。但贤淑的董鄂妃哭劝顺治,力反废后,并要以死表其心愿。不久,董鄂妃所生皇子,又不明不白地死去,仅活104天。顺治帝为安慰董妃,追封这个还没有来得及起名的皇子为"和硕荣亲王",修建陵寝,专门派官兵予以祭守。但受到内外严重摧残的董鄂妃,已沉浸在悲伤之中不能自拔,转而拜佛崇三宝。孝庄皇太后见计策生效,旋降谕内外,孝惠皇后进笺等礼,一切恢复旧制不得更改。

顺治十七年八月,痛子心切的董鄂妃,再也不堪宫廷的残酷斗争,忧郁病亡,时年21岁。顺治帝对这个"持躬谨恪、翼赞内治,殚竭心力,无微不饬"的难得伉俪之缘,悲痛不能自已。除命亲王以下,四品官以上,并公主、王妃以下命妇,齐集哭临。他亲自为其守灵,朝廷辍朝五日,甚至要对大臣命妇哭临不哀者议处。为圆满自己的心愿,追谥"孝献庄和至德宣仁温惠端敬皇后",又亲撰《端敬皇后行状》四千多言,备述鄂妃德行情貌,尽诉恩宠悲恸,予董鄂妃以殊礼。

董鄂妃在宫中不过仅仅四年多时间,其生死之经过,充分反映了宫廷之中夺权争利的复杂和残酷性。孝庄皇太后为巩固蒙古血统贵妃永操权柄的地位,不惜在子媳之中,施展阴谋诡计,以明修栈道,暗渡陈仓之法,阻拦顺治帝欲立董鄂妃为皇后,孝庄皇太后迁居南苑,作为佯攻措施,牵制住董贵妃。太后生病,妃嫔事奉,这是宫廷内正常的礼貌规矩,以此为理由召董鄂妃,董不能不去,皇帝也不能阻拦。但是此举深藏的含意却不是一般人能理解的。它割断了皇帝与董氏的联系,削弱董氏与顺治的感情,为皇后专宠制造条件。及董贵妃子死体垮,皇后得以乘虚而入,稳固了后位,目的达到。

慈禧用计,诛除肃顺

清咸丰十一年七月十七日(公元 1861 年 8 月 22 日),清帝咸丰在热河承德避暑山庄烟波致爽殿病逝,临终前按照清祖宗家法,建顾命制度,以六岁皇子载淳为皇太子,著怡亲王载垣、郑亲王端华、户部尚书协办大学士领侍卫内大臣肃顺及景寿、穆荫、杜翰、匡源、焦佑瀛八人为赞襄政务大臣,辅佐幼子继位。同时为防范顾命八大臣擅权,把"同道堂""御赏"两枚私章,分赐皇后钮祜禄氏和载淳,规定一切谕旨下发,须以两枚私章为符信。不久,载淳继位,建元年号,定明年为"祺祥",尊钮祜禄氏为母后皇太后,居烟波致爽殿东暖阁,故称东太后。生母叶赫那拉氏,住烟波致爽殿西暖阁,称西太后。就在肃顺等人为咸丰帝兴办丧礼和嗣皇帝继位的繁忙之中,一场悄悄布置的政变发生了。以留居热河的西太后和留守都城北京的咸丰弟弟恭亲王奕䜣用暗渡陈仓之计,斩杀肃顺,赐死载垣,端华、景寿等五个革职发往新疆等地效力赎罪,这就是晚清历史上有名的辛酉政变。

辛酉政变的祸根自英法联军攻打北京,咸丰帝避难热河开始就已埋下,其爆发则是因为肃顺等顾命八大臣与西太后拉那氏、恭亲王奕䜣之间,相互争夺执政地位,双方矛盾的尖锐化。顾命八大臣中以肃顺最具才干,处领袖地位。肃顺是咸丰帝生前宠信器重的重臣。咸丰帝由北京逃到热河后,肃顺以射猎、声色为诱惑,使咸丰帝乐而忘返。同时极力阻拦留守北京与英法议和的恭亲王奕䜣等王大臣要求咸丰帝回銮京师,他还假借咸丰名义严责奕䜣等人不得再行渎请。咸丰帝本来就是个荒淫的帝王,顺势推舟把一切政事托付肃顺等人处理,于是肃顺等人成为热河行宫发号施令的实际主人,"挟天子以令诸侯"。在肃顺眼中,奕䜣是王公之中,与皇帝血缘最亲,地位最显,又异常精明果断,具有较高威信的一个劲敌。奕䜣侈娱乐为移,有心专权,将会是自己擅权道路上的拦路石。所以在咸丰帝面前,极力挑拨离间,煽动皇帝对奕䜣的不满,甚至散布谣言称恭亲王将借洋人势力谋夺帝位,结果造成咸丰与奕䜣兄弟之间,感情疏远。当奕䜣得知咸丰病重,奏请到热河问安觐见时,咸丰帝以相见徒增伤悲为由,予以拒绝,致使咸丰至死,兄弟两个也未见上一面。奕䜣知道这都是肃顺从中作梗,弄的诡计,由此,对肃顺痛恨入骨。

西太后虽为旗人,出身并不高贵,父亲只不过是一个安徽宁池太广道的道员,她入宫之后,为咸丰生了皇子载淳,一下显贵起来,被封懿贵妃,地位仅在皇后之下。而皇后钮祜禄氏,忠厚随和,对政治不感兴趣。西太后则是个工于心计的女人,她清楚咸丰身体虚弱,寿命难说,不可太多恃仗。皇子目前年幼,她有心将来帮助儿子操纵国政,于是不惜以娇媚手段,哄骗咸丰皇帝,换来自己代为皇上批答奏折的机会,开始"时时披览各省奏章。"西太后的干政,使肃顺、载垣、端华等人的权力受到了侵犯,在肃顺看来,当时还是懿贵妃的那拉氏,决非一个安分守己的女流之辈,一旦往后以太后名义,挟年幼的皇帝专权，自己的揽权美梦就会破灭。而肃顺等人一直以声色娱乐咸丰帝，使懿贵妃失去后宫专宠地位，早使西太后为之怨恨。尤其到热河以来，一路逃难的路上，自己的饮食供应就屡遭肃顺等人的克扣。肃顺又在咸丰面前，大讲汉武帝赐死钩弋夫人的"钩弋故事"，要求咸丰诛杀懿贵妃，避免日后性烈的那拉氏母以子贵，干预朝政。咸丰帝虽未采纳肃顺的建议，但对懿贵妃倒是日见疏远，甚至死前还给皇后钮祜禄氏立下密诏，如往后那拉氏不能安分守矩，可以出此遗诏令廷臣除害。这一切，被西太后得知后，对肃顺更是恨入骨髓。

咸丰皇帝病死后，围绕着谕旨拟定，恭亲王被排除顾命八大臣之外二事，西太后、奕訢与肃顺等人矛盾趋向表面化，促使两人联手起来，共同对付肃顺等人。肃顺等人本意想在咸丰病危时，立怡亲王载垣为帝，彻底杜绝那拉氏以子专权的企图，皇后钮钴禄氏不肯表态，那拉氏整日抱着儿子载淳立于咸丰病床之前哭泣，咸丰怜其母子往后流离失所，因而对肃顺的建议不予同意。咸丰帝一死，肃顺等人又想不封太后，把那拉氏排除出政治权力场之外，此计也未得逞。于是公开在殿中宣布：一切谕旨，应由顾命八大臣拟定，太后只能钤印，不得改变谕旨内容，各地章疏也不进呈宫内览阅，面对肃顺等人的跋扈，西太后如何能容忍，就拉着东太后一起，当面廷争，并以不在谕旨上钤印相威胁。结果，双方妥协，各地所奏章疏，均要呈两宫太后呈览；谕旨诏定，则由赞襄八大臣拟进，换取两太后在谕旨上钤上"御赏""同道堂"两印，这样，热河方面，西太后与肃顺等人以"垂帘"、"辅政"两种体制相兼互得暂时维持。

西太后不甘心被肃顺等人抑限在热河，处处被动。大清以来，皇帝年幼，而由先帝临终指定亲信老臣为顾命，辅佐小皇帝执政，直到皇帝长大亲政为止，这类的顾命制度早有先例。另外一种办法，就是汉族皇朝历史上所发生的，由母后帮助年幼的皇帝，垂帘听政。太后要摆脱肃顺等人的限制，就必须以垂帘制度，替代目前的顾命制，而身在热河行宫，肃顺等人完全控制内外形势，要想达到垂帘听政目的，还必须借用外力相助。正在此时，西太后的妹夫、又是恭亲王奕訢七弟的醇亲王奕譞提出，与肃顺等人争斗，必须联络在北京主持政局的恭亲王。西太后采纳奕譞的提议，密写书札，要奕訢来热河相商。

奕訢身居恭亲王之职，并非承袭，是父亲道光皇帝、兄弟咸丰帝所亲封，在满清现有诸位亲王中，本来最为显荣尊贵。咸丰死后，怡、郑等亲王居然添居顾命大臣之列，而自己却被排斥在外，肃顺甚至不准其赴热河行宫，经理丧事。奕訢心中已是大为不满，早就有计划除去肃顺。他暗中安排自己的亲信，如热河行宫任领班军机章京的曹毓英等人，随时向京城密报肃顺等人在热河的行踪举动，这既是避祸所必须，又为日后上台执政作预备。但要除去肃顺等人达到自己执政的目的，奕訢也清楚，只有推翻现有的顾命制度，尽翻政体，代之以女后垂帘，自己才能较快地爬上辅政之位。虽然奕訢精明能干，但是要一切由自己单独动手，毕竟孤掌难鸣。别无良策，只有与两宫太后联合。西太后与奕訢为斗倒肃顺等人，相互需要，于是正式联手起来。奕訢见到两太后密召热河的传话后，随即以叩谒大行皇帝梓官的名义，前往热河,肃顺面对奕䜣哭丧的要求,不便阻拦。9月5日,奕䜣赶往热河,先到咸丰梓宫前,伏地大哭,声彻殿陛,两旁人等皆为之感动,无人不信他是专为叩谒梓宫,感念手足情深而来。一番哭奠后,奕䜣进宫,皇太后单独召见,密商之中,奕䜣提出要除肃顺,非还京城才易下手,并以京城一切,由其负责,作出"万无一失"的保证。至此,两宫太后与奕䜣共同作出政变决定,奕䜣离开热河,兼程赶到北京作预先布置。

两太后、奕䜣等人政变的第一步是投放垂帘听政的试探气球、从舆论上为政变做准备,同时借机迷惑政敌。9月中旬,与奕䜣同党、大学士周祖培的门生董元醇,最先上奏,要求朝廷以两宫太后垂帘听政,并从亲王之中选出一二人,用心辅弼一切政务。两宫太后见到奏折后,旋即召见顾命大臣,要肃顺等人按照所奏拟旨实行。八大臣勃然抗论,认为听命太后切切不可,清朝历史上更是没有先例。八大臣之一的杜翰肆言无忌,照直顶撞。西太后气得两手颤抖不已,年幼的皇帝被肃顺等人大声抗言所惊,啼泣不停,甚至溺湿了西太后的衣服。

肃顺等人当天退朝后,又拟谕旨斥责董元醇,声称国政大端,非臣下所能妄议。接着又咆哮"搁车",以不理政务、停止办公威胁两宫太后,最后还是东太后中间劝说,肃顺等人才照常办事。西太后被迫放弃垂帘一说。

西太后、奕䜣发动政变的第二步,是利用输送咸丰皇帝梓宫及新皇帝回京之机,施用暗渡陈仓之计,进行突然袭击,一举捕拿肃顺等人。董元醇的奏折被驳,不过是西太后、奕䜣等人施行佯攻的试探气球,借以吸引肃顺等人的注意力。果然,肃顺等人一看董的奏折被痛驳后,两太后被迫发出"我朝圣圣相承,向无皇太后垂帘之礼"的上谕,一时无人再敢言垂帘听政。他们认为胜利在握,政治危机已经过去,自己的权力地位已经稳固。于是盲目自信,开始对西太后、奕䜣等人疏于防范。西太后、奕䜣则加紧布置,先是乘八大臣忙于大行皇帝及新皇帝回京登位筹备自嫌事多的时候,解除了端华的步兵统领,载垣的銮仪卫、上虞备用处事务,以及肃顺的管理理藩院并向导处事务。西太后外示优礼,实际上肃顺等人的兼差事关皇宫禁军及扈从护卫等多项兵权,随后西太后安排奕䜣等人的亲信接任步兵统领职位,把管理禁卫兵之权基本掌握在自己手中,搬开了发动政变的重要障碍。另外,执掌热河到北京一带兵权的胜保、僧格林沁,又被西太后、奕䜣争取过来,胜保倒向西太后,在承德至北京沿线驻兵严密布置,以防不测。西太后见布置停当,10月中旬反复催促肃顺等人,要求早日返京回銮,最后明定两宫太后、嗣皇帝载淳随载垣端华等七大臣在行过奠礼后,为避免圣躬劳累,先行启跸回京,而后跪请灵驾,沿途一切事务由倒向西太后的仁寿负责,责令肃顺护送咸丰灵柩一路安全缓行。西太后等人的如此安排,真是妙不可言,肃顺是顾命八大臣之首,如景寿等人,皆忠厚有余,才智不足,八大臣实际是由肃顺控制的势力集团,肃顺与七大臣隔开,七大臣失去了首脑,变成群龙无首,而肃顺单独行动,又失去羽翼相助,变为孤掌难鸣。西太后这一着,削弱了顾命八大臣的整体优势,为自己放手动刀,创造了条件。

11月1日,两宫太后,载淳等人,以快班轿夫由间道急驰入京,抢先肃顺二天。恭亲王奕䜣早早到达城外迎接,再次落实北京政变的措施。早一天,胜保已上折朝廷,首先对顾命八大臣赞襄政务的合法性提出怀疑,指责八大臣不负重托,必须以皇太后亲理万机,召对群臣,通下情,正国体。又提出"亲亲尊贤为断",另外简任近支亲王佐理庶务,尽心匡弼,否则不足以振纲纪顺人心。11月2日,大学士、管理兵部事务贾桢,大学士、管理户部尚书周祖培,刑部尚书赵光等在奕䜣的暗示下,联名上奏,要求皇太后"敷宫中之德化,操出治之威权,使臣下有所禀承,命令有所咨决,不居垂帘之虚名,而收听政之实效。"贾桢、周祖培等是清廷元老重臣,他们提出要两宫太后垂帘听政,影响巨大。同一天,西太后在召见奕䜣、桂良、周祖培、贾桢等人时,又施以女人眼泪的战术,向众人哭诉肃顺等人如何在热河欺侮他们孤儿寡母。周祖培等人既感动又生愤,随即要求皇太后治罪肃顺等人,西太后接着用激将法,"他们是赞襄大臣,怎能治罪呢?"周祖培对答"可以先降旨解其职,再治其罪。"西太后顺乎其意,拿出早在热河写好的谕旨,随即宣布,解除肃顺、端华、载垣三人赞襄大臣职务,交宗人府会同大学士、九卿、翰林院等严行议罪。一时间,京城缇骑四出,载垣、端华被捕。11月3日晚,肃顺护送灵柩到达京郊密云,尚不知朝中已发生政变,被醇亲王奕譞、睿亲王仁寿从卧室被窝中拿获,绑送宗人府狱中。同日,奕䜣授议政王大臣、宗人府宗令,在军机处行走。11月8日,肃顺被斩杀于京城菜市口,载垣、端华被赐自尽,景寿、杜翰等被革职,穆荫被革职且发往军台效力。

12月2日,两太后等在紫禁城中举行垂帘大典,奕譞以议政王总揽全局,新上台的皇帝载淳接受百官朝贺,改年号为"同治"。西太后的计划取得了最后胜利。

泄密守密,奇袭奥地利

1800年5—6月,拿破仑亲率法国预备军团,第二次出征意大利北部,同占领这一地区的奥地利军队进行了又一次大规模作战。当拿破仑冒险翻过阿尔卑斯山四个险道中的第一险道——圣伯纳德山口,于5月底进入皮埃蒙特平原,突然出现在奥军后方时,奥军统帅梅拉斯才如梦初醒。因为,梅拉斯本人和他的情报机构都一直认为,法国的预备军团不过是一支只有几千人的杂牌部队。

转眼之间,"几千人的杂牌部队"何以变成了越过天险、攻势如潮的数万大军呢?难道拿破仑果真会变戏法吗?其实,如果硬要说这是令奥军难以置信的变戏法,那么这种"变戏法"就是"以泄露秘密的手段来保守核心秘密"。

1799 年"雾月政变"以后,拿破仑在几乎不曾遭到严重反抗的情况下,轻而易举地夺得了法国的最高权力。为了确立和巩固自己的独裁统治,他采取了一系列重大的政治、经济和军事措施。恰在此时,第二次反法联盟各国的军队,以俄奥军队为主,英国以钱代兵,正从不同方向同时威胁着法国本土的安全。其中,用苏沃洛夫的话说:"俄国的刺刀穿透了阿尔卑斯山",奥地利军队重新占领了意大利北部,这不仅使得拿破仑曾在意大利之战中所取得的胜利前功尽弃,而且对法国本土构成了极大的威胁。

拿破仑执政不久,考虑到俄国这时已经退出反法联盟,遂于 1800 年郑重地向奥英两国发出和平呼吁,希望通过外交谈判解决彼此的争端,以便利用它们的矛盾,争取时间以做好抗敌的准备。奥英两国几乎同时拒绝了拿破仑的和平建议,拿破仑不得不在整顿国内秩序、镇压国内叛乱分子的同时,加紧扩军备战。

拿破仑扩军的直接目的是要在意大利战场打败奥军,夺回原有领地。从当时情况看,盘踞在意大利战场的奥军已有 10 万之众,而法国名将马塞纳指挥的法军意大利军团,仅有 3 万人的兵力,且已退守到热那亚至萨沃纳的一隅之地,加上驻防皮埃蒙特西部各山口的法国守军也只有不足 1 万人的兵力。这就意味着法军在意大利战场所处的态势已经十分严峻。此外,在莱茵战场,法军对于奥军也无兵力优势可言。综合权衡,拿破仑清楚地意识到要想在意大利战场打败奥军,法国必须及早投入新的强大的军团,可是,现有的国外驻军全部担负着以劣对优、以少敌多的艰巨的作战任务,无力向意大利战场机动、集结足够的兵力。

为了及早解决粉碎意大利战场奥军主力与法军现有兵力不足这一突出矛盾,拿破仑于 1800 年 1 月 25 日给法国军政大臣贝尔蒂埃下达手谕,责成他秘密地组成一个预备军团,并首次创造性地提出在军团与师的编制之间设立军一级单位,该军团下辖 3 个军,每个军编 2 个师,共6万人。新组建的预备军团,在第戎地区集结,由第一执政即拿破仑亲自指挥。为了保障所需的兵力来源,拿破仑不仅下令召回一些退役老兵重新入伍,而且决定提前征召新兵参战。在组建过程中,根据法国新宪法的规定,预备军团的司令暂由军政大臣兼任,投入作战时再把指挥权交给拿破仑。

拿破仑精心策划并直接监督着预备军团的组建和训练。在这支6万人的预备军团初具规模后,尽管已经采取了许多严格的保密措施,但英奥等国的间谍还是发现了某些蛛丝马迹,并把法国正在组建预备军团的消息公之于众。对此,拿破仑意识到,一方面,要对预备军团的组建和训练绝对保密已无法办到;另一方面,从公开的消息又可看出英奥间谍探知到的情报也存在很大"水分"。在这种情况下,如果公开"辟谣",难免欲盖弥彰,倒不如顺水推舟,设法造成对方的错觉。因此,拿破仑断然决定,不仅把由军政大臣新组建预备军团的消息再次公诸于众,而且把预备军团的编制、实力经过加工之后泄露出去。1800年4月,拿破仑又在巴黎正式宣布:法国已经组建了一支预备军团,现在正在第戎地区集结,他将亲自前往检阅这支新的生力军。与此同时,拿破仑又将该预备军团的主力秘密转移到便于荫蔽的新的集结地,第戎地区只是保留少量部队,专供间谍"刺探"。

为了达到预期的目的,拿破仑不断地采取针对性很强的欺骗措施,以至在政府《通报》上登载"要闻",在报刊上编发消息,公开承认并大肆宣扬预备军团的存在。这样一来,引得大批间谍从欧洲各地赶到了第戎。他们虽然"证实"了法国组建预备军团的事实,但却没有发现值得一提的正规军,除了刚刚招募来的、连军事常识都不具备的新兵,而且尽是一些不堪一击的老弱残兵。至于那些所谓的军、师司令部,更多的倒像是老人国的自由市场,编制不满,装备不齐,多为"胡子兵",未经训练,军纪松懈,毫无战斗力可言。总之,这是一支根本不值得重视的预备兵团。

拿破仑言必行,行必果,如期赶到了第戎检阅他的预备军团。检阅刚刚结束,消息不胫而走,很快传到了维也纳、伦敦及第二次反法联盟各国军队的司令部及其高级将领。拿破仑的预备军团随之成为国内外绅士们的谈资笑料。与此同时,拿破仑又令法军谍报人员对此推波助澜:有的贴出讽刺画,画面是12个童子军和一个装有木腿的残疾人,下面的标题是醒目的"拿破仑的预备军团";有的则散发传单,专门披露拿破仑在组建和训练预备军团时的一些可笑的故事。这样,许多本无敌意的人们也不得不认为,拿破仑的预备军团是别有用心地编造出来的,是为了牵制奥地利人,慑止奥军进攻法国本土的一个圈套。尤为难能可贵的是,正在意大利战场的奥军统帅梅拉斯也一再强调:"用来威胁我们的预备军团只不过是一群乌合之众"。拿破仑的这种闹剧说明"法国人把我们看得太简单了"。随后,梅拉斯决心调兵南下,在意大利北部对马塞纳指挥的法军发起了进攻。与此同时,拿破仑真正的强大预备军团已经在法国南部做好了进军意大利的作战准备。也正是这支由拿破仑亲自指挥的预备军团,在1800年6月进行的马伦戈决战中击败了梅拉斯,并将奥军赶出了意大利北部,奥军被迫求和,进而最后结束了第二次反法联盟中的法奥战争,并使此次反法联盟趋于彻底瓦解。

拿破仑原本是想在极端保密的情况下组建和训练预备军团;在客观情况所迫,无法继续保密的情况下,又果断地部分泄密,同时仍然严格保守核心秘密——偷梁换柱,将预备军团的主力秘密转移。在这里,与通常的隐真示假有所不同的是隐真又示真,同时又示假。为了有效隐蔽决不容泄露的真情,在不得已的情况下索性巧妙地泄露无关紧要的真情。其结果,真真假假,真假难辨,反倒更为有效地迷惑了敌人。

暗渡陈仓,铁托炸桥

涅列特瓦河如脱缰的野马,撒开四蹄,狂奔而去,那翻卷的浪花像甩起的鬃毛,在阳光下闪闪发亮、像是准备载着大河左岸的一支军队脱离险境,但是河右岸的大军却虎视眈眈地盯着河左岸的部队。河水愤怒了,雷鸣般的吼叫着,像要扬起前蹄踏平右岸的入侵者,但河岸太高,它踏不上去,身子向前一扑,哗,就从河上的大桥底下冲过去了。

河左岸的是南斯拉夫解放军。右岸是德国法西斯的军队,难怪河水对他们那么仇恨,原来正是他们侵占了涅列特瓦河岸边美丽的土地。

这是 1943 年的 2 月。

希特勒调集了 4 个德国师、1 个意大利师、2 个师的联合特种部队以及南斯拉夫的傀儡军队,集中围攻铁托领导的南斯拉夫的西波斯尼亚和中波斯尼亚解放区,企图消灭这支为民族解放而斗争的部队。为了粉碎德国纳粹的阴谋,解放区最高司令部决定,将第一、第二和第三无产阶级师同波斯尼亚师编成一支突击队,携带留在解放区内的 4000 名轻重伤员,向东南方向突破,撤到门的哥罗地区。

这是一次规模巨大的战略转移。

为了策应突击队的突围,最高统帅部命令解放军的其他部队在各自的地区里,加强对敌寇的骚扰性的进击,以分散德、意为主的纳粹兵力,间接策应突击队的转移活动。

突击队要转移成功,必须渡过涅列特瓦河。

涅列特瓦河像是理解突击队的愿望,它奔流着,呼啸着,发出河水拍击河岸的阵阵声响,似乎是对解放军发出呼唤:"我在这里,我在这里,你们别找错方向啊。"

河水在呼唤。突击队带着伤员,爬山越岭,历尽艰辛,终于来到了河边。

德国纳粹军队也赶到了河的右岸,修工事,掘战壕,摆下了堵击的阵势。他们的意图是先把解放军堵在涅列特瓦河的左岸,然后调集大部队实行围剿。

涅列特瓦河上有一座大桥,那是大军必经之地。先达右岸的德国军队在桥头筑了碉堡,封锁了大桥的出口。他们配备的火力那么强,哪怕一只耗子想窜过桥,也会被打得千疮百孔。解放军想冲过去,还带了伤员 4000 人,那简直是不可能的。当解放军被堵在左岸时,德、意法西斯从涅列特瓦河的上、下游渡到左岸,迅速向大桥方向集结,形成包围的态势。

河左岸的解放军与河右岸的法西斯军队对峙着。

涅列特瓦河像是替解放军的命运着急,哗、哗、哗,河水的声音似乎更响了。

过桥! 过桥!

解放军向桥头发起几次冲击,都被德寇密集的火力打得退下来了。

危急! 危急!

这时铁托断然命令:"炸桥!"

"炸桥?"他旁边的人几乎不敢相信自己的耳朵,不是要转移到桥右岸的门的哥罗地区吗? 炸了桥,怎么过河? 德、意法西斯从上下游已渡到左岸,从后边追击上来了。炸了桥,后有追兵,前无进路,还不被纳粹活活歼灭在河的左岸吗?

铁托的命令仍旧是两个字:"炸桥。"

"是,炸桥。"

突击队员在桥头埋下炸药,"轰"的一声,大桥塌了老长的一段。涅列特瓦河的河水撞在炸塌的断桥上,跳了起来,飞溅的水珠,一直溅落到河岸上。最吃惊的还不是河水,而是坚守在河对岸的德国军队。他们这时似乎恍然大悟,解放军不是要过河,而是要在河的左岸展开活动,所以炸掉大桥,阻止德国人过河进攻。他们朝河对岸望去,解放军果然从大桥边像一阵风似的刮走了,霎时间,人影全无,马嘶声远。他们大叫上当,连忙转到下游的渡口过河,沿着解放军撤去的方向追击。

涅列特瓦河奔流着,奔流着,它发现在那断桥处的两岸,既没有解放军,也没有德寇,连原先留下的少数一点守桥的部队也撤得光光的。河岸上除了一些破弹壳外,树是原样的,草是原样的,没添别的新东西。人都走了,它感到有点寂寞,有点孤单。

当涅列特瓦河感到冷清的时候,河左岸的解放军绕了个大圆圈后,突然又回来了。这时河对岸没有一个敌人,解放军挖好工事,建立桥头阵地;准备堵击追赶过来的纳粹。同时,以神奇的速度,连夜在断桥处又借原来的旧桥墩搭了一座简便的吊桥,将坦克、大炮推到河里,人员带着轻便武器,扶着轻伤员,抬着重伤员,闪电般地渡过涅列特瓦河,进入门的哥罗地区。

德国、意大利部队追到解放区原来的驻地,望见山林中轻烟袅袅,旗帜在树梢上飘扬,以为合围成功,拼命地朝那些沟沟岭岭用大炮打,用飞机炸,闹腾了几天,才发现是空山一座。这天,他们收到解放军早已从断桥处渡过涅列特瓦河的情报,才真正的恍然大悟:解放军的炸桥,正是为了过桥,"欲取之,先予之"。炸桥仅仅是为转移对手的视线,放松警惕,然后从从容容地搭桥而过。德国纳粹好后悔,差点自己骂自己是笨蛋。他们掉转身来想跟踪再追,到了涅列特瓦河的断桥处才发现连断桥也没有了,早被解放军彻底炸光了。涅列特瓦河那哗哗的水声,好像是一串串的嘲笑。他们在河岸边什么也没发现,连解放军推到河里的坦克、大炮,也被河水掩得严严实实,不露一点儿痕迹。惟一发现的是河边解放军那军马拉的一堆堆马粪。

铁托设谋赢纳粹,既新奇,又干脆。

9 计　隔 岸 观 火

隔岸观火,择胜而从

三年不鸣一鸣惊人的楚庄王,一心争霸,积极北进中原。鲁宣公十二年(公元前597年)楚庄王亲率大军围攻郑国,郑襄公一面坚守城池,一面派人向结盟的晋国求救。虽然郑国上下一心,英勇抗战,但是敌众我寡,力量悬殊,相持三个月,晋国援军也未到达,郑都终于被楚军攻破,郑襄公只得袒露着上身,手牵着羊,开城门迎接楚庄王入朝,表示驯服地任楚国宰割。又向楚王献上国书、地图,可怜兮兮地对楚庄王说:"我未能上承天意事奉楚君,使楚君生怒到郑邑,这是我的罪过,怎敢不惟命是听,服从楚王的命令呢?即便贤君把我作为俘虏带到江南,放逐到海滨荒野的地方,我也惟命是听;或者贤君灭掉郑国分割其土地赏给诸侯,让郑人做臣妾奴仆,我亦惟命

听从;如果承贤君开恩顾念从前的友好,让我托周厉王、周宣王、郑桓公、郑武公之福,而不亡郑国,使郑邑能事奉贤君,等同于楚国的一个县,这便是贤君的恩惠了,我不敢有太多的奢求,大胆地说出自己的心愿,但愿贤君任意处置。"

郑国是居于楚、晋之间的一个中小国家,长期以来一直在两强国夹缝中求生存,同时也是两个强国互相争霸的一个缓冲之地,郑襄公虔诚的求降之语,对楚庄王来说,并非听着入耳高兴就可以赦免郑国的,他对左右部下说:允许郑国投降是顺理成章的事,如灭掉郑

国,则名不正言不顺了。况且郑君能谦逊下人,取信于民,这样的国家不是一下子可以灭掉的。于是允准郑襄公的求和,楚军退舍三十里,派大夫潘进签订盟约,郑襄公遣弟弟子良到楚国做人质,示以诚意。

就在郑国服楚结盟不久,晋景公派来的援军才迟迟地来到郑地。郑襄公担心晋国大军拿郑楚结盟一事兴师问罪于郑国,这样郑国又要遭祸了。于是召集郑国群臣商讨应付办法。大夫皇成认为,晋国强大,现在郑与楚和好,晋军势强,如果问罪郑国,郑国则不是其对手,不如说服晋军与楚军决战,郑国坐观成败,晋军胜则服于晋,楚军胜则服于楚。郑襄公认为皇成的建议为良策,对郑国很有利。于是派皇成前往晋营,鼓动晋军攻楚,又遣使楚军,怂恿楚庄王与晋军决战。

楚庄王在服郑之后,率军北进,暂驻于郑国,准备到黄河饮马之后,即凯旋返国。这时晋军在荀林父的率领下,也来到黄河岸边,得知郑国降楚,楚军已撤退将归,荀林父无意于同楚军接战,就想下令班师返国。上军首领士会也同意荀林父的主张,认为楚军在国内虽连年征战,却甚得民心,政治上也修明,兵阵每战必胜;典章制度,礼义道德均有建树;楚君也善于选贤任才,这样的国家是不容易对抗的。"应该兼并衰弱的国家,攻打混乱的国家,何必去进攻楚国呢?"但是中军副将先縠认为:"晋国所以称霸诸侯,是仰仗勇敢的军队、臣下的尽力。坐失郑国而不救,就不能说有强大的兵力。大敌当前不敢决战,就不能说是武功。见到强敌往后退,不是大丈夫的作为。由我之手失去晋国霸业,不如死去。"先縠不听荀林父号令,私自率军过了黄河。荀林父未能严肃军纪,害怕先縠不敌楚军战败,自己作为主帅回国后要担当罪名,于是干脆率三军渡过黄河。

楚庄王本来打算返师归国,不想与晋军兵戎相见。晋军过黄河后,楚庄王也不想饮马黄河了。令尹孙叔敖已树起大旗,把车头向南方,准备返师。只有庄王的宠臣伍举,一心想立功,鼓动庄王同楚军作战。楚庄王采纳了伍举的建议,调车头向北,准备迎战晋军。这时候楚王也担心未必能赢强晋,几次派出使者,说明楚不想同晋争战,不过是惩处一下郑国。甚至派人到晋国求和,约好了订约媾和时间。在这时,郑国大夫皇成受襄公之令,跑到晋军之中极力诱使晋军攻楚。他说:"郑国服从楚国,是为了挽救国运而已,对晋国并无贰心。现今楚国突然获胜,就恃势骄狂,楚军暮气已深,没有什么防备如果晋楚交兵,郑国从楚军背后攻击,两军夹击,楚军必败。"先縠被皇成的话煽动起性,更加逞狂,认为打败楚国,臣服郑国,不在此一举了。

郑国使臣的鼓动挑拨,加剧了楚晋之间的矛盾激化,两军终于在泌地(今河南荥阳东北)发生了遭遇战,结果晋军战败,溃逃回国。郑国继续维持服楚盟约。

春秋时期,政治上你争我夺,斗争的最大特点是强国争霸,中小国家依附大国而存立。郑国北临强晋,南接雄楚,晋楚逐鹿中原,相互争势,受害的是势弱的郑国。长期以来,郑国往往采取的是墙头草策略,楚国攻时,服于楚;晋国兵来,又臣服于晋。如鲁宣公五年,楚国攻郑,郑被迫服楚。一年后,郑又去参加强晋召集的会盟。总是反反复复,试图维持延续自己居中难存的国势。这一次楚庄王攻郑,郑国一心固守,终因势力悬殊过甚,差点被楚国灭国,后来楚国允许郑国结盟,使郑国仍有存在,郑襄公也松了一口气。但是在危难时不来相救的晋军,在郑国降楚以后,却又姗姗而来。依据以往的经验,晋军入郑,不会空手而回,对郑臣楚之事,更不可能不闻不问,郑国自从与楚军恶战后,又要面临被强大的晋军蹂躏。如何避免这种情况的发生,郑襄公接受臣下的建议,施用隔岸观火之计,坐山观虎斗,助其相争,再择其胜者臣服之。

作为一般意义上的隔岸观火之计的运用,是指静观时变者,先是按兵不动,俟敌人相互杀伐、两败俱伤时收取渔利。在这里,对郑襄公来说,能够保持住郑国的原有地位,避免国家再次受到晋军的攻击,就是最大的收获,最大的渔利。郑国是一个弱国,与强大的楚晋相比,不是他们的对手,谈不上要弱楚弱晋、灭楚灭晋的问题,能生存下来就是胜利,而要生存,又必须背靠楚、晋当中的任何一国。郑襄公已降服于楚庄王,晋军不来,郑能维持住郑、楚已定的盟约,即能生存下去。晋军来到郑国,势必以武力逼迫郑国臣服于己,如果郑襄公这时又倒向晋国,必将引起楚国的追究。如果再引发一次楚郑战争,郑国将会付出更大的代价。所以郑襄公以隔岸观火之策,挑动晋军与楚军相战,把晋军的祸水引向楚军,楚晋相斗,必有一赢家,如果楚赢晋败,郑国就要背晋而用于楚,而发生征战后的楚国势弱兵残,一时也不会进攻郑国,郑国也能安然生存,就从这一意义来讲,我们说楚晋泌地之战,实际上是郑襄公政治谋略的一个胜利。

坐观争斗,伺机黜后

晋朝武帝司马炎病逝后,贾南风上台成为皇后,历史上的"八王之乱"开始。贾皇后为了排除异己疯狂地残害对手。贾南风的作用引起了朝臣的怨恨,其中右卫将军赵王司马伦就是其中的一位。

司马伦是司马亮的弟弟,长期以来,对专权的贾南风极力迎逢,深得贾后的信任。因为他性情贪婪,冒失武断,且手握兵权,被右卫司马雅、常从督许超等在太子东宫任过职务的一些人,视为除灭贾后的最好人选。所以,司马雅等人,就在司马伦的谋臣孙秀跟前鼓动说:"皇后凶悍跋扈,为非作歹,诬陷并废黜太子,使国家没有嫡嗣,社稷将危,朝臣愤愤不平,将发起大事,而司马伦名分上在中宫任职,与贾后关系亲密,太子的被废,人们都私下传言他预先知道,一旦事起,必将祸害牵连到他,为何不先考虑废黜贾氏呢?"孙秀许诺一定废黜贾,并报告司马伦。司马伦也认为说得有道理,准备依言而行,且私下通知通事令史张林、省事张衡等人,让他们在宫内做内应。

司马伦准备动手时,谋士孙秀心生一计,赶紧对司马伦说:"太子司马遹性情刚烈又聪颖过人,如果他回到东宫,肯定不会受制于别人。路人皆知您是贾后的私党,即使现今为太子复位立下大功,太子会说您是迫于老百姓的愿望,不得以如此,想以反目免自身之罪罢了。即使您忍气吞声,不念宿怨,太子也不会对您感恩戴德,您如果稍有瑕衅,免不了落到被杀的境地。我们不如按兵不动,拖延时间,贾后必定会加害太子,那时我们在出面为太子复仇,废黜贾后,这样不但能免祸,还能进一步得志,岂不是一举两得吗?"司马伦深以为然。

于是,司马伦让孙秀等人四处散布谣言,说殿中有人要废贾皇后,迎立太子。贾南风自禁锢太子后,并未了却自己的心愿,经常派宫内使女伪装成民妇出宫侦察民情,了解外间情况,听到宫女的报告后,贾南风十分惊恐,担心太子在朝中的人望,会引起人们让其复位的念头,就想杀死太子,断绝众愿。司马伦、孙秀这时也劝说贾后侄子、也是她的心腹的贾谧,鼓动他们尽快除去太子。

永康元年(公元300年)三月,贾南风让与自己私通的太医令程据专门配制毒药,打着惠帝的牌子,矫诏让黄门孙虑到太子被囚禁的许昌宫,毒死司马遹,太子自从被禁锢后,也提防被人毒杀,常常让下人在自己面前煮食。孙虑无法下毒,让看守刘振把太子迁到小房中,断绝他的食物,逼其就范,结果宫人从墙上偷偷送食给太子。孙虑逼迫太子吃药,太子不肯,他干脆用随身携带的药杵活活把太子打死。司马遹时年23岁。

四月初三日夜,太子被杀死十天之后,司马伦、孙秀约定右卫等人,假称惠帝有诏,令拱卫皇宫的三军司马:"皇后与贾谧等人杀了朕的太子,今派车骑入宫,废黜皇后,你等当服从听令,事毕赐关中侯爵位,敢不从命者,诛灭三族。"结果三军被骗,皆听从司马伦调遣。司马伦接着矫诏赚开宫门,冲进宫内。翊军校尉齐王司马冏带士兵百人破门入内,华林园令骆休为内应,把惠帝接到了东堂,贾谧被诏令到殿前斩杀后,司马冏被贾南风看见,她吃惊地问道:"卿为什么来这儿?"司马冏答到:"有诏令收捕皇后。"贾南风厉声说道:"诏书应当从我这里发出,你的诏书从何而来?"司马冏不再多答理,令士兵拥贾后外走,当她跌跌撞撞爬上楼阁时,贾南风大声遥呼惠帝:"陛下有妇人,为别人废妇,自己也会被废掉的。"司马伦的另一兄弟梁王司马肜也参加了废后预谋,所以当贾后向司马冏问"是谁领头起事的?"司马冏答道:"梁王和赵王"。贾南风此时后悔莫及,恨恨地说:"系狗应该系狗的颈脖,我错系了它的尾巴,怎么能不有这样的结果呢?"

贾后被司马伦宣布废为平民,先幽禁在建始殿,后来送到金墉城,过了几天,司马伦诈称有旨,遣使臣送来金屑酒,贾南风手捧毒酒,仰天长叹,杯空人倒,一命呜呼。朝中贾氏党羽,亦被司马伦尽灭。宰相张华及裴頠、解系、解结等人,因与司马伦有宿怨,加上在朝中有人望,被司马伦视为政敌,

三十六计

全部被杀,株连三族。司马伦自封相国,都督中外一切军事,不久又加九锡。次年春天,又逼迫惠帝交上玺印绶带,司马伦自己爬上了皇帝的宝座。

司马伦本来是一个靠献媚贾南风崛起的野心家,太子司马遹被废前,他任太子太傅,太子被废事件与他有着不容置疑的责任。贾南风的专权残暴,为他的再次投机提供了良好的机会。孙秀是司马伦成功的重要谋臣,本来司马伦同意宗族诸王废贾后复太子的政变主张,不过是想在世人面前洗刷自己与凶悍残暴的贾南风的关系,孙秀后来提出的先按兵不动,以谣言诱贾后,坐观贾南风杀死太子,再相机灭贾的计谋,即隔岸观火之计,一下子使司马伦醒悟过来。

于是按计行事,广散谣言,让贾后的宫婢把所谓的民间消息带回宫中,贾皇后虽然凶狠狡诈,但这次还是中了司马伦、孙秀所精心设计的诡计,果然迫不及待地毒杀了太子。太子司马遹在晋室中较有人望,当初被栽赃、诬陷时,不少朝臣为之开脱,其被囚禁废黜,已使贾后招人怨恨,及到司马亮、司马玮被杀,贾后诛杀司马氏宗族的嘴脸更加暴露,在此情况下,她居然敢冒天下大不韪,还要毒杀太子,必将自食其果。司马伦就是要等待太子被杀,贾后招恨的时机,动手收拾贾后的利益。

司马伦隔岸观火之计的实施,使自己成了最大的赢家。一是于己不利的太子被杀了,搬开了自己称帝道路上的绊脚石。正如孙秀所分析,太子司马遹性格刚烈,一旦有朝一日回朝主政,定不会宽宥司马伦与贾后的亲密关系,更不会对司马伦的复兴太子活动给予多大程度上的感激。这样一个未来的景状,对司马伦显然是不利的了。从另一角度来看,司马遹对贾后专权是一威胁,对同样怀有野心的司马伦上台即位的企图何尝不是一种威胁。所以利用贾后除废太子,是他赢得的第一张牌。二是诛贾后自立为帝。贾后恶贯满盈,谁与她相连结,谁会倒霉,而谁灭掉贾后,谁就是国家的英雄。太子一死,司马伦就打着“共匡社稷,为天下除害”的名义领禁卫三军进宫黜后,这样为自己日后上台,奠定了威望和基础。

废除贾后的这场政变,不仅使贾氏家族在朝中的地位受到毁灭性打击,张华、裴頠等政敌也被随手除去,这则是司马伦赢的第三张牌,真可谓一计成功,每牌顺手。

姚苌定计，建立后秦

姚苌是东晋十六国时期后秦国的创立者，在西晋灭亡后的北方长期割据战争中，他在关中地区建立了一个包括今天陕西、甘肃、宁夏和山西部分的广大统治区域的羌族政权，他在位时任用汉族地主，惩治贪污，废除苛政，整顿狱，倡节俭，立学校，善于听谏，重文治修德政，收揽人心，使前秦以来关中地区的混乱局面得以改观。姚苌名微力薄，在群雄并立的混乱之世，能够建立一个割据一方的羌族政权，除了军事实力以外，还得于他能够实施正确的政治谋略，隔岸观火之计即是其中一个成功之例。

姚苌是依靠投靠前秦苻坚起家的，因为能征善战，被前秦皇帝苻坚封为杨威将军。公元383年，苻坚决定南下攻击东晋，当时前秦朝廷中阳平公苻融、中山公苻诜，及夫人张氏、僧人道安等，朝内朝外众人皆劝苻坚不能穷兵黩武，独有姚苌联合鲜卑出身的慕容垂，一心想乘隙另立，极力怂恿苻坚作泛舟长江，南游吴越的盛举。当时苻融说："鲜卑、羌虏是我们的仇敌，经常盼望风云变化以得逞他们的心愿，他们所献之策，怎么能听从呢？"苻坚固执，令苻融督领慕容垂等25万大军做先锋，以兖州刺史姚苌为龙骧将军，督益、梁州诸军随征。结果淝水一战，前秦军队战败，草木皆兵，溃逃而回。完整保全三万大军的慕容垂、慕容弘等人乘机起兵，图谋复燕。第二年三月，姚苌被苻坚封为司马，前去讨伐据守关东的慕容弘，结果接战失败，姚苌因惧怕苻坚诛己，逃到渭北，干脆另起炉灶，脱离前秦自立。

公元384年春季，姚苌在关陇豪族尹纬、尹详、庞演等人拥戴下，率五万民户丁口独立，自称大将军、大单于、万年秦王，实行大赦。定年号为白雀，分封百官，称制行事，尹详、庞演为左右长史，姚晃、尹纬为左右司马，天水人狄伯支为从事中郎。王据任参军，拜王钦卢，姚方成等人为将帅。

在姚苌起兵自立的差不多时间，平阳太守慕容冲在平阳拥兵反秦，慕容冲开始时被前秦将军窦冲击败，被迫投奔慕容弘。他谋杀了慕容弘，自立为皇太弟，并奉慕容𫖮为皇帝，设置百官，当时前秦苻坚以姚苌为重点攻击目标，紧追密打，姚苌的弟弟镇军将军姚尹也在战斗中牺牲了。在此情况下，姚苌考虑自己势弱，长期与前秦作战，必将耗尽有生力量，于是作出了第一个重大政治决策，就是联合慕容冲，以势强的慕容冲牵制前秦。自己争取时机，养精蓄锐，静观时势的变化。为了向慕容冲结好相和，他把自己的儿子姚嵩作为人质，送到慕容冲处以表诚意。与此同时，他命令部属转移北地，厉兵秣马，修整积蓄。

姚苌的谋略很快取得了效果。同年六月，当前秦大兵与自己两军相峙时，慕容冲领大军逼向长安，迫使苻坚不得不撤军回防。九月，慕容冲兵临长安城下。姚苌得知消息后，立即召集群臣会议，商议下一步行动计划。会上大部分人赞成与慕容冲共争长安，以此为根基，向外扩展，经营四方。姚苌考虑良久，作出了他的第二个重大政治决策，放弃长安，让慕容冲与前秦苻坚互相厮杀，自己避争地辟新地，等到前秦与慕容冲两败俱伤，再谋长安。他向群臣解释：目前的长安是一块争地，不宜马上急取；鲜卑人是因为思归心切，振兴故土而起兵反秦的，如果其志实现，必然不会在关中久留。在他们彼此相争时,我们把力量移屯到岭北地区,储蓄粮草,充实军次,扩大军队。坐以静观,等待秦亡燕去,我们就可以不费多大代价,轻而易举的夺取长安,占据关中。这就是坐山观虎斗的计谋啊！姚苌的分析,得到群臣的赞同,于是由长子姚兴据守北地,宁北将军姚穆守卫同官川,自己率部攻打新平(今陕西彬县)。

姚苌避开与前秦正争战,另避他地的谋略继续取得了成功。新平之战尚未结束,姚苌又进军岭北,岭北各城全都向他投降称臣,一时姚苌势力大盛。而此时慕容冲与苻坚,正在长安城下作困兽相斗。长安城内的慕容觥、慕容肃图谋政变,被苻坚察觉,二人及慕容宗族全部被杀,凡城内鲜卑人,不管男女老少,皆被杀死,慕容冲的内应外合的希望落空。公元385年正月,他在防房城称帝,改年号更始,建西燕政权。但是紧接着的仇班、雀桑之战,慕容冲大败。但是百渠一战,前秦军队又大败溃散,苻坚差点被俘。慕容冲令部将高盖偷袭长安,军队进入南城,被前秦军队斩首八百。高盖攻打渭北秦军,又被前秦太子苻宏斩杀三万。以后的骊山之战,慕容冲抓获前秦高阳愍公苻方、尚书韦钟等人,后来慕容冲军被苻坚部下反攻,活埋一万多人。前秦西燕的征战,相互损失惨重。公元385年五月,慕容冲率兵强打长安,苻坚亲自督战,身上被乱箭击中,弄得遍体鳞伤,前秦有名的猛将杨定也被俘。这时苻坚开始惧怕,留下太子苻宏守城,自己携张夫人等亲属王公,在数百骑士护卫下,逃往五将山,结果被姚苌布置骁骑将军吴忠包围。前秦士兵一哄而散,苻坚仅剩下几个侍从跟在身后,吴忠抓获苻坚,送到新平。姚苌令人逼苻坚交出国玺,或行禅让,苻坚痛骂姚苌忘恩负义,只求一死。又亲手杀死自己的两个女儿苻宝、苻锦。八月,苻坚被姚苌派人吊死在新平的一个佛寺之中。

苻宏在父亲苻坚逃走不久,也带数千骑出逃下辨,其余官属投奔姚苌。慕容冲攻入长安,在长安城内大肆抢掠。慕容冲的残暴引起了鲜卑人的仇恨,公元386年春季,攻杀了慕容冲。他的部将段随被立为西燕王,改年号昌平,没有过多少天,西燕的仆射慕容恒、尚书慕容永又杀了段随,慕容恒的儿子慕容觊被立为燕王,改年号建明。正如姚苌所料,慕容觊刚上台,就领鲜卑男女老少四十万,离长安东下,曾经各路大军云集的长安,一时空空荡荡。四月,姚苌不费吹灰之力,由安定出发进入长安。同月,姚苌在长安称帝立国,改年号建初,立国号大秦,史称后秦。姚苌追尊其父姚弋仲为景元皇帝,立妻子虵氏为皇后,姚兴为皇太子,又建置百官。一次他与群臣饮宴,酒酣之时,他说:"过去你们与我都是北面称臣于前秦。现在与我变成了君臣之间,会感到耻辱吗?"大臣赵迁说:"上天不耻于把陛下做儿子,我们为什么耻于做臣下呢?"姚苌听后,高兴地开怀大笑。

当年苻坚在攻打东晋前夕,封姚苌为龙骧将军,并说:"我过去就是靠龙骧将军的官位建立起大业的,从未轻易授人,你勉力而行吧?"没有想到,此话讲过没有三年,姚苌真的由前秦的一个龙骧将军,诛苻坚伐西燕,成就了一番帝王大业。我们从姚苌的成功背后可以看出,政治谋略对一个有志争霸立业之人是何等的重要。长安是兵家必争之地,也是刚刚称王建业的姚苌梦里追求的地方,可贵的是他是一个现实主义的政治家,对自己的弱点和政敌对手的优势有清醒的了解,他认识到自己暂时还没有力量与强大的前秦相抗拒,于是通好慕容冲,以势强的慕容冲牵制攻击苻坚,让两强相斗,自己则避开一隅,向岭北发展。果然前秦与慕容冲一守一攻,围绕争夺长安,两败俱伤。前秦苻坚被迫逃亡,自投罗网,被姚苌轻而易举的俘获杀死。西燕虽然占据长安重地,但是恶战之后,势衰体弱,政权内部围绕着争权夺利,你争我夺,互相残杀,果如姚苌所料,西燕无意久据长安,不久领兵东去,空虚的长安城,此时对一个养精蓄锐的猎手来说,不过是扣动枪机一事,手动擒到。姚苌争地不攻,隔岸观火,付小的代价,获最大的利益。

借刀助火,创胜之计在其中。

堡垒最易从内部攻破,分化的敌人最容易击败。政治斗争中,借助于挑拨离间、用间互疑、贿赂腐化等各种令人眼花缭乱的手法,破坏政敌内部的团结,助成敌方开展更加激烈的相互残杀。

李渊计高,收取关中

隋炀帝杨广上台后,对内横征暴敛,对外三征高丽,沉重的徭役、赋税、兵役,使百姓苦不堪言,无以为生,一时间天下烽烟四起,遍地树了起义的义旗,到了公元617年,前后起义诸队伍之中,形成三股规模大的义军:即翟让、李密领导的瓦岗军,主要在河南一带活动;窦建德的河北义军,杜伏威、辅公祐领导的江淮义军。另外隋朝的一些地主官僚,亦乘隋末大乱,纷纷拉起了自己的割据武装,如涿郡的大将罗艺,自号幽州总管;朔方的梁师都,占据有陕西北部;马邑的刘武周占有山西北;江陵的萧铣,据占两湖、江西等地;吴兴的沈法兴占据余杭、丹阳,以及占河西各郡的武威李轨等。同年,出身关陇贵族的李渊起兵太原,不到半年时间,攻占长安,有着重要战略意义的关中地区的获取在手,为李渊集团后来经略中原,南下江南,最终建立大唐政权,奠定了一个极为重要的根据地。

李渊在群雄并起,强手如林的逐鹿者之中,最终成就建唐大业,主要得力于技高一筹的政治谋略,其中以隔岸观火之计,谋取关中,就是成功一例。

大业十三年(公元617年)六月,李渊巧妙地打着安隋匡乱的旗号在太原起兵,起事不久,就定下夺取关中地区的政治决策。李渊定夺关中,心藏深远的用意：一是关中地区极其重要的战略地位，关中号称八百里秦川，东临黄河，三面环山，进可以渡河南下，南取中原，退可以凭关据守，就地鼎立。肥沃的土地，充裕的粮草，众多的人口，决定了此地为历代建功立业者们为之必争的情势。周、秦、西汉，就是以此为发家的圣地，而势夺天下的。二是关中隋兵势弱，容易攻取。隋朝虽定都长安。但隋炀帝上台后，喜游幸好远征，经常把精锐禁军部队作为卫队护驾在外。义兵群起后，隋朝的主力大军集中镇压东南部瓦岗军、河东义军和江淮义军，无暇西顾，暂时没有力量腾出手来聚兵关中。相反，东南地区的杜伏威部、河北地区的窦建德部，河南地区瓦岗军、刘武周、薛举等称雄者，倒是在关中地区四周围牵制了大量的隋军，基于以上因素的考虑，为"化家为国"，推翻隋政权，大业三年七月，李渊以长子李建成统领左军，次子李世民统领右军，四子李元吉据守太原、留守晋阳宫处理后方事宜。李渊以大将军统帅大军三万，誓师晋阳，向关中进发。沿途移檄各州县，声讨隋炀帝饰非好佞，拒纳忠良谏诤，听认谗言佞奸，巡幸无度，穷兵黩武，离散百姓骨肉亲情，召天下共怨，公开宣布废昏立明。又打着勤王的"正义之师"牌号，尊奉代王杨侑，争取隋朝官僚士民的支持，以减少进军途中的阻力。进军途中，李渊还派司马刘文静到突厥，拜见突厥始毕可汗，要求突厥派兵助攻，许诺攻克长安后，金玉绫罗归突厥，百姓、土地归李渊，以此壮大自己的力量。

　　李渊顺利进军关中途中，正是李密瓦岗军与隋朝主力军鏖战在东都城下，两相残杀，双方损失惨重的时候，这正是李渊进军关中途中所施展的隔岸观火谋略的结果。

　　李密本是隋朝宫中一个内卫官，因遭隋炀帝杨广嫉恨排挤，大业九年（公元613年）愤而加入杨玄感反隋大军，并向杨玄感进献上中下三策，鼓动杨玄感建立代隋大业。其中策即是要杨玄感乘杨广远征高丽之机，大军轻骑远袭，经城勿攻，迅速攻夺边疆四塞，据有天府之国的关中险要地区，以此为基地，稳扎稳打，占据可进可退的万全之势。但是杨玄感没有能采纳李密的谋略，充上中两策而取其下，执意攻打隋军力量雄厚的东都洛阳，梦想一蹴而就，结果久攻不下，隋朝各路援军四面而至，杨玄感战败被杀，李密也被俘虏，幸运的是送往高阳途中逃脱，改投翟让瓦岗军。又因善为谋划，得翟让相信。瓦岗军攻战了隋朝粮仓兴洛仓后，李密以筹谋有功，坐上了瓦岗起义军第一把交椅。称魏公，制三司等官，然后又再接再厉，攻取隋朝另一大粮仓回洛仓，逼近东都洛阳，隋朝朝野为之震动，调动各路大军兵援，李密整军修械，在洛阳城外，纵横驰奔，先后击败隋朝大将军刘长恭、王世充等数路大军，但是由此以后，李密没有吸取杨玄感失败教训，不仅否定了自己及左右谋臣将领攻取隋军实力虚弱的关中，兵锋西指的正确谋略，反而中了李渊的纵骄助战圈套。原来李渊在进军长安途中，十分重视政治上的策略，多次写信给各路反隋义兵，联络交好。李渊对在河南势强兵多的瓦岗军，尤为重视，遣人送信给李密，表明自己反隋炀帝暴政起兵的态度，推颂李密屡建败隋大功。李密这时候正是洛阳城外犁廷扫穴横扫隋军，各路州县纷纷投诚的兵锋正盛时期，对李渊的野心不能窥破。他给李渊复信说："我和兄长虽然不是李家同一支系，但同是李姓，根本相同。自己为天下英雄豪杰推为盟主,希望相互提挈扶持,戮力同心,建立在咸阳执秦子婴,在牧野灭商辛的大业。"李密以盟主自居,蔑视李渊,还要李渊亲率步骑数千到河内郡与他缔结盟约。李渊本有心招附李密,未想到李密如此自负,看信后抵掌大笑,对左右说:"李密妄自尊大,不是折简写信可以招来的。我们正在进军关中,战事很重,如果断绝了与他的往来关系,就是树立了一个强敌,不如以逢承的话推奖而骄纵他,使他心志骄横,让李密大军为我们塞挡成皋之道,使它与江都隔绝开来,避免江都隋兵西来,又能让李密大军牵制东都洛阳的隋兵,隋军因此不

能往救长安。我们则可以专心西征,等到我据有关中,就可以依险而养威,虎视天下,静观鹬蚌相争,坐收渔翁之利。"于是让记室温大雅起草,给李密去信,信中说"国家有难而不出来扶助,这是贤士所责备的事情,我虽愚昧平庸,但幸承祖宗功业,在隋朝担任太守、将军等官,所以才大规模聚集义兵,与北狄和亲,想与天下英雄一道匡助天下,志在尊奉隋朝。芸芸众生必有领袖他们的人,而今领袖天下者,舍您莫属!老夫已经过了半百知命之年,已经没有这个心愿了。很高兴能拥戴你,已经是攀鳞附翼了,只希望您早日应图谶天意,安宁天下兆民。您是宗盟之长,我的亲属之籍还须得到您的容纳,如能再封为唐地,就是得殊荣足心愿了。我不敢闻说执子婴灭高辛的事情,只是汾水晋阳一带,还需要我安顿管理,盟津的会盟,尚未顾上卜问吉期呢!"李密收到李渊的信,非常高兴,说道:"有唐公如此推戴我,平定天下已是指日可待的易事了。他把李渊的信拿给左右僚属将佐传看,从此以后,李密一心专意对付东都洛阳之敌,再不思向关中经营一事,而李渊得李密与东都隋军主力激战良久,击败霍邑隋将宋老生,连克临汾、绛郡、龙门,一路上以小部兵力牵制顽敌,主力则不拘于城池的攻占,直取长安。义宁元年十一月初九,长安攻克。十五日,迎立代王杨侑即帝位,改年号兴宁。十七日,李渊接受杨侑赐黄钺,持节,任尚书令、大丞相,封唐王。以武德殿为丞相府,凡中外军政一切事务,皆由其处理。李渊还在相府置官设位,封他的儿子李建成为唐世子,李世民为秦公,李元吉为齐公。第二年五月,李渊废黜傀儡皇帝杨侑,自己即位为帝,改元武德,建立了大唐王朝。

在东都城下激战的李密,下场最惨,几十万大军,在与王世充、宇文文

及等隋军主力的长期征战中,损伤严重。武德元年(公元618年)九月,北邙山一战,瓦岗军溃败,李密率二万轻骑向李渊投降。

我们从上举史实可以清楚看出,李渊以三万兵起兵太原,想成就建国大业,他仔细分析了隋末群雄并起后的国内形势,巧施隔岸观火之计,用推奖迎颂之语,鼓动当时义军之中势力最强的李密瓦岗军与隋军在东都洛阳城下作战。李密本来智谋过人,在屡败隋军捷报频传的形势下,不料自我否定,弃上计不用,长期顿兵洛阳城下,中了李渊的圈套。李密在洛阳城下的作战,既阻止了洛阳城内的隋军声援长安,又牵制了江都城内的隋炀帝杨广,使江都隋军数十万精兵丝毫不敢有所动作,这一切都为李渊从容攻战长安,创造了一个良好的时机。而隋军与李密瓦岗军在东都长期的拉锯战,使双方两败俱伤,李密战败,走投无路,投顺李渊。李渊一计坐收三利:一是占据了一个重要的战略要地,由此之后,有了一个作为经营天下的稳固地盘;二是不战而去一强敌,李密失败归顺,又带二万士兵到来,即使李渊壮大了兵力,又使李渊一个潜在的政敌被削除降服。三是隋朝主力大军在东都拉锯战中,被消耗殆尽,为李渊唐政权进一步经略中原、江南,统一全国,提供了有利的条件。

太宗登位;坐山观斗

宋开宝九年(公元976年),宋太祖赵匡胤病逝,弟弟赵(匡)光义嗣位登基,即宋太宗,改年号太平兴国。

赵匡胤死后没有传位儿子,而且皇位给弟弟继承,主要是总结了后周朝廷因幼主嗣位,被自己兄弟发动陈桥兵变,黄袍加身,一举而篡夺天下的教训,担心传幼子之后,被别人以自己使用的故伎,加害到大宋赵家的皇帝身上。早在建隆二年(公元961年),杜太后病危时,就把太祖匡胤和谋臣赵普叫到病榻前,当面问赵匡胤:"知道因为什么原因你得到天下登上皇位的吗?"赵匡胤说是托祖宗及太后的余庆。杜太后说:"错了,是因为后周柴氏以幼主主宰天下。若是后周有成年君主,你就不会有今天了。你与光义都是我的亲生儿子,你百年之后,应当传位给弟弟光义,然后光义传位给弟弟廷美,廷美死后再传位给你的儿子德昭。天下地广事多,能立成年君主,这是造福社稷的事情。"宋太祖事母忠孝,谨守母训,当即答应杜太后,并命令站在身边的赵普把太后遗训记下,赵普赶紧听命,记录完毕后,还署上"臣普记"字样。太祖亲手封藏在金匮秘密中保存。

宋太祖赵匡胤着眼手赵宋王朝的安危,死后果然让位于弟弟。太祖皇后宋氏开始也想立自己的儿子,但被赵光义安插在身边的私党做了手脚,遣使召当时还是晋王的赵光义进宫入承大统,宋皇后对他说"我们母子的身家性命,全部托付给你了",光义当面泣告,发誓说:"一定共保富贵,请勿担心忧虑。"但是赵光义一登大位,所言所行就大不相同。兄长赵匡胤有四个儿子,两个已经夭折,剩下德昭、德芳,当时德昭25岁,已是成人,最有可能继位。所以赵光义首先把目标指向德昭。太平兴国四年(公元979年),赵光义带德昭出征幽州时,光义故意试探,令人散布谣传说皇帝不知下落,果然就有人想立即拥戴德昭称帝。太宗发现德昭上台可能性很大,出征返师回京后,以此出征未取得大胜为由,迟迟不予论功行赏。赵德昭善意劝谏,促叔叔光义速决此事,赵光义见侄子劝言,故意用语刺激德昭:"等到你做皇帝时,再行赏也不晚嘛",嘲讽德昭擅自干政。赵德昭性格耿直,善意为国,反取折辱,回府后思绪不平,自刎而死。两年之后,他的22岁弟弟赵德芳也病死。这样来自兄长宋太祖一支威胁太宗后代继承皇位的危险彻底消除了,下一个目标就是赵光义的弟弟廷美了。秦王廷美作为光义之弟,按太后遗训,当在赵光义死后上台继位。他看到了赵光义在长兄宋太祖时,扩大势力,为后来顺利上台,奠下扎实基础,于是也想仿效,除了秦王府内早就豢养了一批幕僚将官外,而且新近还同当朝宰相卢多逊搭上了钩。这卢光逊原来是赵光义晋王府重要的爪牙,中过进士,宋太祖时,官至中书舍人,参知政事。太宗一上台,任命他为中书侍郎,平章事,做了当朝宰相,予以重用。卢多逊与秦王廷美相勾搭一事,很快有人上报给太宗光义,赵光义虽然十分恼怒,但虑及此事关系到皇位继承大事,事牵太后遗命中的未来皇帝和在朝宰相,而且朝廷群臣到底什么倾向,自己还没有十分掌握,就想在朝中寻找卢多逊的政敌,促其内部互攻,既可以无损自己,又可以坐收别人攻敌之利。于是宋太祖时期的宰相赵普被召入京都,想利用赵普与卢多逊的矛盾,达到驱除卢多逊、廷美的目的。

赵普是宋朝的开国元勋,赵匡胤上台代周就得力于他的计谋,其后一直作为宋太祖重要的政治谋臣被重用。太祖乾德二年,迁升门下侍郎、宰相、集贤大学士,独居相位,处理大宋国政。可是因为敛财受贿,私运木材扩展府第,加上结姻亲枢密使李崇矩,被太祖冷淡。就在此时,当时身为翰林院学士的卢多逊,每有召时,总是攻击赵普,导致开宝六年(公元973年),赵普被罢相,贬到河阳,做了一个三城节度使。赵普视卢多逊为不共戴天的宿敌,所以听到太宗召还入京消息,连日起程返都。

太宗对秦王廷美和卢多逊的暗中活动,一开始没有采取过激措施,担心两人受到刺激在朝中联手反击,所以当一些卢多逊同僚因不满卢的专权,上折密告卢和廷美时,他没有立即动手罢免多逊,只是对一些告密者奖励,如对密告卢多逊的左拾遗田锡,赏钱50万。他这样做的考虑有二个,一是暗中鼓励卢的政敌进一步告发,促使相互攻伐。二是赵光义认为这些人还不足以制敌卢多逊、廷美,尚须更高一级的政敌出观,引发更加激烈的政争,才能做到在敌方凶残反目的时候,一网打尽,坐收渔利。所以他召还赵普后,复赵普相位,以牵制廷美和卢多逊。

赵普复相后卢多逊果然感到深深不安,而赵普位列开国勋旧,秦王廷美也自感难以凌驾,主动提出让出自己首辅地位,前推赵普。赵普再相,总结了前次被太祖罢相的教训,极力讨好太宗赵光义,他把自己当初与太祖受太后遗命的故事,详加叙述,还说自己要"备位枢机以察权变"。于是大力攻击政敌卢多逊,痛陈卢多逊以势欺压,结交私党,专权用事等情况。太宗看赵普上钩,随即命令赵普调查卢多逊与秦王廷美勾结一案。

赵普拿到赵光义给的尚方宝剑,不遗余力地明察暗访。廷美位居秦王,身为皇族显贵,卢多逊位列宰相,执朝纲权柄,两人都是居一人之下、百官之上的高位人物,平日与朝臣将官交结往来很多,如有意查找此类关节过失,

自然不是难事。赵普还把卢多逊廷审杂治,卢多逊在赵普势逼下,供认自己曾遣派心腹属官密告秦王廷美朝中机密,向秦王输诚投靠,还对秦王说过:等太宗死了,我将尽力事奉秦王。秦王也以弓矢回赠自己,以增信任。赵普抓到了卢多逊的罪证,认为他勾结秦王,阴谋篡夺是大逆不轨的重罪,立即上报宋太宗。宋太宗当然顺水推舟,命削去卢多逊的官爵,与家属一道配流崖州(今广东海南岛南部)。秦王廷美在太平兴国七年,就被免开封府尹,出为西京留守。此次赵普特意向赵光义建议:"太祖已经失误,陛下岂可再误"。鼓动赵光义去秦王,心怕哪天秦王上台,自己落个悲惨下场。所以当审查卢多逊案时,他极力把卢多逊案件往秦王身上引,借机株连,以免后患。卢多逊供认后,他立即授意开封府尹李符,以廷美与卢多逊交通,要求把秦王再度远贬。李符还诬告秦王在留守西京期间,不思悔改,埋怨皇上,"不利朝廷"。赵光义视秦王廷美为自己身边隐患,赵普等人如此卖力邀功,乐得他心花怒放,立即诏令将廷美为涪陵县公。安置房州(今湖北房县),不许外出,一年后,廷美整日忧悸之下,病死贬所。

赵廷美和卢多逊一去,使赵匡义顺意地传位给自己的子孙计划得以实现。杜太后的"兄终弟及"的遗训被彻底抛在一边,而宋太宗赵光义一支的嫡长子继承制度取得了稳固的地位。从此以后,赵宋皇位都是在太宗后代手中,延续传继。赵匡义利用隔岸观火之计,在卢多逊,廷美相互勾结,势逞强的时候,尽管朝中卢多逊的一些政敌,也攻击卢多逊,但不足以制胜。所以采取静观时变的态度,密切观察二人动向,以确定下一步策略,后来又调入开国元勋的赵普,利用赵普和卢多逊的水火不容关系,暗中助其互相攻伐,挑起更大的火并,一举把卢多逊、秦王廷美赶下权坛,远贬荒芜之地。赵普赶走了卢多逊,自以为出了一口怨气,未想到有赵宋第一谋臣之称的他,也有老来失手的时候,他的宰相之位还未焐热,紧接着,赵光义就向朝臣宣布:"赵普有功于社稷国家,与朕是昔年故旧,现在花甲已过,已是白发上头,牙齿松落,念及旧情,再也不忍让他辛苦劳累,应当择一善地,以尽享晚年。"赵普马上收捡行装,乖乖地到他的"善地"邓州,做一个武胜节度使去了。

高、冯相争,江陵秉政

张居正是明神宗时的政治改革家,自隆庆六年(1572)六月,在朝辅弼年幼的明神宗理政,躬身辅政,忠君爱国,又锐意革新,厘剔宿弊。政治上针砭沉疴革弊除旧,裁汰沉官,条理刑狱,选拔英才。经济上清丈土地,行一条鞭法。又整饬边防,任用良将,练兵筹防,设茶马市、互通蒙汉,终于使明初以来的积弊衰败,在万历初年为之一改,出现了短暂的"海内肃清、四夷宾服。太仓粟可支数年,府库寺积金四百余万"的清平世界。张居正得以成功革政,有他个人的突出才干、皇族的信赖等多方面的原因,但其中的一个主要原因,是他独居朝廷揆首地位,大权独揽,得以大刀阔斧地施展手脚。因为他籍贯湖北江陵,时人把他一人专断朝纲的现象称为江陵秉政。

张居正由万历皇帝上台之初的三个顾命共同执政,变为一人独揽权柄,得益于他成功的隔岸观火谋略,此事说起来,倒也有一番曲折的故事。

张居正生于嘉靖年间,23岁考中进士选充庶吉士,25岁进翰林院为编修,居正青少年时期即有远大政治抱负,曾上《论时政疏》,指陈明政权有宗室骄恣、庶官瘝旷、吏治因循、边备废弛、财用大亏五大弊端,要求兴利革弊。当时因为严嵩专权,他郁郁不得志,俟到严嵩失势,徐阶担任内阁首辅,张居正开始被重用,到了穆宗朱载垕隆庆初年,他连年晋升,晋迁礼部尚书,兼武英殿大学士。二年(公元1568)加少保兼太子太保。除阶致仕回乡时,推荐富有城府能担大任的张居正进内阁,由此,张居正始得操政,到隆庆六年(公元1572年)一月,他由太子太傅再迁少师兼太子太师。六年五月,明穆宗中风病逝,临终前遗命高拱、张居正、高仪三人辅弼皇朝。六月初十,明神宗朱诩钧即皇帝位,年方十岁,三个顾命大臣中,大学士高拱在穆宗之世,即专权用事,居三顾命之首。高仪体衰疾病缠身,穆宗死后,没多少天也一命呜呼。这样,剩下高拱、张居正两顾命居朝理事,但是就在这个月的六月十六日,高拱突然被褫去官衔职位,勒令即日出京,回原籍闲住,张居正取而代之,成为内阁首揆。

高拱被夺职逐乡的原因是与宫内太监冯保的矛盾激化,被皇帝亲近的"大伴"冯保谗言挑拨,又利用穆宗皇后陈皇后、李贵妃的宠信,乘机以异己排挤。高拱是河南新郑人,嘉靖二十年中进士后,为裕王朱载垕做讲官长达九年,后来升迁太常寺卿、国子监祭酒、礼部尚书等职。嘉靖四十五年(公元1560年),明世宗朱厚熜去世,裕王朱载垕嗣位为帝,即明穆宗。高拱由帝师得以入阁,拜文渊阁大学士。隆庆元年(公元1567年)因为同内阁首辅有矛盾隔阂,被迫还乡闲居。隆庆三年,因为宫内太监腾祥、陈洪、孟冲等人的帮助,再次入阁办事,上台之后,为了报答举荐自己的陈洪、孟冲,他打破惯例,把应由秉笔太监冯保升任的司礼监掌印太监一职,先后让陈洪、孟冲两人担任,把冯保置之一边。冯保在隆庆初年,还领掌过皇帝的耳目机构东厂,按成例,掌厂者必升司礼太监这个太监中的最高职位。冯保应该升补而不得晋迁,他清楚这是高拱从中阻梗作私下交易,不禁心中衔恨,对高拱由愤生仇,就想利用机会陷构高拱。

冯保自小进明吕,在神宗皇帝做皇子时常伴身侧,提携捧抱细心照顾,被神过称为"大伴"。自世宗时起,长期担任仅次于司礼监掌印太监之职的秉笔太监,此职专掌章奏文书,照阁票批碟,也是一个事关机要的实权之职,冯保给人的印象平和谨慎,喜爱书琴文章,有君子之风,长期接近朝政权柄,

养成胸藏城府笑而不露的习惯。明穆宗去世,神宗上台,他分析形势,认为凭自己与幼帝的关系,和经常接触幕后监政的神宗生母李贵妃、皇后陈氏的便利条件,加之内阁辅臣张居正的鼓励支持,现今正是除去高拱的最好时机。于是他连续施展阴谋,先是利用手掌奏章批硃之便,篡改明穆宗遗诏,说自己与三大臣一起,同受穆宗临终顾命,为自己攻击朝臣高拱,议论朝政制造合理依据。接着,他又行诬言栽赃之法。穆宗去世时,高拱在内阁号泣,神宗派冯保证求高拱对朝政的意见,高拱的悲伤之中,念及穆宗 36 岁即撒手人寰,遗留下十岁的儿子嗣位为帝,悲痛之中随口说道:"十岁太子如何治理天下啊!"冯保有心构陷,跑到陈皇后、李贵妃面前诬告,说高拱轻蔑新皇,说"(指冯保)你捧了圣旨,我说这不过是一个不满十岁的孩子的话,难道真能做人主管理天下大事吗?"冯保挑斗皇后、贵妃对高拱的仇恨,伪言高拱居心不良,又在宫内暗地散布流言,说首辅高拱要废神宗另拥周王为帝,煽动神宗对高拱的厌恶。

高拱居内阁首辅,对冯保的谗言诬告已有所闻,虽然他没有冯保那样方便地进出宫室的便利条件,但在外朝,自度势力强大。于是授意各位给事中、御史等众言官,上折弹劾冯保矫诏乱政,行为不轨,想以此定冯保死罪。冯保见言官纷纷上奏,开始也担心害怕,心念一动,干脆把全部奏章扣匿起来。高拱不知其中奥妙,还以为自己稳操胜券。六月十六日朝臣早朝时,他照例站在前列,却见冯保手执黄纸文书,代为宣读皇后、贵妃和幼皇谕旨:"大学士高拱,揽权擅政,夺威福自专,通不许皇帝主管。我母子日夕惊惧。令回籍闲住,不许停留。"高拱大意失荆州,突遭袭击,神色大变,一下子瘫倒在地。即日收拾行装返回原籍。

高拱与冯保的权力争斗,最大的赢家是张居正。高拱被逐,冯保得胜后,只不过升上了自己理应升上的司礼太监之座,此职虽是内朝要职,但冯毕竟只是宫中的一个奴才,当时李贵妃、陈皇后等人,对内宫控制甚紧,他要想大有作为,困难重重。张居正则不一样,从小怀有济世治乱大志,早就有意一朝执行权柄,实现自己平生政治抱负的愿望。高拱与冯保二人相斗伊始,他就看得清清楚楚,冯保的暗中活动,高拱的摩拳擦掌,时值穆宗新丧,幼皇嗣立之初,作为同列阁辅的张居正,理应居中调和劝解、安定混乱的时政。但是张居正并没有这样做,而是恪守保身、取利的原则,在冯保、高拱准备决斗,但胜负未卜的情况下,他决不直接介入,只是隔岸观火,坐观高、冯成败决战。当时他找了个十分正当的理由,就是与司礼太监遭宪一起,到天寿山为明穆宗卜择陵地,远离权力斗争的旋涡。六月初十日,明神宗登基典礼,他赶回京城,旋以中暑生病为由,居家养病。六月十六日,宣诏逐高拱后,他见大局已定,赶紧走向前台,不再回避。十九日,他在平台见神宗,旋升任内阁首辅,坐收高拱失势后的渔利,一任十年,终于成就了一番"中兴"事业。

心怀鬼胎,作壁上观

1941年6月22日,德国法西斯的军队以"闪电战"进攻苏联,苏德战争终于爆发!

英国首相丘吉尔是一个相当顽固的铁杆反共分子,关于这一点丘吉尔自己也毫不隐讳。他在得悉法西斯军队开始进攻苏联时发表的广播讲话中直言不讳:"在过去的25年中,没有一个人像我这样始终一贯地反对共产主义……"

在丘吉尔的骨子里,他既憎恨纳粹,又仇视社会主义和共产主义,他把共产主义视作洪水猛兽。从战争一开始,他就希望苏德之间能互相厮杀,使其两败俱伤,由他坐收渔翁之利。因此,丘吉尔强烈希望苏德尽快开战。但当时英国面临的最大危险和现实敌人是德意法西斯,而不是苏联。所以,丘吉尔在得悉德意军队已经开始进攻苏联的确切消息后,如释重负,并于当天发表了一篇颇得世界舆论好评的支持俄国的声明。

7月12日,苏英两国政府签订了对德战争采取共同行动的协定。

然而,丘吉尔却迟迟不采取具体行动。

1941、1942年,是苏联红军和希特勒军队殊死相拼的两年。尽管在1942年苏联基本遏制住了希特勒的"闪电"进攻,但在苏德战场上,苏联红军承受着400多万装备精良的法西斯军队的进攻。为此,苏联红军多次向英、美两国提出了在法国北部开辟第二战场,借以牵制法西斯军队,减轻苏联战场压力的方案。这个方案,美国总统罗斯福是同意的,并派陆军总参谋长马歇尔将军前往伦敦同英方会商,可丘吉尔支吾搪塞,持消极态度,借口条件不成熟而故意拖延。

其实,丘吉尔的意图十分明显,就是尽可能地借希特勒之手来打击社会主义苏联的力量。正像希腊记者L·杰烈比在他的《丘吉尔秘密》一书中写的那样:"丘吉尔希望苏联在战争中流血牺牲,希望在胜利时苏联已完全筋疲力尽,无法在欧洲和世界起首要作用……丘吉尔企图通过战争削弱苏联,他希望俄国人孤立地同德国人斗,这样,不论战争的结局如何,双方都将财尽力竭。"

正因为有此想法,丘吉尔顽固地拒绝斯大林关于在欧洲开辟第二战场的建议。

为了敦促丘吉尔及早开辟第二战场,一方面减轻苏联的压力,一方面尽快缩短第二次世界大战的进程,1942年5月,斯大林派外交部长莫洛托夫访问伦敦,督促丘吉尔尽快行动,但依然未果。

正直、善良的英国人民却与丘吉尔的想法相反,他们希望自己的国家诚挚地履行对苏联的盟国义务。英国的进步党派和爱国人士,积极要求英政府履行开辟第二战场的诺言,许多城市为此举行了无数次的游行和集会。

慑于国内外的双重压力,1942年7月,丘吉尔和罗斯福单独进行了会谈。在丘吉尔的鼓动下,英、美决定1942年不在欧洲登陆,而是进入北非,让苏联继续同希特勒厮杀。同时,丘吉尔还通知本国的有关部门,停止第二战场的准备工作,并必须做好准备,如果一旦苏军突破希特勒防线,我们(指英军)应当毫无迟延地溜地大陆。

丘吉尔坐山观"虎"斗又过了一年。

1942年开始,苏联的卫国战争已经度过最困难的阶段,特别是到了夏、秋两季,苏军的攻势节节胜利,正是在这样的形势下,1943年11月28日,斯大林、罗斯福、丘吉尔三位世人关注的"三巨头"在德黑兰的苏联大使馆召开了一次非常重要的会议,这就是后来历史学家们大书特书的"德黑兰会议"。

苏联驻德黑兰大使馆。石头砌成的围墙内,几幢浅褐色的砖房稀稀疏疏地坐落在庭院的绿荫深处,显得十分寂静、幽雅。

下午4时,会议一开始,丘吉尔就向斯大林解释为什么迟迟没有开辟第二战场。他说:"莫洛托夫先生到伦敦时,我曾告诉他,我们正制订在法国牵制敌人的计划……英美两国正准备1943年进行一次规模很大的军事行动……我充分了解,这个计划在1942年对于俄国是毫无帮助的……"

从丘吉尔一说话,斯大林就阴沉着脸一声不吭,任凭丘吉尔在那儿喋喋不休地为自己开脱、解释。后来,斯大林实在是忍不住了,他直截了当地质问道:

"据我了解,你们是不能用大量的兵力来开辟第二战场,甚至也不愿用6个师登陆了?"

丘吉尔支支吾吾地回答说:"的确如此。"可接着又解释说:"我们能用6个师登陆,但这样的登陆其实无益,因为它会大大妨碍明年计划实行的巨大战役,战争就是战争,不是开玩笑,如果惹起对任何人都没有好处的灾难,那就太愚蠢了。"

"非常对不起,我的战争观与阁下不同。"斯大林瞪大了眼睛,厉声说道:"不准备冒险,就不能获得胜利,为什么你们这样害怕德军呢?我真不明白。"

斯大林与丘吉尔争执起来。

两个人争得面红耳赤时,会议厅内出现了令人尴尬、窒息的沉默,气氛相当紧张。后来,斯大林拿过他的弯形烟斗,慢慢地塞上烟点燃后抽了一大口,再次强调说:"假如你们今年不能在法国登陆,我也无权强求,但我必须说,苏联政府不同意英国首相的论点!"

面对斯大林咄咄逼人的攻势,丘吉尔满脸愠色,垂头丧气地抽着他的大雪茄,并吐出了团团白烟。这次会议尽管取得了其他一些成果,但关于第二战场问题争执到最后,丘吉尔权衡再三,才勉强同意于第二年五六月份实施在法国的登陆,开辟第二战场。

1944年6月6日,盟军庞大的部队终于渡过英吉利海峡,在法国的诺曼底登陆,开始对德国的进攻。

从斯大林提出开辟第二战场到盟军终于在诺曼底登陆,经过了漫长的两年,而这两年正是苏联最危险、最困难的时候。在反对希特勒法西斯的伟大的卫国战争中,2000多万苏联人死在了德意法西斯军队的铁蹄之下!

如果丘吉尔不采取隔岸观火、坐山观"虎"斗的策略,及早开辟欧洲第二战场,不但可以大大缩短第二次世界大战的进程,甚至可以挽救千千万万人的生命。

洞若观火,相机而动

第二次世界大战爆发后,由于美国远离欧亚大陆,特别是纳粹德国和日本军国主义还没有完成对美国宣战的准备,因此,美国社会还没有感受到战争的威胁,仍保持着暂时繁荣与和平。因而,美国社会上上下下都被孤立主义情绪所支配。尽管德国法西斯在欧洲大陆为所欲为,横扫千军如卷席,势单力薄的英国处于孤立无援、风雨飘摇之中,英国首相丘吉尔频频向罗斯福发出告急讯息,整个世界也将陷入战争的苦海,但是面对整个美国社会对战争的冷漠态度,以致当美国政府稍稍对战争表现出一种关注时,都会遭到官僚机构和公众的强烈批评。在这种情况下,罗斯福总统虽想介入战争,但又无力行动。在竞选第四次总统连任期间,罗斯福被迫采取守势,把和平作为压倒一切的主题,而把他的一切积极行动,如重整军备、支援英国、美洲半球的团结联合,都宣称是为了防止美国被卷入战争而采取的手段。

作为一个伟大的总统,罗斯福对这次德意日法西斯国家发动的人类历史上空前规模的世界战争有着较高清醒的认识,密切注视着战争形势的发展。但他知道,在美国当时的情况下,要采取一些大的措施是根本不可能的。必须要静观时变,以便相机而动。

罗斯福一面等待有利时机,一面做一些必要的反法西斯工作。1940年的最后几个星期,罗斯福谨慎地制定出作为租借法案基础的政策,经过艰苦的努力,美国国会通过了租借法案。根据租借法,国会授权总统,在他认为哪个国家的国防对美国的安全来说是必要的,就有权将武器装备租借给该国。有了这一依据,对丘吉尔的求援要求,罗斯福可以有某种程度的表示和采取一定行动了。但对整个战局,罗斯福此时只能以政治家的远见和谋略默默地等待时机,而不能去正视它。

1941年6月22日,纳粹德国突然进攻俄国的消息像强烈地震把美国人从麻木的状态下惊醒,许多美国人一时陷入进退两难的境地,但是罗斯福清楚地知道该怎么办,他并不感到进退两难。面对一些人反对苏联社会主义的情绪,罗斯福说,他认为俄国式的独裁和德国式的独裁都同样需要加以谴责,但有一点必须澄清,即目前对美国造成直接威胁的是德国。因此,罗斯福催促赶快秘密给俄国送去支援物资,并采取措施,事先防止有人对这种援助进行有组织地反对。

但是,由于德国没有直接对美国采取行动,因而也没有造成罗斯福说服美国人参战的"时机"。然而,在罗斯福的等待和祈盼下,时机终于来了。

1941年12月7日,日本未经宣战就对美国在太平洋地区的主要海军基地珍珠港实施了突然袭击。这天正好是星期日,美国太平洋舰队除了航空母舰出港外,其余舰队包括8艘列舰、9艘巡洋舰、20艘驱逐舰、5艘潜水艇、1艘靶舰、48艘其他战斗舰(船)和补助船只,像往常一样,整体地停泊在珍珠港中心的福特岛周围。整个基地呈现出一片假日景象。

7时55分,基地升旗号号音未落,日本突击机群第一攻击波183架飞机从四面八方飞临珍珠港上空。刹那间,炸弹像倾盆大雨般地落在岛上,岛上的7个机场,港内的大部分舰船和基地主要军事设施,同时遭到猛烈袭击,95分钟的袭击使美军损失惨重。

日本偷袭珍珠港的消息传出后,美国国内陷入一片混乱中,人们指责政府,埋怨军方的无能,公众却不检讨自己:当德、意、日把整个世界都推入战争的火海时,却要求美国政府奉行隔岸观火、苟且偷生的孤立主义。日本偷袭珍珠港,打破了美国人偏安孤立的幻想。

这一事件,不但粉碎了美国舰队,也打破了罗斯福战争政策的僵局。为罗斯福实施自己的计划提供了机会,标志了罗斯福、美国政府观火状态的结束。因此,罗斯福紧紧抓住了这一机会,他反复对他的顾问、同僚讲,"我们已经被卷进去了"。第二天他神情严肃地参加国会两院的联席会议时,要求国会宣布全国处于战争状态,他在演讲中突出的就是一句话:"战争状态已经存在"。

一位阁员在走出总统办公室时对另一位阁员说:"我想老板如释重负,感到比他这几个星期以来更加轻松。"是的,罗斯福关注形势已经很久了,决心也已经下定许久了,他等的就是这个时刻的到来。当时一位密切注视形势发展的观察家说:罗斯福"表现了掌握和控制十分紧急的事态的高超才干,这是一位政治家最难得可贵的特点。"

利用这一时机,罗斯福的主张获得了全民一致的支持,现在他可以公开地、光明正大地,而不需掩掩盖盖地调动全社会来维护一个共同目标——如何打败法西斯,争取世界真正的和平。

同室操戈,渔人获利

1986 年,珠海光纤公司在引进光导纤维成套设备中,为掌握国际市场行情,先后同几家国外公司进行摸底性谈判。在对价格、利益做了一番认真比较的基础上,最后选定与美国 ITT 公司进行实质性谈判。

ITT 代表团的业务能力相当高明,特别是其主谈判手莫尔,谈判几乎不用语言,全用数字,所有计算无一差错,看来在谈判前是做了大量充分准备的。再看我方代表,并未被对方的盛气凌人所吓倒,没有表现出任何被动,为以最优惠的价格条件达成协议,他们计胜一筹,欲巧妙地利用竞争者之间的矛盾来突破对方的叫价。

珠海光纤公司在前一阶段调查摸底中发现,想同中国做光纤生意的外商很多,存在着一定程度的竞争,在短时间内完全是买方市场。于是他们决定利用这种竞争来压价,以实现自己的谈判初衷。

在确定与 ITT 公司谈判之后,还同时拉了英国的 STC 公司谈判。这两家是兄弟公司,其中 STC 是从 ITT 分离出去的,但为了各自的利益,手足相煎,形同水火。在一次谈判后,英国人故意把两页文件遗忘在现场,这是有意留给美国人的,因为两家公司一直在同一场所与中方谈判,英国人在文件上把价格压得很低,意在使美国人看后知难而退。美国人不知是计,拾到文件后如获至宝,在接下来的谈判中,最大限度地在价格上做出了让步,并很快与中方达成协议。

1986 年 7 月 25 日,珠海特区光纤公司与美国 ITT 公司正式在一份合同上签了字。根据这份合同,光纤公司引进的 ITT 型光纤成套设备及其购买的技术专利都达到了世界 80 年代先进水平,更为引人注目的是中方把美方的报价压下了 186 万美元,为国家节约了一大笔外汇开支,同时也降低了设备购进成本,为企业早日盈利纳税创造了前提条件。

珠海光纤公司关于引进光纤成套设备进行商谈取得巨大成功的根源在于其较好地、适时地运用了"隔岸观火"之技巧,使美 ITT 公司与英国 STC 公司手足相煎,竞相压价,为我方低价买进提供了可乘之机,最终得以坐收渔利。

事实上,在我国外贸体制不完善的条件下,由于各地区在对外进出口过程中,多头对外,竞相削价,互相拆台,甚至有的企业为挣得些许外汇,竟不惜血本地压价,而无视全局的利益,给国家和企业造成损失的事例屡见不鲜。

上海有家公司,以每公斤 6.8 美元的价格向欧共体市场出口糖钠,由于该产品质量可靠,价格合理,公司守合同、讲信誉,该公司出口糖钠在欧共体已经占有较稳定的市场,为相当部分客户所认同,为国家挣得不少外汇。

后来天津和江苏两家公司见出口糖钠有利可图,也想趁机捞一把,于是两公司使出浑身解数,调动各种关系,争先恐后地去电致函外商,了解有关贸易信息,洽谈有关交易条件。

先是天津某公司报价为每公斤 5.4 美元,江苏某公司也不甘示弱,为争得客户,不惜血本,进一步将价格压低到每公斤 5.07 美元。双方同室操戈,相互残杀,使外商们得以悠然自得地"隔岸观火",待时机一到,外商很快撇开上海与天津两家公司,与江苏某公司达成为数 65 吨的交易,轻而易举地从中渔利压价 10 万美元。

事情发展到这时,尚未结束。据欧共体市场反倾销法规定:如果每公斤糖钠售价低于 6.8 美元,将要向卖方征交一定数量的"反倾销税",税率高得让人咋舌,为此,江苏省某公司"偷鸡不成蚀把米",又被迫征了一大笔税金,教训惨痛。

本交易还有一个严重的后果,那就是使我们的竞争对手美国与韩国"趁火打劫",占据了有利地位,大有"取而代之"的"英雄气概"。

这个肥水流入外人田的悲惨教训告诉我们:同室操戈只能是两败俱伤,最终给共同的谈判对手提供坐收渔利的机会。兄弟同仁应联手对外,不能急于相煎,为此各方应及时沟通信息,力求避免相互残杀。

第 10 计　笑里藏刀

李斯"念旧",毒杀韩非

韩非是战国时期著名的思想家、法家的集大成者,他原是韩国公子,后来拜倒荀子门下,和秦国的宰相李斯是同学,韩非天生口吃,不擅于说话,却长于文章著述,当时韩国在战国七雄之中,已经势弱,可是韩王重用佞臣,排斥主张变法图强的韩非。韩非在国难当头,个人郁郁不得志的情况下,埋头于著述,他认真总结了有史以来的政治成败得失,撰写了《孤愤》《五蠹》、《内外储说》、《说林》、《说难》等几十万多字。在书中,他全面总结了商鞅、申不害等人的法家思想精华,提出了较完整的法家理论。他认为法是国家的规矩准绳,要编著成书籍,设立于官府,布之于百姓。统治者应该以法为本,法、术、势三者合一,缺一不可。韩非的思想很符合秦王嬴政的心理,当韩国的郑国被派到秦国,借帮助兴修大型水利工程,借此弱秦存韩时,就把韩非的《孤愤》《五蠹》二书进献给秦王,嬴政看后,惊叹不已,对丞相李斯说:"寡人如果与此人相见同游,死也无憾。"

李斯过去与韩非共同师事荀子,韩非成绩优异,总是超过李斯,李斯入秦,靠走了吕不韦的门路,爬上丞相之识,他本是一个心胸狭窄的人,又见秦王如此推颂韩非,内心十分不快。担心韩非来秦,被秦王重视,自己的职位也就难保,于是下定主意,要处置韩非。

韩非在韩国虽不为韩王重用,依然关心本国的安危。在秦始皇十年(公元前237年)时,当时李斯向秦王献计,要攻韩以威吓其他五国,当时韩王曾派韩非入秦,韩非也上书秦王,提出秦攻韩,韩国必将反抗,魏国会助韩抗秦。而赵国以齐国为靠山,更会趁机伐秦,是故秦国攻韩将会导致赵国之福,"秦国的祸事",不如秦国直接攻打赵国获利更多。韩非明里劝秦,暗里存韩的建议当即遭到李斯的反对,他认为先攻弱小的韩国,而后再取五国,既可以避免战事失败的风险,又能打乱东方六国合纵抗秦的局面,坚决主张先韩而取天下。所以当公元前234年,秦国遣使召韩非入秦见秦王时,从政治主张上来说,韩非与秦丞相李斯的观点亦存在着尖锐的对立,李斯有心助秦王嬴政建立统一六国大业,担心韩非到秦后,像韩国先期而来的郑国一样,不是助秦,而是为弱秦而来,所以韩非到达秦都之前,李斯就告诫秦王嬴政,要警惕韩非其人。

公元前234年,韩非来到秦都。丞相李斯先以老同学名义,予以韩非热情欢迎,他在府中设宴款待韩非,对韩非说:"自从辞去老师后,我们是多少年未见,平时很惦念你,秦王拜读了你的大作,称赞不已,这次秦王请你前来,是想重用你,你有了大展宏图的机会,秦国有了你,宛如老虎添翼。我也是甘拜下风,愿意让丞相位给君。"李斯频频举杯,为韩非敬酒,并安顿韩非住在秦都上好的客舍中居住。

韩非到了秦国后,即上书秦王,进献自己兼并六国之策。上书中写道:"秦国应该先灭韩、赵、魏、以远交近攻之策,打破六国合纵盟约,然后再分别攻取,即会一统天下。"秦王看了韩非的上书,心中很高兴,但丞相李斯早先提醒过自己,要提防韩非,所以并没有马上重用韩非。而韩非不知李斯私下从中阻拦,以为秦王会召见自己,就在客舍中耐心等待。秦王嬴政在朝日理万机,自己已遣使专程召韩非入秦,本该韩非来京后主动求见,却过了很长时间未见动静,于是就问丞相李斯,询问韩非来秦后的近况。李斯答道:"韩非这个人恃才傲慢,他不愿见陛下。"秦王不明就里,不由得恼怒万分,下令把韩非下囚入狱,同时要狱卒不要怠慢韩非,希望他回心转意。

秦王嬴政是战国七雄中一位有为的君主,他善于选拔和使用人才,为了实现自己统一中国的雄心大业,他不避远疏,网罗了不少六国的有才之士为己服务,如吕不韦、李斯等不少客卿。对此情况,身为丞相的李斯非常清楚,而韩非才华出众,秦王如召见识用,极有可能被重用,秦王虽然暂时听信自己所说,把韩非下狱,但是秦王的优待态度,说明了秦王对韩非是心存尊重的,如此下去,一旦被秦王发现自己从中阻拦的秘密,自己的下场也会悲惨。于是一不做,二不休,他串通好朝中与韩非有宿怨的姚贾,一齐到秦王面前谗言。姚贾说:"韩非在狱中骂大王。"嬴政听后,怒火中烧,李斯则乘机进言:"韩非是韩国的诸公子之一,现今大王要兼并诸侯灭六国,韩非毕竟是韩国人,最终会帮助自己的韩国,而不会为秦国设想,这也是人之常情。现今大王没有任用他,如果让他回韩国,将会给秦国贻留后患,不如借口法律杀死他。"秦王接受了李斯的建议,下令有司以秦朝法律名义治罪韩非。

韩非无端被下狱治罪,入狱之后才明白自己中了李斯笑里藏刀之计,被李斯阴谋算计。他想为自己辩白,但监狱已为李斯控制,无法与秦王取得联系。不久,李斯派人送毒药给韩非,并附亲笔信一封,信中写道:"秦国已决定将客卿全部放逐,当然不会放他们回去,自己服药吧!"

韩非痛心自己千虑一失,被小人李斯算计,于是饮毒身亡。

李斯毒杀韩非,既有维护自己提倡的秦国"先攻韩而取天下"方略的政治色彩,又有浓厚的嫉贤妒能、挟私除敌的个人色彩。韩非是荀子的高足,在师门学习时,就被荀子所器重偏爱,才压李斯,曾经让李斯心存不服。后来李斯幸运地客卿强大的秦国,出入宫阙,居丞相高位。而才高的韩非,有雄才而不得贤主,最后国难临头,被迫客卿于秦国,偏偏遇上了自己的老同学李斯。本来李斯心胸狭窄,作为韩非自应有所提防,却被李斯施展的和蔼外表、热情款待所欺骗,不知在强秦灭韩的关头,身居秦相的李斯,如此示和的行动,正是杀机外露的表现,难怪司马迁在写《史记》时,哀叹韩非能决断事情,明辨是非,虽明智却思想严酷苛刻,写了一篇完美的尽述劝谏游说的《说难》,自己却难逃被逼饮毒的悲惨命运。

陆逊带笑,吕蒙出刀

关羽水淹七军,擒了于禁,斩了庞德,威震华夏。曹操得到樊城的战报后,十分惊恐,动了迁都的念头。司马懿向曹操进计说:"于禁大军覆没,并不是我军军力不强,而是遭到水淹所致,不必忧虑。刘备、孙权表面结盟,内里疏远。如果关羽得志,孙权必然不愿。现在可以派人去劝说孙权,让他偷袭关羽后路,我们答应把江南土地割让给他。这样,孙权一定会起兵,关羽回救不及,还敢再打樊城吗?"曹操应允,一面令徐晃领兵5万救援樊城,一面派使者去东吴。

孙权接到曹操的书信,一看是约他夹攻关公,满口答应,并立即召集文武大臣商议。此时镇守陆口的大将吕蒙赶回京城，积极建议孙权趁机夺取荆州，孙权答应了，可是等吕蒙回陆口做进攻荆州的准备时，探马报得，关羽在进攻樊城之时，在荆州沿长江北岸一线，或20里，或30里，选择高阜处设一烽火台，每台用50人守卫，遇有敌情，晚上举火为号，白天则举烟为信。而且荆州军马整肃，预有准备。吕蒙有些失望了，心想自己劝孙权趁机夺取荆州，可现在又无计可施，如何是好？正在此时，孙权派陆逊前去劳军，吕蒙与陆逊终于思得一条托疾麻痹关公的计策。吕蒙给孙权写了这样一封密信：

关羽进攻樊城，后方守备兵员很多，是怕我攻打他的后路。我常有病，请您以治病为名把我调回建业。关羽听到消息，定会撤退后方的兵员，尽赴襄阳。那时，我们可以大军渡江，昼夜前进，乘虚打下南郡，活捉关羽。

孙权马上公开发出命令，"召吕蒙回建业治病"，孙权问吕蒙谁可以代替他把守陆口，吕蒙说："陆逊眼光远，计划长，他的才能可以担此重任。而且他还没有什么名气，关羽肯定瞧不起他。如果任用陆逊，让他外表收敛锋芒，内里审时度势，然后伺机进攻，大事可成。"孙权当即任命陆逊为偏将军，代替吕蒙守卫陆口。

陆逊刚到陆口就给关羽写去一封极尽吹捧之能事的信。吹捧之余，接着写道：

您水淹七军，俘获于禁，远近赞叹，都说将军的功劳足以流芳百世，不亚于当年的晋文公城濮之战和韩信背水破赵之功。听说徐晃带着少数骑兵，企图对抗您。曹操很狡猾，虽然曹军师老，但还很骁悍。况且大捷之后，容易轻敌。古人用兵，越胜越警，愿将军全面考虑方略，争取全胜。我是个小小书生，学疏力短，不能胜大任。幸喜同将军这样有威有德的人为邻，愿意把我的想法都倾诉出来，虽然不一定合适，但是作个参考也好。

关羽听说替吕蒙守陆口的是个无名书生，接着又收到这书生小将的信，一口气读完，不由得满心喜悦，认定了这陆逊对自己毕恭毕敬，南线可保安全，就下令后方军队北调，支援襄、樊战场。

陆逊得到这一消息，大喜过望，立即回报孙权，于是孙权重拜吕蒙为大都督，总制江东诸路军马。吕蒙点兵3万，快船80余只，为了不被沿江的关羽岗楼和烽火台发现,就让精兵藏在大船的舱里,留少数人穿着当时只有商人才穿的白衣服,在船上摇着橹一直向北岸划去。江边的荆州守军人数不多,看见过来这么多白衣人,当然要下来盘问。扮着商人的吴兵说:"我们这些做买卖的,在江上遇到了大风,请让我们在这里躲躲吧。"说着,拿出许多财物送给守军。守军相信了他们的话,又加上得到那么多的财物,就任凭白衣人把船靠停在江北,不再过问。到了半夜,艨艟中精兵齐出,将烽火台上官军缚倒,暗号一声,80余船精兵俱起,将紧要去处墩台之军尽行捉入船中,不曾走了一个。于是长驱直进,径取荆州,无人知觉。将至荆州,吕蒙将沿江墩台所获官军,用好言抚慰,各各重赏,令赚开城门,纵火为号。众军领命,吕蒙便教其为前导。时至半夜,到城下叫门。门吏认得是荆州之兵,开了城门。众军一声喊起,就城门里放起号火。吴兵齐人,得了荆州。后来还借与曹军形成南北夹攻之势,兵败关羽,将其杀害,一代英豪死于麻痹骄敌之中,这是后话。在这里东吴吕蒙和陆逊利用关羽的骄矜自负,故意极言奉承,使得关公失去警觉而突发奇兵,攻陷了荆州,使蜀失去了重要的战略要地。

口蜜腹剑,祸及朝纲

李林甫是唐玄宗(明皇)做皇帝时有名的奸臣和阴谋家,他依靠狡诈计谋,攀附权贵,阿谀明皇,打击排斥异己,从开元二十二年(公元734年)五月至天宝十一年(公元752年)十一月,霸居宰相职十九年,是玄宗时期在位最长的一位相臣,在位期间,因无德无才,别无建树,倒是被朝臣异口同声地公认他"甘言如蜜,肚里铸剑。"后世"口蜜腹剑"一语,即由此得来。

李林甫小名哥奴,出身唐宗室,算起来还算是唐明皇李隆基的远房叔父。他因不善学业未能入仕登科,起初做一个太子府里的千牛直长,但他很会巴结钻营、厚颜无耻地投靠。如攀附御史中丞宇文融、唐玄宗的哥哥宁王李宁、私通武三思女婿侍中裴光廷的夫人、贿赂玄宗宠妃武惠妃,交好大宦官高力士等人,由此他官升刑部尚书、吏部尚书、礼部尚书,最后终于当上中书令兼集贤殿大学士,爬上了大唐的相位。从他掌权开始,凡是被皇帝器重的人,或者自己睁眼看不上的人,或视为异己政敌的对手,他一定施百计倾轧出朝,而且李林甫打击别人还有一大绝招,就是"阳与之善,啖以甘言而阴陷之",就是说他要陷害一个人,表面上总是装作亲热和好的样子,用甜言蜜语引诱别人说出自己的过失,然后背过身子私下密告,驱除对方。例如他排挤打击严挺之、卢绚、李适之等人,就是典型的事例。

严挺之是朝廷中一个正直官僚,曾任中书侍郎,因为李林甫推荐的户部侍郎萧炅腹中空空,读文时把"伏腊"居然念成"伏猎",严挺之告诉了宰相张九龄,说大唐朝廷怎能有"伏猎侍郎",因而萧炅被降为岐州刺史。李林甫本身不学无术,最忌文人学士炫才,当他知道是严挺之从中活动之后,由此衔怨,加上当时张九龄推荐严挺之为相,要严交通李林甫,严挺之以李林甫为鄙薄少德之人,拒绝登李门拜访。李林甫知道后,更加痛恨,于是趁着严挺之有一次为其前妻的丈夫下狱辩护的时机,以莫须有罪名密告玄宗,结果严挺之被贬职削官,远徙外地。天宝元年的一天,唐明皇突然想起了朝中处事果断的干才严挺之,就问李林甫:"严挺之现今在哪里? 他是个人才,可以重用。"李林甫一看玄宗要用政敌严挺之,虽知其正在绛州刺史任上,但故意不说。下朝后他把严挺之的弟弟严损之请到府中,装出非常亲密关心的模样,与损之促膝谈心,叙说旧情,说要引荐损之为员外郎。又以关心其兄弟的口吻对他说:"皇上很惦念尊兄,可惜他远离天颜。尊兄为什么不趁机奏称有风疾,奏请皇上准予回京治病,这样就可以见到皇上,能得重用了。"严损之听信了李林甫的话,回家后给家兄写信,告诉京中近况。严挺之不辨真假,没有慎重考虑,果然上表朝廷,推说自己有病,想回京就医。李林甫接到奏表,赶紧奏告明皇:"严挺之已年老体衰,得了风疾,不能理事,可以让他做一闲官,就近治疗养病。"明皇见到严挺之的亲写奏表,只好感叹可惜。天宝元年四月,晋升严挺之为太子詹事,员外同正,安居洛阳养病。李林甫的暗算,既使明皇重用严挺之一事落空,又驱除了朝中与己有隙的政敌。

兵部尚书卢绚伟岸英俊,风度翩翩,一日走过勤政楼下,被楼上观看歌舞的唐明皇望见,赞叹其风流蕴藉,目送至远。李林甫从亲信处得知明皇喜爱卢绚,就嫉妒卢才表过人,害怕他被重用,危及自己之位,赶紧把卢绚的儿子找来,对他说:"现在交州、广州需要人才,令尊尊崇清静,皇上想以令尊外出居官,不知你们愿不愿意去,如果害怕远行,可能要被降职。"卢绚在朝居高位,一家安居繁华的长安城内,当然不愿意远行广州。李林甫也早算好卢绚一家的心理,所以接着又说:"这样吧,我可以给你们帮个忙,让令尊到洛阳去任太子詹事或太子宾客,两个都是肥缺,愿意吗?"卢绚畏惧李林甫的权势,既担心降职,又不愿意出京都,于是上朝请求做宾客虚事。李林甫考虑卢绚无缘无故被降职,招人耳目非议,先任卢绚为华州刺史,卢到任未及月余,李林甫就在朝中诬称他有疾病,不能处理华州繁杂政务,又改任他为太子詹事,员外同正。这是一个编外闲差,实际上等于挂职休闲。

户部尚书裴宽勤于政事,一度被唐明皇器重,他又和另一宰相李适之要好。李林甫不愿他被提升为丞相,就想排挤他。一次,刑部尚书裴敦复因平叛海盗,返师回朝,因受人请托,乱报军功。裴宽知道后,向明皇提到此事,但没有深讲。李林甫暗地里把裴宽奏告皇上事告诉裴敦复,敦复说"尚书也曾托我请功家属",李林甫便鼓动裴敦复上报明皇,密告裴宽。裴敦复听信李林甫之言,以重金贿赂,走了杨贵妃姐姐的门路,请她转告玄宗。不久明皇就贬裴宽为睢阳太守,李林甫借别人之手,不动声色地又除掉了一个潜在对手。

李适之出身皇室,居官时赈济灾民,体恤百姓,卓有政绩,为人正直亦宽怀大度。天宝元年八月,一意迎奉李林甫的庸相牛仙客病死,唐明皇任命李适之为副相,和李林甫共同理政。李林甫有心排斥李适之,一次他假惺惺地对李适之说:"华山有金矿,如能开采,可以富国,皇上对此事还不知道呢?"李适之初次入相,对李林甫本质认识不清,以为李林甫所说得有理,很快奏明玄宗,玄宗非常高兴,便去问李林甫,李林甫故意说道:"这个情况我早就清楚,但华山是皇上的本命,王气所在,有金矿也不能开采,所以我一直没有报告呢!"唐玄宗听李林甫这样一说,对李适之开始看轻,斥责李适之"今后奏事,要先跟李林甫商量,不要这么轻率。"李适之当时还兼兵部尚书一职,

驸马张垍与李林甫有矛盾，垍的哥哥张均时任兵部侍郎，李林甫为了搬倒李适之和张均，密遣心腹诬告兵部铨选官吏时有舞弊现象，结果六十多人被告发受刑讯，李林甫任用酷吏吉温，先用严刑拷打，重狱示儆硬是以威逼供，锻炼成狱，许多人因此被免官革职。李林甫因为要打击李适之，凡是朝中与适之亲密往来的官吏，如户部尚书裴宽、刑部尚书韦坚、京兆尹韩朝宗等，都被李林甫诬陷治罪。到了天宝五年四月，李适之被逼辞职。他的儿子邀请朝官在家聚宴，因为群臣皆怕李林甫，竟然没有一个人敢来李适之家赴宴。后来李适之被李林甫一手制造的韦坚案株连，贬为宜春（今江西境内）太守。天宝六年正月，李林甫另一位心腹酷吏罗希奭到各个贬地巡视，李适之听说后害怕遭受酷刑，饮药自杀。

李林甫还善于利用当面一套，背后一套，讨好和欺骗唐明皇，以便于自己专权用事。开元二十年左右，李林甫刚当上副宰相，当时张九龄任中书令，裴耀卿任侍中，二人学才博洽，忠良正直，尤其张九龄，好直谏。李林甫认为二人是阻挡自己独掌权柄的障碍，一心想除去，但他知道明里硬碰，自己力量还弱，于是玩弄善身之术，"媚事左右，迎合上意。"对张裴两人客气恭敬，表面说好话，予以称赞。背过二人在玄宗面前，则拨弄是非，迎合玄宗之意，指责张、裴两人的不是。开元二十四年（公元736年）十月，唐玄宗巡游京都洛阳，原打算次年二月还长安，因为宫中偶发小事，玄宗迷信，想立即返回长安，于是召三位宰相商议，张九龄、裴耀卿两人认为时值三秋农忙，皇上一路返都惊扰沿途官民，影响秋收，建议推迟到冬季返归。李林甫对二相的议论当面不表态、不反对，等到退朝时，他假装腿痛，独留在后，玄宗问其缘故，他对玄宗说："臣下非有腿疾，而是希望奏明事情。长安、洛阳都是皇上的两宫，车驾往来东西，何必是等什么时机？如果担心妨碍农事，只要赦免车驾沿途两地的租赋就行了，请让我负责处理此事。"贪图享乐奢侈的玄宗本来就讨厌张、裴两人的谏诤，听了李林甫甜言，自然是极为高兴，立命起驾而行。也就是同年，唐玄宗想把朔方节度使牛仙客升为尚书，张九龄谏议说："尚书一职一般用旧相补升，或者是任过朝中要员，又有很高人望的人担任，牛仙客由河湟小吏一下升高官，会招来人议。"玄宗又想实封牛仙客，张九龄对李林甫说："封赏大臣应是名臣大功，委任边地军将很重要，不是马上可以议定的,我两人要在皇上面前力争。"李林甫当面表态,同意张九龄意见。但是面见玄宗时,只有张九龄一人力谏,李林甫站在旁边一言不发。张九龄走后,他对玄宗说:"牛仙客是做宰相的材料,何况一尚书,张九龄是书呆子,不识大体。"退朝后他又把张九龄的话泄露给别人,导致牛仙客到玄宗面前泣诉。玄宗心动,拟马上赐封,张九龄又上朝劝谏,用道理说得玄宗无话可辩,李林甫见状,私下讨好玄宗:"天子用人有什么不可以行的。"玄宗称赞李林甫不专断用事,由此以后,逐渐冷淡张、裴两相,过了月余,就把二人罢免,以李林甫为正相、牛仙客为副相,牛居相位后,一切惟李林甫所言是从,朝廷权柄实操李一人之手。

我们从以上所举史实,可以清楚看出,李林甫作为一个阴谋家,为达到专权用事目的,熟练玩弄笑里藏刀计谋,表面上予人温柔恭顺形象,好像可亲可近,实际上暗藏杀机,在其笑面背后,下设悬崖陷阱,人们无以测深浅,一旦为其迷惑上当,不死即伤。李林甫靠此术逐步排斥异己,张九龄、李适之等贤才忠良,一一被贬逐杀害,在他的专断跋扈下,加上唐玄宗自己的昏庸放纵,唐初比较清明的朝政风气,为之一变,正是在此时候,埋下了后来安史之乱爆发的祸根。

靠袁世凯,变法失败

1895年甲午战争,中国被蕞尔小国的日本战败求和,割台湾赔巨款,中国进一步沦入半殖民地国家。到了1897年,俄、英、法、日等列强又在中国进一步掀起瓜分狂潮,强占旅顺、大连、威海卫、广州等租借地,划定辽东、山东、长江流域、云南、广西、福建等为势力范围,中国危如累卵,将近亡国灭种的危险。在此形势下,以康有为、梁启超为代表的资产阶级改良人士,试图通过自上而下的改革,挽救危亡的祖国。一时间,他们办报纸、开学会、上书光绪皇帝,在全国上下掀起了一场轰轰烈烈的资产阶级维新运动。由于笑里藏刀的投机分子袁世凯的告密,最后被代表封建顽固势力的慈禧太后一伙残酷镇压,康梁二人避难海外,谭嗣同、康广仁等六君子被慈禧下令斩杀北京菜市口,中国近代史上资产阶级第一次登台领导的一场政治运动以失败而告终。

维新运动的高潮期是在1898年,这年年初,康有为继先前五次上皇帝书后,再次撰写《应召统筹全局折》,指出世界形势是能变则全,不变则亡;全变则强,小变仍亡。他说:日本因为学习西方,搞了明治维新的改革,走上了独立自强的道路,中国也应该效法日本,请皇上以雷霆霹雳之势,创造天地万世之功。而要变法维新,当务之急要做三件大事。一是大誓君臣,明定国是,以革旧维新,采纳天下的舆论,取法万国的优良法律制度;二是在宫中开设制度局,选拔通才20人,将以往一切制度从新商定;三是设待诏所,允许百姓上书朝廷。康有为还把自己的新近考证日本、俄国改革的著述《日本变政考》、《俄大彼得变政考》呈送给光绪皇帝。同时康有为等人还在北京成立了爱国救亡组织"保国会",组织维新改良力量。

康有为、梁启超等人发动的维新运动得到了年轻的光绪皇帝的大力支持。自甲午战争之后,光绪皇帝有感于在自己手中丧地赔款,羞耻难当,同时又不满慈禧太后专权用事，自己仅做个傀儡皇帝，有心利用康梁等维新派人士的活动，逐渐从慈禧太后为首的后党手中争回权力，摆脱慈禧太后对自己的控制。所以他让自己的老师、军机大臣翁同龢等人，与康有为等维新派人士，密切联络，积极商讨。到了1898年6月11日，光绪皇帝颁布"明定国是"诏书，明确宣布要博采西学，改良维新，从这天起，由康有为等人起草的变法诏令，如雪片一样，纷纷而下。这些诏令中：既有政治方面的革新措施，又有事关发展农工商经济和发展文化教育事业的内容，一时间全国上下，有了一股革旧布新的气象。

维新运动的开展，从一开始就遭到封建顽固势力的反对和攻击，各省督抚多持观望态度，拒不执行皇帝的诏令。康有为等人要废除八股，那些醉心于科举的士人一致反对；撤并闲散衙门，裁汰冗员，那些丢了乌纱帽的官员，如丧家之犬，极力攻击变法新政；删改衙门旧例，腐败的官僚们一齐反对；裁除旧军银饷，又遭到封建的军阀势力反对；旗人自谋生计，那些养尊处优，过惯了寄生生活的八旗子弟们，对康梁维新派恨之入骨；取消各地书院，改旧式书院为新式学堂，又使那些和尚道士，以及把持书院的土豪劣绅痛心疾首，欲食尽康梁等人之肉方才解恨。这些反对势力聚集在慈禧太后为首的后党封建顽固派周围，一齐要求扼

杀正在开展的新政。西太后等人先后采取了不少措施，予维新力量以限制、打击，他们把支持变法的军机大臣翁同龢革去一切职务，开缺回籍，剪除了锐意变法的光绪皇帝羽翼；规定新任命的二品以上文武大员，必须到慈禧面前谢恩，把人事大权控制在手中，使光绪帝无法提拔任用维新人士；慈禧又任命自己的亲信荣禄为直隶总督、北洋大臣统帅董福祥的甘军、聂士成的武毅军、袁世凯的新建陆军，又把北京城和颐和园的禁卫控制起来，监视光绪帝、帝党人士和维新派的活动。

光绪帝对后党的进攻也进行了一些反击，任命谭嗣同、杨锐、刘光第、林旭军机四章京负责起草诏书，革斥了一些后党分子，例如9月4日把礼部怀塔布，许应骙等阻挠王照上书的六堂官革职。怀塔布是慈禧的亲信，他被革职后，带了同伙几十人到慈禧太后面前，泣诉皇帝无道。由此，顽固势力开

始筹划反扑,积极奔走于颐和园的西太后,和驻守天津的身兼将相手握兵权的荣禄之间。慈禧还训斥到颐和园请安的光绪帝。到了8月23日,慈禧太后又要光绪帝于十月间同她一道去天津检阅新军,到了这时候,帝后两党、新旧两派之间矛盾已尖锐激化,当时京津一带风传慈禧太后荣禄等人要在十月阅兵时废黜光绪皇帝。

光绪皇帝感受到了顽固势力的强大压力,害怕皇位不保,接连二次发出密诏,命康有为、谭嗣同等人妥速筹商办法。又要康有为迅速南下上海,想缓和帝后两党的矛盾。9月18日,康有为、谭嗣同等人接到光绪帝密诏,跪诵痛哭,心潮激荡,迅速草诏谢恩,申言誓死救护皇上,但如何救护呢?于是把一切希望寄托于袁世凯身上。

袁世凯是河南项城人,早年科举之路并不得志,靠攀援淮军将领吴长庆和李鸿章的门路,曾任驻朝鲜总理交涉通商大臣。甲午战争爆发前夕,装病回国。他性狡多变,喜欢投机,甲午战争爆发后,他预计清兵不敌日兵,李鸿章会由此失势,于是回京后拜倒荣禄门下,为讨好荣禄,他把自己令人捉刀翻译的兵书呈给荣禄指教,卑躬屈膝表白自己倾慕荣公已久,结果因此被派到小站接替胡燏棻练兵,为自己日后北洋军阀势力的崛起,奠定了基本的班底。康有为等维新派开展维新活动时,他看到来势凶猛,潮流所趋,而且光绪皇帝为首的帝党也支持鼓励,于是又与康有为交结示好,还与康有为饮酒商谈,极力讨好推赞。康有为等人办强学会,他捐款参加以示支持。袁世凯同时也看到光绪帝为首的帝党与后党争权不停,鹿死谁手尚待确定,所以他又脚踩两只船,一边与翁同龢谈论时局维艰,又不停地夤缘于后党中坚荣禄之门,大耍两面派手法。当光绪帝9月感到形势严重的时候,经康有为等推荐。9月16日、17日光绪帝两次召见了手掌七千新建陆军的袁世凯,袁当面向皇帝表示,国政腐败,非改革不足于扭转乾坤,表示自己拥护变法。光绪帝为此暗示他可不必受荣禄节制,并赏以侍郎衔,专办练兵事宜。袁世凯因召进京后住在法华寺内,虽蒙皇帝垂青,但他同时奔走于顽固派之间,打探慈禧太后的动向态度,也就是他在京期间,荣禄等人借口英俄即将海参崴开战,把董福祥甘军调迁长辛店,聂士成军驻天津,北京形势已十分危急。

9月18日,康有为等人经过仔细密商后,把救护光绪皇帝,防范顽固派政变镇压的惟一希望寄托在一贯表示拥护维新的袁世凯身上,当天深夜,谭嗣同携带光绪帝密诏,到法华寺找袁世凯,劝说袁世凯勤王救主。袁世凯听说新近提拔的天子近臣来访,赶忙起身热情相迎。谭嗣同问袁世凯:"君以为当今皇上如何?"袁世凯迭叹道:"今上是旷代的圣主。"谭又问:"荣禄等人天津阅兵阴谋一事你知道吗?"袁世凯似是而非地答道:"是的,当然听到一些传闻了。"谭嗣同于是拿出光绪帝的密诏给袁看,情绪激昂地说:"今天可以救我圣上的人,惟有足下,足下如愿救请救之;如果不愿意做,请到颐和园告发我,足下可以以此得富贵高官。"袁世凯听到谭嗣同如此说,正色厉声道:"君以为袁某是什么人?我家三代受国恩深重,圣上是我们共同拥戴的主子,我和您一样同受圣上殊恩,救圣上之责,非独足下一人,我也有份,绝不会丧民病狂,贻误大局,如有指教,我很愿聆听。"谭嗣同见袁世凯如此表态,就把心中所想的如数说出:"荣禄等人队谋乘天津阅兵,胁迫圣上。天下

读书随笔

三十六计

845

英雄,惟有足下,如果荣禄等人起变,请足下以新军保护圣上,那就是立下不世功业!"袁世凯正襟说道:"如果皇上阅兵时急速驾驰我的营中,下号令诛荣贼,我必定跟随诸位君子之后;竭尽死力救护圣上,挽救局势!"谭嗣同又问道:"荣禄待足下一向不错,你怎么对待他呢?"袁世凯笑而不答,他的一位亲信幕僚插话道:"尉帅早知荣禄不过是施行险巧心计,利用罢了。"谭嗣同接着说:"荣禄是曹操、王莽之类的雄才,对付起来恐怕不怎么容易呢。"袁世凯义愤填膺地说:"如皇上在我的营中下令,则杀一荣禄如杀一条狗一样,没有什么难处,请君放心好了。"谭嗣同见袁世凯态度如此坚定,就与袁详细讨论救护皇上的措施。两人商议妥当,袁世凯假意说事情紧急,荣禄控制了军营火药枪弹,要速回天津调兵贮弹,谭嗣同见事情已定,满怀喜悦回去向康有为、梁启超等人汇报。

　　袁世凯当夜骗走谭嗣同后,辗转反侧,夜不能寐,如痴如病一般。他想到光绪帝并无实权,维新派书生用事,空谈居多。而慈禧执政多年,权大势众,倒向帝党,自身恐怕难保。20 日上午,他循例陛辞皇帝后,立即作出决定:乘车回天津,向荣禄告密。荣禄接报,漏夜搭车入京,到颐和园向慈禧告变。9 月 21 日,慈禧太后率大批随从,赶回皇宫,把蒙在鼓里的光绪帝召至宫室,大加训斥,接着宣布重新临朝听政。光绪被囚禁中南海瀛台,同时下令:"康有为以进丸毒弑大行皇帝,着就地正法","梁启超与康有为狼狈为奸,一体拿办,"在全国通缉,结果康有为、梁启超等人因得英人和日本人帮助,逃亡香港、日本。谭嗣同本来可以逃走,他对梁启超说:"不有行者,无以图将来,不有死者,无以酬圣主。自古以来,地球之上,没有行变法不流血的。中国二百年来,没有为民变法流血者,因此国家未能昌势,就让谭嗣同开这个头吧!"28 日下午,谭嗣同、林旭、刘光第、康广仁、杨深秀、杨锐等"六君子"被杀身亡,一场轰轰烈烈的爱国救亡运动,在袁世凯告密之下,又有许多仁者志上抛洒了一腔热血。而告密的袁世凯,则被慈禧赏识升官,做了工部左侍郎。

笑里藏刀,蒋之惯伎

　　在政治活动中,一些阴谋家为了巩固已得到的权力,消灭或削弱政敌的力量也常常使用此计。他们在表面上迎合对方,面带笑容,背后却磨刀霍霍,在适当的时机抽出刀来杀死对方。蒋介石就是一个善于玩弄笑里藏刀之策的人,面上带笑,心中藏刀,用时亲密,过后挥刀是蒋介石在政治活动中的惯用手法。他曾经先后同许崇智、李宗仁、冯玉祥、张学良结拜为兄弟,表示同生死、共患难,而在适当时机,又对这些把兄弟挥起了屠刀,笑、结义等等都只不过是蒋介石的政治手腕而已。

　　许崇智是国民党军界前辈,国民政府的军事部长,手中握有实权。蒋介石在其力量还不够强大时,曾与许结拜为弟兄,结拜时,两人山盟海誓,表示生死不渝。但是,孙中山逝世后,随着蒋介石地位的迅速上升,此时,作为他的顶头上司的许崇智就成为其夺取军事最高权力而必须搬掉的绊脚石。但由于当时蒋介石力量还不足,因而他还不敢公开与许对抗,而必须等待时机。于是蒋一方面对许保持十分尊重、友好的态度,另一方面却在窥测时机。机会终于来了。

1925 年 8 月 20 日上午，廖仲恺先生在国民党中央党部大门口遇刺身亡。蒋介石抓住了这一机会，向许崇智开刀了。

案发后，国民政府组成了特别委员会，由蒋介石、许崇智、汪精卫三人负责来调查此案。经调查，枪杀廖仲恺是国民党右派策划的，许崇智的三名部下参与了此案。蒋介石抓住这一机会，毫不手软的向许崇智挥起了屠刀。他极力搜罗许崇智的罪状。最后公布了许纵容部下勾结右派刺廖，阴谋叛国，把持财政、私吞公款，克扣军饷等一系列罪状。并且拉拢与许有矛盾的

李济深等人，瓦解许的队伍，将许监视起来。许崇智看形势不妙，急忙调动驻在东莞、石龙的两个师到广州救自己。谁知蒋介石的黄埔军抢了先着，占领了高地，两师无法进广。9 月 19 日夜，黄埔军夜袭许宅，将许软禁。20日，又派兵包围了东莞、石龙的两师，解除了他们的武装。

9 月 20 日凌晨，蒋派人给许送送去他的亲笔信，信中历数了许的几大罪状，强令其卸职，并要求他离开广州，否则将有生命危险。许崇智看信后，给蒋打了两次电话，蒋均未接。没有办法，下午 3 点，许离开了广州。蒋倒许后，收编了许的部队，实力大增，当上了东征的总指挥。

1926 年 8 月，蒋介石为了取得桂系的支持，又与桂系的李宗仁结为兄弟。在给李宗仁的兰谱上蒋介石写下了四句誓词："谊属同志，情切同胞；同心同德，生死系之"。李宗仁也抄下了这四句话与蒋交换帖子。当时蒋介石郑重其事地说："我们从今以后更加上一层亲切的关系，誓必同生共死。为完成国民革命而奋斗。"

1928 年，北伐战争胜利后，国民党有几个方面的力量，蒋介石为了夺取最高军事政治权力与桂系发生矛盾。此时的蒋已不用对李再装笑脸，所以也不谈什么兄弟情分了。蒋介石先是采用调虎离山之计，将与桂系联盟的主持粤政局的李济深调离广东，软禁于汤山。1929 年，蒋介石与桂系大战。蒋又采用借刀杀人之计，借用唐生智、张发奎、俞作柏的力量一方面活动桂系部队倒戈，另一方面对桂系展开攻击，使桂系大军瓦解，李宗仁逃向香港。所以李宗仁先生在回忆录中说："民国十八年（公元 1928 年），他（蒋介石）向武汉进军，我身陷沪上，固军中无主，致全面瓦解，连我的行李也一道遗失了，兰谱中所谓亲如兄弟，同生共死的话，转瞬间，竟变成兵戎相见，你死我活了。"

1928 年,北伐战争胜利后,国民党内蒋介石、冯玉祥、阎锡山、李宗仁较有实力。其中冯玉祥的力量较强。此时,蒋介石与冯玉祥结为兄弟,他给冯玉祥的帖子上写道:"安危共杖,甘苦共尝,海枯石烂,死生不渝"。冯玉祥送给蒋的帖子上写道:"结盟真意,是为主义,碎尸万段,在所不惜"。

　　而仅隔了两年,蒋介石在收拾了桂系之后,就将刀口转向了冯玉祥的西北军。但冯的西北军有 40 多万人,与蒋的力量势均力敌,而且冯很善于带兵,军队纪律严整,战斗力强。因此,蒋介石又运用谋略,首先运用釜底抽薪之计,先收买了冯部的两员战将——韩复榘与石友三;又利用西北军一些将官不愿忍受西北艰苦生活的特点,利用糖衣炮弹致使许多人改换门庭。一些高级将领也纷纷率部倒戈。在 1930 年蒋、冯、阎中原大战中,冯的几十万大军在几个月的时间全部瓦解,冯玉祥也成了光杆司令。

　　张学良与蒋介石也是结拜兄弟。1930 年中原大战时,张学良的态度对几个方面讲都至关重要。因此几个方面都在拉拢张学良。蒋介石首先委任张为陆海空军副总司令,又派吴铁城带款到东北,拉拢张的部属,还任命张的部属于学忠为天津卫戍司令,王树常为河北省主席,后又委任胡若愚为青岛市长,王家桢为外交次长,这些策略对张的高级将领具有极大的吸引力。冯、阎虽也在拉拢张学良,但他们拿不出切实的利益,只委托一个全国陆海空三军副总司令职务,对东北军吸引力不大。

　　当时的情况就如《李宗仁回忆录》中所说:"此次我们二、三、四三个集团军联合倒蒋失败的重大关键,在于张学良被利诱入关。先是当蒋、冯、阎在中原剑拔弩张之时,三方面都派人向张学良游说,阎、冯方面仅给予张氏以'全国海陆空军副总司令'的虚衔,劝其袖手旁观。而蒋先生方面据说,除了'海陆空副总司令'的头衔外,还有河北、山西等省地盘,及现金 600 万元的实际利益,张接受了,遂率兵入关勤王"。双方力量本来势均力敌,张学良带兵进关,自然举足轻重,阎、冯两军丧失斗志,一败涂地,蒋介石得以独霸天下。

　　由此可见,蒋介石对张不谓不亲,张对蒋的贡献也不谓不大,但蒋如何对这兄弟呢?九一八事变后,张学良听从蒋的命令没有抵抗,蒙上了"不抵抗将军"的罪名,蒋介石撕下了亲如兄弟的面纱,逼张学良辞职。在西安事变以后,张学良不顾他人的劝阻,讲究信义亲自陪同蒋回南京,蒋介石却翻脸无情,把张学良推上军事法庭,后来更是长期监禁。

　　蒋介石笑里藏刀之计,不仅用于政敌或威胁到其权力的人身上,对自己的部属也经常使用此计,换取部属的拼死效力。

　　蒋介石有一个小本子,里边记载着师以上官长的字号、籍贯、亲缘及一般人不注意的内容;他还经常请人到家中吃饭,凡少将以上的官长都有此机会。蒋请客时不请陪客,只是蒋家里人,并且简朴之极,使人感到十分亲热,蒋给部属写信,一律称兄道旁;蒋不仅熟记部属的名号、籍贯、生辰,而且对其部属父母的年龄、生辰也记得很准。因而在与某将领会面时,往往提起他父母某月某日的生辰,并表示亲自前往贺寿等等,靠这一手,许多部属大为感动,从而死心塌地为其效力。如当杜聿明在徐州为蒋打仗卖命时,蒋从小本子上查到了杜母的生日,立即命令刘峙在徐州举行仪式,同时又令蒋经国亲赴上海,送去10万金圆券的寿礼,并在上海举行隆重仪式。消息传到徐州,杜聿明十分吃惊并深受感动。而实际上蒋如此厚待杜聿明无非是让杜为他拼死效命而已。

蒋介石还特别善于分析不同人的不同需要,从而对不同人的,其"笑"的方式也不相同,爱官的授官、爱钱的给钱、爱地盘的给地盘。对于不爱官不爱钱的知识分子则重精神嘉奖,如对陈布雷,在其50岁生日时,蒋送其亲书的八个字,"宁静致远,淡泊明志",使陈感到"知其最深"。

蒋介石正是靠笑里藏刀之计,对政敌和对其政权有威胁之人,在自己力量不足之时或对方有用之时,千方百计的套交情,拉近乎,摆出一副比亲兄弟还要亲的面孔。而自己则暗中积蓄力量,当时机到来之际,毫不犹豫地举起刀来,将政敌一个个清除掉。对部属,则想方设法以示关怀、亲近,让其感恩戴德,为其卖命,使许多人对他忠心耿耿。

蒋介石从一个普通的人,在激烈的争权夺利斗争中一步步爬到国民政府主席、国民党总裁、委员长、总司令的高位。并且在大陆统治20多年,是与其善于使用政治谋略分不开的,而笑里藏刀之计在他的政治活动中确曾起过重要的作用。

寻机近身,谋杀元首

1944年7月20日中午12点44分,从柏林希特勒的元首大本营会议室传来一声惊天动地巨响,霎时间,会议室百十块玻璃全被震碎,浓密的黄色烟雾覆盖了会议室上空,正在会议室主持军事会议的法西斯德国元首希特勒及其参加会议的24名高级军官,全部被炸弹爆炸的气浪掀翻在地。这是二战后期最惊险的一次谋杀希特勒的行动。

策划和实施这次谋杀行动的不是别人,而是积极为希特勒"效力"的37岁的受勋军官、希特勒的柏林陆军部办公室参谋长施特芬贝格。

1944年夏天,随着盟军诺曼底战役的胜利,希特勒败局已定,德军内部厌战、反战情绪急剧蔓延,就连为希特勒立过汗马功劳的"沙漠之狐"隆美尔元帅也主张早日结束战争,以免无谓牺牲。但希特勒一意孤行,妄图挽回败局。此时,在战争中失去一只眼睛和一条胳膊的施特芬贝格,利用职务之便,联络了一批渴望早日结束战争的军官,决心谋杀希特勒,并准备接管德国政权。

希特勒生性好诈多疑,他住的元首山庄,平时戒备森严,岗哨林立,暗机四伏,根本无法下手行刺。如何接近希特勒,并能够得到下手的机会是谋杀的关键。施特芬贝格设想了许多办法都无从得手。最后他决定,投其所好,设法接近希特勒,取得信任后,再图谋行刺。

机会终于来了,关在集中营里的成千上万外国劳工举行大暴动,希特勒束手无策,很伤脑筋。施特芬贝格感到这是接近希特勒的极好机会,他连夜制订了一个用镇压外国劳工的庞大计划纲要,代号"女武神",并立即报告了希特勒。他相信为了这个重要的计划,希特勒一定会召见他。

果然不出所料,6月7日,元首山庄电话,要他立即进见。

"元首万岁!"施特芬贝格一进门就用他那一只仅有的胳膊向希特勒敬了一个标准的纳粹礼。"请坐。"希特勒蓝灰色的眼光向他胸前的勋章和那只空袖管瞥了一下。接着说:"我的勇士,你对镇压那蚂蚁似的犹太杂种有什么高见?"

"元首阁下,全部计划纲要都在这里,我相信,按我的计划行事,那些外国猪猡一个个都会变得比绵羊还老实。"施特芬贝格急忙递上他的"杰作"。

"啊,非常出色,特别出色!"希特勒一边用放大镜看,一边忍不住激动起来。

见此机会,施特芬贝格立即接上话题说:"元首阁下,这个计划还不太完善,请允许我进一步修改后再向您汇报。关于对那些参加暴动人的处罚办法我还没有想好,如果一律枪毙,人数太多,恐怕影响我们的军工生产,还有……"

"很好,你尽快修改,必须在一个月内拿出详细方案。"希特勒看着这个为他的战争献出一只眼睛和一条胳膊、现在又为他分忧的年轻军官,不禁产生了几分喜欢。临走还很关心地询问了他原来所在的部队和受伤情况。

出师顺利,施特芬贝格加紧了实施谋杀计划。

一个月后,他再次向希特勒汇报工作。这一次,他的公文包里,除了装着"女武神"计划详细方案外,还有一枚英国制造的大威力定时炸弹。希特勒非常热情地接待了他,再一次肯定他的方案"特别出色"。他装出受宠若惊的样子,一再谦虚地"请元首指正","再进行修改"。正当他准备引爆炸弹时,一个偶然的因素使他放弃了行动。原来,希特勒的两个死党戈林和希姆莱都是十足的战争贩子,希特勒之所以顽固坚持不结束战争,少不了有这两个"铁杆"给他打气,这三个人又常常在一起制造战争阴谋,施特芬贝格一直想把他们三个同时炸死,以彻底从高层铲除希特勒的主战派势力,但不巧的是另外两人不在场,所以,施特芬贝格这次没有引爆炸弹,给希特勒留下了一次活命的机会。

半个月后,又来了一个机会。这次是希特勒召见"女武神"计划的全体设计人,可惜由于会议时间太短,前后仅有半小时,他还没有机会打开引信,会议就结束了。

"女武神"计划已经制定完毕,靠此进见希特勒已没有机会。但由于制定这个计划取得了希特勒的信任,使施特芬贝格又有了接触希特勒的机会。

三十六计

7月20日,他被通知参加元首大本营由希特勒主持的军事会议。这次他做了充分的准备。他先到厕所从事先等候在那里的他的副官手里取回装有炸弹的公文包。然后,对一位副官说:"我的衬衣脏了,你知道元首阁下不愿意看到他的部下仪表不整,请你带我找个地方换换衬衣。"副官把他领到一间舒适的卧室,他从容地打开炸弹引信,然后同一名上校边谈笑着并排走进会议室,门口的卫兵不仅没有检查他的公文包,反而向他这位独臂独眼的军官立正敬礼。

一进会议室,希特勒正在听取一位军官的汇报,见他进来,看了他一眼,并很客气地回答了他的问候。他立即坐在向希特勒汇报情况的那位军官边上,同时,很自然地把公文包放在了桌子上,并顺势向希特勒一边推了推。炸弹距希特勒最多只有2米,此时距爆炸时间还有5分钟。眼看大功告成,施特芬贝格强压住内心的紧张和激动,趁希特勒专心听汇报不注意他时,悄悄离开了会议室,按原定路线,顺利撤出了大本营。

5分钟后一声巨响,炸弹按时爆炸。遗憾的是没有炸死希特勒,但他的双腿却被炸伤。原因是那位汇报情况的军官无意中把公文包挪到了桌子的另一边,才使希特勒再一次死里逃生。

施特芬贝格运用投其所好,取其信任,引敌上钩的计谋,一次又一次获得暗杀希特勒的机会,虽然最终因为偶然因素没有达成目的,但这次行动的本身无疑是"笑里藏刀"这一计谋的成功体现。希特勒被炸以后,仍然不相信炸弹是"忠心耿耿"为他"效力"的施特芬贝格放的,而认为是外国特工干的。可见这一计谋的威力所在。

铁娘示柔,笑里制胜

撒切尔夫人是20世纪80年代的国际风云人物,南非前总理约翰·沃尔斯特说:"撒切尔夫人具备一个吸引人的女子所具有的各种气质,但也具备一个强硬男子所具有的意志和勇气。"撒切尔夫人在国际上有"铁娘子"之称,表现其强硬、刚强的一面,但她同时也有柔的一面,在她的领导活动中也十分注重其"笑"的运用。

撒切尔夫人对下属十分关心。1981年3月的一天,撒切尔夫人的司机乔治在唐宁街突然因心脏病发作而去世。这件事发生后,撒切尔夫人首先想到了乔治的妻子梅。梅不会开车,个人也无车,同时梅无儿无女,今后谁来照顾她呢?撒切尔夫人很为她担忧。于是,撒切尔夫人为她做了周密的安排,她把乔治生前最要好的一名朋友——一位司机找来,给了他10天假,并让他开走一辆车,去照看梅,并帮助梅料理丧事。百忙之中,她仍抽出时间参加了在伦敦南区罗切斯特威为乔治举行了丧礼。6个月后,她又让秘书给梅打电话,询问梅的情况。圣诞节时,她还无微不至问起梅的情况,以避免其孤单、寂寞。

每逢过节时,撒切尔夫人总是想到那些无亲无友的单身者。每年圣诞节她都把单身者请到家里一起过节。如他的竞争助手戈登·里斯的妻子带着孩子与人私奔了。圣诞节时,他突然接到撒切尔夫人的电话,邀请他同她全家一起过节。从那时起,他几乎每年都到撒切尔夫人家过节。受到这种特殊照顾的,不只是里斯一人。

撒切尔夫人任首相前,圣诞节的晚上,契克斯首相官邸里,工作人员吃圣诞晚餐前,邀请首相到工作人员屋中一块儿喝酒。撒切尔夫人任首相后,她不让工作人员请她,而是她请所有的工作人员,到主厅大家欢聚一堂。席间,她同她的朋友们一起为工作人员端菜、上饭,亲自为工作人员倒酒。晚餐过后,她把朋友们留下与她一起洗餐具,而决不把脏餐具留给工作人员。

对下属撒切尔夫人十分慷慨大方。她第一次出访美国时,秘书黛安娜要她顺便帮忙买一点手镯装饰品。撒切尔夫人虽行程安排得很紧,但却在百忙之中自己出钱为其买回了一件银制手镯。一次黛安娜要到挪威旅行,需要一件皮大衣,撒切尔夫人不让她买,而把自己平时也舍不得穿的一件昂贵的皮大衣借给黛安娜。

为了使下属和同事感到首相心中有自己,撒切尔夫人还有一套惊人的记人名和面孔的能力。她不但能记住每一个下属的名字,即使是最基层的工作人员。而且能记住每个人的家庭琐事。如哪家的房子有问题,谁的女儿出国留学,谁患有什么病等等。以此赢得了不少下属人员的尊重和好感。

在对形象上,撒切尔夫人也竭力表现其温柔一面。特别是竞选前夕,为了改变她留在人们脑海中的强硬形象,她在竞选助手戈登·里斯的帮助下,借助于电视,竭力表现自己温柔的一面。她语调委婉,富有同情心;说话节奏和气、缓慢。在人们的眼中,完全是一位笑容可掬,心地善良的温柔夫人,引起选民的普遍好感。加上撒切尔夫人执政时英国经济的快速发展,生产率的高水平,使撒切尔夫人第三次出任英国首相。

不只是在国内,在国际活动中,撒切尔夫人也善于表现柔的一面,进行感情上的投资,赢得国际上的支持。如1988年,美国总统大选刚结束。撒切尔夫人便不失时机地前往华盛顿,向老朋友里根总统珍重道别,同时与新当选的布什总统说声"多多关照"。

此次旨在承上启下的访问,是撒切尔夫人的第14次美国之行。撒切尔夫人与里根总统友谊甚厚,合作愉快。此次访问虽是里根总统着意安排的,但也正是撒切尔夫人想办的。而此次来访的另一重要目的,是要与新总统布什见面,建立起良好的私人关系,撒切尔夫人屡屡强调英美之间存在着一种特殊关系,这种外交上的"感情投资",无疑对英国在国际社会上的地位和国内发展大有益处,无疑加强了历史上的英美特殊关系。

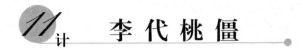

11计 李代桃僵

诛杀成济,遮掩祸心

纵观历史上朝代的更迭,前朝的腐败固然是一个方面的原因,而篡权之人则必是一个擅用手段之人。比如在西晋代魏的过程中,司马昭就发挥了重大作用,他擅用计谋,为了篡权,不择手段。

公元260年,司马昭以大将军拜相国,封晋公,加九锡,独揽魏国朝政。是时魏高贵乡公曹髦为魏帝,他年龄虽小,但心有雄志,被朝臣誉为"才同陈思(曹植),武类太祖(曹操),"可是朝中上下,都是司马昭的心腹亲信,自己被紧紧控制,丝毫不能有所作为。上年正月,有人上报朝廷,说有黄龙两次出现在宁陵井中,以为祥瑞。可是曹髦心里清楚,龙象征着君德,现在上不在天,下不在田,却单单屈居于井中,怎能说是吉祥的兆头呢?他联想到自己类似傀儡的处境,不由地哀叹,随口吟了一首《潜龙诗》,自我解嘲。诗曰:"伤哉龙受困,不能跃深渊。上不飞天汉,下不见于田。蟠居于井底,鳅鳝舞其前。藏牙伏爪甲,嗟我亦同然。"曹髦把自己比作居身于井的飞龙,而被泥鳅、黄鳝之类的爬虫爪牙所欺侮,其意明显是指向司马昭,发泄心中怨恨。这首诗后来被司马昭阅得,他马上与谋臣贾充商量,贾充明确告诉司马昭:"一定要早早准备图谋曹髦。"司马昭点头同意,要贾充做好预备。

曹髦自景元元年(260年)五月加司马昭九锡之后,对司马昭包藏祸心的作为所为,愈来愈不能忍受。五月初七日,曹髦召侍中王沈、尚书王经、散骑常侍王业进宫密商。曹髦说:"司马昭篡魏的野心,是大街上行走的路人共知的。朕不能坐等被废黜的耻辱,今日,我同卿等一起商计共讨此贼的计策。"三人一听魏帝如此说话,大吃一惊。王经立即站起说:"古时候鲁昭公因为不能忍受季氏的专权,失败而逃,丢掉了国家,还为天下人耻笑。当今魏国朝政大权,掌握在司马氏手中已很久,朝廷之上,四方之臣,都为司马昭效命。而且陛下宫中宿卫很少,宫门力弱,陛下凭借什么同司马昭相斗?如不三思而行,缓而图之,就如身患重病的人吃猛剂之药,疾病未除,反而病深,祸害更大了。"曹髦年少少谋,一时气盛,也不计后果,武断地说:"朕意已决,即使死,又有什么可怕,何况还未必谁生谁死呢?"说完从袖中扔出早已写好的黄绢诏书给三人,自己进内宫禀告太后。王沈、王业害怕司马昭的威势,魏帝一转身,他俩就跑到司马昭府中告密。王经不愿意卖身投靠,径自回府去了。

第二天,曹髦拔剑登辇,率领殿中宿中官僮数百人,杀向司马昭相府。司马昭接王沈,王业密报,早已令中护军贾充严密准备。魏帝领兵到南阙时,与贾充迎面相战,贾充所领兵士有千人,曹髦奋力冲杀,走在前面。众兵

见魏帝冲来，赶紧后退，贾充的部下、被司马昭私封为太子舍人的成济急忙问贾充道："事情紧急了，该怎么办？"贾充大声说道："司马公蓄养了你们这么久，正是为了今天，今天的事还用问什么！"成济接贾充命令，连忙挥戈上前，一戈刺向曹髦胸口，曹髦挥剑抵挡不及，戈当胸穿过，立即丧命辇中，余下之人一看魏帝已死，一哄而散。司马昭坐在府中正在静等消息，接到手下报告曹髦已死，心中大喜。但他表面上却装出悲痛的样子，立即奔到朝殿，跪在地上痛哭。又命群臣入殿商议，独有尚书左仆射陈泰抗命不来，最后还是司马昭逼着陈的舅父荀凯请他来，陈泰才上朝。司马昭问陈泰："玄伯，今天你怎样对待我呢？"陈泰说："只有斩杀贾充，才能稍稍安慰天下人心。"司马昭不愿让他的重要心腹谋臣做替罪羊送死，就对陈泰说："你再想想其他。"陈泰说："我只想到这些，不知其他。"

司马昭见陈泰一定要杀贾充，自己心念一动，就把杀死曹髦的责任全部归罪于成济。立即令手下起草诏书，然后进宫逼郭太后下诏，诏书曰："魏帝曹髦性暴戾，造作丑逆不道之言诽谤太后，甚至鸩毒太后，伤害大将军。曹髦悖逆不道，自陷大祸，着废为庶人，以民礼安葬，使内外皆知此儿所作所为。"诏书一下，司马昭就要手下捕拿成济，成济心中不服，登屋拒捕，并将司马昭、贾充的幕后指使大声地全盘托出，结果被贾充令人放箭射杀。尚书王经，因为未同王沈等人主动告密，也被司马昭下令收捕，王经一家，连同白发老母一起被斩杀街市，行刑之日，满城之人都为其母子悲哀落泪。

五月二十六日，司马昭为进一步掩饰自己杀君之罪，又上殿向太后奏告，他说："前次高贵乡公驾车率兵，拔刀鸣鼓冲向臣的住所，我害怕兵刃相接，伤及公身，立即敕令手下将士不得有所伤害，违令者以军法处置。但是骑督成倅的弟弟太子舍子成济冲出兵阵，击伤高贵乡公且致公死去。此次变故发生后，臣实想委身去死，以守君臣之节。但高贵乡公此次谋变，上危皇太后，倾覆宗庙。臣忝为相国，义在安国定邦，早已三令五申，但成济妄入兵阵，造事生变，为臣哀悼痛恨，五内摧裂。成济违国乱纪，罪不容诛，请收捕成济家属族人，交付廷尉处置。"郭太后明白，此事不过是司马昭幕后导演，但畏惧司马氏在朝廷的威势，只得允准。于是成济一家三族之内，全被诛杀弃市。司马昭又建议,立燕王曹宇之子、年仅15岁的常道乡公曹奂为帝,即魏元帝。

司马昭为了掩饰代魏之心不惜杀死成济三族,其阴险毒辣可见一斑。他虽然用"李代桃僵"之计掩饰其祸心,但欲盖弥彰,司马昭之心,谁人不知呢?

赵忠出告,塞硕遭殃

东汉从汉和帝开始,内廷宦官在支持皇帝反对专权的外戚斗争中,壮大了自己的势力,逐渐形成了一个强大的政治集团。他们同外戚一样,把持朝政,甚至随意废立皇帝。例如汉顺帝刘保,就是在孙程等19个宦官一手扶持下,杀死专权的外戚阎显势力,坐上了皇帝宝座。而孙程等19人,由此封侯加赏,其侯爵在死后还可以被养子承袭,说明宦官的权力已不仅仅限于掖庭之内,变成了手执王爵,口含天宪,人近天颜,位高操权的政治人物。到了汉灵帝时,宦官势力已成为东汉朝廷内外公认的势焰灼人的政治强大集团,反对宦官政权的李膺、陈蕃等官僚文人,遭到宦官曹节、王甫等人致命打击,陈蕃、窦武被杀,李膺、范滂也被害死,党人死了数百,株连涉案有六七百,京城的太学游士被捕拿者1000余人,宦官进一步在朝廷得势。党人的门生故吏、父子兄弟在位者都被免官,而且今后禁锢不用,但宦官的父兄子弟为官者遍布天下州县。

汉灵帝在台时,宦官集团的核心领导力量是灵帝宠信的中堂侍等人,即张让、赵、忠、夏恽、郭胜、毕岚、段珪、孙璋、粟嵩、张恭、高望、韩悝、宋典等12个太监,因取其大数,故称十常侍,中常侍是东汉宦官职位中品级最高、权力最大的一职,俸禄二千,整日侍从皇帝左右,传达皇帝口谕,阅览外廷尚书呈进的奏折文书,是皇帝与外廷朝官交流的极重要中介环节。张让他们利用汉灵帝年少幼稚和荒唐昏聩的弱点,假传圣旨,陷害异己忠良,导诱灵帝公开卖官鬻爵,大肆搜刮民财,盘剥百姓。他们不仅向百姓勒索暴敛,还以助军费、修宫殿名义,公开要各地官吏捐钱献物,不捐者不得上任。宦官们则趁此大饱私囊,建造起富比宫阙的府第,过上了奢华荒淫的王侯般生活。在这些为乱天下的宦官之中,张让、赵忠是其首领,汉灵帝公开对人说:"张常侍是我爹,赵常侍是我妈。"对两人的信任超过了外朝官僚。中平二年(公元185年)六月,张让、赵忠等12人被封为列侯。车骑大将军皇甫嵩征讨张角黄巾军起义,路过邺城时,看到赵忠府第,金碧辉煌,超过了朝廷规定的规格,曾上奏灵帝要求予以没收。赵忠见折,立即同张让一道至灵帝前诬告,说皇甫嵩久战无功,浪费国家资财无数。灵帝言听计从,立即召皇甫嵩回洛阳,收回封赐的左车骑将军的印信绶带,还削其封邑为六千户。中平三年(公元186年),汉灵帝提拔赵忠为车骑将军,让他执掌领兵大权。灵帝还让赵忠评定朝廷官员在镇压黄巾起义中的功劳,以便灵帝论赏。执金香甄举推荐傅燮,说他镇压张角起义立下大功,尚未被封侯,如能举荐,将会顺乎民心。于是赵忠派其弟弟城门核尉赵延去找傅燮,赵延说:"只要你稍稍交结我哥哥中常侍赵忠,封万户侯不在话下。"傅燮为人耿正,不愿意交结宦官,厉声对赵延说:"立功无赏,是我的命不好,我怎能乞求私人的恩赏!"赵忠知道此事后,对傅燮由怨生愤,只是顾虑到傅燮名望太大,不好公开加害,不久以汉阳太守一职,把他打发出京城。

中平六年(公元189年),汉灵帝病死洛阳嘉德殿,14岁的刘辩即位,改元光熹,史称少帝,封渤海王刘协为渤海王,朝政大权落到了何太后和大将军何进手中。外威势力的入朝秉政,对于张让、赵忠为首的宦官集团造成了极大的威胁,一场你死我活的宫廷斗争由此而生,正是在此过程中,赵忠巧施李代桃僵之计,出卖同类蹇硕,玩弄了一场舍乙保甲的权力游戏。

原来蹇硕也是汉灵帝器重的宦官之一。中平五年八月,汉灵帝设置西园八校尉,以小黄门蹇硕为上军校尉,典领京城禁军。袁绍为中军校尉,鲍鸿为下军校尉,曹操为典军校尉、赵融为助军左校尉、冯芳为助军右校尉,夏牟为左校尉、淳于琼为右校尉;黄巾起事之后,灵帝很注意军事,蹇硕身体强壮,通晓军事,为灵帝所欣赏,虽然他是个宦官,却委任他禁军统帅之职,连大将军何进也要受他辖领指挥。何进因妹妹何皇后关系,位进大将军,在黄巾起义爆发后,领左右羽林军和五校尉,负责京城洛阳的防卫。蹇硕的上任,不仅分其权,还要听从一个宦官的指挥,自然心中不服。加上灵帝临终之前,把自己同王氏所生的儿子刘协托付给蹇硕,蹇硕临终顾命,就想立刘协为帝,他借口召何进入宫议事,想杀死何进。那知何进入宫时被人示警,及时逃回军营,并与何皇后商量,立了刘辩为皇帝。刘辩上台时是个14岁的娃娃,何皇后以太后之名临朝听政,何进以大将军录尚书事辅政,何进的兄弟何苗等人皆手操兵政大权。何进上台秉政后,听从袁绍等人的劝说、鼓动,一方面想打击宦官,巩固何氏外戚在朝中的地位。另一方面,还想利用东汉中期以来,宦官专权,屡兴党锢之祸,招致天下共怨的情势,尽杀人人痛恨的宦官,以垂名后世,贪功邀名。所以何进决定向宦官动手,并把杀死蹇硕报仇雪恨作为紧要重点。

蹇硕也感受到形势的危急,私下里也运筹图谋何氏外戚。他写信给赵忠等人,要求联手杀何进。信上说:"现在大将军何进兄弟控制了朝廷,要与党人官僚共谋,把我们这些灵帝身边的亲信,扫除杀尽,只是因为我仍辖领着禁军,才暂且未动。我们应当一齐动手,关闭宫门,赶快把何进兄弟捕获处死。"

赵忠接到蹇硕的信,思虑良久。蹇硕信上所讲的,都是现今实情,但赵忠心里明白,自从少帝上台后,何氏外戚势力已经占据朝廷绝对优势,不仅为天下豪杰

第四编 《三十六计》智谋经典

所推戴的大豪强袁绍、袁术兄弟拜在何进门下，另外不少社会名流、文人谋士如荀攸、何颙、郑泰等人都为其所用，在此情况下，轻易出击，并无胜算把握。何况少帝非同灵帝，何皇后身为母后，对少帝的影响，要远远超过陪伴他长大的宦官们，灵帝时代的好时光已经一去不复返了，而且宦官作恶多年，天人共怒，何进乘机起势，容易得手。退一步地讲，即使何进一时失手，宦官恐怕也难逃后来者打击的厄运，因此，从自身利益出发，不如暂时缓和与何进的矛盾，平息事态，只要能得到何进的宽容，自己能及时退身，安享晚年，也是幸运不过的事了。赵忠如此一想，不仅没有答应蹇硕的建议，反而把蹇硕的密信送给何进阅看，揭发蹇硕以邀功。何进阅信后，立即领兵逼宫，令黄门搜捕蹇硕。蹇硕临死，才知同类赵忠出卖自己，虽咬牙切齿，但已无回天之力，旋即被何进处死，做了一个冤死鬼。其所掌禁军，全部为何进接管，何进成了东汉末年手执军、政权柄的真正权臣。

赵忠等人出卖蹇硕，最大的收获是暂缓了何进尽诛宫内宦官的步伐，自己可以苟活于一时，可是并没有改变和打消何进诛杀宦官集团的计划。赵忠、张让等人又在何太后面前活动，用重金贿赂何进的母亲舞阳君和何苗，使何太后改变了态度，明确表示不同意诛杀宫内宦官。何进无法，偏信了袁绍的意见，引豪强军阀董卓以及王匡、丁原等人领兵入京，逼太后退位。何太后在大兵临近城门的情况下，勉强同意把掌权的常侍、黄门等宦官赶出宫廷，但十常侍们因有太后母亲舞阳君从中说情，旋被留用，而何进则在中平六年八月，再次进宫劝何太后尽诛宦官时，被张让、段珪等人抢先动手，砍下了脑袋。何进的部下吴匡、张璋与袁术、袁绍，听到何进被杀，害怕宦官势力重新复起，干脆领兵攻打皇宫，宦官2000多人被乱兵所杀，赵忠逃到朱雀门下，被袁绍捉住，砍成两段。而豪强董卓，乘机领兵入都，由此之后，董卓玩东汉朝廷于股掌之中，成了最大的赢家，而何进、赵忠倒成了刀下之鬼，这都是两人当初都未意料到的。

忍小谋大，孙权称帝

曹丕借着他父亲曹操南征北战，东讨西伐，肃清内外反抗势力，统一北国中原打下的基础，又搞一曲"禅让"戏坐上了龙床。刘备依着自己是刘家王朝的后裔，趁曹氏废除汉献帝的混乱局面，打着承续正统、匡扶汉室的旗号，也坐上了皇帝宝座。作为三大霸主之一的孙权就不想过皇帝瘾吗？他当然想而且在军阀混战的三国时期，想当皇帝的又何止孙权，可以说实力强的，多数人都想当皇帝，如董卓、孙坚、袁术、袁绍都做过皇帝梦。例如，当年曹操矫诏会盟，讨伐董卓，孙坚参加了这次讨伐战争，偶然在洛阳得到传国玉玺，就认为自己有当皇帝的缘分，于是藏匿不报，并立即率领部队离开盟军去发展自己的势力，袁术等人得知此消息极力谴责孙坚。其实，他们之中是谁都想得到这块玉玺的。只要看孙坚离开盟军时，刘表去截击他，为的是玉玺，孙坚之子孙策后来在穷途末路愿意以玉玺作押，换得袁术的兵马，袁术高兴得不得了，马上做成这笔交易。不过，正因为想坐天下的多了，任何人只要暴露了这个念头就会招来大家的讨伐，名义当然是"诛乱臣贼子"。于是出现了大家都想当，大家又互相制约，谁也不敢轻易冒这个风险、挑这个头的局面。

孙权承父兄之业,坐领江东,历时三世,在军阀间你争我夺,相互兼并的战争中,成了三足鼎立的霸主之一,但在魏、蜀、吴三家中,他的势力相对要弱一些,又没有曹氏、刘氏那样的名分,但皇帝梦是照样做的。为此,他采用了"避于先而审处于后"的策略,最终才了却了做皇帝的夙愿。

开始,他见曹操势大,自封为魏王,而自己趁关羽在北面征讨襄樊的机会,袭击了荆州,并杀害了关羽,当然也就破坏了孙刘的联盟。杀了关羽,夺了荆州,刘备岂肯善罢甘休?此时的孙权,别说当皇帝,而且很可能受刘备和曹操两面夹击。为摆脱这种窘境,他差人把关羽的人头献给曹操,这样做既可以说是向曹操表功,又可以说是想嫁祸于曹操。同时,还给曹操写信主动劝曹操做皇帝。信中说:

"孙权我早就知道天命已归魏王您了,望您早登大位,以便调兵遣将剿灭刘备,扫平西川,到那时,我孙权一定率领手下献出土地,向您俯首称臣。"

没想到,在当皇帝这个问题上,曹操表现出惊人的自制力。曹操当然想取代汉献帝,以成就曹氏大业。同时,以他在北方的日益增大的威势,要取代汉帝是不难的,但取代之后,是否能立定脚跟,则很难预料。曹操清楚地看到了这种形势,所以当孙权写信向他劝进时,他一眼看穿这是孙权的阴谋。企图让自己激怒天下,陷于孤立,于是"观毕大笑",说:"这小子是想把我放在火炉上烧烤啊!"曹操没吃这一套,孙权当然只好作罢。

后来,曹丕当上皇帝,孙权不但没有说半个"不"字,还主动派人携带礼品和书信前去讨封,曹丕封孙权为吴王,加九锡。孙权的臣属们对孙权这个举动,很不以为然,都劝他应自称上将军九州伯,而不应接受曹丕的册封。孙权却说:"九州伯这个称号,从古以来不曾有过。当年刘邦也曾接受项羽给他的汉王封号,那也是权宜之计,对自己有什么伤害呢?"于是便欣然接受了曹丕给予的封号。

时过不久,曹丕派遣使臣来东吴索取雀头香、大贝、明珠、象牙、犀角、玳瑁、孙雀、翡翠、斗鸭、长鸣鸡等物产,群臣上奏说:"荆、扬二州应交纳的贡品是有定额的,现在魏国索取的珍玩之物是不合于礼节的,不应当给他们。"孙权说:"当年惠施曾尊奉齐国为盟主,有人责备他:'你是主张不承认别人为盟主的,现在尊奉齐国为首,不是自相矛盾么?'惠施说:'有人在这里要打他爱子的头,他想用石头代替爱子的头,这是因为头贵重而石头不足道。以不足道的东西代替贵重的东西,为什么不行呢?'如今西北方的魏国在打我们的主意,江南的百姓都仰赖我,他们不正是我的爱子么?魏国所索取的,对于我来说都是不足道的东西,我有什么可惜!魏文帝尚在居丧期间,却索取这些珍玩,对他这样的人还有什么礼节可讲呢?"于是备齐了他所要的东西送去了。

又有一次,曹丕命令曹休、张辽、臧霸率领军队,从洞口出发,曹仁率军从濡须出发,曹真、夏侯尚、张郃、徐晃率军包围东吴云南郡。孙权一面派吕范等将领督率五军,用水军抵抗曹休等人,诸葛瑾、潘璋、杨粲等将领率军救援南郡,朱桓以濡须督的身份抗拒曹仁,一面又上书曹丕,说抵抗不是自己的意见,而是大臣们的主张,并请求他给予自己改过自新的机会。众大臣对孙权这种卑躬屈节于曹丕的行为大有微词,并劝说他干脆脱离曹丕,自己定年号,做皇帝。孙权却推辞说:"汉朝的皇室没落了,我不能救助使之保存,又怎么忍心与之争天下呢?"群臣又提出天命符瑞等为理由,坚持请孙权称帝。孙权仍不答应,并对群臣说:"我过去因见刘备雄踞西方,所以命令陆逊率兵防备他。又听说北方的魏国准备协助我,我担心挟天子令诸侯的余威,如果不接受其册封,将自寻折辱并促使他们早日对我下手。他们可能会与蜀国联合,使我们两面受敌,大为不利。所以我克制自己,接受了吴王的封号。我俯首称臣的本意,你们似乎还未尽理解,因而今天向你们解释一下。"

孙权表面上装作甘为魏国的属国,其实内心一丁点儿也不肯归附。当年曹丕派遣使臣与东吴结盟言誓之时,提出要孙权的儿子到魏国去做人质,他就断然拒绝,后来曹丕几次追问,他都借故相托。表面上他对魏国是毕恭毕敬,在一些非原则如进贡品等问题上他惟命是从,而在人质等重大问题上,他丝毫不受制于人,眼下的卑躬,正是为了掩盖真相,麻痹对方,暗地积蓄力量。等到刘备在白帝城丧命,曹丕英年早逝,孙权眼见自己的对手一个个衰落了,人们的注意力逐渐转移了,时机成熟了,终于在公元229年,轻松地坐上了皇帝宝座。

舍车保帅,王、殷退兵

东晋晋安帝隆安元年(公元397年),兖、青二州刺史王恭,联络荆州刺史殷仲堪,上书朝廷,列举左仆射王国宝,以姻戚频登显位,恃宠肆威,危害社稷,要领兵入朝,"清君侧除小人"。奏表上达朝廷,东晋群臣大惊失色,主持政事的丞相、会稽王司马道子,坐立不安,下令全城戒严,严密防卫。同时召请其父孝武帝器重的大臣王珣入宫,征询计策。王珣早先任左仆射,参与国家大政,孝武帝死后,得

势的王国宝乘机废黜旧臣,王珣只能做了一个尚书令,权力被削,所以对王国宝怀恨在心,但他表面上装出若无其事的样子,一切如常,曾被王恭称赞为汉代的胡广。道子问他"王、殷二藩叛乱,你知道吗?"王珣说:"朝政好坏得失,珣均未参加,如何知消息!"说完再不发言,退宫返府。

司马道子想通过与王恭等友善的王珣解决问题的企图失败后,王国宝在京都惊恐万分,王、殷两人与自己久有宿怨,现在指名道姓要诛杀自己,叛乱朝廷,他担心自身不保,不知如何是好,急忙问计

于与自己狼狈为奸的从弟王绪，王绪献计说："王询、车胤与王恭、殷仲堪私下勾结，两人在朝中又有人望，你应该假借司马道子的命令，召集车、王两人入府，杀死他们，先拔去内患，然后挟持安帝和道子，发兵讨王恭、殷仲堪。"王国宝认为王绪所言确是良策，立即动手行动。

王询、车胤受命来到王国宝的府中，王国宝却临阵手软，畏惧二人的威望，不敢轻易加害。反而求计于王询，王询说："王恭、殷仲堪与你素无深仇，不过为争一些权势罢了。"车胤也告诉王国宝，如果调兵攻打王恭，可能遭到王恭的拼死反抗，那时殷仲堪再从上游东下，就不好对付了。王询则劝王国宝暂时弃权，缓和与王、殷两人的矛盾。王国宝头脑简单，未杀王询、车胤，反而听从王询的劝说，上奏朝廷，自请解除一切官职，出宫之后，又后悔万分，对外假称自己得诏，一切恢复原职了。

司马道子一向把王国宝法为亲信心腹，对王国宝兄弟恩宠有加，本指望两人共同尽力，维持司马氏遥遥欲坠的政权，未想到王国宝招惹是非，送给早就觊觎朝政、拥兵自重的王恭、殷仲堪以出兵口实，道子心中本来就不快，而王国宝反反复复，正在司马道子苦无计退兵的时候，还假传圣旨，一下子惹得道子怒火中烧，不由得厌恶起来，心念一动，王、殷两藩叛逆起兵，要杀王国宝，何不顺其意愿，杀王国宝以救燃眉之急呢？于是公开宣诏，数列王国宝欺君罔上，挑拨君臣等大逆之罪，派骠骑咨议参军司马尚之，拘捕王国宝和王绪。令赐死王国宝，王绪绑到街市斩首示众。把王国宝的兄弟侍中王恺、骠骑将军王愉革职不用，大赦天下。同时司马道子遣派使节，致书王恭、殷仲堪，陈述自己为政过失不少，特此致歉，现在顽凶王国宝等人已经被杀，国家之害已除，希望朝野内外，同心协力，在此乱世，共同维持社稷、宗庙的安全。王恭按照道子的来信，立即复书道子，同意罢兵。殷仲堪在王恭撤兵后，召回出征的部将杨佺期，一场东晋中央朝廷与地方藩镇的较量，由于道子主动舍弃了王国宝，暂时干戈平息了。

王国宝被杀，实际上是司马道子为代表的在朝当权势力集团与王恭、殷仲堪为代表的地方势力集团之间争权夺利政争的牺牲品。东晋自淝水之战后，尤其是谢安死后，祸乱四起，晋简文帝司马昱生下两个儿子，一个是后来做了皇帝的孝武帝司马昌明，一是司马道子。简文帝死后，孝武帝嗣位，开始时由崇德太后临朝听政,谢安等人辅政。淝水之战后,孝武帝重用弟弟会稽王司马道子,谢安遭贬斥,后来谢安病死,司马道子大权独揽,迁录尚书事、都督中外诸军事,领扬州刺史,权倾内外,一时间巴结投靠者不绝于道,王国宝就是其中之一。国宝看道子势大,背弃了自己的老岳父谢安和舅父范宁,整日以谄媚道子为能事。孝武帝见兄弟道子权势灼人,为了牵制道子,巩固自己的皇权,把出身世家大族的中书令王恭、黄门侍郎殷仲堪拔擢重用,任命王恭做平北将军,督青、兖、幽、并、冀五州军事,领青、兖两州刺史,出镇京都重要门户京口;殷仲堪任振威将军,督荆、益、宁三州军事,领荆州刺史,出镇京都上游的重要城池江陵。王询迁为仆身,王雅为太子太傅,这样相内朝外,孝武帝以自己的心腹占据重要职位,分散司马道子的权力,防备道子的专权跋扈。司马道子则以王国宝和王绪等为心腹,结成党羽,与孝武帝势力集团对垒。晋武帝太元二十一年(公元 396 年),贪杯的孝武帝因酒中戏言,被张贵人勒死,太子司马德宗即位。他是一个白痴,口不能言,连生活都不能自理,大政实际是由司马道子主持。王国宝在孝武帝临终时,抢先叩宫,想代孝武帝撰写遗诏,自己做辅政大臣,因遭到王恭的弟弟侍中王爽的声斥,才未得逞。王恭回京参加孝武帝的葬礼时,当面告诫司马道子,要他以社稷大业为重,并疏远王国宝。王恭甚至做了杀王国宝的准备。王国宝和王绪也曾预备杀死王恭,所以当王恭、殷仲堪与司马道子、王国宝势力集团的矛盾,已经严重激化,而王、殷两人起兵反叛,而矛头指向,名义上要清君侧,根本上来说,杀王国宝也是冲着司马道子来的,对此司马道子心中非常清楚,由此舍车保帅,抛出心腹王国宝,使王、殷两人暂时息兵,虽说是权宜之计,稍作损失,但赢得了宝贵的时间,后来司马道子父子,正是利用王、殷罢兵的机会,暗做准备,又用反间计,斩了王恭,安抚了殷仲堪,瓦解了反司马道子的势力。

寻替罪羊,高宗阴招

唐高宗李治是初唐历史上一个昏聩荒淫的君主,李唐王朝正是在他手上,逐渐被武则天改姓武周。他甚至不分黑白是非,把力保李唐江山的臣下出卖给武则天,以讨好卖乖,苟且偷安。史载高宗显庆五年(公元 660 年),高宗身患风疾,目不能视,不能正常理事,就把国家朝政大事委托精明机智的皇后武则天掌握。武则天手操权柄后,在内宫外朝大施淫威,任意用事,甚至连高宗李治也受其限制。李治身为帝王,不能为所欲为,心有意而力不达,自然也怨起武则天来。麟德元年(公元 664 年),武则天因为进宫后用阴谋手段废除了高宗原皇后王氏和萧淑妃,并且把两人砍去手足放入酒瓮折磨致死,她做贼心虚,一直以为有两个幽灵缠绕自己,长期居住东都洛阳不回西京。所以到这一年,高宗坚持回长安居住后,她仿佛看见王皇后、萧淑妃的幽灵又出现在自己卧居的蓬莱宫,于是召道士郭行真在蓬莱宫内四处设坛祈祷,并且不许他人进入,只有自己整日和郭道士独处密室,武则天在宫中大行厌胜之术,而且身为皇后,破坏男人不得入内宫的规定,长时同处密室,引起了一些本来对武则天心怀怨愤的宦官不满。宦官王伏胜偷偷跑到高宗面前告发,详细诉告武皇后的秽行。高宗身受武氏束缚,甚至连身边的嫔妃都被武氏赶来,本来不胜其忿,王伏胜的告发,使他怒火中烧,但他没有勇气直接找来武皇后当面训斥,仔细权衡之后,密诏西台侍郎、同东西台三品上官仪,对他说:"近来皇后态度越来越狂傲,任性做事,又在宫中和道士做国法不容的厌胜之术,朕感到她不能再做皇后了。"

上官仪在唐太宗贞观年间进士及第,升弘文馆直学士、秘书郎等职,很受太宗李世民赏识,可谓是唐太宗旧臣。高宗继位后,他由秘书少监,再升西台侍郎,位居同中书门下三品的宰相之列。他对武则天在朝中排斥太宗旧臣的做法早就不满,所以听高宗要废武则天,积极附和赞同。他说:"武皇后骄傲专横,天下无不怨恨,不如将其废掉,以安天下人心,确保大唐李氏帝业永继。"高宗对上官仪所说,深以为然,并命令他即刻起草废武后诏书。

武则天自主中宫之后,朝内朝外,四布密探,高宗私召上官仪谋废武一事,很快被她侦知。她是个敢作敢为又心狠手辣的女人,欺高宗懦弱,得报后立即赶到高宗处,看见桌上上官仪还未发出的诏书中"皇后专恣,海内所不兴……"等文字,趋身向前,一会儿哭,一会儿怒,缠住高宗不放。高宗昏聩,居然把废后大事置于脑后,产生了妇人的仁心,当场答应不提废后一事,为洗刷自己,他还把上官仪当替罪羊抛出,对武则天说:"我初无废你之心,都是上官仪教我的。"结果武则天回宫后,立即指使心腹爪牙许敬宗行诬告,指控上官仪和王伏胜勾结太子李忠,危害皇帝,欲行逆反。结果,上官仪一家满门处斩,只留下儿媳郑氏带着一岁的孙女上官婉儿入宫充婢奴。凡是朝中与上官仪有亲密往来的人,如右相刘祥道被贬官礼部,左肃机郑钦泰等人非流则贬,牵涉之人极多。

高宗李治舍车保帅,抛出上官仪为替罪羊,并不是没有缘故。原来武则天本是其父唐太宗的才人,太宗晚年病危时,作为太子的李治侍奉在侧,因为垂涎武才人的美貌,两人勾搭暧昧。太宗死后,武才人被送到感业寺落发为尼,身为情种的李治割不断情丝,听从王皇后的鼓动,不顾礼制,把武才人召回自己的宫室以满足私欲。王皇后当初劝说高宗召武才人,是想以武则天为筹码,牵制与自己争宠的萧淑妃,哪知才貌双全的武则天同时还是一个精于权术的野心家,自两次进宫后,先是百般讨好王皇后,利用王、萧两人的矛盾,自己顺利专房好色的高宗,并且施展浑身解数,把高宗牢牢控制在自己手中,使高宗下定决心废王皇后、萧淑妃,逐杀朝中长孙无忌、褚遂良、来济等反武拥王的关陇贵族势力。武则天还收买朝中投机的奸臣李义府、许敬宗等人,大树私党。到了永徽六年,武则天终于被高宗立为皇后。武则天得宠立后,本应对高宗感激淋涕,可是她又是一个心雄志大的野心家,她不满足于在中宫之中发号施令,有心掌权揽政、夺位称帝,为此极尽权诈心机,王皇后、萧淑妃已被废,她嫉恨政敌不死,遗有后患。行斩草不留根之术,残酷杀害王、萧两人,以两人骨醉酒瓮为乐,此事所行,使心存妇人之仁的高宗李治胆战心惊。而后来逐杀高宗亲舅父长孙无忌,计逼太子李忠,更使高宗感到武氏在朝已经根深叶茂,势力坐大,尤其是武则天严格控制李治与宫内妃嫔或中意美人接近,使好色的高宗难以忍受,所以到了麟德龙年,风眩头重的疾病已经稍减,身体已经恢复,自己又可以为所欲为的时候,武则天的牵制和束缚,就为他所嫉恨,一时想不出更好的办法,想通过位列宰相的上官仪废掉武则天。

高宗李治面对凶悍权诈的皇后武则天，丧失了一个君主的起码尊严，为保住自己的皇位，平息皇后的愤怒，抛出了上官仪，作为讨好武则天的资本，实际上这里是巧施替罪羊之法，也就是"李代桃僵"阴谋。不过李治在此所施阴谋，并非高明，最大的收获，不过是得以苟且偷生，使武则天一直让他快快活活挣扎了19年，得以善终。而皇后武则天的收获则较之大得多。武后借上官仪事件，大肆清洗政敌，危及自己以后称制为帝的太子李忠就是在此事件中被杀，朝中一些反武势力也被加上罪名贬逐流放，由此之后，武则天还在高宗座位后面，以"辅弼龙体欠佳的天子"名义垂帘听政，事无大小，都要参与。朝政大权，实出自武后，高宗仅仅拱手而已，因而朝臣们把武则天同高宗同称"二圣"。到了上元元年（公元674年）高宗称"天皇"，武则天称"天后"。朝中一些正直大臣，虽然不满足于武则天的专权，有心匡复李唐，但上官仪如此惨痛下场，使他们明白，高宗是一个扶不起的阿斗，何必得罪武则天，而白白把整个家族性命去送命，而对不起自己的祖宗呢？所以说，高宗出卖上官仪事件，李代桃僵的阴谋施展得并不高明，从这点来讲，高宗李治还不能算是个合格的阴谋家。

抛饵诱敌，独揽朝政

唐玄宗李隆基是唐王朝在位时间最长的一位君主，其上台初始便巧施李代桃僵之计，出卖亲信部将，安抚势众权大的姑母太平公主，使自己逃过一场灭顶之灾，后又聚集力量，待机杀死太平公主，终于独揽朝政。

唐先天元年（公元712年）八月，唐睿宗李旦主动传位给太子李隆基，李旦自称太上皇，每隔五天便到太极殿处理政务，他规定凡三品以上的官员任免以及朝中大事，都要经他手处理，唐玄宗李隆基每日在武德殿处理一些琐事，实际上处于有职无权的地位。李隆基由懂事开始，便亲历了武则天称帝专权李唐，韦武集团把持国政，历经了宫中多次的你斗我争，刀光剑影，深谙宫中的风雨翻滚和阴险毒辣，所以一直不敢多动一处，不敢多言一句。现在当了皇上，按理说应该轻松愉快地一吐多年来的压抑了，可是整日里仍是乌云满面。原来他虽然贵为天子，但大权仍掌握在太上皇的手中，况且其姑母，武则天的女儿太平公主野心勃勃，一心要做第二个武则天。玄宗朝中的文武百家，也大多媚献依附于太平公主，朝中七宰相中除魏知古、郭元振、陆象先外，又都是太平公主的党羽。太平公主把太子李隆基作为自己谋求帝位的最大障碍，两人在朝中明争暗斗，彼此都想置对方于死地。所以说李隆基虽登台称帝，但心情并不怎么愉快，反倒有一种更紧迫的压抑感，感到太平公主对他的威胁日益迫近。

为了壮大自己的势力，李隆基上台后，也十分注意网罗自己的党羽人才，书生王据虽然家境贫寒，但才华出众，深得李隆基的赏识，即被拔擢为太子中舍人、中书侍郎，两人经常在一起商讨治国安邦的道理。王据对玄宗说："韦后因为毒死中宗，故而招致天下人对他不满，所以一击就中，很容易就能被除掉了。现今太平公主是则天皇后的女儿，阴险毒辣、凶狠狡猾，朝中大臣又多是她的党羽，君不可轻视她，对她不应该产生仁慈之心，认为她

是你的姑母就迁就姑息她，那只会最终害了皇上。皇上应当以宗庙社稷为重，为了天下太平，皇位永固，国家安定，应大义灭亲，去小节而留大义。"玄宗点头称是，赞同王据的观点。宰相刘幽求是玄宗李隆基的心腹，当年诛杀韦武集团，刘幽求立有大功。他见太平公主势力日渐发展，而新主李隆基又苦于无计对付，便私下里同右羽林将军张暐密谋，想把同居宰相之职的太平公主的党羽窦怀贞、崔湜、岑羲三人杀死，以削弱太平公主在朝中的势力。两人谋划妥当后，张暐深夜入宫拜见玄宗，将他们的计划叙说一遍，玄宗正愁无计，一听连忙点头称是，吩咐三人谨慎行事，力求成功。哪知张暐谋事不周，计划泄露出去，被太平公主的人得到消息，报告了太平公主。玄宗得知计划泄露，在宫中坐立不安，极为担心，考虑再三，玄宗认为自己与太平公主现在斗还不能稳操胜券，仓促行事，闹不好会被势力强大的太平公主乘机反击，自己的皇位到时恐怕也将不保。于是玄宗想出了一个"李代桃僵"之计以求脱身，他抢先进殿拜见太上皇，主动揭发宰相刘幽求和右羽林将军张暐密谋想杀死大臣，企图谋反。就在玄宗告发时，果然太平公主得到窦怀贞、崔湜密报后，气冲冲地进宫向睿宗哭诉，说侄子李隆基想加害于他，要睿宗为她主持公道，请求睿宗处置李隆基。睿宗面对一方是儿子主动揭发，另一方是妹妹的哭诉，只得严词训斥自己的儿子。为了平息太平公主的怒气，睿宗就把一切罪责推到了刘幽求和张暐二人身上，并答应太平公主一定严惩他们。第二天，崔湜、窦怀贞等人在太平公主的指使下，联名上奏朝廷，历数刘幽求、张暐等人犯有大逆不道之罪，罪不容赦，要求立即将他们斩首。后有大臣为刘、张求情，说刘幽求等人当年立有诛韦武拥吾皇登位之大功，今斩杀功臣，恐天下人耻笑太上皇。睿宗思前想后，决定免刘幽求和张暐等人一死。结果刘幽求由狱中放出，被流放到封州（今广西梧州），张暐远流至峰州（治所在今天越南河西省）。

李隆基为最终铲除朝中太平公主的党羽，在密谋失败后，不得不忍痛把亲信手下刘幽求、张暐作为替罪羊抛出，是不得已而为之的。景元四年，武则天的儿媳韦皇后胆大妄为，毒死中宗李显，立少帝李重茂，韦后自己临朝听政，上演了一场武则天的故事。韦氏家族亲信把持朝野上下，为虎作伥，甚至要谋害相王李旦,篡夺李唐江山归为韦氏所有。为了恢复李唐天下,李隆基联合姑母太平公主,密结禁军,与刘幽求等人起兵突袭杀死了韦后及其党羽,然后共拥李旦登基做了皇帝,即为唐睿宗。李隆基因杀韦拥帝立下大功,先是封王封相,统领马骑禁军,后又被册立为太子。睿宗初上台,国内经历战火洗劫,百废待兴,他听从李隆基的谏议,任用宋璟、姚崇等人为相,整顿吏治,贬斥奸佞,兴修水利,发展生产,一时政通人和。太平公主身为武则天之女,自小聪明过人,胸怀天下,机敏沉着,善于谋略。武则天当政时,便时常召她参加国家大事的谋划决策。当初诛杀张易之兄弟,她立有大功,现在同侄子联合诛韦,为李旦登上皇位又立下了汗马功劳,这两次关系到李唐王朝兴亡治乱的大事都有她的功劳,加上自己的亲哥哥睿宗为帝,她的权力欲便日益膨胀起来,在朝内广罗党羽,势力日益庞大。她的三个儿子被封王封卿,权倾朝野。太平公主善于揣测睿宗的心理,所以每当与睿宗议事,她都能迎合帝意,讨得睿宗的满意。她不失时机地向睿宗推荐自己的党羽,很快太平公主便控制住了朝廷,势焰灼人。睿宗上台伊始,太平公主还不曾与李隆基为敌,想他一个小孩子,不会有什么作为,根本不把李隆基放在眼里。渐渐地,她感受到自己的这个侄子对自己已构成威胁。李隆基英武过人,在朝中又颇受人尊重,刘幽求、宋璟、姚崇等不少朝臣被其所用,已经势逼自己,于是太平公主一改初衷,以李隆基为政敌,必欲先除之而后快。先是她极力劝谏,反对睿宗文李隆基为太子,布置密探,搜集李隆基活动的情报,又四处散布流言蜚语,中伤李隆基。李隆基面对太平公主咄咄逼人之势,也寻机给以反击。如指使姚崇、宋璟等人出面奏告,使睿宗下令,把与太平公主关系密切的宋王李成器、幽王李守礼等人外放做刺史,借机把太平公主夫妇

迁到蒲州(今山西永济)居住,且让睿宗答应由李隆基监国行政。太平公主遭到排挤后,不甘就此罢休,便联合被贬的李成器、李守礼和李隆基的两个被解除典领禁军之权的弟弟,一齐向李隆基施加压力,逼迫李隆基自剪羽翼,以离间姑侄、兄妹关系之罪,忍痛把宋璟、姚崇两人贬职到地方去做刺史。后来太平公主乘胜追击,利用睿宗让位之事,迫使李隆基主动向睿宗提请,召太平公主夫妇回京居住。到了景元二年,太平公主势力在朝中基本上占了上风。李隆基上台为帝,睿宗退至帝后,但仍以太上

皇之位掌握朝政大权,就是太平公主担心李隆基上台后会对她有所动作,从中做的手脚,意在以其哥哥太上皇李旦来约束牵制李隆基,所以玄宗上台之初,还不具备与太平公主真枪真刀硬拼的实力。为了暂时保住皇位,争取时机,以达到最后铲除太平公主势力的政治目标,在刘、张密谋杀害太平公主重要党羽窦怀贞等人失败后,玄宗只能以退为进,抛出刘幽求、张暐,求得暂时的妥协,这就是唐玄宗主动向睿宗告密的主要缘故。

到了先天二年(公元713年),李隆基和太平公主之间的斗争更趋激烈,双方都暗使计谋,欲置对方于死地。太平公主先是唆使宫女元氏借机下毒害死玄宗,由于玄宗防范严密,此计未得逞。一计未逞,又生一计,太平公主又与典领羽林军的常元楷、李慈等人密谋,想在七月四日以羽林军冲入武德殿,以武力逼迫玄宗退位,并由窦怀贞等人领南牙兵作声援,发动政变,拥太平公主为皇帝。哪知太平公主的消息被左散骑常侍魏知古获悉,他即刻告知了玄宗,玄宗集合大军先发制人,于七月三日凌晨领兵冲入虔化门,杀死羽林军首领李慈、常元楷,又把萧至忠、岑羲、窦怀贞等太平公主党羽斩首示众。太平公主闻变逃到南山的佛寺中躲藏起来,三天后被抓回下狱,被玄宗下令赐死,朝野内外太平公主的党羽被杀者达数十人。睿宗李旦见李隆基已基本控制了朝廷,不得已下令今后朝政大事,一切听由玄宗处理。自武则天称帝以来的唐初数十年宫廷纷争,至此烟消云散,李隆基取得了最终的胜利。昔日被玄宗抛出来顶罪的替罪羊刘幽求,也被玄宗召回京都,予以重用。李隆基逐渐坐稳皇位,一统天下。

让能忍痛,以死报国

大唐李氏王朝,虽然一度达到中国封建社会的鼎盛高峰,但自安史之乱之后,国家元气大伤。中唐以后,内有宦官专权,朝内党争以及宦官朝臣之间的南衙北司之争,纲纪紊乱,加上几任皇帝的信道、佞佛,到了晚唐,中央政权已经没什么实力,尤其是唐末的藩镇割据,许多地方节度使恃仗自己手中军队,不听中央政府调遣,自己在辖区内随意征兵征税,任命属僚,成了一个个独立王国。而中唐以后,藩镇与唐中央朝廷之间、藩镇与藩镇之间,为争权夺利,兵连祸结,战事不息。到了公元888年,昏庸的僖宗李儇病逝,在宦官杨复恭的支持下,其弟李晔被立为皇帝。李晔即位,改名李敏,上台之初,针对朝廷威令不行,藩镇势力坐大的情况,本想有所作为,以挽救国命危艰的衰势;但是李唐王朝恰如重症在身的病人,已没有恢复生机的希望。内则宦官专权,朋党纷争,外而藩镇尾大不掉,尽管李晔不惜官爵钱财,却没有人真正肯为李唐再尽忠效力,当时的割据战火,东尽青齐,西及关辅,南出江淮,北到卫滑,长安城外,极目千里。烟火稀少。李晔虽贵为皇帝,也常常身受藩镇、宦官的凌辱,唐王朝真正处在灭亡前夕的苍茫暮色之中了。

景福二年(公元893年)正月,拥兵自重的山南西道节度使李茂贞,因为要求同时身兼凤翔节度使未能如愿,上表朝廷,奏表中说:"陛下虽然贵为万乘天子,却连自己的元舅都不能庇护;尊极九州,却连一个宦官竖子杨复恭也不能戮杀;今天的朝廷。只看人势强弱,不计是非公正,随意加恩赏赐。而军情易变,戎民难于羁控,生灵百姓,屡遭祸乱,朝廷不考虑远扬声威,自此以后，还有什么作为呢?"李茂贞以一个节度使身份，公然上表声斥、嘲弄万乘之尊的皇帝，使昭宗李晔难以容忍，他命令宰相杜让能准备兵马，要征讨胆大妄为的李茂贞。

杜让能身为宰相，虽受昭宗信任，但他心里清楚，以现在唐朝廷的力量，征讨李茂贞是不现实的，于是上朝劝谏昭宗，他说："陛下登基的时间不长，危难一时未平。李茂贞领兵势众，离长安三百余里，臣以为不宜马上结怨，匆促发兵进讨，万一失利，将后悔莫及。"昭宗年轻气盛，受李茂贞刺激，难咽一口之气。他对杜让能说："王室日卑，号令不能出国门，正是志士悲愤之秋。国威不振如同患病之人，不用药则不能去病，朕不甘做一个屠懦的天子，苟且度日，坐视藩镇凌驾侮辱，你只要为我调兵备粮，我自会委任诸王领兵打仗，胜败之事与你无关。"杜让能见高宗执意孤行，又说："即使陛下一定要兴师征讨李茂贞，也应该同中外大臣共同协商，才能成功，不能单独委臣下之身如此重任。"

昭宗见杜让能遇事退让，心中很不高兴，厉声说道："卿身居朝中元辅之位，与朕休戚相关，岂能以辞推让。"

杜让能虑及再三，进一步上前泣告："非是臣下见难退让，陛下要做的事，正是先君宪宗之志，但是时过境迁，势有所不能啊! 只担心他日臣下遭受汉时晁错那样的下场，虽一人身死，终不能免七国之祸，所以臣下对此踌躇。如果陛下一定要委臣做事，臣下当以死相报。"

杜让能明知征讨一事无望，但屈于昭宗的欲望，只好一心报国。整日筹划招兵买马，月余不归家门。

唐昭宗命杜让能筹集人马攻打李茂贞一事，很快被李侦知。原来唐朝廷另一宰相崔昭纬，早已与李茂贞勾结串连，杜让能在长安一切筹划，李茂贞查得一清二楚。李茂贞还派出间谍，纠集长安城中的百姓，公开阻拦同受昭宗派遣的观军容西门君遂，以及宰相郑延昌、崔昭纬，三人皆把一切责任推到杜让能身上。

同年九月，唐昭宗以宰相徐彦若为凤翔节度使，让覃玉嗣周，领禁军三万，送徐上任，大军则驻屯兴平。李茂贞早得密探入报，立即纠合静难节度使王行瑜，合兵六万，前往兴平抵抗朝廷大军。两军对垒时，覃玉嗣周所领禁军，不战而溃。李茂贞乘胜进军长安城下，上表朝廷，指名道姓要朝廷杀杜让能。

唐昭宗本想征讨李茂贞立天子之威，未想到正如杜让能所料，伤虎不成，反害自身。急得他在殿中团团打转，杜让能见状，对昭宗说："事已至此，请陛下归罪于臣，使李茂贞罢兵吧?"

昭宗被逼无奈，也只好出此下策，于是革杜让能太尉职，贬为梧州刺史，并且把参与战事的西门君遂贬放儋州、内枢密使李周潼远贬崖州，段诩逐至骧州。

李茂贞由山南起兵，进军长安，朝廷之中得宰相崔昭纬内通，杜让能被他视为死敌。唐室势弱，本来他意存轻蔑，有心觊觎皇位，怎能轻易地让杜让能存活，有朝一日再复位为敌呢，所以他当即拒绝昭宗的请求。昭宗见李茂贞不为所动，又令把西门君遂，李周潼、段诩三人斩首示众，杜让能再贬为雷州司户,以此为退让,再次遣使出城,要求李茂贞罢兵回镇。李茂贞则坐兵观变,不达目的不肯罢休,立定要杜让能人头为信。十月,昭宗被逼无奈,虽然自己心下十分不愿,为了保住皇位,只好答应李茂贞的要求,于是公开下诏,诏书说:"杜让能卖官鬻狱,聚敛财富超过巨万,着令赐死。"杜让能作为昭宗和李茂贞之斗的筹码,终于被抛出。同时被杀的还有杜让能的弟弟户部侍郎弘徽。

李茂贞得到了杜让能的人头后,带着昭宗赐封的凤翔节度使、山南节度使,和中书令三职,凯旋而归。

朱温抛卒,戮朱友恭

朱温是五代梁朝的创建者,在唐末藩镇割据的群雄中,他能够一举建立梁国,除了依靠军事上的实力以外,还与他政治上的大耍阴谋有着很大的关系。朱温杀唐昭宗,立傀儡皇帝昭宣帝,又杀义子朱友恭以堵塞天下诽议,以牺牲亲信部下,掩饰自己代唐自立的野心,等到后来条件成熟就逼着昭宣帝行禅让,衮冕加及自己,即是他巧施李代桃僵之计谋而取得的成功之例。

朱温是安徽砀山人,从小为人凶悍,以孔武有力自负,反被乡邻人厌恶。唐末黄巢农民起义爆发后,他和兄弟朱存加入黄巢军中,由于作战勇敢,出任起义军东南面行营先锋使。中和二年,黄巢起义军占领长安,建大齐政权后,他被封为同州(今陕西大荔)防御使,担负防卫长安的重任。但当唐王朝勤王大军云集长安时,他接受手下谋臣的劝说,临阵投靠唐朝廷河中节度使王重荣,被都统王铎,拜为左金吾大将军、河中行营征讨副使,唐僖宗还赐朱温名"全忠"。中和三年,朱温因为忠心为唐,又被晋迁为汴州刺史、宣武节度使,驻兵汴州(今河南开封),并加任东北面征讨使,进攻黄巢起义军。次年九月,僖宗加封他为同平章事。朱温虽然读书很少,但精明机智,长于谋略,在当时藩镇林立的情况下,他以汴州为中心,从并不势强的宣武镇起家,逐个消灭敌对者。黄巢起义军战败后,部将秦宗权在蔡州称帝,蔡州成为朱温攻取的第一个目标。文德元年(公元888年),朱温灭秦宗权。魏博节度使罗弘信被朱温五战五败,朱温示之以好,结为兄弟,从此朱温专心向东方经营,先后攻克感化节度使时溥据守的徐州,天平节度使朱暄据守的兖州,泰宁节度使朱瑾据守的郓州,幽州的刘仁恭也为其屡败。这样朱温成为割据势力中最强的藩镇之一,势力扩展到河南、河北、山东、江苏和淮北。光化三年(公元900年),朱温开始向藩镇中的劲敌李克用发动攻击,当初李克用在征讨黄巢起义军过程中,曾留宿汴州,朱温表面上好酒款待,乘夜深人静,却令部下突袭李克用,李克用仓促逃跑,报告僖宗,要求惩处朱温。僖宗对拥军自重的朱温无可奈何,事情不了了之,因此李克用与朱温结下怨仇,当朱温势强以后,就想与李克用争夺军事要地河东。为了出师有名,朱温还用重金贿赂唐昭宗任用的宰相张浚,使朝廷任命他为东南征讨讨使。到了天复元年(901年),朱温连克李克用占据的河中(今山西永济)及晋、绛、泽、潞等州县,昭宗任其为宣武、宣义、天平、护国四镇节度使。李克用势力已经渐弱,朱温成为上可以控制朝廷,下可以制约藩镇的朝廷权臣。

三十六计

朱温在攻城略地过程中,密切注意唐中央朝廷的动静。天复元年,当朝宰相崔胤暗中联络朱温,想诛杀中唐以来在唐宫专权的宦官势力,朱温早有心挟天子以令诸侯,崔胤主动请兵,正是不可错过的良机,于是朱温领百万大军进入关中。哪知与凤翔节度使相勾结的宦官韩全诲等人,闻风先动,把唐昭宗抢先劫持到凤翔。朱温一不做、二不休,又领兵攻打凤翔李茂贞,凤翔被朱温久围之下,粮尽无食,最后李茂贞无奈,杀死韩全诲等几十个宦官,请求议和。朱温派人飞表入城,要求昭宗跟随自己回京。昭宗早已失掉了唐天子的

威风,乖乖地随朱温大军回到长安。哪知才离狼窝,又入虎口,已被昭宗封为梁王、天下军马副元帅的朱温。回都之后立即把有碍自己篡唐夺权的崔胤等朝臣杀死,到天佑元年(公元 904 年),又兵逼昭宗迁都洛阳,还把长安宫阙和大部分民居拆除,木料运到洛阳,繁华的长安顿时变成一片废墟,断绝了唐朝廷回归之想。当昭宗领官民一路挣扎,将近洛阳,行至谷水行宫时,朱温下令把跟随昭宗左右的诸王和数百名内侍,全部诛杀,换成自己的心腹部将,唐天子成了真正的孤家寡人,像一个囚犯一样过着仰人鼻息的生活。

同年八月,李克用、李茂贞等藩镇,见朱温在洛阳挟天子而令诸侯,都想举兵征讨。朱温于是暗地指使心腹去洛阳,要左右龙武将军朱友恭、氏叔琮,枢密使蒋玄晖等人寻机谋杀唐昭宗,一场弑君行李代桃僵的阴谋戏开演了。

八月仲秋的一个夜晚,唐昭宗李晔夜宿在洛阳椒殿,夜深时刻,蒋玄晖带领牙官史太等百名士兵,叩打宫门,说有紧急军情面奏皇上。宫人裴贞一不知是假,打开了宫门,蒋玄晖等人一哄而入,裴贞一见许多士兵进宫,慌忙问道:"如有急奏,何必带兵入宫啊!"话音未落,贞一已被史太砍倒在地。蒋玄晖入宫门后,大声呼喊:"皇上在哪里?"昭仪李渐荣被喊声惊醒,披衣先起,推窗一看,只见刀光四闪,心知大事不好,出门向史太讨饶:"我们宁愿被杀,请勿伤皇上。"昭宗从梦中惊醒起身,单衣赤脚,刚出寝室之门,迎面碰上史太持刀进来,慌忙绕柱子奔躲,史太在后紧追不舍,李渐荣上前以身遮挡,被史太砍死,接着再砍昭宗,刀落之处,血溅遍地,昭宗一命呜呼,陈尸椒

殿。

蒋玄晖、史太杀死昭宗后，按照朱温的布置，对外宣称李昭仪，裴贞一弑死皇上，又伪造遗诏，立李晔十三岁的儿子辉王李祚为帝，改名李柷，是为唐哀帝，史称昭宣帝。朱温闻报昭宗已死，心中暗喜，但表面上装作惊慌失措的样子，对左右说："奴辈负我，令我受万代恶名。"赶到洛阳，伏棺痛哭，使周围人都以为真的是痛心失君，为奔丧而来。朱温面见哀帝时，又奏称将军朱友恭、氏叔琮不能约束部下，应严加惩处。于是贬朱友恭为崖州司马，氏叔琮为白州司马，随后又令两人自尽。朱友恭是朱温的养子，原姓名李彦威，接到贬戮之令时，向着周围的人群大呼："（朱温）出卖我而塞天下之久的诽谤，只能是骗人而已，怎能欺骗鬼神呢！你如此行事，难道不怕断子绝孙吗？"

我们从上举史实可以看出，朱温从投靠黄巢农民起义起家，又靠镇压巢黄起义和各地藩镇发家，上控朝廷，下压藩镇，成了唐末朝野内外一位拥有实力的权臣，唐昭宗到了洛阳以后，实际上已是朱温手中摆弄的工具，挟天子以令诸侯，本来到是一盘好的计划，但两个原因促使朱温要杀昭宗：一是昭宗虽然失势，但是毕竟为天子，当时与他作对的李克用、李茂贞等军阀，都打着拥戴昭宗、复兴李唐的旗帜，想把昭宗弄到自己手中。所以，留着李晔如此熟于世道的皇帝对己不利。二是朱温想亲自起兵征讨反朱的李克用、李茂贞等人，他发现昭宗英武过人，不是自己可以随意处置的傀儡之人，不易控制住，朱温尤其担心自己离开京都出征外藩后，昭宗利用天子的权威，内结朝臣，招揽外援，将会造成内乱，因此他不放心昭宗。

既杀了昭宗之后，朱温又嫁祸李渐荣、裴贞一，还把自己的养子、一向视为亲信的朱友恭以及氏叔琮作为替罪羊抛出，这是因为朱温考虑到唐朝廷虽然势微，但李唐王朝在全国仍有较大的影响和号召力，各地藩镇在连年的相互征战中，无不打着拥戴李唐的旗号，昭宗贵为天子，无缘无故在洛阳被杀，必将导致各藩镇怀疑和天下人的非议，因此需要抛出一二个替死鬼，以搪天下的舆论，树立自己顺乎民情公道惩凶的形象。而以左右龙武将军，且兼掌宿卫的朱友恭、氏叔琮两个作为替罪羊，则有着极大的说服力。两人身为禁军首领，手握兵权，昭宗宫门内出事，正是他们的辖领责任范围之内；藩镇、朝臣都知两人是自己的亲信，而朱友恭又是自己的养子，更是亲上加亲，所以贬戮友恭、叔琮，可以使外人信服。相反，如果把手杀昭宗的凶犯史太等抛出，则不足以搪塞天下之口。朱温顾虑的第二个原因，是当时他虽然占据了黄河流域的大部地区，但藩镇中还有李克用、李茂贞等劲敌与自己相对垒，朱温还不能马上取得战争的胜利，优势并不绝对，这时候，李唐政权对自己仍然很有用处，因此赤裸裸地杀死昭宗，不如抛出令人痛心的替罪羊，既可以遮掩天下人的耳目，得以体面地继续维持李唐政权的存在，又可以通过立一个不能理政的十三岁傀儡皇帝李柷，达到手操权柄，瓦解李家江山，减少自己篡唐阻力，为来日自己称帝铺平道路的目的。果然，李柷上台后，完全成了朱温随意操纵的听话工具。朱温利用小皇帝之名，对外攻伐李克用等藩镇，对内用李柷做诱饵，把唐昭宗的儿子德王裕、棣王翙等九王召至洛阳，全部杀死。又将拥戴李唐的宰相裴枢等出身高门贵族和科举及第的朝官一百余人杀死,唐王朝真正地名存实亡,空有其名了。而昭宣帝为求得自保,又进一步封朱温天下兵马大元帅、魏王、相国等职,增二十一镇为赏,朱温有了名正言顺的名号,方便地做起代唐建梁的大业来,到了天佑四年(公元907年),朱温见时机已经成熟,把唐哀宗带到大梁,逼哀帝行禅让之礼,自立为帝,正式称起了大梁皇帝,大唐王朝在他一手策划之下,寿终正寝。

成祖斩督,安定土司

明成祖永乐年间,中央政府派驻镇守贵州的都督马烨,在任内残暴虐民,激起少数民族人民的武力反抗。马烨为强行推广明朝廷制定的改土归流政策,把聚众抗议的彝族女土司奢香剥衣裸挞,当地土著居民见大明官吏如此欺压侮辱,都义愤填膺,群哄而起,要求起兵抗明。正在大家喧闹不休的时候,奢香要求大家,暂且息怒,她说:"马烨领大兵虎视眈眈,其所为无非是想要我们鲁莽而起,他正好找到借口,以大兵进剿,然后强迫我们接受他派来的汉官,我们千万不要上其圈套。"众人听得所言有理,于是依她意见,帮助整理行装,送她一行入京,到中央朝廷告发马烨。明成祖闻臣下通报,贵州女土司前来控告马烨,立即在廷召见奢香。奢香拜谒行礼之后,详细诉告了马烨为政苛暴随意惩办边民,唆使手下抢劫财物等罪状,成祖听其泣诉,以同其的口吻对奢香说:"马烨身为朝廷命官,为乱扰民,罪该方死。但我为你除了马烨,你们以什么报答我呢?"奢香见成祖答应斩杀仇人,立即上前再三叩头致谢,并说:"蒙皇上明察,小民衔恩心怀,由此以后,彝人保证世世代代再不敢犯上作乱。"成祖笑道:"百姓安心守业,谨守君臣之道,尊奉朝廷,这是你们的本分。怎能以此作为报答呢?"奢香见成祖如此强傲,不敢推脱诿事,只好说:"贵州东北有一通向巴蜀小道,皇上为我们报仇雪恨,我们愿开通此路,方便官府驿使驰往,以报答圣上慈恩。"

奢香辞谢成祖,即日回程,组织彝汉边民重新修通由云贵至四川的山路。马烨不久被成祖召回京都,借口扰民勒索,致乱国家,被公开斩首示众。马烨被杀之后,明成祖对左右说:"马烨都督贵州,为朝廷尽忠守边,卓有功勋,但如果不斩,贵州一方无以为安。"

我们从以上事实可以

明白,明成祖为安定贵州土著,以国家边关的安宁为大局,明知都督马烨忠心朝廷,但在土司奢香上京诉告,当地土著衔恨马烨将近起兵情况下,不惜以牺牲手下,换来土司奢香答应安民息乱,出力打通通蜀小道。这样既平息了边乱,又加强了中央政府对边关的控制,双重目的皆得以实现。其实,这正是表现了李代桃僵之计的精华,即以小部、局部之失,换得大局。

明朝自推翻元统治政权之后,建立了一个包括藏、蒙古、苗、彝、壮、维吾尔等众多少数民族的统一的中央政权。贵州地区,主要散居着苗、彝等少数民族,这些少数民族边民在本族头领的治理下,由于社会发展的不平衡,有的已处在地主经济占统治地位的封建社会,同汉族广大地区无大差别,但更多的还是处在比较落后的社会形态之中。如奴隶制经济形态,甚至带有原始氏族公社特征的社会形态依然存在。明朝政权建立以后,对西南少数民族地区的政权建设非常重视,建立了一整套有利于中央政府加强控制的机构。明太祖朱元璋于洪武年间,就在云南设布政使司,到永久十一年,明成祖又设贵州布政使司,作为中央政府统一管理辖领边民的正式机构。贵州平安初始,明朝主要依靠当地的少数民族头领土司来管理地方,一般来讲,中央政府不干涉其内政具体事务,土司要定期向中央政府进贡,其职位的传继,也要得到朝廷的认可。土司可以辖有少量武装,任用属官,但要听从明朝廷派遣。土司衙门中,有宣慰司、宣抚司、招讨司、安抚司、土府、土县等多种名目,长官一般是世袭的,这些土司辖有一定的土地和边民,平时负责向朝廷交纳税赋,保养修理桥梁道路,战时还要调兵从征。土司制度本来在元朝就存在,随着明朝中央政府对边疆地区政权统治的加强,一方面以官爵地位,笼络当地土司,使其倾心明廷,维护地方安定,榨取更多的赋税。同时,还用改土归流的办法,任用一些流官,即并非世袭而是朝廷所派,有一定任职年限的非土著地方官,代替作为边民首领的土司来管理。明朝在少数民族地区推行改土流政策,触犯了一些少数民族上层分子的切身利益,引起了不少的武力反抗活动。例如洪武二十七年,贵州柴江新蓝的起兵反明;二十八年贵州西堡土司阿傍起兵;二十九年贵州清水江起兵;永乐六年,贵州思南等三宣慰使起兵反明等等,一直延续不断。各地少数民族头领抗明的原因,有不少是在推行改土归流进程中,由于地方督抚行动不当,办事太急,激起了少数民族人民对明廷汉官的仇恨,因而揭竿而起的。成祖时期,马烨都督贵州,他急于成事,要"尽灭诸罗";不顾当地民情,有意当众折辱奢香,以激起当地土著造反,从而兴兵镇夺,以达到一举去土司改流官治理当地的目的。未想到奢香等人识破了马烨辱激之策,舍马烨而直接找明朝皇帝告状。成祖身为一国之主,当然不会把区区马烨一人的生命摆在地方政权的稳固大端之上,所以与女土司奢香做交易,以马烨之头,换取奢香答应罢兵息乱,修凿通蜀山路。实际上此路的凿通,大大方便了土司居民与明朝内地的交往,对中央政府强化西南地区的控制,以及内地经济文化对少数民族所居地的潜移默化的渗透和影响,都有重要的意义。

12 计　顺手牵羊

既要人头，玉璧也得

　　周敬王执政时，已是春秋后期，这时卫国国内统治者上层矛盾尖锐，政权更迭频仍，是春秋时期国君被逐，政变最频繁的一个国家。按史书所载，卫国国君卫庄公曾受晋国容纳保护，但为君后又背晋，晋于是伐卫，卫人出庄公，立公子般师。晋师退，庄公复入，般师出奔。初，庄公登城，见戎州已氏这妻发美，髡之以为夫人髢。又欲翦戎州，兼逐石圃，故石圃攻庄公。庄公俱，窬北墙折股，入已氏，已氏杀之。史书记载卫庄公被杀事件经过，大都简洁，寥寥数句，甚至用一句话概括，仅说卫庄公出奔，很少论及卫庄公被杀一事详情，实际上庄公之死，因暴虐而被仇人已氏残杀，倒是顺手牵羊之计，在历史中运用施行的一个典型之例。

　　卫庄公蒯聩在做太子时，即积极参加宫廷阴谋。公元前480年，他筹划武力政变，通过姐姐孔伯姬的情夫浑良夫，亲自带领伏兵，杀子路，胁迫卫国孔氏家族重要人物孔悝立自己为庄公，接着大肆追捕原卫出公辄的党徒、亲信。第二年，蒯聩在向周王室请到册命后，得以名正言顺大权在握，他对为自己上台出过力的孔氏母子，假装设宴款待，灌醉他们，连夜驱逐出国。凡知晓他非法夺权底细的人，都被他猜忌怀疑，担心自己不正当的手段被人看破，拿来对付自己，必欲除之而后安。连卫国重臣太叔遗也被逐出。由此，卫国国内人心纷乱，也就是在这一年，庄公上台的故伎，被他的儿子太子疾拿来施用在庄公身上。原来，庄公大肆排斥异己，大臣纷纷外逃，出公辄把国家的宝物也带走了，于是庄公用浑良夫计，让太子疾等人回国，想早立下太子，取得宝器。不意引狼入室，太子疾顺势劫持庄公，胁其盟誓，并要他杀死浑良夫。庄公说原先答应过免除浑良夫三次死罪，不能立即杀他，太子疾暂时答应庄公的请求，但不过一年，借庄公之力，找一借口杀了浑良夫，翦除了庄公的重要臂膀。

　　鲁哀公十七年(公元前478年)，晋国大夫赵鞅，派人通知卫国：过去卫君在晋国期间，晋国款待热情周全，是故请"卫君或太子来敝国，向寡君寒暄，略表谢意，如此才能使我们为臣的面颜上有光"。如若卫君不施以答礼，则会是"臣子做事不当"，将遭受晋君责难。卫庄公闻报，就以国内纷乱为由，不想去晋国致谢。而太子疾却派人至晋说父君之事。结果，晋国大怒，以赵鞅为将，领军攻卫。

　　卫庄公执政失措，引发外患内争，自己心中十分虚弱，寝睡不安。有一次，他梦见自己在北宫，看到一个披发厉鬼立昆吾观上，向北高喊："登此昆吾之虚，绵绵生之瓜，余为浑良夫，叫天无辜。"卫庄公心中害怕之极，第二天亲自求人占卜，筮史官胥弥赦卜之说："没有什么事。"庄公听了非常高兴，赐给他一邑，胥弥赦不受而逃往宋国，实际上这时卫庄公已结怨全国，大乱

三十六计

将生而自己不知。

同年冬天十月，晋军再次攻打卫国，并很快入了外城。将要入城时，卫国人主动起来行动，赶走了卫庄公，与晋将赵鞅讲和。于是晋国立卫襄公之孙、庄公的从父兄弟般师为卫国新君，然后退兵回国。但十一月，卫庄公又乘晋军兵退，从鄄邑入都，般师被迫出逃。

恢复了执政统治的卫庄公，并不专注于朝政的调理，去笼络人心，反而变本加厉，更加残酷对待臣民。一次，他登上国都帝丘的城门远眺，望见城外有村落散居城外，随即问身边侍臣，得知是戎人居邑。庄公说："我是周室姬姓后代，怎么能容许戎州（帝丘城外的少数民族）居住在我的城外呢！"于是下令发兵，掠劫戎州财物，并彻底摧毁了这些戎人的居住村落，致使戎人对他咬牙痛恨。又有一次，卫庄公站在城门上，望见戎人已氏之妻的头发，长得特别浓密漂亮，庄公欲占为己有，竟然派出兵丁，把已氏之妻的美发全部剪下，做成假发，给自己的夫人吕美戴上，以满足自己的私欲。

庄公的暴政专权，终于引发了内政危机的进一步爆发。石圃是卫国上卿石恶之子，自己又居卿位，于国中有不少势力。庄公不喜欢石圃，想要放逐他。石圃见势不好，本拟先逃，恰好此时，为庄公所役使的百工匠人，长年为庄公修筑工程，制作器物，不仅衣食不保，连休息也没有，总是日夜不停地埋首做工，心里早就充满对庄公的愤恨，石圃见此可以利用，于是在公元前478年10月23日，辛巳日，石圃领百工匠人先发制人，攻打卫庄公所居宫室。卫庄公猝不及防，只得关起宫门，派人请求谈判议和，可是石圃哪里答应，反而发力紧攻。庄公知议和无望，为救生路，爬上高高的北宫之墙，跃墙逃跑。太子疾、公子青紧随庄公之后，跃墙而过，不料刚落地面，被闻讯赶来，乘庄公逃亡势弱之机报仇的戎人手起刀落，双双被杀。

先期跃墙而过的卫庄公，落地时已折断了腿骨，又见仇视自己的戎人纷纷涌来，赶紧躲进城外一户人家，哪知冤家路窄，正是他胁迫剃光了妻子美发的已氏之家。庄公逃命要紧，急中生智，从身上拿出一块上等玉璧，呈给已氏主人，说道："如果你能救我一命，我会把这块玉璧送给你。"已氏主人看了看卫庄公，微笑地对庄公说："我杀了你，这块玉璧还会落到哪里呢？"说完，拿起刀来，只见血光一闪，一颗头颅落到尘埃。又随手拾起玉璧，揣进

三十六计

自己的腰包。

春秋后期,正是社会变革急剧加快的转变阶段,过去的大国间争霸战争,渐渐为列国内部争权夺利的频繁政权斗争所代替。政治结构上,过去的礼乐征战自天子出,逐渐为诸侯出,自大夫出,甚至大人的家臣,亦纷纷起而争政柄,卫庄公上台执政的卫国,正是君君臣臣、父父子子的旧秩序已被打破,父子争位,骨肉相残。君臣之尔虞我诈,内亲之间欺诈杀伐。政敌争斗、权坛互击导致政坛改名情况频繁发生。庄公本来以政变形式上台,执政之后,大肆杀伐排斥异己,造成统治集团内部矛盾重重,他想驱逐势大的石圃,两人随之成为政敌,这是他所处的第一重矛盾。春秋后期,国人与统治阶级的矛盾已尖锐化,庄公长时间役使做工的百工匠人,造成国人怨恨,这是庄公所居的第二重矛盾。庄公不以大政为重,驭政无方,又昧于时势,轻开杀伐,还沉浸在周室王姓的美梦中,毁坏都城城外戎州人村落居室,又抢劫戎人的财产,尤其是不注意小节,居然为满足私欲,剃光已氏之妻的长发为夫人吕姜做假发,这样,卫庄公成为已氏及戎州等少数民族群众之仇敌,构成了卫庄公所居的第三重矛盾。在这三重矛盾中,任何一种矛盾的激化,都将对卫庄公政权造成极大冲击,何况,外有晋军为敌,内有太子疾势力胁迫威逼,直是坐之于火山口,危险即在眼前了。果然,当卫庄公驱逐石圃在即,事机触发,石圃即利用百工匠人对庄公的愤恨,乘机发动国人攻打庄公宫室。庄公性命不保,只好"狗急跳墙",结果,被第三重矛盾的仇敌戎人乘虚而入,戎人砍杀了太子疾、公子青。而已氏主人为报削妻发之仇,当然要杀庄公了。也是庄公命当该绝,偏偏躲进了已氏之家,庄公为逃生,想以利诱之,掏出一块玉璧,就想收买已氏主人。那知已氏主人理智心明,报仇为大,玉璧为轻,何况完成了报仇这样一个重要大事,眼前的小利岂有飞去道理。于是杀庄公,再顺手把玉璧装入自己的腰包,真是大快人心,"仇"利双收啊!

楚王巧计,占地掠美

春秋时期,周室势微,各国之间相互争权夺利。鲁庄公十年(公元前684年),蔡哀侯从陈国迎娶夫人,同年息侯也从陈国迎娶夫人息妫,息夫人与蔡夫人是为姊妹,这样,蔡侯、息侯两人为连襟,互为亲戚,但是在政治路线上,虽然同为小邦,但各有投靠。蔡侯献午亲密齐国,如鲁庄公五年,他积极参加齐、宋、鲁、陈攻打卫国,护送卫惠公回国。而息侯则向大国楚国臣服。息夫人生得美丽动人,出众的体貌,不仅深受息侯宠爱,也引得蔡侯觊觎窥视。也就是嫁娶为妇的这一年,息妫因回归陈国娘家,途经蔡国,蔡侯不仅不以上宾礼接待,还垂涎于息夫人的美貌,假意迎接息妫入宫,试图动手动脚行非礼。蔡侯的行为不仅是对息妫本人的凌辱,当时周王室仍在,上下尊卑礼节仍然着重讲究的春秋时期,也是对息侯及其国家的恣意侵侮。例如本年中,齐桓公就因从前自己逃亡途中经过谭国时,谭国不礼貌对待,这一年找理由灭了谭国。所以当息妫回到息国,把蔡侯对自己轻薄的言行告诉了息侯后,立即惹得息侯的大怒,立誓要借机惩处蔡侯。于是息国派出自己的特使去楚国拜见楚文王。特使说,蔡侯因为与大国齐国有着亲密关系,并不把楚王放在眼里,蔡侯平时还挑拨离间息、楚两国的关系,对楚国早

已心存不满,希望贵国能惩罚蔡侯。楚文王此时上台没有几年,开始时担心对蔡国出兵会引起蔡的盟国齐国出兵干涉,对息国的要求尚在犹豫,于是息国特使赶紧把息侯的话如数告诉楚王:"我国与蔡侯既是联盟,又是连襟亲戚,蔡侯争强好胜,请贵国假意派兵来攻打敝国,那时寡人将向蔡国求援,以便为贵国制造攻蔡的借口"。楚文王以为这是个绝好的主意,完全接受息侯的建议。

鲁庄公十年秋季九月,楚国派大兵浩浩荡荡涌入息国,于是息侯向连襟的蔡侯求救,要求蔡兵援息。果然,很快地蔡哀公亲率大兵开入息国境地,在莘地,楚文王命设兵埋伏,结果蔡兵被楚一举击溃,蔡哀侯慌乱之中,带着自己手下的少数亲兵向息侯所居城中逃去,当来到城下时,却见四面城门紧闭,原来守城士兵早接息侯命令,有意拒蔡侯于城门外。蔡侯无可奈何,慌不择路,逃亡途中巧遇楚军,结果做了楚王的俘虏。

息侯得知蔡侯被俘,急忙开城门迎楚军,亲率息国文武官员犒赏击灭蔡军的楚国立功将士,并隆重礼送楚王凯旋归国。至此,蔡侯方才明白,自己中了息侯的圈套。

鲁庄公十四年(公元前680年),楚文王决定释放蔡哀侯回国。本来文王从息国带回已做俘虏的蔡侯,是想以哀侯之身生蒸,以祭告大庙。后因文王的大臣鬻拳力谏不可以,认为放蔡侯回国,有利于安定齐国,于楚国有益。楚文王思之有理,于是暂留下哀侯。当蔡侯要回国的时候,文王命大摆宴席,为之饯行。宴席间,文王命美女、乐工把盏奏乐助兴。一位弹筝的女子,长得仪容俊秀,媚态艳人,令蔡侯为之心荡。楚王看到此景,得意地对蔡哀侯说:"此女如此漂亮美丽,色艺俱佳,你见过世上有如此美貌的女子吗?"

楚文王的话令哀侯想起了美丽的息夫人和由此而引起的蔡军的莘地败亡,想起了息侯的圈套。于是,哀侯灵机一动,心生一计,他对楚王说:"世上的女子,再也没有比息妫更漂亮的了,眼前的女子比起息夫人,只能是油灯,息妫则是天上一轮明月,最光亮,最美丽。"哀侯极力夸耀息妫美貌的话,终于打动了同样好色的楚文王,文王叹息道:"世上存有如此美貌的绝色佳人,寡人要是能见上一面,也就死而无憾了。"蔡侯见文王心动,乘机挑拨说:"这又有什么困难呢?以楚王的威望,就是大国齐王的夫人,也能得到的,何况息国只是楚国的附属国呢？"

楚文王虽然送走了蔡哀侯，但蔡侯夸耀美人息妫的话却在他心头久久回荡。如何得到相思的美人呢？楚王终于想到了一个主意。很快，他以巡狩为名，带兵到了息国。先是息侯为了酬谢文王惩蔡侯之功，大摆宴席，亲自敬酒给文王。席中，楚文王笑着对息侯说："早就听说息夫人的大名，寡人前次为贵侯出兵，替息夫人出了口气，也尽了一点微力，今日远道而来，尊夫人何惜为寡人斟一杯驾酒呢？"楚文王的话，使息侯心头一震，息侯终于明白了楚王巡狩息国的用意，因畏惧楚国的强大威势，息侯只好息声听命，连忙传呼息妫出来相见。

息妫听到息侯的传唤，很快就来到了宴席桌前，面向楚文王敛衽致谢，那楚文王抬头一见，果然是世上罕见佳丽降临人间，连忙答礼。于是息妫用玉杯为文王斟酒，让宫女转手献给楚王，婉拒好色的楚文王伸长的双手，不久便回宫而去。

美貌的息妫终于见到了，楚王也能够死而无憾了，但好色之念犹如脱兔再也收不回来了。第二天，楚王假意设宴答谢息侯，暗中埋伏兵士，决定迫使息侯就范。息侯不明就里，应召入席。当酒到半酣之时，果然楚王推杯说道："寡人有功于尊夫人，楚兵也为她牺牲了不少性命，今日大军在此，为何尊夫人不出来酬劳慰问呢？"息侯说："敝邑虽然很小，却不足为从者优乐，让我回去同她一说，看她态度如何？"楚王于是勃然作色，声斥息侯花言巧语，对楚王不恭，是无义匹夫，命左右伏兵，一捆绑息侯。又引兵入宫，劫夺息妫。息妫闻前面有变，仰天叹道："引狼入室，实自取其祸。"楚兵在宫中后花园拦住了欲跳井自杀的息妫，带往前宫面见楚文王，文王见心爱之物终于到手，格外怜惜，以好言好语安慰，并答应不杀息侯。很快，楚军灭了息国，文王把息妫带回楚宫，立为自己的夫人。

春秋前期，是诸侯各国互相征战讨伐，夺土争利最为激烈的一段时间，作为小小城邦的蔡、息两国，本是亲戚，理应互相团结，互为声援，使自己得到自存。虽然两国在立国之策、政治路线上各有不同，各自投靠强国齐、楚，都是能够理解的。但两国侯王蔡哀侯、息侯为了一美人息妫，先是哀侯施之非礼，挑起事端。而息侯在自身不足以制敌的情况下，又想假借楚国强势，为自己出口恶气。想不到楚文王好色，在被俘的蔡哀侯挑拨之下，为了得到心爱之物，施展顺手牵羊之谋，利用息、蔡相恶，息侯对楚王惩蔡感恩戴德，息国对楚军放松警惕的机会，带大军入息国，以强力既除了息国，又顺手猎艳，满足了自己的私愿。蔡、息的相争，给大国强楚造成了不可多得的时机，正如文中息侯夫人息妫所说的引狼入室，实是自取之祸。而对楚文王来说：这么好的时机，如果不乘机行动，倒是却之不恭了。

据《左传》记载，那顺势挑拨楚文王，借楚文王之手，除去息侯、息妫的蔡哀侯，最后的下场也是很惨。当时士大夫对蔡哀侯多有诽议，而息妫虽被楚文王掠为己有，与楚王却连一句话也不说，使文王甚为恼火。回过头来，楚王把满腔怒火发泄到挑动灭息国之事的蔡侯身上，他就在息国被灭之后的几个月，庄公十四年秋天七月，楚文王就命楚国大军大举进攻蔡国，蔡国也随之而灭，楚文王最后又逮住了一只"大羊"。

王莽顺势，诛灭异己

王莽是西汉末年最著名的外戚，早年在汉成帝皇太后王政君王姓外戚家族中，因父亲王曼早逝，并不得志，但他不甘于清贫生活，精于苦心钻营，投机取巧。官位稍进，又极尽沽名钓誉，大肆收买人心。他平时以生活俭朴自诩，抛洒钱财以积德，终于在官场中博取了"清正廉洁"的好名声，得到了临朝听政的姑母太皇太后王政君的宠信，到公元前1年，官迁大司马，领尚书事，秉理朝政。公元1年，被封为安汉公。他又利用太皇太后王政后厌政心理，授意公卿进言，委事安汉公，结果王政君下诏，除封爵之事外，以后朝廷一切事务由安汉公与"四辅"平决，实际上权柄操于王莽手中。由此，王莽在西汉后期朝廷中，成了一手遮天的人物。为了实现自己代汉称帝的目标，他步步用计，要尽鬼蜮伎俩。凡是自己登台路上的一切明暗障碍，皆一一拔除。对政敌对手所现破绽，更是一有机会，绝不手软，务必乘隙攻击，大肆株连，力求扩大战果，一网打尽。王莽灭除汉平帝刘衎母家卫姓势力，就是他创造的一幕杰作。

汉元寿二年（公元前1年）六月，孝哀帝刘欣死于长安未央宫。九月，平帝刘衎（原名刘箕子）即皇帝位，其时年方9岁，太皇太后王政君临朝听政。平帝的生母是卫姬，家中有一些亲戚在京做官，秉政的大司马王莽，担心平帝上台后，重用舅父家的卫姓亲属，形成另外一股势力，冲击王姓外戚既得利益，剥夺自己之职位，于是在太皇太后前谗言道："过去哀帝刚坐上皇帝，就立即拔擢自己的皇亲国戚丁姓、傅姓家族，陷国家于混乱，宗庙几乎倾覆。现今成帝之子刘衎入继大宗为皇上，就要特别强调正统大义，务必以前事为鉴，做后世的楷模，而要抛弃私情。"他游说太皇太后，征得了王政君的同意，立即派出自己的亲信，所谓朝廷"四辅"之一的甄丰，带着印信，前往中山国（河北定县）。封平帝母亲卫太后为中山孝王后，封平帝舅父卫宝、卫玄为在内侯，平帝的三个妹妹也被封号。以太皇太后名义，令他们均留居中山封地，不得至京师，以免卫姓势力坐大。其时右扶风功曹申屠刚，对王莽所为表示不满，以为皇上年幼，上台之初，即隔绝骨肉亲情，断绝亲戚往来，与礼

節不符。何況漢朝制度，雖任用英才治國，但同時也信用皇帝國戚，使朝廷親疏交錯，互為牽制，以利於皇室和國家的安定。申屠剛直言要求朝廷簡派使節，迎接皇太后到長安，使皇上母子得以歡聚，還應該廣泛征召皇上的母家親戚，讓馮家族（劉衍祖母的娘家）和衛姓家族之人，居住長安，授給閑散的官職，侍衛宮廷，防範災禍。王莽見屠剛上書，為之大怒，立即以太皇太后名義下詔："申屠剛謬言亂說，背離儒家經典，有違大義，令其免職。"不久，申屠剛果然被遣歸老家。

王莽視平帝的國戚為自己的死對頭，暫時沒有理由除去，就採取隔絕政策，並派人嚴密監視。同時則想方設法控制平帝，準備以自己的女兒，嫁給劉衍，立為皇后，以鞏固自己的地位。公元2年，他上呈奏折，口稱要仿效周、商制度，按照儒家"五經"所規定，為平帝選后。可是下屬官員上報的名單上開始列有很多王姓家族女兒，王莽擔心競爭激烈，自己的女兒可能被擠掉。於是假意對太皇太后稱："自己的女兒沒有什麼才德，怎能列入帝后名單"哪知王政君誤會了王莽的虛偽謙虛，信以為真，公開表彰王莽的誠意相讓行為，乾脆下詔宣布，王姓家族的女兒，一律不予考慮為帝后。王莽弄巧成拙，慌忙指使親信朝臣、儒生，一齊到未央宮前請願或上書朝廷，請求把盛大功德的安漢公女兒列入帝后名冊。但事情越弄越糟，因為王莽親口說過可以不予考慮，所以表面上對請願之人，王莽又不得不加以勸阻，以示公心誠意，後來王莽一看不得要領，只好撕下面孔，乾脆直告太皇太后，"請察看我的女兒"。公元三年春，王莽的女兒經宮廷派人官樣文章的察視，以為德容兼備，適宜於承受天命，侍奉皇家祭廟香火。接著又卜封問神，得到吉光，於是定下王莽之女為皇后，下聘禮黃金二萬斤，王莽見目的已達到，就把大部聘金散給同時入選的媵妾人家，以及同族貧苦親屬，取人之善為己之善，進一步籠絡人心。

正當王莽緊鑼密鼓地嫁女為帝后的時候，在他家的門前，發生的有名的呂寬事件，王莽則乘機大做文章，大搞株連，終於一舉鏟除了平帝母后的衛姓家族勢力。

原來，王莽之子王宇，看不慣父親隔絕皇上母子，限制衛姓家族的做法，私下裏同皇帝舅父衛寶聯絡，又暗示衛姬上書朝廷謝恩，借揭露丁姓、傅姓外戚的罪惡名義，希望得以感化太皇太后，讓自己回到長安。哪知此招並不奏效，衛姬日夜哭泣，要求進京見兒子，王莽則再三回絕。於是，王宇同自己的老師吳章、舅兄呂寬商量，決定利用王莽迷信心理，在王莽府門前拋灑鮮血，以天意恐嚇王莽。可是呂寬乘夜灑血王莽門前時，被守門人發現跡象，此案很快被王莽偵破，王宇被捕下獄，服毒自盡，其妻因有身孕，生產後亦旋被殺死。

衛姓家族在呂寬事件中，並不是主謀，但在衛姬要求回京剛遭拒絕的當口，王莽自然地要懷疑衛姬起來。加上王宇、吳章等被刑訊之中，又承認是為衛姬事起，王莽哪能殺了兒子、媳婦，卻輕饒衛氏，放過除去政敵的好機會呢？於是旋即下令把衛姓家族，全部屠殺，僅留下皇上母后衛姬一人。吳章是當時著名的儒家學者，曾廣收學生，在京城士人中頗有影響。王莽以為這些儒生與己有礙，早就有意除去，吳章此次是自動撞上槍口，被王莽令在長

879

安东市,把吴五马分尸,又下令从今后剥夺吴章学生、门徒的政治权利,不准这些人入朝为官。

王莽不仅借吕宽事件,斩杀了卫姓家族,还扩大打击面,凡与己不和的公开、潜在对手,也借机一一消灭。汉元帝刘奭的妹妹敬武长公主,嫁夫后与王莽是族属,但与丁姓、傅姓外戚往来友好,曾经讲过不满王莽的话,王莽即乘此机会以太皇太后名义,令其自杀。王莽的叔父红阳侯王立,以及王谭之子平阿侯王仁,过去与王莽都有往来,但王莽并不视之为同类,也被王莽强迫自杀。王莽又令自己的亲信大司空甄丰,派员去全国各地,扫除卫姓党羽。凡不依附王莽者,都可用"叛乱"罪名诛杀。前将军何武、前司隶校尉鲍宣、乐昌侯王安、护羌校尉辛通及其兄弟函谷都尉辛遵、水衡都尉辛茂、南郡郡长辛伯等数百人,都在此间相继成为王莽的刀下之鬼。这些人有的与王莽并无什么矛盾,只是诚心维护王室刘姓正统;有的自负才出名门大家,疏远同王莽的结交;有的因性格刚烈,鱼鲠在喉,好直言议论。在王莽看来,维护汉室,就是自己来日代汉称帝的绊脚石,应是早下手除去为宜。而有才又不依附王莽府门的人,就是潜在的政敌,当然不能放过。那些仗义执言的人,有碍于王莽的沽誉钓名的政治投机,与自己舆论不利,也要除之而后快。

吕宽事件的处置,使王莽一时廓清了朝内外的政敌,西汉平帝元始四年(公元4年),汉平帝大婚,王莽女正式册立为皇后。王莽被下诏重赏,尊称为"宰衡",位居三公之上。同年,梁王刘立被揭发与卫姓外戚有牵连,削封撤职,贬放南郑,被迫自杀。元始一年,诏令加赐王莽"九锡"。同年冬季腊月大祭,王莽向平帝刘衍献椒酒,鸩杀平帝于未央宫。同月,王莽借符命公开称"摄皇帝"。这些都是吕宽事件,王莽顺势残杀异己的继续和结果。

王莽背靠太皇太后王政君,逐步造成西汉王姓外戚专权的局势。一姓势立,怎能再容别人插足,所以,平帝上台后,其母后卫姓家族与王莽为代表的王姓家族,两大外戚势力之间争权夺利的斗争,是封建专制政治进程中的必然性因素。只不过王莽早先下手,采取隔绝政策,置卫姬家族于远离京城的中山,两大家族的斗争暂时被缓和下来。吕宽事件,点燃了两派斗争的导火索,同时给王莽提供了一个乘势下手的好机会。对已经势力很大,还想自己代汉做皇帝的王莽来说,既然自己的儿子、儿媳都肯杀,杀伐卫姓家族势力,当然会毫不手软。而太皇太后的信任,满朝党羽握有实权的形势,为他搞株连杀异己,都提供了便利的条件。于是中央的卫姓家族被灭,外地的卫姓党羽由"四辅"之一的亲信大司空甄丰去杀伐。那些非己同党,或与己不和,或者是铁心维护汉室的忠臣们,现在都成了王莽杀伐的对象。除去这些人,平时并不容易,那汉元帝的妹妹,与太皇太后是同辈,说几句不满王莽的话,王莽也奈何不了。但吕宽事件,使王莽有了一个最有利的时机,再加上一个与卫姓牵连的"高帽子"罪名,一切都顺理成章了。可怜数百冤鬼,被王莽当作计谋中的必杀的"羊"群,只能在九泉下控诉了。

利用微隙,公子得位

春秋战国时期,吴王僚爱吃鲈鱼的"微隙",被公子光利用,遣专诸行刺成功,夺得王位,就应用了此计谋。春秋后期,公元前522年,伍子胥的父亲伍奢、兄长伍尚被楚平王冤枉处死后,伍子胥发誓要报杀父兄之仇。他满怀悲忿逃出楚国,先后到宋国、郑国、陈国求助,但都没如愿。最后,历尽艰辛,来到了吴国,恳求吴王僚帮助自己报杀父之仇。吴王僚素闻伍子胥英勇无敌,谋略过人,就口头上答应了伍子胥的请求,并任命其为上大夫,帮助吴王治理朝政。但吴王僚并没有诚意替伍子胥报仇,因而伍子胥整天闷闷不乐。伍子胥原与吴王僚的堂兄公子光认识,投吴后与之交往更为密切。在交谈中伍子胥发现公子光对僚不满,似乎有夺王位的野心。这天,公子光拜访伍子胥,诉说心中的愤恨,此时伍子胥才明白真相。原来,按照吴国的传统,王位应为嫡长子、孙继承。公子光为嫡长孙理应继承王位。但僚却仗着父亲为王的有利条件,不遵从祖训,抢夺了王位,又对诸公子大开杀戒。公子光为此愤愤不平,想杀僚自立为王。无奈吴王僚侍卫很多,戒备森严,公子光找不到下手的机会。这次,他见伍子胥是个很有才干的人,就请求伍子胥能帮助自己完成心愿,夺回王位,并答应一旦自己登上王位,就倾国力伐楚,帮助伍子胥报仇。伍子胥见事已至此,自己又与公子光较好,就决心帮助公子光。伍子胥向公子光献策道:"若要废除吴王僚,不必动用武力,可派遣刺客行刺。"并向公子光推荐勇士专诸,说他可以担当刺杀吴王僚的重任。专诸,力敌万夫,平日仗义助人,对母亲非常孝顺。伍子胥非常喜爱此人,专程去拜访,从此结下了深厚的情谊。此次,伍子胥就向公子光推荐专诸为刺客。次日,公子光即与伍子胥前去拜访专诸,见他身材魁梧,性情纯朴,大加赞赏,并告之以行刺吴王僚之事,说:"此事极其危险,可能遭杀身大祸"。专诸听完显出犹豫之色,许久才开口说话:"专诸并非怕死,只是家中尚有七旬老母。若让白发人送黑发人,老母必悲痛欲绝,专诸实为不孝啊!"公子光听完,说道:"若壮士行刺丧生,姬光必奉令堂如亲母。"专诸还是不答应。伍子胥和公子光很失望,感到此事不能强求,正要告辞,忽见专诸的母亲来到堂前,对专诸说:"我在内室已听到你们的谈话。儿啊,忠孝本为一体,你理应尽心辅佐王子,岂能因孝废忠,别让老母成为你的负担。"说完,转身回内室去了,三人等了一会儿,见没动静,进内室一看,老母已自缢身亡。专诸大哭一场。公子光、伍子胥含泪厚葬老人后,开始筹划行刺之事。经多方了解得知吴王僚最爱吃烧鱼,尤其是鲈鱼,专诸就找名师去学烹调技术。三个月后,专诸学成了手艺,烧出来的鱼色、香、味俱全。可怎么行动呢?吴王僚每次外出都穿着双重狮皮甲胄,一般刀剑极难刺入。公子光说:"我有一把神剑,名为"鱼肠",是越国名匠欧冶子呕心沥血之作,长仅三寸,削失如泥,必能刺穿狮皮甲胄"。专诸大喜。于是公子光设计诱出吴王僚,他进宫拜见吴王僚,并说自己从太湖中钓得新鲜鲈鱼,明日在太湖亭设宴,请大王赴宴。吴王僚听说有鲈鱼,喜笑颜开,表示愿意前往。公子光回到住处急忙与伍子胥商议,决定派百名卫士埋伏于太湖亭附近,让专诸乔装为庖丁,送鱼上菜,借机接近吴王僚。吴王僚答应赴宴,但内心对公子光也充满了戒心,赴宴时特意穿上狮皮甲胄,还带了名护卫。来到太湖亭后,不但在王僚身旁站着几位,而且在每个赴宴人身旁都站着一名,并且厨师上菜时浑身上下经过严格搜查后才准端菜上席。喝到洒酣之际,公子光推说自己的腿脚不好,借故躲到安全的地方去了。而后,专诸将三寸长的鱼肠剑放入鲈鱼腹内,双手捧着

这盘名菜,向吴王僚走去。吴王僚闻到鱼味,早把戒备之心都忘了。护卫上前搜身,见专诸身上没有兵器,将其放过。于是专诸捧着美味的鲈鱼,一步步走近吴王,就在跪下向吴王献鱼的那一刻,突然从鱼腹中抽出鱼肠剑,猛力向吴王刺去。由于用力过猛,把吴王僚的脊背都扎透了,吴王倒地而死,专诸也被从四周围上来的护卫乱刀砍死。这时邻室等待的伍子胥立即挥舞长剑,冲向围过来的吴王护卫,护卫四散逃命,伍子胥护着公子光回到王宫。公元前515年,公子光顺利登上了王位,避免一场争夺王位的军事斗争。他即位后,立即封专诸之子专毅为下军大夫,伍子胥为上大夫。并于公元前506年大举伐楚,楚国势力受到重创。古人道:"墙坏于其隙,木毁于其节"。吴王僚爱吃鱼,本是个人嗜好。但僚一见鱼鲜,一闻鱼香,就情不自禁,忘乎所乎,这恰恰成为公子光可攻击的缝隙。可见"微隙必乘",用于政治谋略,是一条不战而胜的妙计,公子光因运用此计,不费吹灰之力而得国,胜如雄师百万。

分析秦汉以来中国封建社会上层政治体制,可以看出君主专制体制下政治权力的得失,时刻关系着官吏的功、名、利、禄,弥漫着难以控制的扩张性和普遍化倾向。走进这个官场,就像掉进染缸一样。"谋取和控制他人"、"权力的追逐"几乎成为官场上每个人的信念,他们为此而竭尽智慧,阴谋伎俩随手施放。而围绕着皇权势力的三股政治力量即宦官势力、外戚势力、官僚宰辅势力,虽然从根本利益上说是以皇权为中心,维护统治阶级根本利益的,但由于三者分属于不同的政治集团,权力分配不均,再加上皇帝的有意操纵和倾向性,往往会导致三派之间的相互倾轧,为此各派皆惯用计谋,常常采取顺手牵羊手法,极力寻找对手的失误,伺机而动,微隙必争,以达到铲除异己,保全自己的目的。

顺手牵羊,取得零陵

孙权按照张昭的计策,派诸葛瑾去讨还荆州,没想到被诸葛亮踢了一场漂亮的皮球,到头来还是空手而归。孙权十分生气,对众人说:"既然刘备有先还三郡之言,我立即派官员前去长沙、零陵、桂阳三郡赴任,看他如何?"于是一面释放了诸葛瑾一家老小,一面差官往三郡赴任。可是没过几天,差往三郡的官员,都被关羽一个个赶了回来,孙权盛怒之余,一看文的不行,就决心动武了。他立即派大将吕蒙带领二万精兵,强行收复南三郡。

说起吕蒙,他还是一个很有趣的人物。他少年离家偷偷渡江投奔姐夫邓当,邓当是孙策的大将,吕蒙15岁混在军中,一同征战,别人撵他他也不离开,还屡立战功,孙策欣赏他便留下来了。后来跟随孙权在征伐黄祖、攻打乌林、大战赤壁时,都显出独特的机智和勇敢,受到孙权的重视,当上了将军。吕蒙的军事才华日益显露出来,可是他从小当兵作战,没有读书学习的机会,甚至向孙权报告军务,都是口头汇报,不能亲笔书写。鲁肃等一批有学问的人有些瞧不起他。孙权也当面劝过他:"你现在是大将军了,不同于以前,应该读读书,以便有所提高呀。"吕蒙说:"我的军务太忙,哪有读书的时间呢?"孙权耐心地开导他:"我可不是让你攻读经书当博士,只是让你涉猎一些书典,好了解历史上的成败,从中得到教益。你说军务繁忙,难道比我还忙吗? 我从小遍读了《诗经》、《书经》、《礼经》、《左传》、《国语》,只是不读《易经》。到我掌管东吴以后,仍然坚持读史书、兵书,自己也感到大有收益。你和蒋钦将军都是聪明、理解力强的人,现在可以先读《孙子兵法》、《六韬》、《左传》、《国语》等。历史上;光武帝在兵马征战的关头,还手不释卷;现在,曹孟德也常常说他'老而好学'。子明(吕蒙字子明)呀,你要向这些人学习呀!"

打那以后,吕蒙真的开始发奋读书了,而且真是"学而不厌"。他读的书越来越多,连许多书生都比不了。加上他理解力强,有作战的实践经验,能够把书上的道理融会贯通。可是他一直不宣扬自己,也不在别人面前卖弄,以至许多老朋友还以为他依旧不过是个只会打仗的武将罢了。当鲁肃被委派替代周瑜的职务,路过吕蒙驻兵的浔阳时,鲁肃还有些瞧不起吕蒙,不想去看望他。有人劝鲁肃:"吕将军功名日益显赫,不该轻慢,还是应该去看看他。"鲁肃从礼节上出发,就去看望吕蒙。

酒席间,吕蒙问道:"您现在担负重任,和关羽的地盘相邻,准备用什么样的战略和战术对付他?"鲁肃顺口答道:"随机应变

呗！"吕蒙却说："现在孙在东,刘在西,东西表面上是一家,而关羽却像熊虎一般,怎么能不预先做好防备的计划呢？"说着,就小声向鲁肃献上对付关羽的"五策",请他秘而不宣,做好准备。鲁肃越听越惊讶,最后竟离开自己的坐席,走到吕蒙席旁,拍着他的肩膀说："我一直以为老弟只有武略,今天才知道你学识渊博、英敏不凡,再也不是当年的吴下阿蒙啦！"吕蒙也半开玩笑地说："士别三日,当刮目相看嘛！老兄怎么用老眼光看人呢？"两个人越谈越亲密。

孙权知道了吕蒙的进步,非常高兴,这次要进攻关羽属下的三郡,任务很重,就交给他来承担。收复荆州一直是吕蒙的心愿,而且早就作好了筹划。孙权命令一到,他立即发兵西上,同时向三郡发出文告,限令投降东吴,否则城破之日,刀下无情。三郡中的长沙太守、桂阳太守望风而降,只剩下一个零陵太守郝普坚守不出。刘备得到战报,亲自带五万大军出川,来到公安督战,命令关羽统兵三万救零陵,并夺回长沙、桂阳。孙权也亲临陆口,命令鲁肃带1万军队堵击关羽。关羽、鲁肃相峙在益阳,孙权怕鲁肃抵不过关羽,派飞马急召吕蒙放弃零陵,帮助鲁肃,对抗关羽。

吕蒙接到孙权要他火速退兵的命令,既要遵守,又不甘心丢下零陵。他一面隐瞒立即就要撤军的命令,一面让军队作好第二天清早攻城的准备,其实这都是表面的样子,是做给郝普的好朋友邓玄之看的。吕蒙在行军的路上,就准备了这一手,事先用车把邓玄之"请"来。他对邓玄之说："郝普忠于自己的主人是好的,可是太不识时务了。左将军(刘备)已经被夏侯渊包围在汉中;关羽远在南郡,被孙将军挡住,他们首尾不继,自顾不暇,哪里还有余力来救零陵呢？我这里士兵精锐,还有后军马上要到,明早就将攻城,这些您都亲眼看见了。如果明天攻破城池,不光郝普白白送命,连他的百岁老母也活不成了,岂不可惜！我想郝普被围困多日,不知道外间的情况,还以为可以等待外援,所以才顽固不降。希望先生进城见见郝普,把面前的祸福告诉他呢！"邓玄之连夜进了城,把从吕蒙那里听到的消息连自己看到吕蒙明早就要发动总攻的情况告诉了郝普。郝普信以为真,决定投降。吕蒙一边布置撤军,自己也来到湘水岸边,等待郝普;一边选出四名将领,各带一百名士兵,等郝普一出城,就立刻抢占并守住城门。一会儿,郝普出城了,吕蒙握着他的手一起下了准备从湘水撤退的大船。互相客气了两句,吕蒙就把孙权的火速撤军令给郝普看。当郝普知道刘备已到了公安,关羽也就在不远的益阳时,真是既后悔,又羞愧,无地自容。这个吕蒙临撤军之际,还顺手牵羊得了零陵,其胆略着实令人钦佩。

乘机落石,妒整王铁

唐玄宗时期,太原人王铁被李隆基异常宠信,先后担任监察御史、户卢部员外郎,兼侍御史。至天宝初,又连续升迁,为户部郎中、御使中丞、京畿察访使,京畿、关内黜陟使,兼关内军访使等。王铁受宠为官,有二大决窍,一是精明巧施,二是巧投玄宗所好。例如,天宝四年,他出任户口使户部员外郎,当年唐玄宗曾明令宣布,免除天下百姓一年劳役。王铁熟悉理财,玄宗此令公布,无异短了自己的财路,于是建议玄宗:百姓劳役虽免,可因此征收脚钱,这样用增加的钱数,去买轻货。玄宗见王铁说得头头是道,随之点头同意,哪知百姓为此,负担未减,反而交钱更多,徒增负担。当时,各州郡上交物资,经常有水泡、伤破和质变价次等情况,他都叫各郡按照其物的价值,折合成钱买成轻货送到京城长安。王铁见到有些郡租庸难收,就叫一些富户任租庸脚夫,结果不少富户,随之破产。王铁就用这些办法,搜罗钱财,呈献给玄宗,玄宗只知王铁能干,能弄来很多物财,对其他倒很少过问,而王铁正是利用玄宗此项弱点,巧取献媚。

王铁供职户部时,还想方设法,为玄宗变通办事。每年皇帝都要大量赏赐宫中妃嫔等人,这些赏赐品,按惯例都是放在国库中,有专人临时取来,随赏随取。王铁见玄宗厌其搬运手续繁琐,干脆把大量钱财宝物放在内库,便于玄宗随时取用。玄宗高兴,问他财物从何处得来,他说是国税之外的东西,非是向百姓征收的,玄宗因之对他宠信更隆。天宝七年,王铁加监察内做事,升户部侍郎,兼御史中丞,赐紫金鱼袋。八年,加任闲厩使、银青光禄大夫等职。九年,迁御史大夫、兼京兆尹。这样,王铁成了身兼监察、财政、行政等数十职务的重臣。唐玄宗对他的宠信,连当时的权臣李林甫,都为之羡慕。李林甫的儿子李岫经常与王铁的儿子五准在一起头鸡游戏,每当王准恃势折辱时,李岫只能忍气吞声。

王铁的受宠,遭到了杨国忠的嫉妒。杨国忠早期是个浪荡子,整日喝酒、赌博,有时输得精光,连本钱都没有,只能借债。后来发愤而投军,做了个小官,郁郁不逞志。偶然地,因为得到富翁鲜于仲通帮助,委派他去京城结交刚刚被玄宗宠爱的杨家。杨国忠到濂后,因杨贵妃等同宗姐妹的引见,见到了皇帝。玄宗爱屋及乌,允准杨国忠可以随供奉官入宫,在经常陪伴玄宗的游宴中,国忠因精于计数,被明皇称赞,称他是"度支郎的好材料"。不久,还是王铁最先推荐,做了王铁手下的判官。李林甫当时看到贵妃的堂兄杨国忠经常能出入宫廷,可以影响到玄宗。于是又拉拢杨国忠,升杨为监察御史、度支郎中兼侍御史。天宝七年,杨国忠升给事中,兼御史中丞、专判度支事等职,成了一个日益受宠的幸臣。杨国忠也学着王的办法,让各州郡把上交粮食物资等按价值折成钱,买成轻货送长安,充实国库,然后领玄宗观看,玄宗一见府库满藏,果然奖赏杨国忠。天宝八年,杨国忠受赐紫金鱼袋,兼太府卿。同年,玄宗赐杨国忠"国忠"名(他原名杨钊)。十年,杨国忠领剑南度使职。同年,王铁封太原令,兼殿中监。这时的杨国忠早已今非昔比,仗着贵妃撑腰,一看王铁受宠居然超过了自己,于是就想办法整治王铁。

杨国忠要想整王铁,亦非易事,上有玄宗袒护,丞相李林甫又与王铁交好,加上王铁在朝中办事多年,势力盘根错节,甚至王公贵族都退让王铁三分,杨国忠要达目的,就只能坐以待机,寻找下手的时机。

王铁有个同父异母弟弟叫王焊,曾口中无忌向术士任海川询问"我有为王者的骨相吗?"这样的说法,在封建社会里是要掉脑袋的,术士吓得逃走了,此事多亏王铁从中按住,并以京兆尹名,令长安尉贾季邻毒死了知情的安定公王儿子韦会。王焊又与邢縡交往,因为都喜欢对弈,王铁通过王焊,与邢縡经常在一起往来。天宝十一年,邢縡联络他人,想在长安发动政变,

第
四
编

《
三
十
六
计
》
智
谋
经
典

杀杨国忠、李林甫、陈希烈等当权朝官。哪知事不机密，起事前两天，邢縡被告发。

《登坛必究·叙述》曰：见利宜疾，未利则止。取利乘时，问不客息，先之一刻则太过，后之一刻则失时。杨国忠的耐心等待，终于有了一个恰当的突破口，整治王銶的契机到了。原来邢縡事败后，玄宗开始很信赖王銶，亲自临朝，给他阅看告发信，让王銶派人去抓刑縡。銶身为长安的地方官，去捕拿刑縡，也是顺理成章的容易事，但王担心弟弟王焊在邢縡家，有意拖延抓捕时间，一边派人去邢縡家寻找王焊，直到明确王焊不在邢家，才令长安尉贾季邻、万年尉薛荣光率兵卒捕捉邢縡，王銶偕杨国忠率兵随后赶到。邢縡见事泄，令手下拿出武器反击，双方展开格斗中，邢縡手下牙将说："不要击伤大夫（王銶）手下之人。"杨国忠的副官见状，对杨说："贼兵互有暗号，不能打了。"后来，还是高力士率军赶到，斩杀了邢縡部众。

邢縡被杀后，杨国忠马上报告玄宗：王銶与邢縡是共同反叛之人，而王銶也参加了其中的阴谋。杨国忠说：王銶的手下贾季邻等，捕拿邢縡时与叛贼有暗事情。而事前王銶又同贾邻相见，打招呼说："我和邢縡是老朋友，如今他谋反，恐怕事急乱咬人，请不要相信他的话。"杨国忠准备以邢縡案连坐王銶，先赦免王銶，又叫杨国忠去王銶家，让杨暗示王出面，治罪弟弟王焊。杨国忠正要乘机除去王銶，怎会把玄宗的意思完全转达。反而歪曲玄宗旨意，故意对王銶说："皇上厚待大夫，如今大夫应该割爱，上表请求治罪王焊，而且王焊也不会被处重刑，大夫亦得以保全，何必要一起被处罚呢。"王銶是个孝子，很看重王焊，不愿抛弃弟弟，保全自身，于是对杨国忠说了自己的想法。杨国忠见王銶上钩，立即回宫向玄宗禀报，说王銶不愿按皇上意愿去做，宁愿受罚。玄宗见王銶胆敢违旨藏私，立令带上王銶兄弟，由杨国忠和宰相陈希烈两人负责审讯。陈希烈是个毫无才能、专靠黄老玄学献媚玄宗爬上相位的人，虽居相位，都是与李林甫一唱一和，极力做为虎作伥之能事。王銶平时鄙视陈希烈，每回上朝，总是大声回敬他。此次王銶落到他的手上，也是不肯放过。王銶、王焊被押上后，杨国忠抢先问道："大夫知道谋叛的事吗？"哪知站在身边的侍御史裴冕有心保护王銶，高声呵斥王焊："足下为臣不忠，为弟不义。皇上看在大夫面上，提拔你为户都郎中，加五品衔，厚衔于你，难道大夫知道邢綍的事吗?"杨国忠见状，只好顺势说:"王铗真的知道，你不准隐瞒，如确实不知，也不能瞎说。"王铗答道:"王铗不知。"王焊受审没有结果，但长安尉贾季邻出来为韦会之死事作证。杨国忠立即报告玄宗，玄宗下令，赐死王铗，王焊乱棍打死。王铗夫人及几个儿女都被远放外地，财产全部没收。

王铗被害死后，收获最大的是杨国忠，除原任职务外，他又身兼原王铗所任京兆尹职，再加御史大夫，京畿、关内采访史等，几乎王铗所领的数十个职位，全部被他接收。

杨国忠整治王铗，本质上是封建社会政治场上常见不鲜的相互争权夺利的搏斗。杨国忠与王铗，曾经是好朋友，杨来京初期，还是王铗的推荐，才做了王属下的一个判官，有了一个正式的饭碗。天宝六年，在铲除御使中丞、各道铸钱使杨慎矜的斗争中，两人曾有紧密配合，为整死杨慎矜，都出过不少力量。后来王铗受玄宗器重，因隆信日增，引起杨国忠的嫉妒，由妒生恨，昔日的好友，成了反目为仇的敌手。杨国忠为除王铗，利用邢綍反案见缝插针，于事件处理中又扩大事态，最终整死了王铗，可谓既打了"虎"，又取了"羊"，满载而归。

除却政敌，伯颜断后

公元 1333 年，元朝历史上最后一位皇帝妥懽帖睦儿在上都登基即位，是为元顺帝，伯颜以诩戴功拜中书右丞相，进太师，领太史院，封秦王，总领蒙古、钦察、斡罗思诸卫亲军都指挥。撒敦为左丞相，加号太傅，封荣王。唐其势为御史大夫，唐的姐姐达那失里为顺帝皇后。撒敦是迎拥顺帝有功的前丞相、权臣燕帖木儿之弟，唐其势力燕帖木儿的儿子，女儿又为皇后，这时的元朝政实际为燕帖木儿和伯颜两个显赫之家所把持。1334 年，撒敦被顺帝加开府仪同三司、上柱国、录军国重事，予以重用，不久却因疾病撒手人世。左丞相一职即由年轻的侄子唐其势继任，可是朝中实权唐并未得到，倒是右丞相伯颜被皇帝委以重托，朝内外大政多由他决断。由此，唐其势与伯颜因争权柄而矛盾激化，互相成为仇敌。

唐其势对伯颜家族朝中势力凌驾自己家族之上，极为愤愤不平。他公开对别人说:"天下，本是我家的天下，我和父亲、叔叔，为皇帝立了多少汗马功劳，功勋卓著，伯颜是什么东西，竟然位于我之上。"

伯颜对唐其势的狂妄和不满早已悉知，因畏惧燕帖木儿家族在朝中的强大势力，只好隐而不发。甚至专折上疏顺帝，请拱让自己的右丞相之位与唐其势，只是皇帝以为不妥，才打消了让位之举，为提防唐其势的不意进攻，他私下里早早做好应敌准备。

唐其势既然不甘于居伯颜之下，同样是暗地里加紧夺权准备。他先是联络被封为句容郡王的叔叔答里，对其曰:"只有我家里的人才能配享执掌朝政大权之位，现在皇帝以伯颜居重职，是亏待了我家。"答里早蓄有叛反意图，一直想立与自己关系亲密、诸王之一的晃火帖木儿为帝，且双方已有多次秘密联络。所以唐其势的话甚得答里的心思，他对唐其势说:"我也在考虑这个问题，皇帝凭什么放重权于伯颜，而轻视我们家呢?"唐其势于是乘机

鼓动道："咱家手中不是掌有一部分权力吗？何况我逝去的父亲手下亲信在朝中也有不少，（不如）干脆乘机把伯颜权力彻底夺过来。"答里对唐其势的话深以为然，当即决定先与晃火帖木儿暗中约定好，然后以突袭方式率兵攻打皇宫，成功后以晃火帖木儿为帝。不久晃火帖木儿来信，约请由唐其势叔侄里应外合，乘机夺权。

唐其势等人的谋叛行动事不严密，郯王彻彻秃对左丞相的异于平常的行动产生了怀疑，且立即报告给元顺帝。顺帝听到郯王的报告非常惊诧，又担心郯王的报告与事实不符，于是想了一招计谋，召请答里来京觐见，如叛乱事实真实，答里必不敢入朝。果然，诏书下达后很长时间，京城未见答里身影。于是，顺帝召右丞相伯颜入宫筹谋，委托伯颜做好防范准备。

伯颜接到元顺帝的命令，真是天降喜讯，老天终于送来了清除政敌的大好机会，他很快布置亲信将兵，加强皇宫守卫，同时派人监视唐其势的行动，只等唐其势自投罗网。

唐其势与答里和晃火帖木儿谋定之后，旋即令弟弟塔喇海设伏兵于宫城东郊截杀皇帝与逃亡的大臣，自己则率手下精兵，向宫阙进攻，不料刚刚攻入禁城，就遭伯颜辖领所属众多兵士迎面痛击，只见伯颜站在城楼上，指挥禁军和其他兵士，由四面向中央紧紧合围，本来唐其势指望以少数精兵出其不意的突袭，一举就能拿下皇宫，哪知自己早已在对手伯颜算计之中，伯颜不过是等待鱼儿主动上钩罢了。唐其势心中一急，赶快令手下亲兵向前杀开一条血路，正在厮杀酣战中，传来伯颜大声布告，"凡生擒唐其势者赏万金！"禁兵、武士重赏之下，人人持械向前，混战之下，唐其势体力不支，被禁兵从马上一矛击中，倒在地下，兵士一拥而上，紧紧缚住。

唐其势的弟弟率兵埋伏东郊，久不见宫阙方面消息，正在疑惑之中，却见伯颜率大军迎面而来，赶紧令兵士跃起进攻，只是双方兵力悬殊太大，手下勇士很快被斩杀干净，自己也落得被生擒的下场。

伯颜见唐其势势力已散，两凶已被擒住，旋即进宫，请求皇帝登殿审讯。元顺帝亲见唐其势进攻皇宫，那能轻饶，立即谕令："两人罪行已经昭明，不必审亡,按律例处置就可"。伯颜见皇帝有旨,立命禁兵把两人揪出门外斩首。唐其势砍头在即,慌忙高叫:"陛下曾明诏答应我父免子孙死罪,今日为何自己食言。"企图以父亲燕帖木儿之功,救得活命,不料话音未落,伯颜早令禁兵砍下了他的头颅。

唐其势的弟弟塔喇海见事机敏,一入宫室即逃到元顺帝皇后的座位之下,皇后见弟弟一副可怜之相,想极力袒护,就用自己的外衣罩往塔喇海。伯颜见状,不容皇后开口,令禁兵走过去搜身,果然塔喇海正在皇后座位下抖索不停,士兵强行把塔喇海拽出,伯颜立即拔剑出手,一剑刺向塔喇海,顿见鲜血四溅,皇后的衣服亦被染成红色。伯颜明白,自己手杀皇后两弟,政敌虽除,那在台皇帝的皇后对自己终究是个隐患,一旦哪天皇帝信其言,自己遭诛的日子就不会太远。于是,一不做,二不休,立奏元顺帝:"皇后兄弟大逆不轨,皇后罪在不赦;况且又公开加以庇护,显然为同党,请陛下割私情,依法处置,以戒后人。"说完也不等皇帝表态,就令士兵把皇后绑起来。左右士兵不见皇帝亲口下令,不敢上前。伯颜毫不手软,伸手把皇后从座位上拉下,皇后见状,赶紧向元顺帝求救,要求是帝看在多年侍候在侧的情分,讨饶求生。元顺帝见此情景,虽然不无怜惜之心,但想起燕帖木儿过去对自己的示威和欺压,她的兄弟居然又谋叛夺位,于是咬紧牙关,恨恨地说:"你兄弟谋大逆不轨,岂能相救。"于是伯颜让士兵把皇后拉出宫外,先安排在开平居舍居住,不久又派人送去毒酒,鸩杀了皇后。

唐其势兄弟刚刚被杀,元顺帝就在伯颜的鼓动下,以大兵乘胜而击,答里很快被俘送京斩杀,那图谋皇位的晃火帖木儿,自感罪恶严重,朝廷不会轻饶,坚持反抗也是以卵击石,力量不济,思前虑后,别无逃生之路,只好挥剑自杀。伯颜奏请顺帝,凡燕帖木儿和唐其势亲信势力,以及所荐举的一切官员,均罢免去职,朝廷将唐其势家产入宫。自此之后,伯颜做起了大权独断、恣意专横的威震环宇内外的权臣,直到自己最后被侄儿脱脱算计,病死在贬职途中。

伯颜作为右丞相,在朝廷中的势力,初始并不比唐其势及其家族的力量强到哪里,只是因为元顺帝的重用,自己的职位居于唐其势之上,由此导致两人视同水火,成为势均力敌的政敌。伯颜面对强大的对手,要想轻易地铲除消灭掉,不是简单的一件事。如以面对面的正面进攻手法强攻强夺,可能不能铲敌,甚至会祸害自身。所以以权谋智取,伺机而动,找出强大对手的破绽,趁机发动攻击,才是上策。古人说,要察其天地伺其空隙。唐其势因愤怒于伯颜的当道,进而想谋叛,达到彻底揽权,又失密事机,行动上被别人窥破根本。元顺帝召伯颜筹划,委托伯颜全力破除唐其势及其同伙,可谓确实找对了人,它为伯颜除政敌提供了一次难得的机会。伯颜真是烂熟顺手趁时,应得得利之道,不仅在宫室之中,当了皇帝的面,斩杀唐其势、塔喇海兄弟,更不顾皇后之位尊,不怕暴露权臣之脸面,乘虚扩大战果,以无形之力,强逼皇帝答应驱皇后下台,又暗地里下毒药,鸩死皇后。宫室之中除皇后,朝廷庙堂之上,则尽熄唐其势家族的一切余烬,不仅儿子们的亲信心腹力量荡灭,其逝去的父亲燕帖木儿的残余力量也丝毫不让其生存,如此清扫干净,自己终于真正地大权独揽了。

翻开旧账，复仇除怨

1343 年，元朝最后一个皇帝元顺帝突然发出一份使皇宫震动、满朝文武为之目瞪口呆的诏谕，诏书中说：自己武宗开遐，太后惑于恼悬，皇考出封云地。英宗遇害，皇考以武宗之嫡，逃居沙漠，宗王大臣同心讷戴，以地近先迎文宗暂总机务。继知天理人伦所在，假让位之名，以实玺来上，皇考推诚不疑，即立为皇太子。文宗当躬迓下际，及与其臣伊鲁不哈、额勒雅、明勒揀阿等谋为轨，使我皇考饮恨上宾。归而再御宸极，又私图传予，构陷流言，嫁祸于必已实皇后，谓朕非明宗之子，遂俾出居遐陬，内怀愧歉，则杀额勒雅以杜口，上天不佑，随降殒罚。叔姆卜答失里，怙其势陷，不立明宗之冢嗣而立孺雅子之弟伊勒哲伯，奋复不年，诸王大臣以贤以长，扶朕践位。赖天亡灵，权奸屏黜，尽孝出名，不得复缓，永惟鞠育罔极之恩，忍忘不共戴天之意。既往之罪，不可胜诛，其命太常撤去图卜特穆尔在庙之主，卜答失里削太皇太后之号，徙东安州安置，雅克特古斯放诸高丽。这份令朝廷内外官员无不为之惊诧失色的诏书，数列了元武宗以来，元朝政权的更迭变化的内幕，又事关在任太皇太后和皇太子的性命安全，犹如晴空霹雳，忽而轰响。那么，诏书颁发，有何气候背景，又有何目的呢？实际上元顺帝此诏，翻开的是一本元朝宫廷政坛争夺的一本旧账，而实质是复父仇，除旧怨。

原来，元顺帝是明宗的长子，自幼即饱受皇室内部倾轨之害，曾被远逐皇宫，戍守高丽，于大青岛茕茕孑影地幽居，后又被贬谪静江（今广西桂林）。顺帝的父亲明宗和世瑓，没有牺牲于沙场，却倒在兄弟残杀的宫廷阴谋之中。

和世瑓与怀王图帖木儿（即后来的元文宗），都是明武宗之子，和世瑓被叔父元仁宗封为周王，居怀王之长。仁宗时，被驱逐出京城长期流落西北，但深受西北诸王拥戴欢迎，且勤于理政，善收人心，所辖属西北地区，一度出现人心安定、居众乐业的繁荣景象。泰元帝死后，元内部发生两都之战，先期自立为帝的怀王多次遣派专使，要迎迓兄长明宗南下，声称自己愿意退位，拥明宗登基。1392 年春，和世瑓在和林（今蒙古后杭爱省）正式称帝，不久即偕同弟弟文宗遣派的心腹大将燕帖（或铁）木儿南下，文宗为示相让诚意，又亲自从大都启程北迎，一时间，使明宗感到当年父亲武宗的"武仁授受"的场面重现兄弟之间，自以为皇权在手，大局落定，只顾快马加鞭兼程南下，实际昧于中原地区复杂的政治环境。南下途中，他过早暴露了自己的施政方针，公开宣称："诸王百官有违法乱纪者，臣者皆可举劾。即位后，以整纪重法，严惩乱臣贼子为首要大事。"又过于轻视权臣燕帖木儿的势力。同年八月初二日，明宗与弟弟文宗相会于河北的王忽察都，自此明宗沉浸于阔别十多年的两兄弟欢聚之中，整日里于蒙古包内觥筹交错，可惜，说不尽的兄弟情义的日子并不长久，四天之后的初六日，内侍就突然宣布，明宗于殿帐之中"暴崩"。旋即，文宗再次即位于上都，委燕帖木儿以重任。这就是著名的王忽察都事件，也就是元顺帝诏书上所说的，令皇考"钦恨上宾"的来历。1332 年，文宗重病身死，临终遗嘱，按"兄终弟及、叔倒相承"原则，下诏立明宗之子为皇太子。也许是天良发现，以此作为对王忽察都事件的补偿吧，但开始所立并非元顺帝妥懽帖睦尔，当时总揽元朝实权的权臣燕帖木儿，以顺帝七岁之弟鄜王懿璘质班做傀偶皇帝，但鄜王即位 43 天，便病逝身亡。而此时，元顺帝正在广西静江所贬之地，文宗在任时，对明宗母子十分刻薄，先谗言害死明宗皇后必巴实，又把明宗长子妥懽帖睦尔远贬高丽，致使他小小年纪的，就像一个成人，整日里不苟言笑，郁郁寡欢。后改贬广西时，文宗又明诏天下："元明宗出镇朔漠之地时，曾说妥懽帖睦尔不是自己的儿子，是故将他移居广西静江。"

不过，元顺帝能上台为帝，到要十分感谢文宗的皇后即顺帝诏书中所讲的太皇太后卜答失里，鄜王死去后，权臣燕帖木儿是力主立文宗之子雅克特古斯，当时皇后卜答失里临朝称制，却坚持依文宗遗诏办事，立明宗长子妥懽帖木儿。燕帖木儿以文宗有明诏说其非明宗所出，劝其改变主意，又提醒她，人心难料，万一皇侄并不领情谢恩，"将奈何?"卜答失里皇后不为所动，坚持己见。于是派使臣至静江接回妥懽帖木儿，当燕帖木儿率文武百官至良乡迎接未来的皇帝时，这个匀于政坛的政治老手，都被这位 13 岁的未来皇帝的寒冷所震惊，强烈的不安全感使他感到顺帝人小，但心术难测，回大都后，他立即面见卜答失里皇后，以"恐于太后不利"，"为天下大计"为由，取得皇后的默认，先把顺帝放在皇宫中，借故拖延，不让顺帝正式登位。侥幸的是，这位恣意无忌的权臣，因荒淫无度不久即虚脱身亡。至顺四年（1333 年），元顺帝终于在上都即位，上台之前，卜答失里皇后亲自主持大臣会议，议定元顺帝百年之后，传位文宗子雅克特古斯。

弄清了明宗及皇后之死原因，了解了顺帝上台的经过，就不难理解元顺帝诏书中所说的"忍不共戴天之意"，而要把文宗的庙位拆除，把文宗的皇后削号徙往外地，把文宗之子、皇太子雅克特古斯放诸高丽的缘故了。但是，元顺帝翻起变天账，为父母复仇，却不是一上台即施行，而是经过长期谋划，深得顺手牵羊真谛，在消灭了主要敌手之后，拥势坐大，乘隙而入，最后才称心如愿的。

元顺帝上台之初，他的主要政敌目标还不是文宗皇后及皇太子，毕竟是卜答失里皇后主持下，自己才登基的。即位不久，元顺帝以伯颜为中书右丞相。封秦王。以燕帖木儿的弟弟撒敦为左丞相，加号太傅，封荣王。燕帖木儿的儿子唐其势为御史大夫,承父亲王爵,进阶金紫光大夫。燕帖木儿女儿又为顺帝皇后。这样,朝廷之中,权臣燕帖木儿虽死,使其势力仍占着元朝朝廷的风,所以,元顺帝此时,以去除权臣燕帖木并的势力为主要目标。他有意重用伯颜,以伯颜牵制对手,然后,乘唐其势兄弟及其叔父答里有谋叛举动,一网打尽,把燕帖木儿集团势力全部清除,甚至自己的皇后,也在所不惜,让伯颜鸩死。后来,他见到受自己宠信的伯颜威震朝廷,专横无忌,于是又用伯颜之侄脱脱计谋,调虎离山,寻机除了伯颜的兵权,把他放逐到南方,结果伯颜很快就死在贬斥途中。权臣伯颜一死,朝中大权终于回到了年轻的顺帝手中,于是,多年以来梦萦之中的复仇愿望终于可以得以实施了,很快地,他把进攻矛头指向了文宗皇后及她的儿子雅克特古斯。

卜答失里为顺帝的婶母,是顺帝上台的拥戴人。皇太子雅克特古斯也是顺帝亲口答应册立的,要除去两人,并非易事。虽然当时有一些臣僚,见皇上有意除去皇太后母子,趋机谗言,但毕竟没有可靠证据,不足以成事。恰好此时,卜答失里的失措,送给元顺帝一个良机。

原来,卜答失里的鄜王为帝时,是以皇太后名义一度听政,后来顺帝上台,按例以顺帝为子辈,她理应还称皇太后,不知什么原因,卜答失里非要做太皇太后不可,按宫中惯例,她为太皇太后,皇上就变为孙子辈了。对此事当时一些大臣就有谏议,顺帝明白,这是自己要除的政敌露出的一个有机可乘的破绽,于是,顺帝一边公开加以诏封。一面做除敌准备。他也不同左丞相脱脱商量,不久就直接发出了我们篇首所列的诏书。

右丞相脱脱继伯颜之后总理元朝军国大事,元顺帝此次下诏,他事前毫不知理,本来心中纳闷,虽然诏书中说的是皇家之事,毕竟牵涉到国家大计,于是他忍不住上殿,劝阻皇上收回诏书。顺帝平时对脱脱的建议颇为尊重,不料此次,他一口拒绝,口称"卿为国家,能大义灭亲,逐去伯父伯颜。难道朕为国家,放逐叔婶,不是一样的道理吗?"生生把脱脱的话驳回。脱脱又进言:"当初皇上进宫,可是全仗太皇太后的一力主持啊。"元顺帝听到此话,则扭头不语。这时,又有监察御史崔敬上折,折中说:"既然文宗庙祀已撤,皇太后也被削去鸿名,是上尽孝正名,都已做足,希望皇上念及皇太子雅克特古斯年幼,义当怜悯,何况同为武宗嫡孙。皇上富有四海,子育黎元,使天下一夫一妇都得其所,怎能对同气之人置之度外,而贻笑外邦。请求皇上遣归太后、太子,全母子之情,尽骨肉之义。而天意回,人心悦,则宗社幸甚。崔敬的上折,虽然写得有理有情,却也是石沉大海,全无回音。

顺帝诏书下达不久,做了太皇太后的卜答失里和太子雅克特古斯就分别踏上了放逐道路,过去养尊处优的皇家贵人,哪经得住此等打击,卜答失里想起燕帖木儿的话,真是后悔不迭,到东安州后,即一病不起,死于该地。年少的皇太子流放高丽,尚在途中,即被杀死。后世史家,认为元顺帝忘德思怨,撤庙驱母,戮杀皇弟,是不仁不义之举,却不知对一个政坛之上的权谋家来说,此等议论,只是不痛不痒的书生之论罢了,又有什么意义呢?

第四编 《三十六计》智谋经典

奕䜣伺隙，杀安德海

晚清的宫廷里，出现过三个有名的大太监，这就是安德海、李莲英、张兰德。三人都仗着清廷的实际统治者慈禧太后的宠信，权倾一时，但李莲英、张兰德基本上后来能体面地安然退归，惟有安德海下场最惨，在其任上，为朝中政敌恭亲王奕䜣联合同治帝、慈安太后，乘其张狂轻敌而有机可乘，设计斩杀。

清朝是满族人所建立，自入关定都北京之后，鉴于明王朝宦官当政，导致家亡国灭的教训，曾下禁令，不准太监干预朝政，亦不能与朝官勾结。顺治帝时，还在交泰殿前立一铁碑，上面明书：凡是犯法干政，窃权纳贿，属托内外衙门，交结满汉官员，越分擅奏外事，上言官吏贤否者，均凌迟处死。又规定宦官级不过四品，非奉差遣，不许擅出皇城，违者处死。但是形势发展到晚清，清初对宦官的严密监控的情况有了根本的改变。辛酉政变后，西太后垂帘听政。青年守寡而又权欲强盛的慈禧，开始宠信起宦官，以便于自己控制朝政，安德海就是她所重用的第一个大宦官。安德海在西太后勾结恭亲王奕䜣，联手除去咸丰帝遗嘱肃顺等顾命八大臣，而改由两宫太后垂帘听政的辛酉政变中，因为冒死为在热河的西太后和驻守北京的奕䜣穿针引线，相互联络，立有一定功劳。安本来是一个性敏狡巧、善于讨好主子的人，对西太后平日里揉胸捶背、殷勤服侍，加上立有拥戴之功，一时为慈禧所垂目，宠信日隆，不久就被擢升为总管太监，成了宫中位于主子之下的第一号人物。由此，安德海的野心也膨胀起来，恃着执掌实权的慈禧太后，一面极尽手段讨好西太后，一面以功名利禄为诱饵，广交朝臣，培植势力。门庭若市、势焰熏天的安德海终于在辛酉政变后，与朝中位尊权高的恭亲王奕䜣发生了冲突，成了对立的政敌。

奕䜣是咸丰皇帝的亲弟弟，咸丰去世后，他与西太后联合，巧计除去了死对头肃顺等人。政变之后，虽然两宫太后垂帘听政，但慈安太后性情笃厚，又不通文墨，很多权力让与西太后慈禧处理，慈禧毕竟是个年轻女子，执政伊始，缺乏老道的经验，于朝中势必仰伏奕䜣，故此，奕䜣于政变后得到很多职务，不仅出任宗人府宗令、总管内务府大臣、领神机营、稽查弘德殿一切事务等，还授议政王大臣，领军机处，兼管总理各国事务衙门，军、政、财、外交均握手中。尤其是议政王一职，只有前清的多尔衮曾任过。大权在握的奕䜣，面对外患连祸，内乱不止的局势，刚上台之后，还想重振纲纪，于清政权的巩固上，成就一番作为，于是在一些事务处理上，与西太后发生了分歧，加上安德海的从中挑拨和有意扩大事态，导致奕䜣十分衔恨安德海，两人势如水火。

西太后于辛酉政变后回到北京，为去除在热河时期受肃顺限制之怨愤，借同治帝登极和自己的寿辰，大摆宴席，极力铺张，恣意享乐。垂帘前后，又大制仪驾，扩大宫中膳房，匙筷用赤金制的，宴桌亦包上金云角，开了奢靡之先声。而安德海则乘其所喜，投其所好，又狐假虎威，借慈禧名义，不断向主管内务府的奕䜣伸手要物。奕䜣开始对其有求必应，眼见安德海无底之欲，就面诚安德海，"国方艰难，宫中不宜多取。"安德海不仅不听劝告，还设计

三十六计

读书随笔

陷害奕䜣。有次午餐，有意拿出粗制碗碟，慈禧问其故，安告之是恭亲王限制，使西太后对奕䜣厌恨。又有一次，奕䜣向慈禧贡奉20盆含苞欲放的梅花，慈禧命安德海在宫中陈列。供其欣赏，不想安德海暗中做了手脚，一夜之间，梅花全部凋萎，使慈禧扫兴之余，增加对恭亲王的疑虑。还有一次，奕䜣到宫中找慈禧奏事，往日茶几之上，按例应放上两个茶杯，奕䜣粗心，谈话中随手端起一杯茶，将要进口，发现茶几之上，仅有一茶杯，明显地，这是供慈禧所用，自己差点犯了大讳，惊出了一身冷汗，细思起来，定是安德海从中有意做鬼。

安德海利用手中所掌之权，于琐事上挑起事端，使慈禧与奕䜣逐渐矛盾滋生，果然，安德海不断谮诉怨短，到1865年，西太后利用翰林院编署日官蔡寿祺参劾奕䜣的奏折，以奕䜣有贪污、骄盈、揽权、徇私四大罪状，以同治帝谕旨名义，革去了奕䜣议政王职位。奕䜣因遭折辱，自此以后于朝中益谨。他明白这与安德海的挑拨大有关系，对安更加痛恨。

1868年9月，安德海为讨好慈禧，暗中指使御史德寿，奏请修复被英法联军烧毁的圆明园，供西太后享乐。又指使内务府库守贵祥拟列筹款章程，要让京外各地，每户、每亩、每村皆要交捐。奕䜣获知这是安德海授意所为，力主不可，又把德寿、贵祥革职，流徙黑龙江披甲为奴。事情至此，奕䜣下定决心，要拔去安德海这个眼中钉。一次，安德海在朝中炫耀自己的翎子精美无比，周围朝臣畏惧安，皆随声附和，奕䜣则当面讽之："你的翎子再好，恐也护不住后脖子吧！"

奕䜣要除安德海，并非易事。上有慈禧的庇护，安德海在宫中只要没有大错，即使皇帝也是奈何不得的。同治皇帝渐渐懂事之后，就曾对安德海的嬖宠专权，羞耻生愤。一次，同治帝曾为某事面斥安德海，事后自己却被慈禧训斥和责罚，自此之后，同治帝在宫中用泥捏成一小人，用剑砍去泥人首，边砍边喊："杀小安子"，借以出心中之气，却也不敢动真格的。同居垂帘之位的慈安太后，对安德海的恶行时早有所闻，但碍于慈禧面子，也是不好直言斥责。同治八年（1869年），同治帝已14虚年，两宫太后有意替皇帝纳后，派奕䜣等人预备大婚典礼。安德海趁机密谋于慈禧，想亲往江南，为皇帝督制龙衣。慈禧开始还有顾虑,并未立即答应。安德海既得势后,于京城作威作福,早就想找机会离京外出,游历苏杭胜地,既快心意,又有乘机敛财机会。于是极力巧言打动慈禧,以江南织造衣物,多么合式,皇上大婚,龙衣必须讲究,同时也可顺便为太后织造几件顺心合用的衣服。他还以言语激起慈禧的好胜心,认为不可为"祖制"所束缚,否则当个太后也不自由。性骄的慈禧同意了安德海的要求,但叮咛他,务必机密行事,不得让王公大臣知道,以免被弹劾,造成事端。

　　同年秋,安德海离京扬帆南下。清朝祖制,宦官不得出京办理公务,安德海恃仗慈禧撑腰,自以为天下太平,不知自己给宿仇政敌提供了一个极好的机会。同治帝在他离京前,得知小安子要外出,予以赞成,却密诏予以信任的部将山东巡抚丁宝桢做诛安准备。奕䜣也早得密报积极筹划除安,密切注意安德海的行踪。安德海恃势胆大,离京时瞒着太后,私选名妓18,乘太平船,沿河道而下,一路招摇。所乘之船,插两面大旗,上写"奉旨钦差"、"办龙袍"字样,又竖有日形三足鸟旗,意为西王母(慈禧太后)取食办事。船上娈童妙女、笙歌鼓乐不绝。所过州县,官吏为之迎接,而安德海视之为自然,丝毫不予警惕。船到山东境内,丁宝桢早得恭亲王奕䜣的密令,要其在山东境内,借机予以捕拿,从严惩处,格杀勿论。丁宝桢曾以正直、刚毅闻名清廷,接恭亲王所托之后,他立即密饬德州知州赵新,要其侦探安德海不法事情,可以一面擒捕,一面禀闻。赵新接令后,虽明察多起事情安德海于清廷法律有违,但慑于安德海的淫威,不敢居前逮捕。连正式公文也不敢写,只用私写的便条,告知丁宝桢安在沿途的违法情况。丁见赵新密报,急令东昌府等府县前去捉拿。东昌府知府程昌武在安德海船后跟踪三日,胆怯不前,后来总兵王五起发兵追赶,终于在泰安将安德海捕获,缚送济南。此时丁宝桢一面令快马加急送密折进京请旨,一面审讯安德海。安开始对自己被捕事,并不紧张,神态自若地吃喝睡眠,甚至威胁地方官员,声称自己奉太后之命督织龙衣,"汝等自速死耳"。哪知丁宝桢不畏权势,当面斥安为宦官私出,"非制也,且大臣未闻有名,必诈无疑"。丁又担心朝旨未知,于是不顾其他官员的劝阻,决定先斩杀之,旋即斩杀了安德海,又囚禁安的随行人员。

丁宝桢的奏折到达京城时,先为恭亲王奕䜣所得,代为上奏。奕䜣先是找与安德海也有矛盾的东太后商量,取得了东太后明确"予以正法"的赞同意见,于是亲自书写谕旨,以太监安德海擅自出京,若不从严惩办,则"何以肃宫禁而儆效尤?"着直隶、山东、江苏等督抚派遣干员,"严密捕拿,就地正法,毋庸再行请旨。"又请慈安太后钤印,令快马回送丁宝桢。因此当安德海已经被诛杀的时候,慈禧太后并不知道。

等到丁宝桢复奏进京,奕䜣也是先告知慈安,再上达慈禧太后。奕䜣以安德海违制犯禁为公开理由,力主斩杀。同治皇帝、慈安太后全力支持恭亲王,加之奕䜣等王公的谏诤,面对安德海违制在先,自己送把柄于人手的事实,慈禧也只能无可奈何地同意正法诛杀安德海这样一个事实。奕䜣伺隙出击,先斩后奏,终于灭了权阉安德海,长长出了一口恶气。

安德海被诛之经过,可谓是顺手牵羊计谋运用于政治场上之典型事例。本来辛酉政变以来,喜欢弄权的西太后,在站稳脚跟之后,不甘于当初放重权于恭亲王奕䜣之手,因此,当时清廷政坛之上,西太后与奕䜣的争权为主要旋律。西太后利用蔡寿祺的奏折,摘掉了奕䜣议政五大臣之职,即是明证。奕䜣对翅膀已硬的西太后,是无可奈何的。但对从中拨弄是非,一直想加害于自己的宦官安德海,态度和度量就不一样了。奕䜣要除安德海,在京城,碍着西太后的庇护,不易得手。而安德海张狂轻敌,不知轻重利害,以为只要有西太后撑腰,就能在朝廷内外为所欲为,哪知自己纵欲放胆,出京已明违祖制,把柄已送到了政敌之手。而京城之外,大权在手的西太后也鞭长莫及。故此出现了可以光明正大地斩杀安德海的时机,奕䜣紧紧抓住这个时机,安排不畏强暴的山东巡抚丁宝桢动手,自己于京城中运动朝廷,终于把这个受西太后宠信的总管太监"小安子"置于死地。

孤胆英雄,立建奇功

人民解放军解放石家庄战役中,有一个9个人俘虏350个敌人的故事。

我军攻城部队发起总攻后,三四纵队分别从东北、西南对角进入,汇合点是石家庄守敌司令部大石桥。

黄昏时分,第三纵队的一个班9人打到了大石桥东面的铁路公寓。

这座公寓有四五层高,作为防御工事,下面的窗户早已被国民党守军全部用砖头堵死,修了一排排马蜂窝似的射击孔。

班长张惠风带领9个人借着黄昏的掩护,悄悄潜到了公寓的墙根下。

"哎,伙计们,你们说,咱们敢不敢捅这个马蜂窝?"张惠风说着仰头望了望楼顶。

大家看看班长,都没有吭声。看得出大家对能不能打下这么个大家伙心里没底。

这种顾虑是有道理的。不能说战士们惧战,因为解放石家庄是我军第一次攻打防御坚固的大城市,没有巷战的经验,总攻石家庄开始后,战士们在外围作战中也只是解决过一些地堡、平房和几栋小楼。现在面对这样高大而神秘威严的大楼,战士们确实不知怎么打好。

更不利的是他们只有9个人,一挺缴获敌人的歪把子机枪。刚才一路冲锋过来,手榴弹也只剩下几颗了。楼上有多少敌人?谁也不知道,光看伸出孔外面的值班机枪就有好几挺。

张惠风看出了大家的心思。"咱们人手是少了点,但以少胜多的例子古来就有,况且,敌人并没有发现我们,摸不着我们的虚实。我的意见,不用等后续部队了,咱们先乘黑偷袭一家伙,顺手牵羊摸他一把,成了,为后续部队打开了口子,不成也不要紧,起码可以摸摸情况。"听班长这么一分析,大家觉得有道理,有的说:"不干白不干,等后续部队上来,我们就捞不着肥肉吃了。"

总攻前,连里传达了纵队科长的指示,"谁先拿下了大石桥,谁扛'金牌'。"谁不想当金牌战士!大家跃跃欲试。

"好,咱们9个人分三组,绕楼墙根看看,从哪儿进去,能下手,就下手,下不了手,不要乱撞,要见机行事。"张惠风向大家简单布置了任务。天色渐渐暗了下来,寒风瑟瑟。9个人顺着墙根绕了半个楼竟然没有发现门在什么地方。原来,这幢楼并不像他们想象的是四方形的,而是这儿凹进一块,那儿凸出一块,拐弯曲溜的挺别扭。

又转了一段,走在最后面的战士轻轻朝张惠风喊:"班长,你看,这儿好像原来有门。"

张惠风掉回头一看,果然有一处墙壁像是新垒起来的。

"来,大家一起推推看。"一个组上来,用肩膀顶了几下,墙有些晃动。另一个组又捅了几下,墙上真的出了个裂缝。他们顺着缝用刺刀先撬下一块砖,然后一块一块把砖抠下来,不大工夫抠开了一个洞,9个人依次钻了进去。

楼底层的玻璃都被砖堵住了,一片黑森森的。张惠风环着墙壁看了一下,不远处有一个楼梯,楼梯口有个游动哨走来走去。张惠风一挥手,全班乘哨兵走开的当口,蹑手蹑脚上了楼梯。

二楼上有个房间亮着灯,嘈嘈杂杂的声音从里面传出来,张惠风使了个眼色,战士们迅速站在门口两边。一个小组在走廊两侧警戒。

张惠风飞起一脚踢开门,高举手榴弹冲进屋子,大吼一声:"缴枪不杀!"

屋里的人坐得满满当当,看样子正在聚会。一听张惠风突如其来的喊声,吓得一个个都发呆了。

一个军官反应过来,举枪向张惠风射击,"叭"的一声,子弹擦着张惠风耳根飞过,打在墙上,又反弹到地下。

"哎哟!"一声惨叫,未等敌军官再开第二枪,后面的战士已经飞弹出膛,正中他的胸腔。

张惠风举着手榴弹,跳上中间一张桌子,大声说道:"弟兄们,你们的师部已经被解决了,你们的司令官刘英也快完蛋了!你们立即放下武器,可以保证你们四条:第一,保证生命安全;第二,不没收私人财产;第三,不打不骂;第四,愿意回家的还发给路费。"张惠风一口气说下来,铿锵激昂,一点不拖泥带水。

屋子里静得连掉银针都能听得见。

"哐嘟!"第一支枪扔在地下。

"喊哩哐嘟……"不一会儿地上的枪堆了一座小山。

"排好队,一个一个走出去,在楼下集合!"张惠风命令。

俘虏们一个跟着一个,排成了串,几乎站了半个院子,一清点,竟有350人之多。后续部队很快攻了过来,把俘虏押送回后方。

第三章　攻战计智谋经典

13计　打草惊蛇

石显用计,打草惊蛇

中书令弘恭、仆射石显,从宣帝时起,就长期掌管中枢机要,熟悉法令条文。元帝即位后身体多病,认为石显长期担任要职,又是宦官,无婚姻之家,少骨肉之亲,在朝廷中没有党羽,精心供事,可以信任,于是就把政事托付给他。朝廷事无大小,都通过石显转奏,再由皇帝裁决。石显的权势,超越所有朝臣,文武百官对他都很敬畏。石显为人,灵巧聪明,通晓事理,很能领会皇帝隐藏在内心深处的旨意。他心肠阴险狠毒,以似是而非的狡辩诬陷他人,任何一点小小的怨恨,就会被他用法律加害。他与车骑将军史高内外勾结,在讨论国家大事时,常坚持奉行旧制度,不接受萧望之等人的主张。

萧望之等人憎恶许喜、史高的骄奢,又痛恨弘恭、石显的专权,于是向元帝建议:"中书是朝政之根本,国家之中枢,应该由光明正大的人士担任那里的工作。武帝因为常在后宫宴饮欢乐,才任用宦官,这不是传统制度。应该解除宦官兼任中书官职的规定,这才符合古代君主不接近因受刑罚致残之人的礼制。"于是激化了萧望之与史高、弘恭、石显的矛盾。而元帝刚即位不久,谦让谨慎,不想轻易改变祖先的安排。所以这件事久议不决,最后还是把刘更生由中朝调出,任外朝官宗正。

弘恭、石显叫郑朋、华龙联合控告萧望之等密谋罢黜车骑将军史高,疏远许、史两大家族的情况。等到萧望之休假那天,郑朋、华龙把奏章呈给皇帝。元帝交付弘恭查办此事。萧望之回答说:"外戚身居高位,大多荒淫奢侈,我期望圣上疏远他们,是为了扶正国家,并没有邪恶的意念。"弘恭、石显上奏说:"萧望之、周堪、刘更生结党营私,互相称许推荐,多次诋毁国家重臣,离间陛下的骨肉至亲,图谋独揽权势。作为一个臣子,对君主不忠,欺骗皇帝,大逆不道。请派谒者把全案移送廷尉。"当时元帝即位不久,不了解移送廷尉是关进监狱,于是就批准了奏请。后来,元帝要召唤周堪、刘更生,左右回答说:"他们已被关进监狱。"元帝大惊,说:"不是说让廷尉查问吗?"责备弘恭、石显,二人都叩头请罪。元帝说:"快请他们出来处理朝政!"弘恭、石显唆使史高对元帝说:"陛下刚刚即位,没有以德感人而感化天下,却先施恩德于师傅。既然已把九卿、大夫下狱,不如就此将他们免职。"元帝于是下诏给丞相、御史:"前将军萧望之,做过我八年的师傅,没有其他罪过,只因年老,记忆力减退,赦免他的罪过,撤销他的前将军、光禄勋职务;而周堪、刘更生一律贬为庶人。"

元帝一直非常尊重萧望之,想请他担任丞相;弘恭、石显,与许、史两大家族的子弟,以及侍中、诸曹,都怨恨萧望之等人。而这时刘更生指使他的外亲上书说:"地震发生,大概是针对弘恭等来的,而不是因为三个老匹夫(萧望之、周堪、刘更生)。臣窃以为应该罢黜弘恭、石显,以示对于压制善良的惩罚。应该晋升萧望之等,以便疏通贤能上进的道路。如果是这样,则天下太平的大门洞开,自然灾害的泉源也就阻塞了。"奏章呈上之后,弘恭、石显怀疑是刘更生干的,要求元帝准许追究其中的奸诈真相。供词交代,果然受到刘更生指使,于是逮捕刘更生,把他关进牢狱,免去官职,贬为平民。

恰在这时,萧望之的儿子散骑中郎萧伋也上书为其父鸣冤。奏章交给有关部门。有关部门复查后上奏说:"萧望之以前被指控的罪证很明确,并不是诬告陷害。他却教唆儿子,向陛下上书,引用'无辜'的诗句,有失大臣的体面,实在是对皇帝的不恭敬,请予以逮捕。"弘恭、石显等知道萧望之平素气节高尚,不可能接受下狱的屈辱,因此就向皇帝建议说:"萧望之侥幸没有牵连进前案中去,而又得赐爵位封邑,他不悔过认罪,反而心怀怨恨,指使儿子上书,把过失推到陛下身上。自以为是陛下的师傅,无论怎么都不会治罪。如果不用监狱的痛苦抑制他的骄傲自信,那么陛下就再也无法施厚恩于臣了!"元帝说:"萧师傅素来性情刚烈,怎么肯去坐牢?"石显等人说:"对人来说,最重要的是性命,而萧望之被指控的,不过语言上的轻罪,必定不会有什么意外。"元帝于是同意奏请。冬季,十二月,石显等把诏书封好,交给谒者,命令萧望之亲自拆封。同时下令太常迅速调发执金吾所属部队,包围萧望之的住宅。谒者到了萧宅,召唤萧望之。萧望之就此问他的学生鲁国人朱云,朱云崇尚节操,建议萧望之自杀。萧望之仰天长叹:"我曾位居丞相,而今年纪已过六十。老年被关进监狱,去苟且偷生,岂不是太卑贱?"遂呼唤朱云的字说:"游,快把药和好,不要延长我等死的时间!"于是饮下鸩酒,自杀身亡。元帝闻知,大为震惊,以手击案说:"我本来就怀疑他不会去坐牢,果然杀了我的好师傅。"这时,太官正呈上午餐,元帝拒不进食,为萧望之之死而哭泣,左右均被其悲哀所感动。于是召唤石显等责问,石显等承认当初商议不周,过了很久,事情才算了结。元帝追思哀悼萧望之,不能忘情,每年四季都派使节去他坟墓前祭祀。直到元帝去世。

这时,中书令石显正独揽大权。石显的好友五鹿充宗任尚书令,二人同掌实权。京房曾在闲宴时入见皇帝,京房问元帝:"周幽王、周厉王为什么导致国家出现危机? 他们任用的是些什么人?"元帝说:"君王昏庸,任用的都是善于伪装的奸佞。"京房进一步问:"君王是明知奸佞而仍用他们? 还是认为贤能才用他们?"元帝回答说:"当然是认为他们贤能。"京房说:"可是,今天为什么我们却知道他们不是贤能呢?"元帝说:"根据当时局势混乱,君王身处险境便可以知道。"京房说:"如果是这样,任用贤能时国家必定太平,任用奸佞时国家必定混乱,这是事物发展的必然。为什么幽王、厉王不觉悟而另外选贤任能,一定要任用奸佞以致后来国乱君危?"元帝说:"乱世君王,自认为他所任用的官员全是贤能。假如都能觉悟到自己的错误,天下怎么还会有亡国的君王?"京房说:"齐桓公、秦二世也曾经知道周幽王、周厉王的故事,并讥笑过他们。可是,齐桓公任用竖刁,秦二世任用赵高,以致政治日益混乱,盗贼满山遍野。为什么不能把周幽王、周厉王当作一面镜子,而觉悟到用人的不当?"元帝说:"只有治国有法的君王,才能依据往事而预测将来。"京房于是免冠,叩头说:"《春秋》记载二百四十二年间的天变灾难,以警示后世君王。而今陛下即位以来,日食月食,星辰逆转;山崩泉涌,大地震动,天落陨石;夏季降霜,冬季响雷,春季百花凋谢,秋季树叶茂盛,霜降不能使树木凋零。水灾、旱灾、蝗灾,百姓饥饿,瘟疫流行。盗贼难以制伏,受过刑罚的人充满街市。《春秋》所记载的天灾人祸,现在应有尽有。陛下看现在是治世,还是乱世?"元帝说:"已经乱到极点了,这还用问?"京房说:"陛下现在任用的是谁呢?"元帝说:"不过,幸而现在的情况要好于春秋时代,同时我又认为责任不在他们身上。"京房说:"前世的那些君王,也都是这样想的。我恐怕后代人看现在,犹如现在人看古代。"元帝沉思了很久才说:"现在扰乱国家的是谁?"京房回答说:"陛下自己应该知道。"元帝说:"我不知道;如果知道,哪里还会用他?"京房说:"陛下最信任,同他在宫廷内共商大事,掌握用人权柄的人,就是他。"京房指的是石显,元帝也知道,他对京房说:"我明白了。"京房告退。后来,汉元帝还是不能罢免石显。

元帝让京房推荐他的学生中了解考课办法,有行政经验的人才,准备试用。京房上奏:"中郎任良、姚平,希望能任命为刺史,在各州试行考绩制度。请给我出入宫殿的权力,随时向皇帝转报他们的奏章,免得有人从中作梗。"然而石显、五鹿充宗都痛恨京房,想使京房远离元帝,于是向元帝建议,应该试任京房为郡守。元帝遂任命京房为魏郡太守,用他的考绩方案去治理地方。

京房请求:"年终,请准许我乘坐朝廷的驿车,向陛下当面报告。"元帝许可。京房自知数次因为议论朝政受到大臣的非议,与石显等人有矛盾,不想远离元帝。于是上密封的奏章:"我出京师之后,恐怕被当权大臣所障,身死而事败,所以盼望在年终之时,得以乘朝廷驿车,到京师向陛下奏事,幸而蒙陛下允许。但是,六月二十日,阴云乱风四起,太阳光芒暗淡,显示高官蒙蔽天子,而天子心里怀疑。六月十八日、十九日之间,定有权贵想隔绝陛下与我的关系,使我不得乘坐

朝廷驿车奏事。"京房尚未出发,元帝命阳平侯王凤根据他的旨意通知京房,年终不要乘驿车回京师奏事。京房心中更加惊恐。

秋季,京房出发,走到新丰,托朝廷传送文书的差人再上密封的奏章:"我于六月间曾上书陛下,所说《遁卦》虽未应验,但占候之法说:'有道术的人离去,天气寒冷,水出成灾。'到了七月,果然大水涌出。我的学生姚平告诉我:'你可以说通晓道术,却不能说笃信道术。你所预测的天灾变异,没有不应验的。现在,大水已经涌出,有道术的人就要被放逐而死在外边,还有什么话可说!'我说:'陛下最仁最爱,对我尤其宽厚,即令因进言而死,我还是要进言的。'姚平又说:'你只能说是小忠,不算大忠。从前,秦朝赵高执政,有一位叫正先的人因讥讽赵高而被处死,赵高的淫威从此形成。所以,是正先加速了秦朝的灭亡。'而今我出任郡守,自愿报效立功,只恐怕还没有着手便被诛杀。求陛下不要使我应验大水上涌的预言,充当正先的角色,作为姚平的笑料。"京房到陕县,再上密封奏章:"我先前推荐任良可以负责官员考绩制度,使我留在朝廷。那些提出疑义的人知道这样对于他们自身不利,而且不可能把我和陛下隔绝开来,所以说:'与其学生出面,不如老师亲自主持。'可是,如果派我当刺史,又怕我面见陛下奏报,于是又说:'当刺史,可能太守不肯合作,不如索性当太守。'目的在于隔绝我们君臣。陛下没有违背他们的意愿而听从他们的意见,这正是阴云不散、太阳无光的原因。我离京师越远,太阳的昏暗越重。盼望陛下不要因为难以让我回京师而轻易去违背天意。邪恶阴谋,人虽然不能察觉,上天却必有变化,所以人可以欺,天不可以欺,请陛下详察。"

京房离开京师一月余,竟被逮捕入狱。当初,淮阳宪王的舅父张博是一个看风行事、素无善行的人物,向淮阳宪王要了许多金银财宝和钱币,到京师活动,以达到让淮阳宪王入朝的目的。张博曾跟随京房学习,并且把女儿嫁给京房。京房每次朝见,回家之后,都把跟元帝之间问答的话告诉张博。张博于是暗中记下京房所说的机密语言,让京房代淮阳宪王草拟请求入朝的奏章,又送给淮阳宪王,作为自己活动成效的证明。石显得知后,指控京房跟张博通谋,诽谤治国措施,把罪恶推到皇帝身上,贻误连累诸侯王。于是京房跟张博都被捕入狱。在街市上斩首,妻子被放逐到边塞。御史大夫郑弘,被指控与京房关系密切,遭免职,贬作平民。

御史中丞陈咸多次抨击石显,时间长了,因他与槐里令朱云是好友,曾将在宫廷中听到的话泄露给朱云,这件事被石显暗暗侦察得知。于是陈咸、朱云都被捕下狱,割掉头发,罚做苦工。

石显的淫威和权势日益增长,公卿以下的官员都很害怕他,不敢稍有怠慢。石显与中书仆射牢梁、少府五鹿充宗结党营私,凡依附这些权贵的人,都得到高官厚禄。民间有歌谣说:"牢梁、石显,五鹿充宗,官职何其多,绶带何其长。"

石显深知自己专权,把持朝政,惟恐元帝一旦听取亲信的抨击而被疏远,于是找了个机会来表示忠诚,借用一件事作凭据以为验证。石显曾经奉诏到宫中诸官府征集人力和物资,他先向元帝请求:"恐怕有时回宫太晚,宫门关闭,我可不可以说奉陛下之命,让他们开门?"元帝允许。一天石显故意来得很迟,宣称元帝命令,唤开宫门。稍后,果然有人上书控告:"石显专擅皇命,假传圣旨,私开宫门。"元帝听说了这件事,不禁笑了起来,把奏章拿给石显。石显抓住时机,流着泪说:"陛下过度宠爱我,委任我办事,很多人都嫉妒我,想陷害我,类似这种情形已不止一次,只有圣明的主上才知道我的忠心。我出身微贱,实在不能以我一个人去使万人称心如意,担负起全国所有的怨恨。请允许我辞去中枢机要职务,只负责后宫的清洁洒扫,死而无恨。惟求陛下哀怜我,再给我一次宠幸,以此保全我的性命。"元帝认为石显说得对,非常同情他,不断安慰勉励,又重重赏赐。这样的赏赐及百官赠送资金高达一亿。当初,石显听说人们议论愤激,都说是他逼死了前将军萧望之,他惟恐招来全国文人学士的抨击。由于谏大夫贡禹深明经术,节操高尚,石显便托人向贡禹表示敬意,用心结交,并向元帝推荐。贡禹于是擢升九卿,石显对他以礼相待,很是周详。原来非议石显的也有赞扬他的,认为他对萧望之不至于有陷害的行为。石显谋略变诈,善于为自己解围,以取得皇帝的信任,用的都是此类手法。

三拷吉平,曹操破盟

曹操用将计就计之策擒获了欲谋杀他的太医吉平后,准备以此为线索,破获这起谋杀大案。

为了从吉平口中得到供词,曹操令二十多名精壮狱卒把吉平押到后园进行第一次拷问。曹操坐在亭上问:"你是个医人,无缘无故怎能在药中投毒害我?一定是有人背后唆使,只要你供出幕后指使人,我便饶你不死。"吉平大骂道:"你是欺君罔上的汉贼,天下人谁不想杀你,何须他人指使?"曹操冷笑道:"你在朝中行医多年,为我医病也有数次,以前为什么未曾投毒害我?这里必有缘故,速从实招来!"吉来无话抵赖,只是怒目不语。曹操见吉平不招,遂令狱率轮番痛打。顷刻间,吉平被打得皮开肉绽,死去活来。曹操见吉平宁死不招,又怕把他打死,于是令人先把他监禁起来。

曹操想,国舅董承的家奴说吉平与董承合谋害我,并且还有其他同谋之人。既然吉平害我已是真,看来其家奴所说的也一定不假。不过董承是当朝国舅,若手中无证据怎能治其罪?看来我还得先扫清外围,最后再找董承算账。

第二天,曹操请朝中诸公卿宴饮。除国舅董承因病未至外,其余都到齐了。酒过数巡,曹操对众人说:"宴中也没有什么可使众卿开心的,我这有个人,可为众官醒酒。"说着,令人把吉平押入。曹操指着吉平说:"现在朝中有人暗中结盟欲图谋曹某,与他同谋者先有六人,加上他便是第七个。那六个人主动出来招供,便可免去死罪,如若不招,今日可请听他的亲口供词。"说罢,令人先毒打了吉平一顿。这边,士卒痛打吉平,那边,曹操留心观察着宴间每个人的神色。

坐在席间的王子服等四人,本不知吉平也是其同党,但从曹操话语中听到与他同谋者还有六人,于是便心惊起来。这时,吉平仍未招供,只是一味大骂曹操。曹操经过察言观色,已确认了董承的家奴所提供的情况是实,于是便令人先将吉平押了下去。

第四编 《三十六计》智谋经典

散席后,曹操把王子服、吴子兰、种缉、吴硕四人留下,声称要与他们继续饮宴。这四人见势不妙,但也不得不强打精神应酬。曹操见他四人举足失措的样子,暗想,董承的家奴说,他们四人常去董承府中密谋,看来他们必是同党无疑,不然为什么如此魂不守舍呢?于是对他们说:"你们四人近日在董承府上密谋何事?"王子服说:"我们没有议过什么事啊。"曹操问:"你们在那白绢上写些什么字?"四人都说没见过。曹操见他们抵赖,便把董承府上的家奴秦庆童唤来对证。

秦庆童说:"你们四人与我家主人驱走所有侍从,六个人在一起往白绢上画字,怎能赖掉?"王子服等人心想,这个家奴只看到一枝半节,并不知详情,于是对曹操说:"这个人与国舅的侍妾通奸,遭主人责骂后便来此诬主人报复,丞相切不可偏听!"

曹操怒斥道:"吉平下毒害我未遂是我亲眼所见,难道这还有假吗?今晚你四人若能主动自首尚还来得及活命,若待我查明真相后再招供可就迟了!"说罢,令人将他们监禁了起来。

曹操尽管用了许多心思,仍未从他们口中得到任何供词。他想,我手中无证,就不能去碰他董承了吗?我何不去他府上诈他一下呢?

次日,曹操率众到董承府上去"探病"。曹操一见董承便说:"听说国舅有疾不能赴宴,特来探望。"董承应承说:"偶染小疾,怎劳丞相亲来相探?"曹操若有所指地说:"国舅患的恐怕是心病吧。不如出府走一走,晒晒太阳,这府内也太阴了吧。"董承一听这话有些不对味,正在不知如何对答之际,又听曹操单刀直入地问:"国舅知道吉平的事吗?"董承装作不知地问:"吉太医有何事?"

曹操冷笑一声说:"国舅好健忘啊!他在你府上咬去了一节手指,你难道不知?"说着令人把吉平押至。

董承见吉平被枷钉着,知道他谋杀曹操未成反被擒获,但又不知吉平是否将他供出。从曹操言语之中,似乎吉平已招认了他在我府中咬指发誓的事。想到这儿,登时有些手足失措,额头上的汗珠成串地滚落下来。

吉平见董承如此,只恐他自出破绽,遂开口大骂曹操。曹操令士卒用刑。不一会,吉平求曹操说:"吾熬刑不过,就此招供便是,可为我松绑。"

曹操以为吉平真的要招供,便令人为他松了绑。吉平站立起来喊道:"臣不能杀死曹贼乃天数也",说完,一头撞死在台阶上,毙命身亡。

曹操见吉平已死,只好把秦庆童拉出来问董承说:"国舅可认得这个人吗?"

董承一见家奴在曹操处,便什么都明白了,于是大怒道:"好一个逃奴!"拔剑便欲杀人灭口。

曹操拦住他说:"他出首告你谋反,如今前来对质,焉能杀人灭口?"

董承说:"丞相为什么要听小人一面之词?"

曹操冷笑一声说:"王子服等人已被我擒下,是他们将你供出,你怎么还敢抵赖?"

董承听后,顿时有些心虚。曹操见董承心虚如此,马上令人抄搜董承房间。不一会,便从董承房内搜出了天子以血写的密诏及董承等人写的义状。

曹操手提两幅白绢问董承说:"国舅还有什么话可说?"随后令人将董承全家拿下,皆尽监禁。

太祖定计,一石三鸟

后周大将赵匡胤陈桥兵变,登上皇位,建立了大宋王朝。宋朝初年,北汉与辽国勾结,而且后周旧将李筠等拥兵占据西潞州,且和北汉、辽等早有来往,对宋朝造成了很大威胁。

公元960年,宋太祖审时度势,在宋、李筠、北汉、辽四方的政治势力角逐中,便以激变李筠,而后征讨,以惊北汉、辽国等敌手,且削夺其外围势力(实为政治盟友的李筠)。致使通过激怒之法"打草"(伐李筠),达到既惊慑北汉、辽国"敌蛇",又除掉边镇之患的多重目的。事情是这样的:

建隆元年四月,宋太祖诏令原后周昭义军节度使、太原人李筠加官为宋朝廷中书令。当朝廷使者到达潞州时,李筠当即打算拒绝诏命。只是左右官员恳切劝谏,才请进太祖派来的使者,设置酒宴奏起音乐,随后又取出周太祖画像悬挂在厅堂墙壁,流泪不止。宾客僚佐惶恐惊惧,告诉使者说:"令公醉酒有失常态,请不要见怪。"北汉国王睿宗刘钧听说此事,就用蜡封密信交给李筠共同起兵,李筠长子李守节此时哭泣劝谏,但李筠却不听。

宋太祖听闻李筠的种种表现,一方面用亲笔诏书安慰招抚,另一方面又召李守节进京为皇城使。给李筠则趁机派遣李守节入朝观察动静,太祖迎面对李守节说:"太子,你为什么缘故前来?"李守节惶恐四顾,用头碰地说:"陛下怎么这样说?此必定有说坏话的人在离间臣父和陛下的关系。"太祖说:"我听说你多次劝谏,但你父亲不听,所以他派遣你来,想让我杀你罢了。你回去告诉你父亲,我没有做天子的时候,任凭你自己作为;我既然做了天子,你难道不能稍微让我一点吗?"李守节驱马飞驰回去报告李筠,李筠于是命令幕府起草檄文历数宋太祖的罪状。十四日,逮捕了宋朝廷所派的监军周光逊等人,派遣手下牙将刘继冲等押送到北汉表示归顺,要求支援,又派遣军队袭击泽州,杀死刺史张福,占领泽州城。

李筠反叛朝廷后,从事间丘仲卿劝说李筠道:"您孤军起兵举事,形势十分危险,虽然表面上倚仗河东(指北汉)的支援,恐怕实际上也得不到他们的有力帮助。大梁(指宋朝)军队武器精良锐利,难以同他们争斗决胜。不如西下太行山,直抵怀州、孟州,堵塞虎牢关,占据洛邑城。然后向东去争夺天下,这是上策啊。"李筠却说:"我是周朝老将,和周世宗的情义如同兄弟,宫禁警卫将士,都是我的故旧,听说我到达,必定会倒戈投归我,怕什么不成功呢!"未采用闾丘仲卿的计策。

十七日,昭义兵变奏报。枢密使吴廷祚向太祖进言说:"潞州岩崖险峻,贼军倘若固守的话,就不能用一年半载的时间攻破。然而李筠一向骄傲轻率没有谋略,应该迅速领兵攻击他。"十九日,派遣石守信、高怀德率领前头部队进军讨伐,太祖敕令石守信等说:"不要放李筠西下太行山,急速领兵把守要塞,那打败李筠就必定无疑了。"

五月,北汉睿宗闻李筠背叛宋朝廷起兵后,派遣内园使李弼将诏书、金银绢帛、好马赐给李筠,李筠便又派遣刘继冲前往晋阳,请求北汉睿宗起兵南下,自己作为前导。北汉睿宗派遣使者向辽国请求援兵,辽军没有集结,刘继冲陈述李筠意思,要求不用契丹军队。北汉睿宗当天举行军队大检阅,倾国之兵自己统领从团柏谷出发,群臣在汾水岸边为之饯行,左仆射赵华劝谏说:"李筠起事轻率仓促,事情必定无成,陛下尽境内之兵赶赴征战,臣下看不出来其事可行。"北汉睿宗不听从。

当北汉军队行进到太平驿时,李筠亲自率领官员僚属迎接谒见,北汉睿宗命令李筠朝拜时赞礼人不唱其名,坐在宰相卫融的上方,封为西平王。李筠看到北汉睿宗的仪仗卫队又少又弱,内心很后悔,却又自言蒙受周朝的恩宠不忍心辜负。但北汉睿宗同后周世代结仇,听到李筠的话,也不高兴。李筠准备返回,北汉睿宗派遣宣徽使卢赞监视他的军队,李筠心中越发不平。

卢赞曾经会见李筠计议事务,李筠不理睬,卢赞发怒,拂袖起身。北汉睿宗听说卢、李有矛盾,于是派遣卫融前往军中进行和解,致使叛军出师便不利。

宋太祖获悉李筠背叛朝廷,勾结敌手北汉、辽国军队,公开叛乱后。于是除调遣军队外,自己又亲自布防,并率军征讨,既剿平叛军,又能"惊"慑、削弱北汉与辽军势力。这是实施此计的关键一步。

同年四月,宋太祖召三司使、清河人张美征调军队、粮食,张美说:"怀州刺史、大名人马令琮,估计李筠必定反叛,日夜储备粮草

三十六计

来等待王师。"太祖立即下令授马令琮为团练使。随后,又采纳宰相范质的谏言,由于大军北上攻伐,依靠马令琮按需要供给,不可再转移到其他州郡,于是又将怀州提升为团练使州,让马令琮充任团练使。以保障后备供应。

五月初,宋太祖又任命洛州团练使敦进为本州防御使,兼任西山巡检,防备北汉军队。

叛军头目李筠留下长子李守节守卫上党,而自己则率领部众三万人向南出击。不久,朝廷的军队石守信等部在长平击败李筠军队,又攻克他的大会寨。

十九日,宋太祖下诏亲征,讨平李筠叛乱。不久,从大梁出发,二十四日,在荥阳停留。这时,西京留守向拱劝说太祖:"渡过黄河,翻越太行山,乘着贼军没有集结就攻击它。如果滞留拖延十天,那贼军的势头就越发猛烈了。"枢密直学士赵普也说:"贼人认为我国家新建,不能出兵征伐;倘若日夜兼程,攻其不备,可以一战而胜。"太祖采此意见。

二十九日,石守信、高怀德在泽州南面打败李筠叛军三万余人,俘获北汉河阳节度使范守图,杀死卢赞。叛首李筠则逃入泽州,环城固守。该月,永安节度使折德扆攻破北汉河石寨,斩首级五百。

六月初一日,宋太祖到达泽州,督令军队攻城,过十天还没攻下。他于是召见控鹤左厢都指挥使蓟人马全义询问计策,马全义请求全力紧急进攻,就率领敢死军士首先登城,飞箭穿透手臂,马拔出箭头前进战斗,太祖则亲率领警卫军队继续跟进。十三日,攻克泽州城。李筠投火而死。俘获卫融。

通过宋太祖亲征,终于将李筠叛军讨平。同时,还对北汉军队有所斩获和俘擒。李筠叛军的覆灭,宋太祖的"打草"之举(驱赶),使叛军背后的支持者、盟主的北汉、辽军大为震惊,亦大伤元气。由此使宋太祖通过计谋所企达之目标全部实现。

当时,北汉睿宗听说李筠战败,便从太平驿逃回晋阳,对赵华说:"李筠不成气候,结果如爱卿所言,我侥幸保全军队而归,只是悔恨丧失卫融、卢赞罢了!"赵华不久便告老还乡。至于辽军则听说潞州被宋军攻破,结果也没有出兵。

二十九日,宋太祖从潞州出发。七月十日,到达京师。

当初,北汉宰相卫融被擒,宋太祖责问他说:"你唆使刘钧帮助李筠反叛,是为什么?"卫融回答说:"狗见了不是主人就叫,臣下实在不忍心背负刘氏。"并且说:"陛下即使不杀臣下,臣下也必定不为陛下效力。"太祖发怒,命令左右卫士用铁杖打他的头,血流满面。卫融呼喊道:"臣下死得其所了!"太祖说:"是忠臣啊,放了他。"用好药敷贴他的伤口,让他送致书信给北汉睿宗,要求归还周光逊等人,表示诚意,将卫融送归太原,北汉睿宗不予回答。十三日,北汉任命卫融为太府卿之官职。

可见,到此时,北汉、辽军"敌蛇",不仅因李筠叛军被宋军剿平而"大惊",同时本身还损兵折将,丢城失地,甚至连北汉宰相都做了宋军的俘虏。卫融被俘后,宋太祖亲审、亲惩后,又突然放了他,让其作传书信使回归北汉,北汉之主对宋太祖的书信拒不答复,又不放宋监军等人,还大贬了放回的卫融之官职。这既表明北汉已元气大伤,毫无任何反击应变之力,还预示着内部矛盾加剧。卫融的俘而复回，无疑是安放在北汉之主身边的一颗内耗型定时炸弹，随时可能引爆，"敌蛇"之惊，已实成"重伤""内创"之状了。这一计谋运用成功的关键恰在于此。

太祖激变，惊打北汉

五代末年，后周殿前都检点赵匡胤，手握重兵，陈桥兵变，黄袍加身登上帝位，建立了宋王朝。宋代初年，北有敌国北汉及与之相勾结的辽国，更有后周的旧部将李筠等拥众兵镇守西潞州，他们与北汉、辽等早有往来。宋太祖于建隆元年(960 年)，审时度势，在宋、李筠、北汉、辽四方的政治势力角逐中，便以激变李筠，而后征讨，以惊北汉、辽国等敌手，且削夺其外围势力(实为政治盟友的李筠)。致使通过激怒之法"打草"(伐李筠)，达到既惊慑北汉、辽国"敌蛇"，又除掉边镇之患的多重目的。宋太祖应用此计，运筹帷幄，实现方略的具体推进步骤如下：

第一步：抚(招抚)。建隆元年四月，宋太祖诏令原后周昭义军节度使、太原人李筠加官为宋朝廷中书令。当朝廷使者到达潞州时，李筠当即打算拒绝诏命。只是左右官员恳切劝谏，才请进太祖派来的使者，设置酒宴奏起音乐，但随后又取出周太祖画像悬挂在厅堂墙壁，流泪不止。宾客僚佐惶恐惊惧，告诉使者说："令公醉酒有失常态，请不要见怪。"北汉国主睿宗刘钧听说此事，就用蜡封密信交给李筠共同起兵，李筠长子李守节此时哭泣劝谏，但李筠却不听。

第二步：激(激怒)。宋太祖听闻李筠的种种表现，一方面用亲笔诏书安慰招抚，另一方面又召李守节进京为皇城使。而李筠则趁机派遣李守节

入朝观察动静，太祖迎面对李守节说："太子，你为什么缘故前来？"李守节惶恐四顾，用头碰地说："陛下怎么这样说？此必定有说坏话的人在离间臣父和陛下的关系。"太祖说："我听说你多次劝谏，但你父亲不听，所以他派遣你来，想让我杀你罢了。你回去告诉你父亲我没有做天子的时候，任凭你自己作为；我既然做了天子，你难道不能稍微让我一点吗？"李守节驱马飞驰回去报告李筠，李筠于是命令幕府起草檄文历数来太祖的罪状。十四日，逮捕了宋朝廷所派的监军周光逊等人，派遣手下牙将刘继冲

等押送到北汉表示归顺,要求支援,又派遣军队袭击泽州,杀死刺史张福,占领泽州城。

第三步:变(叛变)。李筠反叛朝廷后,从事闾丘仲卿劝说李筠道:"您孤军起兵举事,形势十分危险,虽然表现上倚仗河东(指北汉)的支援,恐怕实际上也得不到他们的有力帮助。大梁(指宋朝)军队武器精良锐利,难以同他们争头决胜。不如西下太行山,真抵怀州、孟州,堵塞虎牢关,占据洛邑城。然后向东去争夺天下,这是上策啊。"李筠却说:"我是周朝老将,和周世宗的情义如同兄弟,宫禁警卫将士,都是我的故旧,听说我到达,必定会倒戈投归我,怕什么不成功呢!"不采用闾丘仲卿的计策。

十七日,昭义兵变奏报。枢密使吴廷祚向太祖进言说:"潞州岩崖险峻,贼军倘若固守的话,就不能用一年半载的时间攻破。然而李筠一向骄傲轻率没有谋略,应该迅速领兵攻击他。"十九日,派遣石守信、高怀德率领前头部队进军讨伐,太祖敕令石守信等说:"不要放李筠西下太行山,急速领兵把守要塞,那打败李筠就必定无疑了。"

五月,北汉睿宗闻李筠背叛宋朝廷起兵后,派遣内园使李弼将诏书、金银绢帛、好马赐给李筠,李筠便又派遣刘继冲前往晋阳,请求北汉睿宗起兵南下,自己作为前导。北汉睿宗派遣使者向辽国请求援兵,辽军没有集结,刘继冲陈述李筠意思,要求不用契丹军队。北汉睿宗当天举行军队大检阅,倾国之兵自己统领从团柏谷出发,群臣在汾水岸边为之饯行,左仆射赵华劝谏说:"李筠起事轻率仓促,事情必定无成,陛下尽境内之兵赶赴征战,臣下看不出来其事可行。"北汉睿宗不听从。

当北汉军队进行到太平驿时,李筠亲自率领官员僚属迎接谒见,北汉睿宗命令李筠朝拜时赞礼人不唱其名,坐在宰相卫融的上方,封为西平王。李筠看到北汉睿宗的仪仗卫队又少又弱,内心很后悔,却又自言蒙受周朝的恩宠不忍心辜负。但北汉睿宗同后周世代结仇,听到李筠的话,也不高兴。李筠准备返回,北汉睿宗派遣宣徽使卢赞监视他的军队,李筠心中越发不平。卢赞曾经会见李筠计议事务,李筠不理睬,卢赞发怒,拂袖起身。北汉睿宗听说卢、李有矛盾,于是派遣卫融前往军中进行和解,致使叛军出师便不利。

第四步:赶(征讨)。宋太祖获悉李筠背叛朝廷,勾结敌手北汉、辽国军队,公开叛乱后。于是除调遣军队外,自己又亲自布防,并率军征讨。既剿平叛军,又能"惊"慑、削弱北汉与辽军势力。这是实施此计的关键一步。

同年四月,宋太祖召三司使、清河人张美征调军队、粮食,张美说:"怀州刺史、大名人马令琮,估计李筠必定反叛,日夜储备粮草来等待王师。"太祖立即下令授马令琮为团练使。随后,又采纳宰相范质的谏言,由于大军北上攻伐,依靠马令琮按需要供给,不可再转移到其他州郡,于是又将怀州提升为团练使州,让马令琮充任团练使。以保障后备供应。

五月初,宋太祖又任命洺州团练使郭进为本州防御使,兼任西山巡检,防备北汉军队。

叛军头目李筠留下长子李守节守卫上党,而自己则率领部众三万人向南出击。不久,朝廷的军队石守信等部在长平击败李筠军队,又攻克他的大会寨。

第四编 《三十六计》智谋经典

十九日,宋太祖下诏亲证,讨平李筠叛乱。不久,从大梁出发,二十四日,在荥阳停留。这时,西京留守向拱劝说太祖:"渡过黄河,翻越太行山,乘着贼军没有集结就攻击它。如果滞留拖延十天,那贼军的势头就越发猛烈了。"枢密直学士赵普也说:"贼人认为我国家新建,不能出兵征伐;倘若日夜兼程,攻其不备,可以一战而胜。"太祖采此意见。

二十九日,石守信、高怀德在泽州南面打败李筠叛军三万余人,俘获北汉河阳节度使范守图,杀死卢赞。叛首李筠则逃入泽州,环城固守。该月,永安节度使折德扆攻破北汉河石寨,斩首500级。

六月初一日,宋太祖到达泽州,督令军队攻城,过十天还没攻下。他于是召见控鹤左厢都指挥使蓟人马全义询问计策,马全义请求全力紧急进攻,就率领敢死军士首先登城,飞箭穿透手臂,马拔出箭头前进战斗,太祖则亲率领警卫军队继续跟进。十三日,攻克泽州城。李筠投火而死。俘获卫融。

第五步:蛇(惊蛇)。通过宋太祖亲征,终于将李筠叛军讨平。同时,还对北汉军队有所斩获和俘擒。李筠叛军的覆灭,宋太祖的"打草"之举(驱赶),使叛军背后的支持者、盟主的北汉、辽军大为震惊,亦大伤元气。由此使宋太祖通过计谋所企达之目标全部实现。

当时,北汉睿宗听说李筠战败,便从太平驿逃回晋阳,对赵华说:"李筠不成气候,结果如爱卿所言,我侥幸保全军队而归,只是悔恨丧失卫融、卢赞罢了!"赵华不久便告老还乡。至于辽军则听说潞州被宋军攻破,结果也没有出兵。

二十九日,宋太祖从潞州出发。七月十日,到达京师。

当初,北汉宰相卫融被擒,宋太祖责问他说:"你唆使刘钧帮助李筠反叛,是为什么?"卫融回答说:"狗见了不是主人就叫,臣下实在不忍心背负刘氏。"并且说:"陛下即使不杀臣下,臣下也必定不为陛下效力。"太祖发怒,命令左右卫士用铁杖打他的头,血流满面。卫融呼喊道:"臣下死得其所了!"太祖说:"是忠臣啊,放了他。"用好药敷贴他的伤口,因此让他送致书信给北汉睿宗,要求归还周光逊等人,表示诚意,将卫融送归太原,北汉睿宗不予回答。十三日,北汉任命卫融为太府卿之官职。

可见,到此时,北汉、辽军"敌蛇",不仅因李筠叛军被宋军剿平而"大惊",同时本身还损兵折将,丢城失地,甚至连北汉宰相都做了宋军的俘虏。卫融被俘后,宋太祖亲审、亲惩后,又突然放了他,让其作传书信使回归北汉,北汉之主对宋太祖的书信拒不答复,又不放宋监军等人,还大贬了放回的卫融之官职。这既表明北汉已元气大伤,毫无任何反击应变之力,还预示着内部矛盾加剧。卫融的俘而复回,无疑是安放在北汉之生身边的一颗内耗型定的炸弹,随时可能引而待爆,"敌蛇"之惊,已实成"重伤""内创"之状了。这一计谋运用成功的关键恰在于此。

巡抚审贿,计惊贪督

清代统治者为延揽、招募人才,向有若干年定期举行殿前会试、地方分试的科举考试制度。每遇考期,恰是各种政治势力、官场各色人等,进行角逐、较量的关键时刻。在康熙年间,江南的一场乡试中,受贿贪官与清官、巡抚与总督、满官与汉官、皇帝与地方官员们之间，便进行过一场生死较量与搏斗，由于巡抚张伯行一身正气，及时、准确、巧妙、熟练地在这场政治斗争中，运用打草惊蛇之计，终于伸张了正义，维护了皇帝，而使大小贪官伏法。历时甚长，屡经波折，且又牵动多人，最终才算了结，实属耐人寻味。

康熙五十年（公元1711年）六月，殿会试、乡试发榜。但江南乡试榜名公布后，一些不学无术的富户子弟金榜题名，而不少有真才实学的考生却名落孙山。于是，人们和应考考生群情激愤，将考场的匾额"贡院"二字改为"卖官"，同时联名上书告状，要求查办。当时，江南的巡抚张伯行是个正直、清廉的官员，他接到考生们的状子后，立刻表示要查办此事，究其原委。后经初步调查得知，原来是副考官赵晋受贿，而正考官则畏于权势，以受贿之事不敢过问。张伯行于是立即上书康熙皇帝，对肇事官员进行弹劾。

康熙皇帝看了奏本以后，十分生气，决定派尚书张鹏翮、侍郎赫寿，到江南会同江南总督噶礼和张伯行一道对此案进行追查。张、赫到达江南后，噶礼设宴盛情款待皇帝钦派的朝廷大吏，终日歌舞宴乐，当问及此案时，噶礼则说："已查明副考官赵晋私漏考题，依法逮捕了。"随后当堂会审。赵晋则跪在众官面前，只承认全系他自己的过失，与他人毫无干系。但在回答问题时，却吞吞吐吐，并不时偷看噶礼的脸色。这一切，立即引起了巡抚张伯行的怀疑。

退堂以后，张伯行接着秘密提审了赵晋，查出了行贿的考生为吴泌、程光奎。张伯行又顺藤摸瓜，接着又严厉追查，吴、程二人虽承认贿赂了考官，却誓死不敢把事实真相全盘托出。当再审问赵晋时，赵则吓得痛哭流涕地说："大人，奴才不敢再说了。否则一家人的性命难保哩？"于是，张伯行感到这案子的背后，还有一股无形的压力，有更为隐秘、深藏的"蛇"在从中作梗。因此，犯人才会如此惧怕，这定有原因。

于是，张伯行派人立刻连夜追查，后从犯人的家眷中，得知江南总督噶礼曾派人关照警告过。张伯行又继续秘密提审一行人犯，终于招出噶礼受贿最多，是他一手策划了这次舞弊案。张伯行接着将此情状通报给朝廷委命钦官给尚书张鹏翮、侍郎赫寿。但此人原先就与噶礼关系不错，这次来江南后又得到他的许多好处，于是决定马上停审结案，想一并处理了赵晋与行

贿的考生就算完事。接着，噶礼便立刻倒打一耙，诬陷张伯行七条罪名，上奏皇帝。同时，张鹏翮、赫寿也回奏说：赵晋与考生串通作弊是实，但说噶礼参与作弊则是张伯行的诬陷，要求朝廷罢免张伯行的江南巡抚官职。

但是，张伯行却不畏权势，再次上书康熙皇帝，坚决要求对有关受贿官员依法惩办。康熙皇帝接着只好再派尚书穆和伦等人去复查此案。他二人到江南后，同样得到噶礼的许多好处和甜头，竟然主张维持张、赫调查的原案。

尽管如此，张伯行虽一再受到诬陷打击，却毫不畏惧，再次上奏康熙皇帝，详明案情和审理经过，并附上案犯亲笔口供及旁证，表示了宁可丢官也要依法办事的大义凛然精神。作为政治上颇为精明、清醒的康熙皇帝，在接此奏折后，感到一方要追查，一方不让追查，其中必定有鬼，于是派了身边靠得住、信得过的人，前往江南秘密调查，其结果与张伯行的审理结果完全一样。接着，他又亲自审案，果真如此。于是，当即下令将噶礼等人犯依法治罪。并怒斥张鹏翮、赫寿、穆和伦等人，将他们降为原任官职，以示警处。同时，还提升张伯行任朝廷尚书。

在这场围绕江南科场舞弊案的政治较量中，作为江南巡抚的张伯行，在追查案犯、深究元凶的过程中，巧妙地运用了打草惊蛇的计谋，一步一个脚印，虽一波三折，险些夭折，甚至被蛇所咬，但最终却水落石出，使真相大白于天下。这其中，运用得法在于一"驱"，二"赶"，三"打"，四"惊"，步步为营，稳扎稳打，致使计谋预期的案情、惩凶、伸（气）正、压（势）邪的目标，全部得以实现。

然而，张伯行实施此计时，采用的手法，是驱甲（赵晋、贿主考生）赶乙（江南总督噶礼、此案元凶），实其势（人证物证在握）却又虚其声（即秘密严审案犯人等），终于打草惊蛇，使噶礼露其原形，自己跳出来，上奏不准再追查此案，而张坚持追查到底，相持不下，最后由皇帝辨其贪正，惊蛇被惩。这里，"驱"的具体办法则是"恐吓"策略。但它却非一般意义上的恐吓、恫吓，而是张伯行抓住赵晋在众官会审时的眼色、口供破绽，立刻单独秘密严审，高扬清代法律的威势、无情，明以正义，晓以利害，示其后果，终使赵晋与行贿考生只得如实招供。后又亲取物证，查明元凶。此种驱打（草），步步进逼，直抵蛇穴，致使蛇（噶礼）不得不惊，不得不惧，而终被捉住。

巴西军队,欧洲建功

1942 年 8 月 22 日,东普鲁士,狼穴。

一阵动听的舞曲缓缓而止,接着,房间里响起一阵噼噼啪啪的鼓掌声。

每天例行的音乐会结束了,一位位军官从大房间里鱼贯而出,回到各自的工作岗位上去。

战争虽然进入了最激烈、残酷的阶段,可是按照希特勒的命令,德军大本营中每天的音乐欣赏会仍然保留了下来,尽管总参谋部的高级将领们对施特劳斯、舒伯特未必有多少兴趣。

希特勒刚回到他的阅图室,陆军参谋长蔡茨勒走了进来,将一份情报放到了他的面前。

"元首阁下,这是来自美国的一份情报,巴西准备组成远征军,到欧洲来同我们作战了,据悉,像巴西这样的国家,在南美还有好几个……"

希特勒拿过电报,急促地横扫了几眼,然后将电报丢到一边,轻蔑地一笑,说:"我的参谋长,在人类漫长的历史上,你听说过有巴西人参加的战争么?"

蔡茨勒挺了挺腰身,回答说:"没有。"

"正是如此,巴西是一个还没有开化的国家,他们那儿有许多原始雨林,听说雨林里生长着各种各样的毒蛇……"

说到这里,希特勒停顿了一下,恶作剧地哂笑着说:"如果巴西的军队能到欧洲来打仗,除非巴西的蛇开始吸烟斗。"

希特勒对吸烟很反感,从上中学时戒烟后,便再没有吸烟,可不幸的是,他在进攻东方时,受到了俄国人的顽强抵抗,眼下他最头疼的敌人,就是烟斗不离手的那位号称共产主义领袖的斯大林。

消息传到巴西,立刻在军界、政界引发了一场轩然大波。马斯卡雷尼亚斯将军再次向美国总统罗斯福致电,请求美国将巴西的军队海运至欧洲,加入到反法西斯战争的第一线作战部队中去。

美国应诺后,马斯卡雷尼亚斯将军便满腔热情地投入到远征军的筹备工作中去,至 1944 年中,准备工作大体就绪。7 月 2 日下午 6 时 30 分,作为第一梯队的 5000 多名巴西官兵,搭乘美国"曼将军"号战船,从里约热内卢正式登程。

5000 名巴西官兵满怀参战的渴望,急欲登上大洋的彼岸,同不可一世的德国法西斯一决高低。他们身佩的袖标上,有一个奇异的图案:在巴西的字样下面,画着一条正在吸烟斗的眼镜蛇。

局外人看到这个图案,只会觉得奇异,但这支远征军的每一位官兵都知道,这是德国那个魔鬼对巴西人的嘲笑。

知耻而后勇,巴西人正是把这个讥嘲绣刻在自己的臂章上,激励自己要勇敢杀敌,不怕牺牲。

果然,巴西"眼镜蛇"一踏上欧洲的土地,就刮起了一阵南美龙卷风,攻城拔寨,所向披靡,大扬了"眼镜蛇"的威风。

经过 14 天航行,"曼将军"号抵达意大利南部的那不勒斯港。这里,自盟军1943年7月在西西里登陆以来,战争进程十分缓慢。由于德军在意大利中北部利用那儿有利地形进行拼死抵抗,形成了两军长期对峙的僵持局面。巴西远征军抵达战场后,恰逢盟军即将发动一次新的攻势,于是,他们便很快地投入了繁忙的战前准备。

8月,巴西远征军被正式编入美国第5集团军,不久,随美第4军开赴前线,攻打德军的"哥特防线"。

战斗开始后,巴西远征军立刻显示了他们的勇气和胆略。他们与美4军相配合,一路上攻关夺隘,陷城略地,成为一支无所不能的常胜军。

但是当部队推进到卡斯泰洛山前时,形势起了变化。

卡斯泰洛山位于佛罗伦萨正北偏西约50公里,高度为987公尺,地形十分险要,易守难攻,加之德军配有精锐部队在这里防御,所以便形成了一根卡脖子的骨头。

盟军在突破"哥特防线"之后,美第5集团军挥师北上,把矛头指向波伦亚,拟在圣诞节前一举攻下它,以便作为盟军越冬的基地。拿下卡斯泰洛山,从左路切入,进而对波伦亚形成由西向东的迂回包抄。

当盟军兵临卡斯泰洛山下时,山上驻有德军的一个掷弹兵师,他们利用控制的制高点和有利地形,精心布置出一个个纵横交错的火力网,借此来阻挡盟军前进的脚步。

卡斯泰洛山攻坚战共进行了5次,其中前两次由美国第4军担任主攻,巴西远征军担任助攻。后三次由巴西远征军单独进攻。

11月24日,盟军向卡斯泰洛山发动了第一次进攻,因抵挡不住德军猛烈的火力败退下来,但在撤退过程中,作为进攻的主要组织者美军第4军,事先竟不通知巴西友军,而自己仓皇逃命,结果使巴军的侧翼遭到德军的袭击,从而遭受重大伤亡。次日上午8时许,盟军又发起了第二次进攻,早有准备的德军,加强了防守,所以盟军即使攻势很凌厉,依然没有占到上风。双方经过一整天的拉锯战,最后仍以盟军的失败而告结束。

两次失利不仅给攻打卡斯泰洛山的战斗蒙上了阴影,而且在巴、美两支军队之间造成了龃龉。

11月26日,在盟军的军事会议上,美军第4军把战斗失利的责任推到了巴西远征军的身上。马斯卡雷尼亚斯气愤不过,毅然要求脱离美第4军的指挥,独自承担攻打卡斯泰洛山的任务。

两战皆败的美4军本来正觉得骑虎难下,如今正好顺水推舟,把这块难啃的骨头,扔到了巴西远征军的面前。

巴西远征军开始独立作战后,他们重新调整了部署,于11月29日和12月12日,连续两次发起进攻,可惜未能如愿。德军的疯狂抵抗和地形的险要,挫败了巴西人的进攻。

但是,这两战已经打出了威风,给阵地上的德军以大量的杀伤。一位被俘的德军军官感慨万分地说:"你们巴西人确实很勇敢,我从未见有哪个国家的士兵会这么不惜性命地朝着机关枪和固若金汤的阵地直冲,这太难以想象了……"

经过一个冬天的养精蓄锐,到1945年2月,盟军又恢复了军事行动。千军万马兵分两路,开始对位于伦巴弟平原东南部、亚平宁山北麓的德军主力展开钳形包围,以便在未来的总攻发动之前,切断敌军的退路。

美第5集团军是其中的左路军,他们预定从卡斯泰洛山一线出击,向北突进到波伦亚两侧。这样,卡斯泰洛山这个钉子,就可以拔出了。

2月21日,巴西远征军受命再度向卡斯泰洛山发起进攻,这是一次为美第5集团军打开胜利进军大门的战斗,不仅关系到后继部队能否准时通过,而且关系到巴西国家和军队的声誉,所以巴西人对这次战斗倾注了自己全部的力量。

这一回,马斯卡雷尼亚斯将军接受了上两次的教训,他先没有派部队与德军硬碰,而是派出小股部队去袭击德国人的两翼。得手后,下午4时20分,才对主阵地发起正面进攻。经过1个半小时的激战,巴西远征军终于力克顽敌,把胜利的旗帜插上了卡斯泰洛山的山顶。

经过这一战后,巴西远征军犹如归海蛟龙,入林猛虎,大发神威,连续攻克了卡斯泰尔诺沃、蒙特塞、佐卡、科莱基奥和福尔诺沃等军事要塞。到1945年5月南线战斗停止时,共俘获德、意军官兵2万多人,毙敌5万余人,成为二战中战功彪炳的一支常胜之军。

在二次大战中,巴西是拉美诸国中惟一一个向欧洲战场派遣地面部队的国家,它的这支号称"眼镜蛇"的远征军不负众望,立下了赫赫战功,为巴西赢得了荣誉,直到今天,仍然成为巴西人的骄傲。

孙子在《作战篇》中指出:故杀敌者,怒也;取敌之利者,贷也,的确是一条不容低估的战争定律。巴西组建远征军远征欧洲本来只是一种意向,可是由于希特勒的嘲笑,激怒了巴西人,从而成为他们坚持出兵的一种强大动力。到达前线后,他们佩戴着绣有"眼镜蛇吸烟斗"的臂章,随时想到雪国耻、立军功。结果作战异常勇敢,屡立战功。巴西远征军的辉煌,再次证明了孙子阐明的作战原则:知耻而后勇,哀兵必胜。

如果希特勒知道自己的一句嘲弄话,造就了一支成为自己死敌的军队的时候,也许当初他就不敢这么放肆了。

大西洋上,反潜作战

碧波浩瀚的大西洋,有一个神秘的百慕大三角,据说在这里失踪的舰船已不下上百艘,而且每艘舰船失踪时都来不及呼救,无人幸免于难,整个过程极为神秘。对其原因,人们众说纷纭,至今没有定论。于是,"魔鬼大三角"就成了这里的代名词。在第二次世界大战期间,进入大西洋的舰船也频频神秘失踪,这不是因为大西洋又出现了"魔鬼大三角",而是因为有一支神秘的"狼群"在水面下作恶。

英国是一个岛国,因此与外界的联系全靠大西洋上的交通线维系,一旦海上交通线被切断,整个国家就将陷入困境。

1939 年 9 月 3 日,英国油轮"雅典"号像往常一样,航行在大西洋上。突然,平静的洋面上掀起一股恶浪,随着海面下传来的一声沉闷的响声,"雅典"号摇摇晃晃瞬间便沉入了海底。9 月 19 日,正在大西洋执行任务的英国"勇敢号"航空母舰,也遭到来自水中的神秘袭击,莫名其妙地葬身洋底。1939 年 9 月,成了英国海军史上最黑暗的月份。在这个月中,英国与中立国航行在大西洋上的 41 艘船只,总吨位约 15.4 万吨,全部葬身海底,英国海军官兵有的到死都不知是怎么回事。这事极大地震动了英国朝野,英国决心查出真凶,严加惩罚。然而,正当英国加紧追查大西洋舰船失事原因的时候,又一件不幸的事情发生了。

1939 年 10 月 14 日午夜,群星撒满了夜空,英国海军基地斯卡帕湾内风平浪静,官兵们已进入甜蜜的梦乡。突然,一声低沉的爆炸声从"皇家橡树"号战列舰的底部传出,舰上的英国第二作战舰队司令官格罗夫从梦中惊醒,他和舰长都以为是军舰本身出了问题,下令查找爆炸原因。20 分钟后,该舰底部又连续传出 4 声巨大的爆炸声。尚未查出首次爆炸原因的"皇家橡树"号战列舰,便连同舰队司令和 786 名官兵一起葬身鱼腹。后来,英国才弄清舰船沉没的原因——是德国潜艇组成的"海狼"发起的鱼雷攻击。

战前,英国海军低估了德国潜艇的作用,认为潜艇不足为患。沉重的代价终于唤醒了盲目自大的英国人,他们不得不认真地研究对付德国"狼群"的办法,组织力量根除祸患。

潜艇早在第一次世界大战就开始崭露头角。1914 年 9 月 22 日,德国潜艇 V—9 号,在 1 小时 15 分钟内,用 6 枚鱼雷击沉英国 3 艘各为 1.2 万吨的巡洋舰。德国潜艇在海战中显示出的巨大威力,曾使英国人大伤脑筋。后来,德国在第一次世界大战中战败,战胜国严格禁止德国海军拥有潜艇。直到 1935 年,德国潜艇又在海军中死灰复燃。与此同时,运用潜艇的新战术,也在德国一个军事冒险家的头脑里酝酿成熟了。

1935 年 10 月,德国新组建的一支仅有 3 艘潜艇的舰队司令官走马上任。这位司令官就是后来的海军总司令、第三帝国中希特勒的末代继承人邓尼茨。

邓尼茨这个狂热的纳粹党徒,为使德国潜艇称霸大西洋,他潜心研究作战理论,创立了德国潜艇战的新战法,即臭名昭著的"狼群"战术。从此后,德国潜艇便横行大西洋,作战效率成倍提高,舰艇阵容日益庞大。这种"狼群"战术的奥妙,在于昼伏夜出、结群作战、水面近攻。每当潜艇群在海上巡弋,有一艘潜艇发现目标后,立即报告岸上指挥部,并通知就近的其他潜艇。然后,以一个经验丰富的潜艇艇长担任"头狼",指挥各潜艇协同作战。攻击前先派出一艘潜艇诱敌,引诱敌方护航舰追击,其他潜艇乘虚而入,发动水下夜袭。待天明时,则脱离接触,次夜再进行攻击。德国潜艇自采取这种"狼群"战术后,很快便收到了显著的战果。

10月19日,德国有名的"海上屠夫"普里指挥的U—47号艇发现了从加拿大驶往英国的护航运输船队,便立即用无线电召来4个"狼"伙伴。5条"海狼"兽性大发,猛攻猛打,很快就收拾了14艘船。得手之后,他们余兴未尽,又扑向另一支船队,连偷袭带强攻又将7艘船送入海底。其他6艘潜艇也在前一天联合击沉了17艘舰船。1940年6月至12月,德国依靠这种"狼群"战术,共击沉了668艘船只,总吨位达296.5971万吨。"狼群"的暴行引起了英国的极大恐慌,英国首相丘吉尔惊呼:"对付潜艇的威胁是帝国海军的艰巨任务,较对付空袭尤甚!"

但是,尽管英、美海军紧密合作,全力对付德国"狼群"的袭击,但舰船的损失仍然居高不下。1943年3月19日,邓尼茨穷凶极恶地使用了自战争爆发以来最大规模的"狼群"战术,3群41艘潜艇恶狠狠地咬住了两支护航运输船队,以一艘潜艇被毁的代价击沉了商船21艘。整个3月份击沉对方吨位再次突破60万吨大关,"狼群"的嚣张气焰达到了无以复加的地步。

物极必反。德国"狼群"的猖獗,迫使盟国加紧研讨对策。1943年1月,盟国召开了卡萨布兰卡会议,决定把大西洋反潜战列为盟国的当务之急。

英国、美国、加拿大组建了海、空军特别指挥部,共同对付德国的潜艇;英美增调远程飞机,形成覆盖整个北大西洋的空中监视网;组建火力支援舰队,在远程飞机和护航舰的配合下共同反潜。并在飞机、舰船上配备了新式雷达,对德国潜艇进行远距离探测。一张强有力的捕"狼"网形成了,恶贯满盈的德国"狼群"已在劫难逃。

新的反潜战术出手不凡,迅速展示出了优越性。德国潜艇刚一露面,盟军的空中眼睛——飞机侦测雷达立刻就发现其行踪,随之而来的就是一顿猛烈的海空反潜炸弹攻击,德国潜艇不降即亡,别无出路。从1943年4月起,到该年底,德国261艘潜艇被击沉,以每月损失近30艘的败绩,宣告了"狼群"末日的到来。至此,第三帝国大势已去,绝望地将德国潜艇舰队

中的 220 艘潜艇炸沉,曾骄横一时的德国"狼群",从此彻底在大西洋上绝迹了。

以军发怒,炸反应堆

1981 年 6 月初的一天,耶路撒冷沐浴在金色的阳光中。以色列总理兼国防部长贝京正在其宽敞的办公室里紧张地批阅公文。突然,一份题为"伊拉克即将拥有核能力"的绝密报告跃入他的眼帘,顿时一种难言的焦虑和痛苦袭上心头。这个关系以色列安危的心腹之患已经搅得贝京几年来寝食不安。

伊拉克与以色列有不共戴天之仇。因此,以色列时时刻刻关注着伊拉克的一举一动。

1974 年,伊拉克与法国签订了核技术合作合同,由法国帮助伊拉克在巴格达东南 32 公里处的达塔穆兹研究中心,建立一个核反应堆,名为奥西拉克。合同规定,反应堆于 1981 年建成,造价 2.75 亿美元。与此同时,伊拉克还和意大利签订了一项购买"热室"的协定。这种设备可以从废铀中提取钚。据说,伊拉克还和其他一些国家就核技术合作建立了密切的联系。

伊拉克的所作所为和勃勃野心,让以色列人感到坐卧不宁。以色列不能容忍一个对自己虎视眈眈的近邻同"核"字挂上钩。

在过去几年里,以色列首先想使用外交手腕来阻止伊拉克成为核国家,但是,法、意都将它顶了回去。法国指出,伊拉克已签署了核不扩散条约,而且伊拉克的工程有保险设备,防止伊拉克使用生产出来的钚生产核武器。

于是心狠手辣的以色列死硬分子便求诸于极端手段。1979 年 9 月,以色列"摩萨德"的特务,炸掉了从滨海拉塞恩库房中启运去伊拉克的法国反应堆芯。一年之后,伊拉克核计划负责人、科学家叶海亚·迈沙德,在巴黎的一家旅馆里被人用大棒打死。几星期后,迈沙德之死的主要见证人在巴黎被一名汽车司机杀害。一月之后,在伊拉克参与核计划的意大利核公司斯尼亚公司在罗马的办事处被炸。同日,一位在奥西拉克的核工程工作的法国科学家险遭暗算。1980 年 9 月下旬,两架涂有伊朗空军标志的鬼怪式战斗轰炸机用火箭、炸弹袭击了伊拉克核反应堆。所有这一切,都是以色列所为。

外交破坏的受挫,肮脏诡计的失败,使贝京又气又恼。一天,他把空军领导人伊夫里叫到办公室,问他还有何高招。伊夫里狡黠地一笑,用手一劈,厉声地说道:"巴比伦行动!"何谓"巴比伦行动"? 这就是以色列拟制的偷袭伊拉克核反应堆的方案。按照这个方案,以色列将派出飞机,飞经约旦和沙特阿拉伯,然后一直飞过伊拉克的大沙漠,直抵巴格达郊区,轰炸核反应堆。要达成这次行动,关键是如何躲过约旦、沙特和伊拉克的雷达跟踪。

伊夫里精心挑选了 20 多名飞行员来进行强化训练。开始,驾驶员被要求长时间地在约旦与沙特接壤的大沙漠上空飞行,试探沙特和约旦雷达防区中的"盲"点。

为了迷惑途经国家的防空指挥官,他们训练的另一个重要内容是飞机的队形。他们让飞机作集群飞行。在敌方的雷达荧屏上,这些飞机所出现的集群图像,正好像一架大型商业飞机所显示的大亮点。而不是作战飞机显示的小亮点。

最后的一项训练是轰炸演习。以色列情报部门首先摸清了核反应堆水泥外层的厚度、水泥的成分,然后在格夫沙漠上按伊拉克核反应堆的大小比例建造水泥模型,反复进行轰炸演练。他们担心直接投弹可能会从反应堆的水泥外壳弹跳开去,于是飞行员便练习低空飞行,以平直弹道扔炸弹,使炸弹能穿透工厂墙壁,在里面引起爆炸,从而彻底炸毁里边的设备。

一切准备就绪之后,就等贝京下决心了。贝京日思夜想,辗转反侧,难下决心。但是,他的智囊们献策说:轰炸伊拉克核反应堆,此其时也!因为伊拉克正与伊朗打仗,一旦核反应堆被炸,无力报复。

贝京经过反复思考,觉得心里有了底。他下意识地说:"干政治就要敢冒风险。"于是,他拿起电话机,对伊夫里下达命令:"立即执行'巴比伦行动'计划!"

6月7日下午2点45分,14架涂着伪装色的飞机整齐地排列在埃齐翁空军基地。攻击机群由8架F—16和6架F—15组成。每架F—16装载两千磅炸弹,8架共装弹约16吨TNT。F—15担任掩护。每架飞机都带有导弹。F—16机翼下载的是一排响尾蛇导弹,F—15机身下载的是麻雀式导弹。

机群起飞后先沿着约旦和沙特的边境低飞,以躲过预警飞机的雷达扫描。在进入伊拉克领空以前,阿拉伯空防部队发现了飞机,要他们说明国籍。这时,飞

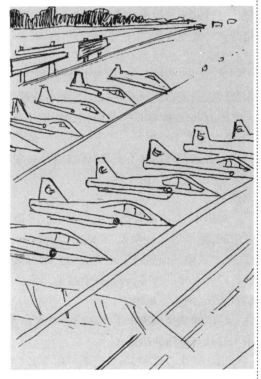

行员用流利的阿拉伯语回答说,他们是约旦飞机。一会儿他们被另一支地面部队发现时,以色列飞行员又用国际商业班机通用的英语回答。雷达屏幕上看到的的确是一架商业喷气机的反射图像。就这样,他们终于蒙混过境,直指巴格达。

下午5点半,飞机到达了巴格达东南面的达塔穆兹研究中心。这个由三面土墙包围保护着的核反应堆并没有任何异常,它周围的高射炮群和地对空导弹也没有任何反应。以色列飞机迅速由低空拉到两千英尺的高度。

太阳正在落山,暮色笼罩着巴格达。一架架F—16闪电般梯次呼啸而过,带队长机发射两枚"灵巧"炸弹,精确命中目标,炸穿了混凝土圆顶。其余飞机也争相命中。

集中兵力，入侵格岛

　　在加勒比海上有座翡翠般碧绿剔透的岛屿，它的名字叫格林纳达。它是世界上最小的国家之一，在世界地图上，它的面积甚至标不下国名。几百年来，这里的人们一直过着世外桃源般的悠闲生活。在这座小岛上，除了迷人的风光、精美的旅游纪念品，可能没有其他更多吸引人的地方。世界上发生的一切重大事件，似乎都与它无关。

　　但是，1983年10月13日，一阵清脆的枪声，打破几百年来这个太平洋岛国的宁静。政府军司令奥斯汀领导了一场军事政变，叛军攻占了总理府，废除了文职总理毕晓普。奥斯汀宣布，成立以他为首的革命委员会。叛军的公告在全岛引起了一场轩然大波。忠于毕晓普的部队和民众走上街头，同叛军进行拉锯式的搏斗和对抗，全国秩序陷入一片混乱。

　　消息迅速传到了美国。里根总统早在1979年任加利福尼亚州长期间，就注意过这个石榴形的小岛。那年3月，格林纳达"新宝石运动"领导人毕晓普发动政变上台，担任了政府总理。从此，格林纳达开始同苏联和古巴亲热起来。古巴的援助源源不断地运进这个小国，乐得毕晓普合不拢嘴。

　　更令里根吃惊的是，他当上总统以后听说格林纳达正在修建一条4000米长的机场跑道。他不明白这么个小岛修4000米的机场干什么？那个弹丸之地有几个4000米？格林纳达没有空军，而这个机场肯定是为空军所用，那么是哪国空军？一连串的问题引起了他的警觉。

　　带着这些问题和不安，美国政府开始对格林纳达施加压力。区区小国是禁不住超级大国恫吓的。毕晓普不得不在夹缝中求生存，在大国之间走钢丝。

　　时隔不久，毕晓普终于被人赶下台。但是过于天真的毕晓普站在追随者中间，慷慨激昂地演说，率队上街游行，以为这样做可以使政变者回心转意，立地成佛。他想错了。当他站在游行队伍前列，一路高呼口号前进时，奥斯汀的人冲进队伍，强行将他拉走。十几分钟后，这位瘦小文弱的前总理就被处决，倒在了血泊中。

　　这回轮到美国决策了。在国务卿舒尔茨等强硬派的支持下，里根作出了入侵格林纳达的决定。

　　出兵的决心已定，那么就要师出有名。里根总统的谋士立即为此次行动提出了三条冠冕堂皇的理由：一、保护在格林纳达的几百名美国学生；二、保护在岛上的英国总督；三、根据加勒比6国政府的紧急要求。

　　总统一声令下，五角大楼迅速运转起来。参谋长联席会议的大会议室里灯火通明。参联会主席维齐上将向各军、兵种将领下达作战命令：

　　"根据美国武装部队总司令、美国总统罗纳德·里根签署的命令，美国武装部队从现在起，正式受命进攻格林纳达。行动时间为10月25日拂晓，代号为'暴怒行动'"。

　　紧接着，作战部门开始拟制作战计划。这时他们才发现美国竟然没有格林纳达的军用地图。长期以来，在美国五角大楼官员的眼里，格林纳达太小了，小得不值得去为它绘制一份详尽的地形地貌和交通要图。虽然美国侦察卫星对这个小岛拍过不少照片,中央情报局的特工也伪装成各种身份的人到该岛收集过大量的情报和古巴军事人员部署情况,但就是没有人想到为这个岛国绘制一张作战地图,更没有人想到有朝一日要用到格岛的作战地图。

现代化的陆、海、空立体战争,没有地图是不可想象的。情急之下,还是美国驻格林纳达旅游公司帮了忙,该公司送来了一大批印得花花绿绿的格林纳达旅游图。无奈之下,也只好将就着用它了。于是美军参战部队各级指挥官都拿到了导游图,他们趴在这张花花绿绿、满是风光图片的纸上标绘了进攻的箭头,拟制了行动计划。

美军投入这次行动的总兵力为1.8万人,飞机230架,其中登陆的部队为8000人。另外,加勒比6国还出动300人组成联军,参加登陆行动。

在几千公里外的格林纳达岛上,守军也进入了战备状态。格林纳达的政府军只有两个步兵营,1个野炮连和1个高炮连。没有空军和海军,也没有坦克,只有少量过时的装甲车。驻岛的古巴军队是一支有636人组成的工兵营,是训练有素的正规部队,其中许多人具有在国外作战的光荣经历。但是靠这么一支力量来保卫一个国家,显然是力不从心的。

1983年10月25日5时。格林纳达还沉浸在清晨的宁静中,随着东方出现鱼肚白,海岛慢慢地从睡梦中苏醒,清新、湿润的海风吹抚着棕榈树,薄雾在随风飘散。

突然,远处的天空响起了震耳欲聋的轰鸣声。在灰蓝天幕的衬映下,成百架武装直升机和舰载攻击机,护卫着几架AC—130和C—130运输机,像蝗虫一样,黑压压地向海岛扑来。机群没有攻击滩头,更没有在海边着陆,而是越过滩头守军的头顶,向岛上的民用机场——珍珠机场飞去。守在滩头的古巴人如梦初醒,一下明白过来,原来美军采取的是"中心开花"战术,企图抢占机场,在守军的心脏插上一刀,保证大部队源源不断地进入,然后再将守军逐个歼灭。

见此情况,古巴守军立即向机场方向狂奔。但是人腿哪里赛得过飞机的翅膀。没等古军赶到,直升机早已在珍珠机场降落。紧接着从大开的舱门里跳出大批身穿迷彩服,脸上抹着油彩的美军士兵。他们一落地便翻滚着向四处散开,

交替掩护抢占有利地形。机场的少数守军试图抵抗,但他们的零乱枪声同美军机枪的密集扫射相比,就像孩子玩的鞭炮,响几声便没了声息。不到两小时,首批机降的陆战队已经完全控制了机场,并开始向机场附近的守军据点发起攻击。

最激烈的战斗在萨林斯角机场进行。这是由古巴军队援建的军用机场,古巴守军主力都集中在此。

美军对萨林斯角机场的争夺可谓独具匠心。美军的舰载攻击机首先对机场的防空火力进行了压制,不等守军喘过气来,由武装直升机护卫的AC—130武装运输机开始空降伞兵。首批空降的是特种部队。他们乘"大力神"运输机从巴巴多斯机场起飞,当武装直升机的火力突击刚刚结束,空降的伞兵已经着陆,开始向守军发起攻击。

古军不愧是卡斯特罗训练出来的部队,作战英勇,以一当十。一旦他们从最初的挨打中反应过来,便立即组织有力反击。美军空降兵被猛烈的火力压得抬不起头,不得不从机场的开阔地退缩到机场边缘的一个角落,固守待援。而后续的"大力神"飞机因受地面防空火炮的密集火力威胁,不敢再实施空降。古巴人开始得意了,因为第一架飞机投下的伞兵人数有限,子弹即将打光,快要支持不住了。

但是就在这时,一个战争奇观出现了:只见发怒的"大力神"飞机突然迎着火网,从高空猛扎下来。飞机上打来的密集火力,雨点般地落在跑道和守军的沙袋工事上。

"大力神"飞机已经降到了近200米的超低空,守军的高射机枪已经开始平射。"大力神"稍稍拉平了角度,仍在降低高度,带着巨大的吼声向机场扑来,接着发生的事就不是在战场上所能看到,而是在特技表演中才可能看到的情景了。

就在飞机的机腹几乎已经贴着机场边的树梢的时候,飞机舱门突然洞开,一个接一个的伞兵闪电般地蹿了出来,这时飞机的高度是152米,是二战后美军跳伞的新低度!

这简直不像是在跳伞,而更像是跳楼,一团团淡绿色的伞花奇迹般地开放在低空,转瞬间即着地。守军的火力对准低空的伞兵猛烈扫射,但是由于跳伞高度太低,下降速度极快,伞兵们只是在空中闪了一下,便已落到地面。只有极少数人在空中饮弹身亡。

大批伞兵的着陆,使机场上的态势发生转折,美军开始控制了机场,后续空降部队和多国警察部队陆续在萨林斯角机场机降。

格岛之战的胜负结局已经定格。双方都付出了代价,美军阵亡10余人,伤60余人,3架直升机被击落,15架受损;萨林斯角机场的守军大部战死。

在机场激战的同时,美海军"海豹"特种部队潜入了格林纳达首都圣乔治,顺利地救出了英国总督及美国学生。

继25日初战获胜后,美军兵分两路乘胜进击,攻占了格林维尔兵营和弗里特昆库火库。26日下午,美军进抵大安塞,攻占了贝尔蒙特电台。27日,美军完成了对圣乔治的包围。28日下午3点,攻占了格林纳达首都。

这时远在哈瓦那的卡斯特罗心情异常沉重。他的弟弟、古巴武装部队司令劳尔·卡斯特罗问他，是否立即派援兵杀向格岛。他摇了摇头说："不，没有必要了。"他不能让美国人的炮火吞噬更多古巴优秀儿女的生命。他已经同美国人斗了几十年，他有信心在下一个回合中赢回来。

美国施暴，入侵巴拿马

1990年初，寒风肆虐，海浪涛天。在美国的一个小岛上，关押着一个孤独的老人。押解他的美国士兵递给他一张《华盛顿邮报》，报上登载了布什总统的一项决定：美国军队有合法的权力在海外逮捕贩毒分子、国际恐怖主义分子及其他逃犯……其中包括巴拿马总统诺列加上将。

老人看完报纸，两眼发直，怒不可遏。他嚓嚓几下把报纸扯了个稀巴烂，嘴里愤愤地骂道："布什，你这棍棒主义！"他就是巴拿马前总统诺列加。

几年前，他依仗美国登上一国之主的宝座。几年后，又是美国把他赶下台，送到这荒凉的海岛。

诺列加与美国主子反目为仇是近几年的事。最使美国恼火的是，诺列加积极主张收回巴拿马运河，摆脱美国的控制。美国政府指责他："骨头硬了也不知道是怎么长硬的。"指责他大肆鼓动要在"2000年的第一天将连接两大洋的运河归还给巴拿马！"

诺列加我行我素。布什政府极为愤慨，美国不能允许在自家后院有这样一个不听话的小邻居。推翻诺列加政府被提上了日程。

不久，一份来自巴拿马的报告送到了布什总统的椭圆形办公室里。这份报告列举了巴拿马总统诺列加参与贩毒和政治谋杀的一桩桩"事实"。布什看完报告后感到有了借口，便拍案而起："单是贩毒，就可以结束他的政治生命！"

于是白宫态度趋于强硬。1989年5月，美国在运河区增派兵力，并在巴拿马城附近进行各种军事演习，大肆炫耀武力。诺列加对这一切毫不理睬，依然故我。

不久，白宫终于找到了借口。1989年12月16日上午，在巴拿马国防军总部附近，一位美国军官与巴拿马士兵和武装民兵发生冲突，饮弹身亡。消息传到白宫后，布什大怒，说："我不容忍杀害美军的暴行。"布什总统亲自签署了捉拿诺列加的命令。

12月19日，美国海军的"海豹"特种部队率先行动，直奔诺列加的私人机场，以防他逃跑。

巴拿马城里一切都照常运转。工厂、商店、饭店、大街上的人流都很平静，不知道一场战争即将来临。只有诺列加及其亲信冥冥中感到有一柄达摩克利斯之剑高悬在头上，随时可能落下来。

12月20日，布什总统正式宣布，"正义行动"计划开始实施。其实在此前一天，"海豹"部队已经通过一场短兵相接的战斗，占领了巴拿马机场，同时在海港捣毁了诺列加的专用船只，以防他外逃。20日凌晨1时，美军突击部队在装甲车掩护下，从巴拿马郊外的克莱顿基地出发，直扑巴国防军总部所在地。美军轰炸机、直升机在城市上空盘旋。炸弹的爆炸声和枪炮声

连成一片。美军行动的主要目标是摧毁支持诺列加的巴拿马国防军,其中包括3500名陆军、1.1万名警察,和一些准军事组织。

美军入侵部队兵分5路,夺取道路、桥梁、机场、通信等要害部位。其中第5路为机械化、轻型坦克部队,负责占领巴拿马国防军司令部。在一阵炮火轰击后,该部队冲入司令部大楼,但里面早已人去楼空,一个人影也没有见到。20日上午8时,美参联会主席信心十足地宣布:"在大多数地区,有组织的抵抗已被制止了。"

在整整一天时间里,美军的坦克、装甲车在巴拿马城里横冲直撞。成群结队的直升机作超低空飞行。成千上万的巴拿马居民在街上奔跑。求生着奔向教堂、医院和学校避难。求财的,则不顾呼啸的子弹,跑到商店、市场,破窗而入,抢劫金银财宝,有的被子弹打死在地,还舍命不舍财,紧紧抓住珠宝不放。

据五角大楼公布,在这次突击行动中,美军死亡15人,伤59人,失踪1人,并有50名被俘"作为人质",其中有11名科学家。若干架战斗机、直升机被击落,美国驻巴使馆遭受破坏。巴拿马伤亡人数始终是个谜,至今没有公布。

美军以迅雷不及掩耳之势,占领了巴拿马,可是此行的主要任务——捉拿诺列加还未完成。在美军入侵6小时后,美国兵冲进了诺列加在太平洋边的行宫,他们发现房间里的烟缸还有烟头在冒烟。这说明诺列加刚刚离开这里。可是美军搜索部队把个小小的巴拿马搜了个遍,也没有见到诺列加的踪影。

美国人心里很清楚,只要诺列加这位铁腕人物不落网,巴拿马就永无宁日。美军迅速包围了古巴和尼加拉瓜大使馆,以防诺列加逃进使馆避难。侵巴美军总指挥凯利中将发誓:"我们开动所有监视系统,不信就找不到他!""美国之音"反复广播,凡能提供抓住诺列加的线索者,将给予100万美元赏金。

就在美军煞费苦心寻找诺列加时,从一处私人电台里传来了诺列加的声音,他号召忠于他的人们:"胜利或牺牲,但决不后退一步!"这一号召果然起了作用,给入侵美军带来不少麻烦。在街上行走的美军经常遭受从暗处打来的冷枪袭击,各种破坏活动呈上升趋势。于是美军更急切地希望将诺列加捉拿归案。

诺列加和美国人玩起了"猫捉老鼠"的游戏。他先后更换了5个藏身处,躲过了2.4万美军的追捕,于24日下午逃进了梵蒂冈驻巴拿马大使馆,要求政治避难。美国闻讯后,立即将使馆团团包围,装甲车封住了使馆的所有出路,美军士兵不分昼夜地用武器瞄准使馆。入夜,强大的探照灯光把使馆照得雪亮通明,如同白昼。

美国方面一面加紧和梵蒂冈方面谈判,要求交出诺列加,一边焦急地等待着回音。12月28日,美军别出心裁地想出一个心理战的怪招:音乐"轰炸"诺列加。守在梵蒂冈使馆外面的美军,从这一天起开始用高音喇叭对准使馆,播放包括一首名叫"无处可逃"的歌曲在内的摇滚舞曲。震耳欲聋的声音,强劲的节奏,整日不停地播放,虽然"炸"不死人,也能叫人精神分裂、发狂。伴随着音乐攻击,直升机还不停地在使馆上空盘旋。

在强大的压力之下,梵蒂冈也不敢收留诺列加。诺列加最终感到失望和空虚。他说:"世界上的利益之争,胜过爱人之争,梵蒂冈最终会改变态度,把我交出去。与其这样,还不如向美国法庭自首。"在这种思想驱使下,他自动走出使馆,希望能得到宽大。

但是他想错了。他已经50岁,却被美国法庭判了145年监禁,今生今世永无出头之日了。

14计 借尸还魂

齐王用计,复得兵权

西汉初年,汉高祖刘邦登帝位后,为剪除地方割据势力,便利用各种手段去铲除异姓诸王的力量,而大封同姓王,在原有的封地上,分封刘氏家族子弟为王,且取而代之。但高祖死后,朝廷由吕后独揽大权,致使汉朝已成吕家的天下。此时,吕后不能容忍刘家诸王势力的存在,于是对刘氏各王,不是捏造罪名加以杀害,便是借故削去他们的兵权,以防止他们对吕氏朝廷的反叛。

其中,齐王刘泽,见诸兄弟逐个被吕后迫害,极为痛心疾首,自己更加恐惧万分。有一天,齐王在封他的园中,正一筹莫展地散步,突见谋士田子春急步前来相问:"大王为何这般忧虑?"刘泽叹息说:"我虽为王,现在却毫无权力,昔日父皇给予二十万大军的兵权,现在也被吕后收回,今后如何是好?"田子春听罢却笑着说:"这有何难。我有办法去长安向吕后要回兵权便是了。"刘泽听后大喜,随即问有何办法。田子春却不语,只要了一些金钱和黑、白两匹骏马,便带着儿子上路了。

谋士田子春父子离开齐王封地后,来到长安。在京城长安的繁华街道住下,然后四处打探吕后身边的心腹为何人物,获悉此心腹为经常路过此地上朝的六宫太使张石庆。田子春了解到这些情况后,一日早晨,他将白马拴在旅店门前桩上。张石庆上早朝入宫路经此地,见到这匹膘壮肉实的大白马,非常喜欢。次日,田子春又将黑马拴在门口,张石庆途经,见黑马更赞不绝口,问左右这是谁家的马匹,随从回答这是外地贩马者所贩卖的马匹。张石庆一听,急欲购买得手。田子春将这些情况一一探析获得后,便亲自到张石庆府上,登门求见。门卫回禀说:"外面有一个外地贩马者要求见大人。"张石庆心中窃喜,忙唤家人将贩马者带入。扮成贩马者的田子春与张石庆商议购马一事时,田则说:"如果大人果真喜欢这两匹好马,何言购买小事,小人愿意亲自奉上,以表致意。"张石庆一听此言,惊喜异常。随即反问道:"为何你卖马却不要钱呢?"田子春却说:"倘若卖马,我只能弄些钱,我愿以马借此疏通官府,得到一点差事做做。"张石庆一听,不断点头允诺说:"要想做官,这个好办,请暂且留在我的府上如何?"田子春听罢,心中暗暗高兴,一面答应,一面却在暗中思忖下一步棋该如何走。张石庆将良马得手后,心中高兴万分。他夫人娘家姓田,于是田子春为迎合她,又攀了本家,与张石庆以妻弟相称,以博张、田二人的欢喜。

有一日闲谈时,田子春故意逢迎般地向张石庆说:"姐夫要想讨好吕后的喜爱并不难,现今我有一计,准保能使姐夫上升为上大夫的显官要职。"于是,张石庆急忙便问,究竟为何计。田子春却故意漫不经心地说:"听说吕后还有三个本家尚未封正,不如请姐夫上奏请封吕氏三人为王。这样一定能使吕后喜悦,而姐夫被封上大夫,也就指日有望了。"张石庆一听,觉得颇有道理,决定按此办理。第二天上朝时,张石庆便向吕后奏上此本,吕后听罢果然接纳。并立即命封吕超为东平王、吕禄为西平王、吕产为中平王。同时,又加封张石庆为末厅丞相,赏帛金三万。张石庆回到府中,便将上奏经

过、升官得赏的经过,向田子春一一禀告,并表致谢之意。然而,田子春听完后,却故作满脸惊讶般地说:"呀,这可不好,上次我只是随便说说而已,没有意思让你真地这样去做。这样一来,岂不是对朝廷不利了。"张石庆急问究竟为何故。田子春却说:"吕太后一日连封三王,刘氏的王爷会服气吗?如果他们借此而蓄意造反又如何是好。"张石庆一听,已急得满头大汗,急问该如何办,于是田子春又故作神秘地献上一计。张石庆决定再照计行事。

于是,张石庆当晚入宫,决定再见吕后。他面禀

说:"外面已有传闻,刘泽、刘长、刘号三王知道太后又加封吕氏三王,甚为不平,恐有造反之意。而百姓对太后此举也颇为不满。我的意思是,对于刘氏三王,有官者赏赐,无官者则付以兵权,以此来平息他们的不满和愤忿。"吕后听完也觉得很有道理,认为目前也只好照此办理了。随即便召见丞相陈平入宫商议。陈平听完后,评道:"刘氏三王中,现在只有齐王刘泽,是无兵无权镇守山东。"接着,吕后便命立即召刘泽进京来议事。齐王到京城长安后,吕后对他说:"我儿镇守边城而无兵权,怎么能行使守卫之责,现在将兵印交付给你,务须谨慎从事!"刘泽听罢,立即跪地谢恩致意。但究竟给他多少兵马,吕后却一时拿不定主意。便问陈平说:"三万如何?"陈平、刘泽听后皆不回答。"五万如何?"俩人又不说话。"七万如何?"陈平此时向刘泽暗暗眨眼示意,仍皆不语。吕后一见此状,气愤已极地说:"如果七万不行,就不给了。"这时陈平却故意高声喊道:"齐王还不赶快叩头谢恩,太后已给你二十五万兵马啦!"刘泽连连伏地叩头谢恩。吕后却质问陈平,陈平说:"你刚才不是说'七万不行就二十五万'吗。"吕后见状,也只好心中暗暗叫苦,加以默认了。她只得转过身来,无可奈何地向刘泽说:"看在高祖的份上,把兵带走,去镇守边防吧!"刘泽于是立即带领二十五万大军回到山东。此时,谋士田子春也不辞而别地离开了张府。过了不久,吕后得悉,刘泽果真在山东起兵造反,极为恼怒,急忙召问陈平、张石庆其中的因由。到此她才明白知晓,骗夺兵权者,实际乃是刘泽的谋士田子春施计所为。于是,吕后命人火速捉拿田子春,但得到张石庆的回禀却是,田氏父子早已回到山东齐王封地去了。吕后只落得个中计丧兵权、封赏而激天下众叛的内外交困,加速自毙的结果。

此事例中,实施"易法"而借尸还魂之术者,为谋士田子春,中计者为吕后,所还之魂,即政治目的为夺回齐王刘泽失去的兵权。行计中的穿梭人物则为张石庆。通观此计的实施全程,它有如下特点:首先,认"尸"精准。田子春正当齐王丧兵夺势、前途危惧之时,挺身而出,父子二人"单刀赴会",铤而走险奔长安。然而,抓住吕后亲信、六宫大使张石庆作主攻对象。认定此"尸"(外力)可借,实现了"距离敌人核心越近,反倒最为安全有利"的军事策略。从而为"借"、"还"提供了必要前提,奠定了制胜基础。其次,易法"借尸"巧诈。田子春为"借尸",在张石庆身上狠下工夫,先投其所好献良马(情、物投资);次其委身张府攀其亲(故作姿态以接近而释疑);再则两献妙计假其手(设下圈套,圈内有圈,套外有套)。使之用常法之技难达之"借尸"目的,此"易法"则巧诈而得。此后的还魂便是顺理成章之事了。第三,还魂之术奇绝。齐王刘泽若用常法、常技、常规,向吕后索还兵权,既不可能,反倒可遭杀身之祸。而经上面两步的运行、铺垫之后,刘泽的重掌兵权便是势所必然,备具安抚、政治平衡的性质,因此,刘泽被召入宫后,在吕后面前,才有兵力上讨价还价的余地和潜在理由。再加之刘、陈二人的一番真戏假作、假戏真唱,一对一和的"政治双簧"的出色表演,终使吕后在"君无戏言"的信条下,乖乖地认输,默认刘泽率数十万大军而去。待"梦醒时分",方觉齐王叛势已成,悔莫当初。此"还魂"之奇绝、魂定之瞬息,失者之惨烈,可谓之惊世骇俗了。

借名借力,拉旗称王

秦王扫六合,一统全国,用兵日久。统一之后,又北修长城,以抗匈奴;南伐百越,以振国威。再加之大修阿房宫、始皇陵,开凿驰道,百姓劳役赋税日重,大有不堪重负之势。

秦二世元年(前209年)七月,秦王朝从汝阴(今安徽阜阳)、蕲县(今安徽宿县东南)征集了900名贫苦农民去渔阳(今北京密云西南)戍守边防。他们在两名官吏的押送下,昼夜兼程,风餐露宿,苦不堪言。但行至大泽乡(今安徽宿县刘村集)时,突遇暴雨数月,道路受阻延期,无法按期赶赴渔阳。然而,按照秦王朝的法律,戍边误期者将被处斩。于是,这些人均面临可能被处死的巨大威胁。

陈胜(又称陈涉)、吴广则是此次同行的被征戍的民夫之一。陈胜少

时,"曾与人佣耕",饱经沧桑与苦难。他们被押送官员指派为这批戍卒的头领,亦深得人们的信任和拥戴。值此死生存亡之际,大家一致要求陈、吴二人想办法,如何死里逃生。陈胜说:"咱们误了期,赶不到那里,非死不可。"有人提出:"咱们逃跑吧!""那也不行,我们能逃到哪里去呢?所以说,不逃是死,逃也是死。"接着吴广对大家说:"我们与其等死,不如去拼死,如果这样,或许还能有条活路。"大家于是同意这样办。这时陈胜、吴广虽然看到众戍卒均有拼死求生的强烈要求,但却需要有个有威望的人出来相号召,起事才有

可能。他俩私下商议之后,便想出一个先在戍卒中制造舆论的办法,来树立自己的威信,此法即"鱼腹丹书"与"篝火狐鸣"。为实施此法,有一日,陈胜用朱红丹砂在一块丝帕上写上"陈胜王"三字,偷塞于渔夫刚捕捞到的鱼腹之中,故意让戍卒们买走这条鱼,待他们回去剖洗此鱼时,发现丝帕丹书,无不称奇。消息不胫而走,人们纷纷私下传说陈胜是个有帝王之命的人。与此同时,陈胜又叫吴广在夜里偷偷跑到附近的荒庙里,烧起一堆野火,假装狐狸的叫声,嘶喊着"大楚兴,陈胜王",众人远远听到这种声音,又见闪烁不定的篝火,惊恐之际,越发相信陈胜绝非凡人。戍卒们中间,大家纷纷传说着连日来的怪事,认为这是天意所为。于是,陈胜在人们的心目中,逐渐

拥有了极高的威信。

在陈胜树威大获成功的同时，他俩又决定"拉旗"揭竿，以相号召，以凝聚众戍卒的战斗力，为一个共同的目标去决一死战。对此，他们则借用了秦扶苏太子、楚名将项燕的名义，"拉大旗"以行反秦暴政之义举。在当时，秦朝的各地百姓都知道扶苏是秦始皇的长子，理当继承帝位，且为人之贤杰，深得民心，但却不知其已为秦二世胡亥所杀。项燕则是楚国的一代名将，屡立战功，向为人们所崇敬、仰慕，然在与秦国作战中，已为王翦所杀害。但由于交通不便、音讯不畅，人们不知其被害，纷纷传说二人逃亡在外，尚活在人间。为此，陈胜、吴广为利用有利时机，便拉起扶苏、项燕为"大旗"，以相召唤，号召人们立即起义。陈胜、吴广在首先杀死了两名押送的官吏后，便召集九百戍卒对他们说："大家遇到了大雨，已经延误了到达渔阳的期限，误了期就得被处死。即使如期到达那里，防守边疆，十有六七也是受尽折磨，客死他乡。我们堂堂男子汉，不死则已，死也要死得其所，闻名于天下。"又说："王侯将相，宁有种乎?!"难道那些王侯将相天生就该享福，我们天生就该做奴隶吗？不是如此。大家听完这番话，感到很有道理，于是纷纷表示拥护。他们又与陈胜、吴广设坛盟誓，打起了扶苏、项燕的旗帜，公开提出了"伐无道，诛暴秦"的起义口号，以相号令天下人们，共举义旗。

接着，陈胜、吴广率领义军，一鼓作气连续攻克五座城池。义军所到之处，杀官吏，放囚徒，废苛税，开仓放粮，赈济饥民，深得民心。于是四方民人纷纷来归，每日均有数千之众投奔义军而来。致使起事不久，义军迅速壮大到了数万人之众，战车达六七百乘之多，而战马更拥数千匹之巨。

接着，陈胜、吴广在率义军攻克五城之后，又直指陈县而来。镇守陈县的秦王朝官兵，闻讯早已逃散。起义军于是顺利占领陈县县城，陈胜、吴广随即招集当地贤达，共襄大计。这时，大家纷纷赞颂陈胜说："将军披坚执锐，伐无道，诛暴秦，复立楚国之社稷，功宜为王。"故公推陈胜为王，拥吴广为假王（即副王），建立国号张楚。

这是秦末义军首领陈胜、吴广刚起事，势单力薄之时，依赖扶苏、项燕在民人心中的仰慕之力（吸附之力），拉大旗（"借尸"）举义帜，以相号召，从而获得成功的事例，也是赖力而"借尸"并以"还魂"的典型实证。这种赖力，一是充分利用扶苏、项燕的知名度和影响力；二是赖持其二人的人格力量，以作为聚积义军的凝聚剂；三是将扶苏、项燕作为义军反暴政、反无道的大旗，更具特殊的号召力。因为这二人是仁政、有道的化身和代表、体现者，这样，使义军之举更加名正言顺，"伐无道，诛暴秦"的口号，会使社会各阶层人士均能信服、接受、理解，也更深入人心，还魂顺理成章，亦更持久。

托古改制，王莽篡汉

西汉末年，梓潼县人哀章在长安求学，一向品行不端，好说大话。他看到王莽居位摄政，就做了一只铜箱子，制作了两道封书题签，一道写作"天帝行玺金匮图"，另一道写作"赤帝行玺某传予黄帝金策书"。所谓某，就是高皇帝的名字。文书说王莽应做真天子，皇太后应遵从天命。图和书都写明王莽的八名大臣，又起了吉利的名字叫王兴和王盛，哀章还把自己的姓名也塞在里面,共有 11 人,都写明了官职和爵位,作为辅佐。哀章听到齐郡新井和巴郡石牛事件下达了,当天黄昏,穿着黄衣,拿着铜箱子到高帝祠庙,把它交给了仆射,仆射向王莽奏报。十一月二十五日,王莽到高祠庙接受天神命令转让统治权的铜箱子。他戴着王冠,晋见太皇太后,回来便坐在未央宫的前殿,下文告说:"我自身无德,幸赖是皇初祖黄帝的后代,是皇始初虞帝的子孙,又是太皇太后的亲属。皇天上帝大加显扬和保佑,既定的天命,宣告皇统的开端,上天降下的符命、图文,神明晓喻,把普天下人的命运托付我。赤帝汉朝高皇帝的神灵,秉承上命,传给我转让政权的金策书,诚惶诚恐,不敢不敬谨接受! 二十五日为一吉日,我戴着王冠,登上天子的座位,建立'新王朝'。决定改变历法,改变服饰的颜色,改变祭祀用品,改变旌旗,改变用器制度。把今年十二月初一定为始建国元年正月的初一,把鸡鸣之时作为一天的开始。车马、服饰的颜色配合土德崇尚黄色,祭祀适应正月建丑使用白色,使者符节的旄头都采用纯黄,其上写上'新使五威节',表明我们是秉承皇天上帝的威严命令。"

王莽将要当真皇帝之前,先让人捧着各种符瑞给太皇太后看,太后大吃一惊。这时,因孺子刘婴还没有即位,所以皇帝御玺仍放在太后的长乐宫。等到王莽即位,向太皇请予御玺,太后不肯给。王莽让安阳侯王舜规劝。王舜一向谨慎周到,太后平素喜欢他、信任他。王舜晋见,太后知道他是来为王莽索求御玺,愤怒地骂道:"你们父子兄弟、家庭宗族,靠着汉王朝的力量,几代享尽荣华富贵,不但不去回报,反而利用别人托孤寄子的机会,夺取政权,不再顾念恩德情义。这种人,连猪都不吃他剩余的东西,天下怎么会有你们兄弟! 而且你们自己用金匮符命当新皇帝,改变历法,改变车马,服饰颜色,改变制度,就应该另刻一枚御玺,传之万代,为什么要使用这个亡国的不祥之玺,而想得到它? 我是汉王朝的一个老寡妇,早晚都要死,打算跟御玺一同埋葬。我不给他,他最终也得不到。"太后边说边哭。左右侍从都跟着哭泣。王舜也悲痛不已。停了很久,王舜才抬头问太后:"我等已无话可说,只是王莽一定要得到传国御玺。太后,你难道能够永远不给他?"太后听王舜说得恳切,担心王莽威胁她,便拿出御玺,扔在地上,对王舜说:"待我老死后,你们全族兄弟将被屠灭!"王舜得到传国御玺呈献给王莽。王莽非常高兴,特地在未央宫渐台宴请太后,让众人尽情欢乐。

王莽托古改制而篡汉,这是汉代历史上的大事,也是借汉朝之旧尸,而拣还新朝"新魂"的典型事例。

宋江用计,破连环马

《水浒传》第 108 回讲宋江征王庆时,攻打荆南重镇,急切难下,且又被守将梁永、縻胜等捉了萧让、金大坚、裴宣三人。荆南城中壮士萧嘉穗,对王庆作乱久怀不满,日夜留心图贼,却是单丝不成线。今见宋江攻城紧急,心生一计,写成传单若干,声言宋江军马乃仁义之师,城中兵微将寡,破在旦夕,要保全性命的,赶快拿起武器,跟我去杀贼。萧嘉穗于人群中高声朗诵传单内容,深受暴政之苦的百姓和士兵,一呼即应,霎时间聚起五六百人,拈指间即达五六千人,待在帅府杀进杀出,响应者已有 2 万余人。萧嘉穗借用民心,夺得荆南,开门献城,使宋江兵不血刃,取得荆南重镇。这是一个借用民心,夺取城池的"借尸还魂"之例。第57回"徐宁教使钩镰枪,宋江大破连环马",则可以看作是宋江借用徐宁的技艺,转换战争局势,化被动为主动的"借尸还魂"之计。

话说双鞭呼延灼,乃河东名将呼延赞嫡派子孙,有万夫不当之勇,授职汝宁郡都统制,手下多有精兵勇将,奉朝廷之命,进剿梁山泊。双方交战,不分胜负。后来呼延灼改进战术,使用连环马冲阵:教3000匹军马,做一排摆着,每30匹一连,却把铁环连锁;遇到敌军,远用箭射,近则使枪,直冲入去;3000连环军马,分作100队锁定;5000步军,在后策应。战场检验,果然威力无穷。那连环马军,漫山遍野,向宋江大队人马横冲直撞将来。宋江人马拦挡不住,大败溃逃。呼延灼大获全胜,杀死者不计其数,生擒500余人,夺得战马300余匹。

宋江与众人商讨破连环马之策,采纳了汤隆的推荐和吴用的计谋,赚得金枪将徐宁上山,教使钩镰枪法。这钩镰枪法是连环马的克星,而徐宁又是当朝惟一精通钩镰枪法之人。徐宁教众军道:凡马上使钩镰枪,就腰胯里做步上来,上中七路,三钩四拨,一搠一分,共使九个变法。若是步行使这钩镰枪,亦最得用。先使八步四拨,荡开门户;十二步一变,十六步大转身。分钩镰搠缴,二十四步,挪上攒下,钩东拨西;三十六步,浑身盖护,夺硬斗强,此是钩镰枪正示。编成顺口溜就是:四拨三钩通七路,共分九变合神机。二十四步挪前后,一十六翻大转围。不到半月之间,教得梁山泊五六百人精通了钩镰枪法。

宋江手里有了一支钩镰枪部队这张王牌,即日要与呼延灼决战。宋江部署道:"明日并不用一骑马军,众头领都是步战。孙吴兵法,却利于山林沼泽。今将步军下山,分作十队诱敌;但见马军冲掩将来,都往芦苇荆棘林中乱走。却先把钩镰枪军士埋伏在彼,每十个会使钩镰枪的,间着十个挠钩手;但见马到,一搅钩翻,便把挠钩搭将入去捉了。平川窄路,也如此埋伏。"吴用道:"正应如此藏兵捉将。"徐宁道:"钩镰枪并挠钩,正是如此。"

宋江部署已定,是夜三更,先把钩镰枪军士送过梁山泊,去四面埋伏已定。四更,渡十队步军过去。轰天雷凌振将风火炮架到高阜

处。黎明时分,守中军的宋江人马,隔水擂鼓呐喊。呼延灼听得探子报知,差先锋韩滔山哨,随后大驱车马,杀奔梁山泊来,隔水望见宋江引着许多军马,呼延灼教摆开马军。一时间,正南、东南、西南方向出现了三队梁山泊步军。又听北边一声炮响,又拥起三队梁山泊旗号。呼延灼和韩滔正准备分兵冲击,西边又出现梁山泊四队人马。又听北面连珠炮响,呼延灼军兵不战自乱。呼延灼引连环马四下冲突,梁山泊十队军兵,东赶东走,西赶西走。宋江军兵尽投芦苇中乱走,呼延灼大驱连环马,卷地而来,那甲马一齐跑发,收勒不住,尽往败芦折苇之中,枯草荒林之内跑去。只听里面胡哨响处,钩镰枪一齐举手。先钩倒两边马脚,中间的甲马,便自咆哮起来。那挠钩手军士,一齐搭住,芦苇中只顾缚人。呼延灼和韩滔率领的连环甲马,乱滚滚都落入荒草芦苇之中,尽被捉了,其中韩滔也被擒获,只走了呼延灼一人。

刘谨擅权,陷害忠良

明武宗时因宠信太监,不管朝政,于是刘谨得以擅权。

武宗宠信的太监共有八人。即:马永成、谷大用、魏彬、张永、邱聚、高凤、罗祥、刘谨,时称八党,后又号作八虎。这八人中,刘谨最为狡诈。他曾读过一些书,粗通掌故,能力在7人之上,又最得武宗信任,因此被推为太监的首领。

刘谨擅权的手段主要是:击球走马、放鹰逐犬、俳优杂剧、造作巧伪。使皇帝心神淫荡、劳耗精力、起居失节、不问政事。以便他暗置党羽、矫传诏旨、排斥忠臣、陷害异己、阻塞言路、从中弄奸。

大学士刘健、谢迁等人上书弹劾刘谨等太监的罪状,被刘谨矫旨罢官,逐出京都。给事中刘、吕羽中见逐走刘健、谢迁,心中不平,也上疏皇帝,乞留顾命大臣,并论及刘谨奸邪,结果被刘谨假皇帝名义捕入监狱。兵部尚书林瀚、南京给事中戴铣、御史薄彦微,拜疏大京,说不可以排斥朝廷元老,不可信任太监,恰被刘谨看见,恨得咬牙切齿。刘谨趁武宗击球为乐时送上奏本,请求裁决,武宗只看了几句,便掷交刘谨:"朕不想看这些胡言乱语,交给你去办吧!"刘谨便传旨把上疏的几个大臣全部逮捕,处以"廷杖",然后削职为民。当事任兵部主事的王守仁见众大臣纷纷因进谏而获罪,也觉忍耐不住,向皇帝上了一份奏章。哪知奏章并未送到皇帝那里,而是由刘谨私阅了一遍,即假传圣旨,将王守仁杖打五十,死而复苏,贬为贵州龙场驿函。王守仁被贬出京,行至钱塘江,发现后有刘谨党羽尾随而来,知道要置他于死地。无奈之下在月色朦胧中,假装投江而死,让帽子、鞋子浮在水面上,上写遗诗二句:"百年臣子悲何报?夜夜江潮泣子胥。"然后本人逃到武夷山中,隐姓埋名。

刘谨与吏部尚书内外勾结,狼狈为奸,把持朝政。当时朝廷官员的罢黜和升迁,尽由刘谨把持,而批答奏章,则归焦芳主管,所有给皇帝的奏本,须写成红本、白本两种,先向刘谨处递上红本,然后才能向皇帝送上白本。有一天都察院奏事,奏章因偶然提到刘谨的名字,刘谨便派人责问,吓得掌院都御史屠庸急忙率领十三道的御史到刘谨住宅前谢罪,大家跪在阶前,任刘谨辱骂,刘谨骂一声众人磕一个响头,直到刘谨厉声叱退,才起身告归。

武宗正德三年,有一天午朝之后,皇帝将要回宫,忽见有遗留的书信一封,上面写有刘瑾的不法事情,当即饬交刘瑾自阅,刘瑾心中大恨,仗着口才,辩解了几句,武宗也没工夫理他,便回宫休息了。刘瑾立刻到奉天门,传令众官马上到来,一起跪在门外,逐个进行清查,当时正是大热天,在阳光照射下,众官大汗淋漓,非常狼狈。太监李荣看了,也觉不忍,趁刘瑾退入内室之机,令小太监拿些冰瓜给众官解渴,后被刘瑾看见,太监李荣等也被撤销差使。直到日暮,才驱使锦衣卫把这些官员统统关入狱

中,共三百多人,其中刑部主事何铖、社部进士陆伸、顺天推官周臣等三人,因受暑过重死于狱中。后查出写匿名信的是某个太监,才把众大臣放出监狱。

刘瑾用假传圣旨的手段,对正直的大臣或诛杀、或下狱、或罢官,统统排斥掉。剩下的,不是刘瑾的亲信,就是仰承刘瑾鼻息的阿谀之辈,刘瑾完全操纵了内阁,各部尚书均系刘瑾党羽,内阁首辅焦芳甚至亲自到刘瑾家中去处理政事。刘瑾还操纵特务组织东厂、西厂和锦衣卫,刺探情报,一经发现有对他不满的人,就加以陷害,明朝的宦官专政,在明武宗时因刘瑾的存在而达到了高峰。

刘瑾是一个极具野心的人,其野心虽没达到一定要做皇帝的地步,但也使他要把持朝政,控制百官,成为一人之下,万人之上。要达到此目的,凭他一个太监,一无官职,二无兵权,三无学识,是万难做到的。那就只剩一条路:借外力达到自己的目的,也即借尸还魂。何为可借之尸?皇帝,或说皇帝的圣旨,因为皇帝的话是金口玉言,是一句顶一万句的,没人敢于违抗。但此尸如何借法?直接向皇帝要?那不被杀了头才怪。惟一的办法是隐蔽地去偷、去骗、去欺上瞒下。对皇帝,他投其所好,造作巧伪,使本就足够昏庸的皇帝更是昏上加昏、欲醒不能。惟有把一切事情交给刘瑾去办,甚至包括那些弹劾刘瑾的奏章,使被告成为法官。欺上得手,剩下的瞒下就简单多了,这里刘瑾做得可谓心狠手辣,登峰造极。凡是对他稍有不满,他便使出杀手锏:圣旨。于是,这些大臣便或被杀头,或被下狱、或被罢官,而那些可怜的大臣至死也不知道那些使他们遭此下场的圣旨全是假的。假如他们知道这些,再设法告诉皇帝,那对刘瑾可就大为不利了,因为皇帝再昏庸,自己

的尊严毕竟不容侵犯,自己的特权一而再、再而三地被别人冒用,终究不是件令人舒服的事。然而,刘谨在施用此计时,特别注意到了它的隐蔽性,因此,他的借尸还魂计才得以大获成功,几乎把武宗皇帝的朝廷变成了他刘谨的朝廷。

假名"援助",进行入侵

位于欧洲大陆西北端的丹麦和位于斯堪的纳维亚半岛西部的挪威,在第二次世界大战爆发时对德国采取了不同的态度:1939 年,丹麦曾接受了德国提出的互不侵犯条约;挪威则对纳粹德国提出的互不侵犯条约加以拒绝,同时也不接受盟国提出的封锁挪威海的要求。尽管如此,希特勒强加给这两个国家及其人民的却是相同的厄运和灾难:1940 年 4 月 9 日,丹麦遭到德军的大举进攻,丹麦政府当天宣布投降;与此同时,法西斯德国开始袭击挪威,战至 6 月底,挪威全境陷落,王室和政府被迫流亡英国。更加令人啼笑皆非的是,面对德军给丹麦和挪威造成巨大的人员伤亡和战争破坏,希特勒竟然宣称,"德国是来援助丹麦和挪威抵抗英、法两国的占领的。"

希特勒德国攻占丹麦和挪威的准备工作曾被认为是战争中保密最严的事例之一。早在 1940 年 3 月即按照德国"威塞演习"计划的要求,调集入侵所需的兵力。4 月 2 日下午,希特勒决定"威塞演习"将于 4 月 9 日上午 5 时 15 分开始。为此,希特勒下达秘密指令,一是要求作战部队在"占领时必须千方百计防止丹麦和挪威两国国王逃到国外"。二是要求德国外交部长里宾特洛甫准备采取外交措施,劝诱丹麦和挪威在德国军队到达的时候不战而降,并为希特勒的野蛮侵略编造"无懈可击"的辩护理由。

为了保障军事进攻的顺利进行,希特勒继 4 月 5 日指派负责攻占哥本哈根的那个营的营长,着便服前往现场详细侦查地形之后,又专门指派负责进攻丹麦的德国特遣部队参谋长库特·希麦尔将军,于 4 月 7 日乘火车到达哥本哈根对丹麦首都进行化装侦察,着重查明适于保障攻击部队作战需要的运输舰停泊码头,以及陆地输送必要补给品及通信器材所需的车辆。他们都按时圆满地完成了希特勒赋予的侦察任务。

作战准备就绪,进攻如期发起。希特勒用心险恶的伪装表演随之进入高潮。1940 年 4 月 9 日清晨 5 时 20 分(丹麦时间 4 时 20 分),天还没亮,德国军队已在 5 分钟前发起了凶猛的入侵,而德国驻哥本哈根和奥斯陆的使节正奉希特勒之命向丹麦和挪威政府,递送了希特勒和里宾特洛甫起草的关于德国来援助丹麦和挪威,以抵抗英、法两国的占领的"备忘录",作为德国的最后通牒。要求丹麦和挪威明智地、毫不反抗地立刻接受德国的保护。

希特勒也许是充分估计到,一方面丹麦作为一个小小的岛国,地势平坦,其最大的国土部分日德兰,有利于德国装甲部队越过陆疆实施攻击,加上无法得到英国的援助,因而容易得手,但是另一方面,挪威的地形易守难攻,又有英军支援,不易迅速迫其屈服。因此,希特勒以劝诱挪威为重点,并在"备忘录"中不打自招地宣称:"德国军队不是作为敌人登上挪威的国土的。德军最高统帅部除非出于被迫,无意利用德国军队占领的据点作为对英作战行动的基地……相反,德国军事行动的目的,完全在于保护北方,以防止英法军队企图占领挪威基地"。紧接着,希特勒扔给挪威一张虽颇为诱人但却难以兑现的空头"支票":"本着德国和挪威两国之间久已存在的良好关系,德国政府向挪威王国政府宣布,不论现在和将来,德国都无意采取行动侵犯挪威王国的领土完整和政治独立"。最后,希特勒直抒真意并凶相毕露:"德国政府期望挪威政府和挪威人民……不要抵抗"。因为,在强大的德国军队面前,"任何抵抗将不得不受到而且会受到一切可能的手段的击破","从而只能导致绝对无意义的流血牺牲"。

接到德国的最后通牒后,挪威政府仅在 32 分钟内便复电柏林:"我们决不自动屈服,战斗已在进行",随即,挪威的国王、政府和议会的要员都迅速撤离首都,转移进入北部山区,并决心继续抗击德军的进攻。希特勒和里宾特洛甫自开战以来,第一次遇上这般强硬的对手,不禁恼怒至极,却又难奈其何,只好给德国驻奥斯陆的公使勃劳耶拍发"特急"电报,令他"再次说服那里的政府,挪威的抵抗是毫无意义的。"

丹麦的情形则令希特勒颇为欢心,进攻发起之初,负责作战指挥的希麦尔将军由于进展迟缓而感到不安,为了加快占领进程,即向设在汉堡的联合作战总司令部,呼请迅速出动轰炸机飞临哥本哈根示威,"以便胁迫丹麦屈服"。实施地面进攻的营,迅速攻占了哥本哈根,几乎从未遇到值得一提的抵抗。至上午 8 时 34 分,即攻击发起后历时 3 小时 19 分,柏林便得到来自前线的报告,丹麦人虽然表示了抗议,但已"接受了我们的一切要求"。

当天上午 10 时许,里宾特洛甫在外交部举行记者招待会,公开声言:"德国为了防止丹麦和挪威落入盟军手中,已经占领了这两个国家,并且将保护它们的真正中立,直到战争结束为止。这样,欧洲的一部分光荣土地,已经得到拯救而不至于覆亡了"。与此同时,纳粹的官方报纸《人民观察家报》宣称"德国拯救了斯堪的纳维亚!",有的则极力推卸战争责任,掩盖事实真相,说是"英国残酷无情的踩着小国人民的尸体走过去。德国保护了弱小国家,使它们不受拦路抢劫的英国强盗的侵犯"。他们希望"挪威人民看到德国行动的正义性,德采取这一行动是为了保证挪威人民的自由"。

至此,人们只要看一看德国军队利用各种各样的借口入侵众多国家,而后又大举向法国和英国进攻造成成千上万人的死亡,其所谓"援助"和"保护"的实质就可昭然若揭了。

尤其值得注意的是,古往今来,大凡侵略者,为了欺骗国际舆论,或骗取其国内人民的支持,总是制造种种借口,极力掩盖其侵略的事实真相。希特勒借"援助"和"保护"之名,吞并丹麦和挪威,虽然一时得手,但却使其侵略野心和罪恶行径更加暴露无遗了。

苏军机巧,用探照灯

人们知道,在夜暗条件下,置身于暗处者,容易辨认光亮处的物体;相反若置身于光亮处,则很难辨认暗处的目标。这个带规律性的现象反映在军事行动中,则无论是随行进攻,还是担负防御,大多强调夜间要严格灯火管制。相比之下,在交战过程中,攻击的一方往往更要防止发出光亮,以避暴露在敌人的火力之下。然而,在第二次世界大战中,苏军巧用探照灯的实例,恰恰又从另一个侧面展示出战争领域诸多奇特的奥秘。

1945年3月,苏德战争进入了最后的决战阶段。苏军在胜利结束了东波美拉尼亚战役之后,又进一步加紧修订、完善1944年底确定的攻占柏林的作战计划,并全面展开柏林战役的准备工作。

在战役准备过程中,苏军在周密侦察的基础上,准确掌握了柏林守敌的情况及其可能发生的变化。苏军认定,希特勒已把将要进行的柏林战役当成了最终决定法西斯德国及希特勒本人命运的最后决战。因此,希特勒曾企望在奥德河一线粉碎苏军的进攻。他从1945年2月开始,即下令强迫当地居民、战俘和被强制到德国服劳役的外国工人,在奥德河一线及柏林周围加紧构筑坚固的防御工事。先后在柏林以东构筑了3道防御阵地。同时环绕柏林城又构筑了3道环形坚固阵地。在兵力部署上,希特勒将柏林市区划分为9个防御区,分兵坚守。为此,希特勒竭力调集了100多万人的兵力,1500辆坦克,1.04万门火炮和3300架作战飞机,并在柏林市内组建了近20万人的守备队。

从苏军方面的作战力量看,拟投入柏林战役的兵力多达250万人以上,约为德军的2.5倍;坦克6250辆,火炮4.16万门,均为德军的4倍;作战飞机7500架,是德军的2倍多。单从交战双方的力量对比看,苏军显然占有绝对的优势。因而具有最终获胜的把握。问题的关键在于:一方面,希特勒的基本意图是,奥德河防线一旦被苏军突破,则坚决"死守柏林直到最后一人",尽可能把战争拖延下去,等待美英军队到达柏林地区,届时或则将柏林交给美英军队,或则一旦美英军队与苏军冲突起来,德国便可从中渔利,借以起死回生。另一方面,从当时的战场态势看,美英军队渡过莱茵河之后,正快速向东挺进,力图尽可能多占德国的地盘,而希特勒又恰好存有宁愿把柏林交给美英军队,却不愿向苏联投降的阴谋。

苏军最高统帅部在综合分析各项主要因素的基础上,十分清楚地认识到,要想彻底粉碎退缩在柏林及其附近的全部德军,攻占战争魔王希特勒负隅顽抗的最后堡垒柏林,迫使德国无条件投降,并在整个战争格局中争取主动,就不仅要及早发动柏林战役,而且必须在最短的时限内胜利地结束这一重大战役。负责此次战役直接指挥的朱可夫元帅根据最高统帅部的意图,从战场实际态势出发,决定采用正面突破的战术。先把敌人分割开来,而后予以各个击破,同时进行空前规模的攻坚战。

战役打响之前,朱可夫元帅作为一名具有大智大勇、战功显赫,且极得斯大林赏识的苏军高级将领,在作战会议上,审时度势,不仅明确指出了快速突破德军奥德河防线对于整个战役的极端重大的意义,而且强调德军的奥德河防线无论是兵力,火力密度,还是防御工事的坚固程度,都已空前增大,要想快速突破这道防线,光靠实力优势不行,还必须在战法运用上胜敌一筹。朱可夫要求大家献计献策。经过反复权衡,他主要根据在夜暗条件下,人眼若突然遭到强光刺激,视线极易模糊,且难免发生混乱和恐慌的基本规律,决定在黎明前2小时,借助于大量集中使用探照灯照射敌阵,并对敌实施突击,以便极大地"震慑并从精神上压倒敌人",在迷惑敌人的同时,又为己方部队准确地打击敌人提供有利的条件。

战役准备在紧张而有序地进行。

战役发起的时刻正在迫近。

1945年4月16日凌晨5时,随着"开炮"一声令下,白俄罗斯第一方面军的数千门榴弹炮、迫击炮和"喀秋莎"火箭炮同时发射,直泻柏林正东面的德军奥德河防御阵地,庞大编队的轰炸机群轮番突袭德军的防御阵地纵深。猛烈的空、炮火力持续轰击30分钟。随着苏军炮火向敌防御纵深延伸,苏军的步兵在坦克的引导下迅速发起冲击,防守之敌则按惯例纷纷钻出掩体,抢先占领预定的射击位置,以图抗击苏军的冲击。恰在德军开火阻击之际,实施冲击的苏军在敌阵前方间隔为200米共143部探照灯,一字儿排开,同时突然亮开,143道强烈的光束直接照射德军的阵地。已经占领射击阵地的德军,由于刚刚遭到苏军密集炮火的袭击,加上突如其来的强光刺激,大多头晕目眩,惊慌失措,乱成一团。即便还有少量未必惊慌者,也因迎着强烈的光线而无法瞄准,从而极大地减杀了防守之敌的作战能力。与此同时,探照灯所照之处,防守之敌的人员、工事和武器装备全部暴露无遗,进而为实施冲击的苏军坦克和步兵大量地消灭敌人,有效地保存自己,提供了不似昼间,但却胜似昼间的极为便利的条件。

战至拂晓时分,苏军已胜利地突破了德军的第一道防线,醒悟过来的德军被迫向后退缩。

苏军巧用探照灯自此进入军事谋略宝库,以至举凡论及二战期间的谋略运用,莫不因苏军的这一杰作而殊为感奋。

特殊信使,特殊使命

为顺利实施诺曼底登陆战役,盟军统帅部领导下的伦敦监督处设计了一整套欺骗计划。其中很重要的一个欺骗计划,就是代号为"水银"的"南方坚韧"计划。这项计划的要点是,创造一个集团军,即拥有50个师、100万人的美国第1集团军。此时蒙哥马利的第21集团军和即将归布莱德雷领导的第12集团军正集结在英国的南部和西南部。这两个集团军将参加即将进行的诺曼底登陆战役。而实际上并不存在的"美国第1集团军"则要在英格兰东南部集结,"准备"在加莱海峡发起进攻法国的攻势。如果德国人相信了美国第 1 集团军的存在,那么,在诺曼底登陆战役发起后,希特勒将难以在短时间内判明真相:即诺曼底是不是盟军的主攻方向。因为只要强大的"美国第 1 集团军"对加莱海峡的威胁仍然存在,希特勒就很难下决心将其精锐的第 15 军从加莱地域调往诺曼底,加入抗击盟军登陆的作战。这样,就达到了将德军在西线战场上战斗力最强的第 15 军牵制在远离诺曼底地区的加莱的目的。

代号为"水银"的"南方坚韧"计划经盟军最高统帅部批准后,马上就开始实施了。美国著名将领巴顿被任命为"第 1 集团军"司令,开始频繁出现在英格兰各地。同时,报纸、电台等新闻工具,也开始泄露出了一些经过精心策划的有关第 1 集团军的报道。军用无线 PP 开始发射能模拟军司令部或师司令部的信号。此外,坦克停车场、油料堆集场、医院以及各种输油管道等大型军事设施也在英格兰东南部的大地上逐渐出现了。已经被英国情报机关控制的德国间谍,也接连不断地向德国发回了有关美军第 1 集团军的情报。总之,一场以确保使德国相信美军第 1 集团军存在为目的的大规模的欺骗行动全面展开了。

然而,这些骗术毕竟太古老了。英国人曾不止一次地搞这些骗术。因此,单凭这些骗术,还不足以愚弄狡猾的德国情报机关。那么,怎样才能使德国情报机关真的相信美军第 1 集团军的存在呢? 盟军的欺骗专家们又想出了另一条绝妙的,但也并不新鲜的办法:找一位对德国绝对忠实可靠的人物,让他亲眼看一看美军第 1 集团军在英格兰东南部的集结。让他了解美军第 1 集团军的任务,即正准备进攻加莱地区。然后,让这位人物充当一次特殊的信使,亲自将他所看到的这一切直接转达给德军总参谋部。欺骗专家们相信,这个办法,将会收到极好的效果。于是,伦敦监督处和特种战委员会便开始着手物色这样的人物。不久,便确定了最合适的人选,德国战俘汉斯·克拉默。克拉默是德国非洲军的一位指挥官,在 1943 年 5 月的突尼斯之战中,被盟军俘获,后来转送到了英国本土。克拉默对德国是绝对忠实可靠的。同时,他是一位将军,只有具备这样的身份,才可能有机会亲自将自己的见闻报告给德国总参谋部。谁能怀疑一位装甲兵上将、一位荣获过铁十字奖章的军人亲眼看到的这一切呢?

1944 年 5 月,已经当了一年战俘的汉斯·克拉默的好运来了。英国当局通知他,盟军鉴于他身体状况不佳,决定根据瑞士红十字会的一项遣返计划释放他回国。这样,克拉默被盟军从南威尔士的战俘营带到了"伦敦战俘营",即设在肯辛宫廷花园内的三军联合审讯处。在从南威尔士到伦敦的路上,他亲眼看见了盟军大量的装甲部队、舰队和飞机。巴顿还以"美军第 1 集团军"总司令的身份请他吃了丰盛的晚餐。许多军、师的指挥官都同他进行了交谈,并试图从他的口中探听德军的情况,特别是加莱地区的情况。所有这些,都使克拉默上将坚定不移地相信,盟军对加莱地区的一场大规模进攻即将开始了。克拉默做梦也没想到的是,所有这一切,都是盟军精心策划的。克拉默经过的路线,是蒙哥马利的第 21 集团军和布莱德雷的第 12 集团军的集结地,即英格兰的中部、南部和西南部地区,看到的所有部队和设施都是 21 集团军和第 12 集团军,而不是并不存在的"美军第 1 集团军"。

但是,押送他的英军军官却告诉他经过的是英格兰的南部和东部。因为沿途的路标都已去掉,警察局、地方政府办公处、商店、铁路车站等机构的名字也全部被去掉或改写成假的,克拉默除了相信押送他的英军军官告诉他的地点外,他根本就没有办法分清自己到底在什么地方。

5月23日,克拉默将军终于回到自己的国家,不论是德军总部还是希特勒都仍然相信他对德军的忠诚。因此,在例行的体检和休假之后,克拉默又被任命为西线德国装甲部队总司令莱奥·施韦彭堡将军的特别顾问。正如英国预料的那样,克拉默将军将自己在英国的所见所闻,如实地向德军总参谋部作了汇报,克拉默的汇报,引起了德军总部的高度重视。因为克拉默所讲的情况证实了从间谍的情报、无线电侦听以及空中侦察中得到的一切。如果说以前尚不能做出美军第1集团军正在英格兰东南部集结的结论,那么,现在可以做这样的结论了,克拉默将军所经历的一切,就是美第1集团军存在的确凿证据。就这样,克拉默这位特殊的信使,圆满地完成了英军赋予他的这项特殊的"任务"。由于有克拉默来传递信息,"水银"计划取得了圆满成功。

在代号为"水银"的"南方坚韧"计划实施过程中,英军向希特勒派出了一名"特殊信使"。通过这位信使,我们同样不难得到一些极为重要信息:在对敌实施欺骗时,尽管可将多种方法相机为用,但对关键环节务必慎之又慎。与其说希特勒是被盟军所骗,不如说是盟军首先骗了"信使"。在很多情况下,人们都是巧借间谍、记者或俘虏等间接渠道转而达到欺骗敌方指挥员之目的的。因此,要想骗敌,当十分注重于首先骗住敌指挥员的亲信耳目。

借助明星,发展事业

洛杉矶奥运会上,李宁一人独得3块金牌,威震体坛,而健力宝饮料也在奥运会上初试锋芒,赢得"中国魔水"之美称,这个中国的饮料新星和中国体育明星一道,为祖国赢得了荣誉,也赢得了信誉。从此,健力宝与体育结下了不解之缘。"没有中国体育的振兴,就没有健力宝的发展。"公司董事长兼总经理李经纬如是说。

回顾几年来健力宝从一个默默无闻的小酒厂发展成今天的初具规模、现代化、多元化的外向型集团化企业,所走过的历程中,处处都留下了艰苦拼搏的痕迹,同时又时时闪现出体坛精英矫健的身影。在多少次重大的中外体育赛事活动中,由于健力宝的巧妙参与,其企业和产品的美好形象越来越鲜明地嵌刻在竞技者和观众们的记忆里。从产品的孕育期、分娩期到成长期,他们都紧紧抓住了改革开放带来的一切机遇,努力争取社会各界尤其是体育界、新闻界的充分支持。鉴于产品属于国内首创的运动员保健型饮料,他们从健力宝呱呱坠地之日始,就很有远见地选定了体育作为提高企业和产品知名度以及开拓国内外市场的突破口。产品研制成功不久便被摆上了亚运足联的会议桌上,顿时引起中外体育界的关注,为进军奥运会打下了牢固的信誉基础。果然,在第23届奥运会上,健力宝与中国健儿不负众望,大扬国威。"中国魔水"的桂冠与铮光锃亮的奖牌结伴凯旋,此时此地,新闻媒介又助了健力宝一臂之力,迅即把信息传遍了海内外。从此之后,健力宝便一直成为体育活动的"宠物",令健儿们倍加钟爱,新闻界津津乐道,各界人士慕名选购。而健力宝人则因势利导,充分借助体育、新闻的媒体作用,全面掀起宣传攻势。真是一鸣惊人,万箭齐发。健力宝人的营销目标,很大程度上是通过体育活动来瞄准并命中的。

　　健力宝人有过人的胆识和谋略,他们有强烈的竞争意识。他们懂得产品的前途、企业的生命,先决条件是产品质量,有效手段是信誉好,信誉投资,因此,他们的口号和行动的准则是"以质量取胜,以质求优,以质成名"。在采取各种果断措施确保产品质量优良的同时,健力宝人仍然通过体育活动这一"最佳拍档",舍得耗费大量财力,实施其气魄宏大的信誉投资策略。近年来,在许许多多的国内外体育赛事中,健力宝的形象可谓有目共睹,其名声几乎有口皆碑。而其宣传势头之猛,套路招式之奇,每令业内业外人士击节叹服。

　　除此以外,"健力宝"集团还擅用"明星效应"!

　　1989年4月21日,驰骋体坛17年的李宁退役以后,出任了"健力宝"集团的总经理助理。随后,借助李宁的明星效应,迅速向国内外推出了"李宁牌"系列运动服,且一炮走红,名扬海外。

　　"健力宝"集团的影响早已波及北美、西欧,并且正铆足劲要与可口可乐、百事可乐这些世界级饮品一较高下。

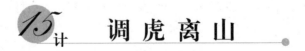

15计　调虎离山

陈平出谋,除吕安刘

　　陈平是汉高祖刘邦最重要的谋士之一,他善于审时度势,分析情况,果断地选择最佳方案,尤好提出奇谋异策,被史书誉为"六出奇计"。刘邦去世之后,他施展韬晦之计,赢得了吕后的信任,保全丞相职务。在吕氏子弟密篡权的关键时候,陈平与太尉周勃等人一举粉碎了吕党,平息了内乱。在平息诸吕,安定刘氏江山的过程中,陈平周勃等人不但屡试奇谋保全了自己性命,而且巧用调虎离山之计,与瞒天过海、分化瓦解、借刀杀人、欲擒故纵等计谋手段交相叠用彻底消除了诸吕势力。其过程如下:

(1)明保暗潜,蓄谋以待。刘邦死后,吕后在朝中专权,鸩赵王,害戚姬,为所欲为,嚣张煊赫一世。陈平虽为左丞相,但知吕后势力日大,多说无益,便施行韬晦之计,极少参与朝政,更不愿为吕氏诸族出谋献策。

惠帝七年,吕后欲封吕氏子弟为王,朝廷顿时沸腾,人人议论纷纷。都说高祖曾与群臣杀白马饮血盟誓:"非刘氏不得封王,非有功不得封侯,如违此约,天下共击之。"今后吕后提出这个问题,答应不是,不答应也不是,难于左右逢源。人人忐忑不安,惟恐吕后问到自己头上,让自己表态。这日,吕后在朝议时,果然就此事问右丞相王陵,王陵当即表示现在分封吕氏为王,不符合白马之盟所约。吕后又问陈平、周勃,二人心想,此时吕氏掌管朝政,自己同意与否,她都会这样干。如果得罪了太后,丢了高官厚禄不说,就连尽忠高祖的机会都有丧失的可能,于是便违心地说:"高帝统一天下,分封刘氏子弟为王;现在太后临朝管理国家,分封几位吕氏为王,没有什么不可以的。"吕后一听,喜笑颜开。陈平、周勃的回答,颇合太后本意,给太后解了围,来了个退避为守的策略,顺利过关。王陵听到此话,气得脸红脖子粗,朝议结束后,责备陈平、周勃说:"当初与高皇帝饮血盟誓时,你们二位不在场吗?现在高帝驾崩了,太后以女主当政,要封吕氏为王,你们即使要逢迎太后意旨而背弃盟约,可又有何脸面去见高帝于九泉之下呢?"陈平、周勃对王陵说:"现在,在朝廷之上当面谏阻太后,我二人确实不如您;可将来安定国家,确保高祖子孙的刘氏天下,您却不如我二人。"王陵无言以对。果然不久,吕后明升王陵为皇帝的太傅,实际上剥夺了他原任丞相的实权,王陵于是称病,被免职归家,由陈平接任其职。

(2)外示假象(将隙相涵),欲擒故纵。接任右丞相后,陈平深知吕氏集团对高祖旧臣老将怀有很深的芥蒂,如有不慎,身家难保,便纵情声色之中,不问政事,心猿意马,拥赵姬,把楚女,凡事由吕后及其亲信处理。吕后心中窃喜,以为陈平不给她捣乱,吕氏天下可保无虞。其实陈平心如刀绞,七上八下,十分矛盾。心想:自己对吕后委曲求全,意在保住官职,以求得一旦有变,安刘氏,整朝纲,以报先帝知遇之恩。无奈吕氏势焰,日盛一日,欲在此时阻止吕氏的活动,会过早暴露目标,恐如螳臂挡车,不自量力。若听任其发展下去,万一吕氏篡权得逞,羽翼丰满,日益强在,自己有何面目见高祖皇帝呢?又怎能对天下人解释呢?这个局面可比在荥阳、白登山时难办多了。冥思苦想,实在找不出一个万全之策,一筹莫展,以至于忧思郁结,难以自拔。

一日,陈平正在屋中担忧诸吕横暴,自己又无力制止,恐怕大祸临头。独居静室,苦思对策。恰在此时陆贾前来造访,未经通报直入室中坐下,陈平竟未察觉。

劈头问道:"丞相思虑何事,竟然如此全神贯注!"陈平抬头望见是因不满吕氏专权,托病辞职的大夫陆贾,不请自到,从天而降,便笑着说:"先生猜测我思虑何事?"陆贾说:"您富贵无比,位极人臣。但您却有忧虑,不外乎是担心诸吕和皇上年幼罢了。"陈平见陆贾一语点破心机,也就坦诚地说:"先生料事如神,陈某钦佩至极。敢问有何妙策,方能转危为安?"陆贾说:"天下安,注意相;天下危,注意将。将与相关系和谐,士人就会归附;天下即使有重大变故,大权也不会被瓜分。安定国家的根本大计,就在你们二位文武大臣掌握之中。我曾想对太尉绛侯周勃说明这一利害关系,绛侯平素与我常开玩笑,不会重视我的话。丞相为何不与太尉交好,密切联合呢!"陈平是何等聪慧的人,马上领悟到陆贾的意思,连声说:"高见,高见。"接着陆贾为陈平谋划将来平定诸吕的几个关键问题。陈平本来与周勃不和。当年他归汉时,周勃曾经说过他受金盗嫂,当然心存芥蒂。但诸吕日盛,势必危及国家和自身安全,陈平决定"捐弃前嫌",以五百多厚礼向周勃上寿,博取将相交好。周勃亦隐恨诸吕,自然与陈平情投意合,两人你来我往,经常筹谋除吕大计。同时,陈平又让陆贾借交游公卿之便,联络反吕之人,结成联盟,伺机行事。自己仍做吕氏忠臣的模样,骗取吕后的信任,顺水推舟,将错就错,支持吕后干些蠢事,让其自掘坟墓。

(3)迫吕(禄)交印,驱虎出军。高后八年(公元前180年)秋季,吕后病重,诏令任命赵王吕禄为上将军,统领北军,吕王吕产统领南军。吕后临终前预示到诸吕与高祖旧臣老将之间将会发生激烈的政治流血冲突,于是告诫二吕说:"封立吕氏为王,大臣心中多不服。我就要去世,皇帝年幼,恐怕大臣们乘机向吕氏发难。你们务必要统率禁军。严守宫廷,千万不要为送葬而轻离重地,以免被人所制!"诸吕加紧夺权步骤。陈平、周勃虽有心发难,但看到诸吕戒备森严,警觉事态发展,无隙可击,也只有忍而不发。考虑再三,权衡利弊,陈平认为铲除吕氏必须一要借助封国刘氏诸子之力,转移朝廷视线;二要分化瓦解、离间吕产与吕禄的关系,破坏其联手同盟,各个击破;三要驱之害,迫使吕禄交出北军的权力,调他前往封国;四要在军队中寻找新的合作力量。于是陈平终于策划出一个较为周全的计划来。秘密派人找到朱虚侯刘章,由他出面串联刘氏诸王在外起兵发难,自己和周勃在朝中策应,内外结合,不信动摇不了诸吕的堡垒。

果然,齐王刘襄、琅琊王刘泽,率兵入京,欲诛诸吕。吕产、吕禄闻变大急,立即遣颍阴侯灌婴统兵征发,消灭刘襄。灌婴行前向陈平告别请教,陈平面授机宜说:"荥阳为天下重镇,进可攻,退可守,不可丢失。"灌婴心领神会,与其部下计议说:"吕氏在关中手握重兵,图谋篡夺刘氏天下,自立为帝。如果我们现在打败齐军,回报朝廷,这就增强了吕氏的力量。"于是灌婴率兵行至荥阳屯兵据守,并派人告知齐王和诸侯,决定阵前反戈一击,互相联合,静待吕氏发起变乱,即一同诛灭吕氏。各王得知此意,就退兵到齐国的西部边界,待机而动。这时吕禄、吕产想发起变乱,但内惧朝中绛侯周勃、朱虚侯刘章等人,外怕齐国和楚国等宗室诸王的重兵,又恐手握军权的灌婴背叛吕氏,打算等灌婴所率汉兵与齐军交战之后再动手发动宫廷政变,阴谋篡权。

更令人担忧不安的是,当时双方的力量对比相差悬殊,此时济川王刘太、淮阳王刘武、常山王刘朝及鲁王张偃,都年幼,没有就职于封地,居住在长安;赵王吕禄,梁王吕产分别统率南军和北军,都是吕氏一党。列侯群臣没有人能保安全。太尉绛侯周勃手中没有军权。曲周侯郦商年老有病,其子郦寄与吕禄交情甚好。绛侯与丞相陈平商议,只要驱之以害,由人说服吕禄交出北军统率权,返回封国,二吕的联盟就会不攻自破,吕产就是再嚣张,也易于擒拿,而要说服吕禄扰乱其心,调他出京就封,最合适的人选莫过于郦寄,于是陈平、周勃便以议事为名,将郦商父子骗到相府,以郦商为人质,迫令郦寄游说吕禄,欺骗他说:"高帝与太后共同安定天下,立刘氏九人为诸侯王,立吕氏三人为诸侯王,都是经过朝廷大臣议定的,并已向天下诸侯公布,诸侯都认为理应如此。现在太后驾崩,皇帝年幼,您身佩赵王大印,不立即返回封国镇守,却出任上将,率兵留在京师,必然会受到大臣和诸侯的猜疑。您为何不交出将印,把军权还给太尉,请梁王归还相国大印给朝廷,您二人与朝廷大臣盟誓后各归封国?这样,各兵必会撤走,大臣也得以心安,您高枕无忧地去做方圆千里的一国之王,这是造福于子孙万代的事。"吕禄本无韬略,以外戚身份掌权,哪里是陈平等人的对手。郦寄以从陈平那儿学来的一番话,居然说得吕禄头昏脑胀,不知所从。于是将此言转告吕氏父老,诸吕也是众口纷云,莫衷一是。惟有吕媭头脑尚清楚,大叫:"庸奴,汝为上将,不思保国安邦,反而终日离军游猎,还要交出兵权。你若交出兵权,吕氏一族,将死无葬身之地。"

恰巧在这个关键时刻,郎中令贾寿出使齐国返回,批评吕产说:"大王不早些去封国,现在即便是想去,还能够吗!"随即贾寿把灌婴已与齐、楚两国联合欲诛灭吕氏的事告诉了吕产,并且催吕产迅速入据皇宫,设法自禁。平阳侯曹窋听到贾寿的话,快马加鞭,十万火急,赶来向丞相和太尉通报了突发的局势变化。

陈平得到报告,知道巧夺军权的谋略可能中途夭折,决心冒险行事。派人请来负责典掌皇帝符节的襄平侯纪通,晓以大义,让他与周勃一起,伪称奉皇帝之命允许太尉进入北军营垒,代吕禄统领北军。怕吕禄不服,再派郦寄和典客刘揭先去劝说吕禄:"皇帝指派太尉代行北军指挥职务,要您前去封国。立即交出将印,告辞赴国,否则祸在眉间。"陈平怕郦寄也不能说服吕禄,又派两名武艺高强的刺客,伺机下手诛杀吕禄。不料吕禄认为郦寄不会欺骗自己,就解下将军印绶交给典客刘揭,而把北军交给太尉指挥。太尉进入北军时,吕禄已经离去。陈平、周勃等人谋划的驱之以害,调虎离山,分其势,夺其锐气的第一步策略取得了成功。太尉得了将印,召集将士们说:"为吕氏右袒,为刘氏左袒!"北军将上都袒左臂,愿听周勃将令。但是,还有南军未被控制。丞相陈平召来朱虚侯刘章辅佐太尉。太尉令朱虚侯监守军门,又令平阳侯曹窋告诉统率宫门禁卫军的卫尉说:"不许相国吕产进入殿门!"

吕产不知吕禄已经离开北军,进入未央宫,准备作乱。吕产来到殿门前,无法入内,在殿门外徘徊往来,被奉命前来保卫皇帝的刘章抓住,一剑杀死,并火速通报周勃、陈平。陈平、周勃见吕产已死,二虎中的一只最凶猛的恶虎已被铲除,料知诸吕无能为力,当即派遣将士,分别捕杀诸吕,一场诸吕阴谋政变篡权的祸难,就如此平息了。

显而易见,在汉初刘邦死后,诸吕势力与刘氏后裔的朝政争夺中,诸吕占有明显优势,控制着政军大权,发号施令,朝纲独断,而刘氏则处于劣势,直到吕后死去一直保持这种格局。最终刘氏诸裔之所以能够战胜诸吕,重掌朝廷大权,靠的完全是跟随刘邦南征北战,屡立奇功,名闻遐迩的老臣陈平、周勃等人运用政治计谋,巧调诸吕,分化瓦解其阵营,各个击破,里应外合战略实施的成功。在这场剑拔弩张、你死我活的政权争夺中,诸吕蓄谋已久,控驭着主动权,诸刘处于被动防范状态,斗争的双方都试图吞并对方,独霸一尊,均在玩弄政治权术与计谋,真是计计相对,环环相扣。诸刘贯穿复杂的斗争形势,尽管使用了多种计谋,但其中最关键的驱之以害(交将印),调虎离军,分化吕产、吕禄的计谋取得了成功,从而破坏了诸吕阴谋篡权的中枢系统的正常运转,为倾吕安刘创造了条件,赢得了主动权,转弱为强,后发制人,以迅雷不及掩耳之势,铲除了诸吕势力,稳固了汉室江山。

刘邦用计,逼死范增

却说张良、陈平派遣使者前往楚营游说,无非是厚礼甘言,说刘邦不敢与楚王分庭抗礼,愿各守封疆,共保富贵,划荥阳以东为楚界,荥阳以西为汉界。项羽果然中计,猜疑钟离眜诸人,并派人至汉军中以探虚实。他的这一举动又为陈平进一步离间楚之君臣提供了千载难逢的良机。经过一段时间的对抗，项羽想到刘邦势力日大，韩信又善于用兵，继续对抗下去，两败俱伤，难料鹿死谁手，不如趁早讲和，休养生息，等待机会，东山再起，便召范增前来商量。范增分析形势，说道："议和是刘邦的缓兵之计。和谈不是本意，把战局拖住，坐等韩信救兵才是真正目的。今日正可猛攻快打，不给其以喘息机会，把刘邦消灭在这里，再去对付韩信。"

听了范增的一席谈，项羽犹豫起来，汉使料定是范增从中作梗，乃对项羽进谗说："陛下自应圣裁。左右的话，怕有私弊。因为战胜也好，战败也好，别人一样可以不当楚官当汉官，但陛下将怎样处理自己？况且汉王尚未势穷力尽，韩信的几十万大兵很快就会到来，内外夹攻，陛下师疲粮尽，那时欲退不得，欲进不能，不是后悔莫及吗？依臣鄙见，倒不如及时讲和，化干戈为玉帛，这样，不独汉王感恩戴德，百姓也会讴歌陛下的仁义呢！臣虽身在汉营，仍是天下一介贱民，望陛下三思，为天下着想，不要被左右暗中出卖了！"

汉使的话掷地有声，似乎入情入理，不容怀疑。项羽一时莫辨真伪，六神无主，难以回复，便道："你先回营，我即派人入城讲和。"汉使的激将法，果然见效。陈平得悉，心花怒放。于是，导演了一出离间楚君臣关系，调虎离山，气走亚父范增，孤立项羽的活剧。

项羽不听范增的劝谏，派遣虞子期等人为和谈大使进入荥阳城。刘邦谎称夜饮大醉，命陈平前来接待。陈平见到楚使，故作高兴之状，问长问短，并亲自引楚使到客房，摆设了丰盛筵席，请虞子期上坐，顺便问起范增的起居近况，大赞范增，并附耳问："亚父范增有什么吩咐？"虞子期回答说："我们是楚王差使，不是亚父差来的。"陈平一听，故作惊讶，说："吾以为亚父使，乃项王使！"便叫几名小卒撤去上等酒席，随后把楚使领至另一间简陋客房，改用粗茶淡饭，残羹冷炙招待。陈平满脸愠色，拂袖而去。楚使莫名其妙，如坠云里雾中，弄不明白楚王的使者与亚父的使者有何不同。他们整衣急切求见刘邦，刘邦传话说还未梳妆。侍从领着楚使在密室休息，奉陪一会，托辞起身，说："虞大使请稍候，小巨去帮汉王梳洗。"遂离开密室而去。

虞子期受到这般怠慢，大为不快，在密室里翘首以待汉王刘邦的接见，久不见汉王，却发现桌上有几件秘密文件，随即走过去翻阅，找出一纸首尾不写名的信。内云："霸王提兵远来，人心不附，天下离叛，兵不过20万，势渐孤弱。大王切不可出降，急唤韩信回荥阳。老臣与钟离眛等为内应，指日破楚必矣。黄金不敢拜领，破楚后愿裂土封于故国，子孙绵延百世，臣之愿也……"

虞子期看罢大吃一惊，暗思此信必是范增的无疑。近闻亚父与刘邦私通，尚不相信，今目睹信函，相信真的假不了，假的也真不了。于是将信揣入怀中，返回楚营向项羽报。并把如何遭到冷遇以及发现亚父匿名信的经过向项羽渲染了一番。

项羽看罢密信，怒发冲冠，使其猜疑病又发作起来，说："我前日便有所闻，还道他老成可靠。谁知他果有通敌之事。"想立即召见范增，当面问个究竟。左右劝他说："大王切勿操之过急，无有真凭实据，怎能当面诘责？万一

弄错了,岂不伤了和气?"霸王这才强压怒火,不遽发作,但更加猜疑范增。果然轻易蒙受陈平小技的愚弄欺骗,霸王的核心攻刘联盟中枢又一次出现了裂痕,陈平的调虎离山、借刀杀人的计谋开始生效。

不料范增对这些事无所知,还一心想着为霸王消灭汉兵。他见项羽派人入城议和,又把攻城之事放了下来,不免暗暗着急。于是面陈霸王,力主督励将士,迅速攻克荥阳。项羽心中已对范增产生猜忌,怎肯再听从他的意见? 于是,优柔寡断,支支吾吾,莫衷其是,不肯发兵。范增急了,大声说:"古人云:'当断不断,反受其乱。'从前鸿门宴时,臣劝大王速杀刘季,大王不听臣言,以致养痈成患。今日,天赐良机,把刘邦困在荥阳,若再被他脱逃,那可是纵虎归山了。一旦卷土重来,恐怕后悔莫及。"项羽被其激怒,强压心头已久的闷气骤然迸出,勃然道:"你叫我速攻荥阳,但恐怕荥阳未拿下,我的人头就被你送到荥阳了。"范增一听,惊得目瞪口呆,一时竟不知如何是好。心想:自从跟随项梁起兵至今,从未听到他对自己用这样的态度说话,一定是中了汉王的反间调虎离山之计。多年来风风雨雨,出生入死,竭尽智慧为他效力,到头来还是个不信任,想到这里,万念俱灰,忍不住高声说:"天下事已经大定,愿大王好自为之,勿堕敌人奸计。臣已年老体衰,原本应引退归乡,现乞赐臣骸骨,归葬故里吧。"说完,头也不回地走了,项羽也不挽留。范增见项羽如此绝情,便挂印封金,当日起程东归。一路上生气伤心,劳累不堪,竟酿成大病,起初是寒势侵身,接着背上起个恶疮,没几天凄凄惨惨、冷冷清清地病死于途中。陈平一条小计,断送了范增的性命,不费吹灰之力,砍掉了项羽这只猛虎的一条臂膀,不但达到了削弱孤立项羽联盟的目的,而且,从此以后,项羽的霸业,如同江河日下,日暮途穷,再无起色。

范增死后,项羽痛定思痛,深刻反省,醒悟中了刘邦的反间计与调虎离山之计,但悔之晚矣。他决心踏平荥阳,将刘邦碎尸万段,以报亚父之仇。于是召集大将钟离昧等人,好言相慰,并嘱他们着力攻城,立功候赏。诸将果然身先士卒,奋力攻城,一时荥阳再次告急。韩信援兵迟迟不到,荥阳朝不保夕。张良、陈平决定:先救刘邦出城,入关收集散兵,留御史大夫周苛、魏豹、枞公死守荥阳,再会同韩信所部围攻项羽。于是陈平诸人又巧用项羽急擒刘邦的心理,智诳楚军,调虎转向离山,起死回生,回天有术的计谋。

汉武建侯,安定社稷

西汉自文、景两代起,如何限制和削弱日益膨胀的诸侯王势力,一直是封建皇帝安邦治国中面临的严重问题。文帝时,贾谊鉴于淮南王、济北王的谋逆不轨,曾在《治安策》中认为当时形势是中央弱而王国强,像肿病患者一样,肢体和指头不能屈伸。他说,天子的近属有的并无封地以为藩屏,而天子的疏属有的却拥有足以通天子的势力。他认为,要使天下治安,最好的办法莫过于"众建诸侯而少其力",具体做法是,令诸侯王各分为若干国,使诸侯王的子孙以次分享封土,地尽为止,封土广大而子孙少者,则虚建国号,待其子孙生后分封。诸侯国小力弱,不具备割据称霸一方的势力,就不易产生邪心,天子也便于驭控。这样天子治理天下,就能够指挥如意,像身之使臂,臂之使指。文帝在一定程度上接受了这一建议,但没有完全解决问题。

景帝即位后,继贾谊之后,晁错屡次上疏建议削夺诸王的封土,他在《削藩策》中说,诸王"削之亦反,不削亦反。削之,其反亟,祸小;不削之,其反迟,祸大。"景帝采纳晁错之策,随即削赵王常山郡,削胶西王六县,以次削夺,将及吴国。吴王刘濞见将有大祸临头,于是联合吴楚七国以武装叛乱相对抗。平定七国之乱后,景帝巩固削藩成果,废黜王国官制及其职权,降低诸侯王权力,规定诸侯王不再治民。从此诸侯王强大难制的局面有所缓和,但危机仍然存在。

但至汉武帝初年时,诸侯王虽然不像以前那样强大难制,但有的王国仍然连城数十,地方千里,骄奢淫逸,阻众抗帝,威胁着中央集权的巩固。因此,元朔二年(前 127 年),出身贫寒,早年学长短纵横之术,后学《易》、《春秋》和百家之言的山东临淄人主父偃,被汉武帝破格重用后,上书提出了去其要势、避之以害的妙策建议。汉初,诸侯的爵位是由嫡长子继承的,庶出的子孙没有继嗣的资格。主父偃认为,诸侯子弟无尺地之封,仁孝之道得不到播扬,因此建议令诸侯推私恩分封子弟为列侯。他的奏疏说:"古代诸侯的封地不超过方圆百里,朝廷强地方弱的这种格局,容易控制。现在的诸侯有的连城数十座,封地方圆千里,朝廷控制较宽时,他们就骄横奢侈,容易做出淫乱的事情,朝廷控制紧时,他们就会凭借自身的强大而联合起来反叛朝廷;如果用法令来分割削弱他们,就会产生叛乱的苗头。以前晁错推行削藩政策而导致吴楚七国叛乱就是这种情况。现在诸侯王的子弟有的多达十几人,而只有嫡长子继承王位,其他人虽然也是诸侯王的亲生骨肉,却不能享有一尺的封地,这就使得仁孝之道不明显了。希望陛下命令诸侯王可以把朝廷的恩惠推广到其他子弟的身上,用本封国的土地封他们做侯,他们人人都为得到了希望得到的东西而欢喜;陛下用的是推行恩德的方法,实际上却分割了诸侯的封国领地,朝廷没有采用削夺的政策,而王国却逐渐衰弱了。"这一建议既迎合了汉武帝巩固专制主义中央集权的需要,又避免激起诸侯王武装反抗的可能,因此立即为汉武帝所采纳。同年春正月,汉武帝制诏御史:"诸侯王或欲推私恩公子弟邑者,令各条上,朕且临定其号名。"是为"推恩令"的全部内容。

推恩令下达之后,诸侯王的支庶多得以受封为列侯。《汉书·王子侯表》所记载的王子侯,大部分是在元朔年间受封的。由于实行推恩令,河间王国先后分为兹、旁光等十一个侯国,淄川王国分为剧、怀昌等十六个侯国,赵王国分为尉文、封斯等十三个侯国。此外,城阳、个川、中山、济北以及代、鲁、长沙、齐等诸侯王国也都分为几个或十几个侯国。按照汉制,侯国隶属于郡,地位与县相当。因此,王国析为侯国,就是王国的缩小和朝廷直辖土地的扩大。这样,汉朝廷不行黜陟,而藩国自析。其后,王国辖地仅有数县。淮南王、衡山王谋反败露后,汉武帝又作左官之律,设附益之法。元鼎五年(前112年),汉武帝以列侯助祭的"酎金"斤两成色不足为名,一次削夺106名列侯的爵位。这样,诸侯不但辖地缩小,而且仅得衣食租税,不得参与政事。汉初以来,同姓诸侯王对于专制主义中央集权国家的威胁,至此完全消除。

汉朝刘邦消灭异姓王,改置同姓王作为社稷安邦的屏障以来,同姓王与朝廷的关系和王权之间的矛盾冲突便日趋激烈公开与表面化,形成与朝廷抗衡的地方权力中心,时刻威胁王权的存在和安危,封建君王作为天下之主,君命神授的化身,当然不能对此熟视无睹,无动于衷,任其欲为,于是采纳谋吏大臣的计谋实施削弱、打击同姓诸侯的策略。上述贾谊的"众建诸侯而少其力"、晁错的《削藩策》等主张建议都是为了削弱诸王的势力,使其丧失与朝廷对抗的实力,完全听命于君王。由于这些主张策略的重点是由朝廷君王直接干预侯国政务,因此矛盾的焦点集中于朝廷与侯国之间,两者互不相让,针锋相对,往往引发尖锐的政治冲突,吴楚七国之乱就是两者严重对立抗衡的结果。斗争虽然以朝廷战胜而告一段落,但是侯国割据地方称

霸的格局仍未得到彻底扭转。而汉武帝时的中大夫主父偃的高明智慧之处就在于,他在总结历史的经验教训的同时注意到:(1)辨虎威之源。同姓诸王之所以如此猖狂骄横,目无朝廷,分庭抗礼,根本在于他们占据着全国许多重要政区,在政治、经济、军事上自成一体,相对独立,操纵控制一方国土,类似猴子称大王,如果削缩其国土封地,其势必然衰弱,也就容易控驭。(2)定暗斗之策。如果朝廷明令割弱他们,锋芒毕露,他们岌岌可危,势必联兵对抗,誓与朝廷决一死战,肯定会发生战乱,对政

局不利。(3)行明推(恩)而实虚(势)之计。将独虎占大山,化为群虎据小岗。虎哮之吼,则成群犬之吠。众虎争食,必自伤其势。这是将调虎离山衍化为"分虎群斗"的高明之举。现在诸侯王的子弟有的多达十几人,而只有嫡长子继续王位,但其他子弟却不得一尺的封地,这既不符合仁孝之道,又非诸子弟所愿,有机可乘。他认为朝廷命令诸侯王把朝廷赐给他的恩惠推广到其他子弟的身上,用本国的土地封他们为侯,可以达到一石三鸟的目的:一是请王自己瓜分了侯国,并因此而产生矛盾冲突,可企达互相交错制约钳制;二是不动一兵一卒,只要一个诏令(推恩)便削夺了王国封地,将朝廷与诸王之间的矛盾转嫁给了诸王,让他们自己彼此争斗,在内讧中自溃自灭;三是朝廷处在双方仲裁人的地位,可以坐收渔人之利。汉武帝采纳实施推恩令之后,果然削弱了诸王的势力,使之再也无法与朝廷抗衡,只能俯首听命。这是汉武帝运用"推恩令"(形式)实行调虎离山,去其要势,避之以害计谋的绝妙发挥,也是政治家以因势利导,顺水推舟,落井下石,声东击西的调虎离山手法削弱强敌的成功范例。

调虎离山,战败司马

蜀后主建兴十二年(公元234年),诸葛亮领兵34万伐魏,分五路进军,六出祁山。魏明帝曹睿闻报,命司马懿为大都督,领兵40万至渭水之滨迎战。诸葛亮与司马懿是沙场老对手,双方都知道对方兵法娴熟,足智多谋,不好对付。所以战前各自都作了周密部署,严阵以待。诸葛亮在祁山选择有利地形,分设左、右、前、后、中5个大营,并从斜谷到剑阁一线接连扎下14个大营,分屯军马,前后接应,以防不测。司马懿则屯大军于渭水之北,同时在渭水上架起九座浮桥,命先锋夏侯霸、夏侯威领兵5万渡河至渭水南岸扎营,又在大营后方的东原,筑城驻军,进可攻,退可守,稳扎稳打,务使魏军立于不败之地。司马懿受命离开魏都时,曾受曹睿手诏:"卿到渭滨,宜坚壁固守,勿与交战。蜀兵不得志,必诈退诱敌,卿慎勿追。待彼粮尽,必将自走,然后乘虚攻之,则取胜不难,亦免军马疲劳之苦。"所以在经过两次规模不大的交锋、双方互有胜负之后,魏军便深沟高垒,坚守不出,由于蜀军劳师远来,粮草供应颇为困难,因而利于速战;而魏军以逸待

三十六计

劳,利于坚守。因而诸葛亮的主要策略目标,就是要诱敌出战,调虎离山,速战速决。然而司马懿老谋深算,素以沉着、谨慎、稳重著称,加上有魏明帝临行手诏,也不必担心那些急于求功的部将鼓噪攻讦。在这种情况下,要调动司马懿这只"老虎"离山,谈何容易!然而再狡猾的狐狸,也斗不过好猎手。司马懿这只善长谋略,经验丰富的"深山之虎",终竟被诸葛亮调出来了,还险些丢了性命。那么,诸葛亮究竟使了什么样的奇招,使司马懿这只老狐狸也难免上当呢?

诸葛亮深知,己方最根本的弱点是远离后方,粮草供应困难;他同时也深知司马懿正是看准了自己这一弱点,并利用这点做文章,期待并设法使蜀军断粮,从而将蜀军困死或逼蜀军撤退,然后乘机取胜。于是诸葛亮便将计就计,也在粮草供给问题上做文章、设诱饵,以此引司马懿这只"虎"离山。措施之一是分兵屯田,与当地老百姓结合就地生产粮食,以供军需,摆出一副作持久战的架势。这就等于宣示司马懿:你不急,我也不急;若是我不急,看你还急不急。果然司马懿的长子司马师沉不住气了,对其父司马懿说:"现在蜀兵以屯田作持久战的打算,如此下去,如何是了?何不约孔明大战一场,以决雌雄!"司马懿口头上虽说:"我奉旨坚守,不可轻动,"心里其实也很着急。诸葛亮的另一个措施,是自绘图样,令工匠造木牛流马,长途运粮,据传这东西很好使,"宛如活者一般,上山下岭,各尽其便。"蜀营粮草由木牛流马源源不断从剑阁运抵祁山大寨。司马懿闻报大惊说道:"吾所以坚守不出者,为彼粮草不能接济,欲待其自毙耳。今用此法,必为久远之计,不思退矣。如之奈何?"诸葛亮看出了司马懿急于破坏蜀军屯田、运粮、屯粮计划的心情,于是进一步利用这一点引他上钩。办法是:一方面在大营外造木栅,营内掘深坑,堆干柴,而在营外周围的山上虚搭窝铺草营造成蜀兵分散结营,与百姓共同屯田屯粮,而大营空虚的假象,引诱魏军前来劫营;另一方面在上方谷内两边的山坡上虚置许多屯粮草屋,内设伏兵,同时让军士驱动木牛流马,伪装往来谷口运粮。而诸葛亮自己则离开大营,引一支军马在上方谷附近安营,以引诱司马懿亲领精兵来上方谷烧粮。而司马懿呢?他虽烧粮心切,却又极为谨慎小心,深恐中了诸葛亮调虎离山的诡计。于是便也使了个声东击西、调虎离山计来应战。他亲领魏兵去劫蜀兵祁山大营,但却一反过去每战必让主攻部队走在前面的惯例,让手下的部将冲锋在前,直扑蜀营,自己反而在后引援军接应。他这样做,一则是担心蜀营有准备,怕中了埋伏;二是他指挥魏军劫蜀军大营本属佯攻,目的是调动蜀军各营主力,甚至诸葛亮本人领军前来营救,而他却自领精兵奇袭上方谷,烧掉蜀方的粮草。然而,司马懿的这个调虎离山计,却未能跳出"如来佛的手掌心"。诸葛亮早料到司马懿这一着。因而当魏军直扑蜀军大营时,诸葛亮只是事先安排蜀军四处奔走呐喊,虚张声势,装作各路兵马都齐来援救的态势,而诸葛亮却趁司马懿这只"虎"已离山之机,另派一支精兵去夺了渭水南岸的魏营,而自己却在上方谷等待司马懿来"烧粮",以便"瓮中捉鳖"。司马懿果然中计。他见四处蜀军都急急忙忙奔向大营救援,便趁机急领司马师、司马昭及一支亲兵杀奔上方谷来。接着又被蜀将魏延依诸葛亮的安排,用诈败的方法诱进谷中,截断谷口。一时山谷两旁火箭齐发,地雷突起,草房内干柴全都着火,烈焰冲天。司马氏父子眼看就将葬身火海。亏得突来一场倾盆大雨,才救了司马氏父子3人及少数亲兵的性命。司马懿这只"虎"原本拿定了深沟高垒、坚守不出、决不离山的主意,结果却仍被诸葛亮调下了山;他原想用"调虎离山"计烧掉蜀军的粮草,想不到却反而中了诸葛亮的"调虎离山"计。真个是计外有计,天外有天,军机难测。

引调敌军,奇袭蟠龙

1947 年 3 月,蒋介石命胡宗南以 34 个旅共 23 万人的兵力进攻延安,我西北野战兵团在毛泽东、周恩来、彭德怀的"磨"和"打"、"打"和"磨"的战略战术思想指导下,以两万多的兵力先后进行了伏击青化砭、巧打羊马河、大战沙家店、两攻榆林城、强夺清涧城等战役,创造了一幕幕战争奇观,由这支部队的司令兼政委彭德怀亲自组织的调虎离山袭击蟠龙战役就是其中精彩的一幕。

时值 5 月份,陕北已经入夏,西北野战兵团在青化砭、羊马河歼敌两个旅以后,正在休整。

胡宗南一出延安就挨了两次打,有点沮丧。总找不到我军主力,急得像热锅上的蚂蚁,团团直转,没有办法,此时,他把董钊、刘戡的九个主力旅摆在蟠龙镇附近,有些举棋不定。

战役间隙,彭德怀又坐不住了。他是一位严谨的军人,平时十分注意军容仪表。但在闷热的司令部里,他怎么也坐不下来,他一会儿解下腰间的皮带,一会儿又扎上,一会儿又犹豫着解开了棉衣的扣子,一会儿又扣上。这时,警卫员从门外进来,他一看,警卫员把衣服脱得只剩一件空心小袄。看见彭总在司令部,警卫员怕挨训,扭头就跑回去换衣服。看着警卫员慌张跑去的样子,彭德怀叹了一口气。原来,陕北部队自撤离延安时还是冬天,都穿着棉衣,现在已是夏天,指战员们还穿着棉衣,直接影响行军打仗,边区政府也撤退了。军需无处保障,彭德怀正为此事考虑解决办法。他决定向胡宗南这个"运输小队长"领。

他让人把司令部王政柱副参谋长找来问:"你能断定蟠龙是胡宗南的补给地?"

"绝对没错,这是我们反复侦察过的。"

这时,参谋长张文舟也进来了:"彭总,下面部队又请示换装的事。"

"我也热的受不了啦!"彭德怀一边说一边用棉衣襟扇着风,"你们两位来得正好,来,我们来商量一下为部队换装的事。"

二人凑到地图前,顿时眼睛一亮,原来不知什么时候,彭德怀又在地图上给蟠龙镇画了一个圈。

三人反复研究后,彭德怀命人立即把第二纵队司令兼政委王震、副政委王恩茂召到司令部。

两人也都是棉衣棉裤,因为一路急赶满头大汗,棉衣后面也湿透了。

彭德怀简要介绍了山东、晋南战况,接着说:"我们在陕北不仅要粘住胡宗南,还要咬他一口,你们看,我们下一步来吃他这一砣。"说着,他把手指向蟠龙镇一指。

"李昆岗,一六七旅?"王震恍然大悟。

"对,拿下蟠龙镇,消灭一六七旅,叫部队去领服装。"彭德怀果断地说。

"听说李昆岗是胡宗南的四大金刚之一,我倒想见识见识,看他是真钢还是假钢。"王震特别兴奋。

"胡宗南手下那么多军官,为啥偏封他为金刚,不是没有原因的,他当过胡宗南的副参谋长,至少在军事上还是有些办法的吆!"彭德怀从不轻视自己的对手。

"老总,不必绕弯子,你就交代任务吧!"王震是专门爱啃硬骨头的脾气。

"我就知道你王胡子又要着急。你们看,现在董钊、刘戡的九个旅集结在蟠龙,我们想吃掉他,也是老虎吃天无从下口呀!"

"老总的意思是叫我们调董钊、刘戡这两只老虎离山,然后再打李昆岗?"王震会意。

"不然我们没法打蟠龙嘛。你们可以用三五九旅一部,我再从别的主力部队抽调一部分,和你们共同完成调董、刘二将出蟠龙的任务,你们要摆出一副且战且走的样子,节节抗击,节节后退。现在胡宗南急于找我主力决战,我们就利用这种心理,摆出主力阵势,把他的主力引到绥德去,我们再乘虚夺取蟠龙,吃掉李昆岗。"彭德怀全盘端出了作战计划。

王震二人领受完任务,冒雨返回,立即给三五九旅旅长郭鹏布置任务。"要让敌人以为你们就是西北野战军的全部,同时要做出一副给养缺乏,不堪其扰,准备东渡黄河退入晋绥的样子给敌人看,把敌人一直牵到绥德去,好让主力痛痛快快打个漂亮仗,敲掉一六七旅和它驻守的这个兵站。"王震先交代了一番。

"依我看,这和演戏差不多,一个'像'字顶重要,演像了,观众就信以为真,演不像,观众就要回家睡觉……要演像一个角色,一定要设身处地从这个角色考虑问题,该急就要急,该跑就要跑……同时,道具、效果、服装也要配合的很合适才行,要给人以逼真的感觉。但是,只有逼真还不够,还要注意掌握节奏,不能太慢,也不能太快,太快太慢,敌人都可能返回头来支援,那我们就被动了。我们决定5月5日解决一六七旅,那么,你们顶好让敌人在一日或三日进到绥德。"王恩茂慢条斯理,像一位经验丰富的导演如此这般又给郭鹏旅长"导"了一遍。

三十六计

郭鹏连夜开始行动,他把参战部队分成几个支队,扮成主力,旅部扮演野战军首脑机关,配上电台,在次日上午,冒雨雾分头上路。

一出发,郭旅长就告诉大家尽量走大道,声势要大,在和敌人交战时,不可恋战,但也不能一触即溃,让敌人看出破绽,还要故意丢掉一些破骡子瘦马。

为了尽快让敌人知道我"主力"动向,他又到当地的一个区里找到区委书记,请老乡帮忙。区委书记以为部队需要粮食和担架,表示全力支持,郭鹏笑笑说:"当前最主要的事情不是粮食和担架,而是找几位老大娘,去给胡宗南的部队泄露一下主力部队的行动秘密,引他们上钩。"

"不行不行。"区委书记一听这话连连摇头,"咱这里的老大娘的脾气你又不是不知道,你让她给部队保密行,你叫她泄密,可是打死也没人干,谁愿意当叛徒!"

"要不怎么找你呢?你去以组织名义动员一下,她们就肯听了,要不然,别人去了得的当奸细给抓起来。"郭鹏仍然是一副笑眯眯的样子。

"试试看吧。"区委书记只好硬着头皮去动员老大娘"泄密"去了。

4月28日,诱敌部队在郭旅长指挥下,摆开了东西十里的长阵,向绥德方向"溃散"。

彭德怀这一计独具匠心。这支"主力",口音南腔北调,服装五花八门,绿、黄、灰、蓝色都有,还有黑色的。单看这阵势就能让人感到是西北野战军"主力"。

在诱敌部队出发的同时,经彭德怀请示,中共中央下令,由绥德地委出面组织一些部队和群众,在黄河岸边,摆出了一副过黄河的阵势。为了使过河的场面更回逼真,还调动了陕西、山西的大批木船,在河上来回摆渡,部队和地方群众前呼后拥,熙熙攘攘,来往穿梭,一副大部队过河的"热闹景象。"

终于,"老虎"出山了。

蒋介石接到国防部报告:"共军正在东渡黄河。"他一下来了精神,立刻给胡宗南发报:"兵分两路,直逼绥德,一日三报情况。"同时命令在榆林的邓宝珊二十二军:"迅速南下,夹击共军。"蒋介石觉得,这下共军可插翅难飞了。

胡宗南精神头更足。他立即进行了部署:令李昆岗率一个步兵团、一个小炮营及直属部队坚守蟠龙补给基地,令董、刘两个兵团带七天粮食向绥德挺进。于是董、刘在我三五九旅的牵引下,排成巨大方阵,纵横几十里,浩浩荡荡向绥德扑去。

此时,彭德怀看到敌人果然"听从指挥",于是对司令部人员说:"走,我们南下,打蟠龙去。"说得非常轻松,就像去赶集一样。

部队进入阵地后,天公不作美,竟然下起雨来,直到5月2日才突然放晴。彭德怀接到毛泽东电报:"攻击蟠龙决心很对,如胜利,影响必大,即使不胜也取得经验。"彭德怀向各部队领导宣布:"你们可以明确告诉战士们,拿下蟠龙穿单衣!"这句话作为战斗口号,极大地鼓舞了指战员们的士气。

下午18时,战斗打响,李昆岗以为凭着明碉暗堡,三层防线,这些坚固的阵地和精良的武器,可以坚不可摧,根本没有想到共军会以主力袭击蟠龙。激战至5月4日,我军全歼李昆岗所部6700余人,活捉了李昆岗。同时,缴获敌人山炮六门,子弹万余发,医药品无数,军衣4万套,可以装备近两个西北野战兵团,面粉1.2万多袋,骡马1000多匹。等胡宗南发现我军真正企图,急令董、刘火速回援时,已是5月4日凌晨,董、刘接到命令往回赶,仅有250公里路程就走了3天,直到5月8日才赶回蟠龙镇。此时,新华社正在广播评论《评蟠龙胡军被歼》,胡宗南听着收音机里的广播,恼羞成怒,一下子把收音机甩在了地下。

蟠龙之战,彭德怀成功地运用了调虎离山之计,既消灭了敌人的有生力量,又解决了部队换装的燃眉之急,可谓一箭双雕。

老蒋使阴,调虎离山

大阴谋家蒋介石谋略高超,一生多次使用调虎离山,并且调虎的方法十分奇妙,他把军事上的计策应用在政治上,同样起到了很好的效果。

1929年2月,蒋介石集团同桂系发生矛盾,蒋介石为了击败桂系就展开了一系列的谋略活动,这个活动的一部分就是拆散粤桂联盟。主持粤(广东)方政局的是李济深。李济深是广西梧州人,但他在广东起家,广东财力充裕,广西士兵勇敢,两广配合很好,李宗仁、李济深、白崇禧、黄绍四人关系密切。若蒋介石对桂系用兵,不拆散粤桂联盟就可能先败。怎么拆散粤桂联盟呢?对粤方用兵是根本不行的,只有一个方法就是使用阴谋。

当时国民党三全大会将在南京开幕,李济深率领部分代表由广州到了上海。

李宗仁劝李济深千万不可去南京,否则被扣留无疑。因为他虽然未在广西做过事,却一向被目为'桂系'和我李、白、黄三人有特殊友谊。而任潮又是在粤军起家的,广东将领多为其旧部,他如在沪担任调人,以渠在两广的德望和实力,蒋氏投鼠忌器,必不敢贸然对武汉用兵。他如轻易去南京而为蒋所扣押,则中央必以甘辞厚禄引诱粤籍将领陈铭枢、陈济棠等背叛李济深,如是则广西顿失粤援,武汉完全孤立,中央大军四面合围,则第四集团军(桂系)必被全部缴械而后已。以故李济深如不去南京,战争或者可免。如去南京,则适足以促成内战,并危及其本身安全。李济深听此分析后,极以为然,当即决定说,他绝不去南京。

不久,蒋先生派蔡元培、李石曾、吴稚晖、张静江四位元老来融圃看李宗仁,并约李济深同来融圃谈话。他们一致劝李济深入京做调停人,李济深当然不敢答应。李宗仁遂将他原先向李济深说的一番道理重述给四位元老听。最后,李宗仁更强调说:如果任潮去南京,牺牲了个人而能消弭了内战,使十余万袍泽免受屠戮,则此项牺牲才有价值。如牺牲了个人而结果适得其反,则个人即不应作无谓的牺牲。

吴稚晖说:我们来沪之前,便曾和蒋先生谈到任潮入京后的安全问题。蒋先生表示,以人格担保,不致使任潮(李济深)失去自由!但是任潮如不去南京,中央便一定要对武汉用兵!

李宗二说:中央如有诚意和平解决,则在上海谈判和去南京谈判,究有何区别？必要时,蒋先生自己也未尝不可屈尊来沪。至于蒋先生以人格担保一层,像蒋先生这样的人,还有什么人格可言,你们又何必骗任潮去上当呢？

吴仍旧说,只有任潮去南京,才可消弭兵祸。最后,他甚至说,如蒋氏不顾人格,自食其言,他便当蒋的面,在墙上碰死。

李宗仁说:稚老,慢说你没有自杀的勇气,纵使你自杀了,战争还是免不了。

最后,吴稚晖生气了,暴跳如雷,大肆咆哮,并大声地说:"我们不管了,我们不管了！你们有的是枪杆,你们去打好了！"

四位元老和李宗仁足足谈了两天之久,第二天竟自上午11时谈到夜半12时,结果还是不欢而散。吴稚晖因李宗仁一再阻李任潮去京,简直是气愤填膺。最后还是李济深软化了,他告诉李宗仁说,以国事为重,抢着跳火坑的精神,去京一行。

李宗仁说:"你去南京必被扣留,你一失自由,战祸就免不了！"但任潮是好人,他终于在四位元老的"蒋先生以人格担保"的谎言的怂恿之下,于3月13日自沪去京。

任潮和蒋介石接谈之后,才知中央已决意用兵,西征军事正在积极部署。他的一切行动已有大批密探在跟踪。同时南京放出空气,所有李济深旧部,只要服从中央便官加一等。蒋氏并派粤籍党人古应芬、孙科等,四出疏通各粤籍将领背叛李氏。至于蒋介石以前的诺言,则早已丢到九霄云外去了。

李济深到此才知上当,乃企图逃出南京。事实上,已无此可能。李的左右想秘密和法国驻上海总领事接洽,派一法国军舰泊在下关江面,李氏才可乘人不备,驰车往江边,跃上汽船,登兵舰驶回上海。但是李济深认为此计不妥,因恐未抵江岸,已为蒋的密探用机枪射杀了,终将这计划放弃。3月21日,蒋乃公开将李济深幽禁于汤山。原来向李氏担保的四位元老,到此也钳口结舌,莫知所措。蔡元培一怒去沪,其他三人则常住汤山李济深抚慰,然究有何用。

蒋介石无理扣押李济深,引起各方面强烈不满。广东将领群情激奋,蒋光鼐、蔡廷锴等联名致电蒋介石,强烈要求立即恢复李济深的自由。又电邀黄绍,到广州商议对策。但这时蒋介石已派粤籍将领陈铭枢、陈济棠二人到粤活动,说服粤省将领服从中央。二陈以貌似公允的两面派手法,用避免牵入战争为理由,把桂系孤立起来。随后蒋介石任命陈济棠为讨逆军第八路总指挥。陈济棠从此主宰了广东。不久蒋介石进攻武汉,击败了桂系。

蒋介石这个谋略的成功有三个原因,一是他派了四位国民党元老,二是他承诺以人格担保,三是李济深心太软。李济深离开了他的军队,这等于失去了自由,李济深轻易上当,关键是他不了解蒋介石的为人。

蒋介石另一次调虎离山是智擒王家烈,这一次是他同张学良二人密谋的巧计。王家烈是贵州的土皇帝,他手握军政大权,统治贵州达三四之久。

1935年5月蒋介石乘兵舰到达汉口,张学良、张群、何成浚等都到码头迎接,蒋、张晚间密谈许久,第二天早晨,蒋、张搭飞机飞往贵阳,当地军政首脑大事欢迎,蒋还召集军政人员在省府大礼堂讲了话。张学良更显得安闲无事,便装从简,头戴一顶鸭舌帽,漫步街头,进了一家照相馆,摄影留念,看

来暇逸得很。第二天蒋、张回鄂。贵阳一些高级军政人员齐到机场送行。张学良开玩笑地对王家烈说："老王，你没坐过我开的飞机，你上来，我开，在贵阳城上转两圈，再把你送下来。"说着说着把王家烈拉上了飞机，腾空一直向北飞去，王问："怎不转圈，竟往北飞？"张学良说："请你到武汉玩玩。"

为什么要把王家烈提离贵阳？这是蒋消灭其他旁系的一贯做法，他很不放心王住在贵阳，会和他的旧部队以及地方上联系，才于武昌和张学良定下一条飞擒土皇帝的秘计。王家烈被转送南京，蒋着其以军事参议院中将参议官名义，去北平休养了半年，随后又让王到南京八期陆大将官班旁听，王在南京赋闲了三年。

信田用智，胜武田军

日本天正三年（公元1575）4月，武田胜赖（公元1546—1583）南下进攻德川家康。他带领精锐1.5万人围攻国境要害长篠城。德川家康得急报立即向织田信长求援。德川带领联军3.8万人赶往长篠城。军队驻扎在离长篠城4公里的连子川河畔，构筑了防御阵地。

家康和信长都惧怕武田军。家康在三方原战役（公元1572）中，曾遭到武田信玄的痛击。即使不是信玄，是胜赖，家康也想避开与武田军的决战。信长的军队装备优良，兵力雄厚，但是由于信长军发展快，未经训练的新兵多，可以说是乌合之众。信长没信心从正面战胜由名将信玄统率的、经过百战锻炼的甲州军。但是，信长有秘计。织田军取胜的希望在于"人多炮多"，新兵也能使用铁炮。由浓尾农民组成的民兵装备上铁炮，完全能够抵抗身经百战的甲州正规军，而且织田军在人数上也占优势。

信长打算与武田军决战。信长在设乐原西端构筑了防御阵地，用木栅和铁炮对付武田军。以木栅阻止武田军的骑兵突击，用铁炮轰击以稳定军心。信长一切准备就绪。反而担心胜赖果真会打来吗。因为敌方不中计，木栅和铁炮就不起任何作用。信长采用"调虎离山"计。奇袭鸢巢山引敌出战，用反间计达到此目的。

信长怀疑前来投降胜赖的大臣甘利新五郎是间谍，便当着甘利的面，训斥最高级干部佐久间信盛，并鞭打他。由于信长与信盛平日就不知，为一些鸡毛蒜皮的小事常发生冲突。信盛瞪着信长,神情逼真,令人恐怖。其他人个个脸色大变,指责信长不应如此对待重臣。

佐久间信盛的阵地在前线左翼,占领着制高点,当天夜里,信盛归降胜赖,并出谋划策,自己做内应攻打信长。信盛说:"朝我阵地攻打。"信盛的部队占据丸山高地,俯视连子川河谷。只要信盛拼死抵抗,武田军就无法从其左翼攻入。相反,如果武田军拿下丸山高地,就会从左翼席卷织田、德川军阵地。胜赖想"必胜无疑!"参照甘利的密报,胜赖相信信盛内应无疑。

天正三年5月16日夜,在长篠城前医王寺,武田军司令部召开了命运攸关的作战会议。作战会议始终争论不休。众多将领竭力反对主将武田胜赖采取的进攻策略。由于这场战斗关系到武田家的兴亡,因此众将不赞成武田胜赖的策略。

但是,胜赖决心已下,宣誓"旗、盾照鉴!"准备攻打信长。在武田家,凡是对家祖源义家的白旗和源义光的甲胄二件家宝发誓作出的决定是不可改变的。曾跟随过信玄的将领个个无可奈何,怀着沉重的心情回到各自的兵营。

5月8日以来,围攻长篠城的武田胜赖军主力1.2万人5月20日向设乐原进发。织田、德川联军3.5万人布防在连子川对岸。

21日是决战日。天亮之前武田军已准备就绪,急切地等待着进攻的信号,全军鸦雀无声。

这时武田军后侧突然响起数百下枪声,喊声大作。在前一天夜间。信长派遣德川军的酒井忠次部队奇袭并占领了鸢巢山寨。

由于后路被断,武田军无法撤退。胜赖命令进攻,这正好中了信长所设置的拒马栅的铁炮计,武田军溃灭。

娃娃"伞兵",立建奇功

1944年6月6日夜,驻守在法国诺曼底地区奥马哈海滩的德军第352步兵师师长赫尔穆特·克赖斯将军,突然接到部下的紧急报告:在本师防区的后面,发现盟军正在实施空降。大批的伞兵部队已经被空投在防区后面约40—50英里的地区。这一报告,立即引起了克赖斯将军的极大重视:盟军此时敢于在敌后实施大规模的空降,预示着一场大规模的进攻已经迫在眉睫了。因此,如果不能在正面的敌军发起攻击前消灭已降落在背后的盟军伞兵,那么,一旦正面实施登陆作战的盟军发起攻击,他就将受到盟军的前后夹击。想到这里,克赖斯将军一面将发现盟军伞兵的情况上报,一面果断地定下了消灭盟军伞兵的决心。他随即命令全师进入最高战备状态,并召来了第915步兵团团长迈耶,命令他立即率第915步兵团去消灭已降落在防区后面的盟军空降部队。

迈耶接到命令后,立即集合队伍,一个有2000余人的精锐步兵团,乘上汽车,前往盟军伞兵降落的地点。临行前,身经百战的克赖斯又叮嘱迈耶,务必保持与师司令部的通信联络,以便在情况发生变化时,立即撤回。步兵第915团,是奥马哈海滩正面迎击盟军登陆的惟一机动力量,其担负的任务是:如果盟军从第352师的防区实施登陆,则由第一线部队抗击盟军登陆,

915团实施反攻作战。然而,现在盟军的伞兵突然降落在防区后方,对防区构成了巨大的威胁,克赖斯不得不拆东墙补西墙,将他的惟一的机动力量派出去了。

两个小时后,迈耶率部逼近了盟军伞兵的空降地。迈耶随即下令,全团展开,准备与盟军伞兵部队接战。然而,出乎意料的是,迈耶的部队并未遇到盟军伞兵部队的猛烈反击,在一阵并不猛烈的交火之后,盟军伞兵部队就后退了。实际上,这只不过是一支小股伞兵。但是,迈耶判断,盟军伞兵部队很可能在完成降落集结后,已经转移了。为完成克赖斯将军的命令,彻底消灭盟军伞降部队,迈耶下令,全团分为十几个分队,在周围搜索并消灭敌伞兵部队。于是,这个精锐的步兵团就这样散布在方圆几十平方公里的乡间,开始了搜索、围歼盟军伞兵部队的行动。

就在迈耶的第915步兵团费力地在远离前线的乡间搜索盟军伞兵部队的时候,盟军在奥马哈海滩的登陆战也打响了。一批又一批的登陆部队涌向滩头,向德军第352师发起猛烈的进攻。面对盟军如此猛烈的进攻,克赖斯将军手足无措了。要想粉碎盟军的强大攻势,必须将迈耶的部队调回前线,投入战斗。

然而,部队派出去容易,收回来难,克赖斯急需迈耶的第915团投入战斗,正像俗话说的那样,福无双至,祸不单行,就在这紧急时刻,迈耶携带的无线电台出现了故障,克赖斯怎么也无法与迈耶联络上。

万般无奈,克赖斯只好派出通信兵去找迈耶。但是,等迈耶接到通信兵传达的命令时,已是几个小时之后了。而且,此时迈耶的部队已经散布在方圆几十平方公里的乡间,要想在短时间内集结起来,谈何容易。下午3点,迈耶终于将他的步兵团集结起来了。然而,此时已经晚了;盟军的登陆部队已经突破了第352师的前沿防区,打进纵深。迈耶虽然率部向盟军展开了反攻,但已无济于事,第915团及迈耶本人,也很快就被盟军消灭了。

那么,此时盟军的"大批的空降部队"又在干什么呢?说起来可笑,根本就不存在什么盟军的"大批的空降部队"。这支部队其实都是孩子玩的大型玩具——个头像真人大小的洋娃娃。

原来,盟军在实施登陆战役之前研究德军奥马哈防区的兵力部署时发現,德军第352师虽然兵力和装备不足,食品供应也不充分,但仍不失为一支战斗力很强的部队。特别是作为预备队使用的第915团,战斗力远比盟军原先预料的要强得多。假如这支部队在盟军登陆之时,投入战斗,对盟军登陆部队展开反击,那就很难在滩头站住脚。因此,为保障顺利登上滩头,渡过登陆初期的最艰难、最危险的时期,盟军决心设法分散德军的防御力量,特别是将915团调动到远离前线的地方。使其不能在登陆作战的关键时刻及时投入作战。于是,便精心设计了这支洋娃娃部队。盟军知道,这么大规模的空降,德军不会不发现,更不会置之不理;而此时,德军352师惟一可以调动的兵力,就是作为预备队的915团。

事情的发展,正如盟军事先预料的那样,一支十几个人的小分队和大批的洋娃娃伞兵,真的在最关键的时刻将德军的一个精锐步兵团诱到了远离前线的乡村。在这场艰难的登陆战斗中,洋娃娃"伞兵"立了奇功。

兵不厌诈。洋娃娃居然成了"伞兵"。不难想见,盟军赋予洋娃娃的力所能及的作战任务,并非要直接歼灭敌人,而是引诱敌人为盟军的登陆部队腾出空间,并留出时间。也正是从这个意义上说,毫无战斗力可言的洋娃娃,到了足智多谋作战指导者手中,同样可以在不费一枪一弹,不失一兵一卒的前提下,发挥出真正伞兵也难于企及的功效。或者说较之于真正的伞兵,洋娃娃在此种特定条件下所起的作用是毫不逊色的。

"调虎离山",实施计划

史蒂文森发明了蒸汽火车之后,英国便对铁路未来的发展给予了十分的重视。不过一般人大多把搞铁路建设视为疯狂的行动,就连尼桑这样的精明人也认为铁路运输不能与马车运输相抗衡。等到铁路事业在英国打开了局面,显示出其光明前景之时,罗斯柴尔德家族的尼桑已失去了插手的机会。

罗斯柴尔德家族的萨洛蒙收到尼桑送来的情报之后,立即开始考虑起这件事情来。

奥地利是一个非常保守的民族,要他们很快地接受"不用马的交通工具"这种异想天开的东西根本不可能。即使是那些对火车略知一二的知识分子,在他们的印象里那也是个恶魔般的庞然大物。要想在这里发展铁路事业是非常困

959

难并且充满危险的,人们一定会群起而攻之。

但萨洛蒙决定冒这个险。

他开始悄悄地进行准备工作:派遣大批人员到英国,从金融、技术等各个方面对铁路事业进行考察和研究;派人徒步调查将来铁路要经过的地方,并设法收购沿途的驿站,以备将来把它变成火车站;买通报社和新闻记者,让他们以循序渐进的方式介绍有关铁路的知识和发展前景。

经过将近 5 年的长时间谨慎筹备,萨洛蒙终于向当时奥地利皇帝斐迪南一世提出申请,要求开欧洲大陆之先河,构筑从维也纳至巴伐利亚长约100 公里的大规模铁路。由于事先已经和宰相等重要大臣们进行了充分的接触,所以此项申请没费更大的周折便得到了皇帝的批准。

虽然做过了长时间大量的宣传工作,这项计划一经公布,却还是立即召来了各方面的严厉抨击,大有使几年来为做准备工作所花的金钱和心血付诸东流之势。

维也纳的各家报纸充满了反对萨洛蒙的攻击性言论,医生和其他专家学者也都纷纷站出来慷慨陈词。

医生们这样说道:

"人类的身体无法承受时速 24 公里以上的速度,如果坐在这个恶魔般的庞然大物里任由它在奥地利横行的话,乘客将会七窍流血。即算不死,在通过隧道时乘客亦会窒息而死。换句话说,火车就是一个巨大的棺材。"

研究精神病的权威学者则提出这样的警告:

"现今社会变得日益忙碌紧张,人们的精神已经处于过度疲劳的状态。如果再加上乘火车造成的紧张感,人类必然会完全疯狂。"

……

各方面的人士都大声疾呼:"不能让这机械的恶魔在神圣的帝国存在!粉碎犹太人的阴谋!"

萨洛蒙似乎陷入了四面楚歌的境地。

尽管萨落蒙平时与各报都保持着良好的关系,但此时却也难以抵挡社会舆论的冲击。最使他头疼的是奥地利的一些金融家乘机煽风点火,宣称由外国人来投资铁路事业将会给国家利益造成危机。

当然,凭着萨洛蒙与包括宰相在内的帝国内阁的非同一般的关系,他可以不必理睬这些反对之声先下手为强。他也可以像五弟杰姆斯在法国的做法一样,不是很困难地把反对势力收买过来。

但萨洛蒙却不愿采取这两种手段,他认为强硬的手段只会招来更强硬的反对,可贿赂的做法又浪费精力和金钱。萨洛蒙最擅长的便是迂回策略,相信任何事情都必定有温和的解决办法。

犹太人之所以能够生存,除了注重金钱之外,还在于他们在危难时超凡的忍耐力和智慧。于是,萨落蒙宣称为了筹集铁路建设的资金,首期发行1.2 万股的股票,其中有 4000 股公开募集。结果就连那些坚决反对修建铁路的人也踊跃提出申请,地方上的金融家也纷纷离心离德地前来应募。

最后,公开募集的 4000 股竟收到了将近 8 倍的申请函,这一招极为成功。正应了一句犹太人格言:

"金钱一旦作响,坏话随之戛然而止。"

不过,在这一成功的背后,仍然有一只看不见的黄金之手在秘密操纵着。萨洛蒙雇了一批人来应募股票,使得它的行情急速上涨。这一妙计一下就瓦解了如火如荼的反对运动。之后,萨落蒙为了更进一步击败反对者,又想了另一条妙计请来奥皇亲自出马。

他向奥皇要求,要将这条铁路命名为"斐迪南皇帝北方铁路"。这一来不但可以满足皇帝本人的虚荣心,更具有"拉大旗作虎皮"的奇效。

这条铁路是欧洲最早、最大的一条正规铁路,沿线的地图、车站,以及车辆本身都附上皇帝的名号,如此一来岂不是可以名传千古了吗?皇帝自然毫不犹豫地批准了萨洛蒙的请求。之后,萨洛蒙又趁热打铁,请枢密院长和财政大臣支持这一事业。为了这两人也能鼎力相助,提议在铁路的标识牌和文件上共同印上了两个人的姓名。至于宰相,萨洛蒙则请他担任铁路的名誉保护官。

"斐迪南皇帝北方铁路"的名称产生了魔术般的奇效,使罗斯柴尔德家族的铁路一下子变成了奥地利帝国的铁路,当然没有人再敢反对了。如此一来,萨洛蒙从根本上巧妙地解除了危机。而这一案例,正是"调虎离山"的最好应用。

16计 欲擒故纵

张仪诱楚,怀王失地

公元前 313 年,秦国企图攻打齐国,但又顾虑齐国与楚国合纵亲善,秦惠王于是想到诡谋家张仪,有他出面引诱楚怀王,破坏齐楚之盟,便先免去张仪的宰相之职,然后派遣他出使楚国面见楚怀子。

楚怀王是个好大喜功、愿听奉承之人,张仪便尽可能拣好听的说,投其所好,纵其心智。他说:"我们秦王最喜欢的人莫过于你楚怀王,而我心甘情愿为效犬马之劳的人,也没有超过你楚怀王的。我们秦王最憎恶的人莫过于齐王,而我最讨厌的人也莫过于齐王。但是大王你却和齐国亲善友好,因此我们秦王不能够支持你楚王,我也不能为你效劳。如果你能听我的话,跟齐国断绝关系,你即可派使者跟我到秦国去,收回秦王过去从楚国兼并的商于地方的六百里土地。这样,齐国就变弱了。你这样做削弱了北面的齐国,施恩于西面的秦国,自己又得了六百多里的商于之地。同时让秦国的美女来做侍奉你的妾婢,秦、楚两国互通婚嫁,永远结为兄弟之邦,这是一举三得四利的美事。"怀王听了眉开眼笑,忘乎所以,不知中计,反而把宰相的印信交给了张仪,把张仪视为功臣,每天请他饮酒作乐,并洋洋自得地说:"我又重新得到了过去失去的商于之地了。"文武百官都纷纷前来向楚怀王祝贺,惟独陈轸郁郁寡欢前来吊慰。楚怀王见状,十分恼怒,问道:"我一兵未发而得到六百里失地,有什么不好?"陈轸回答:"你的想法不对。以我之见,商

第
四
编

《
三
十
六
计
》
智
谋
经
典

於的土地不会到手,齐国、秦国却会联合起来,齐、秦一联合,楚国就将大祸临头,危及社稷之安。"怀王问:"你有什么解释吗?"陈轸回答:"秦国之所以重视楚国,就是因为我们有齐国做盟友,现在我们如果与齐国断交毁约,楚国便孤立了,秦国又怎么会偏爱一个孤立无援的国家而白送商于六百里土地呢!张仪此来不怀好意,回到秦国以后,一定会背弃对大王您的许诺。那时大王北与齐国断交,西与秦国结怨,两国必定联合发兵夹攻。为你谋划,不如我们暗中与齐国仍旧修好而只表面上绝交,派人随张仪回去,如果真的割让给我们土地,再与齐国绝交也为时不晚。"楚怀王斥责道:"请您陈先生闭上嘴巴,不要再说了,等着看我去接收大片土地吧!"于是又重赏张仪。随后下令与齐国断交毁约,派一名将领随张仪前往秦国接受土地。

张仪回到秦国,假装喝醉了从车上跌下来,托辞养病,三个月不出门,转让土地一事束之高阁。楚王知道后,说道:"张仪是不是觉得我与齐国断交做得还不够坚决?"于是便派勇士宋遗借了宋国的符节,北上到齐国去辱骂齐王。齐王大怒,把象征着和好的楚国兵符也折断了,同时降低身份与秦国修好。秦、齐两国修好后,张仪才上朝露面,见到跟随来的楚国使者,故作惊讶地说:"你为什么还不去接受割地?从某处到某处,宽广一共六里。"楚使说:"我奉命接受的是六百里,不是六里。"于是使者愤怒地回国向楚怀王报告,怀王勃然大怒,准备发兵讨伐秦国。陈轸劝阻说:"我可以开口说话吗?讨伐秦国不是个好办法,不如拿一个大城市去贿赂秦王,联合他一起去攻打齐国,把我们给秦国的土地,从齐国要回来,这样我国尚可保全。如今大王已与齐国绝交,又出兵讨伐秦国,这是撮合秦、齐交好,将招引天下大兵群起攻击,国家一定会受到严重的伤害。"怀王一心想复仇雪耻,不听陈轸的劝说,于是和秦国断绝关系,派屈匄率军队西攻秦国,秦国也任命魏章为庶长之职,起兵迎击。

公元前312年春季,秦、楚两国军队在丹阳大战,楚军大败,八万甲士被斩杀,屈匄及以下的列侯、执圭等七十多名官员被俘。秦军乘势夺取了汉中郡。怀王闻讯更加恼羞成怒,怒不可遏,征发国内全部兵力再次袭击秦国,在蓝田决战,楚军再次大败。韩、魏等国听说楚国危困,也向南袭击楚国,直达邓地。楚国听说了,只好率军回救,割让两座城向秦国求和。

当时,秦国向东扩张势力,遇到的强大阻力和主要敌人是关东齐、韩、魏、赵、燕诸国和南方的楚国,其中楚国和齐国的势力完全可以与秦的力量相抗衡,而楚、齐联盟对秦来说,尤其威胁巨大,秦当然对此不能熟视无睹,无动于衷。秦惠王意识到齐、楚联盟的严重性,派谋士张仪出使楚国,运用诱擒的计谋说服楚怀王,不但完成了离间楚齐联盟的使命,而且凭藉三寸不烂之舌,玩弄是非,挑拨君臣不和,乘虚而入,赢得怀王的信任不疑,从而为奸计阴谋的得逞作了铺垫。从用计的技巧看,张仪算是强中之高手,有其诸多巧妙之处:一巧在于他谙悉怀王之习性,不以卑躬屈膝,好言奉迎,低三下四为耻,给怀王留下了好印象,初步取得了信任,有了对话的基础;二巧在于示假隐真示弱隐强,以物欲美女为诱饵,投其所好,极力劝谏楚齐解除盟约以及秦楚联合的美好前景,阐述其利害得失,居然使怀王利令智昏,贪得无厌,完全信服,是非不明,黑白不分,认贼为父,以敌为友,竟将楚国相印授予张仪,真是言听计从,百依百顺,使怀王完全变成了张仪奸计畅通无阻的"通行证";三巧在于张仪离间楚国君臣关系有方,结果是反客为主,为其乘乱而入混水摸鱼大开方便之门。楚国君臣上下不和,意见不一,刚愎自用的怀王又听不进忠臣的劝谏,反过来只能与张仪密商国政对策,为其火中取栗,更加纵容了张仪的奸诈阴谋行径;四巧在于使怀王久不得所诺商于之地,中了张仪的诱擒故纵之计谋,还坚信不疑张仪是不会愚弄自己的,反而自责楚与齐的绝盟不够彻底,于是再次派人激怒齐国,逼得齐国乞求与秦联盟对付楚国;五巧在于竟然使怀王彻头彻尾上当蒙骗后,还不能冷静反省,听从忠谏善策,居然不分青红皂白,不作周密统筹布置,不顾江山社稷安危,为泄个人私怨,调兵遣将与秦交战,结果是损兵折将失地,又被韩魏诸国乘危占了邓地,最终不得不割城向秦求和,国势大衰。

庄公用计,克段于鄢

春秋时期,郑武公的妻子姜氏是申侯的女儿。姜氏生两个儿子,老大名叫姬寤生,是姜氏在睡梦中生下的,预先没有察觉,醒来才发现自己生了孩子,吓了一跳,因此就给他取名为寤生。老二姬段长得魁梧漂亮,面如傅粉,唇若涂朱,力大善射,武艺高强。姜氏对寤生很反感而对姬段却非常喜欢,她一心想让姬段继承丈夫的爵位,就经常在丈夫郑武公面前为姬段说好话,称赞他如何好,是武公爵位最适当的继承人。但郑武公不赞成,并正式把寤生确定为爵位的继承人,只把共城这个很小地方给姬段作领地。因此,姜氏对寤生更加不满。郑武公死后,寤生当了郑国的首领,称为郑庄公。姜氏见姬段没有权力,心中怏怏不乐。她对庄公说:"你继承了你父亲的爵位,拥有数以百里计的土地,而使自己的亲弟弟住在那么小的一个地方,于心何忍呢!"庄公说:"母亲你看该怎么办呢?"姜氏说:"何不把制邑这座城市给你弟弟居住呢?"庄公说:"制邑历来以险著称,先王曾经作出决定,不允许把这个地方分封给任何人。除此以外,别的地方都可以听凭母亲吩咐。"姜氏说:"那就把京城给姬段吧!"庄公默然不语。因为京城是一个很大的城市啊!姜氏就发起怒来,说:"如果连京城都舍不得给你弟弟,那你不如把他驱

逐出郑国算了。"庄公没有办法,只好把京城给了他弟弟姬段作领地。

姬段得到京城后,以射猎为名,天天出城训练士卒,大肆招兵买马,不断向外扩张,袭取了郑国的鄢及廪延这两个地方。庄公知道这些消息,只是微笑不语。大臣公子吕对郑庄公说:"姬段倚仗朝内有他母亲的宠爱,朝外有坚固的京城可以凭借,日夜训练军队,讲习武艺,大有不达到篡权夺位的目的决不罢休之势,应赶快派兵剿除才是。"郑庄公说:"姬段的罪恶阴谋还没有公开暴露,怎么能派兵征讨呢?"他不仅拒绝了公子吕的劝告,还在公开的场合宣称:"姬段是我母亲最喜爱的儿子,是我非常喜欢的弟弟,我宁愿丢失一些地盘,也不愿伤兄弟的感情,违背国母的意愿!"公子吕不相信郑庄公说的是真话,就私下会见郑庄公,向他说明姬段的严重危害,求早日派兵剿灭。郑庄公说:"你不要惊慌,我早就考虑好,姬段虽然图谋不轨,但还没有公开造反,我如果派兵征讨,母亲必然从中阻挠。这样,既达不到消除隐患的目的,反而白白惹人议论。我现在干脆不去管他,他一定会倚仗母亲的溺爱肆无忌惮地造反。等他公开反叛时,我再向全国人民公布他的罪行,理直气壮地进行讨伐。这样国内既不会有人帮助他,母亲也无话可说。"公子吕说:"主公深谋远虑,我是比不上的,但如果时间拖得太久,姬段的势力壮大了,那时就不容易剿除。你如果一定要等姬段先动手,可以设法引诱他尽快造反。"郑庄公说:"你有什么好办法呢?"公子吕说:"主公可公开宣布你要到周天子那里去办理政务,姬段见国内空虚,必然乘机造反。我们……如此这般……可使姬段腹背受敌,他必然被擒。"

郑庄公采纳了公子吕的计谋,告别了母亲姜氏,对外宣称到周天子处办理政务,但却向廪延方向慢慢地前进。公子吕率领200辆战车在京城附近埋伏。姜氏得知郑庄公到周天子那里去的消息,以为造反的时机已到,立即写信给姬段,约定5月上旬里应外合,合谋夺位。当时已经是4月下旬了,但送信的人被公子吕的伏兵捉获。公子吕把这信给庄公看后,又封好派人扮做姜氏的人把信送给姬段。同时预先派了十辆兵车扮做商贾模样潜入京城埋伏。姬段收到姜氏的信,率领了所有的军队,谎称奉了郑庄公的命令,到国都代理政务。姬段刚出京城不久,公子吕在城内的伏兵就点火为号,打开城门,公子吕率兵一拥而入,占据了京城。姬段出兵才两天,就得到京城失守的报告,心下惊慌,连夜回兵,屯扎在京城之外,准备攻城。但士兵中有人收到城内家人的来信,了解到姬段篡位造反的真相,互相传播,一哄而散。这时郑庄公率兵从凛延方向杀来。姬段见人心已变,腹背受敌,急忙向共城逃去,但共城太小,在郑庄公和公子吕两支大军的合力攻打下,很快就被攻破。姬段听说郑庄公马上就要到来,叹息说:"是姜氏害了我啊,我有何面目会见哥哥呢。"于是举剑自杀了。庄公诱使姬段造反,并诛杀他,既绝了后患,又塞了姜氏之口,乃属后发制人之妙用。有一首诗写道:"子弟全凭教育功,养成稳恶陷灾凶。一从京邑公封日,姬段先操掌握中。"

骄纵智瑶,三家分晋

晋国在晋文公称霸时,有十几家有名的卿大夫,但在内部的激烈斗争中,不少家族衰落下去,到春秋末就只剩下智氏、范氏、中行氏和赵、韩、魏六家了。这六家几乎控制了晋国的全部军政大权,形成了"政出家门"、"军出六将军"的所谓"公卿专政"的局面。后来范氏、中行氏又在竞争中失败,剩下了四家,其中智氏的势力最大,也最骄横。公元前403年,晋国国君智宣子死后,接替他的是智襄子智瑶。这智瑶自恃才貌武艺双全,本国强盛,便目空一切,胡作非为,随心所欲。一日与韩国国君康子、魏国国君桓子在蓝台饮宴时,席间智瑶竟然戏弄韩康子,又侮辱他的家相段规。智瑶的家臣智国听说此事,就告诫说:"主公您不提防灾祸,灾祸就一定会来了!"智瑶说:"人的生死灾祸都取决于我。我不给他们降临灾祸,谁还敢兴风作浪!"智国又说:"这话可不妥。《夏书》中说:'一个人屡次三番犯错误,结下的仇怨岂能在明处,应该在它没有表现时就提防。'贤德的人能够谨慎地处理小事,所以不会招致大祸。现在主公一次宴会就开罪了人家的主君和臣相,又不戒备,说'不敢兴风作浪。'这种态度恐怕不行吧。蚊子、蚂蚁、蜜蜂、蝎子,都能害人,何况是国君、国相呢!"对于智国的好言相劝,智瑶不但充耳不闻,有所收敛,反而变本加厉,更加肆无忌惮,为所欲为。

智瑶时刻都在盘算削弱其他三家,独霸晋国。他以增强公室、治兵伐赵、恢复晋国霸主地位为借口,向韩康子索要领地,韩康子想不给他。段规进言说:"智瑶贪财好利,又刚愎自用,如果不给,一定讨伐我们,不如姑且给他。他拿到土地会更加狂妄,一定又会向别人索要;别人不给,他必定向人动武用兵,这样我们就可以免于祸患而伺机行动了。"韩康子说:"好主意。"便派了使臣去送上有万户居民的领地。

智瑶大喜,果然又袭用此法向魏国提出索地要求,魏桓子认为晋国欺人太甚,意欲拒绝。家相任章问:"为什么不给呢?"魏桓子说:"无缘无故来要地,所以不给。"任章说:"智瑶无缘无故强索他人领地,一定会引起其他大夫官员的恐惧;我们给智瑶地,他一定会骄傲。他骄傲而轻敌,我们恐惧而互相团结;用精诚团结之兵来对付狂妄轻敌的智瑶,智家的命运一定不会长久了。《周书》说:'要打败敌人,必须先给他一些好处。'主公主如先答应智瑶的要求,让他骄傲自大,然后我们可以选拔盟友共同图谋,又何必单独以我们作智瑶的靶子呢!"魏桓子说:"此言极当。"也交给智瑶一个万户之民的封地。

三十六计

965

两次要地都轻而易举地达到了目的,智瑶顿时忘乎所以,利欲熏心,得寸进尺,更加贪得无厌。遂又逼迫赵国国君赵襄子割让蔡和皋狼两处地方,却遭到了赵襄子的严词拒绝。智瑶勃然大怒,当即率领早已与他貌合神离的韩、魏两国军队去攻打赵国。赵襄子慑于大兵压境,准备出逃,向臣下问道:"我到哪里去呢?"随从说:"长子城最近,而且城墙坚厚又完整。"赵襄子说:"百姓筋疲力尽地修完城墙,又要他们舍生入死地为我守城,谁能和我同心?"随从又说:"邯郸城里仓库充实。"赵襄子说:"搜刮民脂民膏才使仓库充分,现在又因战争让他们送命,谁会和我同心? 还是投奔晋阳吧,那是先主的地盘,尹铎又待百姓宽厚,人民一定能同我们和衷共济。"于是前往晋阳。

智瑶、韩康子、魏桓子三国出兵围住晋阳,又引水灌城。城墙头只差三版的地方没有被淹没,锅灶都被泡塌,鱼蛙孳生,人民仍是没有背叛之意。智瑶巡视水势,魏桓子为他驾车,韩康子站在右边护卫。智瑶说:"我今天才知道水可以让人亡国。"魏桓子用胳膊肘碰了一下韩康子,韩康子也踩了一下魏桓子的脚。因为汾水可以灌魏国都城安邑,绛水也可以灌韩国都城平阳。智瑶满以为经此一吓,韩、魏两国必定不敢有二心。智瑶的谋士絺疵颇有头脑,他听到这话就对智瑶说:"韩、魏两家肯定会反叛。智瑶问:"你何以知道?"絺疵说:"以人之常情而论。我们调集韩、魏

两国的军队来围攻赵国,赵国覆亡,下次灾难一定是连及韩、魏两国了。现在我们约定灭掉赵国后三国分割其地,晋阳城仅差三版就被水淹没,城内宰马为食,破城已是指日可待。然而韩康子、魏桓子两人没有高兴的心情,反倒面有忧色,这不是必反又是什么?"第二天,智瑶把絺疵的话告诉了韩、魏二人,二人说:"这一定是离间小人想为赵家游说,让主公您怀疑我们韩、魏两国而放松对赵国的进攻。不然的话,我们两国岂不是放着早晚就分到手的赵国土地不要,而要去干那危险必不可成的事吗?"两人出去,絺疵进来说:"主公为什么把臣下我的话告诉他们两人呢?"智瑶惊奇地反问:"你怎么知道的?"回答说:"我见他们审视了我以后就快步匆匆离去,知道我看穿了他们的心思。"智瑶固执己见,没有听从规劝。

赵襄子见有机可乘,就派谋臣张孟谈秘密出城来见韩、魏二人,劝说道:"我听说唇亡齿寒。现在智瑶率领韩、魏两国来围攻赵国,赵国灭亡就该殃及到韩、魏了。"韩康子、魏桓子也说:"我们心里也知道会这样,只怕事情还未办好而计谋先泄露出去,就会马上大祸临头。"张孟谈又说:"计谋出自二位主公之口,进入我一人耳朵,有何伤害呢?"于是两人秘密地与张孟谈商议,约好起事日期后送他回城了。夜里,赵襄子派人杀掉智军守堤官吏,使大水决口反灌智瑶军。智瑶军队为救水淹而大乱,韩、魏两国军队乘机从两翼夹击,赵襄子率士兵从正面迎头痛击,大败智家军,于是杀死智瑶,又将智氏族人尽行诛灭,赵、韩、魏三家平分了智氏的土地和人口。

在上述事件中,势弱寡众,处于劣势的韩、魏、赵三国之所以能够三分国大势强的晋国取而代之,根本原因在于他们运用骄纵智瑶的欲擒故纵计谋策略的成功。面对智瑶割让国土与人民的蛮横无理要求,韩魏两国国君既无力直接对抗,又不能不委曲求全,忍辱割让,因为他们心里明悉,摆在他们面前的出路只有两条,要么答应要求,苟且残存,或许还能保住东山再起、卷土重来的资本;要么寸土不让,直接冲突,危在旦夕,毫无回旋之地,将自己逼入绝境死地。在权衡利害得失之后,两国国君均采纳谋臣的计策,选择了前者,认为宁为玉碎,不为瓦全,还不如姑且暂时屈就,先存国体,再图雪耻,伺机重振国威雄风。所以他们不但答应了智瑶的非理要求,而且还察隙伺机实施了骄纵智瑶的计谋,并达到了预期的效果。韩、魏、赵三国共同的遭遇和命运,使他们不得不为了对付共同的强敌结成暂时的统一战线,将矛盾的焦点对准来自晋国的智瑶,全力以赴,为生死存亡而战。因为三者任何一方随时都面临被击败或吞并的威胁,使得他们不得不暂时联合,互为依托。联合的结果,使弱者从弱小变为强大,敌我力量的对比发生了根本的变化,从而为灭晋奠定了基础。而另一方面韩魏骄纵智瑶的结果使其更加贪得无厌,得寸进尺,骄横不可一世,树敌渐多,弱点渐渐暴露,将自己拖入了愈益危险和难以自拔的绝境,注定其失败是迟早的事情。在骄纵智瑶的用计过程中,因为韩、魏、赵三国对其本人及晋国的底细了如指掌,能够对症下药,而在具体用计的技巧上又能以人之常情,把握用计的时机,审时度势,恰到好处,在信疑之间,所以操纵势态发展的主动权开始被弱者一方掌握,进而导致了韩、赵、魏三家分晋的结局。此外,智瑶的刚愎自用,骄横贪婪,也是骄兵必败最为形象的注脚。

张仪用智,楚齐盟破

公元前 313 年,秦国企图攻打齐国,但又顾虑齐国与楚国合纵亲善,秦惠王于是想到诡谋家张仪,有他出面引诱楚怀王,破坏齐楚之盟,便先免去张仪的宰相之职,然后派遣他出使楚国面见楚怀王。

楚怀王是个好大喜功、愿听奉承之人,张仪便尽可能拣好听的说,投其所好,纵其心智。他说:"我们秦王最喜欢的人莫过于你楚怀王,而我心甘情愿为效犬马之劳的人,也没有超过你楚怀王的。我们秦王最憎恶的人莫过于齐王,而我最讨厌的人也莫过于齐王。但是大王你却和齐国亲善友好,因此我们秦王不能够支持你楚王,我也不能为你效劳。如果你能听我的话,跟

齐国断绝关系,你即可派使者跟我到秦国去,收回秦王过去从楚国兼并的商于地方的六百里土地。这样,齐国就变弱了。你这样做削弱了北面的齐国,施恩于西面的秦国,自己又得了六百多里的商于之地。同时让秦国的美女来做侍奉你的姜婢,秦、楚两国互通婚嫁,永远结为兄弟之邦,这是一举三得四利的美事。"怀王听了眉开眼笑,忘乎所以,不知中计,反而把宰相的印信交给了张仪,把张仪视为功臣,每天请他饮酒作乐,并洋洋自得地说:"我又重新得到了过去失去的商於之地了。"文武百官都纷纷前来向楚怀王祝贺,惟独陈轸郁郁寡欢前来吊慰。楚怀王见状,十分恼怒,问道:"我一兵未发而得到六百里失地,有什么不好?"陈轸回答:"你的想法不对。以我之见,商於的土地不会到手,齐国、秦国却会联合起来,齐、秦一联合,楚国就将大祸临头,危及社稷之安。"怀王问:"你有什么解释吗?"陈轸回答:"秦国之所以重视楚国,就是因为我们有齐国作盟友。现在我们如果与齐国断交毁约,楚国便孤立了,秦国又怎么会偏爱一个孤立无援的国家而白送商于六百里土地呢? 张仪此来不怀好意,回到秦国以后,一定会背弃对大王您的许诺。那时大王北与齐国断交,西与秦国结怨,两国必定联合发兵夹攻。为你谋划,不如我们暗中与齐国仍旧修好而只表面上绝交,派人随张仪回去,如果真的割让给我们土地,再与齐国绝交也为时不晚。"楚怀王斥责道:"请您陈先生闭上嘴巴,不要再说了,等着看我去接收大片土地吧!"于是又重赏张仪。随后下令与齐国断交毁约,派一名将领随张仪前往秦国接受土地。

张仪回到秦国,假装喝醉了从车上跌下来,托辞养病,三个月不出门,转让土地一事束之高阁。楚王知道后,说道:"张仪是不是觉得我与齐国断交做得还不够坚决?"于是便派勇士宋遗借了宋国的符节,北上到齐国去辱骂齐王。齐王大怒,把象征着和好的楚国兵符也折断了,同时降低身份与秦国修好。秦、齐两国修好后,张仪才上朝露面,见到跟随来的楚国使者,故作惊讶地问:"你为什么还不去接受割地? 从某处到某处,宽广一共六里。"楚使说:"我奉命接受的是六百里,不是六里。"于是使者愤怒地回国向楚怀王报告,怀王勃然大怒,准备发兵讨伐秦国。陈轸劝阻说:"我可以开口说话吗? 讨伐秦国不是个好办法,不如拿一个大城市去贿赂秦王,联合他一起去攻打齐国,把我们给秦国的土地,从齐国要回来,这样我国尚可保全。如今大王已与齐国绝交,又出兵讨伐秦国,这是撮合秦、齐交好,将招引天下大兵群起攻击,国家一定会受到严重的伤害。"怀王一心想复仇雪耻,不听陈轸的劝说,于是和秦国断绝关系,派屈缑率军队西攻秦国,秦国也任命魏章为庶长之职,起兵迎击。

公元前312年春季,秦、楚两国军队在丹阳大战,楚军大败,八万甲士被斩杀,屈缑及以下的列侯、执圭等七十多名官员被俘。秦军乘势夺取了汉中郡。怀王闻讯更加恼羞成怒,怒不可遏,征发国内全部兵力再次袭击秦国,在蓝田决战,楚军再次大败。韩、魏等国听说楚国危困,也向南袭击楚国,直达邓地。楚国听说了,只好率军回救,割让两座城向秦国求和。

刘安作乱,武帝除敌

刘安是淮南厉王刘长之子。文帝前元八年(前172年),封为阜陵侯,十六年(前135年)立为淮南王。他喜欢读书做文章,又爱沽名钓誉、罗致四方宾客和各种技能之士数千人。他的巨僚、宾客,大多是江、淮一带的轻薄之徒,常常用厉王刘长在流放途中死于非命一事刺激刘安。建元六年时,天空出现彗星,有人向刘安游说道:"以前,吴王刘濞起兵时,彗星出现,长仅数尺,尚且流血千里。如今彗星贯穿天际,恐怕天下将有大规模战事发生。"刘安认为说得有道理,就加紧制造进攻性的武器,积好金钱。

郎中雷被得罪了淮南王的太子刘迁,此时,汉武帝正颁下诏书,让有志参军报国的人到长安来应征,于是雷被表示愿意参军去打匈奴。但因刘迁在淮南王面前说了雷被的坏话,所以刘安将雷被斥责了一顿,并将其免职,以防止其他人效法。就在这一年,雷被逃到长安,上书朝廷说明自己的冤情。汉武帝将此事交给廷尉处理,因牵连到淮南王,公卿请求将刘安逮捕治罪。太子刘迁定计,让人身穿卫士服装,手持长戟站在淮南王刘安身边,如果朝廷派来的使者欲将淮南王治罪,就立即将其刺杀,然后举兵反叛。汉武帝派中尉段宏到淮南王处询问有关情况,淮南王见段宏神色平和,于是没有发动。公卿大臣奏称:"刘安拒绝有志奋击匈奴的壮士的请求,是犯了阻碍圣旨的大罪,应当众斩首。"汉武帝下诏削减淮南国的两个县。事后,刘安自怨自艾说:"我做仁义之事,反而被削减封地。"他以此为耻,于是谋反的准备越发加紧了。

当时,刘安与衡山王刘赐在礼节方面相互指责,不能相容。刘赐听说刘安有反叛朝廷的打算,害怕被刘安吞并,便也结交宾客,置备武器,打算在淮南王西进以后,发兵攻占长江、淮河之间的地区。衡山王王后徐来在刘赐面前诋毁太子刘爽,企图废掉刘爽,改立刘赐之弟刘孝为太子。刘赐因禁了刘爽,将衡山王印信交给刘孝,命刘孝延揽宾客。前来投效的宾客们隐约了解到刘安、刘赐的谋反计划,便日夜慢慢地劝刘赐起事。于是,刘赐命刘孝门下宾客江都人枚赫、陈喜造战车、锻箭矢,雕刻天子印玺和文武官员的印信。这年秋季,刘赐照例应入朝谒见皇帝,途经淮南国,刘安与他用亲兄弟的语言交谈,消除了以往的矛盾,约定共同反叛朝廷。于是,刘赐上书朝廷,借口有病,不肯入朝。汉武帝赐书信给他,允许他不来朝见。

淮南王刘安以为朝廷没有觉察其起兵谋乱的计划,于是与其门客左吴等日夜加紧谋反准备,察看地图,部署进兵的路线。刘安派往朝廷的使者们从长安回来,谎称"皇上没有儿子,且朝政腐败",他就高兴;如果说"汉廷政治清明,皇上有儿子",他就生气,认为是胡言。

刘安召来中郎伍被,与他商议谋反之事,伍被说道:"大王您怎么能有这种亡国的言论呢?我好像已经看到王宫中生满荆棘,露水打湿人衣服的凄惨景象了!"刘安大怒,将伍被的父母逮捕,囚禁了三个月。刘安又将伍被召来询问,伍被说:"当初秦朝无道,极为奢侈暴虐,十分之六七的老百姓都希

望天下大乱。高皇帝在行伍中崛起,最终成为天子,这是因为利用对方的缺点,把握时机,趁秦朝土崩瓦解的机会举兴大业。如今大王见到高皇帝得天下容易,却单单不看不久前'七国之乱'的吴、楚吗!吴王刘濞统辖着四个郡的地方,国家富强,人口众多,经过周密计划并充分准备,尔后才兴兵西进。然而为什么大梁一战失败,向东逃亡,本人身死,祭祀灭绝?是因为他逆天行事,不知时势。现在,大王的兵力还不足吴、楚的十分之一,而天下的形势却比吴、楚兴兵时安定一万倍。大王如不听从我的劝告,马上就会看到您丢掉千乘之国的王位,接到赐死的命令,先于群臣死在东宫的惨景。"刘安听了,流着眼泪莫衷一是。

刘安在一个庶出的儿子名叫刘不害,年龄最大,刘安不喜欢他,王后不把他当儿子看待,太子刘迁也不将他视为兄长。刘不害有一个儿子叫刘建,才高而气盛,经常对刘迁心怀不满,暗中派人告发刘迁曾企图刺杀朝廷中尉,汉武帝将此事交给廷尉处理。

刘安很害怕,想要举兵谋反,又和伍被商量,说道:"先生认为当初吴王兴兵造反,是对呢,还是不对呢?"伍被道:"不对。我听说吴王后来非常后悔,希望大王不要像吴王那样后悔。"刘安说道:"吴王哪里懂得什么叫造反!当初朝廷的将领一天中有40余人经过成皋。如今我截断成皋通道,占据三川的险要之地,再征召崤山以东的兵马,在这样的情况下举事,在吴、赵贤、朱骄如等都认为可以有九成把握,只有您认为是有祸无福,这是为什么呢?一定会像你说的那样,不可能侥幸成功吗?"伍被回答说:"如果大王一

定要干的话,我有一计。当今各封国国君对朝廷都没有二心,老百姓也没有怨气。大王可以伪造丞相、御史的奏章,说是要请求皇上将各郡、国的豪杰之士和殷实富户迁徙到朔方郡,大量征发士兵,使集合期限紧迫。再伪造诏狱之书,声言要逮捕各封的太平和宠臣。如此一来,就会百姓怨恨,诸侯恐惧,再派遣能言善道之人接着到各地游说,或许可以侥幸有十分之一的希望吧!"刘安道:"这是可以的。不过我觉得用不着这么麻烦。"

于是,刘安伪造了皇帝印玺和丞相、御史大夫、将军、军吏、中二千石及周围各郡太守、都尉的印信,并伪造了朝廷使者的信节。又准备派人伪装在淮南国犯罪而西逃长安,投到大将军卫青门下,一旦发兵,立即将卫青刺死。刘安并且说:"朝廷大臣中,只有汲黯喜欢犯颜直谏,能够严守臣节,为忠义而死,难以迷惑;至于游说丞相公孙弘之流,就如同去掉物件上的覆盖物或摇掉树枝上的枯叶一般容易。"

刘安打算调动本国的军队,怕相和二千石官员不肯依从,便与伍被商议,计划先将相和二千石官员杀死,同时打算派人身穿治安人员服装,手持告急文书从东边奔来,高喊:"南越国的军队攻入我国边界了!"要以此为借口起兵。

就在此时,廷尉前来逮捕淮南国太子刘迁。刘安听到消息后,与刘迁密谋,召相和二千石官员前来,企图杀死他们,兴兵造反。召相,相一人应召来到,内史、中尉却都不来。刘安觉得光杀相一人没有什么好处,就放他走了。刘安犹豫,拿不定主意,刘迁便刎颈自杀,但没有死成。

伍被自己前往廷尉那里,告发与刘安图谋反叛的情节。廷尉于是派人逮捕了淮南国太子和王后,并且包围王宫,悉数搜捕在淮南国内与淮安王一道谋反的宾客,取得谋反证据后,奏闻朝廷。汉武帝命公卿处治刘安党羽,派宗正手持皇帝符节前往淮南国处治刘安。没等宗正来到,刘安便自刎而死。于是,将淮南王后荼、太子刘迁处死,所有参与谋反计划的人一律灭族。

汉武帝因为伍被平常的言论中曾多次赞美朝廷,所以不想杀他。廷尉张汤说:"伍被首先为淮南王作谋反计划,其罪不能赦免。"于是伍被被杀。侍中庄助平时与淮南王关系密切,二人曾私下议论事情,淮南王还曾送给庄助许多钱物。汉武帝认为这是小罪,想不杀他。但张汤坚持要杀,认为:"庄助出入宫廷,是皇上心腹之臣,却外与诸侯如此结交,如不杀庄助,今后类似的事情就不能禁止。"庄助终于被当众斩首。

衡山王刘赐上奏朝廷,请求废掉太子刘爽,立刘爽之弟刘孝为太子。刘爽听到消息后,立即派他的亲信白赢到长安上书朝廷,揭发"刘孝私自造兵车、锻箭矢,并与父亲的姬妾通奸",想除掉刘孝。正好主管官员在逮捕参与淮南王谋反计划的人时,在刘孝家中抓到陈喜,于是参劾刘孝窝藏陈喜。刘孝听说法律规定"先行自首的,可以免除罪责",便自己先向朝廷告发了共同的密谋反叛枚赫、陈喜等人。公卿大臣奏请汉武帝逮捕衡山王治罪,衡山王自刎而死。王后徐来、太子刘爽及刘孝都被当众斩首,参与谋反计划的人一律灭族。总计淮南王和衡山王谋反两案,因受牵连而被处死的列侯、二千石官员及地方豪侠人物达数万人。

这是汉武帝运用耗纵的计谋策略,密观时态发展动向,巧用政敌内部的矛盾斗争,诱导政敌(刘安、刘赐)判断失误,错失良机,优柔寡断,待其懈怠疲惫四分五裂、罪行确凿时,不费一兵一卒,轻而易举挫败犯上作乱强敌的成功事例。

欲擒故纵,霍氏遭诛

霍光字子孟,霍去病的异母弟,西汉中期煊赫一世的权臣,由郎、侍中升为奉车都尉、当禄大夫,供奉内延20余年,权重势大。汉武帝病危时,霍光受遗诏辅佐幼主,掌握汉朝的安危存亡,匡扶国家,安定社稷,维护汉昭帝,拥立汉宣帝,功勋可与周公、伊尹相提并论。然而,可悲的是霍光不学无术,不明大理,隐瞒妻子的邪恶逆谋,立自己的女儿为皇后,沉溺于过多的欲望,使覆亡的灾祸加剧,身死才三年,宗族就遭诛灭。

在霍光死后三年,霍氏家族便遭族诛,主要原因:一是因为霍氏贪得无厌,仗恃辅主有功,满门权贵,目空一切,傲慢不逊,冒犯了主上的恩威,与君主之间的矛盾对抗日益加剧,发展到了势不两立、不共戴天的地步,对此君主当然不能无动于衷;二是因为霍氏长期把持朝政,为所欲为,树敌众多,又作为许多大逆不道之事,故海内人怨天怒,众望所期,志在除奸;三是汉宣帝虽为霍氏迎立,但他作为一国之君,不能容忍霍氏的所作所为,听其摆布,于是在霍光死后,便即着手解决这一严重问题。又由于汉宣帝善谋多智,很有韬略主见,所以他运用纵迫的计谋,不但迅速铲除了巨大政治隐患,而且未引起社会的动荡不安。对霍氏的骄奢与汉宣布施计剪除霍氏的具体细节过程,史书有详尽描述。

《资治通鉴》上说:霍光死后,霍氏一家在朝中势力强大,骄横奢侈。太夫人霍显大规模地兴建府第,又制造同御用规格相同的人拉辇车,绘以精美的图画,车上的褥垫用锦绣制成,车身涂以黄金,车轮外裹上熟皮和棉絮,以减轻车身的颠簸,由侍女用五彩丝绸拉着霍显在府中游玩娱乐。另外,霍显还与管家冯子都淫乱。霍禹、霍山也同时扩建宅第,常常在平乐馆中骑马奔驰追逐。霍云几次在朝会时称病而私自出游,带着许多宾客,到黄山苑中行围打猎,派奴仆去朝廷报到,却无人敢于指责。霍显和她的几个女儿,昼夜随意出入上宫太后居住的长信宫,没有限度。

汉宣帝早在民间时,就听说霍氏一家因长期地位尊贵,不能自我约束。亲掌朝政以后,命御史大夫魏担任给事中。霍显对霍禹、霍云、霍山说:"你们不设法继承大将军的事业,如今御史大夫当了给事中,一旦有人在他面前说你们的坏话,你们还能救自己吗"后霍、魏两家的奴仆因争夺道路引起冲突,霍家奴仆闯入御史府,要踢魏家大门,御史为此叩头道歉,方才离去。有人将此事告诉霍家,霍显等才开始感到忧虑。

当魏相成为丞相,多次在汉宣帝闲暇时受到召见,报告国事,平恩侯许广汉和侍中金安上也可以径自出入宫廷。当时,霍山主管尚书事务,汉宣帝却下令,允许官吏百姓直接向皇帝呈递秘密奏章,不必经过尚书,群臣也可直接晋见皇帝。这些都使霍氏一家人极为恼恨。汉宣帝听说不少关于霍显毒死许皇后的传闻,只是尚未调查,于是将霍光的女婿度辽将军、未央卫尉、平陵侯范明友调任光禄勋,将霍光的二女婿诸吏、中郎将、羽林监任胜调出京师,任安定太守。几个月之后,又将霍光的姐夫给事中、光禄大夫张朔调出京师,任蜀郡太守,将霍光的孙女婿之一、中郎将王汉调任武威太守。稍后,又将霍光的大女婿长乐卫尉邓广汉调任少府。八月戊戌(十四日),改由张安世为卫将军,未央、长乐两宫卫尉,长安十二门的警卫部队和北军都归张安世统领。任命霍禹为大司马,却不让他戴照例应戴的大官帽,而戴小官帽,且不颁给印信、绶带,撤销他以前统领的屯戍部队和官属,只使他的官名和霍光同样为大司马。又将范明友的度辽将军印信和

绶带收回,只让他担任光禄勋一职。霍光的另一个女婿赵平本为散骑、骑都尉、光禄大夫,统领屯戍部队,如今也将赵平的骑都尉印信和绶带收回,所有统领胡人和越人骑兵、羽林军以及未央、长乐两宫卫所属警卫部队的将领,都改由汉宣帝所亲信的许、史两家子弟担任。

霍显和霍禹、霍山、霍云眼看霍家的权势日益被削弱,多次聚在一起痛哭流涕,自怨自艾。霍山说:"如今丞相当权,受到天子的信任,将大将军在世时的法令全部更改,还专门宣扬大将军的过失。再者,那些儒生大都为贫贱出身,从偏远的地方来到京中,衣食无着,却爱说狂言,不避忌讳,大将军一向痛恨他们,但如今皇上却专爱和这些腐儒谈话。他们每人都上书奏事,纷纷指责我们霍家。曾经有人上书说我们兄弟骄横霸道,言词十分激烈,被我压下没有呈奏。后来上书者越来越狡猾,都改成秘密奏章,皇上总是让中书令出来取走,并不通过尚书,日益不信任我。又听说民间纷纷传言'霍氏毒死许皇后',难道有这回事吗?"霍显吓坏了,便将实情告诉霍禹、霍山、霍云。霍禹、霍山、霍云大惊,说道:"果真如此,为什么不早告诉我们!皇上将霍家女婿都贬斥放逐,就是为了这个缘故。这是大事,一旦事发,必遭严惩,怎么办?"于是开始有反叛朝廷的阴谋。

霍云的舅父李竟有一位要好的朋友,名叫张赦,看到霍云一家人惊慌不安,便对李竟说:"如今是丞相魏相和平恩侯许广汉当权,可以让霍太夫人向上官太后进言,先将这两人杀死。废掉当今皇上,改立新君,全由皇太后决定。"后被长安男子张章告发,汉宣帝将此事交给廷尉和执金吾处理,逮捕了张赦等人。后来,汉宣帝下诏,命令不要抓人。霍山等更加恐慌,商议说:"这是皇上尊重太后,所以不深究,但已可看出苗头不妙,时间长了还会爆

发。一旦爆发，就是灭门之祸，不如先下手为强。"于是命霍家女儿各自回家告知自己的丈夫，霍家各位女婿都说："大祸一来，我们谁也跑不了！"

正巧李竟因受指控结交诸侯王而被朝廷治罪，审问中供词涉及霍氏家族，汉宣帝因而下诏命令："霍云、霍山不适合再在宫中供职，免职回家。"山阳太守张敞向汉宣帝上了一道秘密奏章，说道："我听说，春秋时期，公子季友有功于鲁国，赵衰有功于晋国，田完有功于齐国，都受到本国的酬劳，并延及子孙。但是后来，田氏篡夺了齐国政权，赵氏瓜分了晋国，李氏则专权于鲁国。因此，孔子作《春秋》，追踪考察各国的兴衰存亡，严厉批判卿大夫世袭制度。当年，大将军霍光作出重大决策，使宗庙平安，国家稳定，功劳也不算小。周公辅政才七年，就归政于周成王，而大将军掌握国家的命运长达二十年之久。在他执掌大权的鼎盛时期，威严震撼天地，势力侵凌日月。应由朝臣明确提出：'陛下褒奖、宠信已故大将军，以报答他对国家的功德，已经足够了。而近来辅政大臣专擅朝政，外戚势力过大，君臣之间没有明显的分别，请求解除霍氏三侯的官职，以侯的身份回家；对卫将军张安世，也应赐给几案与手仗，让他退休回家，以列侯的身份充当天子的老师，由陛下时常召见慰问。'陛下则公开下诏表示对他们施恩，听从大臣所请。群臣再据理力争，然后陛下予以批准。这样一来，天下人肯定会认为陛下不忘旧勋的功德而群臣又知礼，霍氏一家也可以世世代代无忧无患。如今，朝中听不到直言，而使陛下自己下诏，这不是好策略。现在霍氏两侯已被赶出宫廷，人情大致相同，因此以我的心来猜度，大司马霍禹、和他的亲戚僚属等必然会心怀畏惧。使天子的近臣恐慌自危，总不是万全的办法。我愿在朝中公开提出我的意见作为开端，只是身在遥远的山阳郡，无法实现，希望陛下仔细考虑。"汉宣帝对张敞的建议甚为欣赏，然而却没有召他来京。

霍禹、霍山等家中多次出现妖怪之事，全家人都非常忧愁。霍山说："丞相擅自减少宗庙祭祀用的羊羔、兔子和青蛙，可以以此为借口向他问罪。"于是，密谋让上官太后设酒宴款待博平君王媪，召丞相魏相、平恩侯许广汉及其属下作陪，然后让范明友、邓广汉奉太后之命将他们斩杀，乘机废掉汉宣帝，立霍禹为皇帝。密谋已定，尚未发动，汉宣帝任命霍云为玄菟太守，太中大夫任宣为代郡太守。就在此时，霍氏的政变阴谋被发觉。秋季，七月，霍云、霍山、范明友自杀。霍显、霍禹、邓广汉等被逮捕，霍禹被腰斩，霍显及霍氏兄弟姐妹全部被当众处死，因与霍氏有牵连而被诛杀的有数十家。太仆杜延年因为是霍家旧友，也被罢免官职。八月己酉（初一），霍皇后被废，囚禁于昭台宫。十二年后，霍皇后又被迁到云林馆囚居，自杀身亡。

这是汉宣帝运用纵迫的计谋，干净彻底剪除霍氏的成功事例。该计谋的运用有如下的特点：一是任用信赖魏相等新人，削弱其权，打草惊蛇，迫使霍氏不自安，有所欲图；二是将其家族握有兵权朝权者调出京师，遣放为外官，调虎离山，除其虎爪，折其羽翼，众分其势，互不统属，天各一方，使其家族联盟分化瓦解，自然崩溃；三是纵迫其无路可走，因为恐惧怨恨，铤而走险，生出反叛朝廷的阴谋，然后名正言顺予以诛除。四是以纵迫为主，辅以逼、削、调等计谋，五管齐下，恰到好处，因而收到了很好的效果，顺利实现了纵迫之而又智擒的目的。

争夺先机，木牛流马

孔明六出祁山，制造了"木牛"、"流马"。

却说司马懿正忧闷间，忽哨马报说："蜀兵用木牛流马转运粮草。人不大劳，牛马不食。"懿大惊曰："吾所以坚守不出者，为彼粮草不能接济，欲待其自毙耳。今用此法，必为久远之计，不思退矣。——如之奈何？"急唤张虎、乐林二人吩咐曰："汝二人各引五百军，从斜谷小路抄出；待蜀兵驱过木牛流马，任他过尽，一齐杀出；不可多抢，只抢三五匹便回。"二人依令，各引五百军，扮作蜀兵，夜间偷过小路，伏在谷中，果见高翔引兵驱木牛流马而来。将次过尽，两边一齐鼓噪杀出。蜀兵措手不及，弃下数匹，张虎、乐林欢喜，驱回本寨。司马懿看了，果然进退如活的一般，乃大喜曰："汝会用此法，难道我不会用！"便合巧匠百余人，当面拆开，吩咐依其尺寸长短厚薄之法，一样制造木牛流马。不消半月，造成二千余只，与孔明所造者一般法则，亦能奔走。遂令镇远将军岑威，引一千军驱驾木牛流马，去陇西搬运粮草，往来不绝。魏营军将，无不欢喜。

却说高翔回见孔明，说魏兵抢夺木牛流马各五六匹去了。孔明笑曰："吾正要他抢去。——我只费了几匹木牛流马，却不久便得军中许多资助也。"诸将问曰："丞相何以知之？"孔明曰："司马懿见了木牛流马，必然依我法度，一样制造。那时我又有计策。"数日后，人报魏兵也会造木牛流马，往陇西搬运粮草。孔明大喜曰："不出吾之算也。"便唤王平吩咐曰："汝引一千兵，扮作魏人，星夜偷过北原，只说是巡粮军，任到运粮之所，将护粮之人尽皆杀散；却驱木牛流马而回，径奔过北原来：此处必有魏兵追赶，汝便将木牛流马口内舌头扭转，牛马就不能行动，汝等竟弃之而走。背后魏兵赶到，牵拽不动，扛抬不去。吾再有兵到，汝却回身再将牛马舌扭过来，长驱大行。——魏兵必疑为怪也！"王平受计引兵而去。

孔明又唤张嶷吩咐曰："汝引五百军，都扮作六丁六甲神兵，鬼头兽身，用五彩涂面，妆作种种怪异之状；一手执绣旗，一手仗宝剑；身挂葫芦，内藏烟火之物，伏于山傍。待木牛流马到时，放起烟火，一齐拥出，驱牛马而行。魏人见之，必疑是神鬼，不敢来追赶。"张嶷受计引兵而去。孔明又唤魏延、姜维吩咐曰："汝二人同引一万兵，去北原寨口接应木牛流马，以防交战。"又唤廖华、张翼吩咐曰："汝二人引五千兵，去断司马懿来路。"又唤马忠、马岱吩咐曰："汝二人引二千兵去渭南搦战。"六人各各遵令而去。

且说魏将岑威引军驱木牛流马，装载粮米，正行之间，忽报前面有兵巡粮。岑威令人哨探，果是魏兵，遂放心前进。两军合在一处。忽然喊声大震，蜀兵就本队里杀起，大呼："蜀中大将王平在此！"魏兵措手不及，被蜀兵杀死大半。岑威引败兵抵敌，被王平一刀斩了，余皆溃散。王平引兵尽驱木牛流马而回。败兵飞奔报入北原寨内，郭淮闻军粮被劫，疾忙引军来救。王平令兵扭转木牛流舌头，皆弃于道上，且战且走。郭淮教且莫追，只驱回木牛流马。众军一齐驱赶，却哪里驱得动？郭淮心中疑惑，正无奈何，忽鼓角喧天，喊声四起，两路兵杀来，乃魏延、姜维也。王平复引兵杀回。三路夹攻，郭淮大败而走。王平令军士将牛马舌头，重复扭转，驱赶而行。郭淮望

见,方欲回兵再追,只见山后烟云突起,一队神兵拥出,一个个手执旗剑,怪异之状,驱架木牛流马如风拥而去。郭淮大惊曰:"此必神助也!"众军见了,无不惊畏,不敢追赶。

"将欲夺之,必固予之",这是《老子》中的一句话,政治家和军事家们常常将它视为座右铭。

诸葛亮为了解决山路崎岖运粮不便的困难,亲自设计了"木牛流马"这样一种自动化机械。司马懿得知这一消息,十分震惊。因为诸葛亮原本运粮不便,所以要速战速决,司马懿利用诸葛亮这一似乎无法克服的弱点,偏偏要和他打持久战。如今诸葛亮这一弱点克服了,司马懿的优势将不复存在。所以,他下令张虎去抢了几只木牛流马回来,依法炮制,用它们从陇西运粮到魏兵营中。诸葛亮正想让司马懿这样做。

诸葛亮是先算准了司马懿对自己新的运输工具怀有好奇之心,必定派人来夺,而且也会依样画葫芦制造使用。但司马懿只知其一不知其二,对木牛流马的控制装置"舌头"缺乏深入的了解。木牛流马是制出来了,也可以用来运粮,但却缺乏控制能力。诸葛亮派蜀兵去夺粮食,将木牛流马的控制机关,——舌头扭转,便使魏兵以为这些都是怪物,蜀兵能驱赶,而自己却不能,因此,这种新的工具不但不能成为利,反而成为魏兵之害。

诸葛用计,火烧博望

刘备三顾茅庐请诸葛亮后,聘为军师,曹操得到荆州后,挥军南下,直指刘备和孙权。时刘备驻扎在新野,曹军夏侯惇于亲引兵攻新野,军至博望坡遥望军马来到,惇忽然大笑,众问:"将军为何而笑?"惇曰:"吾笑徐元直在丞相面前,夸诸葛亮为天人;今观其用兵,乃以此等军马为前部,与吾对敌,正如驱犬羊与虎豹斗耳!吾于丞相前夸口,要活捉刘备、诸葛亮,今必应吾言矣。"遂自纵马向前。赵云出马。惇骂曰:"汝等随刘备,如孤魂随鬼耳!"云大怒,纵马来战。两马相交,不数合,云诈败而走。夏侯惇从后追赶。云约走十余里,回马又战,不数合又走。韩浩拍马向前谏曰:"赵云诱敌,恐有埋伏。"惇曰:"敌军如此,虽十面埋伏,吾何惧哉!"遂不听浩言,直赶至博望坡。一声炮响,玄德自引军冲将过来,接应交战。夏侯惇笑谓韩浩曰:"此即埋伏之兵也！吾今晚不到新野，誓不罢兵！"乃催军前进。玄德、赵云退后便走。时天色已晚，浓云密布，又无月色；昼风既起，夜风愈大。夏侯惇只顾催军赶杀。于禁、李典赶到窄狭处，两边都是芦苇。典谓禁曰："欺敌者必败。南道路狭，山川相逼，树木丛杂，倘彼用火攻，奈何？"禁曰："君言是也。吾当往前为都督言之；君可止住后军。"李典便勒回马，大叫："后军慢行！"人马走发，哪里拦当得住？于禁骤马大叫："前军都督且住！"夏侯惇正走之间，见于禁从后军奔来，便问何故。禁曰："南道路狭，山川相逼，树木丛杂，可防火攻。"夏侯惇猛省，即回马令军马勿进。言未已，只听背后喊声震起，早望见一派火光烧着，随后两边芦苇亦着。一霎时，四方八面，尽皆是火；又值风大，火势愈猛。曹家人马，自相践踏，死者不计其数。赵云回军赶杀，夏侯惇冒烟突火而走。

孔明兵取名主城，首次与川军对阵。

孔明引一队不整不齐军，过金雁桥来，与张任对阵。孔明乘四轮车，纶巾羽扇而出，两边百余骑簇捧，遥指张任曰："曹操以百万之众，闻吾之名，望风而走；今汝何人，敢不投降？"张任看见孔明军伍不齐，在马上冷笑曰："人说诸葛亮用兵如神，原来有名无实！"把枪一招，大小军校齐杀过来。孔明弃了四轮车，上马退走过桥。张任从背后赶来。过了金雁桥，见玄德兵在左，严颜兵在右，冲杀将来。张任知是计，急回军时，桥已拆断了。欲投北去，只见赵云一军隔岸摆开，遂不敢投北，往往南绕河而走。走不到五七里，早到芦苇丛杂处。魏延一军从芦中忽起，都用长枪乱戳。黄忠一军伏在芦苇里，用长刀只剁马蹄。马军尽倒，皆被执缚。步军哪里敢来？张任引数十骑望山路而走，正撞着张飞。张任方欲退走，张飞大喝一声，众军齐上，将张任活捉了。

孔明平南蛮，初次交锋，孔明捉将三洞元帅，部兵溃败。却说蛮王孟获在帐中正坐，忽哨马报来，说三洞元帅，俱被孔明捉将去了；部下之兵，各自溃散。获大怒，遂起蛮兵迤逦进发，正遇王平军马。两阵对圆，王平出马横刀望之；只见门旗开处，数百南蛮骑将两势摆开。中间孟获出马：头顶嵌宝紫金冠，身披缨络红锦袍，腰系碾玉狮子带，脚穿鹰嘴抹绿靴，骑一匹卷毛赤兔马，悬两口松纹镶宝剑，昂然观望，回顾左右蛮将曰："人每说诸葛亮善能用兵，今观此阵，旌旗杂乱，队伍交错；刀枪器械，无一可能胜吾者：始知前日之言谬也。早知如此，吾反多时矣。谁敢去擒蜀将，以振军威？"言未尽，一将应声而出，名唤忙牙长；使一口截头大刀，骑一匹黄骠马，来取王平。二将交锋，战不数合，王平便走。孟获驱兵大进，迤逦追赶。关索略战又走，约退二十余里。孟获正追杀之间，忽然喊声大起，左有张嶷，右有张翼，两路兵杀出，截断归路。王平、关索复兵杀回。前后夹攻，蛮兵大败。孟获引部将死战得脱，望锦带山而逃。背后三路兵追杀将来。获正奔走之间，前面喊声大起，一彪军拦住：为首大将乃常山赵子龙也。获见了大惊，慌忙奔锦带山小路而走。子龙冲杀一阵，蛮兵大败，生擒者无数。孟获止与数十骑奔入山谷之中，背后追兵至近，前面路狭，马不能行，乃弃了马匹，爬山越岭而逃。忽然山谷中一声鼓响，乃是魏延受了孔明计策，引五百步军，伏于此处。孟获抵敌不住，被魏延生擒活捉了。从骑皆降。

孔明出身农庄，躬耕于垄亩，刘备请其出山，时人称为"一介村夫"，言有轻视之意。面对这种看法，孔明却充耳不闻。在与新对手交战时，孔明有意抓住对方的傲慢，故意派出队伍不齐，军旗乱倒的阵容，引起对方对自己更加轻视，待对方中了自己的圈套，以大队人马攻击自己时，孔明多呈败状，无形中又加剧了对方的进攻欲望。孔明用了"实则虚之"之计。

高欢巧计，离难脱钩

北魏后期，葛荣的部下被流放到并州、肆州的有二十多万人，这些人饱受胡人的欺凌，都无以为生，前后大大小小又反叛二十六次，被杀掉了一大半，但仍图谋叛乱不止。尔朱兆深以为患，于是便问计于高欢。高欢说道："六镇之民反叛，不能全部杀掉，应该选一位您的心腹之人，让他统领六镇人民，如有反叛者，则惩处其首领，那样的话，受惩处的人就少了。"尔朱兆说："好主意！但派谁去比较合适呢？"贺拔允当时也在座，他建议让高欢统领六镇之民。高欢挥拳便朝贺拔允的嘴部打了过去，打掉了贺拔允的一颗牙齿，并斥责道："天柱大将军在世的，我高欢受其调遣如鹰犬一般，今日天下之事取舍全在大王，你贺拔允怎敢僭越职权大胆妄言，请大王您杀了贺拔允！"尔朱兆认为高欢对自己忠诚，于是便将六镇之兵交与高欢统领。高欢以为尔朱兆是酒后之言，担心他酒醒之后又反悔，便赶快走出营帐，对将士们宣布说："我受大王委托统领州镇兵，你们可到汾河东岸集合，听我的号令。"于是在阳曲川建立了幕府，安营扎寨。士兵们平素憎恨尔朱兆而乐意做高欢的部下，纷纷前来投奔高欢。

没过多长时间，高欢又派刘贵向尔朱兆请示，因"并州、肆州连年霜旱，降户只好挖田鼠为食，面无人色，这样只能使您在境内的威信受到损害，请下令

让他们到太行山东面乞食，等到解决了温饱问题之后再做安排。"尔朱兆批准了这一建议。长史慕容绍宗劝谏道："不能答应。今天下纷乱，人人各怀异想，高欢雄才盖世，如果再让他在外面握有重兵，这好比是借云雨给蛟龙啊，您将无法控制他了。"尔朱兆说："我与高欢有结拜重誓，何必过虑！"慕容绍宗道："亲弟兄尚且不能完全相信，何况是结拜兄弟呢？"当时尔朱兆的左右部下已经接受了高欢的重金，于是便趁机说慕容绍宗跟高欢有旧仇，尔朱兆大怒，囚禁了慕容绍宗，催促高欢尽早出发。高欢从晋阳出滏

第四编 《三十六计》智谋经典

口,中途遇上了从洛阳来的北乡长公主,北乡长公主带有三百匹好马,高欢将这些好马全部截夺下来,另用差马充数。尔朱兆听说了这件事后,便放出慕容绍宗,与之商议。慕容绍宗说道:"高欢目前还未走远,仍是您的掌中之物呢。"尔朱兆于是亲自追赶高欢,追至襄垣县,正值漳河暴涨,桥梁被冲坏了。高欢隔着漳河遥拜尔朱兆道:"我之所以借公主马匹,并非有别的目的,只是为了防备山东的盗贼罢了。大王您竟相信公主的谗言,亲自前来追赶,我倒不害怕渡过河来受死,但恐怕我的这些部下都要叛离。"尔朱兆自己赶忙连说没有这个意思,于是他轻马渡过漳河,与高欢并坐大帐前,将自己所佩之刀交给高欢,引颈让高欢斩杀。高欢痛哭道:"自从天柱将军去世后,我高欢还有谁可以仰靠?只希望您长命百岁,我为您效力罢了。现在却被旁人挑拨离间,您怎忍心说出这种话呢?"尔朱兆将刀投于地上,又斩杀了白马,与高欢发誓,并且留住下来与高欢通宵宴饮。尉景埋伏下士兵想捉捕尔朱兆,高欢咬破自己的手臂制止了他,并对他说:"现在如果杀了尔朱兆,他的党羽肯定会聚集起来并力来争,我们兵饥马瘦,不能与其相匹敌,如果这时候有英雄乘机而发难,那么祸害就更大了。因此不如暂且放走他。尔朱兆虽然骁勇善战,但却凶悍无谋,不难对付。"第二天,尔朱兆渡河回营,又召请高欢,高欢上马欲前去会见尔朱兆,部下孙腾牵住高欢的衣服,高欢这才未去。尔朱兆隔河责骂高欢,之后驰还晋阳。尔朱兆的心腹念贤率领降户家属另外安营,高欢假意与念贤友善,借口观赏念贤的佩刀,趁机杀了他。士兵们欢欣鼓舞,更愿意归附依从高欢了。

积极妥协,赢得休息

1917 年俄历 10 月 25 日,列宁领导的十月社会主义革命取得了伟大胜利。十月革命虽然胜利了,但是新生的苏维埃政权仍然承袭着沙皇政府、资产阶级临时政府所遗留下来的沉重战争负担。列宁认识到,只有迅速使俄国摆脱战争,获得和平,才可能巩固住新生的苏维埃政权、争取社会主义的胜利。饱受了 3 年战争沉重折磨的俄国人民也在强烈渴望着和平。

十月革命成功的第二天,即俄历 10 月 26 日,全俄苏维埃第二次代表大会就通过了列宁起草的《和平法令》,向一切交战国的人民及其政府建议,立即进行公正、民主的和约谈判,签订不割地、不赔款的和约,实现和平。尔后,苏维埃政府几次向与俄国结盟的协约国各国政府建议,共同与德国及其盟国进行有关停战与签署和约的谈判。但英、法、美等国,仍然准备继续战争,国际帝国主义妄图用拖住俄国继续战争的方法来摧毁年轻的苏维埃共和国。当时,苏维埃政权面临着诸多危机:社会混乱、经济凋敝、反革命势力蓄意反扑,如果不能结束战争,新生的政权极可能毁于一旦。列宁经过深思熟虑,毅然决定单独与德奥集团谈判停战。

那时,单独与德奥举行停战谈判,是需要极大勇气与魄力的。德奥被认为是欧洲最反动的势力,苏维埃政府单独与之和谈,不仅欧洲各国人民,而且连许多国家的共产党也会产生极大的不满与误解。列宁权衡再三,以大局为重,坚决做出了单独和平谈判的决定。

1917 年 11 月 20 日至 22 日,越飞率领的苏维埃政府代表团同德奥盟国代表团在布列斯特－里托夫斯克签订了临时停战协定。12 月 9 日,在布列斯特召开了双方和平会议。苏俄代表团提出以没有兼并没有赔款的民主和约的原则为谈判基础。德国方面假意应允,但以协约国也承认这些原则为前提。实际上,德国一方面也非常希望与苏俄签订和约,以避免两线作战的被动局面,集中力量对付英法,而另一方面它们又想利用苏俄希望尽快实现和平的心情,向苏俄施加压力,获取巨大利益。因此不久德国就以协约国拒绝参加谈判为借口收回了自己的允诺,并于 1918 年 1 月 5 日向苏俄方面提出领土要求,要将原属俄国的波兰、立陶宛、爱沙尼亚、拉脱维亚的一部分及乌克兰人和白俄罗斯人居住的大片土地共 15 万平方公里划归德国。

面对德国提出的掠夺性条件,布尔什维克党内在是否签订和约问题上产生了尖锐分歧和激烈争论。布哈林坚决反对签订和约,主张对国际帝国主义进行革命战争;托洛茨基则主张苏俄应宣布停战、复员军队,但不签订兼并性和约,实行不战不和。

列宁反复权衡了国内国际形势,主张接受德方条件,签订和约,以便得到喘息时机,保卫十月革命成果,巩固新生的无产阶级政权。他在一系列会议的发言及文章中分析说,为了使社会主义在俄国取得胜利,必须有一段时间使社会主义政权首先战胜本国资产阶级,并做好组织群众的工作,这种现状是苏维埃政府制定外交政策的基础。只有签订和约,才能在一定时间内腾出手来继续推进和巩固社会主义革命,加强苏维埃国家力量,为强大的工农红军建立巩固的经济基础,使社会主义俄国成为不可战胜的力量。列宁还着重分析了策略问题,他认为目前保存苏俄这个已经开始了的社会主义革命的共和国是高于一切的任务,如果我们拒绝和约,继续进行战争,哪怕是革命战争,那也是落入了帝国主义给我们设置的圈套,因为帝国主义很想把我们这个力量暂时还

很薄弱的国家拖去继续帝国主义战争,用尽可能便宜的办法来摧毁年轻的苏维埃共和国。

但是,当时列宁在中央领导层内处于少数地位,大多数领导人反对他的判断,一些基层党委以及一些普通党员也不同意列宁的立场,而强烈反对苏维埃政权接受德国掠夺性和约条件。为了消除中央委员会内部在签订和约问题上的阻力,转变一部分主张革命战争的群众的情绪,给他们一段改变态度的时间,列宁建议,竭力拖延谈判时间。在担任谈判代表团团长的托洛茨基动身去布列斯特 – 里托夫斯克前,列

宁和他商定:德国人不下最后通牒,我们就坚持下去,等他们下了最后通牒,我们再让步。

1月28日,德国向苏俄提出了立即接受和约条件的最后通牒。托洛茨基违背了同列宁的约定,声明苏俄宣布停止战争、复员军队,但拒绝在和约上签字,随后退出谈判。德国利用这点,于2月16日宣布谈判失效,2月18日发动全面战争。在这危急关头,在列宁的坚决要求下,党中央会议经过激烈辩论,终于在当天晚上决定向德国发出接受和约的电报,但德国故意拖延答复,继续进攻。

德军迅速推进,攻占了大量城市,列宁发出了《社会主义在危急中!》的法令,号召全体人民起来回击侵略者,奋不顾身保卫苏维埃共和国。与此同时,他决定公开为缔结和约而斗争,他在《真理报》上发表文章,抨击拒绝和约就是把党、把苏维埃政权推上冒险和生存受到威胁的道路上。

23日,苏俄接到德方的答复,但它又提出新的、更苛刻的要求,并限定48小时内接受。为此,党中央召开紧急会议,托洛茨基继续反对签订和约,并声称辞去外交人民委员职务。列宁在会议中先后作了8次发言,力排众议。他激动地说:"如果你们不签字接受这些条件,那么3个星期之后你们就得在苏维埃政权的死刑判决书上签字。"在列宁坚定不移的态度下,中央委员会终于通过了他的建议。当天深夜,全俄中央执委会会议也接受了同样的决议。这样经过列宁坚韧不拔的斗争,历时3个月的对德和谈冲破重重阻力获得成功。1918年3月5日,苏俄和德国签订了布列斯特和约。它使苏俄在极端困难的情况下摆脱了帝国主义战争,免除了军事失败的可能,赢得了恢复经济、建立红军、巩固工农联盟的宝贵的和平时机。

妥协,是政治斗争中一个重要策略。积极的妥协,在力量对比不利于己方时是绝对必要的。妥协实际上是以退为进,它可以使己方赢得时间,保存实力,积蓄力量,争取主动,扭转局面。真正的革命家、政治家都懂得这一点。

撒网钓鱼,全歼间谍

第一次世界大战前夕,英德矛盾非常尖锐,为了在不久的战争中克敌制胜,德国派了大批间谍混入英国,收集各种军事政治情报和从事各种间谍活动。

担任著名的英国军事情报第五处的领导人是弗农·凯尔。他领导的这个情报机构,曾多次破获各种间谍案件,在英国享有盛誉。

一次,凯尔的手下报告,发现一家理发店是德国间谍的联络站,经常和德国间谍机构保持着密切的联系。凯尔通过秘密调查,在截取和检查了该理发店发往外国的信件后不禁大吃一惊!原来,德国间谍网已经遍及整个英国。这一发现着实让凯尔慌了一阵子神。怎么办?不少人主张,立即将已知的间谍全部捕获,先把德国的间谍网破坏再说。凯尔不愧是久经谍海风云的老手,他不主张马上抓人,他对手下说:"现在我们只是掌握了一部分间谍名单,而且不少人仅仅是联络人,如果我们现在就急于抓人,势必打草惊蛇,那些没有暴露的间谍一定会闻风而逃,或到国外藏匿,或者转入地下,那样我们岂不因小失大?现在的办法应该是放长线钓大鱼,继续让这个间谍联络站保持'正常运转',待其彻底暴露后再行收网,这就是中国人常说的'将欲取之,必固与之'的道理。"接着,凯尔又对手下人做了认真仔细的分工安排。他指示手下检查该理发店所有发往国外的信件和从国外发来的信件,然后利用这些信件大做手脚。他们把每封信拆开,看完内容后再根据需要编造一些假情报,随后恢复原状,照发受信人,这样既不会使对方的情报起到作用,又不露声色地监视着整个间谍网,同时还可伺机利用假情报给对方制造破坏。由于他们做得干净利索,从来不给对方间谍人员留下破绽,所以,许多德国间谍一直都在为英国情报机关担任义务假情报输送员,而自己还蒙在鼓里,以为他们的情报联络站平安无事,他们的同伙也没有一个暴露的。各种情报仍然源源不断地通过间谍网在往返传送着。

一次,凯尔截获了一个名叫卡尔·米勒的德国间谍发出的信件,信是用隐形墨水写的,凯尔看完信后,照样原状封好寄出,同时,将卡尔·米勒秘密逮捕。在这以后的很长时间内,德国人仍然不断收到"卡尔·米勒"寄去的"情报",丝毫没有觉察其中有诈。

就这样,凯尔采取撒大网、钓大鱼的计谋,使德国在英国间谍网始终处于自己领导的英国情报五处的监视掌握之下,直到1914年8月4日,也就是英国对德宣战的那一天,凯尔才下令收网,一举捕获了包括理发店师傅在内的21名德国间谍。这一行动,使德国在英国的情报工作几乎全军覆没。在开战将近一年多的时间里德国人未能在英国开展任何有效的情报工作,以后又花了差不多同样长的时间才又建立了新的谍报网。凯尔的欲擒故纵之计无疑是十分成功的。

17计 抛砖引玉

抛砖引玉,赵国献城

战国时期,七雄争霸,局势混乱。秦国想去攻打魏国,联合赵国出兵夹攻,答应胜利后以魏国邺城(今河北临漳县等地)酬谢。

魏王受到两面攻击,非常恐慌,急召群臣计议,均束手彷徨,无计可施。最后问及芒卯将军,他劝魏王不必忧虑,说:"秦国和赵国本是不和的,今日联军,无非利之所在,想瓜分我国,扩充自己地盘,虽然声势浩大,却各人都打着自己的算盘,最容易分化。这场战争,秦国为主谋,赵国不外一个帮凶罢了。只要给他一点好处,挑拨一下,自然使他们互相猜疑,解散这个联盟了"。魏王连忙问:"要怎样去进行呢? 时间越来越急迫了。"

芒卯说:"臣介绍张倚去,保管会成功!"

张倚到了赵国,见了赵王,传达来意之后,便说:"邺城这个地方,照目前的形势来看,是绝不可以继续保留下去的了,迟早都要陷落,现在大王既然联合秦国来进攻我国,目的也不外要求土地,为了避免战火,魏王有意把邺城献给大王,大王意下怎样呢?"

赵王听了,心里非常高兴,却问:"两军未经交锋,便自动献送城池,究竟魏王有什么打算?"

"事情很简单,"张倚不亢不卑地对赵王说,"两军虽然未曾交锋,但兵凶战危,死伤必多,且会蹂躏地方上的一切生灵,所谓师之所处,荆棘生焉,大军过后,必有凶年。魏王以仁慈治国,甚不愿老百姓遭遇浩劫,土地上布满千孔百疮,所以决然求和平解决!"

"但魏王对我存有什么希望吗?"

"那自必然,"张倚说,"这是和平解决,绝不是无条件投降,魏王在无可奈何

的时候,当然亦会选择利害。魏与赵,过去曾合作结盟过,有着共患难的情谊;魏与秦是世仇,何况秦乃虎狼之国,秦兵实凶悍如禽兽,与其国土沦为夷狄,不如托管于朋友,这是很明显的趋势。照魏王本意大王如愿和魏王做朋友,就与秦国断绝邦交,以邺城作为朋友间的交换条件;不然的话,魏国人民惟有焦土抗战到底,与国土共存亡,请大王慎重计算一下!"

赵王沉思一番,然后说:"待我考虑考虑,明天再给你答复。"

赵王召见相国,把张倚的话告诉他,相国说:"联合秦国去打魏国,所得到的不外一个邺城,现在不用兵就能达到目的,何乐而不为呢?况且一旦魏国落入秦国手里,秦与赵的强弱形势更加悬殊,秦国随时可以掉转枪头对付赵国,这就是蚕食政策,不如现在趁机会得点好处,保全魏国,牵制秦国,以巩固自己边防,这就是长久之计。"于是,赵王答应魏国的条件,立即宣布与秦国断绝来往,下令关闭关卡,不准秦国人通过。

秦王惊闻意外消息,大发雷霆,认为赵王有意玩弄他,便下令军队返回防地,取消进攻魏国计划,反而仇视赵国,展开一场冷战。这一场战争尚未打起来时,赵王为要实践密约,派军队去魏国接收邺城。

邺城的守将芒卯严阵以待,拒之于边境之外,问赵军是来闯祸抑或赠送,赵将说乃奉赵王之命,为实践密约来接收邺城的。

"狗屁!"芒卯厉声说,"本将坐镇此城,守土有责,岂是留守办移交的吗?"

"这是外交上的一项秘密协定,魏王已答应了的!"

"什么秘密协定?是魏王亲口答应的吗?是亲笔签了字的吗?拿出证据来!"

"难道魏王的特使张倚说的话不算数?"

"特使？张倚说的？你问他要好了！魏王没有命令通知我，我没有责任放弃这个邺城，你想要，可问问我的部将答不答应！我特别警告你，限你即刻离开此地，否则，教你来时有路退时无门！"

赵将垂头丧气地回去了，报告赵王，赵王大惊，才知上了魏国的大当。再者也听说秦国正在动员魏国，秦魏要缔结军事同盟，进攻赵国。赵国更加惶恐万分，于是召开紧急内阁会议，结果，自动割让五个城池给魏国，赵魏联合抗秦。

邹忌说琴，威王发奋

这是发生在战国时代齐国的一个故事。

齐威王继承王位后，得意忘形，狂纵无度，每天吃喝玩乐，不理朝政。一晃九年过去了，国家日趋衰败，百姓贫困不堪，怨声载道。很多大臣上书规劝，齐威王根本听不进去，到后来，齐威王竟不准规劝他的人进门，如有违反者，立即赐死。

大臣们担心国家的命运，心急如焚，但都缄默其口，他们知道，是无法把齐威王劝说过来的。

这一天，有个人走进王宫，对侍臣说："听说大王爱听琴，我特来拜见大王，为大王抚琴。"

这个人叫邹忌，长得浓眉大眼，相貌堂堂，堪称美男子，他头脑灵活，能言善辩，琴弹得很出色。

侍臣报告给齐威王，齐威王一听很高兴，立即召见。吩咐左右摆上桌子，把琴安放好。

邹忌坐在琴前，熟练地调弦定音之后，摆着弹琴的架势，却并不弹，齐威王很奇怪，问道："听说先生琴艺高超，现在抚琴不弹，是寡人的琴不好，还是别的什么原因？"

邹忌站起来郑重地说："我不仅会弹琴，还精通弹琴的理论，包括琴的制作，琴发出多种声音的原理，大王听听弹琴的理论是很有益处的。"

邹忌说："听琴，可以陶冶性情，杜绝淫邪之念，使人改邪归正。古时候，伏羲做的琴，长三尺三寸六分，好像一年的三百六十日；上圆下方，犹如以法规治理天下；五

第四编 《三十六计》智谋经典

根弦,好似君臣之道。"

齐威王听着,似有所悟地点点头。

"弹琴,和理治国一样,必须专心运神,"邹忌接着说,"大弦声音宽厚、低沉、粗重,似春风浩荡,君也;小弦声音清脆、单纯、轻捷,似山漳溪水,臣也;应弹哪根弦就深弹,不应该弹的弦就不要弹,这道理同政令一样。大弦小弦配合,高低急缓协调。懂得了这个道理,才能弹奏出优美的乐曲。这正如君臣各尽其能,才能政通人和,民富国强。弹琴与治国的道理是一样的。"

齐威王听着显出不耐烦的样子:"先生琴理讲得不错,那只不过是空谈,我要见识见识你弹琴的真本领! 请你弹奏一曲。"

邹忌反而离开琴位,两手轻轻舞动,只摆出弹琴的姿势,并不真弹。这样的过了好一会儿。

齐威王面带怒色,指责说:"你为何只摆架子,并不真弹? 难道你欺君不成!"

"请大王息怒。"邹忌笑笑说:"我守着琴不弹,您很不高兴吧? 大王的职责是管理国家,当然应该以国事为重了。如今你身在君位,不理国事,与琴师拿着琴不弹有什么两样? 我不弹琴,大王不乐意,大王即位九年不尽心图治,一切国事都由卿大夫去做,连边境告急,韩、魏、赵等国纷纷起兵进犯,打算瓜分齐国,大王也不放在心上,恐怕齐国的大臣、老百姓也不高兴吧?"

齐威王沉闷不语。

"琴声也是心声,"邹忌察看着齐威王的脸色说,"琴不弹则不鸣,国不治则不强……"

说到这里,齐威王那阴沉的脸上忽然透出笑意,拉住邹忌的手说:

"先生以琴谏寡人,使我耳目一新,我一定按先生说的去做。"

紧接着,齐威王请邹忌谈论国事,邹忌劝他节制饮酒,不近女色,兴利除弊,重用贤能,专心经营霸王之业。

齐威王听了极为高兴,对邹忌加以重用,发奋治理朝政。齐国很快强盛起来了。邹忌用琴进谏的故事,也传为美谈。

高祖嫁女,安定边塞

西汉初年,汉高帝刘邦平定天下以后,民困国弱,社会生产亟待恢复,社会经济更须复苏,致使出现了"天子不能具纯驷,而将相或乘牛车"的困顿局面。但在内扰不止之际,边塞外患却时时频传,特别是北方游牧民族匈奴的军队叩边犯塞之事,防不胜防。在受过匈奴首领冒顿率军的"白登之围"后,汉高帝刘邦为此更加忧心忡忡,便召众臣商议击匈奴以安塞的良计妙策。

汉高帝八年(公元前199年)秋,由于匈奴冒顿率军又屡次侵扰汉朝北部边境。高帝刘邦一行刚自洛阳返回长安,便闻边急之战报,对此颇感忧虑,便询问建信侯刘敬如何对付匈奴的对策。

刘敬说:"天下刚刚安定,士兵们因兵事还很疲劳,不宜用武力去征服冒顿。但冒顿杀父夺位,把父亲的群妃占为妻子,以暴力建立权威,我们也不能用仁义去说服他。惟独可以用计策,使他的子孙长久做汉的臣属,然而我担心陛下做不到。"汉高帝刘邦则问:"那么,你说应当如何做呢?"

于是,刘敬回答说:"陛下如果能把嫡女大公主嫁给他为妻,又赠送给他丰厚的俸禄,那他一定会仰慕汉朝的恩威,以公主为匈奴的阏氏,生下儿子,肯定是太子。同时,陛下又命人每年四季用汉朝多余而匈奴缺乏的东西,去频繁地慰问与赠送给他们,而且乘机又派能说会道、能言善辩的人士前去讽劝与讲解礼节。这样一来,冒顿在世时,他本是汉朝天子的女婿辈;他若死后,则陛下您的外孙便理所当然地会即位为匈奴王单于。难道曾听说过外孙敢和外祖父去公庭抗礼的事吗?如果这样做的话,我们便可以不经一战、不动一兵一卒,而会让凶狠剽悍的匈奴渐渐臣服。但是,如果陛下舍不得让大公主去的话,而是令宗室及后宫女子去假称公主,他们知道了,也是不肯尊敬和亲近汉家天子的,因此还是没有用。"高帝听了此策说:"好!"

接着,刘邦便想让自己的亲骨肉大公主去与匈奴冒顿单于和亲。但吕后知道此事后,便日日夜夜哭泣着说:"我只有太子和一个公主,您为什么竟这么狠心地去把她扔给匈奴!"结果,高帝到底也没有办法让大公主到匈奴去。

次年(前198年),冬季,汉高帝刘邦为实行与匈奴的和亲之计,于是使在庶民之家找来一名女子,称之为自己的大公主。命人把她嫁给匈奴单于冒顿做妻子,同时派建信侯刘敬作为特使,携诏书前往匈奴去缔结"和亲盟约"。

不久,刘敬顺利完成任务,从匈奴归来,对刘邦说:"匈奴的河南白羊、楼烦王部落,离长安城近的只有七百里,轻骑兵一天一夜就可以到达关中。关中刚遭过战事洗劫,缺少百姓,但土地肥沃,应该加以充实。诸侯最初起事时,没有齐国田氏,楚国的昭、屈、景氏就不能勃兴。现在陛下您虽然已经建都关中,实际却没有多少人民,而东部有旧六国的强族,一旦有什么事变,您也就不能高枕而卧了。我建议陛下把旧六国的后人及地方豪强、名门大族迁徙到关中居住,国家无事可以防备匈奴,如果各地旧诸侯有变,也足以征集大军向东讨伐。这是加强根本而削弱末枝的办法。"高帝听后,便说:"对呀!"

于是,这年十一月,汉高帝刘邦便下令迁徙旧齐国、楚国的大族昭氏、屈氏、景氏、怀氏、田氏五族及豪强到关中地区,给予便利的田宅安顿,共迁来十余万人之众。

由于采取了上述软硬两手(攻防、和备相结合)的结果,确实收到了很好的效果。从此,汉番(匈奴)代代联姻,睦边共处了数百年之久,直至王昭君下嫁匈奴之后,仍继续维持这一关系。这是以和亲、联姻这种政治形式为名,而行怀柔之实的具体表现。更是汉家天子藉助和亲,对匈奴单于施加小恩小惠,而收政治、军事多种实利,以安定边塞,减少边患的"抛引"之计实施的结果。

司马抛砖,诛曹除敌

曹魏时期,魏明帝景初三年(239年),明帝曹睿死,由明帝养子曹芳即帝位,即邵陵厉公。根据明帝遗诏,由于曹芳年幼,命由大将军曹爽、太尉司马懿共同辅政。司马懿是曹魏的元老重臣,他在曹明帝时的抵御诸葛亮蜀军北伐和伐吴的战争中,以过人的胆识、军事才能屡建奇功,故逐渐掌握了曹魏兵权。同时,司马懿更是一位早怀有政治野心的阴谋家、野心家。明帝病危时,他自襄平屯驻前线赶回朝中,与大将军曹爽一起受诏辅政。

辅政以后,由于曹芳年幼,司马懿权重,不仅主幼国疑,而且功高权倾而震主,这当然会引起曹氏宗室对司马氏势力的膨胀野心的戒备心理。而明帝之所以让曹爽、司马懿共同辅政,其意图也在于使曹氏宗族与司马懿之间形成一种力量较为均衡的政治格局。然而,在政治角逐中,曹爽与司马懿二人之间,无论在年龄、资历、战功、才干、威望等方面,均非对手。司马懿曾与曹爽父亲曹真一起辅政于明帝,故属父辈、前贤。故最初时,曹爽每逢军国大事,不敢自专独断,均由司马懿决断以行。之后,曹爽为增己势,引何宴、邓飏、李胜等人为心腹,委以官职。何邓李等人劝曹爽不要将军国大权委于司马懿。于是,涉世未深的曹爽听信此言,任命何宴、邓飏为尚书,毕轨为司隶校尉,李胜为河南尹,将司马懿手中之权全部夺了过去。司马懿只作了个有名无实的太傅。对此,他为避锋芒、更好地窥伺时机,决计诈病予隙于政敌曹爽等人,让其得意麻痹。

果然,司马懿病卧家中不出,曹爽以为获胜,朝中大患已除、心病已去。在此误判之下,便得意忘形起来,终日与何宴等人吃喝享乐,作威作福,用权使威。致使车舆服饰亦如天子规仪,但仍觉得不过瘾,还将宫中的嫔妃、乐师也引领回宅中,充作乐伎享用。

司马懿对此看在眼里、记在胸中,暗喜其昏昧无为。正始九年(公元248年),李胜出任荆州刺史,曹爽便命李去司马懿家中告辞,以窥动静。老谋深算的司马懿当然知道李胜来者不善、善者

不来之真实用意,便故意让两个婢女搀扶着自己久病羸弱之身,倚坐在床上。及至李胜来探,又假装去拿衣服,失手无力,让衣服掉落在地上。更为奇妙的是,又向婢女示意口渴咽干乏力,而当婢女送上粥让其喝饮时,司马懿更让粥汁顺涎流至胸前,显示病危而粥米流汁均难以进的险状。见到此情此景,李胜更误为司马懿真的衰朽不堪、命在旦夕,便装模作样地哭着说:"方今主上尚幼,天下人都依赖明公,人们只听说您风病复发,却万万没想到病得这么厉害。"于是,司马懿借机故意仰天长叹一口气说:"我年老体衰,又身染重病,沉疴不起,危在旦夕呀。君屈当并州,并州离胡人很近,好自为之,恐怕我们不能再见面了。"李胜一听,马上纠正说:"是赴任本州,不是并州。"司马懿仍故作老而昏聩地说:"君将去并州,努力自爱吧。"此时的李胜急了,连连大声说:"是去荆州,不是并州。"司马懿好像才稍作清醒之状,明白过来,才不紧不慢、却假装吃力地说:"君还本州去做刺史,盛德壮烈呀,正好建立功勋,我与你分

别以后,恐怕再也见不到面了。"接着,又故作身后吩咐之态,将两个儿子司马师、司马昭叫了出来,要李胜多加关照,并让三人结为朋友。一番嘱托之后的司马懿随后便呜咽难语,其情其景,表面上甚是悲凉、凄惨。

其实,司马懿此时身体状况颇佳,此番演"戏",全是为了迷惑李胜,以此来"抛砖",为引鱼来上钩罢了。果然,李胜从司马懿家出来,回见曹爽,竟得意忘形地说:"太傅病沉身危,言语错乱,口不摄杯,且昏聩莫辨,竟指南为北,肯定将不久于人世了。"曹爽一听,竟一厢情愿地深信不疑,自此以后,便对司马懿再也不加防范和介意。

司马懿一见敌手对自己所抛之砖、所予之"隙",竟深信不疑且吞饵上钩之后,于是,便开始实现自己的第二步、第三步"引玉"的计划行动。

次年春正月,幼主曹芳按照以往之惯例,前往高平祭祖祀先,曹爽兄弟均随御驾出巡。趁此空虚之际,司马懿立即在都城中部署兵马,调动士卒,强行先占据了武器库,将都城牢牢地控制在自己手中,接着,又引军出屯在洛水架设浮桥。并派人向曹芳、曹爽等人送信,信中说:"臣以前从辽东归还时,先帝曾诏陛下、秦王和臣一起升坐御床,把着臣的手臂,深以后事为念。臣也对先帝说:'二祖也曾嘱托臣后事,这些陛下都已见到了,万一有不如意的事情,臣一定以死奉明诏。'当时黄门令董箕等人都在场,今天大将军曹爽背弃顾命,败乱国典,内则僭拟,外专威权,破坏诸营,尽据禁兵,群官要职,皆置所亲,天下汹汹,人心危惧。过去赵高极意,秦氏以灭;吕、霍早断,汉祚永世。现在皇太后命令臣辄敕主者及黄门令罢免曹爽兄弟官职,自回家中,不得在外逗留,如果胆敢稽留车驾,便以军法从事。"曹爽见此信后,立即手足无措、六神无主。大司农桓范则建议说:"请大将军立即让车驾幸都城许冒,招集外郡兵马,以讨伐司马懿。"但曹爽却甚为犹豫不决,一是家眷仍在许昌,二是司马懿信中尚无杀意,只夺兵权,三是以为罢兵投降即可免死,于是便说:"即使没有兵权,还可做一个富家翁。"其实这是束手就擒的下策,他拒绝桓范的建议,却为自身溃灭,埋下了祸根。

果然,曹爽兄弟回家以后,司马懿便立即征发民工八百余人,在曹爽家宅四围强筑高楼,派人日夜监其动静。曹爽兄弟却仍蒙在鼓中,不知司马懿究竟要做什么,便写信索讨粮食接济。司马懿为了暂时稳住他们,便马上派人送粮一百斛,且送有肉脯、盐、大豆等食物,曹爽兄弟一见,又立即欢天喜地起来,以为司马懿宽免了他们。其实,司马懿此时却正在朝中紧锣密鼓地加紧进行剪除曹爽党羽的事情,将何晏、邓飏等人统统罢官免职,收入狱中。接着,又以谋反大逆不道之罪,将曹爽兄弟全部逮入牢中,然后诛杀殆尽,将政敌全部歼灭。这样,便为司马氏日后篡曹魏政权以代,扫清了障碍,以司马懿大胜、曹氏大败将此政争,画上了一个段落的句号。

这是司马懿成功地运用抛砖引玉之计,实现政治意图、野心阴谋、消灭政敌的典型事例。他采用"予隙"手法以抛砖:一予退官隐位(在家)的韬晦之隙给政敌;二予沉疴不起、昏聩无力、行将就木的假家之隙给对手;三予嘱托后事、将子与敌交朋结友、再也无力关照之隙给敌人。均表明自己再无东山继起之意、又无政争夺权之图、更乏自存以保之力等等,藉以痹敌,使之作出轻视对手的错误判断。接着,敌上钩吞饵后,立即使行"引玉"之略,一是周兵遣将以实主去都城之虚,二是拥兵架桥以自恃,断其反抗之路,三是挟皇太后拥部众以令天子、大将军曹爽兄弟等政敌,逼其投降就范。同时,又充分利用曹氏兄弟的错判、误断、专行、侥幸、图存(身家)、轻信等弱点,攻其不防、袭其不备,将朝中内外政敌集团,全部罪以谋反不教之名,一网打尽,全部、干净、彻底、利索地歼灭诛杀之,斩草除根未留下任何后患。司马懿所引篡位夺权之"圭玉",确乎光彩诱人,经此番较量,已稳稳地握在手掌之中了。

兄弟相争,世民终胜

李渊之所以能夺取天下,全出于秦王李世民的功劳,因而人心多归向李世民。李建成因是嫡长子,被立为太子,然而却危不自安,总想害死李世民。

一天夜里,李建成召李世民饮酒,酒里放上毒药。李世民饮酒之后,心里突然暴痛,接连吐了数口血。李渊知道了这件事后,对李世民说:"你首先谋划大计(指李世民劝李渊起兵反隋),平定海内,这都是你的功劳。我想要立你为太子,而你却极力推辞。如今建成为太子已经很久了,我不忍心剥夺他的位置。我看你们兄弟好像水火不相容似的,我要派你去镇守洛阳,自陕西以东都归你管辖,仍旧树立天子的旗号,如同梁孝王的故事一样。"李世民哭着一再推辞。

等到李世民将要去洛阳时,李建成、李元吉又在一起密谋,说道:"秦王若是到了洛阳,就不能再控制他了。如留他在长安,他不过是一个匹夫,收拾他很容易。"就暗中派多人写诬告信,在李渊面前诬陷李世民,说秦王左右的人听说要去洛阳没有不高兴异常的,看样子恐怕不能回来了。高祖轻信了密告,打消了让李世民去洛阳的念头。

李元吉又秘密请求杀死李世民,秦王手下的人诚惶诚恐,不知如何是好。李建成、李元吉又以秦王府骁将太多为借口,想要引诱这些人为自己所用。于是暗地里用一车金银器赠给尉迟敬德,敬德坚辞不受,将这件事告诉了李世民。李世民说:"您的心地如同山岳一样高大,虽然金银如山,也不为之所动。"元吉因此而怀恨敬德,在李渊面前说他的坏话。李渊要杀敬德,李世民极力请求,才免了敬德一死。

当时房玄龄、长孙无忌等人都劝李世民及早决定大计,李世民一时犹豫不决。正好赶上突厥入侵边塞,李

建成就推荐李元吉率兵去迎击,密谋邀请李世民在昆明池为李元吉饯行,让壮士杀死他,之后立李元吉为太弟。率更丞王晊将他们的密谋告诉了李世民,李世民又转告给长孙无忌。无忌听了,劝李世民先下手为强。李世民叹道:"骨肉互相残杀,是古往今来最为人深恶痛绝的事。我很清楚,灾祸就在旦夕之间,我想等待着它的发生,然后讨伐他们的不义之举,不是很好吗?"众人仍旧苦苦劝告李世民,叫他卜一卦以测吉凶。幕僚张公谨从外地来见李世民,见此情形,拿过龟板扔在地下说:"卜卦是为了解决疑难,没有疑问占卜什么呢?占卜而得不到吉卦,难道束手待毙吗?"

李世民随即向李渊密奏李建成、李元吉如何淫乱后宫的丑闻,并且说:"长兄和弟弟都想杀我,为王世充和窦建德报仇。我如今要永远离开君亲而去,但也实在耻于在地下看到那些乱臣贼子。"李渊听李世民说出这些话来,非常惊讶,说道:"明天我要审讯他们,你要早些来参见。"

第二天,李世民率领他手下的人埋伏在玄武门内。李建成和李元吉来到,李世民立即射杀李建成,敬德杀了李元吉。这是历史上有名的"玄武门之变"。

玄武门之变发生后,高祖说道:"事情已经发生,应当怎么办呢?"陈叔达说道:"李建成、李元吉,本来没有参与此事的预谋,反而嫉妒秦王的功劳,二人共设奸计害人。秦王既然已经将他们杀了,现在陛下就把他当做国家栋梁之臣,委以重任,这样就没有事了。"高祖听了,说道:"这也是我的夙愿呵!"随即立李世民为皇太子,军政大事,全都交给他去处置。

作为一个政治家,李世民在击败政敌集团的过程中,应该说确实是煞费苦心。为引得对手上钩受骗,不断地抛出种种诱敌之砖,再引出奸敌之玉。"玄武门之变"实际上就是由李世民亲自导演、参预、谢幕,实现的运用抛砖引玉之计实现登帝位的政治表演。

萧翼抛砖,窃兰亭帖

有一个连一块砖都不用投,凭几句话可以骗到"玉"的人,可说已把"抛砖引玉"这计策臻于神化境地了。

陈玄奘(即唐三藏)西天取经已回国,唐太宗特建造一座慈恩寺雁塔,为追荐文德太后冥福,命太子李治作记,自制序文,想用王羲之字体,剪集成序,刻在雁塔之上,便命各地州郡收集二王(羲之、献之)法帖,集中御览。已收得1300余帖,只缺少一卷王羲之的"兰亭集序"始终不知下落。

有一位御史萧翼,说出此兰亭集序真本,为王家的传家宝,现传至辩才和尚,藏于湖南永欣寺的方丈梁上,从来不肯示人,若圣上需要,臣会想办法取来。

唐太宗大喜道:"卿能如此,朕不惜万金之赏,但千万不要强抢豪夺。"

萧翼索取太宗手敕及两三本"二王"杂帖,用为对辩才和尚的引见之赞,复改扮为一个落拓的书生,雇小船直抵湘潭,寄住在船里,每天必到永欣寺观赏壁画,走过辩才方丈的门边时必在门口小坐,很礼貌地向老和尚鞠一躬。日子久了,辩才也对他发生好感,由打招呼而请入寺闲谈。萧翼多才多艺,琴棋诗画,无一不精,辩才又是略精六艺之人,于是一见如故,顿成莫逆,天天伴在一起,饮酒论文,萧翼一一投其所好。

一天,两人饮醉食饱,扯谈了一轮诗文,及说到书法,萧翼提起:"先世家传有几件二王法帖,不知是真是假,要请上人法鉴。"

说完就把所带来的二王法帖拿出来,辩才看了好一会,便说:"确是真的,但不是二王的得意之作,贫僧倒有一件真迹。"

萧翼问:"什么帖?"

"兰亭帖。"

萧翼笑道:"哪里还存在? 离乱了 100 多年了,怕不是真迹!"

辩才说:"实不相瞒,这是我的家传真宝,已传七代了,先师智永临终时亲授给

我,哪能有假? 你如不信,明天再来,我给你看看。"

翌日,萧翼来了,辩才从染上把铁匣拿下来,取出兰亭帖展放台上,萧翼仔细观赏一会,摇了摇头,指出很多瑕疵,肯定说:"这本兰亭不是真的!"

辩才愕然,已被萧翼一番辩证言论动摇了信念,反请萧翼把带来的二王帖留下,自己仔细对证。

辩才为要对证兰亭帖真伪,就不把兰亭帖放回梁上。

一天,老和尚出去了,萧翼匆匆入寺,对守房弟子说:"老当家忘了带净巾,叫我来取。"弟子以熟人熟事,不虞其诈,乃让他进去。萧翼快手快脚把兰亭帖及留下的二王帖带回长安。

辩才回寺,见兰亭帖被人盗去,顿时晕倒,良久始苏。萧翼回京缴旨,唐太宗龙颜大悦,马上升为员外郎,并赏赐辩才财帛,加建三级宝塔。辩才经此次打击,忧郁成病,年余便死了。

兰亭帖直到唐太宗死时,做了陪葬品,长埋地下,从此,兰亭帖真迹永不在人间了。

抛砖引玉,智破凶案

明朝时,陆云担任浚仪县令,当时有个人被杀,但凶犯不能确定是谁。陆云将死者的妻子抓来,却没有审讯,过几天就将她放了。同时,陆云密令手下的人暗中跟踪她,并向他交代说:"待这女人离开县府不到十里地,恐怕会有男人在等她,和她说话。这时,你就把这男人抓来。"

后来所发生的,果然像陆云所预料的那样。审讯之后,那男人供认说:

"我和这女人私通,我们一起杀了她的丈夫,我赶紧逃得远远的。后来听说这女人没受刑就放出来,我想问她话,但又怕离县府太近会被发现,所以就在远处等着她,我还以为那里很安全。"

这是利用死者的妻子为诱饵,将她放了,实际上作为"抛砖"的一种手段,而真正的主犯便由"抛砖"而被引了出来,最后才能案情大白。此外,还有用"死人"作为诱饵,达到"抛砖引玉"目的。

明代刘宗龟镇守海南时,曾处理过这样一个案子。当地有个富商的儿子正当少年,一天,他在岸边看见一个大户人家门里有个少女,见了陌生人也不回避。富家少年用言语挑逗她:"今晚我到你家来。"少女微微一笑,答应了。

这天晚上,她果然开着门等候,但富家少年还没来时,有个小偷见屋门未关,窜进门来行窃。屋里没点灯,少女不知是小偷,就迎上前去。小偷以为是来抓他,慌忙之中竟用刀刺了过去,然后丢下刀逃跑了。不一会,富家少年来了,进门后没留神,踩上了血滑倒在地。伸手一摸,他发现一具尸体,赶紧逃了出去,回到自己船上,解开缆绳,离岸而去。

第二天,少女家发现人被杀,就顺着地上的血迹追到岸边,不见人影,便去报官。官府派人追缉,终于将那少年捉拿归案,但少年死不承认杀了人。

刘宗龟察看了现场那把刀,确认是屠户用的屠刀,便下令说:"要准备演武,为犒劳军士让全城屠夫集合待命。"当全城屠夫集中以后,他又下令说:"今天已经晚了,等明日再来。"于是把他们各自带的刀具留下后,就解散了。刘暗中将那把杀人屠刀混杂其中,换下了另一把刀。次日,屠夫们来取自己的刀,只有一个屠夫不肯拿剩下那把刀。刘问其原因,那人说:"这不是我的刀,而是张某的刀。"刘立即下令抓那屠夫,谁知他已逃窜他乡了。刘就用牢中另一欲开斩的死囚冒充那富家少年,在天快黑时,拉到市上去处决了。

少年被处死的消息,传到逃亡者那里,他以为此案已结,可平安无事了,于是两天后回到了海南。官府立即将他抓获正法了。这就是那死囚作为诱饵,采取"抛砖引玉"之计,让凶犯自投罗网。由于死囚假作此案的凶手被公开处决,且又在傍晚时执刑,容易混过众人耳目。这样选择的诱饵与欲抓获的凶犯之间,有非常密切的相似属性,因而计谋得以成功,从中我们可以看出,"抛砖引玉"用于抓获罪犯,也是一种有效的计谋。关键在于诱饵选择得当,对象的心理活动要了如指掌。

"有马食堂",引客有招

在日本的横滨市有一间日本料理餐馆,名叫"有马食堂"。所谓料理,即菜式。这家餐馆的外表并不华丽高雅,其内部装修也朴素简单,它供应的菜式亦是日本的较大众化的东西。但是,人们都注意到,那里的生意却异常兴隆,每天有络绎不绝的顾客,特别多的是带着小孩的顾客。

为什么这么一间普通的餐馆生意会比别的同类餐馆要兴旺呢?这引起大家的关注。原来"有马食堂"在经营上有术,以馈赠的形式招徕顾客。具体做法是每当有顾客带着小孩前来用餐时,该餐馆的服务员就热情地给顾客带来的小孩送上一条绘有动物图案的纸制围裙。

事实上这条纸围裙不值多少钱,其价值为30日元(折0.20美元),为何它能招徕顾客呢? 因为这围裙是由本店的"画家"当场画上各种精美图案的,所画的图案均是小孩喜欢的小动物,生动有趣,使小孩爱不释手。小孩在餐馆用膳时围上这一美不胜收的小围裙,吃得十分开心,父母这一顿饭也很有乐趣。用完餐后,这条围裙可以带回家去,小孩可以从中得到一件宠物。

因为围裙是手画的多种多样的图案,小孩总希望多获得几条,所以常常要求父母带他(她)到"有马食堂"去用餐。天下父母都有一颗爱子女之心,看到孩子得到围裙的高兴情景,自然会寻找时机带孩子前来光顾,开始时,这些顾客与其说是用餐,不如说是为了取悦于儿女们。但是,一次两次,重复多次,他们渐渐对"有马食堂"有了感情,成为忠诚的食客了。这样一传十、十传百,"有马食堂"的名声传遍了横滨市,它的生意怎么会不兴隆发达呢?!

在商业竞争极为激烈的当今,经营者要获得成功,除了有质量上乘的产品外,必须要有高明的促销策略。"有马食堂"的馈赠围裙手法,就是"抛砖引玉"的促销法。

"抛砖引玉"志在发掘和扩大潜在市场,这一经营策略已为众多实践证实是行之有效的,已成为经商中较为广用的一招。

施用爱心,赢得财富

做生意最要紧的是给人产生好感,并不是你的风度翩翩且英俊的外表或是漂亮的容貌给与人的好感,而是对人亲切,对人关怀给人的好感。从心底发出来的真诚的微笑,干净的衣服、宁静地能接纳别人意见的雅量等等。这些虽然重要,但是更重要的是有颗对人关怀的爱心。如果有对人关怀之心,纵然存在别的诸如没本钱等缺点,你的生意也一定会欣欣向荣的。如果你有别的全部优点,在力求事业上尽善尽美,但没有对人关怀之心,你的事业就难以拓展,很难成功了。有很多人拼命努力,但都是为了自己的幸福,想给自己往后的日子及后代子孙荣华宝贵。这种自私自利的观念是大错特错了。做生意赚钱并不是为了自己的享受,而是牺牲自己帮助别人对社会有所贡献,这才是人生最大的享受、最大的幸福。

大仓喜八郎就有这种恢宏的气度和正确的观念,所以他年纪轻轻就成为明治时代名重一时的大人物了。

他 18 岁时来到东京当小店员,21 岁自力开了一家小海产店。一年后,东京发生大饥荒,政府便运米到大仓所住的地区救济灾民。灾民便争先恐后排起长龙等候领取救济米,大仓却一个人站在旁边看热闹。

有人大觉诧异,便问道:

"你为什么不排队呢?"

他回答说:

"我并不是叫花子呀!"更难能可贵的是,这位小伙突然大叫:

"我店里的东西,全部送给你们,你们随便拿好了。"

想不到在大饥荒的当儿,抢夺也在所难免时,居然也有这种甘愿牺牲自己的人,也有这种像天外飞来的好事。

大批的群众迟疑了一会儿,就一窝蜂拥进大仓的小店,展开一场激烈争夺战。

大仓站在店前看着自己以血汗换来的商品被人抢走,不但一点都不惋惜,反而神采飞扬,沾沾自喜。

20 多岁的人就有这样的胸襟,真令人佩服得五体投地。

当他再从头做起时,大家对他的为人敬佩有加,他的声名已远播。人家看他像一颗光芒四射的宝石似的。因此,生意之好,确是前所未有,不久就奠下了开创大事业的基础。

确切地说,大仓有目光放远的商业头脑,"抛砖引玉"的深谋远虑。

18计　擒　贼　擒　王

昆阳大捷,刘秀显威

公元 23 年,为扑灭汉末农民起义之火,王莽派四十二万大军,以泰山压顶之势,围攻被绿林军占据的昆阳,当时,城中守军总共只有九千人,形势危在旦夕……

三月,王凤和太常偏将军刘秀等率领汉军进攻昆阳、定陵、郾等城,都先后予以攻克。

王莽得知严尤、陈茂失败的消息后,马上派司空王邑乘坐加急驿车和司徒王寻一起发兵去平定崤山以东地区。同时征召通晓六十三家兵法的人为军官,任用身材极高大的巨无霸为垒尉,还驱赶来一些虎、豹、犀、象等类的猛兽以助军威。王邑到了洛阳,各州郡也都选派精锐的士兵,由州郡的长官亲自带领,按时会集起来人数达四十三万,号称百万;其他部队还源源不断地开来,旌旗、辎重千里不绝。夏季,五月,王寻、王邑南进到了颍川,同严尤、陈茂会合。

汉军的将领们看到王寻、王邑如此兵多势众,都返身跑回昆阳城,个个惊慌不安,为老婆孩子担忧,想从这里撤回到原来占据的城邑去。刘秀对他们说:"现在城内兵少粮缺,而城外敌军非常强大,合力抗敌,或许有胜利的希望,如果分散，势必无法取胜。况且刘缤部队还正在围攻宛城，不能前来救援；假如昆阳被敌军占领，要不了几天的工夫，我军各部也就都完了。现在怎么能不同心共胆，共举大业，反而只想要守着妻子财物呢?"将领们发怒说:"刘将军怎么敢这么教训我们!"刘秀笑着起身。派出侦察的骑兵回来报告说:"敌人大军已迅速推进到城北，敌军阵营长达几百里，看不到尽头。"将领们一向轻视刘秀，但是在这样紧急的时候，就都议论道:"再请刘将军接着刚才来谋划这件事。"刘秀又给将领们谋划军事成败，将领们都说:

"是。"这时城中只有八九千人，刘秀派王凤和廷尉大将军王常守卫昆阳，当夜就率领五威将军李轶等十三人骑马驰出昆阳城的南门，在外面征集队伍。兵临昆阳城下的王莽军队将近十万，刘秀等人费了很大气力才冲出去。王寻、王邑兵围昆阳，严尤向王邑献策说:"昆阳城小而坚固，现在假冒皇帝名号的更始皇帝刘玄正在围攻宛城，我们大军迅速向那里进兵，他必定奔逃；宛城那边的汉军一旦失败，昆阳城里的汉军自然会向我军投降。"王邑说:"我以前围攻翟义，就是因没能活捉住他而受到责备，如今带领百万之众，遇城而不能攻下，这有损大军的威风。应当先攻陷然后屠杀此城，踏着敌人的鲜血，前歌后舞地前进，难道不痛快吗?"于是把昆阳包围了几十重，列营上百个，战鼓之声响彻几十里，还开挖地道，用战车撞城；用许多弓弩向城内乱射，矢下如雨，城内百姓为了躲避飞矢，背着门板出外打水。王凤等乞求投降，不被理睬。王寻、王邑自以为很快就可破城，不担心军事上会出其他事故。严尤建议说:"《兵法》上写着:'围城应当网开一面'，让城内被围之敌得以逃出，让这些败兵去动摇正在围攻宛城的绿林兵的军心。"王邑又不听取这个建议。

刘秀到了郾、定陵等地，命各营全部出动军队；将领们贪惜财物，想要分出一部分兵士守在营地。刘秀说:"现在如果打败敌人，珍宝万倍，大功可成；如果被敌人打败，头都被杀掉了，还要什么财物!"于是全军出动。六月初一，刘秀和各营部队一同出发，亲自带领步兵和骑兵一千多人为前锋，在距离王莽大军四五里远的地方摆开阵势。王寻、王邑也派几千人来应战，刘秀一马当先带兵冲了过去，斩了几十人首级。将领们高兴地说:"刘将军平时看到弱小的敌军都胆怯，现在见到强敌反而英勇，太奇怪了! 让我们都冲到前面去吧，以便协助将军!"刘秀又向前挺进，王寻、王邑的部队开始退却；汉军各部乘机都冲杀过去,斩了千百个首级。接连获胜,继续进兵,将领们胆气更壮,没有一个不是以一当百。刘秀亲自率领三千敢死队员从城西滍水岸边冲击王莽军的主将营垒。王寻、王邑轻视汉军,亲自带领一万余人压往军阵,戒令各营都按兵不动,单独迎上来同汉军交战,交战不久,王寻等失利,大部队又不敢擅自相救;王寻、王邑所部阵脚大乱,汉军乘机击溃敌军,追杀了王寻。昆阳城中的汉军也击鼓大喊而冲杀出来,里应外合,呼声震天动地;王莽军大溃,逃跑者互相践踏,地上的尸体遍布一百多里。此时电闪雷鸣,屋瓦被风刮得乱飞,大雨好似河水从天上倒灌下来,滍水暴涨,虎豹都惊吓得发抖,掉入水中溺死的士兵成千上万,河流因此被阻塞。王邑、严尤、陈茂等骑着马踏着死尸渡过滍水逃走。汉军获得王莽军抛下的全部军用物资,堆积如山,战利品接连几个月都收拾不完,余下的就地烧毁。王莽军的士兵四散奔逃,各返家乡,只有王邑和他带领的长安勇士几千人回到洛阳,于是,关中震惊,海内豪杰一致响应,纷纷杀掉当地的州郡长官,自称将军,用更始年号,等待更始皇帝的诏命;这种形势,一个月之内遍布天下。

孔明遗计,斩魏文长

在孔明的眼中,魏延是一位武艺超群,敢做敢为,不被传统观念所束缚,桀骜不驯的烈马。且这匹烈马只有他能驾驭,而别人不但不能驾驭他,反会被其所伤害。因此,他在临终前,从维护蜀汉统治的需要出发,设计了如何在他死后除掉魏延的计谋。

蜀汉建兴十二年八月二十三日,孔明病逝于五丈原军营之中。临终前,把军中所有大事全托付给了长史杨仪。

杨仪在未撤军前,先遣费祎到魏延营中告知丞相病故的凶信,并让他转告魏延,令他断后,掩护蜀军撤回汉中。

费祎来到魏延寨中告诉魏延说:"昨夜三更丞相已经辞世。临终再三嘱咐,令将军断后以阻住司马懿的追击,掩护大军回撤,不可发丧。"魏延问:"什么人代理丞相大事?"费祎说"丞相已将所有大事尽托给杨仪,用兵之法已托给姜维。"魏延一听不无酸楚地说:"我随丞相多年,未想竟如此冷落于我。"转而狂怒道:"丞相虽亡,还有我魏延在!我自率大军去攻司马懿,岂可因丞相一人病故而废国家大事!"费祎劝他说:"丞相临终有令,嘱我军暂退汉中,不可有违。"魏延不满地说:"不要拿丞相来压我!丞相当初若依我之计,恐怕已取长安好久了。我现在是前将军,征西大将军,南郑侯。杨仪不过是一个长史,只配扶丞相灵枢入川安葬,怎能当此军中大任?我岂能为区区一长史断后?"

费祎回营见到杨仪,把魏延的话说了一遍。杨仪说:"丞相临终曾密嘱于我,说魏延日后必有异志。今日我让你去他寨中,实是想探其心也。如今看来,果应丞相之语。既然他不肯从军令,可由姜维断后。"于是便扶枢先行,率师徐徐而退。

魏延在寨中还傻等着费祎回话呢,谁知蜀军大营军马却早暗自退军了。魏延闻讯怒不可遏地说:"竖儒竟敢欺我!我定杀他以解心头之恨。"回头又向马岱说:"公肯助我否?"马岱说:"我早就恼恨杨仪这厮,我二人并力杀他。"于是二人率东部军马抄近路来到栈阁,烧毁栈道,阻住大军回汉中的归路以杀杨仪。

　　杨仪率军刚近栈阁道口,却听说魏延已先烧毁了栈道,于路中拦截。便依姜维之策,沿小路,涉崎岖山险,抄到栈道之后,望汉中进发,随即又令何平回师阻住魏延。

　　魏延守住栈道,自以为得计,谁知却见何平从身后杀了过来。急整军相迎。何平临阵对魏延部下鼓动说:"众军听着,你们都是西川之人,川中有父母妻子,兄弟亲朋。丞相时也未曾亏待你们,今日魏延造反,你们为何反助他?你们应各回家乡,听候赏赐。"经何平如此一说,魏延部下军将们皆一哄而散,独马岱所率之部下一动未动。

　　魏延见势不妙与马岱商议说:"如今势衰,我们去投魏如何?"马岱说:"将军所虑欠思。大丈夫为何不自图霸业反却轻易屈膝降他人?依将军之勇,在两川之地上谁能与我们争锋?吾欲随将军先取汉中,然后再取两川之地。"

　　魏延见马岱如此倾心于他,心中暗喜,便与马岱来到南郑城下准备攻城。城头上,姜维向杨仪说:"魏延勇猛异常,又兼有马岱相助,他虽军少,我们如何能退他们?"

　　杨仪对姜维说:"丞相临终时付给我一个锦囊,并嘱咐我说'若魏延造反,临阵对敌时可拆此囊,便有斩魏延之计'。今何不拆开视之?"说着取出锦囊来看。杨仪看罢,在城头指着魏延说:"丞相在时,知你久后必反,难以豢养。今日叫我来除你。你若敢在马上连叫三声'谁敢杀我'便有人去杀你。你若敢喊,便是真丈夫。你喊了三声后若无人杀你,我可将此城献给你。"

　　魏延毫不在乎地说:"杨仪匹夫听着,丞相在时,我倒惧他三分。如今丞相已亡,天下人谁敢与我为敌,别说是三声,就是三万声又有何难?"于是提刀在马上大喊:"谁敢杀我。"

　　话音未落,只听背后一人厉声说"我敢杀你!"未及魏延回首,此刻魏延头已落在地上。众人一看,原来杀魏延的竟是马岱。

　　原来,孔明在临终前,曾密嘱马岱如何斩杀魏延的妙策,让他在魏延身旁卧底,待时机成熟,乘其不备地杀他。这便是孔明的计斩魏延之策。

三顾茅庐,求贤若渴

　　诸葛亮乃琅琊郡人,年幼丧父,与其弟诸葛均躬耕于南阳。尝好为《梁父吟》。所居之地有一冈,名卧龙冈,自号为"卧龙先生",经天纬地之才,乃天下第一人。常自比于管仲、乐毅,而深知他的朋友颖川徐庶元直等则认为:管仲、乐毅都赶不上他,能与他相比的只有兴周八百年的姜子牙,旺汉四百年的张子房,其才能真是不可度量。

　　当时刘备正屯兵新野(今河南新野县),图谋重兴汉室大业,求贤若渴之时,徐庶向他推荐诸葛孔明:"诸葛孔明者,卧龙也,将军岂愿见之乎?"刘备说:"你请他来"。徐庶曰:"此人只可前去拜访,而不可屈招上门。"刘备于是和关羽、张飞登车去拜访他。

　　刘备等来到隆中,遥望山畔数人,在田间一边耕作,一边唱着歌:

苍天如黄盖，陆地似棋局；

世人黑白分，往来争荣辱；

荣者自安定，辱者自碌碌。

南阳有隐居，高眠卧不足！

一问才知此歌便为卧龙先生所作，并知此山之南数里乃卧龙冈，冈前疏林内茅庐中，即是那诸葛先生高卧之地。

来到庄前，下马亲叩柴门，不想一童子说先生出游去了，不知何时回来。刘备等了一会儿，嘱咐童子："如先生回来，请告知刘备来拜访。"

刘备等起身上路，往回走了几里，又禁不住勒马回视隆中景物：果然山不高而秀雅，水不深而澄清；地不广而平坦，林不大而茂盛；猿鹤相亲，松篁交翠。正视之不已，忽见一人从小路而来。刘备以为是孔明归来，忙下马施礼。不想此人乃孔明之友：博陵崔平也。刘备虽很失望，但还是谦逊地请崔坐下来请教一二，谈论自己的安邦定国大业。身边的张飞很是不耐烦，启程后对刘备说："孔明又没见着，却与这高儒谈了这半天。"

三人回到新野数日，忽听说卧龙先生已回，刘备便叫人备马。张飞不耐烦地说："量他不过一村夫，何必劳哥哥亲自去，让人叫来便是了。"刘备训他说："你没听孟子说过，'欲见贤而不以其道，犹欲其入而闭之也！'，孔明当世大贤，岂可招乎！"三人便又上马启程。

时值隆冬，朔风凛凛，瑞雪霏霏，张飞边走边怨，刘备说："这正可让孔明知道我的诚意！"

近茅庐路旁处，路遇孔明之友颍川石广元、汝南孟公威对酒而歌，刘备约二公同往卧龙山共谈济世安民之术。二公拒绝了，刘备等继续前行。至草堂中见一少年抱膝而歌：

凤翱翔于千仞兮，非梧不栖，

士伏处一方兮，非主不依。

乐躬耕于陇田兮，吾爱吾庐；

聊寄傲于琴书兮，以待天时。

中门上一联云："淡泊以明志，宁静以致远。"

观其联，听其歌，刘备以为是孔明，忙上前施礼，不想这人却是孔明之弟诸葛均。孔明又去闲游去了。

张飞很是失望劝刘备上马早回，被刘备止住，刘备坐下来向其弟了解其兄之事，才与其弟殷勤地致意而别。

光阴荏苒，次年新春，刘备选一吉日，斋戒三日，薰浴更衣，又要去拜见孔明。关、张很是不高兴。关公说："兄长两次前去拜见,礼也太过了。"张飞要用一条麻绳将他绑来,关张都被刘备呵斥住了。

三人又前往隆中,离草庐还有半里路远,刘备等就下马步行以表诚意。路遇诸葛均得知孔明正在庐中。

孔明正在草堂上尽寝未醒。刘备止住了要前去通报的小童,让关、张二人在门口等着,他自己慢慢地走进去,见先生仰卧于草堂酒席上,玄德拱立阶下。

过了半晌,外面的张飞等不及了,进来见这付架势,要去屋后放火,看他不起!又被止住,关张二人又回外面等候。

回头见堂上,先生翻了个身,童子欲报又止,先生又朝壁睡了,过了一个时辰,孔明才醒来,口吟诗曰:

> 大梦谁先觉?平生我自知。
> 草堂春睡足,窗外日迟迟。

得知刘皇叔在此,孔明才起身。入后堂更衣,半晌才整衣而出。二人叙礼毕,分立而坐,这才引得:

"豫州"当日叹孤穷,何幸南阳有卧龙!欲识他年分鼎处,先生笑指画图中。

而这也实为孔明一拖再拖,不得已(感刘备之德)而为之。

对此后人有古风一篇曰:

> 曹操专权得天时,江东孙氏开鸿业;
> 孤穷玄德走天下,独居新野愁民厄。
> 南阳卧龙有大志,腹内雄兵分正奇;
> 只因徐庶临行语,茅庐三顾心相知。
> 先生尔时年三九,收拾琴书离陇田;
> 先取荆州后取川,大展经纶补天手;
> 纵横舌上鼓风雷,谈笑胸中换星斗;
> 龙骧虎视安乾坤,万古千秋名不朽。

刘备访孔明两次而不遇,三访而见之难,可知卧龙所藏之深也。先见农夫、童子,观其景致,后遇其友崔、石、孟三人,其弟诸葛均等,孔明虽未见,却已略知过半了。嘱其童、留信于弟,拱手于堂前卧龙旁,孔明一步步地走近了。惟其如此,才能渐渐走进一位至能心里。朔风凛烈而行、沐浴更衣、斋戒三日、舍马徒步、拱手而立,可见其诚,其仁,惟至仁者能如此。如若从张飞等所言,捆绑而来,结果可想而知,盖智能者不能不懂此由外而内之擒王妙法。

骁果部将,计擒炀帝

隋朝末年,天下大乱。大业九年(公元613年),杨玄感发动兵变,被炀帝镇压。大业十二年(公元616年),炀帝逃奔江都(今江苏扬州)。

隋大业十四年(公元618年),即唐高祖武德元年,春三月,隋炀帝杨广到江都后,更加荒淫,宫中一百多间房,每间摆设都极尽豪华,内住美女,每天以一房的美女做主人。江都郡丞赵元楷负责供应美酒饮食,炀帝与萧后以及宠幸的美女吃遍了宴会，酒杯不离口，随从的一千多美女也经常喝醉。不过炀帝看到天下大乱，心情也忧虑不安，下朝后常头戴幅巾，身穿短衣，拄杖散步，走遍行宫的楼台馆舍，不到晚上不止步，不停地观赏四周景色，惟恐没有看够。

炀帝通晓占卜相通，爱说江浙话，经常半夜摆酒，抬头看星象，对萧后说："外间有不少人算计侬，不过侬不失为长城公陈叔宝，卿也不失为沈后。我们姑且只管享乐饮酒吧！"然后斟满酒杯喝得烂醉。炀帝还曾拿着镜子照着，回头对萧后说："好一个头颅，该由谁斩下来？"萧后惊异地问他为什么这样说，炀帝笑着说："贵贱苦乐循环更替，又有什么好伤感的？"

炀帝见中原已乱，不想回北方，打算把国都迁到丹阳，退守江东，下令群臣在朝堂上议论迁都之事，内史侍郎虞世基等人都认为不错；右候卫大将军李才极力说明不可取，请炀帝御驾回长安，并与虞世基忿然争论而下殿。门下录事衡水人李桐客说："江东地势低洼，气候潮湿，环境恶劣，地域狭小，对内要奉养朝廷，对外要供奉三军，百姓承受不起，恐怕最终要起来造反的。"御史弹劾李桐客诽谤朝廷朝政，于是公卿都曲意阿奉炀帝之意说："江东百姓渴望陛下临来已经很久了，陛下过江抚慰统治百姓，这是大禹那样的作为。"于是炀帝下令修建丹阳宫，准备迁都丹阳。

当时江都的粮食吃完了，隋炀帝南来的侍卫大多是关中人，长期在外，思恋故乡，见炀帝没有回长安的意思，大都策划逃回乡。郎将窦贤便带领部下西逃。炀帝派骑兵追赶，杀了他，但仍然不断有人逃跑，令炀帝很头痛。虎贲郎将扶风人司马德戡一向得炀帝信任，炀帝派他统领侍卫，驻扎在东城，司马德戡与平时要好的元礼直阁裴虔通商量，说："现在侍卫人人想逃

跑，我想说，又怕说早了被杀头；不说，事情真发生了，也逃不了族灭，怎么办？又听说关内沦陷，李孝常以华阴反叛，皇上囚禁了他的两个弟弟，准备杀掉，我们这些人的家属都在西边，能不担心这事吗？"元、裴二人都慌了，问："既然如此，有什么好办法吗？"司马德戡说："如果侍卫逃亡，我们不如和他们一齐跑。"元、裴二人都说："好主意！"于是相互联络，内史舍人元敏、虎牙郎将赵行枢、鹰杨郎将孟秉、符玺郎牛方裕、直长许弘仁、薛世良、城门郎唐奉义、医正张恺、勋侍杨士览等人都参与同谋，日夜联

第四编 《三十六计》智谋经典

系，在大庭广众之下公开商议逃跑的事，毫无顾忌。有一位宫女告诉萧后："外面人人想造反。"萧后说："由你去报告吧。"宫女便对炀帝说了，炀帝很生气，认为这不是宫女该过问的事，杀了这个宫女。后来又有人对萧后说起，萧后说："天下局面到了今天这个地步，没法挽救了，不用说了，免得白让皇上担心！"从此以后，再也没人说起外面的情况。

赵行枢与将作少监宇文智及历来很要好，杨士览是宇文智及的外甥，赵、杨二人把他们的计划告诉了宇文智及，智及很高兴。司马德戡等人定于三月月圆那天结伴西逃，宇文智及说："皇上虽然无道，可是威令还在，你们逃跑，和窦贤一样是找死，现在实在是老天爷要隋灭亡，英雄并起，同样心思想反叛的已有数万人，乘此机会起大事，正是帝王之业。"司马德戡等人同意他的意见。赵行枢、薛世良要求由宇文智及的史长、右屯卫将军、许公宇文化及为首领，协商定了，才告诉宇文化及。宇文化及性格怯懦，能力低下，听说后，脸色都变了，直冒冷汗，后来又听从了众人的安排。

司马德戡让许弘仁、张恺去备身府，对认识的人说："陛下听说骁果想反叛，酿了很多毒酒，准备利用宴会，把骁果都毒死，只和南方人留在江都。"骁果都很恐慌，互相转告，更加速了反叛计划。三月初十日，司马德戡召集全体骁果军吏，宣布了计划，军吏们都说："就听将军的吩咐！"当天，大风刮得天昏地暗，黄昏，司马德戡偷出御厩马，暗地磨快了武器。傍晚，元礼、斐虔通在阁下值班，专门负责大殿内；唐奉义负责关闭城门，唐奉义与裴虔通等商量好，各门都不上锁。到三更时分，司马德戡在东城集合数万人，点起火与城外相呼应，炀帝看到火光，又听到宫外面的喧器声，询问发生了什么事。裴虔通回答："草坊失火，外面的人在一起救火呢。"当时宫城内外相隔绝，炀帝相信了。宇文智及和孟秉在宫城外面集合了一千多人，劫持了巡夜的候卫虎贲冯普乐，部署兵力分头把守街道。燕王杨倓发觉情况不对，晚上穿过芳林门边的水闸入宫，到玄武门假称："臣突然中风，就要死了，请让我当面向皇上告别。"裴虔通等人不通报，而把杨倓关了起来。三月十一日，天还没亮，司马德戡交给裴虔通兵马，用来替换各门的卫士。裴虔通由官门率领数百骑兵到成象殿，值宿卫士高喊有贼，于是裴虔通又返回去，关闭各门，只开东门，驱赶殿内宿卫出门，宿卫纷纷放下武器往外走。右屯卫将军独孤盛对裴虔通说："什么人的队伍，行动太奇怪了！"裴虔通说："形势已经这样了，不关将军您的事，您小心些不要轻举妄动！"独孤盛大骂："老贼，说的什么话！"顾不上披铠甲，就与身边十几个人一起拒战，被敌兵杀死。独孤盛是独孤楷的弟弟。千牛独孤开远带领数百殿内兵到玄览门，敲阁请求："武器完备，足以破贼，陛下如能亲自临敌，人心自然安定；否则，祸事就在眼前。"竟然没有回答的人，军士逐渐散去。反叛者捉住了独孤开远，又为他的忠义行为感动而放了他。早先，炀帝挑选了几百名勇猛矫健的官奴，安置在玄武门，称为"给使"，以防备突然发生的情况，待遇优厚，甚至把宫女赐给给使。司宫魏氏得炀帝信任，宇文化及等人勾结她做内应。这天，魏氏假称圣旨放全体给使出宫，致使仓促之际玄武门没有一个给使在场。

司马德戡等人领兵从玄武门进入宫城，炀帝得到消息，换了衣服逃到西阁。裴虔通和元礼进兵推撞左阁门，魏氏开阁，乱兵进了永巷，问："陛下在哪里?"有位美人出来指出了炀帝的所在。校尉令狐行达拔刀冲上去,炀帝躲在窗后对令狐行达说:"你想杀我吗?"令狐行达回答:"臣不敢,不过是想奉陛下西还长安罢了。"说完扶炀帝下阁。裴虔通本来是炀帝做晋王时的亲信,炀帝见到他,对他说:"你不是我的旧部吗!有什么仇要谋反?"裴虔通回答:"臣不敢谋反,但是将士想回家,我不过是想奉陛下回京师罢了。"炀帝说:"朕正打算回去,只为长江上游的运米船未到,现在和你们回去吧!"裴虔通于是领兵守住炀帝。

天明后,孟秉派武装骑兵迎接宇文化及,宇文化及浑身颤抖说不出话,有人来参见,他只会低头靠在马鞍上连说:"罪过"表示感谢。宇文化及到宫城门前,司马德戡迎接进入朝堂,称丞相。裴虔通过炀帝说:"百官都在朝堂,需陛下亲自出去慰劳。"送上自己随从的坐骑,逼炀帝上马,炀帝嫌他的马鞍笼头破旧,换过新的才上马。裴虔通牵着马缰绳提着刀出宫城门,乱兵欢声动地。宇文化及扬言:"哪用让这家伙出来,赶快弄回去结果了。"炀帝问:"虞世基在哪儿?"乱党马文举说:"已经枭首了。"于是将炀帝带回寝殿,裴虔通、司马戡勤等拔出兵刃站在边上。炀帝叹息道:"我有什么罪该当如此?"马文举说:"陛下抛下宗庙不顾,不停地巡游,对外频频作战,对内极尽奢侈荒淫。致使强壮的男人都死于刀兵之下,妇女弱者死于沟壑之中,民不聊生,盗贼蜂起;一味任用奸佞,文过饰非,拒不纳谏,怎么说没罪!"炀帝说:"我确实对不起老百姓,可你们这些人,荣华富贵都到了头,为什么还这样?今天这事,谁是主谋?"司马德勘说:"整个天下的人都怨恨,哪止一个人!"宇文化及又派封德彝宣布炀帝的罪状。炀帝说:"你可是士人,怎么也干这种事?"封德彝羞红了脸,退了下去。炀帝的爱子赵王杨杲才12岁,在炀帝身边不停地嚎啕大哭,裴虔通杀了赵王,血溅到炀帝的衣服上。这些人要杀炀帝,炀帝说:"天子自有天子的死法,怎么能对天子动刀,取鸩酒来!"马文举等人不答应,让令狐行达按着炀帝坐下。炀帝自己解下练巾交给令狐行达,令狐行达绞死了炀帝。当初,炀帝料到有遇难的一天,经常有罂装毒酒带在身边,对宠幸的各位美女说:"如果贼人到了,你们要先喝,然后我喝。"等到乱事真的来到,找毒酒时,左右都逃掉,竟然找不到。萧后和宫女撒下漆床板,做成小棺材,把炀帝和赵王杨杲一起停枢在西院流珠堂。

炀帝每次巡幸,常常将蜀王杨秀随行,囚禁在骁果营。宇文化及弑炀帝,准备奉杨秀为皇帝,众人舆论以为不行,于是杀了杨秀和他的七个儿子。又杀齐王杨宇及其两个儿子和燕王杨倓,隋朝的宗室、外戚,无论老幼一律杀死。只有秦王杨浩平时与宇文及有来往,宇文及想办法保全了他。齐王杨倓一向失宠于炀帝,乱兵仍不放过,并杀了朝中其他官员。

宇文化及、司马德戡等人,是随侍隋炀帝身边的骁果营将领,又是怀有政治野心、久窥帝位的阴谋家。他们乘隋末天下大乱、民怨沸腾、炀帝巡游江都之际,发动兵变,以达其兴"帝王之业"的政治图谋。为保证兵变即宫廷政变成功,他们运用了直捣擒王的手段。一是对炀帝等"贼王"政敌,先发制人,利用骁果营将士思恋故土心切,要求返还北方,煽动兵变闹事。巧借"毒酒"之谣,加速反叛计划;二是与炀帝宠信的司宫魏氏内外勾结,传假圣旨给给使,引其出官,使入宫城时能出奇制胜;三是佯翼侧攻,直捣擒王,捉住炀帝后,历数罪行,并加以绞杀;四是将"众贼",即诸王、宗室、外戚与朝中的官员,不分老幼,一律处死。既擒王又擒杀"众贼",以收摧坚夺魁之效;而隋王朝的政治机构与实体,亦随之彻底崩解。这是宫廷政变中,施计者运用擒贼擒王之计,实现改朝换代政治目的的成功事例,亦是阴谋得逞的典型。

则天行谋,废后专权

唐高宗永徽五年(公元 654 年)时,起初,高宗的王皇后没有儿子,使萧淑妃得高宗宠幸,致使王皇后十分忌妒。高宗做太子的时候,进寝宫侍奉太宗,看见才人武氏(即武则天),便十分喜欢。太宗驾崩后,武氏随着众位妃嫔到感业寺当尼姑。到了太宗的忌日,高宗到感业寺行香拜佛,见到了她,武氏哭泣,高宗也流泪。王皇后听说后,暗中让武氏留发,劝说高宗纳武氏入后宫,想要以武氏来离间高宗对萧妃的宠爱。武氏机敏聪慧,善施权术,刚进宫时,侍奉皇后十分谦恭有礼;皇后十分喜欢她,多次在高宗面前称赞她。不久颇得宠幸,拜为昭仪,皇后与萧妃均失宠,二人又一同诬告武氏,高宗均不予采纳。武昭仪想要追赠他的父亲武士彟官爵,而苦于没有什么名义。于是,在此年的三月十四日时,便假托要褒奖赏赐功臣,而所褒奖的功臣中就有武士彟。

由于王皇后、萧淑妃与武昭仪之间相互诬告诽谤,高宗不相信王后、萧妃的话,惟独信任武昭仪。王皇后不会曲意事奉高宗身边的人,她的母亲魏国夫人柳氏及舅舅中书令柳奭进见六宫妃嫔,又不讲礼节。武昭仪侦察到皇后所不敬重的人,必定倾心与他相交,所得到的赏赐都要分送给他们。因此王皇后与萧妃的一举一动,武氏都要告诉高宗。

王皇后虽然失宠,但高宗并未有废后的想法。正巧此时武昭仪生下一个女孩,皇后怜爱她并逗弄她玩,皇后走出去后,武氏趁没人将女孩掐死,又盖上被子。正好高宗来到,武氏假装欢笑,打开被子一同看孩子,发现女儿已经死了,武氏啼哭。问身边的人是怎么回事,身边的人都说:"皇后刚刚来过这里。"高宗勃然大怒,说道:"皇后杀了我的女儿!"武昭仪于是哭泣着数落皇后的罪过。皇后无法自己解释清楚,高宗从此有了废皇后立武昭仪为

后的打算。又担心大臣们不服,于是便和武氏一道临幸太尉长孙无忌的宅第,宴饮酣畅欢乐到了极点,酒席上将无忌宠姬的三个儿子都拜为朝散大夫,又命人装载金银财宝,锦缎丝绸等共十车赐给无忌。高宗乘机讲到王皇后没有子嗣,以此暗示无忌,无忌顾左右而言他,竟然没有顺从旨意,高宗与武氏二人在不愉快中结束这场酒宴。武昭仪又让自己的母亲杨氏到无忌的宅第,多次请求,无忌最终还是没有答应。礼部尚书许敬宗也曾多次劝说无忌,无忌正言厉色斥责了他。

永徽六年(公元 655 年)六月,武昭仪又诬陷王皇后和她的母亲魏国夫人柳氏求巫帅施厌胜术诅咒昭仪,高宗敕命禁止皇后母亲柳氏进入宫内。秋季,七月,戊寅(初十),将吏部尚书柳奭贬为遂州刺史。柳奭赴任走到扶风县,岐州长史于承素揣摸圣意上奏称柳奭泄漏宫禁秘密,又贬为荣州刺史。

唐朝因袭隋朝制度,后宫有贵妃、淑妃、德妃、贤妃,都是正一品。高宗想要特别设置一个宸妃,封给武昭仪,韩瑷、来济谏阻,认为无旧例可循,于是只得作罢。

中书舍人李义府为长孙无忌所厌恶,降职为壁州司马。敕命还未到门下省,李义府已经暗中得知,便向中书舍人王德俭问计,王说:"皇上想要立武昭仪为皇后,正在犹豫不决,一直担心宰相们会有异议。你如果能提建议立武氏为后,则转祸为福了。"李义府同意他的话,这一天,他代替德俭值夜班,叩门向高宗上表章,请求废掉王皇后,立武昭仪为后,以满足黎民百姓的愿望。高宗十分高兴,亲自召见李义府,与他谈话,赐给珍珠一斗,留下他官居原职。武氏又暗中派人慰劳勉励他,不久破格提拔他为中书侍郎。于是,卫尉卿许敬宗、御史大夫崔义玄、御史中丞袁公瑜都暗中向武氏表达其效忠之心。不久,长安县令裴行俭听说朝廷要立武昭仪为皇后,认为国家的祸患必定从此开始,便与长孙无忌、褚遂良私下议论此事。袁公瑜听说后,将这一情况告诉武氏的母亲杨氏,结果裴行俭因此而获罪,贬为西州都督府长史。

同年九月的一天,高宗退朝后,宣召长孙无忌、李世勣、于志宁、褚遂良进入内殿。褚遂良说:"今天皇上宣召,多半是为了皇后的事,皇上的主意既已定了,违抗者必是死罪。太尉是元舅,司空是功臣,不可以让皇上承担杀元舅与功臣的不好名声。我褚遂良出身平民,没有汗马功劳,到了今日这个地位,而且接受先帝临终之托,不以死谏诤,无颜去见先帝!"李世勣称病没有去内殿。无忌等人到了内殿,高宗对他们说:"皇后没有子嗣,武昭仪有,如今朕想立武昭仪为皇后,你们看怎么样?"褚遂良答道:"皇后出身名家,是先帝为陛下娶的。先帝临终的时候,拉着陛下的手对我说:'朕的好儿子好儿媳,如今就交付给你了。'这些话都是陛下亲耳听到的,言犹在耳。未听说皇后有什么过错,怎么能够轻易废掉呢!我不敢曲意顺从陛下,以违背先帝的遗愿!"高宗十分不高兴,只好作罢。第二天又言及此事,褚遂良说:"陛下一定要更换皇后,我请求遴选全国的世家望族,何必非武氏不可。武氏曾经侍奉过先帝,这是众所周知,天下人的耳目,怎么能遮掩呢? 千秋万代之后,人们又将怎么评价陛下呢? 愿陛下三思而后行! 我今日触怒陛下,罪该处死。"说完将朝笏放在殿内台阶上,解下头巾磕头直至血流满面,说道:"还给陛下朝笏,乞求放我回老家去。"高宗勃然大怒,使人将他带出去。武昭仪在隔帘内大声说道:"何不就地杀了这老东西!"长孙无忌说:"褚遂良是先朝顾命大臣,有罪也不可加刑。"于志宁不敢说话。

韩瑗找机会也来奏事,流着泪极力劝阻废皇后,高宗不予采纳。他第二天又劝谏,悲伤得不能自已,高宗命人将他带出去。韩瑗又上奏疏劝谏道:"一般的夫妇,还要相互选择后再结合,何况天子呢? 皇后乃是

三十六计

天下妇女的仪范,善恶由她而生,所以嫫母辅佐黄帝,妲己倾覆殷朝,《诗经》说:'赫赫有名的宗周,就灭在褒姒之手。'每次观览前朝史事,常会发出感慨,没想到今天圣明之世也会受到玷污。做事不依法度,后世子孙将如何看呢! 希望陛下再三考虑,不要让后人讥笑。假使臣下我的话有益于国家,即使被剁成肉酱,臣也心甘情愿! 当年吴王不听伍子胥的话,结果吴都姑苏破败,麋鹿出没。臣下我担心海内之人失望,宫廷长满荆棘,宗庙不能继续享有祭祀的日子,为其不远了!"来济上表章劝谏说:"君主册立皇后,应该依据天地之理,必须选择礼教名家的淑女,幽雅娴静,贤淑美好,才可与天下人的厚望相副,符合神灵的意图。所以周文王造船迎接太姒,这才有《关雎》的教化,百姓承受福祚;汉成帝纵欲成性,以婢女为皇后,使皇统断绝,社稷倾覆。周代的隆盛是那样,汉代的祸患又是这样,希望陛下详察!"高宗对这些谏言,都不予采纳。

又一天,李世勣进宫见高宗,高宗问他:"朕想要立武昭仪为皇后,褚遂良固执己见认为不可以。褚遂良既是顾命大臣,他反对,那么事情就应该停办吗?"李世勣答道:"这是陛下的家事,何必又去问外人呢!"高宗废后立意于是定了下来。许敬宗在朝中扬言道:"庄稼汉多收了十斛麦子,还想着要换个老婆呢,何况天子要立皇后,事情与这些人有什么相干而妄生异议呢!"武昭仪让身边的人将此话讲给高宗听。九月初三日,唐高宗又将褚遂良贬官为潭州都督。

唐高宗永徽六年(公元655年),十月十三日,高宗下诏说:"王皇后、萧淑妃阴谋用毒酒杀人,废黜为平民。她们的母亲兄弟一并削除官爵,流放岭南。"许敬宗上奏说:"已故特进赠司空王仁祐授官的凭证还保存着,这将

使逆乱的余孽还得以受荫任官,请一并削除他的官爵。"高宗采纳了他的意见。

十月十九日,百官上奏表请求立皇后,于是高宗下诏说:"武氏出身于有大功劳的家庭,累世都任官职,以前因才德出众选入后宫,声誉满后宫,品德光照宫闱。朕从前当太子时,她蒙受我已故母亲的特殊恩惠,时常得以侍从皇帝,日夜不离左右,在后宫中经常检点自己的行为,嫔妃之间未曾闹矛盾,皇帝看得很清楚,时常赞叹,于是将武氏赏赐给朕,就像汉宣布将宫女王政君赏赐给了皇太子一样。武氏可以立为皇后。"

二十一日,唐朝大赦天下,皇后上表说:"陛下从前打算封我为宸妃,韩瑗、来济在朝廷当面谏争。这样做是难能可贵的,难道不正说明他们一心一意为国家吗?请求表彰赏赐他们。"高宗把她的奏表给韩瑗等人看,韩瑗等更加害怕,一再请求辞职,高宗不允许。

十一月初一,高宗亲临殿前平台,命司空李世勣携带印玺册封武氏为皇后。当天,百官朝拜皇后于肃义门。

原皇后王氏,原淑妃萧氏,一同被囚禁在后宫别院,高宗因思念她们,私下去囚禁她们的地方,看见囚室封闭得极为严密,只在墙壁上凿个小洞以便送食物的器具能进去。他为她们感到悲伤,呼喊道:"皇后、淑妃在那里?"王氏哭泣回答说:"我等犯罪已成宫中奴婢,哪里还能再有后、妃等尊贵的称号!"又说:"至尊如果念及从前的情分,让我等再见天日,请命名这个院子为回心院。"高宗说:"朕即有所安排。"武后听说后,大怒,派人将王氏和萧氏各杖打一百下,砍去了手足,投入酒瓮中,说:"让这两个女人醉入骨髓!"数日后她们死去,又被砍去脑袋。当皇后王氏听到宣布处置她们的命令时,拜了两拜说:"祝愿皇帝万岁!武昭仪承受皇恩,死自然是我的本分。"淑妃萧氏大骂道:"阿武邪恶狡诈,竟然到了这种地步!原来生我变为猫,她变为鼠,我活活扼住她的咽喉!"从此宫中不养猫。不久又改王氏姓蟒氏,萧氏姓枭氏。武后多次看见王氏和萧氏的鬼魂作祟,披散着头发,浑身滴血,如同死时候的模样。她后来称居蓬莱宫,还是看见同样的情形,所以她多居住在洛阳,终身不回长安。

怀有巨大政治野心、却身为昭仪的武则天,在实现自己的政治目的(立为皇

后)的过程中,最大的、难以逾越的政治障碍便是王皇后与萧淑妃。于是,武则天便视她们为"贼王"对手,而朝廷中的支持者们则为"众贼",均成为打击、被擒对象。为此,她施展暗(侦)察的权术:一是侦知王皇后不会曲意事奉高宗身边的人;二是察悉皇后不敬重的人,则与之相交,加以收买,以获行止情报;三是针对王皇后没有子嗣,不惜亲手掐死亲生女儿,以诬告皇后,离间帝后关系;四是在朝中网罗许敬宗、崔义玄、李义府、袁公瑜等人,为废后制造舆论;五是擒除长孙无忌、李世勣、于志宁、褚遂良、韩瑗、来济等"众贼",软硬兼施、威逼有加,贬官的贬官,罢朝的罢朝,迫其就范;六是待高宗废后立武后之意定后,诏令颁示,武则天更加害于王、萧二氏。不仅就擒被囚,且施酷刑以除灭"贼王"政敌。致使武则天终于从昭仪登上皇后宝座。

李靖智勇,捣擒萧铣

唐朝初年,唐高祖李渊为统一全国,消灭自称梁王、建都江陵(今湖北江陵)的萧铣地方割据势力,便以唐军雄厚的军事实力作后盾,成功地运用政治计谋,"智捣"贼王,且一举将其斩杀。

武德四年(公元621年),九月,唐高祖下诏征发巴、蜀(今四川地区)军队,任命赵郡王李孝恭为荆湘道行军总管,李靖代理行军长史,统领十二总官,从夔州沿长江向东顺流而下;又任命庐江王李瑗为荆郢道行军元帅,黔州刺史田世康取道辰州道,黄州总管周法明走夏口道,会同攻打萧铣。当月,李孝恭从夔州出发。当时峡江正涨水,众位将领请求待水落后再进军,李靖说:"兵贵神速。现在我们的兵力刚刚调集,萧铣还不知道,如果趁长江涨水,疾速抵达他的城下,趁他没有防备突然袭击,这样必定能活擒萧铣,不可失去良机!"李孝恭听从了他的意见。

十月初七日,赵君王李孝恭率领二千多艘战船沿长江向东而下,萧铣因为长江正在涨水,未做任何防备,李孝恭等人率军攻克了萧铣荆门、宜都二镇,推进到夷陵。萧铣的将领文士弘率数万精兵驻扎在清江。初九日,李孝恭打退了他,缴获三百多艘战舰,杀死、淹死的人数以万计,一直追击到百里洲。文士弘收拾残兵再战,唐军又打败了他,进入北江。萧铣的江州总管盖彦举以五州降唐。

萧铣裁去军队经营农业时,只留了几千名士兵担任警卫,听说唐军已压境,文士弘战败,大为惊慌,仓猝征兵,所征之兵都在长江、五岭以南,路途遥远,不能马上调集,于是将现有兵力全部用来迎敌。李孝恭准备攻打萧铣,李靖劝阻道:"对方是挽救败局的军队,计谋没有预先制订,势头不会持久,不如暂且停泊在南岸,缓一天进攻,他们必然会分散兵力,有的留下来阻挡我军,有的返回城守卫,兵力一分散势力就削弱,我军乘敌军松懈发起进攻,必然取胜。现在如果马上攻打,敌方会拼力死战,楚兵又剽悍勇猛,不易抵挡。"李孝恭不听,留李靖守卫军营,自己带领精锐部队出战,果然失败逃跑,奔向南岸。萧铣的部队放弃船只去收拾抢夺唐军丢下的军资,人人都背负很多,李靖见敌军混乱,挥兵奋击,大败敌军,乘胜直抵江陵,进入江陵外城。又攻拔了水城,缴获大批船舰,李靖让李孝恭把所获船舰全部散弃于长江中。诸将领都说："打败敌人缴获战利品,应当利用,怎么能够放弃用来资助敌人呢?"李靖说:"萧铣的地盘,南到五岭以南,东到洞庭湖。我们孤军深入,如果攻城不下,敌人援军从四方赶来,我军就会腹背受敌,进退不成,虽然有船舰又怎么能用? 现在放弃船舰,让它们堵满长江顺流而下,敌方援军见到,必然认为江陵城已被攻陷,就不敢轻易进军,要前来侦察,他们行动迟缓十天半个月,我军取胜就有把握了。"萧铣的援兵见到舟舰,果然怀疑,不敢前进。萧铣的交州刺史丘和、长史高士廉、司马杜之松准备去江陵朝见,得知萧铣失败,全都到李孝恭军前投降。

李孝恭带军包围江陵,萧铣内外断绝消息,向中书侍郎岑文本询问对策,岑文本劝他投降,于是萧铣对他的大臣们说:"上天不保佐梁,我们不能再支撑了。如果一定要等到力尽粮绝,百姓就会蒙受忧患,怎么能为了我一个人的缘故让百姓遭荼炭呢?"

于是,在十月二十一日,萧铣用牛、羊、猪三牲在太庙祭告了祖先,下令打开城门出城投降,守城人皆哭泣。萧铣带领他的群臣穿着丧服到唐军营门前,说:"该死的只有我萧铣一个人,百姓无罪,希望不要屠杀抢掠。"李孝恭进城占领了江陵,各位将领想大肆掠夺,岑文本劝李孝恭说:"江南的百姓,从隋末以来,受虐政的残害,加上群雄争斗,如今生存下来的,都是刀枪下逃出的性命,他们苦苦盼望着贤明的君主,萧氏君臣,江陵的父老所以决定归顺,是认为也许可以从此安定了。眼下若是放纵军队抢掠,恐怕从江陵向南的广大地区,不再有归化之心了!"李孝恭认为他的意见很对,立即下令禁止抢掠。诸将领又说:"梁的将帅抵抗官军战死的,罪恶深重,请求籍没他们的家产,用来赏赐将士。"李靖说:"王者之师,应当以仁义为先声。他们为自己的君主战斗而死,是忠臣,怎么能与叛逆罪一样籍没其家呢?"于是,江陵城中井然有序,秋毫无犯。南方各州县闻讯,均望风归顺,萧铣投降后几天,他的十几万援军来到江陵,听说江陵失守,纷纷脱下征袍放下武器降唐。

李孝恭送萧铣到长安,高祖数说他的罪过,萧铣说:"隋朝残暴失去了天下,天下人都起兵纷纷来争夺。我萧铣没有上天的照应,才到了今天这种境地;如果要以此来定罪,我只有死路一条了!"最终在闹市斩了萧铣。

李靖等人是军事家,也是政治家,他们在降服梁王萧铣的过程中,首先是先发制奇,率领强大唐军战舰,沿江东下,攻克夷陵,致使敌人猝不及防。其次,"佯翼"侧攻,利用政治心理战术,将敌舰破击后弃之江流,使下游守敌见弃舟,一是误以为江陵被攻陷,军心动摇,二是前来侦察打探,大可延缓援军抵达的时间,这是一举数得之事。其三,将江陵久围强困,再加上强大的政治攻势,使唐军得以智捣贼王老巢,一举而擒贼首萧铣。同时,又大肆收揽民心,严禁抢掠行为,使萧铣援军抵达后,不战而降,"众贼"亦被擒。其四,唐军摧坚夺魁,智捣擒杀贼王萧铣后,贼军大乱,援军十余万则群龙无首,致使道穷而体解,只能束手就擒,投降唐军。在这场斗争中,唐军以最小的政治、军事代价,成功地运用了政治心理战术和擒贼擒王的计谋,获取了政治军事的最大成果,五岭以南、洞庭以东的土地民人均归顺唐王朝。

刘成察案,割擒诬者

唐朝初年,高祖武德年间,李靖智勇双全,多立军功,为政十分清廉,颇有政声。因他深得唐高祖李渊的器重,故招致群臣中的阿佞之人的妒忌与不满。因此,就在李靖当岐州刺史的时候,便有人控告他有政治野心,想要聚兵造反。唐高祖李渊获悉此诉状后,极为重视,便立即命令御史刘成前去岐州调查是否属实。刘成知道李靖本人一向奉公守法,体贴百姓,多为民做好事,不可能图谋造反。因此,有人说他要造反,肯定是诬告与陷害他。但是,却又怎么能够为他辩证,将此事的真相弄个明白与准确呢?

刘御史经过反复的思考,决定用"割"(分)擒"贼""王"的办法,来对付这件诬陷之事。他请求和那个控告的官员一起去办理这个案子,唐高祖李渊答应了他的请求。于是,御史刘成领了圣旨,与那个控告的官员一起,直奔岐州而去。

刘成与随从仆役、控告的官员等一行人从长安出发,走了几百里路程,正在此时、管行李什物的随从报告,将控告官员原来写的那张状子丢失了,却怎么也找不着。刘成命令再查找,可翻遍什物,却仍不见原状子的踪影。对此,刘成大发脾气,用鞭子狠狠地将那个随从抽打一顿。那个随从胆战心惊,连连磕头求饶告错。一见随从那副惊恐万状之样,刘成从心里也可怜了他,便放下鞭子,不再打他,只得仰天长叹了一口气,对那个控告的官员说:"现在随从把状子给丢失了,这可是要掉脑袋的杀头之罪。我们俩人若办不成此事,不仅辜负皇恩厚爱,而且也有和李靖勾结的嫌疑,定会受到严厉的惩罚。"那个控告官员一听此话,顿觉事之不妙,急忙便

问御史刘成,事到如今,有何良策妙计,怎么才好。刘成却无可奈何地摇了摇头,直说此事非常棘手难办。他踌躇了半天,然后才说:"我看就只能这样办了,如果要想您我两人都不受连累的话,同时又要救随从一命,我看只有一个办法了,那就是您只好再重写一张状子,全当原控状子没有丢失这回事。这样,我们还是照常去查办好了。"

那个控告的官员一听此话,也觉得再没有第二个好的法子来解救了,

接着便只得又重写了一张控告李靖谋反的状子给御史刘成。其实,这是刘成与随从定下的一个妙计,他们假装将状子丢失,实际上原控状子并未丢失。结果,刘成拿出控告官员后写的控状与旧的状子相对照,便发现其中的内容很不相同,且大有出入。于是,御史刘成立即返回京城长安,向唐高祖李渊奏报了这种情况。对此,唐高祖竟不知其中有何内情与文章,刘成便陈述说:"如果李靖造反确有其真事的话,那么,控告人无论在什么时间、在什么地方,也不管在任何情况下,写出的状告状子应该是一样和相同的;而现在的新旧控告状子之间,却出入很大,且许多地方甚至驴唇不对马嘴,这就充分证明这个控告状子是控告人凭空捏造出来的,否则这又作何解释才好呢?!"于是,唐高祖听了刘成的奏呈后,才恍然大悟,命令立即对控告的官员进行严厉的审讯。果然,表明是控告官员有意捏造事实的诬陷,真相方才大白于天下。而刘成为李靖辩诬的政治目的也已达到。

在中国古代的封建专制社会、皇权至高无上的时代,官员臣僚作为一个政治群体而言,本身均属政治实力上的弱势者。因此,官员之间的争斗,则属弱者对弱势者的政治斗争范畴。李靖被妒根而招致诬陷,而控告的官员罗织罪名,又使皇上深信不疑,要御史刘成查处治罪。刘成为其辩诬,便施用"割(分)擒"政敌"贼王"之计,为达此政治目标,他先后采用如下步骤:其一,是引导贼"王"政敌上钩。刘成要原控官员与他同行去岐州察处,得到皇上应允,这就为施计提供了必要的前提条件。其二,是诱骗政敌"贼王"信计。借假失原状,刘成痛打随从,且晓以利害得失,逼骗原控官员,只得信计,面答应重写新状子。其三,是割擒政敌"贼王",刘成将新旧控状,分剖割析,详加对比参照,发觉其中巨大破绽,然后判定其有伪诈与诬陷不实之处。这既抓住了"贼王"之罪恶之"手",又有人证物证,赃俱在,使之陷入道穷而体解的绝境。其四,是辩诬惩贼王。刘成将其中的原委、分析呈奏唐高祖,且新旧控状俱在,原控官员无法抵赖。于是皇上命令审批原控之官,终于招实为诬陷不实之词,且受反坐,而被惩办。刘成终于实现并达到了为李靖辩诬、又严惩政敌"贼王"的政治意图。这是巧施妙用"擒贼擒王"之计,在政争中,对政敌摧坚夺魁,使之从进攻而后陷于道穷体解的被动局面,终致覆亡的成功例证。

首战赣南,伏击胜敌

1929年1月,就任"湘赣两省剿匪总指挥"仅2个多月的江西军阀朱培德,因在宁冈和龙源口"剿匪"中失败,被蒋介石免职,改任"富有剿匪经验"的湖南军阀何键为湘赣粤3省"会剿"总指挥。何键采用碉堡战术,将井冈山红色根据地围得铁桶一般,红军物资来源几乎全被截断,生活极为艰难,以致水肿流行,许多战士连举枪都感到有些吃力。国民党乘红军生活困难之机,调集湘赣粤3省18个团的兵力,加紧对井冈山进行第3次"会剿",为粉碎敌人这次"会剿"毛泽东于1929年1月14日在宁冈开会决定,留彭德怀的红五军和红四军第32团坚守井冈山,自己和朱德率红四军主力3600余人向赣南闽西进军。红军此举,出敌所料。何键急调部队追击堵截,敌刘士毅第15旅2个团尾追不舍。红四军绕道赣南边境,在艰苦卓绝的斗争中,且战且走2000余里,于2月9日(农历大年三十)进入赣东南瑞金以北60里处的大柏地。毛泽东决定利用这里的有利地形,打一个伏击战,砍掉刘士毅第15旅这条"尾巴",摆脱被尾追的被动局面。

大柏地是瑞金县的一个偏僻山区小村镇。从隘前、麻子坳到大柏地,是一个南北走向的狭谷,长约10里,人烟稀少,两侧高山耸立,草木丛生,地形复杂,一条小路逶迤谷底,直达宁都,是一个理想的设伏区。除夕之夜,毛泽东、朱德开会布置了一个布袋阵。2月10日下午2时左右,刘士毅部追兵进入大柏地。敌团长钟桓提醒刘士毅说:"旅座,这里地势险要,恐有埋伏!"。刘士毅骄横地说:"一伙叫花子,埋伏又怎样!"于是继续挥军前进。敌进至前村以南地区,被前哨营红28团2营顽强阻击达6小时,营党代表胡世俭英勇牺牲。晚上8时左右,2营奉命按原计划撤至大柏地,担任军部预备队。11日清晨,敌进至前村以北距大柏地约3里的地区时,红军开始实施反击。林彪率红28团1营由敌右翼迂回,红31团从敌左翼攻击。战斗打得十分艰苦,从10日下午前哨战开始,至11日上午10时,前后激战20来个小时,敌人始终不肯服输。林彪说:"这回是辣子碰辣子,谁也不信邪。"战斗处于胶着状态。此次伏击战中,毛泽东命他带本团1营绕到山口外敌右翼埋伏,作奇兵之用。这天下午2时,林彪乘正面战斗正激烈进行之际,率红28团1营。突然迂回到前村南侧茶亭以东,以黑虎掏心之势,一举端掉了敌人的指挥所,同时截断了敌人的退路。此时,红31团乘机从左翼发动猛烈攻击,并迅速夺取了高地,占据有利地形。敌军失去指挥,顿时陷入混乱。红军一鼓作气,全歼被围之敌两个团,俘敌团长肖致平、钟桓及其以下800余人,缴枪800余支。敌刘士毅收拾残部仓皇逃回赣州。这是毛泽东率红军离开井冈山,挥师赣南后的第一个大胜仗,也是打得特别凶险的一仗。1933年夏,毛泽东再过大柏地时,曾写下一首光辉的辞章《菩萨蛮·大柏地》:

赤橙黄绿青蓝紫,
谁持彩练当空舞?
雨后复斜阳,
关山阵阵苍。
当年鏖战急,
弹洞前村壁。
装点此关山,
今朝更好看。

百万军中,取敌上将

1947年3月,蒋介石调集45万人,编成了几个机动兵团,对山东解放区实行重点进攻。在这些进攻部队中,蒋介石投入了他的五个主力部队的三个,整编十一师,第五军和第七十四师。

七十四师是王牌中的王牌,是蒋介石的宠儿,五大主力中的主力,全部美式装备,士兵经过严格训练,被国民党称为"百战百胜"的王牌。

陆军总司令顾祝同坐镇徐州指挥,以七十四师为先锋,压迫我军退出鲁南地区,并向鲁中地区的莱芜、新泰、蒙阴、沂水一线大举进攻。

敌人进攻山东解放区的这次战术,称之为"硬核桃"和"烂葡萄"战术。这是蒋介石的发明创造。

此战术,把嫡系主力作为"硬核桃"放在中间,而西翼放置的则是作为"烂葡萄"的杂牌军和二流部队。按照这个部署,如果解放军要插到中间去打他的嫡系主力,不仅敌七十四师、十一师、新五军三个主力能够互相策应,两翼部队还可以赶来,你就啃不动这个"硬核桃";如果我军打他的两翼,他拼着牺牲几个"烂葡萄",等你打了几仗,弄得精疲力竭的时候,他的主力部队就突然从横里袭击我们。蒋介石以为他发明一个好战术,可保万无一失。

我军面对敌人的进攻,采用灵活机动的战略战术,时东时西,充分调动敌人,使敌人分兵,以利我军歼敌。

在此之前,我军已打了几个大胜仗,部队中一些干部战士产生了自满轻敌情绪,一些战士不理解陈毅的战略战术,以致传出顺口溜:

"陈司令的电报嗒嗒嗒,小兵们的脚板啪啪啪。"

我军向后大规模后退,蒋介石沉不住气了,决心"跟踪追剿",并且下了一道密令,要进犯蒋军改变战略,将"稳扎稳打"改为"稳扎猛打"。这样一来,密集靠拢的态势终于很快发生了变化。

这正是我军所企望的。

5月11日,敌第一兵团司令官汤恩伯不待王敬久和欧震两个兵团统一行动,便指挥所属的八年整编师向我沂水、坦埠方向进击。这一天,急功近利的蒋军第七十四师在左翼二十五师、右翼八十三师的配合下,疯狂地向坦埠赴来,当晚七十四师更急切,脱离左右邻军,直向坦埠赴来,孤军深入,犯了兵家大忌。

陈毅与粟裕商量,就打国民党的主力七十四师,拔掉这个钉子。陈毅说:"好,我们就是要从百万军中取上将首级的气概!"然后把帽子摘下往桌上一摔:"不走了!"立即定下了战役决心。

决心已下,立即命令参谋处将各纵队的司令员通知到野司开会。

参加会议的人员有:

陈毅、粟裕、谭震林、陈士榘、唐亮。

以下为各纵队指挥员:

何克希、谭启龙、韦国清、张震、何以祥、丁秋生、陶勇、王集成、王必成、江渭清、成均、赵启明、王建安、向明、许世友、林浩、宋时轮、景晓村、陈锐霆、张藩等。

粟裕说:"我讲四点。第一,歼灭七十四师,可立即挫败敌人的这次作战行动,迅速改变战场态势,获得有利战役效果,若仍打第七军和第四十八师,敌人可能置该部于不顾,继续对我实施中央突破,反而使我陷于两面作战之困境。整编第七十四师是老蒋手中的王牌,全部美械装备,且经过美国军官训练,具有相当的指挥、战术、技术水平。是蒋介石嫡系中的精锐之师,曾被誉为荣誉军、御林军……此次若能将七十四师歼灭,不用我说,对我军指战员必是一个极大的鼓舞。

"第二,我军经过八个月的艰苦作战,特别是转入内线纵深作战后,连续打了宿北、鲁南、莱芜等,战役、战术、技术水平均有很大的提高。各级指挥员,特别是高级指挥员,积累了大兵团作战,尤其是运动战的作战经验……我军针锋相对以中央突破反中央突破,打最强之敌七十四师,务必出其不意,攻其不备,定会大奏奇效。

"第三,从兵力上看(粟裕站起身,拿起教鞭,走到地图前),敌军在其进攻山东解放区的总兵力二十四个整编师(军)中,集中十七个整编师(军)进攻鲁中山区。第一线从莱芜到河阳,只有120多公里,密密麻麻,一字长蛇阵摆了八个整编师(军)。位于左翼的敌军是第五军、第十一师、第六十五师,左翼的是第七军、第四十八师,多数与七十四师相距仅一至二日的路程,第二十五师、第八十三师则相距更近。我军只有九个主力纵队和一个特种兵部队。敌军在兵力上占很大优势。

"现在,我请大家注意,第七十四师担负中央突破任务,现已进入我主力集结的正面。我军不需要作大的调整,即可在局部形成五比一的绝对优势。我们可以利用山区地形采取正面反击,分割两翼,断敌退路,坚决阻击各路援敌的战法对该师加以围歼。

"第四,强和弱是相对的……整编七十四师是猛敌,我们承认,但也有弱点,该师是重装备部队,进入山区,地形对其极为不利。行动受到限制,重装备部队不能发挥威力,甚至会成为拖累……同时,该师对其他敌军十分骄横,矛盾很深,在我围歼该敌,又坚决阻援的情况下,其他敌军不会见死不救,但也不会奋力援救。"

陈毅赞道:"这真是从百万军中取上将首级的气概。"

粟裕又说:"时间紧迫,这次临机改变作战方案是及时的。我们知道,这将是一场硬仗、恶仗,望大家都要有一个思想准备,不管有多大困难,均都必须完成任务。"

陈士榘说:"我们决定以五个纵队担任围歼任务,四个纵队担任阻援任务。"

具体部署是:以第一、八纵队从七十四师的左右两翼迂回穿插,抢占芦山,会同由鲁南兼程北上的六纵继敌后封闭合围口,以第四、九纵队正面出击,五个纵队协同围歼七十四师。

战役发起时间,5月13日黄昏。

中央军委来电,指出:敌人已进犯,可选择好打的,歼灭其两个军,"究打何路为好,由你们当机决策,我们不遥控"。

陈毅、粟裕向中央军委发电:

"一、七十四师11日开始向坦埠进攻,八十三师在青驼寺以北跟进,二十五师在蒙阴东南为其左翼部队,桂顽则在临沂东北汤头、葛沟。二、我们今晚集结一、四与八、九纵队向七十四师出击,于明晨完成包围。战斗约需两三天,待歼灭七十四师后再视机扩张结果。"

命令一下达,军中的顺口溜改为:

"陈司令的电报啪啪啪,咱们的飞毛腿嚓嚓嚓!"

我军士兵斗志很高。

5月13日晚,我军第一纵队首先攻占二十五师与七十四师的结合部,立即构筑野战工事,阻断六十五师、二十五师向七十四师的增援。另一部第八纵队插入七十四师和八十三师的结合部,亦构筑野战工事,阻断八十三师向七十四师的增援。我军负责围歼七十四师的五个纵队立即合围。

当我军攻击七十四师,敌七十四师师长仍满不在乎,他认为共军不过是"小部队的夜袭",或者"部分兵力反击"。他甚至对部下说:"不要大惊小怪,共军想一口吃掉我七十四师,他们不但不敢做,恐怕想也未必敢想!"

十分狂妄的张灵甫命令部下继续向坦埠进军。

骄兵必败,张灵甫正犯了这一条。

5月14日,张灵甫才感到我军决心围歼他,于是他立即命令七十四师放弃北进,立即向孟良崮、垛庄方向撤退,并组织部队,拼命向我坚守垛庄的一纵反攻,目的是夺回垛庄,向二十五师靠拢。

我一纵指战员,英勇奋战,与其他纵队互相配合,坚决割裂七十四师与二十五师的联系。

担任合围封口的第六纵队,从鲁西北飞兵北上,行军200多里,提前8小时到达指定地点,经过一番激烈的战斗,一举占领重要阵地垛庄。

国民党第七十四师是蒋介石的王牌,是五大主力中的主力。蒋介石为了把这支嫡系部队培养成"模范军",训练为"精锐之师",花了很大本钱,倾注了很多心血。整编七十四师,原为七十四军。最早任这个军军长的就是

蒋介石的心腹干将王耀武。蒋介石的外甥俞济时,也被派到这个部队当过五十八师的师长。这个部队受过美国军事顾问团的特种训练,武器装备完全是美式的。美国特使马歇尔,亲自到这个部队进行过检阅,宋美龄也多次到七十四师讲话,代表"委座"慰勉。在南京一次高级将领集会上,蒋介石亲口指定七十四师为国民党军队的"典范",命令各部队的教育训练要以七十四师为准。这个备受蒋介石宠爱的"天子骄子",一再充任直属国民党陆军总部的南京警卫部队,成为拱卫首都的"御林

军"。

七十四师师长张灵甫是蒋介石钟爱的心腹武官,是美帝国主义培养的得力门徒。他身材魁梧,个性强暴,具有武士道精神,崇拜拿破仑、希特勒。他先毕业于黄埔军校,后又受训"陆大"中级将官班。抗战期间,蒋介石以其"作战有功"一再升迁,由旅长而师长,后至军长。常德之役,还被蒋介石誉为"模范军人",湘西会战,获得美国金质自由勋章。国民党徐州绥靖公署副主任李延年,竟因为手里有了七十四师这张王牌而忘乎所以,他在淮阴曾大吹"有十个七十四师就可以统一中国!"张灵甫也因为主子给他打足了气,反动气焰十分嚣张。他反复对其部属申述蒋介石的话:"一年之内不消灭共产党,死无葬身之地",表示了与人民势不两立的反动立场。这次北犯鲁中,锋芒毕露,他竟认为在这"山东战局全部改观"之时,正是他邀功受赏之日,决心"一鼓作气"攻下沂蒙山,为蒋家王朝立下"赫赫战功"。

在张灵甫被围之后,他的主子纷纷给他打气。

陈诚来电说:这个战役的结果,只有一个,那就是我们的辉煌胜利。

汤恩伯来电说:"贵师为全军之枢纽,只要贵军站稳,则可收极大之战果。"张灵甫十分自信,他自鸣得意地说:"以我张灵甫为诱饵,把共军吸引在我周围,有利于四面夹攻,两下一挤共军就完蛋了。"

陈诚传达蒋介石的命令,要张灵甫"中心开花,拼命厮杀"。

陈毅在作战会议上则说:"白崇禧、陈诚叫张灵甫居高临下,中心开花,我就叫张灵甫片甲不留,自掘坟墓!"

蒋介石认为,这正是与共军决战的大好时机,七十四师战斗力强,又处于易守难攻的地形,周围有强大的增援兵力,于是他一面命张灵甫坚守,一面命新泰之十一师,在蒙阴的六十五师,在桃墟的二十五师,在青驼寺的八十三师,在河阳、汤头的第七军和四十八师,火速向七十四师靠拢,又急令莱芜之第五军南下,鲁南之六十四师和二十师赶向垛庄和青驼寺,楼德之第九师赶向蒙阴增援,企图内外夹击,决一死战。

当时的战局十分险恶、陈、粟主力以 5 个纵队包围了七十四师,而敌军却以十个整编师或军包围了陈、粟

主力。如果我军不能迅速地歼灭七十四师,敌人大军围上来,对我军就十分不利。

陈毅拿起电话给一纵打电话:

"叶飞吗?党中央毛主席又来了指示,说不要贪多,首先歼灭七十四师,现在敌人的几个整编师围在我们四周,先后打响,当前你们的主要任务是协同兄弟纵队把七十四师这个轴心敲掉。这样,敌人就没巴望了。我们也就免得两面作战了。如果拖延下去,情况的逆转是可以预料的。"

陈毅又给九纵打电话:

"许司令吗?现在各路援敌节节逼近,打援阻援的部队打得很艰苦,很顽强,聚歼七十四师,成败在此一举,我们能争得的时间已经不多了,你们要尽快把孟良崮拿下来!"

陈毅赶到前敌指挥部,粟裕正和一位纵队司令通电话,谈到调整指挥关系问题,通话发生"故障",粟裕说:"军长在这里,军长同你讲话。"陈毅当然明白遇到老资格了,接过话筒说:"粟司令的意见就是我们的意见,你们照办。"话筒里也就平静了。

孟良崮的战斗十分激烈,敌人占据有利的地形,凭借强大的火力,拼命阻击我军,有时还组织反击,成群结队的从上往下冲。这个师的部队经过正规训练,懂得战术,战斗力很强。敌我双方争夺每一个山头,每一个高地,反复、再反复,直至我军占领高地。

5月15日下午,我军发起总攻。

陈毅出现在前线,他对指战员们说:

打赢这一仗,我们就能在山东的石头上站稳脚,就走上坡路,上高山,坐北朝南。蒋介石就走下坡路,下泥坑。打不赢,我们就得屁股朝南,过黄河,战争就是这样,不是我们消灭敌人,就是敌人消灭我们,我们必须克服一切困难,发扬大智大勇,歼灭敌人。

我军高喊着:"歼灭七十四师、活捉张灵甫"的口号,向敌人阵地发起一次又一次攻击,密集的顽抗的敌人被撕成无数碎片,刺刀上、枪托上沾满血迹,前赴后继,向前,向前,扫清山麓,突破山腰。1947年5月16日黎明,我军对敌七十四师的残兵和张灵甫占据的最后一个山峰发起最后的攻击。

张灵甫的末日到了。

三天三夜的围攻,七十四师粮尽水绝。

我军六纵特务团,发扬顽强作战的精神,率先攻向敌人指挥部,他们接近大崮顶北侧师指挥部的山洞时,张灵甫又组织了一次最后反扑。我特务团奋勇攻击,将敌人打退,张灵甫被我军击中脑袋,当场毙命,与张灵甫同时在洞中被我军击毙的还有七十四师副师长蔡仁杰。

孟良崮战役,1947年5月13日晚上开始,5月16日下午5时结束,共击毙和俘虏敌人3.2万多人,这次胜利,为我军由战略防御转入战略进攻创造了条件。

5月30日,陈毅、粟裕、谭震林报告军委并刘、邓:

"(一)据最后调查证实,七十四师师长张灵甫,副师长蔡仁杰,五十八旅旅长卢醒,确于 16 日下午 2 时解决战斗时,被我六纵特务团副团长何凤山当场击毙。当特务团何副团长走近张灵甫等藏身之石洞,据师部副官出面介绍为张灵甫等人。现尚在俘官处可证。"

"(二)另查出五十一旅旅长陈传钧、副旅长皮宣猷、五十七旅旅长陈嘘云、参谋长魏振钺、副参谋长李运良、五十八旅副旅长贺翊章、师新闻处副处长赵建功均被俘,现在野战俘官处生活。"

5 月 22 日,中央军委发来电报,指出:

"歼灭七十四师付出代价较多,但意义极大,证明在现地区作战,只要不性急,不分兵,是能够用各个击破方法打破敌人进攻,取得决定胜利。在地区作战,是于我最为有利,于敌最为不利……"

孟良崮战役取得胜利,使中央军委决心以山东战场作为全国战场的轴心,所以说歼灭七十四师意义重大。

孟良崮战役结束时,粟裕向陈毅打电话报告情况,陈毅在电话里兴奋地说:"我在电话里向全体将士祝酒致敬!"说完,如释重负般坐下来,长叹一声:"嗨呀,这三昼夜总算熬过来了。以后我的儿子,再不能叫他去带兵打仗!"他的话引起满屋笑声。

泰王用智,斩缅王储

在 16 世纪下半叶,泰国和缅甸两国曾为互相吞并进行过多次战争。当时,亚热带地区盛行用大象作战。1569 年泰国被缅甸灭亡。时隔 15 年后,已经长大成人的泰国王子,在泰国的肯城自立为王。他牢记亡国之恨,每日组织操练象战,随时准备抵抗缅甸军队进攻。缅甸国王听到这个消息后,十分不安,他感到泰王的存在,简直是眼中钉,肉中刺,必欲除之而后快。但由于泰国王深得民心,又重视操练军队,研究象战,暂时未敢妄动。在备战 8 年后,缅王派王储率领大军对泰王进行讨伐。泰王料到缅王不会坐视自己称王,对这次讨伐早有准备,于是立即召开御前会议研究具体作战方案。

"缅王与我有灭国之恨,今日又派兵前来讨伐,各位有什么退敌之计可尽管说来。"泰王抛砖引玉开了头。

"这次缅军来势凶猛,他们准备了这么长的时间,率领象军上万,必然想一举灭掉我国。我军战斗力虽强,但兵力上不占优势,以我看,只能智斗,不可硬拼。"说话的是泰王的同胞弟弟,他分析得有理有据。

"依你看如何智斗?"泰王问。

"缅王储是缅甸国的王位继承人,所谓国之根基,缅王派他亲自出兵,是要让他在群臣面前树立威信,以便日后接替王位。我们就来个擒贼先擒王,设法生擒缅王储,把他作为人质,逼缅军退兵。这是动摇缅王国基业的大事,他一定会乖乖就范。"大家一听要活捉缅王储都来了精神。

泰王说:"这个主意不错,怎样才能生擒缅王储,你有什么好办法吗?"

"我只是有这么个想法,如何生擒,还须王兄定夺,我再想想看。"

"大家看这样行不行,我们在缅王储必经之路上设下埋伏,缅王储对我地形不熟,必然中计,我们可借机捉住他。"

大家都说这个办法好。

于是，泰王命令："我和王弟出面迎敌，其余将领率兵在密林处埋伏，等我和王弟将其引入伏击圈，一起上手，生擒缅王储。"

泰王和其王弟乘着坐象，在缅王储经过的一片雨林中提前等候缅王储到来，兄弟俩从象背上下来，派出随从前去侦察，然后席地而坐，等了半天，不见缅王储的人影。"王兄，莫不是有人泄露了机密，缅王储改变了进攻路线？"泰王弟担心地说："王弟放心，定是那王储走迷了路，绕了圈子，他一定会来的。"泰王一副胸有成竹的样子。正说着，前面侦察人员来报："缅王储带领上万象军，奔这边来了。"

"走，咱们去'迎接'王储殿下。"说着二人跃上象背，迎着缅军而去。

缅王储率领象队浩浩荡荡前来进攻泰王，因地形不熟，果然在丛林中迷了路，绕了个圈子才回到既定的进军路线，一看泰王只带不多随从前来应战，急忙命令兵士上前冲杀。泰王兄弟边战边退，等缅王储进了泰王设下的埋伏圈时，泰王一个手势，伏兵四起，几千只大象载着手拿兵器的泰军杀了出来，缅军阵脚大乱，眼看就要生擒缅王储，不料意外的事情发生了：原来泰王兄弟所乘的大象正值发情期，看见缅军大象四处逃散，立即追赶，两军大象你追我赶，霎时间尘土飞扬，敌我难分，两军成犬牙交错之势。过了好一阵，尘土落定。泰王一看左右，大吃一惊，原来刚才尘土遮天蔽日之时，自己已经孤入敌阵，周围只有少数随从跟来。只见缅王储骑象率军立于树下，四周都是缅军，泰王心想，这下坏了，擒人不成，倒要反被人擒。情急之后，反而冷静了许多，他决定刺激缅王储与他决斗，纵然不能生擒缅王储，至少也拼个鱼死网破。他高声向缅王储喊道："皇兄！为何呆在树下乘凉，莫不是怕我不成！敢于我一对一决个雌雄吗？"缅王储本来可以命手下，蜂拥而上，杀掉或生擒泰王，但他受王者风范熏陶多年，十分顾及王储的身份。心想，如不应战，有失王威。于是催动坐象向泰王的坐象冲去，泰王坐象受到突然冲撞，象头一偏，象身正好横对缅王储，缅王储一看正是象战中杀敌的最好时机，举刀向泰王砍去，泰王急忙闪过，头盔被砍落在地。此时，泰王坐象回身过来一撞，正好使缅王储的坐象横向对他，泰王举刀猛砍，正中缅王储右肩,王储当即血流如注,倒在象脖子上。缅军一看主帅被杀,无心恋战,急忙退兵而回。

王储被泰王斩杀,缅王自感无颜。此后 150 年内再也未敢染指泰国。泰王的擒贼擒王之计,使其国家安享了一个多世纪的平安。

马尔巴勒,智破敌阵

西班牙王位继承战争(公元 1701—1714 年)到后半期,两个联盟集团都已无力再战,但因谈判条件不能统一,双方在争夺要塞战中打消耗战。当时法军兵力处于劣势。1711 年,法国国王路易十四为了争取谈判的有利条件,命令维拉尔将军统帅 10 万法军(实际只有 7.5 万人)从海边经阿拉斯、布香要塞到桑布尔河畔修筑一条由工事和各种障碍组成的防线,法军的机动兵力在防线中游动,恰似一条长蛇,企图阻止联军的侵袭。这时,马尔巴勒手下只有约 5 万人,强攻这条防线显然力量不足。于是他设计了一个巧妙的作战计划,以图破掉这个长蛇阵,摧毁法国的军事力量。

首先,他用战略欺骗手段,将英军主力集中在阿拉斯以南地区,装出要从中间切断长蛇的架势。为了使维拉尔确信不疑,他带着手下的指挥官到前线勘察地形,并向各部队下达作战任务。军官们虽然受领了任务,但对马尔巴勒的真正意图不了解,感到这次作战行动令人费解(中间突破正好便于法军从两翼夹击)。1711 年 8 月 4 日晚,维拉尔确信英军要在阿拉斯及其以南地区进攻,他便将所有担任机动作战的法军和大炮都集中到这个方向,准备来日与英军打个对攻战。岂知这正好中了马尔巴勒的计谋,入夜以后,英军奉统帅之命迅速南下,只留少部分人看管营帐和吸引法军。主力越过维米里奇,5 日到达维特里附近。当法军明白过来时,英军已将法军甩下了一天的路程。并抢在法军之前渡过桑塞厄河,从法军防线的蛇尾部分轻易穿过,进入法军防线的背后。当维拉尔的部队丢三落四地追到桑塞厄河附近时,英军挥军直向布香要塞,并将该要塞团团围住,恰似一把利剑插向长蛇的下半截。这时,马尔巴勒的妙计就充分地体现出来了:他围住布香不打,集中主力来打这条长蛇回过来的蛇头——即法军机动部队。战争的奥妙真是难以捉摸,此时英军成了防御者,法军反而拼命死攻。到 9 月初,布香要塞献城投降,长蛇已被截断。法军的机动力量也遭受了较大的消耗。至此,法军的长蛇阵头破尾断。

在此次行动中,英军统帅马尔巴勒真是妙计连篇。他首先是避强击弱,接着是攻敌必救,然后是围城打援,最后是迫敌投降。这可能是马尔巴勒最辉煌的战绩之一。

集中火力,轰敌旗舰

1905 年,日俄战争爆发,海防同时开战,以争夺对大清帝国和朝鲜的控制权。在海战中,日军联合舰队总司令东乡平八郎和俄军太平洋舰队司令马卡罗夫相互斗智,最终以马卡罗夫葬身鱼腹而告结束。

马卡罗夫是当时世界首屈一指的战术家,他的《海战论》被译成多国文字。当时世界上有一种说法：谁想当海军司令就必须读这部"经典"著作。俄国舰队也因为有这样一个优秀的指挥员而非常自豪，对和日军作战充满必胜信心。日军舰队总司令东乡深知马卡罗夫指挥作战的厉害。他认为，要想战胜俄军，必先消灭马卡罗夫，如果把世界上最优秀的海战家打败，那么它的意义远不是消灭一个普通的海军将领所能媲美。所以，马卡罗夫的《海战论》一出版，就设法搞到手仔细研读，直到能够背诵。他在研读中发现，《海战论》也有缺陷。他还深入调查研究马卡罗夫的性格和气质，就连马卡罗夫什么情况下能够发挥特长，什么时候容易急躁等弱点都进行了详细的分析。相反，马卡罗夫则自恃天下无敌，根本没把东乡放在眼里，他不仅不去研究对手，更不知对手在处心积虑研究他。

海战开始后，日军舰艇比俄军少，处于劣势，由于东乡已经详细了解了马卡罗夫的特点，所以成竹在胸。原来，马卡罗夫是一员猛将，每次作战他都爱在舰队的前头出击，一受挑逗就暴跳如雷，失去冷静。东乡正是准备利用这一点，引马卡罗夫上钩，先击毙马卡罗夫，动摇俄军心。然后再一举全歼俄舰。

按照东乡的安排，日军利用晚上在马卡罗夫盘踞的中国旅顺港外围布满了水雷。次日拂晓，东乡命一艘战斗力较弱的舰艇接近旅顺港，该舰不时用炮向港口射击。马卡罗夫因为在前几天刚吃了日军的亏，十分恼怒，几天坐立不安，一心要找机会报仇，这次一见日军主动进攻，老毛病果然又犯了，他认为这是报仇的好机会来了，立即下令："全舰出击！追上日舰，务必击沉！"

参谋们提醒说："日军在港外布满了水雷，需派扫雷舰扫清水雷，才可追击，以免无谓损失。"

"时间紧迫，敌舰已开始退缩，现在不马上追击，贻误战机，军法不容！"马卡罗夫急于找日舰作战，哪能听得进！他毫不理会参谋们的建议，亲自登上第一艘战舰，命令："加大马力，全速前进！"

日舰一看马卡罗夫亲自带舰队追击，且战且退，把马卡罗夫引入了雷区，这时，早已在前方水域等候的东乡，率领日军舰队出现在马卡罗夫正面，马卡罗夫这才知道事情不妙，原来正中了东乡的诡计。东乡命令各舰："集中火力，攻击敌人首舰，务必击沉。"

马卡罗夫急忙命令各舰："迅速调头,返回港口。"但为时已晚。东乡早已料到这一点,所以,事先就把水雷布置在马卡罗夫返航的水区。只听一声巨响,海面上升起一道冲天的水柱,马卡罗夫所乘俄军首舰触雷爆炸,一代名将马卡罗夫带着终生遗憾葬身海底。首舰沉没,主帅毙命,一直把马卡罗夫引为骄傲的俄军舰队士气大落,群龙无首,队伍大乱,纷纷各自逃命,有的水兵只怕给军舰陪葬,匆忙弃舰跳水,又遭到日舰射击,无一生还。

这以后,俄军元气大伤,一蹶不振,战争最后结果,东乡率领的日军舰队不仅全歼俄太平洋舰队,连后来增援的俄波罗的海舰队也全军覆没。

东乡在敌强我弱的情况下,利用马卡罗夫的弱点,采取先擒主帅,动其根基的战术,在世界海战史上写下了精彩的一笔。

山本折戟,布干维尔

提起山本五十六大将,美国兵没有一个不切齿痛恨的。山本不仅仅是日本海军总司令,而且是太平洋战争的主要策划者。他背信弃义地指挥日军进攻美国海军基地珍珠港,造成美国太平洋舰队几乎全军覆没,伤亡3600余人。但山本机关算尽,也没能逃脱美军的惩罚。在二次大战中发生了一场神秘的空中截击战,山本大将就是在这场空战中结束罪恶一生的。他的死也使更多无辜的人免遭生灵荼炭。关于这次空战的真相,直到战争结束很久以后才公诸于世。

1943年4月13日傍晚,一封代号为"NTE—第131755号"的绝密电报飞越辽阔的太平洋海空,到达日军的所罗门群岛各指挥部。电报上通知了山本五十六即将前去视察的计划。日本人认为这种使用5位数的乱数式密码是根本无法破译的。谁知,美国海军发明了一种自称为"魔术"的破译技术,破译速度极快,准确性极高。他们用了一晚上时间,就破译了这份电报。很快,这份电报就送到了美国总统罗斯福的案头。总统亲自作出了干掉山本五十六的决定,并给这次行动起了一个恰如其分的代号——"复仇"。

1943年4月17日傍晚,美国空军少校仲玛斯·格·朗菲尔接到命令,要他迅速前往亨德逊军营作战室。同他一起到达的还有第339歼击机大队长约翰·米歇尔少校。他们俩都因在瓜达尔卡纳尔岛争夺战中战绩卓著,而受到上级赏识和器重。一走进又霉又湿的掩蔽室,他们立刻意识到指挥部正在准备什么重大行动,部队的高级军官差不多全部到会。这时,一名海军陆战队少校交给他们一份标有绝密字样的电报。

电报说:山本以及他的参谋部的高级军官将于4月18日抵达布干维尔岛,"第339大队应全力以赴截击并击落它。总统对此次行动极为关注"。电报接着介绍了日本飞机的编队及其精确时间表。这份电报是由美国海军部长弗莱克·诺克斯亲笔签署的。

会议的气氛非常紧张。米歇尔和朗菲尔互相看了一眼。西南太平洋上的布干维尔岛距他们500公里,只有他们驾驶的洛克希德闪电式战斗机能完成这次截击任务。

山本当时59岁,是一个身体矮胖、处事大胆谨慎的统帅。他亲手建立了现代化的日本海军,并擅长于指挥夜战,以及对舰艇实施鱼雷战。他统帅的日本海军曾击沉过无数美国舰只。他还是日本空军的先驱,协助制造了二战时期威震长空的"零式"飞机。他对航空母舰的信心和远见,使他一度掌握了海战的主动权。

由于他是如此重要的人物,决定打他的座机就不是那么轻率了。这是一场战争还是暗杀?经过讨论,大家都同意太平洋美军司令切斯特·尼米兹上将的看法:既然山本在战争中是敌方一个关键人物而又无可替在,那就必须消灭他。

要消灭山本,并非轻而易举,必须进行十分周密的空战部署。于是,在瓜达尔卡纳尔岛的掩蔽部里,美军参谋人员紧张地开始制定作战计划。山本将于第二天上午9时45分抵达布干维尔岛卡伊里机场。他们最后决定,在他降落前10分钟,在机场以北56公里的上空拦截他。任务的分配是,米歇尔少校率339大队掩护,朗菲尔带领3架飞机截击。

一个陆军情报官在介绍山本五十六时,特别强调说:"山本是个极为准时的人,美国空军的飞机也必须准时,一分不差。"

4月18日,星期天,瓜达尔卡纳尔岛天气晴朗而湿润,海风徐徐吹来,令人十分惬意。但宁静的气氛,掩盖不住美军飞行员心里的激动,因为他们将去执行一项特殊使命,而且只许成功,不许失败。7时25分,截击机群准时离开跑道,直插蓝天,向北飞去。

他们迎着朝阳飞行时,16架战斗机队形密集,一直保持无线电静默。9点32分,他们终于接近了布干维尔岛。这是一个大岛,岛上密布着盘根错节的原始森林。米歇尔开始加速,率领他的大队爬高到6000米高空。朗菲尔同他的中队随后也升至3000米。

9点34分,差一分钟就该看到目标了,仍然什么也没有发现,他们随时都有被日本飞机发现的危险。要知道,岛上有100多架"零式"战斗机,他们势单力薄,无法匹敌。准时的大将现在何处呢?

不一会儿,米歇尔大队一位飞行员急促的话音打破了寂静:"敌人,左上方,方位八!"的确,在不远的地方出现了排成V字形的一些黑点。随着距离的缩短,朗菲尔发现共有8架飞机,两架绿色伪装的双引擎轰炸机和6架零式护航战斗机,编队向北飞来。他瞥了一眼手表,9点35分,大将准时极了,简直分秒不差。当然,他们也很准时。

米歇尔大队和朗菲尔中队的飞行员们,立刻丢掉了副油箱,准备战斗。突然,朗菲尔的第二小队为了丢掉副油箱而偏离了航线,现在只有他的僚机巴贝尔和他单独来进行战斗了。

他们迅速接近敌机。敌机丢掉副油箱爬高,向他们扑来。前面那架轰炸机趁机下降,朝原始森林方向飞去,而第二架迅速爬高,直接朝朗菲尔冲来,当他下降高度朝第一架轰炸机追击时,有三架零式战斗机垂直下降,从上面向他扑来。他把操纵杆一推,瞄准前面一架零式战斗机,随即射出一连串的炮弹。这架零式飞机冒着一串黑烟和火舌,摇摇晃晃地坠落下去。

朗菲尔重新将飞机拉起，倒转座机寻找在混战中逃脱他视线的那架轰炸机。在巴贝尔同敌机交火的一刹那，他发现两架零式战斗机正朝他瞄准，同时看到在原始森林上方有一个绿色的影子，朗菲尔立刻意识到这个小小的绿色的影子，正是刚才飞往原始森林的第一架轰炸机。他不顾一切地追上它，低得几乎贴近树梢，然后朝它又发射了一连串的炮弹。只见这架轰炸机拖着一条长长的烟带，向原始森林扎去，随着一声巨响，轰炸机摔得粉碎。

与此同时，巴贝尔也把另一架轰炸机打入海中。截击任务胜利完成，美军飞机迅速撤离战场。朗菲尔以之字形方式飞离原始森林上空，而后以最大速度爬高，终于摆脱了零式战斗机的追击。

这场空战速战速决，只用了 3 分钟便圆满完成了使命。山本这位被日本称为"名将之花"的战争赌徒，终于将自己的生命赌进了太平洋。

日本"大和"，梦断大洋

1945 年 4 月 5 日晚，日本列岛南部的濑户内海，正在集结一支舰队。这支舰队很不协调，一艘巨舰就像一座小岛耸立在海上，而周围的其他军舰和它相比，小得几乎使人忽略。这艘巨舰就是日本海军剩下的最后一张王牌——"大和"号战列舰。此时，它正准备出征，为挽救日本失败的命运，进行最后的决战。

为了防空，舰队正实施灯火管制，从外面看军舰漆黑一团。但如果走进舱里，每条舰都是灯火通明，人声鼎沸。餐桌上杯盘狼藉，官兵正在歇斯底里地狂饮暴食，大喊大叫。他们从来没有这样放纵过。不时有人从贴胸的衣袋里掏出亲人的照片，狂暴的喧嚣又会变成一片嚎啕大哭。

在"大和"号一个密封舱内，一个小规模的宴会正在举行。在座的是各舰舰长和第二舰队司令伊藤整一中将，以及从东京乘水上飞机飞来的联合舰队司令丰田福武大将。这里的气氛显得凝重、拘谨，甚至没有人说话，也没有人举杯。

桌上是一份由丰田将军亲笔签署的命令："帝国命运在此一战，卑职命令以伊藤第二舰队为主，组织一支海上特攻部队，以壮烈无比之英勇突入冲绳作战，以此一举振我帝国海军声威，荣光后世，为帝国奠定永恒基础！"

这时的第二舰队和联合舰队几乎已经是一回事了。经马里亚纳和莱特湾海战后，联合舰队损失殆尽，除伊藤属下的超级巨舰"大和"号和一艘巡洋舰、几艘驱逐舰外，剩下的就是出不了远海的巡逻艇。

命令中所说的"特攻"和"自杀"是同义语，在座的都明白其中的含意。自从美军开始攻打日本本土的"大门"冲绳岛以后，每天都有近百架神风自杀飞机去冲绳"特攻"，没有一架返回。伊藤舰队只装了仅够到达冲绳的单程燃油，这些油几乎是搜刮尽了海军的油库才凑足的。美军已经切断日本到南洋的资源补给线。由于能源短缺，一到晚上，日本列岛除了美机空袭燃起的大火外，到处是黑暗一片。

"你们到冲绳海域后，即对美军登陆船队展开猛烈攻击，待弹药耗尽后，便凫水上岸，加入陆上抵抗部队！"丰田补充说道。

丰田复述了作战计划后，各位舰长默然领命。为了轻装上阵，舰队已把伤病员和40岁以上的老兵遣送上岸，但不少人拒绝服从，甚至写了血书，要求与舰队共存亡。

冲绳战役打响后，美军第五舰队司令斯普鲁恩斯除考虑招架神风飞机的攻击，支援陆上作战外，还惦记着另一件事情，那就是日本的"大和"号战列舰。因为"大和"号不同于一般的军舰，它太强大了。

1934年底，日本退出了限制海军军备的国际协定后，就开始阴谋建造巨舰。"大和"号1937年动工，1941年底建成下水。它没能赶上袭击珍珠港，却参加了中途岛海战。它舰长263米，比一个足球场还要大，排水达6.4万吨，相当于一艘航空母舰，舰上装有9门460毫米口径的巨炮。这些数字都创造了世界造舰史之最，当年震惊西方海军界的德国"俾斯麦"号和它比，也只能是"小巫见大巫"。"大和"号一发炮弹重达一吨半，相当于一辆小卡车的重量，壮汉可以自由自在地在炮筒里睡觉。舷侧钢甲厚达半米，被称为"永不沉没的大和"。"大和"既是一艘军舰，又象征着日本的民族之魂，服役后就成为联合舰队的旗舰。按理说，没有一艘美舰是它的对手，如果让它闯进冲绳近海，一发炮弹就可以击沉一艘美国登陆舰，因此，当"大和"号还停在日本军港吴港整修时，美军侦察机和潜水艇就对它进行严密的监视。

4月5日晚，"大和"号一出发，就被守候在海上的美国海军潜艇发现，并立即报告了第五舰队。舰队司令斯普鲁恩斯在旗舰"新墨西哥"号上收到电报后，立即对冲绳海面的各型军舰都作了紧急部署，分散的舰群集中起来，运送弹药、油料的支援舰只穿梭来往，进行快速补给。

斯普鲁恩斯计划率领冲绳附近的10艘战列舰和众多巡洋舰，设下口袋，集火聚歼"大和"号。但是，他属下航空母舰编队——第五十八特混编队的司令米彻尔中将坚决反对，他认为"大和"号猛烈的火力，对美国军舰是一种威胁，而使用航空兵突击，更有利于扬长避短。双方为此争执不下。

4月7日上午，"大和"号驶向了米彻尔舰队所在的海域。于是米彻尔捷足先登，率先对"大和"号及其所属舰队发起攻击。

11时30分，设在冲绳以北一个小岛上的日军观察站看到，约200多架美机遮天蔽日，向北飞去。报警的电报急速北飞："他们来了！"

伊藤舰队的各条舰上警铃大作,炮手各就各位,大小口径的高射炮都抬起了头,对空中紧张地搜索。午后不久,位于菱形舰阵最前端的一艘巡洋舰首先发现来袭的飞机,它迅即向"大和"号发出警报。就在美机要临空时,突然乌云蔽住了天空,海面上变得阴暗无比,天上的飞机失去了目标。

"感谢天照大神佑护!"日本军舰上的炮手们欢呼雀跃起来。

可是好景不长。10分钟后,乌云过去,在高空盘旋的飞机,一架架吼叫着扑了下来。舰群高炮齐鸣,形成一张密集的火网,一些美机被击中了,哀叫着栽进大海。但不少美机突破了火网,鱼雷机飞到舰群贴近海面的地方,投下一枚枚鱼雷,然后再拉起,消失在远空中。俯冲轰炸机则直扑军舰,炸弹雨点般地落下。军舰既要对空射击,躲开炸弹,又要在海面上机动,躲避鱼雷,一时间乱了阵脚。

"大和"号甲板上中了几颗炸弹,歪七扭八躺着一大堆炮手的尸体。后部的雷达室被炸毁。8个操纵手连完整的尸体都没有。它的左舷中了一枚鱼雷,但厚厚的装甲保护了它,似乎毫不在乎,仍以20节的速度向冲绳前进。指挥舱内,舰长有贺辛夫大佐在指挥作战,伊藤仁立旁边,神情漠然。

第二、第三波攻击接踵而至,每波都有近150架飞机。米彻尔的3个航母突击群、16艘航空母舰的攻击机几乎倾巢出动,他在200海里外自己的旗舰"列克星敦"号上,目送一批批战鹰远去,又看着它们一批批胜利返航。舰上的升降机一刻不停,把归来的飞机送入底舱加油装弹,再举上舱面,作好再次出击的准备。

"大和"号周围的海面上,炸弹的水柱一道道升起;鱼雷像洁白的银丝,穿梭不息。有贺辛夫指挥着庞大的军舰作之字形机动,然而,躲了这个躲不过那个,不断有鱼雷命中的爆炸声。周围护航的驱逐舰也有几艘受伤,它们仍紧跟"大和"号,试图为"大和"号挡住鱼雷,但鱼雷太多了,挡不胜挡。美机中也有中弹起火的,但中弹时都把鱼雷和炸弹投射出来,其勇猛之态不亚于冲绳海域的日本神风飞机。军舰上的日本兵有些想不通,因为长官总是告诉他们,大鼻子的美国人都是怕死的"脓包"。

第二波攻击,"大和"号左舷中了3枚鱼雷。第三波中了5枚。甲板上命中了多少炸弹已不可计数。换了别的军舰,可能早已沉没了,但"大和"号还硬挺着。

倾斜器的指针表示舰体横倾已达到18度,左部舱室

不断传来进水的报告。有贺抓过通往左舱室的话筒,高声叫着"快,右舱室注水,恢复平衡!"这是惟一的挽救办法,舰体横倾到一定程度,就会倾覆。

右舷轮机舱的水手匆忙打开注水开关。但这时右舷也被鱼雷击中,大量的海水突然涌进,100多名水手来不及撤出,竟被淹死在舱内。"大和"号横倾还在加剧,航速已降到9节。

这一切伊藤都看在眼里,他取下眼镜,用手绢擦了擦,对有贺说:"有贺君,一切由你指挥,拜托了。"然后,伊藤就回到了自己的船舱,等待最后时刻的到来。

鱼雷仍在不断地命中,舰体横倾到30度,左舷已贴近水面,恢复平衡已属枉然。有贺决定弃舰,但在弃舰前,他必须完成一个动作:"转左舵,舰首向北!"

按日本民间习俗,死人应该头向北。"大和"号也应这样。"大和"利用残剩的一点动力,扭动着笨重的躯体,但只转到一半角度,就再也转不动了。

有贺要通了伊藤的舱室,请长官离舰。伊藤拒绝了,他站在倾斜的司令舱门口,尽力保持身体平衡。他握了握副官的手,反身把自己扣在舱里。

军舰的倾斜度还在急剧增大,命中的炸弹爆炸声不断。有贺获悉伊藤的决定后,也安排好了自己的结局。他让一个士兵找来一根绳子,把自己绑在罗盘仪上。他会游泳,怕万一自沉不了,当战俘受辱。几个士兵也想学有贺的样子,他的副官则拔出指挥刀,准备切腹。有贺一脚把他踢翻,暴叫着:

"八格!年轻人要活下去效忠天皇,快去跳海!"

成群的士兵,有的穿着救生衣,有的抱着一块木板,跳向大海。

惟一的一艘巡洋舰已经沉没了,护卫的8艘驱逐舰4艘沉没,其余均受创。美国飞机显然对剩下的几个小不点不感兴趣,眼看着"大和"号即将沉没,美机攻击减弱,准备打道回府了。

下午2时25分,"大和"号在遭受几十条鱼雷和上百枚重磅炸弹的打击后,终于横倒大海面上,主桅上的太阳旗也落水。弹药舱特制的1170发巨型炮弹只打了3发,随着舱体的旋转开始猛烈撞击,只要有一发爆炸,就会引起全舰爆炸,"大和"号将粉身碎骨。

军舰在急速下沉,就在没入水面的一刹那,海面形成一个深50米的巨大水窝,许多临近的落水者也被吸了进去。紧接着,弹药舱在水下爆炸,溅起的水柱直冲云霄,几乎要吞噬低空掠过的美机,刚被吸入漩涡的人,又被爆炸抛向了半空中。

"大和"带着伊藤、有贺和不愿离舰的官兵,也带着日本法西斯狂徒的迷梦沉入了冰冷的海底。

击中要害,致"敌"就范

1984年,我国与日本某汽车公司签订了购销汽车5800辆的合同。合同中规定:这批汽车是为中国市场的特殊需求而设计的。

5800辆号称"天皇巨星"的载重汽车交货后,在我国投入运营了三个月,就相继发生了严重的质量问题,如铆钉松动、车架裂缝等等。进口汽车的质量问题导致了严重的经济损失。为此,我国有关人员及时地与日本代表进行索赔交涉。

在谈判过程中,日方代表推卸责任,声称他们的产品是世界一流水平,绝对不会出现质量问题。面对汽车损坏的事实,他们强调这是由于我国的公路质量所致。双方代表各持己见互不相让,谈判陷入僵局。

为了找到打开僵局的突破口,我方代表反复审核了合同条款和设计图纸,终于发现了对我方有利的证据。关于汽车质量问题,我方针锋相对地提出了两个问题:

这批汽车按合同规定,是针对中国市场的特殊需求专门设计的。中国的公路质量较差,对方在设计和生产汽车时应加强汽车的承重机构,而设计图纸反映,承重机构不仅没有加强反而还有所削弱,这种设计错误是不应该出现的。

如果对方不信守合同,只顾赚钱,执意不承担设计错误的责任,那么我方将把此事公诸于世,让对方在国际市场上丧失信誉,后果不堪设想。

由于我方代表提出的问题尖锐有力,正中对方的要害之处,致使对方低头认输,承担了由于质量问题引起的一切经济责任。最终达成的协议如下:日方接受了全部退货,更新汽车,并且赔偿数十亿日元的间接经济损失。这场谈判挽回了我国的经济损失,并且维护了我国的经济利益和尊严。

集中力量,重点经营

企业经营者,特别是中小企业,运用"擒贼擒王"之计,关键就是在于集中人力、财力、物力、重点经营。如果不考虑企业实力,盲目扩大营业项目或多角经营,往往会因分身力薄而难以成功,至于大企业要搞多种经营或多角经营,经营的每一项,也要审慎研究,集中力量抓住重点。

1969 年,柳州农机厂开始转产 2.5 吨"柳江"牌汽车,由于工厂沿用小生产经营方式,厂小而求全,除发动机外,其余零部件几乎都由自己生产。结果,"柳江"牌汽车成本核算高、质量差,企业效益低,到 1980 年出现亏损,陷入困境。

厂领导经过研究,苦思对策,确定加入东风汽车工业企业联营公司,生产"东风"车。并改变了过去"小而全"的生产格局,走专业化生产之路,结果成本大大降低,效益显著提高。以此为起点,柳汽又改汽油车为柴油车,从而适合大批个体运输户的需要,投放市场后,甚为走俏,1991 年生产 1 万辆销售一空;1992 年生产 1.5 万辆仍供不应求,这一创举,正是集中力量、重点经营的结果。

女士专卖,谢绝男宾

这是一片女人的世界,它的服务对象都是女人。正是抓住了女人的购物心理,他才大发其财。

太原市有一家只为女士服务的商店,店门上赫然写着:"谢绝男宾入内。"

半年前开业的这家女士用品超级市场,专营女士服装和各种妇女保健用品。

500 平方米的营业厅铺着桔黄色的簇绒地毯。柔和的灯光、迷人的轻音乐,烘托出静谧的家庭气氛。一位位打扮入时的女士们在这里随心所欲地挑选试穿着衣服,直至满意而归。

这家商店的经营者王根福原是北城区饮食公司的副经理,某日,他在妇女儿童用品商场看见了这样一个镜头:4 位女士包围着一个试衣服的姑娘,这激发了他的灵感,于是一个月后,一个"女子用品超级市场"便问世了。

当然,王根福不会把随同而来的男同胞拒之门外,更不敢怠慢,而是设了个 100 平方米的"休息室",内设茶点、饮料、食品,由服务员好生招待。哪位女士需要参谋,便可来到休息室,请自己的丈夫或男友发表意见。

王根福认为,青年妇女的购物欲望最强,她们的消费水平远远高于一般男子。因此,他们大胆地"逐"出男士,创造清一色的女子购物环境。

"如果仅仅把商店办成超级试衣间,那我们就失业了。"商店经理王根福认为,商店之所以成功,还因为它满足了青年妇女对服装的三个基本要求:第一是新,即款式要新潮;第二是异,即使最时髦的服装也忌讳穿的人太多;第三是廉,即价格合适。这家商店的服装全部来自中外合资厂或外商投资厂,十天半月就推出一种新潮装,而且同一款式、花色的服装进货量不超过 100 件。

尽管这家商店不在闹市区,但每个月的营业额都在 40 万元左右,比太原市同等规模服装店的营业额高出许多。

抓住"头羊",牵引发展

广东省番禺房地产开发公司成立才几年,就成为番禺经济重要的一翼。他们通过市场调查,了解到香港、澳门有许多商人想回内地购买房屋,也有许多侨属想为国内的亲人购置房产,加上国内商品房改革的脚步增快,一切都对房地产的兴起创造了有利条件,他们下大决心投资建楼,先后建成最繁华的北城区连片住宅点,接着趁市场还未苏醒过来,又斥资参与洛溪新城、大石居住区、大石丽江花园高级别墅区、祈福新村等地的建设。1991 年,他们出售了楼宇 1800 套,收入 1.2 亿人民币,为进一步的开发积蓄了雄厚的资金。

番禺房地产开发公司打出这张牌后,立即引起了一连串的效应:附近的建筑装修部门由"不够饱"到忙不过来;连续几年产品滞销,行业亏损的建材行业开始重振雄风,水泥、建筑陶瓷、铝型材、玻璃等产品市道颇佳,价位竞抬;乔迁新居的户主到处寻找搬家公司,一种新的行业应运而生;"家具城"在番禺至广州大桥的沿线公路边拉开帷幕,搬新居的户主们纷纷要购置各式家具。房地产的开发变成了地区经济重新活跃的导火索,一些生意人已在围绕房地产开发的热浪中盘算着自己投入的方向,以求在市场中分一杯羹。一业兴起千业应,在市场经济的变幻当中,抓投资的"头羊",把握住时机,用牵引的办法启动区域经济的车轮,那么这个地区的商品经济就会日益发展起来。

三十六计

第四章 混战计智谋经典

19计 釜底抽薪

攻敌薄弱，箭中周王

公元前 707 年，周桓王为维护朝廷的统一，亲率周军与陈、蔡、虢、卫四国军队讨伐日益崛起的郑国，战于□葛（今河南省长葛县北）。两军交战，摆阵对垒，周桓王按照传统战法，把周军分为左中右三军，以"品"字形摆开，中军居前。郑军也以三军应之，则以倒"品"字列阵，以左右军为主力前出，中军居后。周军的右军是蔡、卫两国军队，左军是陈国军队。当时，陈国局势不稳，军士无心打仗，战斗力不强，是周军中最弱者。由此，郑国子元向郑庄公献计说：我们要先打周军中最薄弱的左军陈国军队，陈军溃散，右军的蔡、卫军队必然退走，而周军要照顾左右军，阵势必将大乱，然后我们就集中兵力攻打周军，方可取胜。郑庄公采纳了他的建议。战斗开始，果不出所料，陈军迅速败逃，蔡卫两军见陈军溃散，也仓皇退出战场。郑国左右中三军合力攻击周军，势不可挡，周军难敌，慌忙后撤，在后退中，周桓王被郑军祝聃一箭射中肩膀，勉强逃出重围，郑军大获全胜。

三鼓而战，长勺败齐

鲁庄公十年（公元前 684 年），齐国发兵攻打鲁国，鲁国和齐国在长勺

遭遇。两军列阵对峙，先是齐军主动击鼓进攻，鲁军却按兵不动，以逸待劳。齐军擂过三通鼓，发起三次冲锋，鲁军都不为所动。齐军见鲁军毫无动静，以为鲁军胆怯，不敢出战，就松懈下来。

谁知鲁军主将曹刿却突然下令鲁军大举掩杀过去，齐军抵挡不住，纷纷溃逃。鲁军见胜利即在眼前，都跃跃欲试，想乘胜追击扩大战果。曹刿却先登上车前横木瞭望齐军的旗帜，又下车察看齐国逃走后留下的车辙马迹，然后才下令追击。

鲁军大获全胜后，鲁庄公问曹刿

开始时为什么按兵不动,后来为什么又不马上追击。曹刿回答说:"齐强鲁弱,齐军刚刚出击,士气正盛,断不可与之正面交战。第一通鼓,士气最足;但擂第二通鼓时,士气就开始下降;第三通鼓后,士气就没有了。我们按兵不动养着士气,他们的士气消耗尽了,我们再击鼓进攻而士气正旺,所以我们战胜了他们。只是齐国是个大国,他们虽然败退,但并没有受到重创,我怕他们不是真败,而是有埋伏。但是我登上车轼看他们的旗帜倒卷,下车察看见他们辙迹凌乱,表明他们真是败退,没有埋伏,所以才挥军追击。"听的人都佩服曹刿指挥有方。

庆封设计,谋害崔杼

春秋时,崔杼自从杀了齐庄公,立公子杵臼为君,是为景公,自立为右相,庆封为左相。

庆封性嗜酒,爱打猎,经常不在国中。崔杼独揽朝政,专恣骄横。庆封心怀嫉妒,欲杀之而后快。

崔杼当日答应妻子棠姜,谓合谋杀了庄公之后,立她的儿子崔明为继承人,却又同情长子崔成,且断指为誓,不忍把他废掉。

崔成知道环境险恶,明白不可能与形势抗衡了,便对父亲说,自动将继承权让给同父异母的弟弟崔明,请求赐崔邑这个地方给自己过活。

崔杼听了满口答应,和部属东郭偃及棠无咎商量,东郭偃坚决反对,说崔邑是个大地方,只可以授给继承人,崔成既然放弃继承权,就没有理由据有此地。

崔杼对长子说:"我本想把崔邑给你,无奈郭、棠两人反对,只可将来另给你别的地方罢了!"

崔成听了,不说什么,转告给同胞弟弟崔强。崔强说:"哥哥既肯让位给他了,连这一个崔邑都不肯给?真是太岂有此理!父亲在,尚且如此,一旦父亲死了,你和我想做个奴仆都不可能了。"

崔成说:"这件事,不如去请教左相庆封,看有什么办法。"

两人立即往见左相,诉说前情,请尽力帮忙。庆封听说,暗喜正中下怀,但故意摆出一副悲天悯人的神态,把眉头皱了一皱,说:"你父亲现在已完全相信东郭偃与棠无咎,两人说什么便是什么,纵然对他提意见,未必听进。"说到这里,停了好一会儿,继续说:"这样子看来,你父亲正养虎为患,恐怕将来会伤及本身,如不及早除此二人,你们崔家子孙是不会幸福的。"

崔成崔强马上接口说:"我们早有此心了,但力量太薄,怕会弄巧成拙。"

"还是慢慢想办法吧!"庆封说。

崔成兄弟辞别后,庆封召见心腹庐薄嫳,说及崔家的事,庐薄嫳提出意见:"崔氏之乱,乃庆氏之利也,不如乘机消灭他!"

过了几天,崔成、崔强又来了,提起前事。历数郭、棠二人罪恶,复求庆封尽力帮忙。庆封对他们说:"你两人既有此心,念及庆、崔两家世交情谊,我可以暗帮你兵甲去行事,只要能除此二人,你家便可以和平共处了。"

崔成、崔强大喜,当即便率了庆封的甲兵,埋伏在自己府上。

东郭偃和棠无咎每天要去朝见崔杼的,今晚迟迟从外面走来,毫无准备,一入门,崔成一声暗号,伏兵勇起,乱刀齐下,把两人砍成肉酱。

崔杼闻变大怒,急叫人驾车,但所有仆人都吓得跑光了,惟剩下一个守马房的和一个小厮,急忙中就叫小厮驾车,往见左相庆封,哭诉家庭变故。

庆封假装吃惊,说:"崔家和庆家,虽是两姓,实同一体。你家之难,也即我家之难,孺子居然犯此逆天之罪,这又怎能坐视不管呢? 如果你要我帮助的话,我自然会出力帮你去平乱!"

崔杼信以为真,感激地说:"但能除此逆子,确使崔家复兴的话,我会叫幼儿崔明拜你为义父!"

庆封于是动员家兵,叫庐薄嫠来,吩咐如此如此,庐薄嫠率队驰往崔家。

崔成、崔强见庐薄嫠兵到,问及来意,庐薄嫠诈说:"我奉左相命令,是来帮助你们的!"

"是不是要收拾崔明呢?"崔成问崔强。

"也许是吧!"

于是开门接庐薄嫠进去,甲兵跟着一拥进入,竟团团包围起来。

崔成见形势不对,忙问:"左相之命怎样?"

"奉左相命,来取你兄弟头颅。"庐说完,喝叫左右:"还不动手,更待何时?"

崔成、崔强未及回答,头已落地。

庐薄嫠纵下甲士抄家抢劫,拿得动就拿,拿不动就顺手破坏,把一间富丽堂皇的官邸,毁得像个烂摊子,没有一件东西稍为完整的。

崔杼的妻子棠姜,惊慌过度,悄悄地吊死在房里。只有她的儿子崔明不在家,幸免于难。

庐薄嫠割下崔成、崔强头颅,回复崔杼,崔杼一见,且愤且悲,既恨二人大逆不孝,又伤感父子亲情,不禁老泪横飞,好一会儿才说:"我的妻子平安吗? 受没受惊?"

庐薄嫠说:"夫人正熟睡,卧床未起!"

"那还好。"崔杼稍觉心安,对庆封说:"我急于回家去安慰一下夫人,却没有人擅于驾车的,可否借你车夫一用?"

庐薄嫠自告奋勇地说:"还是我给右相驾车回去吧!"

崔杼向庆封致谢过后,登车而别,到了府第,却见大门打开,没有一个人,满地都是破烂东西,直入中堂,骇见棠姜似一只腊鸭,挂在梁上,崔杼吓得魂不附体,想问庐薄嫠究竟是怎么回事。可是他不知什么时候离开了。再找崔明,又无人应声。这时,他大哭起来,自言自语说:"唉! 我被庆封出卖了,弄到无亲可近,无家可归。"说完,解下腰带,亦吊死在房里。

重声悦色,逼走孔子

春秋时,鲁国重用孔子,国泰民安,日益殷实。为此刚刚失去贤相晏婴的齐景公感到了威胁,便对大夫黎弥说:"自孔子相鲁以来,鲁国日益强大,将来它的霸业一成,我国必首蒙其害,这该如何是好?"

黎弥沉思了一会儿说:"想办法逼走孔子,鲁国必然孱弱如初。"

齐景公问："孔夫子在鲁国正受宠走红,怎样才能逼走他?"

黎弥便把自己的计策说了出来:"俗话说'饱暖思淫欲,贫穷起盗心'。今日鲁国一片太平,鲁定公必有好色之念。如若选一群美女送与他,让他夜夜笙歌,一本正经的孔夫子还能诚心辅佐他吗? 他们君臣还能像过去一样亲密无间吗? 这样一来,保管气走孔夫子,那大王不是可以安枕无忧了吗?"

齐景公连称妙计,令黎弥挑选美女 80 名,教以歌舞,授以媚容。另选 120 匹宝马,特加修饰,一并送到鲁国,说是给鲁定公享受的。

三十六计

鲁国的另一位丞相季斯听到这个消息后,即刻换了便服,坐车到南门去看,见齐国美女正在表演舞蹈,娇声遏云,舞态生风,一进一退,光华夺目,不禁目瞪口呆。

等到定公几番宣召他入宫,把齐国书给他看时,他立刻答到:"此乃齐王的好意,不可推辞。"

于是定王便在季斯的带领下去看这群美女,只见美女们摇臂摆身,似临风之芍药;歌声乍起,疑为群莺出谷。鲁定公乐得神魂飘荡,手舞足蹈。

鲁定王当晚回宫,便叫季斯多谢齐王,重赏齐使,把两批厚礼收入宫去。定公从此沉迷酒色,不理朝政。

孔子见状,十分忧心。他几次劝谏鲁定公,但毫无效果。孔子感到自己的抱负无法在鲁国施展,于是又带领弟子周游列国去了。至此齐景公达到了自己的目的。

巧施小计,转危为安

战国时,齐国出兵打楚国,楚国的令尹子发率兵抵御,交战三次,三次皆败,用了很多计谋都没有办法,眼见就要竖白旗投降了;齐军始终未受影响,反而声势愈强。子发正在无计可施、无路可行、愁眉苦脸的时候,有一位做小偷的求见统帅,说:"我会偷盗,愿去敌营试一试;兴许能扭转局势未定。"子发于无可奈何的时候,姑且派他去活动一下。此小偷便偷偷摸入敌营,偷了齐将的帐子回来交给子发,子发使人公开还齐将。第二晚,小偷又偷回齐将的枕头,又送还了。第三晚,小偷又偷到齐将头上发插,子发复使人奉还。

齐此时大惊了,这样下去,岂不会连头都被偷去?于是急忙下令班师回朝,因此,楚国才转危为安。

釜底抽薪,计去乐毅

战国时还有这样一件事,燕昭王拜乐毅为将,兴兵复仇,连下齐国七十余城,只有即墨莒城未下。乐毅想笼络人心,不逼之太甚,只把二城围困住。待燕昭王死后,惠王即位,新王与乐毅素有矛盾,齐国将领田单见此情形,乃施"釜底抽薪"之计,想法把乐毅弄走。于是派人往燕王那里散布谣言,说:"乐毅能于六个月间连下齐城,惟对即墨和莒城,围了三年未下,不是不能,实有阴谋想笼络民心,自立为齐王。"惠王听说后,立即在阵前换了帅,派骑劫去接替乐毅兵权,乐毅畏罪逃回赵国去。骑劫一上任,便尽改旧法,下令攻城,终被田单几番用计,驱火牛闯入燕军营地,牛惊恐而狂奔,牛所触敌尽死伤,燕军大溃,俘杀了骑劫,收复了失地。

暗设机关,除敌固宠

春秋战国时期,秦国的大臣公孙衍深得秦王的赏识,即将受到重用。秦王不仅经常与公孙衍商议大政方针,而且亲口许诺,要任命他为丞相。当时,秦国的丞相是甘茂。此时累世高官、老谋深算,在秦国政界中是一个很有影响的人物。甘茂估计到秦王有意用公孙衍取代自己,忧心忡忡,但又苦于抓不住公孙衍的把柄,只能眼看着对手权势日隆而无计可施。不过,秦王赏识公孙衍,受到威胁的并非仅仅是甘茂一人。秦军统帅樗里疾因为害怕秦王用公孙衍为将,自己丢掉职位,同样也是惶惶然不可终日。为了防备不测,及早采取措施,樗里疾在秦王经常与大臣议事的处所附近秘密地凿了一个地穴,派人藏身于其中,偷听秦王的谈话。过了一段时间,樗里疾没有得到秦王打算任命公孙衍为统帅的消息,却意外地知道了秦王准备用公孙衍为相的许诺,便把秦王与公孙衍的谈话张扬开去。一传十,十传百,很快就弄得人人皆知、满城风雨。正在焦急之中的甘茂听到这个消息以后,心中暗喜,立即去见秦王。他对秦王说:"大王得到了一位贤明的丞相,请允许我向您表示祝贺!"秦王闻言,心中暗惊,表面上却不动声色。他若无其事地对甘茂说:"寡人已经把秦国的大政托付给您,哪里又冒出来另外一位贤明的丞相?"甘茂不慌不忙地答道:"大王不是已经亲口许诺公孙衍,要任命他为丞相吧?"秦王更加吃惊,知道无法瞒过甘茂,便问:"您是从哪里得到的这个消息?"甘茂回禀说:"此乃公孙衍对臣所言。"秦王听罢,真的以为是公孙衍泄露机密,怒不可遏,立即下令将其斥逐。

运用釜底抽薪之计,既要抓住对手的把柄,又要明察形势、掌握分寸,才能击中要害,混迹于政界,难免给对手留下把柄。但是,究竟哪些把柄可以置人于死地,在什么时间、什么场合使用才能收到最佳效果,却颇须一番认真的筹划。甘茂是政坛老手,明于世故,深知秦国政治的症结所有。春秋战国时期,正是中国政治大变局的时代。一方面是列国纷扰、争雄争霸,礼崩乐坏、生民荼炭;另一方面却是专制政治日益强化,君主的权势不断膨胀。秦国发展的历史虽然较晚,但国力日强、疆土日广、君权日重。专制政治的

第四编 《三十六计》智谋经典

特点之一就是不公开,尤其是君主的意图不能随便泄露。因为权力的高度集中固然使君主威势赫赫,但同时也使其势单力孤,变成了真正的孤家寡人。不保持一种神秘性,就无法保持对臣下的威慑力,一旦被人看破虚实,后果不堪设想。甘茂正是深明此中的奥妙,利用秦王惟恐臣下窥测其虚实的心理,不去和公孙衍进行正面冲突,不向秦王流露与公孙衍争夺相位的实情,而是抓住公孙衍的把柄,一举破坏了秦王对他的信任感。公孙衍失去了秦王的宠爱,拜相之事自然也就随之告吹。一切都进行得极为自然:甘茂向秦王祝贺,并不是抱怨自己失宠;甘茂称公孙衍为贤相,看起来心悦诚服。但是,消息是从哪里走漏的?原来是公孙衍透露给了甘茂。绝不牵扯别人,避免节外生枝,公孙衍有口难辩,秦王信以为真,甘茂一身干净。把柄抓得准确,用得巧妙。

审时度势,瓦解合纵

运用釜底抽薪之计,关键在于审时度势。知己知彼,掌握要害,才能稳操胜券、力挽狂澜。

春秋战国时期,天下分崩、列国混战。秦国日强,虎视眈眈,有统一六合,平定海内之志。列国实力不支,惊慌失措,策士们乘机奔走游说,谋取富贵。主张列国俯首事秦的,称为连横派;主张列国联合抗秦的,称为合纵派。两派明暗争斗,奇策满天下。秦昭王时,合纵派联络天下之士,相聚于赵国,谋划攻秦。秦王大惧,忧形于色。丞相范雎对秦王说:"大王不必担心,请让我来对付他们。秦国与天下之士并没有结下什么冤仇,这些人聚在一起谋划攻秦,不过是为了自己的富贵而已。大王难道没有注意到您的狗吗?或卧或起,或走或停,相安无事,和和气气。但如果扔过去一根骨头,马上就会咬在一处,乱作一团。这是为什么呢?就是因为有了利益争夺。"于是,范雎派唐雎携黄金五千斤,前往赵国,见机行事。唐雎来到赵国都城邯郸附近的武安,置酒高会,大宴宾客,请邯郸城内的士人前来取金,厚加馈赠。但是,由于带来的黄金太少,谋划攻秦的主要人物并没有动心。唐雎千金散尽,无功而还。范雎对他说:"秦国只计算您的功劳,不管黄金都到哪里去了。用得越多,成功的机会也就越多。"范雎又派人载黄金五千斤随唐雎而行。这一次,唐雎来到武安,黄金尚未用完,而天下之士为了争夺馈赠,已经闹得不可开交,离心离德,合纵攻秦之谋就此流产。

范雎瓦解列国合纵之谋,釜底抽薪,令合纵之士不攻自破,主要是看准并且利用了对方的争利之心。"六国犹连鸡,群士如斗狗",天下熙熙,皆为利趋;天下攘攘,皆为利往。利益发生冲突,联盟便难以存在。范雎深明此理,所以不去与列国兵戎相见、正面冲突,而是避实击虚,以厚利收买士人,从根本上抽掉了列国联盟的基础。把天下之士比作"斗狗",固属刻薄,但却实实在在地抓住了问题的要害之处,掌握了人性之中不可克服的弱点。尉缭曾经向秦王建议说:"希望大王不惜重金,厚赂列国豪臣,使其谋略不行,不攻自乱。不过用去三十万金,就可以使列国消亡殆尽。"这一策略的核心,也正是利用了列国内部及相互之间的矛盾。而列国之所以始终不能精诚团结共抗强秦保存自己,其原因除了实力不敌之外,各怀心事,使秦国有机可乘、各个击破,也不容忽视。

蛇足巧喻,却楚存齐

楚怀王时期,大将昭阳率军伐魏,魏军损兵折将,丧失八座城池。楚军乘胜前进,兵临齐国城下,边境告急,齐国震动。齐宣王计无所出,请秦国使者陈轸出面调停。陈轸应允,往见昭阳。陈轸见到昭阳以后,首先贺喜楚军战胜之功,然后不慌不忙地问道:"按照楚国的法令,全歼敌军、杀其统帅,会得到什么官爵?"昭阳回答说:"官为上柱国,爵为上执珪"。陈轸又问:"比这更高的官爵是什么?"答曰:"只有令尹了。"陈轸说:"令尹太高贵了! 楚王不可能设置两个令尹。让我给您打个比方吧:贵国有一位贵族举行春祭,事毕,赐其属下一卮酒。属下商议说:'这一卮酒大家分享,显然不足;一个独饮则富富有余。这样哪,我们每人在地上画一条蛇,谁先完成,就由谁来喝酒。'于是,众人便开始竞赛。其中一个首先画成,拿起酒卮,将饮未饮,左

手持卮,右手画蛇,对众人说:'我可以为蛇再添上几只脚!'不料,蛇足未成,另一个人已经画完,夺过酒卮,对他说:'蛇本来没有脚,你怎么可以乱来!'于是一饮而尽,而这位画蛇脚的先生终于没有喝到本来已经属于他的酒。如今,您率楚军伐魏,击破敌军,杀其统帅,获得八座城池,自恃兵强,转而攻齐,齐国上下恐惧,不知所措。您的名声已经够大的了,但官爵却不能再高了。依我看,战无不胜而不知止足者,必将军败身死,死后爵位复归国家,真好比是画蛇添足!"昭阳闻陈轸此言,点头称是,立即传令退军。

陈轸使用釜底抽薪之计,却楚存齐,功莫大焉。但是,陈轸之所以能够成功,关键却在于他掌握了昭阳的后顾之忧。功高不赏,且有震主之虞,这是专制政治之下人臣的共同忧虑。楚国局势混乱,主昏于上,臣谄于下,奸佞当道,忠良屏气。昭阳率军远征,屡建奇功,上则震主,下则遭忌,一旦国内有变,上下夹攻,后果不堪设想。陈轸正是了解此中的隐情,因此不去与昭阳展开正面辩论,而是先贺其功,消除对方的敌意,然后从昭阳所处的地位提出问题,用一个深入浅出的譬喻,一举说中对方的心事,当对方有所领悟之后,才点破题意。整个谈话的过程一环扣一环,步步深入,使昭阳不知

不觉地按照陈轸的思路考虑目前的形势与自己的前途,认识到继续攻打齐国,不仅胜负未卜,而且有害无益,不如挥师凯旋,保全自己。

巧用贸易,压服敌国

春秋时,齐桓公认为楚国是齐国的最大威胁,但齐当时要从军事上战胜楚国又力不从心。齐桓公同管仲谋划对敌斗争策略,决定首先从经济上增强自己的实力,再"釜底抽薪",搞垮楚国的经济。原来,楚国产鹿,一头鹿值8万钱。齐国根据这个情况,首先组织大部分人种粮食,再让一部分人铸钱。粮食丰富了,钱也多了,就派人载2000万钱去楚国买鹿。楚王见有利可图,便号召全国老百姓养鹿,楚国许多人因而放弃农业。楚国养鹿的收入虽然一下子扩大了5倍,而齐国却使粮食储备扩大了5倍。这时,齐国突然决定断绝与楚国的贸易。楚国有了钱,但缺少粮食,不得已求助于齐国。楚国的老百姓看到齐国人民丰衣足食,便纷纷逃离楚国,投奔齐国,不到三年楚国国力衰竭,十分被动。齐国还运用类似的手段征服了梁国。当时梁国纺织业比较发达,国人特别擅长织绨。齐国便采取高价收买的政策,以刺激梁国百姓弃农织绨。等到农时一过,齐国便不再买绨,同时还不准对梁国出售粮食,致使梁国完全丧失经济独立,百姓纷纷往齐国求生。不久,梁国也就被迫宣布归附齐国了。

战争是政治的继续,政治是经济的集中表现。没有一定的经济力量作为后盾,战争就无法支持下去。贸易对于一个国家的经济、军事具有不可或缺的重要意义。齐桓公和管仲制定的策略高明之处就在于看到了这一点,运用釜底抽薪之计,从经济基础上打垮敌国,由此可见,一个国家不发展对外贸易不行,但完全依赖于此也不行,易受制于人。

中计易将,惨败长平

战国后期,列国兼并剧烈,秦国最强。秦昭襄王在南方打败了劲敌楚国之后,转向北方。公元前262年,使大将王龁伐韩,攻克野王(今河南沁阳),断了韩国本土与上党地区的联系(从上党到韩都新郑,是从野王渡河)。包括泽州、潞州等17个县的上党太守冯亭与吏民商议:"秦得野王,上党就保不住了,与其降秦,不如降赵。赵韩联合起来,凡能抵抗秦国。"就派使者将上党地图献给赵孝成王。赵孝成王接受上党地图后,派平原君率兵5万到上党受地,封冯亭三万户,17县令为三千户。冯亭不受封,说:"我不能出卖韩国土地来得到宝贵。上党之归赵,是因为韩国无力独立抗秦,希望公子奏闻赵王,快遣名将率领大军,来抵御秦国。"平原君回报赵王。赵王却只顾置酒庆贺得地,迟迟不发兵。

秦将王龁率军攻上党,冯亭坚守两月,赵国援兵不到,就领着吏民投奔赵国。这时赵王才派廉颇上将,带20万来救上党,行至上党县西41里的长平关(今山西高平北),遇到冯亭,知上党已失,就在长平关的金门山下筑垒扎营,派出前哨赵茄等与秦军打了几仗,损将失地,知秦军强大,就坚壁固守,传谕各营,用心把守,勿与秦战。还让军士掘地深数丈以注水,军士们却不解其意。那王龁率大军距金门山10里下寨,后又移到离赵营五里处,再三挑战,廉颇坚守不出,并传令:"出战者虽胜也斩。"金门山上有流涧,名杨谷,秦、赵两军共饮涧水,秦上游,秦军就筑上堤坝,断涧水,这时,赵军就饮预掘深坝中的水。两军相持四月,王龁不得一战,无可奈何。

这时秦王召应侯范雎商议。范雎道:"廉颇打仗有经验。他知道秦军强,不轻战,而秦军道远,不能持久。他欲以坚壁之策,把秦军拖垮。如廉颇不去,秦军无法取胜。我有一'反间计',如此如此,可去掉廉颇。"秦王采纳。范雎就派心腹门客到赵都邯郸,用千金贿赂赵王左右,散布流言:"秦军最怕马服君赵奢,听说其子赵括比父亲还勇敢,惟恐赵王任赵括为将。廉颇年老胆小,不出多日,就要投降秦国了。"赵王见廉颇损兵折将,又不出战,颇为不满,这时就听信流言,把赵括召来,问他:"你能为我打败秦军吗?"赵括道:"这要看秦军统帅是谁? 武安君白起攻打韩、魏、楚,战无不胜,攻无不克,如他出帅,臣与之对垒,胜负各半。今秦国以王龁统帅,他对付廉颇尚可,若与我对敌,就如秋叶遇劲风,自被迅速扫清。"王大喜,拜赵括为上将,赐黄金彩帛,又增派劲军20万。赵母闻讯,上书谏赵王,切不可任赵括为将。赵王召赵母,问之。母对说:"括父奢为将时,所得赏赐,都分给军吏;一旦受命,就宿在军中,不问家事,与士卒同甘苦,有事与众人商议,不敢专断。"今括为将,军吏不敢仰视;所赐金帛都拿回家中。括虽熟读兵书,却不善应用。其父临终时曾说:"如括当了将帅,赵国必败。"赵王不听,赵母说:"王不听劝说,以后若兵败,请求王不要株连我的一家。"赵王答应。

范雎的门客在邯郸,打听得赵王已拜赵括为大将,连夜奔回咸阳报信。秦王大喜,与范雎计议,决定遣白起为上将,王龁为副,传令军中严守秘密:"泄露武安君为将者斩。"

赵括率军来到长平,接替廉颇后,全部取消了廉颇原来的命令,全部撤换了原来的将领,冯亭在军中,屡谏不听。传令道:"秦兵若来,都要奋勇迎击,如得胜,就追逐。务使秦军一骑不返。"

白起来到秦军先派出小股军队出来挑战,赵括却派大军迎击,几次战胜秦军,赵括不禁手舞足蹈,派人到秦营下战书。白起登壁望赵军,对王龁说:"我知道该怎样打败赵军了。"就让王龁应战,批"来日决战"。随即召集诸将听令。使将军王贲、王陵,率军士对阵,与赵括更迭交战,只要输,不要赢,引赵军来攻秦壁;令大将司马错、司马梗领2.5万,从间道绕到赵军之后,断其粮道;又遣大将胡伤领5万骑兵,只等赵军出来追赶秦兵,就杀出,把赵军拦腰一截为二;又遣大将蒙骜、王翦伺候接应;白起、王龁坚守老营。

次日平明,赵军列阵前进,不到五里遇秦军。赵军先锋出战秦将王贲,不过30余合,王贲败走;赵将王容又与秦将王陵交战,不过几合,王陵又败。赵括见赵军连胜,亲自率大军来追。冯亭又谏:"秦人多诈,其败不可信,元帅勿追。"赵括不听,一直追到秦壁。赵军一齐攻打,一连数日,秦军坚守不可入。赵括使人催后军,移营齐进,却见飞骑来报:"后营已被秦将胡伤所断,不得前来。"赵括大怒,欲亲往攻取胡伤,行不上二三里,秦将蒙骜从斜刺里杀出,大叫:"赵括,你中了我武安君之计,还不投降。"赵括大怒,挺戟欲上,赵将王容上前接住蒙骜,却不料秦军王翦又上,赵兵折伤颇众。赵括见难以取胜,只得鸣金收兵,择水草处安营。冯亭又谏:"在此安营,腹背受敌,将来不可复出。"赵括又不听,使军士筑成长垒、坚壁自守,一面飞秦赵王求援,一面催取后队粮草,谁知运粮之路,又被秦军所断。赵军进退不能,秦军中每天传武安君将令,这时赵括才知道,白起真在军中,吓得心胆俱裂。

那秦王听说军在长平被困,亲自到河内召集民间壮丁,凡15岁以上全部从军,送到长平,把赵军团团围住。赵军被困,断粮46天,饥饿士兵杀人相食,赵括禁止不住。就将军分成四队,一齐鸣鼓,向东南西北四路冲去。如一路打通,赵括即引三路齐走。谁知武安君早已选好射手,环赵垒埋伏。赵军四队人马,一连冲突三次,都被射回。最后,赵括精选上等锐卒5千人,都穿重铠,乘坐骏马,亲自带领,冒险突出。王翦、蒙骜二将齐上,赵括大战数合,不能透围,回身欲归长垒,马蹶坠地,中箭身亡。赵军大乱。白起竖起招降旗,赵军弃兵解甲,纷纷投降。白起使人割下赵括首级,到赵营招降,营中军士见主帅被杀,只得投降。

白起与王龁商议:"以前秦王攻克野王,上党已在掌握中,但其吏民不愿降秦,却愿归赵。现在,先后投降的赵军近40万,如一旦造起反来,如何是好?"于是把降卒分为十营,派十将统领;又配上秦军20万各赐以牛酒,声言:"明日武安君将汰选赵军,凡精锐能战者,给以武器,归入秦军;老弱不堪者,都发回赵国。"赵军大喜。当夜,武安君密令十将:"起更时,凡秦兵都用白布一片裹头,头上无布的都是赵人,全部杀死。"秦兵奉令,一齐发作,降卒毫无准备,又无武器,束手受戮。40万众,一夜俱尽,血流淙淙有声,杨谷水都变成红色,至今叫做丹水。秦军收赵卒头颅,堆在秦垒之间,称作头颅山,山上筑台,称白起台。只把赵军中年少的240人遣返。消息传至邯郸,赵王、群臣大惊,城中一片哭声。惟赵括之母不哭,说:"赵括任将时,我已不把他当做生人了。"赵王因赵母的言在先,不加诛,反赐粟帛安慰她。赵国经长平一战,一蹶不振。

军队数量的多寡是一个决定胜负的重要因素,但主将的胆识谋略更为重要。俗话说:"兵强强一个,将熊熊一窝"。在战争中,运用釜底抽薪之计,除掉或撤走敌人的得力主将,往往能迅速战胜敌人。长平之战中,赵王中了秦国的反间计,派只会纸上谈兵而无作战经验的赵括取代老将廉颇,结果赵国40万大军被秦国20万军队打败,惨遭坑杀,国势大衰。兵法云:"千军易得,一将难求"。正是强调主将在作战中的关键作用。

触龙巧言，说服太后

公元前 265 年，赵惠文王死去，其子丹立，太后掌政。当时，秦赵战事紧张，赵军屡败，损失许多城池。赵国势蹙，求救于齐国。齐国的答复是："必须以长安君为人质，救兵乃出。"但是，长安君是赵太后的少子，太后爱如掌上明珠，说什么也不肯答应。齐国的要求得不到满足，救兵不出，形势更加危险。大臣们竭力劝谏，太后益发恼怒。最后，赵太后干脆向众人宣布："如果有人再来劝我送长安君到齐国做人质，我就吐他一脸唾沫！"这样一来，大臣嚇口，再也不敢谈及此事。求救之举就此搁浅，陷入僵局。

左师触龙求见太后。太后盛怒之下，气势汹汹，等待触龙，准备一旦对方谈及长安君入齐为质，便撑他出门。触龙心知太后之意。他缓步而入，落座以后，向太后解释说："老臣有足疾，好久没有见到太后了，私下里自己原谅自己。只是非常担心太后玉体欠佳，因此求见太后，以释悬念。"太后答道："我以车代步。"触龙又问："饮食没有减少吧？"太后回答说："不过吃粥罢了。"这时，太后虽然敌意未消，但怒气为之消解。

触龙察言观色，继续寻找可以打动太后的话题。他说："老臣的儿子舒祺，年龄最小，尽管不争气，但我还是很疼爱他。我已经老了，希望能够安排他做王宫卫士。冒死奏于太后，请求恩准！"太后闻言，回答说："好吧。他年龄多大？"触龙回禀道："15 岁了。虽然年幼，但我希望在死去之前把他托付给您。"触龙的话果然勾起太后的兴趣。她不由自主地问道："难道大丈夫也疼爱小儿子吗？"触龙回答说："比女人还要疼爱。"太后答道："我真是感到太意外了！"

触龙见机行事，逐渐把谈话引入正题。他故弄玄虚地说："老臣私下以

为，太后疼爱长安君远不如疼爱燕后。"太后不服，争辩说："您错了，我最疼爱长安君！"这时，太后已经怒气全消，注意力转移到双方扯出的话题。触龙乘机进言，他说："父母疼爱儿子，就当为其长远打算。太后嫁燕后之时，持其足，哭泣不止，想到女儿远嫁，非常悲伤。既嫁之后，虽然经常思念，但在祭祀之时，还是祷告神灵，希望她不会被逐返国。这不正是为她长远打算，使其子孙可以世代为王吗？"太后点头称是。触龙继续借题发挥。他问："三世以前的赵子孙，如今还有继承王位的吗？"太后答道："已经没有了。"又

问:"不仅赵国。诸国之中,可有这种例子?"答曰:"没有听说过。"触龙这时点破题意。他说:"君主之子,近者祸及其身,远者害及后代,这并不是他们封侯有什么不对的地方,而是因为他们位尊而无功,禄厚而无劳,得到的名位与金玉太重太多。如今,太后已使长安君的地位十分尊崇,又封之以膏腴之地。厚赐以名位金玉而又不肯借此良机使他可以为国立功,一旦太后驾崩,长安君凭借什么在赵国立足呢?"

赵太后闻言大悟,回答说:"好吧,一切由您决定!"立即为长安君准备车乘,前往齐国。齐师出援,秦军退归。

赵太后以一己之私,置国家危亡而不顾,实是不明之举,但她执掌国家政权,且在盛怒,这时候若有人再犯颜直谏,不仅不会达到劝谏的目的,还会招来杀身之祸。触龙老谋深算,先以看似与劝谏无关的拉家常消太后的怒气,然后再以爱子必须为其计长远的道理打动赵太后。在整个过程中,触龙没有一句话是从正面讲赵太后如何应该献出长安君以救国家,而是从拉家常中让赵太后自己明白其中的大道理。釜底抽薪之计,运用何其巧妙。

鲁连修书,劝退敌兵

公元前284年,燕国大举进攻齐国,夺其七十余城,几乎灭亡了齐国。后来,田单为国人推举,率领齐军反攻,在即墨城下使用火牛阵,击溃燕军,杀其统帅骑劫。齐军乘胜前进,克复大部失地,进围聊城。不料,战事进行了一半有余,士卒死伤甚众,而聊城却仍然没有收复。原来,据守聊城的燕军将领受到诬陷,惧怕归国之后被燕王诛杀,进退维谷之际,只好拼力防御,以求拖延时日。田单损兵折将,计无所出,只得与鲁连商议对策。

鲁连是齐国名士,深知此中原委。他立即修书一封,束之于矢上,命人射入城中。信中写道:"我听说,智者不背时而弃利,勇者不畏死而灭名,忠臣不先己而后君。如今,将军以一时之仇,抛弃君臣之义,这不能算是忠;城破身死、贻笑于齐国,这不能算是勇;功废名亡、无后世之誉,也不能算是智。机不可失,时不再来,死生荣辱、尊卑贵贱,眼下是一个关键时刻,希望将军认真考虑,不要为流俗之见所左右。"

"也许将军认为,楚国进攻南阳,魏国兵临平陆,齐军受到牵制,不会全力以赴收复聊城,那就大错而特错了。此乃小害,齐国并不打算与楚、魏决战,而聊城关系重大,齐军志在必得。目前,秦国出兵救齐,魏国胆战心惊。秦、齐联盟,楚国的形势敢十分危险。楚、魏退兵,燕国救兵不至,齐国无后顾之忧,一意攻打聊城,聊城指日可下。将军保据之谋必然不成。聊城决战,势在必行,将军岂有脱身之计?

"燕国政局混乱,君臣失计,上下迷惑。大将栗腹百万大军,而屡遭挫败。万乘之国,被赵军围困,割地折将,君主受辱,您听说了吧? 如今燕王孤危,大臣束手无策,弊端百出,民心无所依归。而将军以聊城疲惫不堪之众,力拒齐国举国之兵,苦战累年,危城依旧,即使墨子当年却楚存宋,也不过如此;军粮乏绝,以人骨为炊,以人肉为食,而士卒无溃散北归之心,即使当年孙膑、吴起统帅之下的军队,也不过如此。将军威名,可以令天下之人折服了!

"因此,为将军的切身利益着想,不如罢兵休士,保全车甲,归国以报燕王,燕王必然心喜。燕国百姓,见到将军,必将如见到父母一样,奔走相告,谈论颂扬将军的功劳,使之大白于世。将军就可以上辅孤主,下制群世,休养百姓,资助辩说之士,改革弊政,移易风俗,使天下安乐、国家稳定,此盖世之功名也。如果将军无意归燕,有心东游齐国,则可以裂地封侯,与陶朱公、卫公子荆一样富有,世世称孤道寡,与齐国俱存于永久,这也不失为一条好出路。这两条路都可收扬名致富之效,希望将军三思而行。

"我还听说,注重小节的人不能行大威,厌恶小耻的人不能树大名。当年,管仲射中桓公带钩,这是篡逆;忘记公子纠之恩而不能效死,这是怯懦;手梏足桎、束缚入狱,这是辱身。此三行,乡里不齿,君主不容。如果管仲因此而羞惭,避世不出,穷年而终,便不免沦为贱人恶行。然而,管子不拘此三行,掌握齐国大政,一匡天下、九合诸侯,为五霸之首,名高天下,光照邻国。曹沫为鲁国大将,三战三败,丧地千里。如果他不肯离开战场,不计后果,一味主张死拼,则不免为败军之将、阶下之囚。但是,曹沫认为,军败被擒,非勇也;功废名灭,后世不留美誉,非智也。因此,他不顾三败之耻,退而与鲁君从长计议,报答知遇之恩。齐桓公称霸天下、大会诸侯,曹沫以一剑之助,劫桓公于盟坛之上,颜色不变而辞严气正。三战之所失,一朝而复得,天下震动惊骇,威播吴、楚,名传后世。此二人并非不能行小节、死小耻,惟因杀身绝世、功名不立,算不得明智,所以息其怒恚之心而成终身之名;弃其感忿之耻而立累世之功,使其伟业与三王争流,美誉与天地同辉。希望将军慎重抉择!"

鲁连在信中并没有使用虚夸之词,卖弄浮诞之谋,而是实话实说、言之有物。从君臣之道说到处世原则,从聊城战局说到燕国形势,从古昔贤哲说到对方自己。婉转深切,用心良苦;除疑解惑,丝丝入扣。使燕将不仅明白了负隅顽抗无补于事,而且重新树立起归国效命的信心和勇气。山重水复,花明柳暗,坚守之志一旦动摇,釜底抽薪之计也便奏效。

燕将读过鲁连的信以后,说:"谨遵先生之命!"立即解甲罢战,撤回燕国。

子贡出使,退齐救鲁

田常想在齐国篡权夺位,但害怕握有实权的高、国、鲍、晏四大家族,所以他决定调动这些人的军队去攻打鲁国。孔子听到这一消息,对弟子们说:"鲁国是我们祖先的坟墓所在地,是父母之国。现在国难当头,你们为什么没人挺身相救?"子路请求前往,孔子阻止了他。子张、子石相继请求出去活动,孔子也没有允许。子贡请求游说邻国,孔子同意了。

于是,子贡启程。首先来到齐国,向田常陈说厉害:"您要攻打鲁国是不明智的。鲁国,是个很难攻打的国家,它的城墙薄而矮,它的护城河窄且浅,它的君王愚昧不仁,它的大臣虚伪无能,它的百姓又厌恶战争,这样的国家是不可以与它交战的。您不如讨伐吴国。吴国,城墙高而厚,护城河宽且深,武器坚又新,兵士齐整并充足,精兵强将都在那里,又有贤明的大夫镇守着,这样的国家是很容易攻打的。"田常听了子贡的话,气得脸色都变了,愤怒地责问说:"你所说艰难的,正是人们认为容易的;你所说容易的,正是人们认为艰难的。你用这些不合常理的事情来指教我,用心何在?"子贡说:"我听说,如果忧患在国内,就去进攻外面的强敌;如果忧患在国外,就去攻打软弱的对象。现在您的忧患在国内。我听说您三次被封都以失败告终,这是因为国内有大臣反对您。如今您想以征服鲁国来扩大齐国的领土,若是取得胜利,国君就会更加骄傲;若是攻克了鲁国,领兵的大臣也会因此受到尊敬,而您的功劳却不为人所知,相反,您和国君的关系将日益疏远。所以,您的这一举动,上使君主骄傲,下令群臣放纵,由此一来,您想要成就大事就更难了。国君骄傲就会越来越为所欲为,群臣骄傲则会争权夺利。这将使您上与君主产生隔阂,下与同僚交互争夺。像这样下去,您在齐国的处境就非常危险了。所以我说您不如去攻打吴国。攻打吴国如不能取胜,则百姓战死在国外,大臣在国内的势力就会空虚。这对您来说,是上无强臣反对,下无百姓非难,还能孤立国君,主宰齐国的就非您莫属了。"田常说:"你讲得太对了。不过,我已经发兵去攻打鲁国了,现在如果让他们改攻吴国,大臣们必定对我起疑心,该怎么办?"子贡说:"请您命令前去攻打鲁国的军队按兵不动,我请求您允许我出使吴国,叫吴王兴兵援救鲁国而攻打齐国,这样您就有借口让部队迎击它了。"田常同意子贡这样做,遂派他南下见吴王。

子贡到了吴国对吴王说:"我听说称王天下的人不灭绝别人的国家,称雄于世间的霸主没有与它抗衡的强敌,在千钧重的物体上,稍增分量就会失去平衡。如今拥有一万多辆兵车的齐国要征服仅存千辆兵车的鲁国,以此来与吴国争雄,我很为大王您担心。况且,援救弱小的鲁国,能显声扬名;攻伐强大的齐国,可获取大利。安抚泗水以北的各诸侯国,惩罚残暴无道的齐国,镇服强盛的晋国,好处没有比这更大的了。名义上保存了即将灭亡的鲁国而实际上却使强大的齐国陷于难以自拔的困境,聪明人会当机立断的。"吴王说:"这个主意不错。可是,我曾经和越国打过仗,战败了越国的军队,

迫使越王苟且栖身于会稽。现在越王勾践正在卧薪尝胆,招贤纳士,有报仇雪耻之心。您等我讨伐了越国后,再按您的计策行事。"子贡说:"越国的力量胜不过鲁国,吴国的强大超不过齐国,您要是把齐国放在一边而去攻打越国,齐国早就把鲁国征服了。何况现在您正在倡导保护弱小国家,拯救将要灭亡的宗室,如果您攻伐弱小的越国而畏惧强大的齐国,这不是勇敢的表现。真正勇敢的人不回避困难,有仁德的人不使人处于困境,聪明的人不坐失良机,行王道的

人不使别国彻底灭绝,他们都以此建立自己的信义。现在,您要是能保存越国,您的仁德就会显示于各诸侯国;您若能救鲁国于危亡之中,攻齐国于强盛之下,施威力于晋国,各国诸侯必定会相继来朝拜吴国,这样,您称霸天下的大业便大功告成了。假如您对越国实在放心不下,我请求您允许我东去见越王,说服他出兵随您征战。这实际上是使越国空虚,而打的旗号却是联合诸侯攻伐齐国。"吴王很高兴,便让子贡前往越国。

越王听说子贡来访,亲自清扫道路,到郊外迎接,还亲自为子贡驾车到客舍,并问子贡:"我们越国地处偏远,您怎么屈辱身份来到这里?"子贡说:"近日我劝说吴王援救鲁国攻打齐国,他心里同意但却担心越国出兵报复,他告诉我说,'等我讨伐了越国再来打齐国。像这样的话,攻破越国是无疑的了。再说,自己没有报仇之心却使人家怀疑,也是笨拙的;如果有报仇的心愿而让人知道,则是危险的;事情尚未开始就先张扬出去,是不安全的。这三种情况都是成就大事的祸患。"勾践听了,叩首拜了两拜说:"我曾不自量力,与吴国作战,结果被打得大败,困在会稽。这件事令我痛入骨髓,日夜唇焦舌干,只想和吴王拼个他死我活,这就是我的心愿。"于是,问子贡如何办好。子贡说:"吴王为人凶猛残暴,大臣们苦不堪言;频繁的征战,使国家疲敝衰败,士卒们难以忍受;百姓怨声载道,臣属多有变心;伍子胥因直谏而被杀,太宰嚭受君王宠信独揽大权,他迎合国君的心意来使自己的私利长存:这一切都是国家将要灭亡的政治表现。现在您若能派军队辅佐他以投合他的心意,送给他丰厚的珍宝使他高兴,降低您的身份来奉承他以表示对他很敬重,他一定会攻打齐国。如果他战而不胜,就是大王您的福分了。如果战而获胜,必然兵临晋国。我请求北上会见晋国国君,劝他与您一起合力攻打吴国,一定会削弱吴国的力量。吴国的精锐部队消耗在齐国,大部队被牵制在晋国,而您可乘其疲惫给他以打击,这样,吴国必定灭亡。"越王非常高兴,同意依计而行。于是送给子贡黄金百镒,宝剑一柄,好矛两支。子贡谢绝了馈赠,离开了越国。

子贡回报吴王说:"我把您的话告诉了越王,越王非常害怕,说:'我的命不好,自幼失去父亲,又不自量力,与吴国交战,理应抵偿应负的罪责,军队溃败,自身蒙辱,栖居在会稽,国家变为废墟荒原,全仰仗大王的恩赐,使我得以祭祀祖先宗庙而未亡国。吴王的恩德我至死也不敢忘记,怎能别有企图呢!'"过了五天,越王派大夫文种来叩见吴王,说:"大王的东海奴臣勾践派使者文种,以小吏的身份前来向大王请安。近日听说大王准备伸张正义,除强扶弱,惩罚残暴无道的齐国,安抚周王室。我们请求出动越国全部的三千名士兵,随您出征。勾践也请求亲自拔坚甲、执锐器,冲锋陷阵。并让我奉献祖先珍藏的宝器,铠甲二十件、斧、屈卢矛和步光剑,来礼贺军吏。"吴王很高兴,遂把此事告诉了子贡,并问:"越王要亲自随我讨伐齐国,可以吗?"子贡说:"不行。使人家国内空虚,调动了人家所有的兵马,又把人家的君王带去打仗,这样做是不仁义的。您可以接受他们的礼物,允许他派军队来,但应当谢绝越王请求随军出征的要求。"吴王采纳了子贡的意见,辞谢了越王。于是,吴王便调动了九个郡的兵力去攻打齐国。

子贡离开了吴国,来到晋国对其国君说:"我听说:计谋不事先商定好,就无法应付突然变化的情况;军队不事先做好准备,便不能战胜敌人。现在齐国和吴国将要开战,若是吴国打败了,越国一定会从中作乱;如果吴国战胜了,一定会兵临晋国。"晋国国君非常慌恐,问子贡:"怎么办才好呢?"子贡说:"修造武器,休养士卒,等待吴军。"晋国君王接受了这一建议。

子贡离开晋国回到鲁国。吴王果然和齐国军队在艾陵交战,齐国的军队被打得惨败,吴国俘虏了齐国的七员大将及其所率士兵,但没撤兵回国,而是不出所料地把军队开往晋国边境,与晋军在黄池相遇。吴晋两国争强。晋军向吴军进攻,打败了吴军。越王听到这一消息,渡江袭击吴国,在离吴国都城七里远的地方扎营。吴王得知此事,离开晋国而返,在五湖同越军开战,三战不胜,城门失守,越军遂包围了吴国的王宫,杀死了吴王夫差和他的相国。越王勾践灭吴三年后,就在东方称霸了。

孔子有弟子三千,贤人七十二,其中子贡是孔子最得意的门生之一。因此,在故国灾难当头之际,孔子拒绝了子张等人的请求,而让子贡去完成使命。他先到了齐国,以"釜底抽薪"之法,对田常陈说厉害,从而止熄了田常攻打鲁国的战火,而把导火索引向吴国;接着,他又来到吴国,以称霸天下的利益,勾起吴王的贪欲,决定对齐国开战;尔后,子贡又"大驾光临"越国,从"关心"越国的立场出发,劝说越王援吴攻齐,并伺机取吴而代之。在齐、吴、越的目的达到后,子贡踏上了晋国的土地,将他在齐、吴、越点燃的烽烟笼罩到晋国。而当他周游了一圈,回到鲁国时,齐、吴、越、晋各国便开始了一场混战。结果,他没有辜负孔子的愿望,非但保存了鲁国,而且还搞乱了齐国,灭掉了吴国,使晋国强盛,让越国称霸。难怪司马迁曾经以赞许的口气写道,子贡的一次出使,破坏了各国之间力量的均衡状态,在十年之中,鲁、齐、吴、晋、越五国的局势各自都发生了很大的变化。

子产诵诗,止晋攻郑

晋国想进攻郑国,派叔向去郑国访问,借机观察郑国有没有贤人。郑国的子产为他背诵了《诗经》中《褰裳》篇的第二章:"承蒙你深情地想着我,那就该提起衣裳把河过。如果你不思念我,难道就没有其他男士吗?"叔向回国对晋侯说:"郑国有贤人,子产在那里,不能进攻他们。郑国离秦国、楚国很近,从他背诵的诗中可以看出他们有异心,不能攻打他们。"晋国遂放弃了攻打郑国的念头。

孔子说:"《诗经》中说:'国家的强盛,是因为有人才。'才产背诵了一首诗,就使郑国免于灾难。"

《诗经·褰裳》本是一首表现男女恋爱的情歌。子产借题发挥,极巧妙而又极妥帖地用它表达了自己国家的态度,暗示已了解对方的野心,使对方听而畏惧,不敢攻郑,从而达到不战而胜的目的。当然,并非任何情况下诵诗都能发挥如此巨大的威力。子产诵诗阻止了晋国的进攻,是由于他深知当时天下的形势,了解各国之间的利害和矛盾,否则的话,也是于事无补的。

田单攻狄,三月不下

齐国大将田单想攻打狄国,为此去见鲁仲子。仲子说:"您攻打狄国,不能获胜。"田单说:"我曾以五里大的内城,七里大的外城,外加一些残余力量,打败了拥有万辆兵车的燕国,收复了齐国失地。一个小小的狄国攻不下,您怎么能这样说?"遂上车不辞而别。随后,田单攻打狄国,三个月也没攻下。齐国儿童唱道:"大帽子像簸箕,长宝剑支下巴,攻狄不能取胜,下望垒垒枯坟。"田单这才害怕了。

曾以"破亡余卒,破万乘之国"的田单,素有毫不畏惧的决心,但却因一首童谣而心生恐惧,足见童谣力量之大。"下垒枯丘",形象地预现出攻狄惨败的情景,无疑会使田单听而生畏。

谣言三番,曾母惊逃

从前曾参和他的母亲住在鲁国的费城,城中有个和曾参同姓名的人杀了人。有人赶紧告诉曾参的母亲说:"曾参杀了人。"曾母正在织布,听说后神色镇定自如,不相信是真的,仍旧织她的布。过了一会儿,又有一个人跑来说:"曾参杀了人。"曾母还是不相信,神情镇定地织布。不一会儿,又有一个人跑来告诉曾母说:"曾参杀了人。"曾母听罢,慌忙丢下梭子,走下布机,越墙逃跑了。像曾参那样贤德,母亲又是那样信任他,然而有三个人怀疑误传他的谣言,曾母就相信了,真的害怕儿子杀了人。

这虽是一则误传的信息,却依然产生了谣言的伤害作用,特别是发生在孔门弟子曾参母子的身上,就更具有典型意义,因而经常见于典籍,被古人引用在与人交往的社会生活中。曾参以孝著称,曾母也以知子闻名,然而当三人相继误传时,便动摇了曾母对儿子的信赖,由此可以看出谣言蛊惑人心的程度。俗话说,谣言重复千次就是真理,妙在重复,所以不少阴谋家都把制造和传播谣言作为法宝。我国还有句"众口铄金"的成语,讲的也是这个道理。

赵高除斯,专擅朝政

秦始皇死后,二世胡亥即位。二世为人庸愚而自负,宦官赵高恃恩专恣,独揽大权,多行不法。许多与他结怨的朝臣都被借故诛杀,弄得朝纲大坏,人人自危。赵高惟恐有人向二世奏明其事,处心积虑,日夜谋划,终于想出一条釜底抽薪的妙计。他对二世说:"天子之所以高贵,是因为大臣只能遵行他的旨意,难得与他见面。今陛下年少,天下诸事未必尽通。坐朝廷、见大臣,一旦举措失当,就会被大臣小看,此非所以示神明于天下也。陛下不如深居宫禁之内,遇事与臣等仔细商议,然后采取对策。如此,则大臣不敢奏疑事难为陛下,天下人都会称颂陛下圣明。"二世采用了赵高的建议,从此不再坐朝与大臣面议军国大政。赵高得计,居中弄权,成了事实上的皇帝,主宰一切。

丞相李斯对此十分不满。赵高闻讯,心中怀恨,决心除掉李斯,以绝后患。他对李斯说:"关东一还,群盗横行。如今,皇帝大征徭役,修建阿房宫,积聚狗马无用之物,我很想劝阻,但身贱位卑,不起作用。这正是您应该做的事情,为何无动于衷?"李斯不知赵高的真正用意,回答说:"是这样,我早就想向皇帝进谏了。只是皇帝不坐朝廷,常居深宫,我想说的话,又不能由人转达,想见皇帝,又没有机会。"赵高见李斯中计,心中暗喜。他对李斯说:"如果您能进谏,请让我为您寻找机会。"

不久,赵高通知李斯,请他入宫。当时,二世正在饮酒取乐。乐舞美人,罗列于前,心醉神驰,好不痛快。赵高在侧,曲意逢迎,弄得二世更加飘飘然。赵高见时机成熟,命人传李斯立即来见二世。来人对李斯说:"皇帝正闲着,可以奏事。"于是李斯至宫门,请求见驾,一而再、再而三。二世正在兴头上,闻李斯求见,怒不可遏,骂道:"朕平日有的是闲功夫,丞相从来不求见;偏偏今天朕欢宴之时,丞相请求奏事!丞相这是以为我年少可欺呢,还是以为我愚蠢固陋?"赵高在侧,立即进言道:"先帝驾崩于沙丘之时,李斯曾参与拥立陛下的谋议。如今,陛下已经立为皇帝,而丞相并没有得到什么更多的好处。他的企图,是裂地而封王啊!如果不是陛下问臣,臣何敢言。臣知道李斯的长子李由为三川太守,由于陈胜等人都是丞相的同乡,所以李由纵虎遗患,甚至群盗路过三川城而官军不肯出击。臣听说他们经常有书信往来,只是没有查到证据,不明详请,因此不敢奏闻。更重要的是,丞相居外任事,权重于陛下。"二世听信了赵高的话,族灭李斯,从此,赵高更加跋扈。

赵高小人得志,阴险狡猾。他设计把二世与群臣隔绝开来,这是第一步,实现了控制群臣的目的;然后,设计族灭李斯,这是第二步,实现了控制皇帝的目的。群臣居外,噤若寒蝉,李斯被杀,群龙无首;二世居内,懵然无知,李斯被杀,失去辅佐。李斯在这里是一个关键人物,除掉李斯,可使二世与群臣双方都失去支柱,而只能听任赵高摆布。釜底抽薪,一箭双雕,用心可谓险恶。但是,赵高之计之所以能够得逞,其中的原因并非仅仅在于赵高的手段如何高超。专制政治之下,君臣之间相互睽隔,本来就是不可避免的趋势。天下为私,君主视国家为己产,臣下视君主为路人,互相猜疑,各为身谋。一二贤臣,遇明君尚不能永保无咎,何况李斯乃贪权图富之辈,二世乃昏庸骄纵之人。沙丘定计,苟合而已,一旦生嫌,局面便不可收拾。赵高正是看准了这一点,才能施展手段,除掉李斯,独揽大权。

乘虚用兵,成皋败楚

自从项羽自称西楚霸王,建都彭城(今江苏徐州)以后,刘邦在汉中积极准备攻打项羽。公元前205年4月,刘邦乘项羽出兵山东的机会,占领了彭城。项羽得知后,立即回击刘邦,把汉军打得大败。刘邦带了几十人突围后,退到荥阳(今河南荥阳)、成皋(今河南汜水西北)一带,组织防御。他聚集残军,阻滞了楚军的追击。自此展开了楚汉成皋之战。

楚汉两军相持于成皋、荥阳一线正面战场后,拥有优势兵力的项羽不断向汉军发动进攻。刘邦一面坚持防御,一面积极地展开一系列军事和外交活动,争取有利于决战的局面。在左翼,刘邦派韩信率兵出击,攻打归附楚军的魏、赵、燕、齐等国;刘邦又运用政治手段,使项羽的宿将英布背楚归汉,成了汉军有力的右翼;刘邦又利用活动在楚军后方的彭越部队,作为汉军的"游兵",威胁项羽的心脏地区,刘邦还用计策离间了项羽和他的谋士范增的关系,使项羽失去了有力助手。公元前203年6月,项羽攻陷荥阳,进围成皋。刘邦为了避免不利条件的决战,就放弃成皋,一面征兵,一面派人破坏楚军的粮道,坚守不战,等候战机。

经过两年多相持,到公元前203年10月,侧翼的韩信攻下齐国都城,齐国向楚求援,项羽派了大将率兵二十万援助,结果被韩信歼灭。同时,活动在楚军后方的彭越部队打下了十七座城池,切断了楚军由彭城到成皋的一切供应联系。这时,楚军在战略上已经完全陷入被动。

为了打通粮道,项羽被迫亲自率兵打彭越,而把成皋一线交给曹咎,要曹咎坚守成皋,切勿出战。这时,刘邦认为决战时机已经成熟,便积极策划转入反攻。刘邦利用曹咎性情暴躁、军事素养不高的缺点,令汉军连日在楚军外挑战、辱骂。曹咎在盛怒之下率军横渡汜水,攻击汉军。当楚军刚渡河一半时,汉军发动猛烈反攻,将楚军击溃,又乘胜追击,夺回了成皋。项羽得知后,回军营救,但已难以挽回危局。

成皋之战后,战争的优势和主动权完全落在汉军手里,为汉军在楚汉战争取得全胜创造了有利条件。

楚汉成皋之战,刘邦在战争全局上就是采取釜底抽薪的作战方针,使强大的楚军陷于多面作战的困境,失去战争的主动权。

背水一战,计攻井陉

韩信和张耳,统率几万大军去打赵国,素知井陉口的险要,不敢轻视,屯兵在井陉口三十里外,遣人假装做生意的,混入赵城去探听消息。

赵王急召陈余等商议,谋士李左车献计说:"韩信此次乘灭了魏国的余威,攻打赵国,其锐气是抵挡不住的。不过,我看他的军队战线太长,利在速战速决。井陉这条路十分险阻,只可容单骑通过,车子转弯,队伍不能成列,如果他要从这里进兵,势难兼顾给养,辎重粮草,必定留在后面,只要给我三万兵,绕道出击,截取他的粮草,这里深沟高垒,勿与交锋,到那时,他前进不得,后退不能,野无所掠,粮从何来? 不出十日,韩信和张耳的脑袋就会送上门来了。否则,只凭军队固守是不会退敌的,这就是战术的机动性。"

陈余本是个书生出身的主帅,见识迂拘,自诩以仁义统军,不尚诈谋,便不用李左车计谋。

密探把这个情报告诉韩信,韩信高兴万分,遂令各将领,授以密计,分头部署去了,等到半夜里,全军拔寨起行,每人分给些干粮,传谕大众说:"今日便好攻破赵国,打胜仗再吃早餐!"又挑选精兵二千人,各持汉军红旗,从小路转入小山埋伏,告诉说:"大军和赵军对击,我会诈败引他追击,你等一见

第四编 《三十六计》智谋经典

赵军空营追击的时候,就乘机杀入赵营去,砍倒赵军军旗,换上红旗,坚守着空营,就可以收拾他们了。"

韩信的大军已闯过了井陉口,除余大开营门,出军迎战,恃着兵多势众,一拥上前,使用钳形攻势,想把韩信包围。韩信急下令军士抛鼓掷旗,返身逃脱。赵军见此情形,认为韩信不堪一击,倾营出动,拼力追击,如排山倒海一样,把韩信逼到河边。原来河边上,早已有汉军曹参退等列阵等待,见赵兵纷纷到来,就大声叫:"前面是大河,退无可援了,想活的只有回身反扑。有谁不听令的,立即斩头!"

于是汉军回头反扑,拼死搏斗,无不以一当十。赵军被阻,无法再进。陈余见这样,便下令停止进攻,回营固守。

在回途中,遥见营中的军旗都变了样,一面面的随风飘动,好似红霞散采,鲜红夺目,仔细辨认,分明是汉军的红旗,不由得魂驰魄丧,色沮心惊。正在慌张的时候,斜刺里突出一军,乃是汉将傅宽引兵,又追击到了,两路夹攻,又展开一场大混战。

陈余此时自顾不暇了,连下令都不可能,想指挥一个士兵也无法,大家都在狼奔鼠窜,觅路逃生。

这场混战结果,陈余被杀,赵王与李左车被俘,赵国从此灭亡。

四面楚歌,攻心败敌

历史上暴虐的秦王朝终于在各路反秦武装的围攻下灭亡了。但反秦的各路军队为争夺权势,又互相争斗起来。这其中以西楚霸王项羽和汉王刘邦两路人马的军事力量为最强,所以,他们之间为取得天下,竟进行了五年的对抗战,双方都疲惫不堪,兵士厌战,尤以项羽一方为甚。本来,当战争打到第四年秋天的时候,双方经过协商,决定停战,彼此约定以鸿沟为界限,鸿沟以东归项羽,鸿沟以西归刘邦,各自退兵,再不侵犯。

约定后,项羽把拘押在本营中的刘邦亲属全部送还刘邦,并老老实实地按着协约规定率部向东撤退。刘邦也准备把大军撤回关中地区,然而,他的谋臣张良却向他建议说:"现在楚军已兵疲粮绝,与我军形成鲜明的对照,再者,各路诸侯都归附我们,这有利于我方的形势,决不可退兵,要趁势全歼楚军,以免后患!"刘邦早就有独霸天下的野心,见下僚与他不谋而合,便决定背信弃义,追击项羽。

起初,刘邦手下的战将韩信和彭越见战事又起,热情不高劲头不大。张良见此情形,向刘邦献计说:"要想调动两将军的战斗邀情,必须予之好处,何不告知他们:若打败楚军,将平分楚地,韩、彭各半。"刘邦依计行事。果然,韩、彭两人得此消息,精神倍增,立即大举进兵,直逼项羽于垓下(今安徽灵璧县东南),并将其团团围住。

刘邦等人素知项羽勇猛过人,而且从江东带来的八千子弟兵与他情同手足,要想速胜,谈何容易!最后,刘邦与臣僚们商量出一个计谋:瓦解军心,涣散斗志,离间项羽与其部下的关系。于是,在汉军营中教唱兵士楚地的歌曲,在战场上高唱。一时间,楚军四面楚歌,此休彼起。项羽军队中的士卒听到家乡民歌,备感亲切,自然引起了他们的思乡之情,有的随之唱和,有的潸然泪下,哪还有人有心思打仗。

项羽面对如此情况,真是无可奈何,他的宠妃虞姬舞剑后,鼓励项羽赶快杀出重围,东山再起,说罢自刎身亡。项羽悲愤到了极点,这时汉军杀来,尽管项羽力战乌江边上,且有渡江逃命的机会,但他仍觉得无脸面再回江东,于是拔剑自尽。至此,楚汉之争以刘邦获胜而告终。

刘邦施计"四面楚歌",很见成效,这种攻心战术,使得对方军心迅速涣散,战而胜之,真可谓聪明至极。

以德报怨,巧定臣心

运用釜底抽薪之计,既可以从根本上瓦解敌方的力量,乱中取胜;亦可以从关键处收拾己方的人心,稳定局面。运用之妙,存乎一心,要在掌握形势,击中要害。

汉高祖刘邦以布衣之身得天下,诸将随其征战,浴血半生,历尽艰险。及汉朝初定,刘邦只封了二十几个大功臣,其余文臣武将不得封赏,焦躁不安,日夜争功,人心浮动。朝廷立足未稳,一旦将士哗变,祸乱立生,局面就将不可收拾。

刘邦浑然不觉,谋臣张良暗中着急。一日,刘邦在洛阳南宫与张良散步,偶然看见将士们三五成群,窃窃私语。刘邦顿生疑心,便问张良:"这些人在谈论什么?"张良回答说:"陛下不知道吗?这些人在商议造反啊!"刘邦大惊失色,说:"天下将定,为什么要造反呢?"张良回答说:"陛下以布衣之身,依靠这些人冲锋陷阵,取得天下。如今陛下做了天子,而受到封赏的却都是亲戚故旧,被诛杀者都是平生仇怨。况且军吏计算将士之功,不可胜数,即使陛下把天下的土地人民都拿出来,也不可能使将士们的功劳全部得到酬答。这些人一来担心得不到陛下的封赏,二来惧怕陛下疑忌,获罪受诛,因此相聚私语,商议造反。"刘邦闻言,忧忧于色,只好问计于张良。张良说:"陛下平生最憎恶、而又人人都知道的人是谁?"刘邦说:"雍齿与我有旧怨,又常常使我难堪。我打算杀了他,却又感到雍齿立功颇多,于心不忍。"张良说:"那就尽快封赏雍齿。如此,则群臣之心可以稳定。"

刘邦心领神会,依计而行,立即传令摆下酒宴,封雍齿为什方侯。然后督促丞相、御史迅速给群臣论功行赏。群臣宴罢,喜形于色,都说:"雍齿尚且封侯,我们这些人就更不必忧虑了!"于是人心逐渐稳定,刚刚建立的汉王朝得以避免一次内乱。

张良使用釜底抽薪之计，抽去的是群臣恐惧之心。刘邦初得天下，用己之爱憎行赏施诛，使群臣往往怀有怨望之意。张良为其谋臣，委以心腹之任，虽宜知无不言，亦须见机行事。只有找到恰当场合，耸动刘邦私天下之心，使其认识到形势危险，才能变异其意，封其仇怨。此事中深意，乃以私攻私，非常人可以领略。

计夺兵权，除吕安刘

专治政治得以维持，重要条件之一是掌握兵权。帝王攘夺天下，非由民意公举，根基既弱，如无军队支持，局面自然不能稳定。所以历代统治者无不以控制军队为第一要务。尤其是京师禁卫，守护天子之门户，统帅之任，举足轻重。历史上，勋臣悍将得禁军之助，篡取帝位，例子不在少数。

汉高祖刘邦死后，吕后擅权。吕姓贵戚掌握政柄，封王封侯，拜相拜将，权势炙手，不可一世。吕后死后，诸吕惧大臣不服，行将作乱。周勃、陈平之属乘机谋划除吕氏及其党羽，以安刘氏天下。议来议去，感到赵王吕禄、梁王吕产掌握南北禁军，是一个最大的障碍，双方针夺的焦点，立刻集中于兵权。

陈平老谋深算，善用奇计。他与周勃密议，劫持老臣郦商，命其子郦寄去见吕禄，动员吕禄交出兵权。郦寄素与吕禄友善，见到吕禄后，道明来意。他对吕禄说："高祖与吕后共定天下，四海皆知，刘氏所立九王，吕氏所立三王，皆大臣计议，宣示诸侯，天下并无异词，如今，吕后驾崩，皇帝年少，足下不马上前往封国，享受富贵，反而率领禁卫军久驻京师，为大臣所疑忌。如今，外有刘氏诸王之兵内有刘氏旧臣之谋，内外交困，足不何不归还将印，把军队交给太尉周勃，并请吕产归还相印，与大臣盟誓，归于封国？如此，则外兵必罢，大臣安心，足下可高枕无忧而为千里之王，此万世之利也！"吕禄认为郦寄言之有理，欲从其计，但吕产等人犹豫不决，事情便拖延下来。不过，吕禄不知陈平之谋，尚以郦寄可信，经常与其外出游猎。

不久，有使者自外而来，把大臣与刘氏诸王合谋诛杀吕氏的计划告诉了吕产，并请吕产从速入宫，以备不测。陈平，周勃得到消息后，打算入北军军营，夺取军队，但被阻拦未果，周勃只好又派郦寄支说服吕禄。郦寄对吕禄说："皇帝令太尉周勃统领北军，希望足下归国。您应尽快归还将印，告辞而去，不然，大祸即将临头！"吕禄以为郦寄不会欺骗自己，遂交出将印，把军队授予周勃。周勃进入北军军门，下令曰："支持吕氏者右袒，支持刘氏者左袒！"

一军将士尽为左祖,左军遂定。

此时,吕产尚不知吕禄已将左军交出,率从官欲入未央宫,至殿门,不得入,徘徊往来,计无所出。周勃闻报,急发兵卒千余人,击吕产于廷中。正巧狂风骤起,吕产等人不战自乱,逃到郎中府吏厕所中藏匿,被朱虚侯杀死。周勃遂分派人马,将吕氏宗族不分老幼,一律搜捕处斩,大局始定。

吕后临终时,曾告诫吕产、吕禄:"吕氏为王,大臣心中不平。我死以后,皇帝年少,恐大臣乘机为变。务必据兵守卫禁宫,不要轻易离开军营,以免为人所制!"不料吕禄如此庸愚,轻信郦寄之言,交出军队,终于导致灭族之祸。所谓太阿倒持,授人以柄。

强削藩乱,智削藩平

秦并天下,废分封,立郡县,海内一统,大权归于中央,无复东周列国纷争,民不聊生之象。不料,秦祚短促,二世而亡。及刘邦立汉,惩秦之弊,以为秦朝之亡,在于宗室无尺土之封,势弱力单,危难之际,不足以藩屏帝室,于是大封同姓诸王,割地裂土,遂致诸侯林立,各自为政。

诸王之中,吴王刘濞等七国势力最强。吴国地处东南,饶铜、盐之利,财力殷实,百姓无赋,乐为用命。吴王刘濞久蓄异谋,招诱天下亡命,四十余年之中,骄横跋扈,朝廷不能制。景帝时,晁错几次上书,奏言刘濞之罪,建议削弱诸王。其说云:"昔高祖初定天下,昆弟少、诸子弱,于是大封同姓,齐七十余城,楚四十余城,吴五十余城,天下之土,几去其半。过去,吴王与文帝太子有旧怨,诈称老病,不肯朝觐,罪不容诛,而文帝不忍,赐几杖,厚抚慰。殊不料吴王不仅不能痛改前非,反而日益骄恣,即山铸钱,煮海水为盐,招诱天下亡命之徒,图谋不轨。如今,吴王反意已定,反势已成,削之亦反,不削亦反。削之则其事立发,祸小;不削,养虎遗患,尾大不掉,其事拖延下去,祸大。"景帝采纳了晁错的建议,削除了楚国的东海郡、赵国的常山郡以及胶西的六县。

朝廷计议削藩,吴王刘濞恐惧,遂密谋举事。公元前154年,刘濞联合楚、胶西等七国,以诛晁错、清君侧为名,悉发国内丁壮,凡二十万余人,起兵于广陵,攻掠州县,西渡淮水,数破官军。一时之间,形势突变。

晁错建议削藩,其父闻讯,对他说:"皇帝初即位,你掌握大政,建议侵削诸侯,离间刘氏骨肉,天下哗然,议论纷纷,你这是何苦呢?"以窦婴、袁盎为首的大臣,也认为削藩之举不宜操之过急。但是,晁错认为,"不如此,则天子不尊,宗庙不安。"义无反顾,一意孤行。晁错用意,并非不善。问题在于,以当时形势,强行削藩,势必招来祸乱。晁错两害相权取其轻,为国设谋,忠诚有加,却不料遭到政敌攻击,内外交困,衣朝服被腰斩于东市。扬汤止沸,其害至深,晁错不了解其中的利弊,遂致身死国难。

晁错被杀以后,吴楚七国并不肯罢兵。战事进行了许久,七国之乱方才平息。但诸王实力尚强,时有嫌隙,国家无力一一剿除,只好迁就姑息。

汉武帝即位以后,锐意进取,削平藩镇,势在必行,但又惧怕激起祸变,因此左右为难。公元前127年,临菑人主父偃为中大夫,他向汉武帝建议说："古者分封诸侯,地不过百里,强弱悬殊,易于控制。如今,诸侯或连城数十,或地方千里,缓则矣奢,易为淫乱;急则恃强造反,联兵进攻京师;以法割之,又恐激起祸变,晁错前车之鉴,不可不审。如今,诸侯子弟为数极多,除嫡长子之外,虽为骨肉,亦无尺土之封,于仁孝之道大不相宜。臣请陛下令诸侯推恩分封其子弟,使诸侯之子皆得裂地封侯,人人得其所愿,心中必喜。表面上是施恩于诸侯,实际上是分割其国,使其由大而小,不削自弱,自消自灭。"汉武帝闻言大悦,立即下诏施行。诏书曰:"诸侯王如欲推私恩分其子弟以户邑者,令各奏明,朕将亲自定其名号。"诏书颁布之后,诸王侯陆续分封子弟,称侯者遍及天下。原来国强地广的诸王,很快就分割成许多小国,实力大大削弱。其后,朝廷一一加以削除,而诸侯国小力单,已无力反抗,只好俯首听命。

主父偃之谋,顺乎形势,合于人情,因势而利导,使诸王乐从,确定高出晁错一筹。其实,中国之积弊,冰冻三尺,非一日之寒,急功近利,往往不仅不能奏效,还会激起祸变,使局面不可收拾。历史上许多改革家,处心各虑,以身许国,结果却是出师未捷,前功尽弃,关键就在于不了解这一点。而那些老谋深算之人,往往暗中着手,釜底抽薪,于关键而不显眼之处下工夫,事半功倍,收神奇之效。

避锋劫粮,大败叛军

公元前154年,吴王刘濞串通楚汉等七个诸侯国,联合发兵叛乱。他们首先攻打忠于汉朝的梁国。汉景帝派周亚夫率三十万大军平叛。这时,梁国派人向朝廷求援,说刘濞大军攻打梁国,我们损失了数万人马,已经抵挡不住了,请朝廷急速发兵救援。汉景帝也命令周亚夫发兵去梁国解危。周亚夫说:"刘濞率领的吴楚大军,素来强悍,如今士气正旺。我与他们正面交锋,一下恐怕难以取胜。"汉景帝问周亚夫准备用什么计谋击退敌军。周亚夫说,他们出兵征讨,粮草供应特别困难,我们如能断其粮道,敌军定会不战自退。

荥阳是扼守东西二路的要冲,必须抢先控制。周亚夫派重兵控制荥阳后,分两路袭击敌军后方;派一只部队袭击吴、楚供应线,断其粮道;自己亲自率领大军袭击敌军后方重镇冒邑。周亚夫占据冒邑,下令加固营寨,准备坚守。刘濞闻报大惊,想不到周亚夫根本不与自己正面交锋,却迅速抄了自己的后路。他立即下令部队迅速往冒邑前进,攻下冒邑,打通粮道。刘濞数十万大军气势汹汹,扑向冒邑。周亚夫避其锋芒,坚守城池,拒不出战。敌军数次攻城,都被城上的乱箭射回。刘濞无计可施,数十万大军驻扎城外,粮草已经断绝。双方对峙了几天,周亚夫见敌军经数天饥饿,士气衰弱,已经毫无战斗力了。他见时机已到,调集部队,突然发起猛攻。精疲力竭、软弱无力的叛军不战自乱。叛军大败,刘濞落荒而逃,在东越被杀。

拿人把柄,为我所用

汉代的朱博本是一介武将生,后来调任左冯翊地方文官,利用一些巧妙的手段,制服了地方上的恶势力,被人们传为美谈。

在长陵一带,有个大户人家出身的名叫尚方禁的人,年轻时曾强奸别人家的妻子,被人用刀砍伤了面颊。如此恶棍,本应重重惩治,只因他大大地贿赂了官府的功曹,而没有被革职查办,最后还被调升为守尉。

朱博上任后,有人向他告发了此事。朱博觉得太岂有此理了!就见尚方禁。尚方禁心中七上八下,硬着头皮来见朱博。朱博仔细看尚方禁的脸,果然发现有瘢痕。就将左右退开,假装十分关心地询问究竟。

尚方禁做贼心虚,知道未博已经了解了他的情况,就像小鸡啄米似的接连给朱博叩头,如实地讲了事情的经过。头也不敢抬,只是一个劲地哀求道:"请大人恕罪,小人今后再也不干那种伤天害理的事了。"

"哈哈哈……"朱博突然大笑道:"男子汉大丈夫,本是难免会发生这种事情的。本官想为你雪耻,给你个立功的机会,你能自己效力吗?"

于是,朱博命令尚方禁不得向任何人泄露今天的谈话情况,要他有机会就记录一些其他官员言论,及时向朱博报告。尚方禁已经俨然成了朱博的亲信、耳目了。

自从被朱博宽释重用之后,尚方禁对朱博的大恩大德时刻铭记在心,所以,干起事来特别卖命,不久,就破获了许多起盗窃、强奸等犯罪活动,工作十分见成效,使地方治安情况大为改观。朱博遂提升他为连守县县令。

抓刀要抓刀柄,制人要拿把柄。智者在对手身上发现了弱点,从不会轻易放过,而是用其弱点"拿住"他为我所用。这种方法可应用在对下属的控制上。

言归正传,又过了相当一段时期,朱博突然召见那个当年受了尚方禁贿赂的功曹,对他进行了独自的严厉训斥,并拿出纸和笔,要那位功曹把自己受贿的一个钱以上的事通通全部写下来,不能有丝毫隐瞒。

那位功曹早已吓得筛糠一般,只好提起了笔,写下自己的斑斑劣迹。

由于朱博早已从尚方禁那里知道了这位功曹贪污受贿,为奸为贼的事,所以,看了功曹写的交代材料,觉得大致不差,就对他说:"你先回去好好反省反省,听候裁决。从今后,一定要改过自新,不许再胡作非为!"说完就拔出刀来。

那功曹一见朱博要拔刀,吓得两腿一软,又是打躬又是作揖,嘴里不住地喊:"大人饶命! 大人饶命!"只见朱博将刀晃了一下,一把抓起那位功曹写下的罪状材料,三两下,将其裁成纸屑,扔到纸篓里去了。

自此后,那位功曹终日如履薄冰、战战兢兢,工作起来尽心尽责,不敢有丝毫懈怠。

曹操行诈,欺父间叔

三国时代的曹操,是一个善权变、足智多谋的人。但他自幼却是个不务正业,喜欢飞鹰走马、游荡无度的人。曹操有个叔父,对他管得甚严,每当看到他的不端行为,便去告诉他的父亲曹嵩。为此,曹操经常受到父亲的责罚。曹操对叔父十分不满,又奈何他不得,便采取釜底抽薪的办法,设计离

第四编 《三十六计》智谋经典

间他父亲和他叔父的关系。有一天，曹操与叔父在路上相遇，忽然一头栽倒在地，口吐白沫。叔父不知是计，吃惊地问他怎么了，曹操回答说："也许是中了恶风。"叔父信以为真，连忙跑去告诉他的父亲，曹嵩闻讯赶到，却发现曹操口貌端正，全然没有中风的样子。他不禁问道："你叔叔说你中风，难道没有这回事吗?"曹操反口说道："我本来没有中风，只是叔叔不喜欢我，才到你那里说我的坏话。"从此，曹嵩便对曹操的叔父产生了疑心，他再去告曹操的状，曹嵩也不相信了。失去了父亲和叔父的管教，曹操变得更加恣意妄为了。

李孚伪饰，进出围城

建安年间，袁绍之子袁尚统治冀州，以李孚为主簿。后来袁尚与他的兄长袁谭争权，便率兵向据守平原的袁谭发动攻击，留别驾审配镇守邺城，李孚随袁尚一同出征。恰逢太祖曹操统领大军包围邺城，袁尚便从平原撤兵回救邺城。行至半路，袁尚担心邺城兵力装备不足，又想让守城主将审配了解外面的动向，便与李孚商量准备派人进入城中。李孚对袁尚说："现在要是派一个头脑简单的人去，不但不能了解内外的情况，恐怕连城都进不去。我请求您让我亲自去一趟。"袁尚问李孚："需要多少人马?"李孚说："听说邺城被包围得很严，人多了容易暴露，我认为只要带三个骑兵就够了。"袁尚采纳了李孚的计谋。李孚亲自挑选了三名温和诚实的骑兵，没告诉他们上哪儿，只是命令他们备好干粮，不得携带武器，每人配备了一匹快马。李孚告别了袁尚南去，夜晚就在驿站落脚休息。等到达梁淇时，李孚让随从砍了30根刑杖，挂在马鞍旁，自己戴上曹魏武官的头巾，率领三个骑兵，傍晚时来到邺城城下。此时，曹大将军虽有禁止进出城的命令，但出城割草放牧的仍然很多。因此李孚在夜间赶到邺城外，趁鼓敲一更时分混入曹魏的围城军中，自称巡视都督，从北面进入曹魏的大军营区，沿着标记，向东巡查，再从东绕过标记，向南查巡，一路上不断呵斥围城的将士，遇到违反规定的，根据情节轻重，分别给予处罚。接着经过曹操所驻的军营前，径直奔向南围，从南围角西折，来到了正对着章门的正南门，李孚又怒责守围的曹军，还命令手下的人把他们捆绑起来。随即打开围门，策马奔到城下，向城上守军呼喊，城上人垂下绳索，把李孚吊上城去。审配等守城将士见到李孚，悲喜交集，高呼万岁。围城的曹军把李孚巧扮武官入城的情况上奏曹操,曹操笑着说:"他不光能进城,而且不久他还能出城。"李孚办完事后想回去,但考虑到守围的曹军已加强戒备,不能再冒充曹军武官。然而,自己重任在肩,必当火速返回,便暗设一计,请求审配说:"如今城里粮少人多,可以把一些老弱无用者驱逐出城,来节省粮食。"审配接受了他的建议,连夜挑选了几千人,让这些人每人拿着一面小白旗,从凤阳门、章门、广阳门一起出来投降。还命令他们人人都持火把,李孚和三个骑兵也换上了"投降"百姓的服装,随着他们乘夜混出。这时,守围的曹军将士,听说城里的人都出来投降了,所持火炬的光亮照耀着天地,便一起出来观看炬火,不再看守城围。李孚等人出了北门,便从西北角突围而去。

头脑愚笨的人固然不配当间谍,但同是间谍,也仍然有头脑简单与头脑复杂之分。这里的头脑复杂,是指与他人相比,观察问题更为全面细致,分析问题更为客观深刻,处理问题更能随机应变。一句话,头脑复杂的间谍决不教条主义式地去遵循一定之规,而总是以出人意料取胜,常常会"能人所不能"。李孚就是这样的一位间谍。他乔装打扮,进入敌营。在敌营中,他明明是外来的间谍,却摆着主人的架子,装腔作势地查巡;对本来应当避开的敌兵,却公然责罚捆绑,令他们噤若寒蝉,没有清醒的头脑去判别真伪。出城之时,又用与进城时截然不同的方法:众人诈降,麻痹敌人;炬火照耀天地,将守围敌兵调离哨位。然后换上百姓服装,乘夜混杂而出。看来,作战也好,为间也罢,只有想在对方前面,才能走在对方前面;只有力避被动、力争主动,才能稳操胜券。

邓芝巧言,离间魏吴

魏文帝黄初四年(公元223年)八月,蜀汉国义阳人邓芝向诸葛亮建议说:"如今皇帝幼弱,又刚即帝位,应当派遣使者前往东吴,与吴国恢复邦交关系。"诸葛亮说:"这事我已考虑很久了,只是没有合适的人选,今天我终于找到了。"邓芝问:"这人是谁?"诸葛亮说:"就是你呀。"遂派邓芝以中郎将的身份去吴国重归和好。这一年的冬季十月,邓芝到了吴国,此时,吴国君主孙权还没和曹魏完全断绝关系,正狐疑不安,不能决定是否会见邓芝。邓芝直接上书给孙权请求会见,书中说:"我今天来此地,不光是为了蜀汉的利益,也是为东吴考虑。"孙权会见邓芝说:"我的确愿意与蜀汉重归旧好,只是担心你们蜀汉皇帝幼弱,国土太小,而又受到逼迫,将被曹魏乘机侵犯,自身难保。"邓芝回答说:"吴、蜀两国,占有荆州、扬州、交州、益州的广大土地。大王您是当世的英雄,诸葛亮也是一代豪杰。蜀国地势险要,固若金汤,东吴有三江之险倚仗。集合两国这两点长处,形成唇齿之势,进可吞并天下,退可鼎足而立,这是自然之理。大王您如今要是归附曹魏,曹魏必然期望您到魏朝廷朝见,其次也会要求太子到魏国做侍从,若是您不同意,他们则会以此为借口讨伐你们,蜀汉也正好顺流,见机而进,如果形成这种局面,长江以南的土地就不会再归您所有。"吴王沉默了好久才说:"您说得对。"遂与曹魏断交,单跟蜀汉联合。

魏、吴、蜀三国,魏占天时,吴据地利,蜀有人和,但就实力而言,魏国明显地强于吴国和蜀国。因此,邓芝以唇齿相依、唇亡齿寒的道理来离间魏吴的关系,说明蜀吴联合的重要性和必要性。离间者总是有着自己的立场、目的和出发点,但决不能一味地想着自己一方的利益,而应当推己度人,站在同盟者(或将要成为同盟者)的立场上,"实实在在"地为他们考虑一下得失。只有这样做事,才能消除狐疑,打动人心,达到目的。邓芝说吴就是以此成功的。

白衣渡江,智胜关羽

公元217年,孙权命吕蒙就任汉上太守,驻守陆口。这样,吕蒙便与西蜀驻守荆州的关羽形成了对峙的局面。

吕蒙早就看出关羽是骁勇之将,并有吞吴之心,迟早会发兵进攻东吴。便表面上与关羽修好,背地里却积极练兵备战。

公元219年,关羽率军攻打曹军的樊城,吕蒙认为消灭关羽的时机已到,急忙向孙权上疏:"关羽进攻樊城,留守部队却很多,显然是担心我抄其后路。我常常有病,请以治病为名把我召回建业,关羽听说我离开汉上,一定会把南郡、公安的军队调往樊城前线。那时,我军就可沿江昼夜急进,偷袭其空虚之后方,则南郡可得,关羽可擒矣。"于是,吕蒙扬言自己病重,孙权派人把他召回了建业。为了稳妥起见,吕蒙推荐了很有才能但名气不很大的陆逊代替了自己。

陆逊到了汉上之后,依吕蒙之意,派人给关羽送去了一封信,在信中极为称赞关羽的才能。关羽接到信后,觉得替换吕蒙的陆逊是个没有经验的青年将领,也就认为大可不必疑虑重重了,这样,便把驻守在南郡的军队调出一部分到樊城前线。

关羽水淹了曹操派来救援的七军,大败于禁之后,粮食出现了危机,他为应急而抢夺了东吴储存在湘关的粮食,这下,就给孙权进攻关羽制造了口实。于是,吕蒙率军进攻关羽。

吕蒙率精锐部队沿江而上,昼夜兼程。进到浔阳后,便把所有的战船都伪装成商船,使士卒一律换上商人穿的白色服装,船甲上不见几人,而在船舱中埋下精兵。关羽的守兵见是白衣商人,就允许他们把船停在江边。这样,吕蒙军每到一处,便把守候烽火台的荆州士兵全部缚住,以至于吕蒙来到了公安、江陵之地,关羽毫无所知。

驻守江陵、公安的关羽部将糜芳、傅士仁,平素与关羽有隙,吕蒙利用这个矛盾令故骑都尉虞翻给傅士仁写信,向其讲明成败利害。傅即投降,糜芳随后亦降。吕蒙占据江陵后,对于关羽及其将士家属,全都给以抚慰,并且命令全军,不得掠扰百姓,以此来笼络民心。

关羽得知南郡失守后,数次派人来打探吕蒙动向。吕蒙又厚待来使,并且让使者在城中周游,访问关羽及其将士的家属,同时让家属给亲人写信。当使者回到关羽军中时,将士们得知自己家中平安无事,受待遇还胜过以往,故而无心再与东吴打仗,有些人甚至偷偷地逃回江陵。由于军心瓦解,最后关羽在与孙权交战时,败走麦城,吴军擒获关羽,斩首。

大败关羽,关键在于吕蒙伪称有病而使其不备,白衣渡江而使其无防,进城安民而使其军心涣散。在计谋上,每一步都显示出吕蒙棋高关羽一招!

满宠移城,计败孙权

三国魏文帝青龙元年(公元 233 年),满宠任征东将军,负责扬州一带的军事,坐镇合肥。当时,合肥城南临大江,北与寿春相距又远,东吴看到合肥城这一弱点,所以,经常出动水军骚扰此城。而当曹魏派兵救援时,吴军已占得了便宜,从水路撤走了。这样,吴军扰困合肥,魏军疲于奔命。

这一年,满宠为了根本解决肥城问题,经过深思熟虑,向文帝上书,建议把合肥城西移三十里。因为那里有险可守,而且离江较远,一旦吴人前来攻扰时,必须弃船陆战,这样吴军便失去了水军优势,这利于魏军与敌作战。

书信送至朝廷后,护军将军蒋济极力反对,他认为"迁城"是"示天下以弱",同时也是自己放弃防守的畏敌策略。魏文帝见此话有些道理,一时不知孰是,于是,便把满宠的请求搁置起来。后来,满宠又一次上书说辩此事,朝廷此时也无良策来平息合肥战事,便同意了满宠的请求。

魏人兴师迁动合肥城,东吴自孙权以下都议论纠纠,多数人认为满宠因恐惧而迁城,应趁其新城立足而未稳急攻之。孙权认为是,便即率大军渡江,准备攻打合肥新城。临上船时,孙权得意地对臣下说:"不出数日,一定可以占据合肥。"

当孙权得意洋洋地抵达新城时,不禁大吃一惊,原来这座新城坐落在距江边很远的地方,而且依险而筑,即使没有援兵,孤城也可以支持数载。当下,孙权下令所有部队返回船上,并把战船泊在江中,再另商议。结果,孙权真是骑虎难下,有心攻城,但城距岸边及远,一旦曹军出奇兵断后路,后果不堪设想;如若回军,这一无所获的进军与自己行前所言不符,脸面上何能过去!

此时,满宠把孙权的行动看在眼里,已分析出他游移不定的心理。他想,孙权不会贸然攻城,陷入持久之战;也不会悄然撤军,有违其脸面。孙权极有可能派军队到岸边炫耀,为自己找得下台阶的借口。于是,满宠便布置了六千骑兵埋伏在城后,准备一旦吴兵上岸,便突然发起冲锋,打敌人于措手不及。

过了几天,果然有几千吴军将士从船上下来,爬上江岸,在岸边一片开阔地带往来驰骤。正当这些吴兵忘乎所以的时候,满宠下令伏兵出击。霎时间鼓角齐鸣,城后六千骑兵从天而降,直扑到毫无准备的吴兵面前,似猛虎驱羊一般地砍杀起来。吴兵顿时大乱,毫无斗志,转瞬间吴兵横尸遍地,有些跑不及的竟然跳入江中,这下,被水淹死的又是无数。孙权眼见岸上吴军的败象,无可奈何,最后,只好拉起败师而归。

街亭一败,祸及全军

公元228年1月,诸葛亮率蜀军主力6万余人北攻曹魏,一路所向披靡,连克天水(今甘肃甘谷东南)、南安(今甘肃陇西东)、安定(今甘肃泾川西北)三郡,兵临渭水之西,远近州县之敌,望风而降。一时间魏国上下人心惶惑。魏明帝曹睿急调右将军张郃率步骑五万,自洛阳驰赴关中,救援陇右。张郃没有同蜀军主力正面交锋,而是直插其侧翼,奔袭位于渭河与麦积山(今甘肃天水县东南)之间的街亭(今甘肃天水县东南街子口)。街亭是由陕入陇要隘,地理位置极为重要。诸葛亮一时失察,派没有实际作战经验的马谡为将,分兵据守。马谡刚愎自用,以为街亭只是山僻之险,魏军不会前来。岂料张郃大军神速而至,把蜀军四面围定,并断了汲水之道。马谡多次冲击无效,军中断水,军心动摇,最后马谡只得驱残兵逃遁。街亭失守后,蜀军侧后受到严重威胁,全线陷于被动。诸葛亮前功尽弃,被迫退回关中。

祖逖北伐,示丰退敌

公元319年4月,晋蓬陂坞主陈川投降后赵,晋将祖逖攻陈川与后赵援兵,战于浚仪,失利,一退梁园,再退淮南。后赵石虎将陈川部属5000余人徒往襄国,留其部将桃豹守陈川故城。次年,祖逖部将韩潜与桃豹分别占据陈川故城,桃豹居西台由南门出入,韩潜居东台由东门出入,两军对峙无战40余天。祖逖见桃豹恃强据城不去,遂使"示丰计"。他命令用布袋装土如盛米状,使军士千余运上台,招摇过市,示丰于桃豹。为了使桃豹坚信晋军粮丰,祖逖又使数人担米,佯作疲劳态而休息于道中,待后赵兵一到,即弃下粮担而去。桃豹的军队缺粮已久,得祖逖"示丰"遗道之米,以为祖逖军粮食丰足,对垒之志遂发生动摇。祖逖用"示丰计"疑兵惑敌之后,又使军队邀劫后赵运粮部队,尽获其军粮。釜底抽薪,给桃豹以真实的一击。桃豹在这种晋军丰食而我匮粮的真假不分的判断下,只好三十六计"走为上",趁夜撤兵归师。祖逖因此趁势收复失地,并频频而击后赵。自黄河以南诸地,因此形势变化而纷纷叛后赵归晋。

胡笳一曲，吹退敌兵

刘琨少年时就很有志气，并且具有政治家、军事家的才干。他喜好同那些比自己强的人交往，同时颇有些浮夸。他同范阳的祖逖是好友，当他听说祖逖被重用时，给亲友写信说："我每天睡觉时枕着兵器，等待着天亮，一时也不敢松懈地准备报效国家，志斩叛逆者，我惟恐祖逖早于我挥舞军鞭。"

他奋发向上，对自己期望很高。在晋阳一次战斗中，他们被胡人的骑兵重重围困，城中处境异常困难。刘琨乘着月光登上城楼，发出阵阵凄凉的长啸，胡兵听后都凄然长叹。夜深时，刘琨又吹奏起悲凉的胡笳，胡兵听后都深切怀念故乡和亲人，忍不住地抽泣起来。次日拂晓，刘琨再次吹奏胡笳，胡兵听后纷纷放弃对晋阳的包围，返回家乡了。

歌声运用得巧妙，是可以拨动人心弦的。刘琨知己知彼，了解敌军在异地他乡作战的心理状态和弱点，当夜幕来临，明月高照之时，他用阵阵清啸打动胡兵，使他们产生凄凉之感，为吹奏胡笳做准备；接着，在深夜吹奏起悲凉的曲调，勾起那些辗转难以入眠的官兵们的思乡之情；以后，当他再次于拂晓吹起胡笳时，敌人大概已由思乡发展到对掠夺外族战争的厌倦了，终于撤围而去。歌声居然有如此之大的威力，实在令人感叹不已。

孝宽谣歌，杀斛律光

斛律光英勇善战，北周将军韦孝宽屡次被他打败，对他十分仇恨，于是编造了歌谣，让间谍人员故意在北齐的都城泄漏宣扬。歌谣是："百升飞上天，明月照长安。"（百升指的是斛字，照长安指的是要夺皇帝的权）另外还有"高山不摧自崩，槲树不扶自竖"。（意思是说皇帝要倒台，斛律光将不扶自竖。）同斛律光有矛盾的祖珽又故意续加了两句："盲眼老公将被大斧砍背，饶舌老太太将病得说不出话。"让小孩子在路上传诵这些歌谣。

穆提婆听说后，把此事告诉了曾经做过皇帝乳母的母亲令萱。陆令萱认为"饶舌"是斥责自己，"盲老公"是讽刺祖珽，所以联络祖珽进行密谋，向皇帝启奏说："斛律家几世做大将军，斛律明月声名震扬关西，其弟斛律丰乐威风扩散到了突厥，明月的女儿是皇后，儿子娶了公主，关于他的歌谣是很可怕的，对皇帝是大威胁啊！"

不久，皇帝召见斛律光，把他引入凉风堂，下臣刘桃枝趁其不备用刑具从后身紧拉住斛律光，并将他击死在堂下，时年五十八岁。皇帝下诏说："斛律光将谋反，所以依法斩杀了他。他的家属不受牵连，不会因此问罪。"但不久又下诏处斩斛律光的全家，连同他的弟弟、侄子等一律杀绝。

北周武帝听说斛律光死了，非常高兴，并因此在国内进行大赦。以后，北周灭掉了北齐，占领了邺城，为笼络北齐的民心，周武帝追赠斛律光为上柱国和崇国公，并指着追赠的诏书说："这个人如果在，我怎么能到邺城，灭掉齐国呢？"

斛律光是北齐英勇善战的功勋，却死在了君王的疑忌之下。在真刀真枪的战场上接连败北的韦孝宽，则在斗智的战场上转败为胜，用歌谣杀害了自己惧怕、嫉恨的劲敌。在这里，谣言的力量胜过了千军万马。它以诗歌的形式传播,迅速隐蔽,在敌人内部挑起事端,制造猜疑,遂使矛盾激化。韦孝宽从而借敌之手杀敌之将,达到了坐收渔利的目的。

燕将忍辱,侦破敌情

晋成帝咸和八年(公元333年),慕容皝即位做了前燕国君。他执法严厉苛刻,国中百姓多感不安。主簿皇甫真恳词劝谏,慕容皝不听。慕容皝的同父异母兄建威将军慕容翰、同胞弟弟征虏将军慕容仁,都智勇双全,数建战功,深受士兵拥戴;小弟慕容昭,才艺超群。三人皆受父亲慕容廆的宠爱,慕容皝因此忌惮他们。慕容翰叹息道:"我做的事,都是秉承父亲的旨意,不敢不尽力,有幸依赖父亲的神灵,所向披靡,这是上天辅助我国,并不是人的力量所及。而世人认为这全是由我所为,便认定我有雄才大略,难以制服,我怎能坐而待祸呢!"遂带着儿子逃奔到段氏部落。段氏部落的首领段辽早已听说过慕容翰的才干,希望他能留下为己所用,便很爱惜敬重他。

后来,段辽因弟弟段兰和慕容皝作战惨败,不敢再和前燕对抗,遂率领妻子儿女、宗族富户一千余家,放弃了首府令支逃奔了密云山。临行时,段辽拉着慕容翰的手哭泣着说:"先前没听你的话,自取败亡。我本该如此,只是让你无处安身,深感惭愧。"慕容翰便向北投奔宇文部落。

宇文部落的首领宇文逸豆归嫉恨慕容翰的才能名声,慕容翰便假装疯癫,狂饮醉喝,有时随处躺卧、随处便溺;有时披头散发、狂呼乱叫,靠跪拜讨食度日。宇文部落的人都看不起他,随他放任自流,不再审查看管。因此,慕容翰能在宇文境内随意往来,山川形势,都默记在心。燕王慕容皝认为慕容翰当初并非叛乱逃亡,而是因猜疑而出奔,他虽然身在异国,却常暗中为燕国考虑,便派商人王车前往宇文部落,以经商为名察看慕容翰的意图。慕容翰见到王车,缄默不语,只是拍胸点头。慕容皝说:"慕容翰是想回来呀。"于是,又派王车去接慕容翰。慕容翰能拉动三石多重的强弓,箭尤其长、大,慕容皝为他造了可手的弓箭,让王车把它埋藏在道旁,然后密告慕容翰。晋咸康八年(公元342年)二月,慕容翰偷窃了宇文逸豆归的名马,带着他的两个儿子去埋藏地取了弓箭,逃归故国。宇文逸豆归派一百余位勇敢善战的骑兵追捕。慕容翰说:"我久客他乡,思归心切,既然已经上马,绝无再回之理。我从前装疯卖傻是为了欺骗你们,我的本领仍然不减当年,你们不要逼我太甚,自取灭亡。"追兵没把他放在眼中,策马直冲而来。慕容翰说:"我久居你们国家,尚有眷恋之情,不想杀你们。你们把刀立在离我一百步远的地方,我射它。若是一箭射中,你们就回去;若是射不中,你们可以前来追我。"追兵解下身上的佩刀,把它立在地上,只一箭,就射中了佩刀环,追兵逃散而去。慕容皝听说慕容翰回来了,很高兴,以厚礼相待慕容翰。

这一年的冬季十月,建威将军慕容翰对慕容皝说:"宇文部落一直强盛,总是我国的祸患。现在宇文逸豆归篡权夺位,人心不服,再加上他昏庸愚昧,将帅都是些平庸之辈,国家没有防卫的力量,军队没有经过严格训练。我久居他国,熟悉他们的地理形势。虽然他们依附强大的羯族,但羯人离宇文部落较远,声势不能相接,救援不上。现在若是攻打它,百战百胜。然而高句丽国离我们很近,一直在打我们的主意,他们知道,宇文部落如果灭亡,

灾祸将降临到自己头上，所以一定会乘虚而入，袭我不备。如果我们留的士兵少，则不足以坚守；如果留的兵多，又不利于前方。高句丽国是我们的心腹之患，应该先把它除掉。从他们的势力来看，一举即可攻克。宇文部落只不过是个恪守己利的敌人而已，一定不能远来争利。夺得了高句丽，再来攻取宇文部落，易如反掌。荡平了高句丽、宇文部落，我们所获的利益就可广至东海边，国富兵强，而无后顾之忧，然后就可专力图谋中原地区了。"慕容皝说："好主意。"遂发兵袭击高句丽国，捣毁了高句丽凯旋。

晋康帝建元元年（公元343年），春二月，宇文逸豆归派宰相莫浅浑率兵攻打燕国。燕国的将领争相领兵迎战，燕王慕容皝不允许。莫浅浑以为慕容皝害怕他，便狂饮纵猎，不加防备。慕容皝命令慕容翰出击，打败了莫浅浑的部队，仅莫浅浑一人逃脱性命，其他的人全都做了俘虏。

晋康帝建元二年（公元344年）春季正月，燕王慕容皝与左司马高诩谋划讨伐宇文逸豆归，高诩说："宇文部落很强盛，现在不把它打败，必是我国的后患。攻打它一定能胜利，然而对我们将帅不利。"高诩出来对人说："我这次出征，肯定不会再回来，但忠臣不避死。"于是，慕容皝亲自率领部队攻打宇文逸豆归，让慕容翰为前锋将军，刘佩为副将军，又分别命令慕容军、慕容恪，慕容霸及折冲将军慕舆根率兵分三路并进。高诩临出发时，派人传话安排了家事就动身了。

宇文逸豆归派南罗城主涉夜干率精兵迎战，慕容皝派人策马急驰前线，对慕容翰说："涉夜干勇冠三军，最好稍稍躲避一下。"慕容翰说："宇文逸豆归倾其国内精兵交付涉夜干，涉夜干素以勇敢闻名遐迩，为国家的中流砥柱。现在我要是把他打败了，宇文部落就不攻自溃了。而且，我了解涉夜干的为人，虽然名声在外，其实很好对付。不应该躲避他，来挫伤我军的士气。"遂开始进攻。慕容翰亲自冲锋陷阵，涉夜干也出阵迎战，慕容霸从侧翼拦击，遂斩涉夜干。宇文部落的士兵见涉夜干被杀，不战而溃。燕军乘胜追击，攻克了宇文部落的都城。宇文逸豆归逃到沙漠之北而死，宇文部落从此败亡。

明宠暗忌，巧夺属权

用人之际，如用人不力，是掌权者最头痛的事情。熟视无睹，显然会贻误大事；明加黜责，又恐自断其臂，为政敌所乘。如何处理这一难题，确实需要动一动头脑。

三十六计

北周末年，杨坚秉政，独揽大权，欲行篡位之举。北周旧臣纷纷举兵讨伐，一时之间，形势突变。杨坚日夜思虑，食不甘味，寝不安席。当时，刘昉与郑译位居要津，杨坚倚以为重。待之甚厚，赏赐不可胜数。不料，二人恃力骄恣，溺于财利，荒废政务。当杨坚与北周旧臣王谦、司马消难拼力周旋，废寝忘食之际，二人竟然只顾享乐，甚至拒绝出任监军之职。整日逸游纵酒，恣意奢华。如果不是高颖临危受命，力挽狂澜，杨坚的前程也许会就此断送。

杨坚对高颖日益信任，对刘昉、郑译则逐渐疏远。不过，二人毕竟是杨坚昔日功臣，不忍责罚。尤其是郑译，出谋划策，奔走于左右数年之久，如果显加废黜，一来令人有兔死狗烹之议论，于杨氏之党不利；二来给北周旧臣以可乘之机，一旦激起内讧，后果不堪设想。因此，杨坚虽然下决心用高颖取代刘昉，对郑译还是照旧优容。不过，杨坚想出一条妙计，使郑译终于明白了主子的用心。当时，郑译还像平常一样到府衙听事，看不出有任何变动的迹象，心中稍安。不料一连几天，没有一个人向他请示政务。郑译就这样呆呆地在府衙之中干坐，无事可做，无令可发。原来，杨坚暗中早已嘱咐其属下官吏，不得向郑译请示、汇报任何事情。郑译自觉没趣，恍然大悟，诚惶诚恐，立即前去拜谒杨坚，叩头请罪，自求解职。杨坚好言安慰了他一番。郑译感恩戴德，从此小心翼翼。

以强示敌，大破突厥

唐朝初年，立国基础不牢，忙于中原战事，消灭各割据集团。对北方强大民族突厥的南下，只能委屈求和，甚至向突厥称臣结盟，送给突厥大批财物，以换取北方边境的暂时稳定。但突厥并不以此为满足，仍时常向唐朝发动进攻。

公元626年6月，唐朝发生了玄武门之变，李世民杀死了太子李建成和弟弟李元吉。8月，李渊传位给李世民。突厥利用唐朝内部出事的机会，再次发动进攻。颉利可汗和突利可汗率兵十万，攻打泾州，深入到武功。武功离长安很近，都城不得不赶快戒严。

8月28日，颉利率军到了渭水便桥之北，此地离长安只有40里。颉利派执失思力为使臣到长安了解唐朝的动静，执思失力拜见唐太宗李世民时，傲气十足，他威胁说："颉利和突利二位可汗率军精兵百万，现已到了长安城外，你们打算怎么办！"

李世民此时刚刚登基二十天，内部还有许多问题没有解决，面对强敌入侵,情况万分危急,但他头脑十分冷静。他知道面对突厥的军事讹诈,绝不能示弱,只能针锋相对,用智谋与之周旋。他义正辞严地斥责执失思力说:"大唐给突厥的财物,多得简直数不清,我又和你们的可汗多次订过盟约,以求和好。现在你们背弃盟约,乘人之危,兵临城下,毫无信义可言。如果开战,责任全在你方,我们是问心无愧的! 你们怎能忘掉大唐的恩德,反在我面前耀武扬威呢! 你如此大胆放肆,我先把你给斩了!"

执失思力本想仗恃兵力强盛吓倒唐太宗,没想到太宗比他强硬得多。一听要杀他,傲气扫得一干二净,赶快磕头,请求饶命。

大臣们对唐太宗说,执失思力是使者,还是按照礼节送他回去为好。唐太宗说:"那样,突厥以为我们怕他,更要得寸进尺,施加压力。所以一定要把他囚禁起来!"

囚禁执失思力后,突厥用他探听唐军虚实落空了。与此同时唐太宗做好了军事部署,亲自同大臣高士廉、房玄龄等六人,直奔渭水岸边,隔河与颉利对话,开展政治攻势。他当面严词责备突厥背弃盟约,侵扰唐朝。突厥将领想不到李世民当了皇帝还亲自出城和他们对阵,敬畏地下马向他施礼。随后,唐朝大军整队开来,鼓号齐鸣,军旗飘扬,士气高昂。颉利看到自己的使臣被囚,唐军又严阵以待,实在摸不透唐太宗有什么部署,不敢贸然挥师过河。唐太宗见敌军不动,便命唐军稍微后退,严密布阵,他独自留下要和颉利对话。

大臣肖瑀认为唐太宗轻敌,苦苦劝他不要冒险。唐太宗对大臣们说:"我已经认真考虑过了,突厥以为我刚刚即位,政局不稳,一定不敢抵抗,所以他们才倾国出动,直到长安郊外。我若关闭城门防守而不出战,突厥就会以为我们软弱可欺,那他们必然大肆抢掠,再制服它就很难了。我偏偏故意只率少数将领出来,显示很不在乎的样子,随后又出动大兵,使他们知道,我已经作好准备,要决战一场。这样的做法出乎他们的意料之外,使他们的威胁讹诈不能实现。突厥深入我都城之下,他们对我们也有畏惧之心。在这种情况下,要打,我们可以取胜,要和,也可以稳一个时期。制服突厥,在此一举如果不信,请诸位看吧!"唐太宗和颉利可汗对话以后,不久,突厥果然又派使者来讲和。

第二天,唐太宗同颉利、突利在渭水便桥上"刑白马设盟",再次订立和好盟约,唐朝放出了执失思力,突厥退兵回去。

事后,肖瑀问唐太宗:"颉利求和之前,各位将领争着请战,我们士气高昂,敌方又深入我境,为何陛下不允许出战,反叫引军后退。后来突厥又自己退军了,臣不知奥妙何在?"

唐太宗明示说:"我看突厥士卒虽多,但军容很不严整,估计他们仓促上阵,以求多得些财物。当他们请求讲和时,可汗独自在渭水边,他们的将领都来拜见我,那时,如果用酒把他们灌醉,然后突然袭击,取胜也是有可能的。如果再命大将率兵在突厥撤军必经的幽州之地埋伏起来,前后夹击,消灭敌军也是有可能的。但是,我没有这样做,是出于更长远的战略考虑:如何从根本上解决突厥的问题,而不是只着眼于一时的战场胜负。目前我刚刚即位,国家还不安定,百姓也不富足,所以目前以不打为好。战事一天,一定有很多损失。突厥即使一时战败。但和我们结下仇,也会认真准备,借机报复，再度入侵，这样，我就不能专心治国了。所以解决突厥的问题不能只扬汤止沸，而要釜底抽薪，着眼于从根本上解决问题，这要有待于我们国力、军力的恢复与强大。当前，我们虽有一定力量，但还不足以从根本上解决突厥的问题，只能以柔克刚，以退为进，采取讲和结好、送礼退兵的办法。突厥得到我们的财礼，自然退去而且以后会更骄傲懈怠，到时机成熟时，我们再作一举消灭的打算。扬汤止沸，只能求得一时的平静，必须釜底抽薪，才能从根本上解决问题，这样，必须有战略远见和必要的让步、等待和耐心。"

大臣们听了，都非常佩服唐太宗的远见。以后的事实证明，唐太宗采取这样的策略的确是高明的。

突厥虽然退兵了，唐太宗知道要彻底根本解决问题，必须加紧练兵。唐太宗"坐不安席，食不甘味"，亲自训练警卫部队，每天领将士在宫殿前教他们射箭。他以自强雪耻、奋发图强的精神激励自己和将士们。他说："我今天不叫你们修池筑苑，只要求你们练习弓马，培养一往无前的战斗精神!"在他的亲自教习下，卫士射术提高很快，成为一支精锐部队。

为了有效地反击突厥，唐太宗还在全国扩大兵员来源，实行扶植军功地主的政策，从各方面积极备战。

两年后，唐朝国内安定，经济情况好转，国力逐渐强大。而突厥势力却大为衰落。由于遇到暴风大雪，牲畜死亡很多，饥荒非常严重，颉利又对统治下的各部族压榨太厉害，他们纷纷脱离突厥，有的归服了唐朝。突厥统治集团内部也矛盾重重，特别是颉利和突利之间，更发展到打起仗来。突利派遣使者，来见唐太宗，请求归降，又请求派军队帮他攻打颉利。这样，彻底解决突厥问题的条件成熟了。

公元 629 年 11 月，唐太宗认为"釜底抽薪"的时机到了，命李靖、李勣等分六路进攻突厥，各路大军共有十几万人，都受李靖指挥。12 月突利可汗来到长安，归服了唐朝，这就更进一步削弱了颉利可汗的力量。

贞观四年(公元 630 年)正月，李靖率三千骑由马邑直趋定襄故城之南，唐军的神速到达，完全出于驻扎在定襄的颉利可汗的意料之外，且使他腹背受敌，惊恐的颉利可汗又作出了错误的判断，以为唐朝必定是倾全国之军前来决战。李靖抓住颉利可汗捉摸不定的有利时机，一面派出间谍进行分化离间，一面乘其惊恐之时，夜袭突厥，大破突厥军，颉利匆匆逃窜。唐太宗得知捷报，欣喜若狂，祝酒五日，大赦天下。

颉利撤军碛口，途经白道，此为河套东北通往阴山以北的要隘，李勣早已埋伏在先，颉利败兵被堵，被李勣杀得大败，"酋长率部落五万降于唐。"

颉利经此惨败，只得遣使谢罪请和，表示愿意举国内附。唐太宗识破他的缓兵之计，将计就计! 同意遣使谈判，使颉利放松戒备。此时，李靖、李勣两军已会师白道，他们领会唐太宗的"釜底抽薪"的战略意图，决定彻底动完大手术。他们不经疏奏，共同制定了"釜底抽薪"的作战计划:由李靖率精骑一万，带二十日口粮作正面奔袭进攻。由李勣率军急速前进，伏兵于碛口，抄敌军后路，切断其退往漠北的退路。当李靖追及颉利时，颉利部众崩溃，李靖大获全胜，俘男女十余万口，牲畜数十万头。颉利率残兵败将万余人逃到碛口时，又被早已埋伏在此的唐军堵击，只得掉转马头，西逃吐谷浑，途中众叛亲离，终被唐大同行军副总管张宝相生俘。时值贞观四年三月。前后不到半年时间，唐太宗就把骄横不可一世的东突厥征服了，把西起阴山，北到大漠的广阔地带收入了版图，统一了唐王朝的北部边境。

唐太宗在对东突厥作战时，有高超的战略眼光，善于审时度势，始终立足于"釜底抽薪"的彻底解决，这不仅是从唐朝国力、军力的实际出发，也是从敌人的实际——以骑兵为主的实际出发。所以他不求小仗胜利，因为敌是骑兵，一时打败，可迅速逃窜，时机成熟又会卷土重来，而只求彻底根本的解决。在东突厥兵强马壮，而唐军势弱力单处于劣势的情况下，唐太宗以柔克刚，不断对东突厥展开政治攻势，对其首领施展攻心战术，分化了东突厥的两个首领，使他们互相猜疑，削弱了彼此的力量。而唐军却争取时间，积蓄力量，待机而动。当时机成熟时，唐军全力出击，打得敌人无回手之力，力求全歼。由此可见唐太宗的高明之处，也可看出"釜底抽薪"之计的厉害。

先败弱敌，顺风平叛

唐高宗死后，唐中宗继位，武则天临朝听政，掌握实权。光宅元年（公元684年），徐敬业在扬州起兵30万前往扬州讨伐，魏元忠为监军御史。当时徐敬业驻在下阿溪，他弟弟徐敬猷驻在淮阴。诸将建议先攻阿，攻下阿，淮阴自然瓦解。魏元忠独持异议，认为：敌人精锐全部驻守下阿，是想与官军决一死战，一旦我们失利，就难以取胜。而徐敬猷是个赌徒出身，不懂带兵打仗，并且他兵少容易动摇，我们进攻他，有把握取胜。徐敬业怕我们直捣江都，一定在半路拦击，我们乘胜而进，又以逸待劳，肯定能将他打败。李孝逸采纳他的建议，率兵进击淮阴，敬猷果然被一举击败，落荒而逃。李孝逸乘胜进兵，徐敬业率兵阻击。李孝逸顺风火攻，结果叛军大败，徐敬业被斩。

单骑入敌，化敌为友

唐朝叛将仆固怀，煽动回纥和吐蕃合兵进犯中原。唐将郭子仪的军队

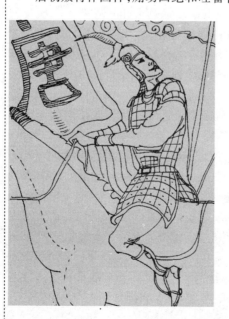

被包围在径阳城中，此时凑巧仆固怀病死，回纥和吐蕃失去了中间调停人，互相争夺领导权，吐蕃军驻扎在东门外，回纥军驻扎在西门外。

郭子仪得此消息，想起回纥曾帮唐朝平息安史之乱，有并肩作战的感情，便派人出西门去见回纥，回纥将领大惊："郭子仪还活着？"原来叛将仆固怀说郭子仪死了，才骗得两国出兵。于是回纥将领说，郭子仪如真活着，我们就要见他的面再说。使者回后，郭子仪不顾儿子和部下的哭劝，坚持要单骑拜访。这在感情上是

很说明诚意的,双方的心就接近了。郭子仪经过游说,使回纥才知上了仆固怀的当。同时,又挑起回纥对吐蕃的旧仇,于是使回纥化敌为友,联合攻打吐蕃。这样,郭子仪在被围困的情况下,变被动为主动,反客为主,不但解了围,而且取得了军事、外交上的胜利。唐朝与回纥的复盟,制约了吐蕃不敢轻举妄动,从而使唐朝西北边境安定多年。

世忠袭后,计败刘忠

南宋时,韩世忠奉命去讨伐占据蕲阳白面山的刘忠。韩世忠赶到白面山下,并不急于发起进攻,而是先下棋饮酒,坚壁不动。暗里却派出侦察员侦察,掌握了敌人的大量情报。

一天夜里,韩世忠令部将率精兵200埋伏在白面山下,约定待刘军与官兵大部队交战时,攻进敌中军,夺下敌瞭望台。伏兵开拔出去后,韩世忠即率全军向刘军发起了进攻。由于战前官军没有透露出一点儿将进攻的迹象,刘忠遭到官军的突然袭击,如丧家之犬,将他的全部人马都调出去对付韩世忠。这时,真是千载难逢的时机,伏兵见刘忠后方空虚,立即攻入中军,迅速地控制了瞭望台,

插上了官军的旗帜,并齐声呐喊。与官军正战得激烈的刘军士兵,听到瞭望台官军的喊叫,知道大势已去,无心恋战,一齐逃散,各奔生路去了。刘军大败,刘忠本人投奔了刘豫。

宋江遣将,三败高俅

梁山泊人马两赢童贯之后,认为朝廷绝不肯善罢甘休,便一面派人去东京打探消息,一面积极整军备战。果然,太师蔡京奏请皇帝,派太尉高俅率十路军马节度使各领一万军马,建康府(今南京市)水军统制官刘梦龙带水军一万五千,御营精兵一万五千,共十三万大军,水陆并进,杀奔梁山泊来。

宋江听得高太尉亲领大兵前来,心中惊恐,便和吴用商议。吴用道:"他十路军马到济州取齐,我这里先差两个快厮杀的,去济州相近,接着来军,先杀一阵。这是报信与高俅知道。"宋江派没羽箭张清、双枪将董平各带一千军马,前去巡哨济州,相迎截杀各路军马。又拨水军头领,准备泊子里夺船。

山寨里其他头领也预先调拨已定。

张清、董平两员勇将，截住京北节度使王文德的部队大杀一阵，回归山寨，报说高俅诸军取齐，正往梁山泊进发。宋江与众头领统率大军，于陆上拒敌。高太尉凭人多势众，指挥大军混战，梁山军马遮拦不住。高俅直赶到水边，调人去接应水路船只。岂知相接十余里水面的官船大军，迤逦前投梁山泊深处，见茫茫苇荡，不见人影。突然山坡一声炮响，四面八方，小船齐出，冲断官船大队。官船前后不能救应，归路已被梁山泊好汉用小船装载柴草，砍伐山中树木，填塞断了，那橹桨竟摇不动。众多官军，弃船下水逃命，被擒杀者无数。高俅望见，情知不济，正欲回军，只听四边炮响。原来梁山泊只把号炮四下里施放，却无伏兵，只吓得高俅心惊胆战，鼠窜狼奔，连夜收军回济州。计点步军，折陷不多；水军折其大半，战船没一只回来，第一阵大败亏损。

高俅深知，要扫平梁山，不能没有水军。即派人到处征集战船。上党节度使又给高俅推荐了东京一位深通韬略，善晓兵机的秀才闻焕章，高俅派人星夜去请。就在高俅征集战船，召请谋士之际，宋江派兵遣将不断进行骚扰性进攻，不断削弱官军的力量和士气。不久，高俅征集到大小战船一千五百只，便传号令，教把船放入阔港，每三只一排钉住，上用铺板，船尾用铁环锁定；尽数发步军上船，其余马军，近水护送船只。梁山泊探知备细，吴用唤众多水军首领，各准备小船，船头上排排钉住铁叶，船舱里装载芦苇干柴，柴中灌着硫黄焰硝引火之物，屯住小港内。教炮手凌震，于四面高山上，放炮为号；又于水边树木丛杂之处，都缚旌旗于树上，每一处设金鼓火炮，虚屯人马，假设营垒，旱地上分三队军马接应。且说高太尉披挂了，发三通擂鼓，水港里船开，旱路上马发，杀奔梁山泊来。梁山泊好汉按既定部署，把官船大队引至水泊深处，只见芦苇丛中，藕花响处，小港狭汊，千百条小船齐出。鼓声响处，一齐点火，霎时间，大火竟起，烈焰飞天，四分五落，都穿在大船内。前后官船，一齐烧着，官军大乱，纷纷逃命。官军水兵统领刘梦龙、牛邦喜被擒杀，一千五百只战船化为灰烬。陆上高俅人马，被梁山好汉虚虚实实，杀了个落花流水，躲进了济州城。

宋江两败高太尉，惊动朝纲，便欲招安。当高俅借招安除掉宋江的阴谋被揭穿后，又调兵遣将，与梁山泊作第三次较量。朝廷派八十万禁军教头周昂、丘岳率军增援高俅，高俅又采用造船专家叶春之计，建造容量大、速度快的海鳅船数百只。海鳅船大者叫大海鳅船，两边置二"赛仁贵郭盛"两员骁将。画戟中间，一簇钢叉，两员步军骁将解珍、解宝引步军守护中军。中军两员文士萧让、裴宣，两个锦衣蔡福、蔡庆带三串刽子手。背后摆二十四枝银枪，左边骁将是金枪将徐宁，右边骁将乃小李广花荣，两边立着能行快走、飞报军情的神行太保戴宗，风流子弟，能干机密的浪子燕青。右边销金青罗伞盖底下，绣鞍马上，坐着入云龙公孙胜；左边梁山泊总头领宋江。马后太戟长戈，锦鞍骏马，三十五员牙将，威风凛凛。马后又设二十四枝画戟，全部金鼓大乐。阵后设两队游兵，伏于两侧。中军羽翼，左右各有两名头领带一千五百名军马伏在两胁。阵后是扈三娘、顾大嫂、孙二娘三位女头领带一队女兵，她们的丈夫王矮虎、孙新、张青带马步军三千押后。

三十六计

童贯在将台上,定睛看了梁山泊兵马,无移时摆成九宫八赴阵势,军马豪杰,将士英雄,惊得魄飞魂散,心胆俱落,骄横之气尽扫。双方一经交战,郑州都监陈翥就被秦明打死于马下。童贯军马被杀得星落云散,七损八伤,折人马万余,退三十里下寨。

童贯输了一阵,心中忧闷。御林军大将丰美、毕胜道:"枢相休忧,此寇知得官军到来,预先摆布下这座阵势。官军初到,不知虚实,因此中贼奸计。草寇只是倚山为势,多设军马,虚张声势,我等一时失了地利。三日后我军列长蛇之阵,击首则尾应,击尾则首应,击中则首尾皆应,决此一阵,必见大功。"童贯道:"此计大妙,正合吾意。"遂下令整肃三军,训练已定。

三日后,童贯列一字长蛇阵,浩浩荡荡,杀奔梁山泊来。但见前日战场上,不见一个军马。进至水泊边,仍不见梁山泊军马的影子。遥望见芦林中一个渔人在一只小船上独自垂钓。童贯军兵问话,渔人不答;放箭射,却射渔人不死,数名军人脱衣下水捉这渔人,却被渔人攒下水底,排头戳入,血水滚将起来,乖巧的,逃得性命。那渔人乃梁山泊具有头等水性的浪里白条张顺。童贯正看得发呆,只听芦苇中一个轰天雷炮起,山背后鼓声震地,喊杀喧天,飞出一彪军马,为首骁将乃朱仝、雷横,带五千人马,杀奔官军。童贯令丰美、毕胜迎敌。四将斗到涧深里,朱仝、雷横卖个破绽,拨马便走。童贯叫尽力追赶过山脚去,只听山顶鼓角齐鸣,闪出"替天行道"的杏黄旗来。彩绣旗开处,显出宋江及吴用、公孙胜、花荣、徐宁、金枪手、银枪手等众多好汉。童贯大怒,差人马上山捉拿宋江。只听后军呐喊,探子报:"正西山后冲出一彪军来,把后军杀开作两处。"童贯急带丰美、毕胜救应,东边山后鼓声响出,飞出一阵人马,分青旗、红旗两队,秦明、关胜引五千军马杀来。童贯见后军发喊得紧,教鸣金收兵,朱仝、雷横引黄旗军又杀将来。两下夹攻,官军大乱。丰美、毕胜保护童贯,逃命而走,斜刺里飞出一彪车马,那军马一半黑旗,一半白旗,由呼延灼、林冲两员虎将截住厮杀。洳州都监马万里被林冲戳于马下,睢州都监段鹏举被呼延灼打败。正混战间,山背后武松、鲁智深又领步军杀来,童贯只得引丰美、毕胜撞透重围,杀条血路,奔过山背后来。又听炮声大震,解珍、解宝又引步军杀入阵内,童贯拍马往斜刺里便走,丰美、毕胜、唐州都监韩天麟、邓州都监王义赶来救应,四个并力,杀出垓心。喘息未定,前面尘起,叫杀连天,董平、索超更不答话,带一彪军马杀入。王义被索超砍入马下,韩天麟被董平一枪搠死。丰美、毕胜死保童贯,奔马逃命。陈州都监吴秉彝、许州都监李明引残军来助,被杨志、史进杀死。童贯被困在一山坡上,夜晚带丰美、毕胜并嵩州都监周信、睢州都监段鹏举合兵一处,杀出重围,又被卢俊义、杨雄、石秀带兵大杀一阵,丰美被卢俊义活捉。正走之间,又被李逵、鲍旭、项充、李衮四位杀星带步兵拦住,段鹏举十四部水车,每船可容数百人,由十人踏动,其船如飞。二等名小海鳅船,两边用十二部水车,每船可容百十人。高太尉看了图纸,心中大喜,于是连日晓夜催并部队,砍伐树木,调集造船用料,督造海鳅船。一时间,那济州东路上一带,都是造船的工地,匠人成千上万,纷纷攘攘。正当官军唬吓民夫星夜造船之际,吴用派张青、孙新扮作民夫,叫顾大嫂、孙二娘扮作送饭妇人并让时迁、段景住相帮,混入船厂放火。是夜,时迁、段景住在济州城楼和城西草料厂放火,孙新、张青在左边船厂放火,孙二娘、顾大嫂在右边船厂里放火。一时间,烈焰腾腾,噼噼啪啪,照耀如同白昼。待官军救灭了火,天色已明。这把火,大大拖延了高俅的造船期限。

待到造好海鳅船,高俅水陆进兵时,梁山泊好汉又运用他们的传统战法,引诱官军船队至水泊深处,由阮氏三雄、混江龙李俊、浪里白条张顺等水军头领,带领水军,用柴草塞定水路,于水下凿漏船底,使官军船队欲进不能,欲退不得。梁山泊好汉趁机一阵好杀,连太尉高俅也生擒活捉了。高俅的陆上人马,由周昂、王焕等率领,沿惟一通往梁山大寨的陆路进攻,也被埋伏在山前两边丛林中的梁山人马打得落花流水。

釜底抽薪,决胜中途

"釜底抽薪"一词是根据"扬汤止沸,莫若去薪"的语意演绎而成的。它讲的是只要从锅底下把柴火抽除,就可以从根本上有效地达成"止沸"的目的。"釜底抽薪"作为战争谋略宝库中的一块瑰宝,应用于作战指导,就是主张着力抓住影响战争全局的关节,打击敌人生死攸关的所在。

第二次世界大战时,美军在中途岛海战中,之所以能够在兵力对比并无优势的条件下,造成日美开战后的日军在太平洋战场上的第一次惨败,一个极为重要的原因,就是在这场残酷、激烈的海空混战中,从目标选择到力量运用,都十分注重于"釜底抽薪"。

中途岛是一座直径6海里的圆形环礁,战略地位十分重要。在日军看来,美军盘踞在中途岛上,不仅使得该岛成了美军机动部队接近日本本土的重要巡逻基地,而且成了美国空军直接攻击日军业已占领的威克岛的惟一

一艘"不沉的航空母舰"。特别是当日军在第一阶段作战后,主力转至太平洋东方实施积极作战时,该岛的美军已严重地牵制着日军的行动。因此,日军择定中途岛作为其主要攻击目标。

1942年5月5日,日本大本营命令山本五十六联合舰队司令官,要与陆军协同攻占中途岛。同时,以一部兵力进攻位于日本北方的美军占领的阿留申群岛,利用夺岛作战的机会,牵制和迷惑美军,诱歼可能实施反攻的美国太平洋舰队。而后,以联合舰队的决战兵力进行南北合击,一举歼灭之。根据大本营的意图,山

本拟定的作战步骤是:首先实施空袭,掩护进攻部队登岛;寻歼前来反击的美军太平洋舰队;在美军反击舰队必经航路上潜伏潜水艇部队;以机动部队和主力部队在中途岛北至西北海面,进攻部队在该岛的南到西南海面分别待机歼敌。

日军拟于 6 月 5 日上午 1 时 30 分开始对中途岛实施空袭。

美军太平洋舰队司令尼米兹从破译的日军密码电报中,及时获悉了日军进攻中途岛的计划。从 5 月上旬开始,迅速增强了中途岛的海空防御力量。把编有"企业号"、"大黄蜂号"和"约克敦号"3 艘航空母舰的特混舰队,提前秘密地驶抵中途岛东北海域,并进行了严密的隐蔽和伪装。此时的山本还误认为美国特混舰队尚未出发。

5 月 27 日是日本海军的纪念日,大本营选择了这个黄道"吉日",令南云忠一中将亲率机动部队从濑户内海起航,随后各机动部队相继开始向中途岛进发。

为了夺占中途岛这一战略要地,日本大本营动用了海军的主要兵力。其中各类舰艇 350 艘,总吨位达 150 万,另有 1000 架作战飞机及相当于海军平时一年消耗量的燃料。对于参战兵力,联合舰队司令官山本将其按任务区分为:一是主力部队:由山本亲自率领,其编成的基干为 1 艘小型航空母舰,3 艘轻型巡洋舰和 7 艘战列舰。其中的"大和号"战列舰为 7 万吨级,并装有 9 门 18 英寸的大炮。二是第一机动部队:由南云率领,以"赤城号"(旗舰)、"加贺号"、"飞龙号"和"苍龙号"4 艘航空母舰为基干力量,其搭载飞机 261 架(其中舰载轰炸机 84 架,舰载攻击机 93 架,战斗机 84 架),另搭载有 36 架基地航空部队先遣的战斗机。三是中途岛攻击部队:由第 2 舰队司令长官近藤中将指挥。其编成基干为战列舰 2 艘、轻、重型巡洋舰共 10 艘,小型航空母舰 1 艘及水上飞机母舰 2 艘。另有运输船 12 艘,搭载 5800 余名登陆作战兵力。四是先遣部队:由小松辉久率领,共 15 艘潜艇,执行警戒任务。五是岸基航空部队:由塚原二四三率领,各型飞机 184 架,拟于南洋群岛展开,协助海军作战。此外,日军还以两艘轻型巡洋舰编成"北方部队",担任对阿留申群岛的攻击。

从交战双方的兵力对比看,日军显然占有十分明显的优势。更为紧要的是,日军的兵力编成完全立足于在夺取并保持制空权、制海权的基础上,一举攻占中途岛。

日本北方舰队按预定计划于 6 月 3 日向北太平洋的阿留申群岛发起攻击,这一引诱美国舰队北上的佯攻作战因被美军及时识破而未能奏效。

6 月 4 日清晨 4 时 45 分,日军派出 108 架飞机攻击中途岛,另以同样数目的飞机随时准备起飞轰炸美国舰队。但由于美军预先已获悉了日军攻击中途岛计划,岛上雷达也一直在跟踪日军飞机,因此,当日机飞临该上空时,不仅找不到攻击的目标,反而遭到美军飞机的有效拦截。随后,日军又准备对中途岛实施第二次轰炸。

战至 7 时许,日军虽然尚未查明美军舰队的实际情况,但在空战中却已击落、击伤美军飞机 30 多架。而中途岛上的美军虽然基本无恙,但却同样未能有效地打击日军的机动部队。两相比较,可以说日美两军交火之初,美

军是暂处被动地位的。

眼下，日军对中途岛的第二次轰炸就要开始。只是因为尚未发现美军舰队，所以，南云命令原已装上鱼雷准备攻击美军舰队的第二批飞机，全部卸下鱼雷，换上炸弹。可是，到了 7 时 28 分，炸弹尚未安装完毕，日军海上搜索机又急忙报告，大约在舰队左前方 240 海里处发现了美军舰队。8 时 20 分，日军搜索机发现了美军舰队中的航空母舰。南云又不得不命令卸下炸弹，重装鱼雷，从而影响了飞机立即起飞，贻误了有利的战机。

南云只好亲率舰队北撤，以躲避美军袭击。从 7 时 55 分到 10 时，美军共出动飞机 83 架次，却被日军击落了 46 架。以至于日军认为危险已经过去，并兴高采烈地欢呼胜利。

近 6 个小时的激战，美军非但没能给日军以真正有效的打击，反而连连受挫。那么，怎样才能从根本上化被动为主动，夺取这场海战的最后胜利呢？

美军太平洋舰队司令尼米兹综合分析了从空中侦察得知的情报，似乎已经十分清楚地意识到，守岛作战，关键是要设法夺取并保持制海权和制空权。从前几个小时的交战情况看，造成美军飞机损失的直接原因固然在于日军的空中拦截和防空火力，但根本性的原因在于日军的航空母舰。只要打掉了日军的航空母舰，其空中力量就会失去根基，海空优势则均会顷刻瓦解。因此，尼米兹在利用空中侦察查明了日军舰队准确位置的基础上，迅即命令舰队飞机集中攻击日军的航空母舰。

10 时 23 分，正当日军欢呼胜利，并"准备完毕要立即出发"轰炸美军舰队之际，美军飞机捷足先登。从美军舰队"约克敦号"航空母舰上起飞的 17 架舰载轰炸机突然向日军舰队旗舰"赤城号"航空母舰进行俯冲轰炸。南云率领的第一机动部队措手不及，还未弄清情况，"赤城号"就已中了两枚炸弹，该舰上正待攻击美军舰队的飞机炸弹又恰被击中、爆炸，并引起刚从机上卸下的鱼雷发生连锁爆炸，舰上机库成为一片火海，立即失去作战能力，最终于次日凌晨沉入海底。与此同时，即 10 时 23 分，从美军舰队"企业号"航空母舰上起飞的 33 架舰载轰炸机，分别对日军舰队的"加贺号"和"苍龙号"航空母舰实施突然俯冲投弹。日军的这 2 艘航空母舰几乎同时中弹起火。其中，"加贺号"中了 4 颗炸弹，于当晚 7 时 13 分沉没。南云舰队的 4 艘航空母舰转瞬之间，便只剩下"飞龙号"一艘了。南云本人则死里逃生，改乘"长良号"巡洋舰继续指挥其残部作战。

日军要作困兽斗。乘坐"飞龙号"航空母舰的日军第 2 航空战队司令官山口多闻少将下令立即对美军特混舰队实施反击。10 时 40 分,从"飞龙号"上起飞的 18 架轰炸机、6 架战斗机集中突袭美军舰队,击伤了美军的"约克敦号"航空母舰。12 时 45 分,日军友永大尉指挥着"飞龙号"上仅有的 10 架鱼雷机在 6 架战斗机的掩护下,再次攻击美军舰队,又以 2 枚鱼雷击中了美军的"约克敦号"。该舰于次日凌晨沉没了。

美军迅即组织力量集中打击日军的"飞龙号"航空母舰。16 时 30 分,以 24 架舰载轰炸机从"企业号"航空母舰起飞,对日军的"飞龙号"实施了突然猛烈的俯冲轰炸。"飞龙号"连中 4 颗炸弹,失去了续航能力。日军被迫用鱼雷将其炸毁,并于次日晨 5 时 10 分沉没。至此,南云舰队的 4 艘航空母舰全部被美军击沉,进而使得日本海军丧失了空中攻击力量。

在击沉日军航空母舰的过程中,不仅因连锁爆炸而炸毁了舰上的机库和许多飞机,而且使得一些飞离了航空母舰而对美军舰队实施反击并得以幸存的飞机,因"机窝"被毁,无处降落,只好在燃料耗尽之后,葬身大海。

在中途岛海战中,日本除损失 4 艘航空母舰外,还损失了 330 架飞机,美军则只损失 1 艘航空母舰,150 架飞机。尤其值得注意的是,美国损失的飞机中有近 80% 是在击沉日军航空母舰之前造成的。这就是说,正像"釜底抽薪"一样,击沉日军的航空母舰,不仅从根本上挫败了日军对中途岛的攻击,而且最大限度地减少了美军的作战损耗。

釜底抽薪,战胜对手

在 20 世纪 30 年代,在美国的两家电视公司,尽管克罗斯比等歌星名噪一时,在对观众影响方面 CBS 仍不如老对手 NBC。佩利懂得节目受欢迎程度是公司影响力大小的晴雨表,能决定广告客户的选择,CBS 要想超过 NBC,只有与 NBC 争夺人才一条路可走。

1945 年,CBS 负责节目制作的是位年仅 20 岁的年轻人马丁。马丁是来自加州的"农村孩子",对公司上层人事关系和筹款理财一窍不通,却有种特殊直觉了解听众的兴趣,抓住他们的脉搏。佩利给予他自由发挥创造的机会。马丁回忆说:"给予我的预算是 100 万美元(而且不附带任何额外要求),当时这可不是小数目。佩利采取不干预做法,如果节目取得成功,他会写张便条,告诉我他是多么喜欢这个节目。"而事实上马丁也不负重托,制作出侦探连续剧《悬而未决》等三部饮誉一时的节目,大多得到商业赞助。

当然,单靠优秀的节目制作人员并不能使 CBS 战胜 NBC,优秀的演员才是提高知名度的关键。不幸的是,多数电视表演明星聚集在 NBC 旗下,想说服他们改换门庭似乎希望渺茫,然而在 1948 年事情出现转机。佩利接到"美国音乐公司"的电话,问他是否有兴趣购买《阿莫斯与安迪》节目,这个节目已在 NBC 连续播放了 19 年,一直是该公司最受欢迎的节目之一。

佩利对这一节目垂涎已久,多次企图说服阿莫斯与安迪转入 CBS,但均告失败。30 年代早期,他曾走进两人的办公室,自我介绍后直接提出建议:"我不知道你们在 NBC 的收入,但你们前途似锦,我会给你们相当于这里两倍的工资。"两位演员大吃一惊,表示说他们已同 NBC 签订长期合同,不能背信毁约,佩利只得悻悻而去。但到此时,他们与 NBC 签订的合同已到期。1948 年,CBS 做出令广播业目瞪口呆的举动,收买了"阿莫斯与安迪"节目。

CBS 的节目安排格局也发生变化,以前晚间节目传统的做法(NBC 首先实行并坚持至今)是平衡安排各类节目(包括喜剧、歌剧及音乐等),佩利则改弦更张,用"阿莫斯与安迪"等节目将星期五夜晚变成"喜剧之夜"。

初战的成功刺激了佩利的欲望,他又在打本尼的主意。本尼的成功使佩利尤为痛心,因为他是在 CBS 崭露头角后被 NBC 挖走的。本尼的节目都被安排在黄金时间,他连续 16 年保持广播之王的地位,是 NBC 吸引听众的王牌。此时他自己组织了"娱乐事业公司,"并准备将之拍卖,佩利拟出资 226 万美元购买本尼的公司,但不巧的是,NBC 已听到 CBS 收买明星的传闻,提出更为优惠的条件以挽留本尼。

佩利需要本尼,他决定亲自出马,施展个人魅力说服他。本尼接到佩利请求加盟的邀请,为他的真诚和热忱所感动,便建议在洛杉矶与之面商,并暗示说 NBC 其他喜剧演员也会步其后尘。

佩利于是立即前往加州,在贝弗利山庄饭店建立据点。有趣的是,NBC 董事长犹太人萨尔诺夫也在此下榻。萨尔诺夫虽然财大气粗,但他生性俭朴,对好莱坞明星奢华的生活屡有微词,虽然了解他们对 NBC 的重要性,但却不屑与之交谈,甚至在 NBC 工作多年的本尼也未曾获召见。而佩利的作风却与萨尔诺夫正好相反,他平易近人,很愿意同演员们接近。

另外,萨尔诺夫只愿花费有限的金钱来满足演员们的贪欲。本尼要价百万美元,遭到萨尔诺夫的拒绝,因为他本人也未挣到这样多的薪水,而且在他看来,本尼虽誉满全国,却只不过是个演员而已。

佩利很快发现,仅仅本尼本人同意还是不够的,还须征得其赞助人的许可。

该赞助人与本尼有合同,有权指定本尼所效力的广播网。于是,佩利很快找到其赞助商,并不惜血本作出令人难以置信的许诺,CBS 愿意为本尼节目听众人数的减少而向其赞助商赔偿损失。这一系列的举动,使本尼大受感动。再加上重金的诱惑和佩利的和蔼可亲、善于听取下属意见的魅力,使本尼很快就转入 CBS 工作。

佩利经常与演员们促膝谈心,设法使之感到自己在总经理心目中的特殊地位,和伯恩斯的交往最有风趣。一次,佩利和本尼夫妇,以及伯恩斯共赴洛杉矶。午宴中,佩利对伯恩斯的表演前仰后合,捂着肚子喘着粗气,冲进卫生间以恢复平静。

收买 NBC 名演员不仅使佩利得到乐趣,而且也使 CBS 的节目在听众中的知名度直线上升。1949 年,在全国评选的 15 部最佳节目中,CBS 就占了12 部。

精工创业,挑战瑞士

1945 年 1 月 27 日,第二次世界大战已接近尾声。这一天,盟国空军的飞机编队对日本东京的新宿区进行了一下午的轮番轰炸,空袭引起了熊熊大火,繁华的街道顿时变成了一片火海。这场大火使新宿区变成了废墟瓦砾,一片狼藉,但奇怪的是,服部钟表店的钟塔在火灾中丝毫没有受损,依然高高耸立着,也许这意味着精工企业未来的重新崛起。

精工企业的前身诹访工厂,原来是服部钟表店下属的第二精工舍的龟户工厂,为躲避战火而迁至诹访。战后的日本,物资极度短缺,在非常艰苦的环境下,诹访工厂开始了企业的振兴。他们将损坏的机器修复后重新使用;为了避开停电,他们放弃休假,并且常常通宵达旦地参加夜间作业。不久,诹访工厂试制出了妇女用 5 型手表,投放市场后深受人们的喜爱。这一炮打响之后,企业员工精神振奋,工人干劲十足。从此,诹访工厂进入了漫长的创业和发展时期。

1960 年 5 月,诹访精工合并了当地的大和工业,实力大增,他们推出的"马贝尔"牌钟表在国内钟表行业精确度竞赛中连续 3 年获得优胜,成为全日本最畅销的钟表商品之一。这些成绩表明,诹访精工至此已在日本崛起,成为钟表行业的新生代。它拥有 40 栋建筑,占地 7300 坪,并且在所有员工的一致喝彩声中,开始了自己的"虎山行"计划,向钟表王国瑞士挺进。

瑞士是老牌的钟表王国。谈起钟表仪器,第一个跳入人们脑海里的准是瑞士。瑞士这个地处欧洲的国家,不仅有优美的自然环境,他们制造的钟表也给全世界的人们留下了美好的印象。进入 20 世纪后半期,世界政局基本稳定,经济复苏,世界钟表行业发展迅速,一些新生的实力派企业不断崛起,渐渐开始威胁瑞士钟表王国的地位。日本的诹访精工就是瑞士钟表业的主要竞争对手之一。

欧米茄是驰名全球的瑞士名牌钟表,在 1964 年东京第 18 届奥运会之前的历届奥运会都使用欧米茄计时钟表,创下了 17 次独占计时权的辉煌历史。在东京举办奥运会的消息传出后,精工企业集团的员工们个个群情激奋,他们不能容忍欧米茄独占东京奥运会的计时权,决心要利用这次有利时机同欧米茄一比高低,使精工成为日本的骄傲。他们确信精工的技术已经赶上了瑞士,其推出的产品已经进入超越普通钟表的豪华精工阶段。在慕尼黑奥运会期间,精工企业为了摸清瑞士欧米茄的详情,派出考察队前往考察情况。通过这次考察,他们了解到欧米茄的计时装置几乎都是机械式钟表,只有几部是石英表而且还都笨重不堪时,得出了欧米茄不足惧的结论。

精工企业集团在取得了东京奥运会计时权后,调集下属 3 家公司的 20 多名技术精英组成计时装置的开发队伍。派出了 3000 多名技术人员,耗资

30 亿日元,策划了日本精工走向世界的重大方案。在各个比赛项目中,都以精工表计时。如此一来,精工表不仅映入百万现场观众的脑际,而且世界各地亿万观众都通过电视屏幕认识了精工表。

精工表果然不负众望,在东京奥运会上大出风头。当来自非洲的运动员阿贝贝在马拉松比赛中飞奔过终点时,精工瞬间数字跑表立即定格,正确地指着 2.12.11.2。阿贝贝以 2 小时 12 分 11 秒 2 创造了奥运会马拉松赛的最好成绩。全场立即欢声雷动。那块在赛程中时刻追踪阿贝贝的数字跑表还是世界上最早的干电池驱动便携式石英表,平均日差仅 0.2 秒。如此高精确度的精工表在东京奥运会上亮相,令同行们刮目相看。

当各项比赛结束时,优秀运动员的名字就显示在精工表旁,获奖选手所代表国家的国旗也在精工表的上方冉冉升起。更令人叫绝的是,一个特殊的精工水底表被装在游泳池内,当所有的电视镜头对着正在比赛的游泳选手时,自然而然地把水下的精工表摄入了镜头之内。奥运会期间,所有的裁判员都佩戴精工表。精工表在奥运会上一鸣惊人,很快就被人们所熟悉。而欧米茄未能再一展风采,悄然隐退,其气大消。

日本精工企业的崛起,的确使昔日的钟表王国瑞士吃惊非小。瑞士国内的欧米茄、浪琴、爱佰力等名牌企业开始警戒。早在东京奥运会的前一年,在瑞士纽沙贴夫天文台举办的世界钟表竞赛上,精工表经过 45 天测验,以其过硬的技术取得了 10、11、12 名的成绩,给瑞士的厂商留下了较深刻的印象。瑞士举办纽沙贴夫天文台钟表比赛的目的,就是为弘扬瑞士表的威名。其实瑞士表是靠钟表调整师的技术取胜。调整师谙熟机械表的性能,对调整机械表的温度差、姿势差等整合误差有着世界最高的技术水平。在这一点上,日本人也自叹不如。但他们善于避实击虚,精工企业遂将目标转向石英表以期突破。石英表的运行原理是在石英上通入电流,使其发生伸缩性规律振动,将此振动以电气的方式连结马达来划出时间。只要拥有耐震的能力,石英表计时并不受温度等变化的影响,能达到准确无误的程度。

当 1968 年精工表再次参加纽沙贴夫天文台的钟表比赛时,15 块精工石英表的参赛成绩令考评官哑口无言:瑞士表都排在了日本精工表之后。恰如当头挨了一记闷棍,瑞士人久久无法回过神来。在这一沉重的打击下,瑞士厂商忧心忡忡,坐立不安,直到第二年才将得分表寄往日本,没有公开名次,宣布从此停止纽沙贴夫天文台的钟表竞赛。精工表初战告捷,有着百余年辉煌历史的瑞士表的黄金时代彻底结束。

纽沙贴夫天文台"比武"的失败,让瑞士人脸上无光,为了雪耻,为了有朝一日能夺回失去的自信和荣誉,瑞士人一味地追求机械钟表的极致和高精确度,而忽视了钟表耐震差、成本高等难以商品化的缺点。他们从惨败中逃出,却又步入了误区。日本人则相反,没有居功自傲,而是迅速转移思路,准备将成绩转化为生产力,作出了将石英表商品化的战略决策。大赛中获得的知名度,又起到了为产品的大规模生产和走向市场鸣锣开道的作用。

经过不断的改进、创新,精工在石英表技术方面独领风骚,引导国际新潮流,在市场上所向披靡,盛销不衰。精工进入了强盛时期,乘胜开拓,在国际市场上势不可挡。

精工表强行在瑞士表占统治地位的欧洲登陆,通过其在瑞典的连锁店代理商立足,进行渗透。利用其质高价廉的优势,加强销售网点的支持,很快就占领了瑞典市场。在此基础上,精工进军希腊,然后又挥师挺进法德市场,将瑞士名牌表逼得步步后退。精工还为欧洲的许多运动会免费提供计时钟表,以大造声势,树立威望。在1965年英国世界业余摔跤运动会上、第27届巴尔干运动会上、第9届雅典欧洲田径选拔赛上,精工集团没有放过一次向欧洲消费者展示自家产品风采的机会。

借助一次次的公关活动,精工表又占据了英国市场,并在70年代遍布美国市场。

巧作广告,七喜创造

让空想永远成为空想,这是柏拉图式精神恋爱的精髓所在。把空想变成现实,则是现代商业竞争制胜之术的实质。

美国的饮料市场一度为可乐独霸,人们一谈饮料就是可乐,能脱口叫出的多是"可口可乐""百事可乐""荣冠可乐"等等。

一般来说,在业已形成的这堵可乐大墙面前,很难想象有人敢冒以卵击石的风险去分享饮料市场了。

因此,正当这时呱呱坠地的七喜(Seven UP)汽水,明明是太不识时务。然而,它却依靠巧妙的广告术,不仅成功地在饮料家族中扎稳马步,并且一气掠去了将近一半的可乐饮料市场。

"七喜"风靡全球的广告词是这样的"饮料有可乐型和非可乐型之分,七喜(Seven UP)是能满足您对非可乐型饮料的要求。"

没有骇人的夸张,没有浪漫的情调,更没有累赘的铺陈。但读过之后,却总让人觉得自己的意识都不同程度地受到一种隐隐约约的牵制。这是什么原因呢?

原来,在这段广告的背后,包含着一个非常精辟的策划思想:

第一,出人意料地把饮料划分为两种类型。虽然这种划分原本是不言而喻的,谁知一经点明,反倒让人有种恍然大悟之感。于是,便对这种划分的结果发生兴趣——可乐型饮料如何?非可乐型的又如何?

第二,自然,可乐这种

饮料,是靠其独特风味以兼含咖啡因等原料使消费者上瘾的,这些特点也从另一方面决定了它不可能适于百分之百的消费者。这就是找到可乐饮料市场的突破口。

事实上,生产七喜汽水的厂商经过周密调查,发现有将近30%的饮料划分为可乐型与非可乐型,就使这部分不热衷可乐的消费者感到非常亲切。因为如果你站在这些消费者的位置上,肯定会下意识地对这种划分产生联想:唔,看来我只适合于喝非可乐型饮料。

第三,由于以上两项具有开创意义的铺垫工作,两个饮料消费群的划分,在脱口而出之下便完成了:顾客在不知不觉中接受了这种划分,并且对号入座,非可乐型饮料群至此水到渠成,活生生地被制造出来。这时,再合乎时机地推出"Seven UP 最能满足您对非可乐型饮料的要求",最终切中广告诉求的目标。对于已经接受划分的非可乐型饮料消费群来说,进一步接受属于"我"消费的非可乐饮料 Seven UP,已不会再有任何勉为其难的成分了。

在这则广告最终实现的实际效果中,有一点是可以预料却不太好测算的,这就是有一部分可乐爱好者也同样接受了 Seven UP 广告对于消费群的划分,进而对"非可型"饮料 Seven UP 产生了好奇心,于是,便出现了一个脚踏两只船甚至移情七喜汽水的情况,Seven UP 得到了这样一种额外的支持,能取得创牌不久便与可乐市场平分天下的战绩就不是一件难以想象的事了。

坚定信心,终获大利

早在 20 世纪 40 年代,威尔逊就从父亲的手里继承美国塞洛克斯公司。一天,一位德国籍发明家约翰·罗梭来访,向威尔逊谈到了自己正在研究的干式复印机。两人一拍即合,同意双方合伙协作。经过反复研制,塞洛克斯公司终于在 1964 年制出干式复印机成品——塞洛克斯 914 型复印机。当时市面上所有的复印机都是湿式的,这种复印机在使用前必须用专门的涂过感光材料的复印纸,印出的是湿漉漉的文件,需要它干透才能取走,用起来麻烦极了。对比之下,干式复印机则便利得多。

威尔逊决定把此产品作为"拳头产品"推出。起初,威尔逊打算把首批货以成本价推销,以图开拓市场。他的律师急忙提醒他:这是倾销,是法律不允许的;威尔逊听后沉思良久,若有所悟。他喊道:"好! 我明白了,卖价就定为 2.95 万美分!"

其实,干式复印机的成本仅 2400 美元,他却喊出了相当于成本 10 多倍的高价。副总经理罗梭惊呆了,几乎不敢相信自己的耳朵。过了片刻,威尔逊才解释道:"我不出售成品,而是出售品质和服务,这就够了!"

遗憾的是,事与愿违。塞洛克斯 914 型复印机推出后,竟然 14 年无人问津! 在这期间,公司为此产品耗去了 7500 万美元的巨款,深深地陷入了艰难的境地。威尔逊本人几乎花尽所有的私蓄,罗梭也开始被迫出售自己的房屋和地产了。

尽管如此,威尔逊仍不愿放弃他最初定下的高价。他坚信:干式复印机一定会盛行起来的,一定会代替湿式复印机。皇天不负有心人。威尔逊的预言终于在 1960 年实现了,干式复印机一下子畅销起来。虽然公司拼命生产,仍供不应求,此时由于产品被赛洛克斯公司独家垄断,高价销售,大量的利润像潮水一样滚滚涌来。仅 1960 年这一年,公司营业额就高达 3300 万美元,而市场占有率已达 15%;到了 5 年以后,公司营业额上升到 3.9263 亿美元,市场占有率达到 66%,超过了湿式复印机;到了 1966 年,营业额上升到 5.3 亿美元,塞洛克斯公司也被

美国的《财富》杂志评为 10 年内发展最快的公司,从此迈入了巨型企业的行列。

练兵摸底,循序而进

1949 年,日本政府制定了一项振兴汽车工业的新政策,将发展汽车工业作为开发日本出口潜力的关键行业之一。这一新政策是经过市场调查和技术预测后作出的。日本政府认为汽车工业特别重要,它的消费者遍布全球,规模效益大,很有发展前途,世界汽车市场的需求会有大幅度增长,同时也存在足够的竞争空间。但对具体进攻的目标,日本人未探明它的"虚实"前,是不敢贸然出击的。日本人切望进攻的主要目标显然是美国,因为美国在世界上不仅生产汽车最多最好,汽车销量也最大,如能在美国推销,那么在世界其他国家推销也就毫无问题了。可是在 50 年代,它并不敢直接碰美国,而是一边"练兵"一边摸底。所说"练兵",是说日本将其质量还赶不上美国的汽车先销拉美和东南亚国家,待质量提高和取得营销经验后再向美国推销,在这同时,对美国汽车市场进行广泛的详细的调查研究。但这不是说,在 50 年代日本人并没有向美国试销汽车。1957 年,丰田送到美国第一辆"丰田宝贝儿",因外形,质量都存在严重缺陷而遭到失败。丰田不因此而泄气,而是在产品质量和了解美国市场上痛下功夫。除依靠日本政府提供信息外,还利用贸易公司,外国人以及自己的职员搜集信息。一方面了解美国汽车特别是大众小汽车存在的缺陷以及美国道路条件等,一方面了解美国人的特性,尤其是对汽车的需要。在调查研究中发现美国人对汽车的偏爱已大有变化,过去美国人偏爱大型的豪华的汽车,认为乘坐这样的汽车才能显示自己的高贵地位和男子汉气魄;但汽车终究是一种交通工具,由于

美国汽车越来越多,城市越来越拥挤,大型汽车转弯及停车都感到不便,加上油价上涨,人们感到用大汽车耗油多不合算,因此,美国人偏爱已转向小型汽车,即喜欢购买价廉、耐用、耗油少、维修方便的小汽车,并要求汽车容易驾驶,行驶平稳,腿部的活动空间要大,等等。丰田正是根据美国人的喜爱和需要,制成一种小巧、价廉,维修方便,速度更快,乘坐更舒适的,受到美国顾客欢迎的美国式小汽车。这种汽车是皇冠车,但皇冠车只不过是经改进后的美国底特律轿车的变种而已。由于这种经过改制的小汽车符合美国顾客所需,迅速在美国市场上树立起物美价廉的良好形象,终于打进了美国市场。接着日本汽车公司在研究了美国汽车的制造技术,设计优缺点,消费者的口味以及市场环境后,于60年代初推出"蓝鸟"牌汽车,也成功地打入了美国市场,其他日本汽车公司也相继拥入美国市场。

打入美国市场后,日本汽车公司并不满足,而是不断调研,不断改进,提高质量,尽量做到完美无缺,同时提高劳动生产率以降低价格,满足美国顾客所需,因而能不断扩大市场占有额。

20计　混水摸鱼

混水摸鱼,维护霸业

春秋时期,五霸之首齐桓公在位期间(公元前685—前643年),起用名相管仲,其文韬武略,非同一般,尤善长用混水摸鱼的计谋来维护齐桓公的霸业。

公元前662年,鲁庄公死去不到三个月,庄公的庶兄庆父就杀了继位的公子般,立鲁闵公子启。齐桓公派大夫仲孙湫去鲁,见了闵公和相国季友,还见了公子申,窥探了庆父动静。仲孙回国后对桓公道:庆父不去,鲁难未已。桓公道:"寡人发兵除去庆父,如何?"仲孙道:"时机还不成熟。庆父早晚要篡位,到那时再出去,才是尽霸主之责。"第二年,庆父又遣刺客杀了闵公,季友和公子申奔邾国避难。鲁人素服季友,闻相国出奔,举国若狂,痛恨庆父连弑二君,聚众先杀了刺客全家,将奔庆父,庆父逃到莒国。齐桓公对仲孙湫道:现鲁国已无君,取之如何? 仲孙道:且慢! 鲁国为礼仪之邦,虽遇弑君之乱,还有公子申明习国事,相国季友为民心所向,有戡乱之才。如果鲁人自己起来平乱定国,齐国就出师无名,不如与之交好。齐桓公就遣上卿高奚,率南阳甲士三千去鲁相机行事。临行时嘱咐高奚:公子申果然贤明,当扶立为君,以修邻好;否则,便可兼并其他人。高奚至鲁,正好碰到季友与公子申回国。高奚见公子申相貌端正,议论条理,心中十分敬重,就与季友商议,拥公子申为君,是为僖公,庆父也在鲁国弃绝下被迫自杀。

齐桓公救燕定鲁后,威名愈振,诸侯心悦诚服。公元前660年,狄人侵犯邢国,又移兵伐卫。卫懿公使人到齐国告急,诸大夫请救之,桓公道:征伐戎国的战争创伤,还没平愈,且等明春,再会诸侯去救吧!

卫惠公子懿公,自公元前668年(鲁庄公二十六年)即位以来,玩乐怠傲,不理国政,尤爱禽中之鹤。那鹤色洁形清,能鸣善舞,懿公爱之如命,凡献鹤者皆重赏,百方罗致;都来进献,苑囿宫迁,处处养鹤。所蓄之鹤,都有品位俸禄,上者食大夫俸,次者食士俸,养鹤之人,也有常俸。朝廷厚敛于民,以充鹤粮,民有饥冻全不忧恤。大夫石祁子、宁速同国政,报狄人入侵时,懿公大惊,即刻征兵授甲,百姓都逃野,不肯从军,懿公使人抓来百姓。问他们为什么逃避。百姓答:君王只用一物,就可御狄,何用我等! 懿公问:何物? 众人答:鹤! 懿公道:鹤何能御狄? 众人

道:鹤既不能战,是无用之物。君主轻视有用的百姓,厚养无用的鹤,这就是百姓不服的原因。懿公大惭,把豢养的鹤都放了,石、宁二大夫亲往街市,说明卫侯悔过之意,百姓才稍稍复聚。

懿公一面遣人往齐国求救,一面令大夫渠孔为将,自己率兵亲征。行近荥泽,看见敌军有一千多骑,左右分驰,不成阵势,渠孔道:人说狄勇,徒负虚名! 就击鼓而进,狄人诈败,把渠孔引入埋伏圈,一时呼哨而起,如天崩地裂,将卫兵截作三段。卫兵本无心交战,见敌势凶猛,都弃车仗而逃,懿公被狄兵重重包围,与渠孔先后被害,全军覆没,狄兵直入卫城,百姓奔走逃难,狄兵将卫国府库、民间存留金、粟,抢劫一空,毁了城郭,满载而归。石祁子先扶公子申登舟,宁速收拾遗民,来至漕邑,查点男女,才七百二十多人,又从共、滕二邑,抽了四千多人,凑五千之类创立庐舍,扶立公子申为君,是为戴公。戴公先已有疾,数日即病故。宁速去齐国,迎公子燬即位。齐桓公道:公子燬从敝邑回去,将守宗庙,若器用不备,就是我的过错了。于是命公子无亏,驱车三百乘,赠以牛羊猪鸡犬、美锦、祭服等许多礼品。公子燬在齐扶助下即位,次年春正月改元,为卫文公。齐公子无亏回国时,还留下甲士三千人,以防狄患。

无亏回国,向齐桓公报告后,管仲道:只留下士兵防狄,不是长久之计,不如帮助卫择地筑城,一劳永逸。桓公称善。正要纠合诸侯助卫筑城时,忽然刑国遣人告急,道:狄兵又来本国,力不能敌,伏望救援。桓公问管仲道:该去救邢吗? 管仲道:"诸侯之奉齐,就因齐能在危急中救援。此番齐既没救了卫,再不救邢霸业就完了。于是,桓公通知宋鲁曹邾各国,合兵救邢,在聂北集合。宋曹两国的兵先到,管仲又对齐桓公道:先别急于出兵。现在狄

攻邢,其势正张;邢反击,其力未竭。击势方张之狄,要费加倍的力量;助力未竭的邢,取得了功较少。不如稍加等待,邢支持不了而溃败,狄胜邢而力疲,驱疲狄而援溃邢,那就力省而功多了。"于是,齐桓公只说鲁郑兵未到,在聂北等待,一面,遣间谍探听狄邢攻守消息。三国驻兵聂北,约近二月。狄兵攻邢,昼夜不息。邢人力竭,突围而出,都投奔齐营求救,邢侯叔颜哭倒地在。桓公把他扶起,安慰道:寡人没有及早相援,以致如此。当即与宋公、曹伯共议,即日拔寨起兵。狄人已把城中财物抢劫一空,听

说三国大军即至,无心恋战,放起一把火,望北飞驰而去。各国兵到,狄人已走。桓公传令将火扑灭,问叔颜:故城还能居住吗? 叔颜道:逃难的百姓,多半都去夷仪,还是应该顺从民意,迁都夷仪。桓公就与各国一起修筑夷仪城,让叔颜居住进去,又为他建立朝庙,添设庐舍,从齐国运来牛、马、粟、帛,使他们能开始正常生活。邢国君臣对齐桓公感激涕零,欢呼不止。

事毕,宋、曹等国欲辞去,齐桓公道:还有卫国未定呢! 我们不能只为邢建城,还应为卫建城才是。诸侯道:听霸君命。桓公下令移兵向卫,军士们都随身携带畚锸等工具。卫文公远远相迎,布衣帛冠,一身丧服,桓公见了,不禁凄然,道:"寡人借诸国之力,愿为君定都,不知选何地为吉?"文公道:"我已选下吉地在楚邱,但建都所需财力,非亡国所能负担。"桓公道:"全部财力由寡人负担。"即日会集各国之兵,都去楚邱兴工,又从齐国运来建筑材料,重立朝庙。卫文公深感齐再造之恩。

齐桓公保存三个亡国的事迹,一时传为佳话。人们说,桓公立僖公以存鲁,城夷仪以存邢,城楚邱以存卫,是他的三大功劳。实际上,齐桓公没有在邢、卫最危急时出兵,而是待两国已亡,才去建城,用的是混水摸鱼之计,尤其是管仲的驱疲狄而援溃邢的方针,比起齐桓公的立僖公以存鲁来,是一种更加突出的混水摸鱼计谋。

混水摸鱼,未能渔利

长平之战以后,秦军大胜而归。秦王派使者来到赵国,声称如果赵国割让六座城池,便可以议和。赵国新败,举国震动,闻秦使之言,君臣惶恐。这时,楼缓刚刚从秦国来到赵国。赵王问计于楼缓,楼缓已有主张,却故意推

托,声言:"此事非人臣可知。"赵王固请,楼缓说:"大王听说过公甫文伯的母亲吗?公甫文伯在鲁国做官,病死以后,房中妇人有十六位自杀以殉。但是,其母闻讯以后,却不肯哭泣。有人问其缘故,其母回答说:'孔子当世贤人,从鲁国出奔,我的儿子不能追随左右。如今死去,却有十六位妇人为之自杀,这不是说明他对长者礼薄而对妇人恩厚吗?'这番话,从其母之口而出,是贤母之言;如果从妻室之口而出,不就成了妒妇了吗?话还是那句话,但由谁说出,则意味大不一样。如今,我刚刚从秦国到达赵国,如果劝大王割城池,显然行不通;如果劝大王不割让,又害怕大王以为臣替秦国说话,因此不敢妄言。不过,我私下以为,站在大王的角度考虑,还是割让的好。"赵王闻言,点头称是。

虞卿得到消息以后,立即去见赵王。赵王把楼缓的意思告诉了虞卿。虞卿说:"此话甚无道理。"赵王问:"从何说起?"虞卿回答道:"秦军攻赵,是力尽而归呢?还是尚有余力,可怜大王而罢兵了呢?"赵王说:"秦攻赵,不遗余力,一定是力尽而归。"虞卿说:"秦攻赵,力不足而罢兵,而大王却使秦国得到了本来得不到的东西,这不是帮助秦国进攻自己吗?明年秦兵再来,大王岂不是没救了吗?"

赵王犹豫不决,又把虞卿的话告诉了楼缓。楼缓说:"虞卿岂能完全了解秦国的实力?既然知道秦军攻无不克,又不同意割让这弹丸之地,如果秦军明年来攻,岂不是要割让腹地才能讲和吗?"赵王说:"如果我听从您的建议,割让六城,您能保证秦军明年不进攻赵国吗?"楼缓说:"这我不敢保证。当年,三晋与秦相善,如今秦国放过韩、魏而专攻赵,看来大王奉事秦国必不如韩、魏尽心。请允许臣为大王排解忧困,开关通商,与秦、韩、魏三国修好,至于来年秦军会不会专攻赵国,臣不敢保证。"

赵王狐疑,又去询问虞卿,虞卿说:"楼缓认为不讲和,明年秦军再来进攻,会割让更多的土地。如果讲和,楼缓又不能保证秦军不会卷土重来。这样说来,割地有什么用呢?明年秦军攻赵,又会得到本来得不到的东西,讲和罢兵,这不是自己消灭自己吗?不如干脆不讲和。秦虽善攻,不能取六城;赵虽兵败,亦不失六城。秦兵力尽而归,必然疲惫。如果我们拿出五座城池,献给天下强国,与之联合攻秦,虽有所失,亦有所得,不是强于坐而割地、自弱而益秦?如果照楼缓的意思办,割地事秦,明年秦国又要求割地,大王是给呢还是不给?不给,则盟好立绝;给,则坐而地尽,这还有个完吗?秦怀虎狼之心,贪欲不止,而大王之地有限。以有限之地,奉无已之求,哪里还有赵国的生路?大王一定不要割地。"赵王曰:"好吧。"

楼缓得到消息,又去见赵王。他对越王说:"虞卿知其一而不知其二。秦、赵交兵,天下大悦,这是因为列国都打算坐山观虎斗,从中渔利。如今秦胜赵败,列国皆贺,难道不是说明列国倒向秦国了吗?大王何不尽快割地讲和,使列国疑惑,使秦国安心。不然,天下将乘秦之怒,因赵之弊而瓜分之。赵亡日可待,如何图秦?望大王决断,不要再犹豫了。"

虞卿闻讯,又来见赵王,对他说:"楼缓为秦渔利,形势太危险了!赵兵大败,又割地求和,天下共疑之,又怎么能使秦国安心?这不是示弱于天下吗?况且臣所谓不割地,并不是说不能把城池送给别国。秦国索要六城,大王可以用五座城池贿赂齐国，与之并力攻秦，夺其土地。是失于齐而偿于秦也。然后，大王可与韩、魏修睦。韩、赵、魏、齐联兵攻秦，何患不胜?"赵王闻言，说:"此话有理!"立即派虞卿东行，与齐王谋共攻秦。

秦王闻讯大惊。虞卿还没有从齐国返回，秦国的使者已经来到赵国，商讨和议。楼缓见势不妙，仓皇出逃。

当赵国新败之际，局势混乱，不一而足。秦乘其弊，要求割地。楼缓助秦之谋，混水摸鱼，居心叵测，自以为其计必行。但是，赵国局势虽然险恶，虞卿善谋，赵王能断，亦能解危拯困，不坠渔人计中，由此看来，事在人为，其言不虚。

乘势下手，计灭异己

王莽是历史上的一代奸雄，他有出众的谋略，对待敌人毫不手软，而且经常使用一些阴险的计谋。

汉元寿二年(公元前1年)六月，孝哀帝刘欣死于长安未央宫。九月，平帝刘衎(原名刘箕子)即皇帝位，其时年方9岁，太皇太后王政君临朝听政。平帝的生母是卫姬，家中有一些亲戚在京做官，秉政的大司马王莽，担心平帝上台后，重用舅父家的卫姓亲属，形成另外一股势力，冲击王姓外戚既得利益，剥夺自己之职位，于是在太皇太后前谗言道:"过去哀帝刚坐上皇位，就立即拔擢自己的皇亲国戚丁姓、傅姓家族，陷国家于混乱，宗庙几乎倾覆。现今成帝之子刘衎入继大宗为皇上，就要特别强调正统大义，务必以前事为鉴，做后世的楷模，而要抛弃私情。"他游说太皇太后，征得了王政君的同意，立即派出自己的亲信，所谓朝廷"四辅"之一的甄丰，带着印信，前往中山国(河北定县)。封平帝母亲卫太后为中山孝王后，封平帝舅父卫宝、

卫玄为关内侯，平帝的三个妹妹也被封号。以太皇太后名义，令他们均留居中山封地，不得至京师，以免卫姓势力坐大。其时右扶风功曹申屠刚，对王莽所为表示不满，以为皇上年幼，上台之初，即隔绝骨肉亲情，断绝亲戚往来，与礼节不符。何况汉朝制度，虽任用英才治国，但同时也信用皇亲国戚，使朝廷亲疏交错，互为牵制，以利于皇室和国家的安定。申屠刚直言要求朝廷简派使节，迎接皇太后到长安，使皇上母子得以欢聚，还应该广泛征召皇上的母家亲戚，让冯家族(刘衎祖母的娘家)和卫姓家族之人，居住长

安,授给闲散的官职,侍卫宫廷,防范灾祸。王莽见屠刚上书,为之大怒,立即以太皇太后名义下诏:"申屠刚谬言乱说,背离儒家经典,有违大义,令其免职。"不久,申屠刚果然被遣归老家。

王莽视平帝的国戚为自己的死对头,暂时没有理由除去,就采取隔绝政策,并派人严密监视。同时则想方设法控制平帝,准备以自己的女儿,嫁给刘衍,立为皇后,以巩固自己的地位。公元二年,他上呈奏折,口称要仿效周、商制度,按照儒家"五经"所规定,为平帝选后。可是下属官员上报的名单上开始列有很多王姓家族女儿,王莽担心竞争激烈,自己的女儿可能被挤掉。于是假意对太皇太后称自己的女儿没有什么才德,怎能列入帝后名单。哪知王政君误会了王莽的虚伪谦虚,信以为真,公开表彰王莽的诚意相让行为,干脆下诏宣布,王姓家族的女儿,一律不予考虑为帝后。王莽弄巧成拙,慌忙指使亲信朝臣、儒生,一齐到未央宫前请愿或上书朝廷,请求把盛大功德的安汉公女儿列入帝后名册。但事情越弄越糟,因为王莽亲口说出可以不予考虑,所以表面上对请愿之人,王莽又不得不加以劝阻,以示公心诚意,后来王莽一看不得要领,只好撕下面孔,干脆直告太皇太后,"请察看我的女儿"。公元三年春,王莽的女儿经宫廷派人官样文章的察视,以为德容兼备,适宜于承受天命,侍奉皇家祭庙香火。接着又卜卦问神,得到吉兆,于是定下王莽之女为皇后,下聘礼黄金二万斤,王莽见目的已达到,就把大部聘金散给同时入选的媵妾人家,以及同族贫苦亲属,取人之善为己之善,进一步笼络人心。

正当王莽紧锣密鼓地嫁女为帝后的时候,在他家的门前,发生的有名的吕宽事件,王莽则乘机大做文章,大搞株连,终于一举铲除了平帝母后的卫姓家族势力。

原来,王莽之子王宇,看不惯父亲隔绝皇上母子,限制卫姓家族的做法,私下里同皇帝舅父卫宝联络,又暗示卫姬上书朝廷谢恩,借揭露丁姓、傅姓外戚的罪恶名义,希望得以感化太皇太后,让自己回到长安。哪知此招并不奏效,卫姬日夜哭泣,要求进京见儿子,王莽则再三回绝。于是,王宇同自己的老师吴章、舅兄吕宽商量,决定利用王莽迷信心理,在王莽府门前抛洒鲜血,以天意恐吓王莽。可是吕宽乘夜洒血王莽门前时,被守门人发现迹象,此案很快被王莽侦破,王宇被捕下狱,服毒自尽,其妻因有身孕,生产后亦旋被杀死。

卫姓家族在吕宽事件中,并不是主谋,但在卫姬要求回京刚遭拒绝的当口,王莽自然地要怀疑卫姬起来。加上王宇、吴章等被刑讯之中,又承认是为卫姬事起,王莽哪能杀了儿子、媳妇,却轻饶卫氏,放过除去政敌的好机会呢?于是旋即下令把卫姓家族,全部屠杀,仅留下皇上母后卫姬一人。吴章是当时著名的儒家学者,曾广收学生,在京城士人中颇有影响。王莽以为这些儒生与己有碍,早就有意除去,吴章此次是自动撞上枪口,被王莽令在长安东市,把吴五马分尸,又下令从今后剥夺吴章学生、门徒的政治权利,不准这些人入朝为官。

王莽不仅借吕宽事件,斩杀了卫姓家族,还扩大打击面,凡与己不和的公开、潜在对手,也借机一一消灭。汉元帝刘奭的妹妹敬武长公主,嫁夫后与王莽是族属,但与丁姓、傅姓外戚往来友好,曾经讲过不满王莽的话,王莽即乘此机会以太皇太后名义,令其自杀。王莽的叔父红阳侯王立,以及王谭之子平阿侯王仁,过去与王莽都有往来,但王莽并不视之为同类,也被王莽强迫自杀。王莽又令自己的亲信大司空甄丰,派员去全国各地,扫除卫姓党羽。凡不依附王莽者,都可用"叛乱"罪名诛杀。前将军何武、前司隶校尉鲍宣、乐昌侯王安、护羌校尉辛通及其兄弟函谷都尉辛遵、水衡都尉辛茂、南郡郡长辛伯等数百人,都在此间相继成为王莽的刀下之鬼。这些人有的与王莽并无什么矛盾,只是诚心维护王室刘姓正统;有的自负才出名门大家,疏远同王莽的结交;有的因性格刚烈,鱼鲠在喉,好直言议论。在王莽看来,维护汉室,就是自己来日代汉称帝的绊脚石,应是早下手除去为宜。而有才又不依附王莽府门的人,就是潜在的政敌,当然不能放过。那些仗义执言的人,有碍于王莽的沽名钓誉的政治投机,与自己舆论不利,也要除之而后快。

吕宽事件的处置,使王莽一时廓清了朝内外的政敌,西汉平帝元始四年(公元4年),汉平帝大婚,王莽女正式册立为皇后。王莽被下诏重赏,尊称为"宰衡",位居三公之上。同年,梁王刘立被揭发与卫姓外戚有牵连,削封撤职,贬放南郑,被迫自杀。元始五年,诏令加赐王莽"九锡"。同年冬季腊月大祭,王莽向平帝刘衍献椒酒,鸩杀平帝于未央宫。同月,王莽借符命公开称"摄皇帝"。这些都是吕宽事件,王莽顺势残杀异己的继续和结果。

王莽背靠太皇太后王政君,逐步造成西汉王姓外戚专权的局势。一姓势立,怎能再容别人插足,所以,平帝上台后,其母后卫姓家族与王莽为代表的王姓家族,两大外戚势力之间争权夺利的斗争,是封建专制政治进程中的必然性因素。只不过王莽早先下手,采取隔绝政策,置卫姬家族于远离京城的中山,两大家族的斗争暂时被缓和下来。吕宽事件,点燃了两派斗争的导火索,同时给王莽提供了一个乘势下手的好机会。对已经势力坐大,还想自己代汉做皇帝的王莽来说,既然自己的儿子、儿媳都背弃,杀伐卫姓家族势力,当然会毫不手软。而太皇太后的信任,满朝党羽握有实权的形势,为他搞株连杀异己,都提供了便利的条件。于是中央的卫姓家族被灭,外地的卫姓党羽由"四辅"之一的亲信大司空甄丰去杀伐。那些非己同党,或与己不和,或者是铁心维护汉室的忠臣们,现在都成了王莽杀伐的对象。除去这些人,平时并不容易,那汉元帝的妹妹,与太皇太后是同辈,说几句不满王莽的话,王莽也奈何不了。但吕宽事件,使王莽有了一个最有利的时机,再加上一个与卫姓牵连的"高帽子"罪名,一切都顺理成章了。可怜数百冤鬼,只能在九泉下控诉了。

吴魏交兵,刘备渔利

赤壁大战,曹操大败。为了防止孙权北进,曹操派大将曹仁驻守南郡(今湖北公安县)。这时,孙权、刘备都在打南郡的主意。周瑜因赤壁大战,气势如虹,下令进兵、攻取南郡。刘备也把部队调到油江口驻扎,眼睛死死地盯住南郡。周瑜说:"为了攻打南郡,我东吴花多大的代价都行,南郡唾手可得。刘备休想做夺取南郡的美梦!"刘备为了稳住周瑜,首先派人到周瑜营中祝贺。周瑜心想,我一定要见见刘备,看他有何打算。第二天,周瑜亲自到刘备营中回谢。在酒席之中,周瑜单刀直入问刘备驻扎油江口,是不是要取南郡?刘备说:听说都督要攻打南郡,特来相助。如果都督不取,那我就去占领。周瑜大笑,说南郡指日可下,如何不取?刘备说:都督不可轻敌,曹仁勇不可挡,能不能攻下南郡,话还不敢说。周瑜一贯骄傲自负,听刘备这么一说,很不高兴,他脱口而出:"我若攻不下南郡,就听任豫州(即刘备)去取。"刘备盼的就是这句话,马上说:"都督说得好,子敬(即鲁肃)、孔明都在场作证。我先让你去取南郡,如果取不下,玄德就去取。你可千万不能反悔啊。"周瑜一笑,哪里会把刘备放在心上。周瑜走后,诸葛亮建议按兵不动,让周瑜先去与曹兵厮杀。

周瑜发兵,首先攻下彝陵(今湖北宜昌)。然后乘胜攻打南郡,却中了曹仁诱敌之计,自己中箭而返。

曹仁见周瑜中了毒箭受伤,非常高兴,每日派人到周瑜营前叫战。周瑜只是坚守营门,不肯出战。一天,曹仁亲自带领大军,前来挑战。周瑜带领数百骑兵冲出营门大战曹军。开战不多时,忽听周瑜大叫一声,口吐鲜血,坠于马下,被众将救回营中。原来这是周瑜定下的哄骗敌人的计谋,一时传出周瑜箭疮大发而死的消息。周瑜营中奏起哀乐,士兵们都戴了孝。曹仁闻讯,大喜过望,决定趁周瑜刚死,东吴没有准备的时机前去劫营,割下周瑜的首级,到曹操那里去请赏。

当天晚上,曹仁亲率大军去劫营,城中只留下陈矫带少数士兵护城。曹仁大军趁着黑夜冲进周瑜大营,只见营中寂静无声,空无一人。曹仁情知中计,急忙退兵,但是已经来不及了。只听一声炮响,周瑜率兵从四面八方杀出。曹仁好不容易从包围中冲出,退返南郡,又遇东吴伏兵阻截,只得往北逃去。

周瑜大胜曹仁,立即率兵直奔南郡。等周瑜率部赶到南郡,只见周郡城头布满旌旗。原来赵云已奉诸葛亮之命,乘周瑜、曹仁激战正酣之时,轻易地攻取了南郡。诸葛亮利用搜得的兵符,又连夜派人冒充曹仁救援,轻易地诈取了荆州、襄阳。周瑜这一回自知上了诸葛亮的大当,气得昏了过去。

计中套计,大败曹真

诸葛亮起兵伐魏,于阵前骂死汉朝叛臣王朗。魏军都督曹真派人将王朗尸首送回长安。副都督郭淮献计曰:诸葛亮料吾军中治丧,今夜定来劫寨。可分兵四路:两路从山僻小路,乘虚去劫蜀寨;两路伏于本寨外,左右击之。曹真大喜曰:此计与吾甚合。遂传令唤曹遵、朱赞两个先锋吩咐曰:汝二人各引一万军,出祁山之后。但见蜀兵望吾寨而来,汝可进兵去劫寨。如蜀兵不来,便撤兵回来,不可轻进。二人受计,引兵而走。真谓淮曰:我两个各引一支军,伏于寨外,寨外虚堆柴草,只留数人。如蜀兵到,放火为号。诸将皆分左右,各自准备去了。

诸葛亮收军回帐。先唤赵云、魏延听令。孔明曰:汝二人各引本部军去劫魏寨。魏延进曰:曹真深明兵法,必料我乘丧劫寨。他岂不提防?孔明笑曰:吾正欲曹真知吾去劫寨也。其必伏兵在祁山之后,待我兵过去,却来袭我寨;吾故令汝二人引兵前去,过山脚后路,远下营寨,任魏来劫吾寨。汝看火起为号,分兵两路:文长把住山口;子龙引兵杀回,必遇魏兵,却放彼走回,汝乘势攻之,彼必自相残杀。可获全胜。二将引兵受计而走。又唤关兴、张苞吩咐曰:汝二人各引一军,伏于祁山要路,放过魏兵,却从魏兵来路,杀奔魏寨而去。二人引兵受计去了。又令马岱、王平、张翼、张嶷四将,伏于寨外,四外迎击魏兵。孔明虚立寨栅,居中堆起柴草,以备火号;自引诸将退于寨后,以观动静。

魏先锋曹遵、朱赞黄昏离寨,迤逦前进。二更左侧,遥望山前隐隐有军行动。曹遵自思曰:郭都督真神机妙算!遂催兵急进。到蜀寨时,将近三更。曹遵杀入寨中,却是空寨,并无一人。料知中计,急撤军回。寨中火起。朱赞兵到,自相掩杀,人马大乱,曹遵与朱赞交马,方知自相践踏。急合兵时,忽四面喊声大震,王平、马岱、张嶷、张翼杀到。曹、朱二人引心腹军百余骑望大路奔走。忽然鼓角齐鸣,一彪军截住走路,为首大将乃常山赵子龙也,大叫曰:贼将哪里去!早早受死!曹、朱二人夺路而走。忽喊声又起,魏延又引一彪军杀到。曹、朱二人大败,夺路奔回大寨。曹寨军士只道蜀兵来劫寨,慌忙放起号火。左边曹真杀出,右边郭淮杀出,自相掩杀。背后三路蜀兵杀到:中央魏延,左边关兴,右边张苞,大杀一阵。魏兵败走十余里,魏将死者极多。孔明大获全胜,方始收兵。

诸葛亮料敌如神,棋看三招,将计就计,引敌自相掩杀,乘其乱,举兵攻之,焉有不胜之理!

巧用混水,终得其利

北周时期,孝闵帝性刚果,颇善心计。当时,宇文护封晋公,掌朝政。司会李植与军司马孙恒恐不见容,便联络一班小人,向孝闵孝大进谗言。双方各怀鬼胎,演出了一场渔翁大战的闹剧。

李植与孙恒对孝闵帝说:"宇文护威权日盛,谋臣宿将,争相攀附,大小之政,皆决其手。以臣观之,宇文护岂有恪守臣节,愿陛下早作打算!"孝闵帝本来疑心重重,对宇文护常加戒备,闻二人之言,点头称是,丝毫没有想到他们自己的小算盘。二人的党羽也乘机进言,声称:"以先王之明智,尚委任李植、孙恒主持朝政,今以大事付此二人,何患不成! 宇文护常以周公自此,臣听说周公摄政,长达七年之久。以陛下之聪明睿智,岂能于七年之中,任由臣下摆布!"孝闵帝听罢,更加相信李植与孙恒,遂暗中筹划,诛除宇文护。孝闵帝经常召武士在后园讲习,演练擒拿之术,准备一旦时机成熟,便乘势下手。

李植、孙恒虽然得到了孝闵帝的支持,但还是害怕对方势力太盛,不易成功。于是四处拉人,参与其谋。这样一来,秘密便难以保守。一次,李植等人拉拢宫伯张光洛同谋,结果被张光洛告发。宇文护先下手为强,斥逐李植与孙恒为远州刺史。孝闵帝遭此打击,无可奈何,日思夜念,企图将二人召回。宇文护谏阻说:"天下至亲,无过于兄弟。若兄弟相疑,还有什么人可以相信呢? 先帝以陛下年少,嘱臣以辅佐之任,于家于国,兼于一身,不敢辞其辛苦,愿效犬马之劳。若陛下可亲理万机,威加四海,臣虽死犹生;只恐无臣在,奸臣得志,非惟不利于陛下,亦将倾覆社稷,令臣何颜见先帝于九泉之下,况且臣既为天子之兄,位至宰相,于此之外,尚有何求! 愿陛下勿信谗臣之言,疏弃骨肉!"孝闵帝听完宇文护这一番涕泪交加的言词,由不得为之感动,尽管心中疑虑不曾全消,还是不再企图召回李植与孙恒。但是,李植与孙恒的党羽却更加害怕,活动得更加频繁。他们暗中设计,计划在宴请群臣宴饮之际,捉住宇文护,即刻杀掉。不料,他们的计谋又被张光洛告发。宇文护再一次先发制人,与柱国贺兰祥、领军尉迟纲等合谋,召其入宫议事,及至,一一拿下,执送宇文护府第。

这一次,孝闵帝才感到大势不妙,独处于内殿之中,勒兵自卫。宇文护岂肯放过这一大好时机,立即派遣贺兰祥入宫,逼迫孝闵帝逊位,将其幽禁于旧宅之内。宇文护与公卿会商,废黜孝闵帝为略阳公,另立宁都公宇文毓,将李植、孙恒及其党羽悉数诛杀。过了一个多月,孝闵帝也被害身亡。

孝闵帝在位之时,李植、孙恒与宇文护双方勾心斗角,各为身谋。孝闵帝虽然聪明,却不能利用这种形势,使其互相牵制,借机巩固自己的地位。李植、孙恒与宇文护各以渔翁自居,企图混水摸鱼,居心叵测,而李植等人不仅不能乘乱取利,反而于混水之中,授宇文护以柄,被其一网打尽。惟宇文护老谋深算,利用对方制造的混水,以逸待劳,大获全胜。

梁山好汉,大闹江州

宋江因在江州题写反诗,被一个叫黄文炳的揭发,下在大车之中。蔡九知府派两院节级戴宗去东京向老爹蔡京太师报信。戴宗是宋江的至交好友,途经梁山泊与晁盖、吴用说起宋江吟反诗一事。晁盖听罢,就要点兵去打江州救宋江,吴用谏道:江州离此遥远,军马去时,打草惊蛇,倒送宋公的性命。此事不可力敌,只可智取。吴用便请圣手书生萧让,模仿蔡京笔迹修书一封,书上说把宋江解来东京问罪,又请玉臂匠金大坚,刻一模仿蔡京的图书印章按上,然后送戴宗起程。梁山众人,专等在押解宋江的路上救宋江,可是吴用忙中出错,在伪造的蔡京信上按的是翰林蔡京印章,疏忽了蔡京与蔡九乃父子关系,书信往来是不用官章的。此事果然被黄文炳看破。

戴宗与宋江被判死刑,五日后,押赴市曹,斩首施刑。

再说戴宗离开梁山泊不久,吴用即发觉了自己的疏漏,随即采取补救措施,与晁盖如此这般地定下了乱而取之之计,选了十七位好汉并百十个小喽罗分几拨下山奔赴江州救人。

这天,六七十个狱卒早把宋江在前,戴宗在后,押到市曹十字路口,将宋江面南背北,戴宗面北背南,只等午时三刻开刀问斩。江州看的人,庄肩迭背,足有一二千人。

只见法场东边一伙弄蛇的丐者,强要进入法场里看,众士兵赶打不退。正相闹间,只见法场西边一伙使枪棒卖药的,也强挨将入来。士兵呵斥阻拦,这伙人道:打什么鸟紧!正在和士兵闹的当儿,法场南边一伙挑担的脚夫,又要挨将入来。士兵喝道:你们挑哪里去? 那伙人道:便是相公衙里人,也只得去别处过一过。那伙人歇了担子,掣了扁担,立在人丛里看。又见法场北边一伙客商,推两辆车子过来,定要挨入法场上来,说要路过这里。士兵们哪里肯放,这伙人都盘在车子上立定了看。

没多时,一声午时三刻到,刽子手便去开枷,执定法刀在手,说时迟一个个要见分明;那时快,闹攘攘一齐发作。只见那伙客人听得斩字,一个客人便向怀中取一面小锣,立在车上当当地敲两三声,四下里一齐动手,又见十字路口茶坊楼上一个彪形黑大汉,两只手握两把板斧,大吼一声,从半空跳下,手起斧落,早砍翻两刽子手,随即又朝监斩官马前砍来。众人士兵那里拦挡得住,簇拥蔡九知府逃命去了。只见东边那伙弄蛇人,身边掣出尖刀,看着士兵便杀;西边那伙使枪棒的,只顾乱杀将来;南边挑担的脚夫,抢起扁担,打翻了士兵和看热闹的人;北边那伙客人,都跳下车来,其中一个背了宋江,一个背了戴宗,其余的人,也有取石子打的,有取弓箭射的,有取标枪刺的。原来扮客商这伙人,便是晁盖、花荣、黄信、吕方、郭盛;那伙扮使枪棒的,便是燕顺、刘唐、杜迁、宋万;扮挑担的,便是朱贵、王矮虎、郑天寿、石勇;扮丐者的,便是阮氏三雄、白胜。那楼上跳下的黑大汉,便是李逵。梁山十七个头领,加李逵和众小喽罗,四下杀将起来。只杀得尸横遍野,血流成渠,推倒倾翻的,不计其数。当下众好汉救得宋江、戴宗杀出江州,直杀到扬子江边白龙庙。江边张顺、张横、李俊、童威、童猛、穆弘、穆春、薛永、李立等众好汉接着,共二十九位好汉,来了个白龙庙小聚义。等江州追赶来,又被众好汉掩杀一阵,官兵慌忙入城,好几天不敢出来。众好汉分头下船,扬长而去。

三十六计

梁山泊好汉江州劫法场,采用钻进敌人阵营内部,横冲直撞,将水搅混。精神准备不足的江州官军,一时难以分辨哪里平民百姓,哪是梁山好汉,也弄不清梁山泊到底来了多少人马,惊恐之际,被梁山好汉救走了宋江、戴宗,数百官兵做了刀下之鬼。可见渗入敌军腹地,一旦能把水搅混,乱而取之,就能以一当十,以小的代价换取大的胜利。

学士巧联,搭救弱女

清代文学家李调元回家乡四川,路过河北保定,找了一家僻静的客店住下。进房尚未坐定,忽听隔壁有女子啼哭声,悲悲切切,甚是凄楚。他忙起身去看,见一老者坐在地上,默默垂泪,一女子跪伏地上,哀哀哭泣。上前细问,方知父女俩是安徽凤阳人,逃荒到保定,靠女儿卖唱花鼓为生。前几日在街上卖艺,被巡抚大人的老母亲瞅见,说这女子相貌酷似画上的献桃祝寿的麻姑,欲留身边,图个吉利。此事传到知府耳里,原本知府就是个马屁精,正在为给巡抚的太夫人做寿准备礼品,如此讨好的机会岂有白白放掉的,于是派人强迫这女子立下卖身契约。父女生离,犹如死别,因此伤心痛哭。李调元听后,愤然地说:"你们不必悲伤,待我前去会会知府,问个明白。"说完便告辞了。

他出了小巷,来到大街上,只见城内张灯结彩,鼓乐喧天,颇似过年景象,不禁动疑。经向行人打听,才知道是府内官员在为巡抚的太夫人祝寿。到了府衙,知府见是李调元来访,深感荣幸。后堂礼毕坐定,知府便说:"学士来得正好,我等为巡抚的太夫人祝寿,有一寿屏,正准备请高手题写,如得学士挥毫,我等当不吝厚报。"李调元回答说:"寿屏我可以写,但不要酬金,只请退还凤阳女的卖身契。不知知府大人意下如何?"知府为难地说:"买女实属太夫人之意,学士之请,恐难从命。"李调元说:"待我写副吉祥寿屏,包令太夫人满意,不再计较'麻姑'就是。"知府只得命展锦屏,候李大学士下笔。衙内僚属幕友,争相前来观看。李调元饱蘸浓墨,落笔写下首句:"太老夫人不是人。"众人失色,知府更是吓得不敢作声。但李调元却不紧不迫,停了一停,又写出第二句:"九天仙女下凡尘。"众人这才透过气,正欲称妙,见李调元又走笔写出第三句:"养儿不教去做贼。"众人瞠目结舌,如遭电击,知府面黄如蜡,冷汗涔涔,连呼"坏事,坏事!"李调元不瞅不睬,

反将笔搁下,独自呵气暖手,半晌,才回头笑对知府说:"退约之事如何?否则只得烦劳另请高明。"知府连声说:"退!退!请快续写!"李调元这才提笔续上末句:"偷来蟠桃献母亲。"

这句一落,真如云开雾散,红日涌出,只听四周一片拍手、击桌、赞叹、欢叫之声。知府犹如绝处逢生,惊魂未定悸怕犹存。果然,寿屏送到巡抚衙内,太夫人哈哈大笑,说道:"有了巡抚儿偷蟠桃献我,还要别人的'麻姑'何用?"便叫知府退了卖身契。

大胆穿插,乘乱击敌

第二次世界大战中德军一直攻到苏联的斯大林格勒。

1942 年 11 月 19 日,苏联红军在斯大林格勒周围开始了全线反击。

第 26 坦克军军长罗金少将正在部署部队穿插任务。作战参谋递给他一封电报,罗金少将看后,向参加作战会议的指挥员宣布:"西南方面军司令部命令我军由西向东攻击,与友邻部队汇合,包围歼灭敌人。"

罗金少将指着军用地图,说:"目前德军正在彼列拉佐夫斯基附近,正在开始向顿河方面撤退,我们必须连夜夺取顿河上剩下的惟一的这座桥,切断敌人的退路,为全歼德军夺得战机。"

但是,前面几十公里都是敌人的防御阵地,怎样通过敌人的防御区呢?

罗金少将想了一个大胆的方法,当时战场上十分混乱,敌人正在全线撤退。我军可乘机行事。

22 日凌晨 3 时,罗金少将命令先遣部队上百辆坦克全部开着雪亮的车灯,沿着奥斯特罗夫斯克到卡拉奇的公路,成正常的一路行军纵队,浩浩荡荡地穿过德军重兵防守的数十公里阵地,安然向渡河处开去。

凌晨 4 时,苏军坦克部队已通过德军三道防线,离顿河大桥只有 5 公里了。

突然,前方出现一德军哨卡,几名德军在雪亮的探照灯下,上下挥舞手旗,示意部队停车检查。

在最前面一辆坦克里的苏哈洛夫团长打开舱盖,向德军哨兵挥舞着手中的钢盔,并用手指了指身后长龙般的亮着车灯轰轰作响的坦克部队,大声地用德语喊:"前进,前进!"

几名德军看到这些坦克队列整齐,大模大样地开着大灯前进,断定是自己的撤退的坦克部队,便挥挥黄旗,放坦克通过。

苏哈洛夫中校猛一加油门,第一辆坦克通过哨卡,整个坦克部队轰轰隆隆地驶过了离顿河大桥最近的一个哨卡。

苏军坦克车内,苏哈洛夫中校摘下钢盔,用手帕擦着头上的冷汗。

"你看,中校!"坦克手低声报告。

苏哈洛夫中校赶紧从坦克前面的窥测镜向外看,只见公路两旁排满了德军坦克部队,许多德军在停着的坦克旁,生着火堆,正在吃饭喝酒。看着继续前进的苏军坦克部队,有的德军还友好地举起了酒瓶。

苏军坦克部队不敢怠慢,加大油门,向大桥冲去。

拂晓,英勇的苏联坦克兵,不费一枪一弹,抢占了顿河大桥。苏军先头坦克迅速地控制了顿河两岸后,发出信号,通知后面的大部队加速前进。

这时,德国军队如梦初醒,仓促组织反击,但是苏军已扎下了根,坦克军里应外合,勇猛冲击,德国军队阻挡不住,纷纷向后撤退。

26坦克军顽强地固守在顿河大桥上,切断了敌人退路,包围了敌人。

4天以后,26坦克军与第4坦克军汇合,跨过顿河,投入了新的战斗。

伪装对手,搅乱后方

第二次世界大战后期,希特勒为挽回败局,鼓舞其一落千丈的士气,拼凑了几十万残兵和2000多辆坦克,于1944年12月发动了阿登战役。

12月25日,希特勒看着摆在他面前的"FH行动计划",半晌不说话。突然,举起右手,在半空中一挥,然后,俯下身子,在计划书上签上"阿道夫·希特勒"。

26日,夜色漆黑,德国党卫军上校柯勒身着美军陆军上校军服,站在一辆美军坦克上,看着从眼前轰隆驶过的美军坦克和美制卡车和吉普车,脸上露出一丝奸笑。

黑夜中,由柯勒上校率领的这支伪装成美军的德国军队从德军主力突破美军防线薄弱地带混入了美军后方。

柯勒上校坐在美式坦克里,嘴里叼着香烟,闭着双眼沉思。他这一着太棒了,为了扰乱美军后方,他提议从德军中挑选了2000名会讲流利英语的士兵,穿起美军制服,深入敌后,孤军作战。主意虽好,但前途莫测啊!

深入美军后方后,柯勒立即将部队划为12个小分队,分头布置任务后,各小分队迅速地消失在浓浓的夜色中。

驻守在安特卫普的美军司令怀特将军,接到前线战报:"德军七个师的主力部队正在向西推进,他们的目标是通过马斯河,夺取安特卫普。"

怀特将军仔细地翻阅了近二日的战报后,立即下令:"各防区做好战斗准备。"

与此同时,柯勒的部队在美军后方开始行动了。

在一通往前线的路口处,有一队美军正在指挥交通。这时,约有200多辆美军运输车开了过来。

交通指挥员挥旗,大喊:"停车!"

一美军上校从车上跳

前方路已坏请绕行

下来,问:"怎么回事? 我们是向前线送弹药的,必须从这里通过。"

"不行,前方有几十公里的路已被德军炸毁,你们必须从左边绕行,这是命令!"

上校看了看那块写着"前方路已坏,请绕行"的木牌,无可奈何地回到车上。

汽车队向左边开去不久,便遭到了德军重炮的袭击。

路口的交通指挥还在继续挥旗示意车辆绕行。

在美军各防区接到怀特将军的命令后,立即投入战斗准备,但奇怪的是,通往各部队的电话线经常发生故障,而派出去修电话的通讯兵没有生还的,都被人杀死在半途中。

怀特将军在召开的各防区司令会议上,忧虑地说:"最近,我们小队的巡逻兵和零散的无防备的士兵不断被打死,交通运输不断地误入德军防区,通讯线路也发生问题,据我军情报机关侦察得知,这是一支德军深入我后方,各防区必须严加盘查,不得再出现扰乱情况。"

与此同时,怀特将军依盟军司令部命令,派部队截击向马斯河推进的德军主力部队。

各防区在盘查中将德军特工部队一一查获。30 日,潜入到马斯河附近和由柯勒上校指挥的德国特工队终于被抓获。至此,这支把美军后方搅得十分混乱的德国部队全部被查获了。

对这支德军,美军当局十分恼火,早已下达命令:一经查获伪装的德国兵,可不经请示以借口穿德国军队的服装不得享受战俘待遇为名,立即予以枪决。

闻讯,希特勒在地下室的指挥所里向他的忠实的党卫部队默默致哀。

乘乱入侵,一举成功

1983 年 10 月 25 日,美国纠集 7 个加勒比国家,采用突然袭击手段,对陆地总面积仅有 344 平方公里的加勒比海岛国格林纳达发动了一场海空联合入侵。这是美国自 1965 年武装干涉多米尼加共和国以来,在拉美地区采取的一次规模最大的军事行动。

格林纳达虽然是一个仅 344 平方公里,约 11 万人的小小的岛国,但其战略地位十分重要。格岛位于加勒比海东部的小安的列斯群岛南端,西临加勒比海,与巴拿马运河遥遥相对;东临大西洋,距美国约 2000 公里,扼守加勒比海通往大西洋的海运航道。其得天独厚的地理位置和自然条件,逐渐成了美国和苏联共同关注的焦点之一。

格在正式独立之后,作为英联邦的一个成员,由统一工党执政。以埃利克·盖里为总理的统一工党政府奉行亲西方和亲美政策,引起了在野党"新宝石运动"(又称"争取福利、教育和解放的联合进军运动")的不满。该运动领导人莫里斯·毕晓普于 1979 年 3 月 13 日发动武装政变,推翻了盖里政府。毕晓普上台之初,主张"恢复一切民主和自由",实行"经济革命化",建立"人民参政的国家",走社会主义道路。在外交上奉行向苏联和古巴"一边倒"的政策,同时向周围的东加勒比国家"输出革命"。随之而来的是,苏、古的大批"专家"和"顾问"涌进格林纳达,苏制武器装备在格占据了主导地位。在苏、古的大量的经济和军事"援助"下,格组建了"人民革命军"和民兵队伍。1980年,由古巴派出工程部队在主岛西南端的萨林斯角修建一座大型现代化机场,名为"旅游机场"。其主跑道长达3000米,可降落大型飞机;一旦改作军用,苏、古各型作战飞机均可起降,进而对美国的石油运输线构成威胁。

随着格林纳达毕晓普政权亲苏、古趋势的增强,美国的军事行动准备也在悄悄地进行和加强。自从古巴派出工程兵部队在格修建机场开始,美军就不断地通过侦察卫星监视机场施工进度和古军修筑的其他军事设施情况,并辅之以飞机侦察对卫星照片进行核实。此外,美国还专门派出特工人员,伪装成学生、商人、侨民或旅游者,以合法身份作掩护,进入格境搜集格政府军和古军的设防部署,绘制可以直接用于军事目的的"地形图"和"交通要图"。与此同时,美军开始组织预定参战部队进行针对性和适应训练。1981年8月起,美军在加勒比海地区波多黎各的韦克斯岛举行武装侵格的模拟演习,部分陆军别动队和海军陆战队还进行了为期两个多月的海岛适应性训练。对格岛地形及其周围海域的水文、气象资料和格军驻防情况,都预先进行了搜集,藉以制定和修改美军侵格的作战预案。

在进行军事准备的同时,美国政府又进一步通过各种手段,向毕晓普政权施加巨大的压力,终于迫使其采取缓和措施,改善对美关系。1983年6月7日,毕晓普又亲自出访美国,与美国达成了一项"谅解"。这样,不仅引起了苏、古的强烈不满,而且遭到了格政府内部以副总理科尔德和政府军司令奥斯汀为首的亲苏、古"强硬派"的激烈反对。到了10月13日,格国内矛盾急剧恶化,政局出现严重动乱。奥斯汀和科尔德突然发动军事政变,将总理毕晓普软禁起来,后将其秘密处决。格全国很快陷入一片混乱。10月20日,格军方接管政权,并成立了以奥斯汀为首的由16名成员组成的新的"革命军事委员会"。英国女王任命的格总督斯库恩也被软禁。在格政权中,亲美、亲西方的势力遭到了清洗,亲苏、古的强硬派再次占据了主导地位。

格林纳达政变事件的发生和结果,既使美国感到惊恐和失望,又给美军的入侵提供了不可多得的良机。

1983年10月23日,美国决定对格采取代号为"暴露"的入侵行动。24日晚6时,里根总统签署作战命令,并秘密通知国会领袖,对外则采取严格的保密措施。里根的基本企图是:充分利用格岛的国内动乱,以优势兵力,快速展开,速战速决;通过以武力"教训"格林纳达,慑服亲苏、古的其他中美国家。

在美作出出兵决定和制订具体作战计划的过程中,美军入侵兵力的隐蔽集结也在同步进行。10月20日(即毕晓普被害的第二天),命令原计划驶往地中海的"独立"号航母和"关岛"号两栖攻击舰编队,途中改道驶向格附近海域,以"接美侨"为名,伺机而动。23日,该编队到达预定海域,在格岛周围建立了50海里的海上封锁区,切断了格林纳达同外界的联系。24日,美军为达成作战行动的突然性,用运输机将部分陆军别动队队员和军事装备运往距格岛只有250公里的巴巴多斯,HC—130武装直升机和部分作

战飞机转场至前进基地。当天,牙买加、多米尼加联邦、巴巴多斯、安提瓜、圣文森特、圣卢西亚、圣克里斯托弗—尼维斯7个加勒比国家的警察部队也在"演习"的名义下,被调往巴巴多斯集结。留在美国本土的参战陆军特种部队和空降部队及战略运输机部队,全都处于升火待发状态。

1983年10月25日拂晓,美军分别由巴巴多斯、格岛附近海域和国内3个待运地点乘直升机或运输机,在海、空军航空兵火力支援下,从北、南两个方向实施空降突袭。面对美军的突然袭击,一直忙于应付内乱的新政权,既无防敌入侵的精神和物质准备,又无足够的鼓动和组织军民抗战的权威,人民群众和部队官兵惊慌失措。新上台的军政领导甚至放弃指挥,各自隐遁以保身家性命,整个国家失去领导核心。有的部队一击即溃,弃械投降。美军所到之处,几乎未遇像样的抵抗。因此,在4天之内,美军即粉碎了格方的军事抵抗,完全占领其首都圣乔治,并推翻了格林纳达政府;8天之内,入侵美军控制了格林纳达全国局势,以阵亡18人的代价夺取了战争的胜利。

在这次战争中,美军非正义的一方取胜,格林纳达虽属正义的一方却遭受了失败。导致这种似乎矛盾的战争结局,原因固然是多方面的,但格林纳达的"内乱"不能不说是问题的主要症结之所在。事实上,格林纳达的内乱,既为美军提供了入侵的机会和借口,又是格之速败的催化剂。两军对峙,尤其是弱军对阵于强敌,要想不败,务求内部团结,坚如磐石。内乱招致外患,外患加速内乱,内乱、外患并存,国难必趋至极。格林纳达惨痛的历史教训再次表明,要想抵御外侮,战胜强敌,必须有安定团结的政治局面和同仇敌忾的民心士气。

减价促销,让利取利

许多消费者本着选价心理去购买商品,但也有许多消费者心目中却有"便宜没好货,好货不便宜"的逆反心理。因此,对一些高档的价格上下浮动不太大的商品,价格订得高些,销售效果也许反而更好些。这正是迎合了人们的这种逆反心理的缘故。

一般消费者平时来公司购买商品的比较少,大减价时期则特别多。每当气候转季的时节,人们常添置衣着,购买力比较集中。永安公司往往抓住这个时机,剧烈地进行竞争,招徕顾客。价格上的竞争最为激烈,所采取的方式就是"大减价"。永安公司每季都要大减价一次,加上"开幕周年纪念"一次,一年共五次。大减价是公司脱手各种过时的滞销商品的好机会,每季大减之前,公司总要召开管理人员会议反复研究。郭乐等人在会上告诫各级管理人员:"滞销以及多存货物,应趁此期内沽去,以免压货本。"要求广告宣传方面,一定要"装饰辉煌,引人注目"。大减价前几天,公司派人忙着去沪宁、沪杭两铁路沿线各城镇张贴招纸,在市内各报登载广告;大减价期间,商场内和商场大楼周围也布置一番。公司平时"不二价",一到大减价,除了利薄的商品,像香烟和有些罐头食品等不打折扣,其他商品一般都打折扣;热销商品打九折,一般商品打八折、七折,滞销商品打的折扣更大,往往在对折以下。

大减价时,每个柜台上都堆满了特价品,当时称作牺牲品。作为牺牲品的,有的是大减价前特地从日本购进的低档花布、汗衫;有的是向国货厂商整批购进的副次商品;有的是厂商来公司接洽,利用公司大减价机会打开销路的新产品;有的则是从仓库中清理出来的滞销商品;也有的是公司独家经销了一个时期,后在同业中普遍出售、花色即将过时的商品。在商场里,天天散发红红绿绿的宣传品,上面开列各商品部当天正在出售的牺牲品目录。为了与同业竞争,在大减价中,永安公司往往忍痛把几种热销商品作牺牲品,也就是永安资本家所说的"额外平价",目的是使顾客"知道公司货价切实减价,以招徕生意"。热销商品利润本来比较小,但减价仍很大,像蜜蜂牌绒线原卖三元三角一磅,大减价时照成本只卖三元零二分,二元四角一瓶的三星白兰地只卖一元七角五分,还有一种绸布,竟比成本还低一二角。这种虚虚实实的手段,也就是人们所说的"真假大减价"。此外,各商品部还经常有一种或几种价廉物美的商品作为特价牺牲品,折扣打得特别大,例如镀银的调羹,只卖八分钱一只。在大减价期间,天天在报上登广告,宣传特价牺牲品。顾客买后相互宣传,接踵而来公司购买,结果必然带动其他商品的生意。因此公司大减价期间,营业始终兴隆。

除了牺牲品,有时还送赠品。1928年公司成立十周年纪念大减价时,规定顾客买满五元货,赠送价值一元以上的赠品,而且作为赠品的都是市民熟悉市价、热销的大众化商品,因此这次大减价曾经轰动一时。

每次大减价,好像有意给顾客便宜,而自己则是亏本似的,其实这只是表面现象。资本家有意亏本是不可能的事。前面已经说过,公司逢季大减价的目的,是趁换季的时节争夺广大市民的购买力,亏本大减价岂非同此目的背道而驰?实际上,资本家只是临时改变经营手法,把"少卖多赚"改为"薄利多销"。在大减价时期,许多商品因为平时定价高,打了折扣仍能赚钱;就是那些牺牲品,真正亏本的只是极少几种,绝大多数还是有利可图的。如平时卖五角五分一码的线呢,在大减价时只卖二角五分,但还可赚五分钱一码。又如江阴土布,平时卖二元一匹(二十码),大减价时卖一元五角,每匹仍可赚四角。因为这类牺牲品进销差价很大,大部分是在大减价前,公司乘厂商缺乏资本周转而大批杀价买进的。所以在大减价时虽然卖得便宜,仍可"多中取利"。极少几种牺牲品虽然亏些本,但也另有原委。如一种银丝纱,平时卖三元多一尺,大减价时只卖四角一尺,显然亏了本,但这种高档商品只要时间一长,银丝一发黑有钱人家就不愿意要,而一般市民又买不起,因此才削价作为牺牲品出售。这是乘大减价时机处理变质商品,加速资本周转。当然,也有些高档商品并没有变质而削价的,如一种高级衣料雪克斯丁,平时每码要卖十元零八角,大减价时只卖三元一码,而成本却要三元八角五分。这类牺牲品大多数是些花色商品。在同业已普遍到货后,公司的钱已赚足了,就乘大减价机会,把余下的一小部分照成本、甚至低于成本出售。这样既可以打击同业,又可以抬高自己的信誉。至于采用赠品办法,公司也不至于亏本,因为在永安公司出售的商品,平均毛利超过20%,有的甚至高达40%,所以送了赠品,公司还是有利可图;更重要的是可以扩大公司影响,招徕更多的生意。总之,公司每次大减价,营业状况总比平时好得多,赢利相当可观,滞销的商品脱手后,资金周转也加速了。正因为如此,所以每逢大减价,永安资本家总是付出全部精力,周密研究市场动向,告诫各级管理人员要"时常调查别家生意如何,以存争进之心,切不可谓生意不相上下,以为心足"。由此也可知大减价在资本家心目中的地位和作用了。

贱买贵卖,地皮发财

　　哈同来到上海这个外国"冒险家乐园"的时候,一文莫名,在老沙逊洋行供职。那时,上海洋场的市面,还是沿着黄浦江从南往北发展,从十六铺到洋泾浜,以南京路河南路以东一段为中心,跨越苏州河,扩展到虹口。至于河南路以西,被视为偏僻地区,只有零零落落的小商小店,如烟纸店、水果店以及几家出售鞋帽、化妆品小店所形成的香粉弄之类,此外,还有些零落的居民点。靠近西藏路一带,更为荒芜,虽建有一些石库门房子,多半作为娼寮妓院,供文人墨客和富商大贾寻欢探幽的场所。

　　老沙逊洋行和其他地产商,都注意收进沿黄浦江一带的土地。哈同这位后进的犹太商人,却"别具慧眼",认为洋场发展的趋势,一定要向西发展。于是,他勾结捕房的头目们,连骗带押,把南京路从河南路到西藏路一带的地皮,大片大片地收买下来。

　　1883年(清光绪九年)法帝国主义发动了侵略越南(当时称安南)的战争,取得了对越南的所谓"保护"权以后,继续以陆、海军分路在边境向中国挑衅,气势汹汹,要逼中国就范。清廷迫于舆论的压力,颁布宣战"诏谕",并把张之洞由湖广总督(驻武昌)调任两广总督(驻广州),主持战备事宜。张在各督抚中,是有名的洋务派;他接任后即起用冯子材、王德榜等名将,在前线积极布置抗击法军。

　　这一中法战争,给哈同一次乘坐"直升飞机"的机会;从此,他由一个普通英籍犹太职员,变成了在英法两租界都很显赫的名人。

　　中法军队正式交锋后,冯子材、王德榜等即率军自卫反击,节节胜利,到1885年,冯子材部谅山大捷,法军狼狈溃退。原太平天国的旧将刘永福,也率领他的黑旗军在临洮激战中获得大胜。法军弃甲曳兵,几乎溃不成军。

　　这些败讯传到巴黎,朝野震动,议会中哗然大变,迫使主持这一战争的茹费利内阁总辞职。这也引起了上海租界的洋人们恐慌，商贾、教士、外交官乃至形形色色的冒险家纷纷逃避，有的迁居香港，有的索性逃回本国。他们深恐中国这一胜利，将大大激励民心，清廷也会振作起来，收回权力。于是，房子出售、地产脱手之风愈刮愈烈，特别是法租界，地产价一落千丈。

那时，老沙逊在香港，也忙令上海的老沙逊洋行赶快收缩，伺机待变。作为地产部管事的哈同，却向大班进言，说这股风是不会持久的，不仅不作撤退的准备，而且应乘此机会，大量收进地皮，稳住阵脚。

果然，老沙逊大班听了他的话，暂观风色。别的洋人看到老沙逊仍在经营买卖，还在修缮它的大楼，也就不那么慌张了。

天下真有这怪事，恐慌的反而是得胜了的中国政府。那时"垂帘听政"的西太后那拉氏，早就被"西洋各国"吓破了胆。她叫张之洞去应战，本来只要装装样子，冯子材等前线将士真的干了起来，她又觉得这岂非虎口撩须！而当权大臣如李鸿章等，也深恐对外多事，影响苟安的局面，于是，清廷反急急要求法国早早商议停战。为了表示诚意，李鸿章还严令前线部队后退，放弃已占领的城池。不久，在天津和法方代表开始议和，签订了丧权辱国的《中法新约》，承认法国对越南的"保护"地位，并允许法国在云南、广西通商。从此，这两省便落入了法帝国主义的"势力范围"。一时，"瓜分"中国之声四起。

李鸿章要部队后撤的一纸手令，对正想乘胜前进、一鼓攻下河内，给侵略者以教训的黑旗军将士，兜头一盆冷水，他们只得黯然撤回国境。这也不啻把已如丧家之犬纷纷回国的洋人们，重新"调"回上海，重新干起他们的"冒险"事业。至于硬着头皮留在上海的洋大人，自然更是喜形于色，已经"清理行务"的重整旗鼓，尚未竣工的建筑，重新规划，扩大规模。洋场的市面，不仅迅速恢复，而且由于从内地迁进了一大批新居民（由于连年灾荒、兵祸），比以前更加繁盛了。

老沙逊洋行，经中法战争这一风浪，单单在地产上就取得暴利500多万两，哈同先生呢，不必说，他在中法战争前后贱价收进的地皮，全都成十倍地涨了价。他自己估算了一下，已经是百万富翁了。

1887年，即中法战争结束的第三年，法租界当局特推聘他为公董局董事，这是租界最高的"荣誉职位"（相当于一个最高的咨议），以表彰他维持租界市面的"功绩"。若干年后，他的帮闲文人曾写过一篇《哈同先生兴业记》，提到这件事，说："当清光绪甲申（1884 年），中法以越南事失和，一时谣诼繁兴，租界居民多有迁居者。沙逊肆主以赁舍多空为忧，先生固言无伤，且就此多置地建屋。人见沙逊泰然自若，亦遂无恐。事定，沪上莫不钦服先生之远见。越年，遂被推为法公董局董事。盖以所建议有维持地方之效，故众口交推也。"

那时上海的市面，的确一天一天向西发展，河南路口到西藏路一段，日益繁华起来。哈同手里掌握的地皮，一天一个行市，成倍成十倍地飞涨。哈同夫妇的口袋，也就一天天膨胀。

犹太人中的一部分，给人的印象是俭朴、吝啬、爱钱如命，但这只是他们的一面。为了猎取更大的利益，他们有时也会挥金如土。要都像莎士比亚笔下的威尼斯商人那样目光如豆，怎么会出现这么多操纵国际市场的财阀呢？

哈同为了加速南京路的发展，加速抬高地价，向工部局建议，他愿意拿出 60 万两银子，用铁藜木，从外滩到西藏路，把南京路全部铺成一条平坦的马路。铁藜木是坚硬的，他用几百个工人，费了几个月，先把木头截成约二寸立方的小块，浸以沥青，然后细细拼成平路，再喷上一层薄薄的柏油。一共铺了几百万块这样的木头。据说，每块实值六七角钱。那时，六七角钱可以购买白米三四斗，可以吃一客像样的"大菜"了。

他还派人到处宣传，说铁藜木铺的路，特别平坦而有弹性，走在上面特别舒适，一场大雨后，水马上就被吸干了。

这消息传到江南各地，"层层加码"，说上海的马路都是用红木铺的，可见这十里洋场，真是堆金积玉、纸醉金迷，他们把南京路看成是一条发家致富的黄金之路。

中法战争后，不仅南京路河南路以西的市面日益繁盛，九江路、汉口路、广东路等也正式改筑了马路，建起了一排排石库门市房，也开始有了饭店、浴室、烟纸店、旅栈等小商店。租界里洋人也多了，英租界虽和美日租界合组为公共租界，包括了虹口和杨树浦一带，但市中心已成为"寸金地"，他们就把跑马场搬出租界，在西藏路口强租强征开辟了一个大规模的跑马的广场，作为洋人们寻欢纵赌的地方。

这又为哈同开辟了另一财源。那时，他已升为新沙逊的大班，公共租界工部局也请他当了董事，并被聘为租界法院的陪审员，变成屈指可数的"头面人物"了。

洋人在修筑跑马厅的同时，强行在附近修筑马路，越来越向西延伸。而触须所及之处，即驱赶农民，强占农田，只给极少代价，连原由中国人自行修筑的新马路（今新闸路）一带，也被他们囊括进去。哈同这个英籍犹太人，"目光"就更远些。他根据过去在南京路西段贱价收进地皮的经验，在那时还只有荒村茅店的静安寺以东，划了一大圈土地，约有 3000 多亩，利用他当"董事"、"陪审员"的声威，贿赂当地的巡警和地痞流氓，以极少的代价，强迫那里农民出"售"搬迁。花的钱，比在跑马厅附近收买地皮，便宜得多了。

到 1899 年，北方发生义和团起义，"列强"将再一次武装侵略的风声越来越紧，一个披着传教、办教育、办报纸外衣的美国人福开森，本来和湖广总督张之洞(又由两广回任)、两江总督(驻南京)兼南洋大臣刘坤一等有勾结,这时他唱出了"东南互保"的口号,推当时任两广总督的李鸿章出面领头,说北方如发生战事,东南各省(包括两江、两湖、两广)决不"介入",仍保持和各地洋人和睦相处,外人也不以干戈相加。福开森还向上海的英、美、法等总领事出主意,乘机向各国方面交涉,大大扩充租界。经过一番交涉后,签订了新约,公共租界西面从西藏路划到静安寺以西附近,东面从杨树浦推扩到顾家浜(现平凉路军工路附近),共计扩充面积达 22800 多亩。在1845 年"开埠"之初订立的《租界地皮章程》中所规定的英租界面积,只有830 亩;后来,和美日租界合并,一共也不到 10000 亩;经此次扩充,总面积达33500 多亩。法租界的西界,也由八仙桥附近一直扩展到徐家汇,扩大了几十倍。

这样,哈同以贱价收进的 300 多亩土地,都列入了租界的范围之内。"一登龙门,身价十倍"。静安寺附近,也有人置地造房,慢慢地发展成为居民点。

顺水牵羊,大捞其利

哈默一生中最活跃的 25 年是 1931 年从俄国回来后开始的。在这 25 年里,他得心应手,在他发生兴趣的不管哪种行业里都取得了成功。除了从事艺术品的买卖外,他还做过威士忌和牛的生意,从事过无线电广播业、黄金买卖以及慈善事业。有些时候,他像杂技演员玩球那样,同时玩几个或者所有的球。

他虽有易遇奇缘的运气和点金术般的本领,这种本领却没有给他带来宁静。他和奥尔加决裂了,很快就和和气气离了婚。双方永不宁静的性格造成了自发的爆炸。

哈默生意忙,往往一连好多天、有时甚至好多星期都乘飞机在全国各地跑。他的这位俄国妻子认为,在第五大街路上的公寓里以及后来在纽约高地瀑布区的宁静住宅里的生活都不及在俄国时的生活丰富多彩。她又重操旧业,恢复了唱歌生涯。她的演唱事业很成功,这使得他们之间的分离越来越经常了。

离婚后奥尔加带着儿子朱里安搬到了好莱坞,她时而在电影里露面,扮演性格角色吉卜赛女歌手。这位在革命的严酷岁月里开始自己艺术事业的不寻常妇女,在朱里安成年之后死于癌症。

哈默1943年结婚的第二位夫人是安吉拉·泽维利。她离过婚,在新泽西州以牧马著名的地区拥有一个小花园。她生性活泼,而奥尔加是性情忧郁的人。

她的家族从事赛马业,她有一个亲戚曾经拥有美国跑得最快的赛马之一,这匹马名叫泽夫,是1923年肯塔基州大赛马会的获奖者,并且在贝尔蒙特举行的一次赛马中击败了法国冠军"埃皮那"。

随遇而安的安吉拉热爱生活,热爱舞会,热爱阿曼德的航海游艇"幻影岛"号(这艘游艇的名字是以他们在新泽西的农场名字命名的),也热爱从那位精力充沛的百万富翁身上发出的使人感到舒适的邀请。

但是这次婚姻也未给哈默带来幸福,哈默一方面想尽量维持这次婚姻,另一方面又投身去应付突然出现的另外一次挑战。他的多方面才能很少表现得比这次更清楚了:他成功地向一个坚固堡垒威士忌酒行业发动进攻,并取得胜利。

用形象的说法,这位博士曾经像魔术师那样从一顶大礼帽提出一只又一只兔子。这次他换了一个节目,简直可以说是自己从一个酒桶里跳了出来。

当富兰克林·罗斯福正在逐渐走近白宫总统宝座的时候,哈默的眼睛虽然盯在销售自己的艺术品上面,可是他的耳朵却在倾听着四面八方,他听到一个清晰的信号,一旦"新政"得势,禁酒法令就会被废除,为了解决全国对啤酒和威士忌酒的需要,那时将需要数量空前的酒桶,而当时市场上没有酒桶。

自从1920年实行禁酒法以来,市面上很少需要酒桶。可是现在情况不同了,到处都嚷嚷着要酒桶,特别是要用经过处理的白橡木制成的酒桶供装啤酒和威士忌酒使用。博士非常清楚什么地方可以找到制作酒桶用的桶板。

除了俄国还能到哪里去找呢? 他在俄国住了多年,清清楚楚知道苏联人有什么东西可供出口。他订购几船桶板,当货轮抵达时,他发现对方没有执行订货合同,他们运来的不是成型的桶板,而是一块块风干的白橡木木料,需要加工才能制成桶板。但哈默只是短时间里感到有些沮丧,他在纽约码头俄国货轮靠岸的泊位上设立了一个临时性的桶板加工厂。

由于供不应求,他又在新泽西州的米尔郭建造了一个现代化的酒桶工厂。在新泽西州的米尔郭酒桶从生产线上滚滚而出之时,恰好赶上废除禁酒法带来的好处,这些酒桶被那些最大的威士忌酒和啤酒制造厂以高价抢购一空。

有一段时间,博士满足于当一名酒桶供应商,而没有插手这个行业的激烈竞争。当他和他的新娘安吉拉准备出发到墨西哥度蜜月之前,充当他的男傧相的弗莱德·金伯尔向他提供了一点证券市场的内部消息。

第二次世界大战已经爆发,由于谷物紧张,酿酒厂不准使用谷物酿酒。威士忌酒成了缺门货。金伯尔怂恿哈默说:"赶紧买进一点美国酿酒厂的股票。这笔买卖没有丝毫风险,谁要是买他们一份股票,他们就准备给谁一桶烈性威士忌酒作为股息。你把这些威士忌酒部分或全部都卖给我们,我们是零售商,法律不允许我们直接购买股票"。

哈默以每股 90 元的价格买了 5500 股。

从哈默这方面来讲,这可算是最不寻常的一笔投资,原因还不光是他几乎是个滴酒不进的禁酒主义者。他从来没有股票,因此 1929 年证券市场崩溃时,他是很少几个完全没有受到影响的美国富人之一。

某种讲究实际的直觉促使他不卷入那十年间狂热的投机买卖。因此证券市场的崩溃只不过是他茶余饭后在报上浏览到的一段新闻而已。如果不是弗莱德·金伯尔而是另外一个人怂恿他去购买美国酿酒公司的股票,他可能会嗤之以鼻。

可现在,哈默买下了一笔美国酿酒公司的股票,随即带了他的新娘去作两个月的旅行,在他返回纽约之前,早已把这笔交易丢在脑后。回到纽约后,他突然惊喜地发现,股票的价格已跳到每股 150 元。他准备当时就把股票卖掉,这时金伯尔又来劝阻了。

"别卖,"金伯尔说,"你从送你的威士忌酒里可以赚更多的钱,股票却还是你的。"

哈默并没把 5500 桶烈性威士忌酒用卡车运往纽约。他把这些 50 加仑装的酒桶都存放在一家仓库里,这家仓库还答应把这些威士忌酒改成瓶装,并贴上哈默自己的商标。

出乎他意料的是,他在纽约市竟申请不到一张批发商的营业执照,不过在布法罗市还能申请到。于是他匆匆忙忙赶到了布法罗,开设了一个办事处,经过申请,取得了必要的证件。下一步措施就是指示皮奥里亚的工厂加快装瓶并贴上商标了。商标的名字叫"制桶"。金伯尔立刻从哈默那里把酒买走。

金伯尔在纽约的报纸上刊登了整幅广告。买酒的队伍在大型百货公司外面排得几乎沿着马路绕了一圈。

哈默的 5500 桶酒很快就卖掉了 2500 桶。剩下来的酒本来也会很快卖光,博士非常可能会把酒桶都卖掉然后洗手不干卖酒这一行了。但是命运之神又闯进了他的生活。

有一天,他正在哈默的办公室里忙于其他事务,他的秘书进来说,有一位艾森伯格先生前来拜访。艾森伯格是一位化学工程师,哈默以前在俄国曾经见过艾森伯格,后来说一直没再碰过面。哈默接见了他,愿意听听他的来意,但希望他呆的时间不要太长。

当时博士的心思主要都放在他的艺术品和其他事业上,但从艾森伯格的谈话中,他发现他讲的事情非常令人感兴趣。这位客人讲的是纯威士忌酒如果掺上 80% 的廉价土豆酒精,数量就可增加 5 倍,而在那时候,大部分酒客会认为这种混合酒的味道也不错。

哈默在脑子里飞快地作了一番计算:如果情况属实,他剩下的 3000 桶酒就能变成 15000 桶,比他最初买的时候还多出 9500 百桶,而且股票仍然是他的。

艾森伯格来的时候就准备好了自己的论点作证明。他在俄国时就酿造过伏特加酒,对这一行的情况很熟悉。他带来了一瓶用谷物制成的酒和一

瓶用土豆制成的酒作样品。哈默博士手头就有一瓶制桶牌威士忌酒。

艾森伯格在两只纸杯里各倒进一点制桶牌酒,然后又把两只纸杯分别用谷物酒和土豆酒斟满,搅拌了一下后让博士品尝,博士竟然分辨不出两者之间的差别,使他感到更高兴的是,他也尝不出纯威士忌酒和混合酒的区别。

"那么下一步我们该怎么办?"哈默问,艾森伯格对这个问题也早就准备好了答案。

"我知道有一家关闭了的酒厂,在缅因州,原先的那个厂主因为还不出贷款,政府就接收了这家酒厂,现在政府急于要把它脱手,我们可以用非常便宜的价格把这个酒厂买下,把它改成土豆酒精厂,我们用不着担心土豆原料的充分供应问题,缅因州现在市场上土豆成灾,仓库里堆满土豆,腐烂得臭气冲天,可是缅因政府还在给农民津贴,让他们种土豆。"

哈默一步一步地安排这笔交易,政府新成立的战时生产局把酒精的生产放在很优先的位置上。在战争时期,使用酒精的地方很多。博士到华盛顿去找了新罕布什尔州的参议员斯泰尔斯·布里奇斯和缅因州的参议员欧文·布鲁斯特(这两位参议员都是共和党人)。两位参议员对这个建议都表示欢迎。

布里奇斯欢迎的是这项建议可以在新罕布什尔州促进工业,而布鲁斯特欢迎的是它将对缅因州种土豆的农民有所帮助。两位参议员安排哈默同战时生产局局长唐纳德·纳尔逊会晤。

纳尔逊也认为缅因州的土豆生产过剩,"把整个农村都给熏臭了",并立即给哈默签发了一个批准书。该批准书上声称,鉴于土豆生产过剩、情况严重,授权博士及其合伙人可以酿造供饮用的土豆酒精。而当时的法律本来只允许生产工业用酒精。

接着,哈默就去拜访了主管那家甜酒厂的银行,问那里的一位经理,如把这个酒厂从政府手里买下来,需要多少钱。那经理回答说,要55000元,这是还清那笔欠款的数字。博士掏出支票簿随手签了一张支票,这样那个酿酒厂辖同它附属的仓库(有几座仓库是四五层的楼房)都属于他的了。

后来偶然发现,他在购买这个酿酒厂的同时,那个人也愿意出这个数目,如果让他成交,那么这个酿酒厂就在那个人的控制之下了。

按照他过去在苏联办铅笔厂时为自己定下的一条行动方针，哈默从美国酿酒厂雇了一名叫汉斯·迈斯特的德国化学师，此人是大家公认的善于把普通土豆变成烈性酒精的能手。

接着，哈默从政府那里以低价购买了成千上万吨的土豆，并把它们存放在原先的酒厂仓库里。制桶牌酒所有瓶装和销售工作都停了下来，等待土豆发酵变成酒后供掺兑使用，土豆酒不需要存放多年便能使酒味变醇。

没有过很久，这种混合酒就已经出厂，虽然这种酒里只有 20% 的好威士忌，金伯尔还是很愿意接受，他给这种新产品起了一个名字"金币"，并又大做广告，结果百货商店周围又排起了新的长队。每名顾客只限购两瓶，还要搭配购买一些糟糕透顶的古巴杜松子酒。

就在这种金币牌土豆威士忌酒上市的时候，美国财政部酒税司公布了一项决定，宣布自 1944 年 8 月 1 日起，直至颁发新的决定之前，将作为"谷物开放期"，在此期内允许美国酿酒厂恢复使用古老和受人尊敬的以小麦、黑麦和大麦等谷物酿造供饮用的酒精。

"那时我正好在酒厂，埋在土豆堆里，这些土豆也真是要臭气冲天了，"博士后来回忆说，"金伯尔来电话了，他说：'你最好把工厂关闭，回家来吧。能买到谷物制的威士忌，谁也不会再买土豆威士忌了。'那简直是一场灾难，在随后的几天里，金币酒的退货单雪片似的飞来，我觉得屋顶似乎都要塌下来了，我把技术人员召集起来开了一个紧急会议，他们大部分都主张关门大吉，这当然是可以理解的，但是我说，我已下决心继续生产土豆酒，我对他们说：'继续生产酒精，然后用桶装起来存放在仓库里，这当然是可以理解的，用这个办法来代替贮存土豆，咱们把这些仓库都装满酒精，酒精可以找到买主，而烂土豆是无人问津的。'我们就这样做了，仓库里的土豆越来越少，酒精桶却越堆越高，从某种意义上讲，把那些混帐土豆消灭也是一件令人愉快的事，可另外一方面，却没有人要买酒精。"

博士猜着了。"谷物开放期"只持续一个月就告终。土豆酒精再一次成为畅销货，而哈默货源充足。无数加仑的土豆酒精被运到皮奥里亚，在那里同剩下的陈年老威士忌掺合装瓶。金币牌比以往任何时候都更名副其实地变成了真正的金币，它使博士在与传统的酿酒厂打交道时处于有利的讨价还价地位。

哈默拥有中性酒精，而其他酿酒厂则拥有陈年的纯威士忌酒。他用四桶中性酒（土豆酒）向美国酿酒厂换取一桶四年老窖威士忌。他所取得的成功都出乎他自己的意料。政府很可能宣布另外一次"谷物开放期"，而时间也可能更长，那时候他在土豆酒精方面的投资就会像土豆本身那样腐烂。

于是他开始购买闲置的谷物酿酒厂。他一共买下九家，现在他已处于一种可应付华盛顿一会儿开放、一会儿禁止用谷物的命令的位置了。他每买进一家谷物酿酒厂，在谷物开放期，分配给他的谷物定额也就相应增加了一份。

他所购置的酿酒厂中有一家最小的、也恰是最好的一家，坐落在肯塔基州丹特市，名叫丹特酿酒厂。这家小厂生产 1/5 加仑的瓶装酒，12 瓶 1 箱，每年生产 20000 箱。博士又买了附近的几家酿酒厂，地点分别在丹特、巴尔的摩和格雷特纳。

这样,没有多久,原先不愿从事威士忌酒行业的他,已经是美国全国第二大威士忌酒生产商了。他把自己的公司取名为"美国联合酿酒公司"。

战争期间全国对酒的需求量很大,使得他所有的酿酒厂在谷物开放期间都加班加点生产,在政府不时地宣布禁止用谷物生产酒的间隙,博士就供应用土豆酒掺和的各种牌子的酒。

自从政府对用谷物酿酒长期开禁之后,市场上再也没有人要买他的新牌混合酒了。顾客要的是名牌纯威士忌酒,至少要窖存四年以上的陈酒。

在这表面看来是灾难性的时刻,博士在威士忌酒这一行业中的地位已达到高峰。多亏他哥哥哈利的一个电话,也多亏他弟弟维克托采取与时代不符的办法,才使他在灾难中得救。

哈利电话中讲的是酒的价格问题。他刚刚光临过一家纽约的酒店,这次光临使他开了眼界。他在酒店里以典型的维护他兄弟利益的态度要买一瓶丹特牌酒。掌柜的说他们不经营这个牌子的酒(实际上,在开始时,博士的这种产品只限于在肯塔基州和伊利诺斯州出售。)

于是,哈利就要买一瓶老祖父牌威士忌酒,价钱是一样的,当时卖大约7元,这种酒也是肯塔基州出产的酸麦芽浆做的。但是掌柜的并未从货架上取下一瓶老祖父牌,而是做了一件威士忌酒店老板不常做的事情,他把手伸到柜台底下。从下面拿出一瓶1/5加仑装的贴有天山牌商标的酒来,他把这种未经许可非法生产私酒满满斟上一杯。"你尝尝这个,"他对哈利说,"我们不能把这酒放在货架上,我们把它存放在柜台底下,只卖给我们的老顾客,我们一般要顾客买几瓶别的酒,才给他搭一瓶天山牌酒"。

哈利品尝了一下,觉得味道和丹特及其他最高级的陈年威士忌不相上下。

"你这酒卖多少钱?"哈利问掌柜的。

"4.49元。"掌柜的压低声音推心置腹地说。

哈利随即把这个情况打电话告诉他的兄弟,这消息无异像是在卖酒业里爆炸了一颗炸弹。也真是巧合,博士老早就准备在陈年威士忌酒业里搞个大的突破。他已经决心把1/5加仑装的四年威士忌陈酒的价格每瓶低到4.95元,这个价格至少会使爱喝烈性威士忌酒的人感到高兴。

当时零售价1/5加仑装每瓶7元,他每年卖2万箱,每箱赚不到20元。他决定把酒的价格大幅度降低,降到每箱只赚很少的钱,但他的目的是在几年之内把销售量增加到每年100万箱。他的这一决定把那些一心想把哈默挤出酿酒行业的老资格竞争对手们弄得目瞪口呆,非常沮丧。

正在此时哈利的电话来了,告诉他当时市场上已经有一种质量相当好的烈性威士忌酒,偷偷摸摸地只卖4.49元,这个价格是掺有35%谷物酒精的威士忌酒的价格。博士打电话给他的副总经理库克,这时库克正准备要发动一场广告宣传,那是哈默和他事先商量好的出其不意的一击,把酒的价格降低到4.49元。

"把所有的广告都改一下,"哈默指示说,"新价应改为4.45元。"

"那可不行。"库克争辩说。

"谁说不行。"哈默反问。

"我说不行,"库克说,"没有人按照混合酒的价格卖过纯威士忌酒,这没有先例。"

"生意经恰恰就在这里,"哈默解释说,"这正是我们要这么做的原因。酒客们会自己对自己说:'嘿,我既然可以用买一瓶混合酒的价格买一瓶纯威士忌酒,我还买混合酒干什么?'花同样的钱可以喝真正的陈年老酒,为什么还要去喝含有65%酒精的货色呢?"

就这样,酒瓶上有凸起字迹"肯塔基威士忌酒的皇冠室石"的特制丹特牌酒就向全国推销了。维克托耍了一套富有艺术性的把戏:他购买了很多哈布斯堡王朝的皇冠和珠宝(后来在哈默艺廊出售),举行了一次巡回展览。

这实际上是一次为推销丹特牌酒而做的广告。他邀请当地的妇女名流在各种义卖集会上戴上这些珠宝做表演。报刊的专栏里常常出现触目惊心的画像:奥地利哈布斯堡王室的一只冕状头饰歪戴在只值4.49元的威士忌酒瓶上。

只用了两年功夫,丹特牌酒就从地区性的名牌货一跃而成为美国全国第一流名酒。每年销售100万箱的指标也同时达到了,这使得哈默的竞争对手,申利酿酒公司董事长路易斯·罗森斯塔尔大为恼火。经过几番周折的谈判,哈默丹特酿酒厂、他的仓库、他的商标权以及有关的酒业股票统统卖给了罗森斯塔尔。

对威士忌他已感到腻烦,他也希望能向安吉拉表达同样的心情。

我们不能否认,哈默具有非凡的商业头脑,他的运气也相当不错,似乎幸运之神总爱降临到他的头上,但机会来临时,有些人把握住了,而有些人却与幸运女神擦肩而过,而哈默先生则非常善于抓住机会,他一感到禁酒法令会被废除就立刻投身这桩大生意,而一旦觉得高峰期一过,立即就抽身而出,在别的生意不耽误的同时,"顺手牵羊"在酒业中大捞利润,其商业意识实在高明。

21_计 金蝉脱壳

剖陈利害，巧计脱险

春秋、战国时期，列国纷争，礼崩乐坏。利之所在，无所不为。出使之人，倘无辩才大略，往往陷入困危之境而不能自拔。当是之时，欲行金蝉脱壳之计，非有过人之智，必不能成功。

楚怀王时，与秦结盟，对抗齐、魏诸国。楚王派景鲤入秦，联络关系。不料，秦国并无联盟的诚意，只不过打算从中渔利而已。景鲤入秦以后，有人向秦王献计说："景鲤乃楚王之爱臣，大王不如将其扣留，然后用他来换取楚国的土地。楚王同意，则秦国可以不用兵而得地；楚王不同意，则可杀掉景鲤。楚王更换使者，才具不如景鲤，秦国照样可以获利。一举而两得。"秦王于是将景鲤扣留。

景鲤被扣留以后，并未惊慌失措。他派人去见秦王，对他说："臣认为大王的权势将为天下人所轻视，而并不会获得土地。"秦王问其缘故，来人说："景鲤出使秦国，齐、魏两国纷纷献出土地，讨好于大王。之所以如此，是因为秦与楚结盟，势力增强。如今，大王扣留景鲤，是明明白白地告诉天下之人，秦国与楚国并无盟友关系。齐国与魏国知秦国势孤，必然轻视秦国，与大王为敌。楚国见齐、魏叛秦，不仅不会割让土地，还会结交诸侯，进攻秦国。如此一来，秦国社稷，岂不危险？不如放回景鲤。"秦王听罢，考虑了一番，下令将景鲤遣还楚国。

这一时期中，秦、楚、齐、魏钩心斗角，或盟或攻，翻手为云，覆手为雨，形势十分微妙。楚国与齐国争相事秦，秦国与魏国相互联络，又企图破坏齐国与楚国的关系。景鲤出使秦国，参与了秦、魏之间的谈判。楚怀王闻讯大怒，认为如果齐国知道了这件事，将会怀疑楚、秦、魏三国勾结，图谋伐齐，从而影响楚、齐关系。于是打算治景鲤之罪。

景鲤得到消息以后，派人对楚王说："臣为景鲤参与了秦、魏谈判向大王祝贺！"楚王不解其故，来人说："秦、魏谈判，意在与齐结盟而使齐、楚相攻。

如今,景鲤参与其事,齐国绝不肯相信魏国与秦结盟将进攻楚国,况且齐国还会怀疑楚国与秦、魏两国暗中联盟,必将对楚国格外重视。因此,景鲤参与其事,大王将获大利。如果景鲤不这样做,魏国必令齐国与楚国绝交。齐国从之,必将轻视楚国。因此,大王切不可加罪于景鲤。这样一来,就会让齐国认为秦、魏与楚三国暗中有盟约,不仅会让齐国重视楚国,还会使其怀疑秦国与魏国。"楚王闻言称善,不仅没有加罪于景鲤,而且还为他加官晋爵。

为君而谋,不入困境

临危不惧,善于金蝉脱壳;未雨绸缪,预设退身之计,从根本上来说,都不如审时度势,不入困厄之境更为高明。一旦入于危境,千钧一发,稍有差池,结果便是一败涂地,因此,真正的胜算之人,不仅要临危不惧、未雨绸缪,更要审时度势,善于高屋建瓴,立于不败之地。

魏厘王时,与秦国交战。魏军大败,魏王打算入秦觐见秦王,以求讲和。周䜣闻讯,竭力谏阻。他对魏王说:"宋国有位学者,出外游学三载。回家以后,直呼其母之名。其母问:'你学了三年,反而直呼我名,这是为什么?'其子回答说:'我平生所佩服的,只有尧、舜。尧舜可以直呼其名。我平生所敬畏的,只有天、地。天地可以直呼其名。如今,母亲贤不过尧舜,大不过天地,因此直呼母名。'其母说:'你学的东西,都准备实行吗?如果是这样,希望你能够实行更重要的;你学的东西,有不准备实行的吗?如果是这样,希望你把直呼母名放在后面。'如今,大王奉事秦朝,还有没有可以代替入朝的事情?希望大王换一下,把入朝放在最后。"魏王回答说:"您害怕寡人入秦不得归国,是不是?许绾曾经保证,如果寡人入而不出,便砍了他的脑袋。"周䜣回答说:"即使像臣这样微贱的人,如果有人对我说:'请你入于不测之深渊,保证你一定出来,如果出不来,将殉之以一鼠之首,'臣肯定不会答应。秦,不可知之国也,好比不测之深渊,而许绾的脑袋,就像老鼠的脑袋一样。陷大王于不可测之深渊,而殉之以一鼠之首,臣认为万万不可。"

魏王以为有理,但还下不了决心。支期谏曰:"大王可以先看看楚王的行动,再作决定。如果楚王入秦,大王可以抢先入秦;如果楚王不入秦,楚、魏合力,尚可以与秦国一争高下。"魏王这才拿定主意。但他又说:"寡人已经许诺范睢。如今不去,这不等于骗人吗?"支期说:"大王勿忧。臣可以令与范睢友善的长信侯说服范睢,请大王稍等。"

支期去见长信侯,对他说:"大王命我召您入宫。"长信侯问:"大王为何找我?"支期说:"我不知道。大王急着要见您。"长信侯力主魏王入秦,见状,不由心虚,对支期说:"我要大王入秦,怎么能是为了秦国呢?是为了魏国呀!"支期冷笑着说:"您不必替魏国打算,先替您自己打算吧!您是要死呢还是要活?是要贫贱潦倒呢还是要荣华富贵?您先替自己打算清楚,然后再想魏国的事。"长信侯还想拖延,声称:"楼公即将入宫,我会随后而行。"支期喝道:"大王急令召您入宫,如果您不马上动身,我立刻杀了您!"

长信侯无可奈何,战战兢兢,随支期而行。到了宫门,支期对长信侯说:"我去禀告大王。"支期首先入宫,对魏王说:"您可以伪装有病,我已经吓唬了他一场,他不会拒绝您的要求。"长信侯入宫,见魏王抱病而卧。魏王对他说:"我已经许诺范雎入秦,如今却重病在重。不过,即使病死在途中,我也要成行。"长信侯见状,乖巧地说:"大王不必去了!臣可以说服范雎,取消入秦之议。大王勿忧。"

周诉与支期皆为忠君之臣。周诉善喻之以理,而支期善行以事。魏王庸,碌,不可理喻,因此从支期之计而不听周诉之言。如果没有周诉与支期,魏王必入秦而不能出,就像楚怀王那样。

善借外力,巧过昭关

公元前 522 年,楚平王听信佞臣费无忌的谗言,囚禁并处死了伍子胥的父兄伍奢和伍尚,又派三千精兵强将追杀伍子胥。

伍子胥逃至长江边,眼见追兵快到,心生一计,将自己所穿的素色衣袍挂在江边柳树上,把官靴抛于江边,穿一双草鞋沿江而下。追兵来到江边,只见衣靴,不知伍子胥朝什么方向走了,只好将官靴带回去复命。然而,平王并未罢休,而是向全国发布命令,出榜四处悬挂,许以重赏捉拿伍子胥:无论何人,只要捕获伍子胥,赏赐五万石粮食,并封大夫官职;而窝藏或知情不报者,将满门抄斩。楚平王还命令各要道路口和渡口对来往行人要严加盘查,不得有丝毫的疏漏。同时,楚国还派出使者到邻近各诸侯国,通告他们不得收藏伍子胥。一时间,各地关隘要道风声紧急。

尽管这样,伍子胥还是闯过了一些关口。他先到宋国,后来又辗转到了晋国、陈国,最后决定到吴国去。他昼伏夜行,含辛茹苦,终于来到通吴的必经之地——昭关。一出昭关,便与吴国鸡犬之声可以相闻。因此,这里常年有重兵把守,对来往行人也盘查得尤其仔细。

正当伍子胥为过关犯难时,一位长者认出了他。原来,长者是名医扁鹊的徒弟——东方皋。东方皋素有侠义心肠,乐于助人。他把伍子胥请到自己家里劝导伍子胥慢慢想办法。伍子胥在长者家中住了七天,冥思苦想也没有过关的良策,心里非常着急。这天晚上伍子胥狐疑不决,辗转反侧,夜不成眠,便成屋子里转了通宵。早晨东方见他时,发现伍子胥的满头黑发变成了银白色。这样一来,倒启发了东方。东方有一位朋友叫皇甫纳,其身材相貌与伍子胥十分相像。现在,伍子胥头发变白,与其朋友更加相像,伍子胥可以借助其朋友蒙混过关。

于是东方让其朋友装扮成伍子胥的样子,而伍子胥则自己把脸涂成灰黑色,几个人一齐去过昭关。来到昭关前,装扮成伍子胥的人故意流露出惊慌的样子,引起守关军士的注意,士兵立即扣留了他。一听说抓到了伍子胥,关前顿时喧闹起来,人们纷纷拥过来争看。混乱之中,伍子胥悄悄地溜过了关。其实,伍子胥由于白了头发,改变了相貌,再加上穿着褐色衣服,完全没有了少年公子的气质,守关军士根本没有注意他,更无人盘问。过关后,伍子胥才长长地松了一口气。过关后伍子胥投奔了吴国,与孙武一起,帮助吴国强兵富国,后来带兵攻破楚国,为全家报了仇。

巧过昭关是伍子胥善借外力,运用金蝉脱壳计谋的生动实例。在身处危险境地之时,乔装打扮自己自然是绝妙脱身之法,但单纯的乔装容易被发现,故借助外力,让他人扮成被追捕者,以诱引敌人的注意力,放松对真正追捕者的关注则更容易成功。伍子胥让他人装成自己,自己则换了一副形象,混淆了敌人的视线,将敌人关注的焦点集中到了假伍子胥的身上,真正的伍子胥得以顺利过关。这是伍子胥巧用"人"来"金蝉脱壳"的佳例。

郑泰巧施金蝉之计

董卓控制东汉王朝的京都之后,倒行逆施,关东义兵蜂起,矛头直指董卓。为此,董卓召集朝廷大臣,议论发兵镇压之事。群臣畏惧董卓的凶悍,不敢反对。而郑泰则深感如此一来,无异会导致董卓势力的强大,发展下去,日后更难控制。于是对董卓之议提出反对意见,认为治理好国家,在德政而不在于军队和武力。此论一出,董卓不悦,反驳郑泰,说:"如此说来,难道军队就没有什么作用?"群臣深知董卓蛮狠,此言一出,莫不变色,为之震栗。然而郑泰沉着冷静,处惊不变,因知董卓刚愎自用,便巧施金蝉脱壳之计,从容不迫地解释自己所持的主张。

为了迷误董卓,郑泰指出方才所论不是指军队没有作用,而是指用不着发兵攻打关东地区。为此,他陈述了这一论点的十大依据:

第一,如今崤山以东地区议论纷纷,准备起兵,州郡相连,人众相动,并非不能。只是从东汉开国皇帝光武帝刘秀以来,中原地区无鸡鸣狗吠之警,百姓忘战已久。孔子早就说过:"不教民战,是谓弃之",尽管这些广大的土地上布满民众,但这些不习战的"弃民"不可能对我们构成威胁。

第二,明公(对董卓的尊称)出自西州,从年轻时即担任将领,军事娴熟,富有临战经验,闻名当代。以此威慑民众,民众无人敢不服从。

第三,从我们的敌手情况来看:袁绍为公卿子弟,生于京师之中、长于妇人之手;张邈素为长者,坐不窥堂,别无他能;孔伷能清谈高论,无军帅之才。这些人虽然号令一方,但临锋履刃,决战制胜,绝非明公对手。

第四,遍观崤山以东之士,勇猛、威力、敏捷、诚信、计策等方面出类拔萃如孟贲、庆忌、张良、陈平者,闻所未闻,见未所见。

第五,即便有第四点所示人才,如无王命,各人恃众怙力,必将人人观望,以待成败,不肯戮力同心,联合进击。

第六,从我方情况来看,关西诸郡,北接上党、太原、凤翔、扶风、安定,又多次与北方民族作战,连妇女都会载戟挟矛,弯弓射箭,更何况悍强男子。以此习武之师进攻东部地区的忘战之民,正如驱赶虎狼以入羊群,其势必胜。

第七,如今天下勇猛之旅,不过并州、凉州、匈奴屠各、湟中义从、八种西羌,这些均为百姓平素所敬畏,而明公以之为爪牙,于此壮士闻风丧胆,更何况小小百姓。

第八,明公所统将帅,皆为亲属心腹,相随日久,忠诚可远任,智谋可特使,与关东乌合之众相比,实有天壤之别。

第九,导致战争失败的情况有以下三种:以乱攻治者亡,以邪攻正者亡,以逆攻顺者亡。如今明公掌握全国的政治大权,为政清明,讨伐凶宦,树立忠义,具有三大德政,以三德对三亡,奉命伐罪,谁人敢御?

第十,今东州有郑玄,学贯古今,为儒生所敬仰;北海邴原,清正高洁正直明智,为群士之楷模。如果关东起兵之人向两位征求意见,讨教计策,两人必然据史实典籍加以劝阻,认为战国时期燕、赵、齐、梁之势并非不强,但最终被秦吞灭;西汉时吴、楚七国之军并非不众,却不敢越过荥阳西进,何况如今朝廷在明公治理下德政显著,部属精良,若起兵造反,无异于以动乱落得不义下场,他们必定不会同意,促成其事。

如果认为上述十个论点能够成立,那么,无事征兵,惊动天下,致使以兵役为患之民相聚造反,依恃人多势众而不顾德政,这样一来,势必会减轻朝廷之威、明公之重。所以说治理国家,在于德政,而不在军队和武力。

郑泰之言,气势磅礴,蕴力十足,董卓听后,才转怒为喜,并以郑泰为将军,使统兵迎击关东诸军。

当时有人对董卓说:"郑泰智略过人,并与关东之兵有勾结,如今给予兵马,正促使他与敌党的联合。"董卓多疑,遂收回拨给郑泰的军队,将郑泰留在朝廷,仟命他为议郎。

此后,郑泰与王允密谋铲除董卓,设法离开朝廷,经武关东归。

将军袁术表荐郑泰为扬州刺史,郑泰也没有赴任,就在路途中死去,时年四十一岁。

七步成诗,脱危离难

曹操被刘备在汉中击败,退到邺郡,还没有安定下来,关羽就发动了襄、樊之战。曹操拖着老病(头疼病)之身,先到洛阳,又南下摩陂,得胜之后回到洛阳,已经是劳病交瘁,无心回邺城了。刚刚过了半个月,病情加重,于公元220年正月病死在洛阳,享年66岁。曹操一向提倡节俭,自然也反对厚葬。他在遗嘱中写着:

天下尚未安定,不要遵照古代的丧葬制度行事。安葬以后,文武百官人等都要去掉丧服。驻屯各地的将士不得离开驻地。官员们各守职位。我入殓时,要穿一般的衣服,不得用金玉珍宝陪葬。

可是关于谁继位当魏王,要不要让儿子赶快像周武王那样当皇帝等等大事,曹操到死也不说个明白。因为一来已经正式立曹丕为王太子,继位的事有了法律依据;二来他自己知道,死了以后的事也管不了许多,还是让自己最信任的大臣去办吧。

曹操的原配丁夫人没有生儿子。刘夫人生了个儿子曹昂，在征讨张绣时为救曹操而死。后来的卞夫人一共生有四个儿子：老大曹丕，老二曹彰，老三曹植，老四曹熊。其中老二曹彰勇武善战，曹操常常让他统兵打仗，立了不少战功。老四曹熊很软弱，早早地就死了。老三曹植富有文才，最得曹操和卞夫人的喜爱，曹操曾想让他继位，这自然引起老大曹丕的无限恐惧。后来近臣们以袁绍、刘表等废长立幼，引出变故的教训暗示曹操，才勉强立曹丕为王太子，不过曹丕对三弟曹植却一直放心不下。

曹操死于洛阳的时候，曹丕正在邺城坐镇，临淄侯曹植在自己的封地临淄，只有曹彰带着兵马从长安赶到洛阳。来者不善，他开口就问主持丧事的贾逵："我先王的玺绶现在何处?"这不明明要以武力夺取王位吗？贾逵马上板起脸来回答："家中有长子，国中有太子，您可不该问先王玺绶的事!"曹彰不过是个武夫，吓得不敢再多嘴，拥护曹丕的大官们赶紧把曹操的灵柩运往邺城，并抢着以卞王后的名义，立曹丕为魏王。第二天，华歆也从许都拿着献帝命令曹丕继承魏王和丞相、兼领冀州牧的诏书赶来了。曹丕顺顺利利地继承了父位，执掌了大权。

掌权后的第一件事，他就想起了三弟曹植。过去是平等的兄弟，而现在是君臣，地位完全不同了。恰巧曹彰和另外二十几位兄弟（不是王后亲生）都来奔丧，只有曹植没来，曹丕立即以魏王的名义，命令十分忠于曹操和自己的猛将许褚带兵，连夜赶往临淄，把曹植、丁仪、丁廙捉到邺城。三个人都知道性命难保，果然，曹丕先下令杀死丁仪、丁廙和两家的全部男子，然后，曹丕要亲自治一下曹植了。

现在的曹植完全变了一个人，他像斗败了的公鸡，一进门就趴在地上，战战兢兢地等候大哥的发落。他心里非常明白，只要大哥牙缝里挤出半个"死"字来，他就得和丁氏二兄弟一样了。曹丕趾高气扬地开始训斥起曹植来。他说："我和你在亲情上虽然是兄弟，可是在大义上却属于君臣! 你怎么敢蔑视礼法，不来为先王奔丧?"曹植一个劲儿地叩头："我罪该万死，罪该万死!"曹丕继续威严地说："先王在世的时候，你常拿着自己的文章在人们面前夸耀，我很怀疑是不是别人代你写的。我现在限

我现在限你七步之内吟诵一首诗!

你在七步之内吟诵出一首诗来。你如果真能七步成诗,我就免你一死。如果不能,就要重重治罪,决不宽恕!"曹植是有真才的人,这当然难不倒他。他抬起头来,闪着惊恐的泪眼,用乞求的声音说:"请大王出题。"曹丕说:"我和你是兄弟,就以我们兄弟为题赋诗,但诗中不准出现'兄弟'的字样。起来试试吧!"曹植站起身来,慢慢走动,不到七步,诗已顺口而出:

> 煮豆燃豆萁,
>
> 豆在釜中泣;
>
> 本是同根生,
>
> 相煎何太急!

曹丕一听不要紧,泪水不觉涌出了眼眶。曹植明明是把哥哥比作豆萁,把自己比作豆子。要燃豆萁来煮豆子,这不正像曹丕要杀害曹植一样吗?这时,一直躲在里屋的卞太后也痛不欲生地出来,哭着说:"当哥哥的为什么要这样狠心逼弟弟呀!"曹丕慌忙离开坐席说:"他是我的弟弟,我能容得天下,如何会容不得他呢?"曹丕当场免了曹植的死罪。还封他为安乡侯。

曹植一首诗,能够救自家一条性命,就在于他巧妙地寓理于事。寄事于诗,告诉曹丕一个道理:你曹丕杀我,有如用豆萁作燃料来煮熟豆子,结果是自相摧残。两败俱伤,这该是多么悲惨的结局啊!从而引发出曹丕念及兄弟手足之情,萌生了不忍残害自家骨肉的怜悯之心。

孝宽施计,巧脱追骑

南北朝末年,陈静帝临朝亲政。受皇上赐封为蜀公的尉迟迥是个一心求利、贪图功名的人。其时,朝中另一大将韦孝宽,正奉命南征,尉迟迥深怕他立功回朝,皇上对他会褒奖赏赐,而使自己失宠,就在暗中计划如何剪除这根肉中刺、眼中钉。

不久,韦孝宽带军由山西入陕西回来,半途休息,军队在朝歌附近扎营。于是,尉迟迥便利用这大好机会,突施他的阴谋诡计。尉迟迥一面派自己的心腹、大都督贺兰贵,带着一封自己亲笔所写的慰问函件,交予韦孝宽;一面利用韦孝宽患有宿疾,须沿途求医的机会,派人在相州布置许多密医,等韦孝宽路过求医时,寻得机会将他害死。尉迟迥仍怕没把握,另外又派一个心腹,即魏守郡将军韦艺,利用韦艺为韦孝宽宗侄的亲缘关系,在迎接韦孝宽入城时,寻机将其擒拿,真可谓机关算尽。

韦孝宽颇有心计,反应迅速,且机谋善断。见识超人一等,为当时有名的大将军。当他收到贺兰贵带来的尉迟迥的亲笔致候信时,对尉迟迥邀他回朝廷叙谈一事,当即心头犯疑,觉得尉迟迥此举有些反常。于是,他便暗中有所提防。他本不想回去,但考虑到必须回朝廷朝见陈静帝,所以,回贺兰贵话时,借口身染重病,必须慢慢行走,到城日期难以确定。

韦孝宽途经相州时,并未找当地医生看病,所以,使尉迟迥的密医加害计划落空。最后,只有走韦艺擒拿这条道了。当韦艺前来迎接时,韦孝宽有意问起有关尉迟迥的事情。对于这突发的奇问,韦艺回答得吞吞吐吐,现出故意为其掩饰之状。韦孝宽一下子明白了韦艺定有什么难言之隐,心中的疑虑更深一层,于是,便恐吓韦艺,说要将其斩杀处死。韦艺看其叔父似已掌握了一些情况，便十分害怕，于是将尉迟迥的种种阴谋全盘说出。

韦孝宽知道了这情形之后，细细思量一番，他知道自己所带的亲骑人数不多，且正处于尉迟迥的势力范围之内，必须采取比较特殊的措施，叫尉迟迥意想不到的计策，方能安全走脱。于是，他带上韦艺和部属向西面绕道逃奔，每次经过一个驿站时，总是对那些驿站的负责官说："蜀公尉迟迥马上就要到了，赶快准备美酒佳肴恭候大驾吧！"

尉迟迥见韦艺多日不归，料到其中有变，既然杀死韦孝宽的决心已定，就决不能让其在自己的手掌里逃走，最后，尉迟迥孤注一掷，派遣仪同大将军梁子康，率领数百位军中好手，快马加鞭地追捕韦孝宽。

梁子康顺韦孝宽逃迹而追，不想，每到一个驿站就被接待入席，这自然耽误了许多时刻，再加上酒醉饭饱，锐气大减，行动迟缓。终于由急追变缓追，距离越拉越大。韦孝宽终于凭自己的智谋，平安地脱离了险境。

击鼓传谣，智解关围

公元 615 年秋季，隋炀帝杨广外出巡游。刚出长城，就遇到远嫁突厥的宗女义成公主派遣来的送信密使。信中讲，突厥的始毕可汗就要来进攻隋朝了。对此事始料未及，隋炀帝只好命令扈从人员，仓猝驰头雁门关。

原来，突厥与隋朝的关系并不错，始毕可汗的封号还是隋朝所赐，并与隋朝义成公主结为姻亲。但由于始毕可汗日益强大，隋朝为分减其势力，欲册封其弟咄吉设为南面可汗，未得逞。始毕可汗对隋朝拨弄是非有所不满，再加上隋黄门侍郎杀害始毕可汗心爱的谋臣史蜀胡，致使始毕可汗下决心要报仇。因此，毕始可汗密切注意着隋朝的动向，而隋则毫无察觉。这一次隋炀帝轻率决定北巡，当即有细作报告了始毕可汗，于是突厥倾国而动，誓将隋炀帝围杀在长城以北。

始毕可汗有备而来，大兵压境，炀帝则是始料不及，被困关内。当时，突厥兵有十万之众，若是开关迎战，一则寡不敌众，二则胡骑锐气正盛，定要失利，只能扼守关隘，静等勤王之师前来解救。在隋军死守过程中，始毕可汗人多势众，冒死扑攻，雁门关岌岌可危。于是，炀帝赶紧诏令全国募兵，速来勤王。

这时，李世民正在屯卫将军云定兴处应募从军，年方十六岁，却已智勇过人。他向云定兴献计道："始毕可汗骤举大兵，围攻天子，是因为他料知仓猝之际，隋朝的援军无法立刻便能到来，而现在，这里的士兵，人数不多，而且未经训练，都是无法临阵参战的。根据这种情况，我们只能用虚张声势的办法来对付。其一，在白天应派人在各地挥扬旌旗，从数十里以外一直飘扬到这里来；夜间则猛摇战鼓，尽量使鼓声从四面八方传来，又从这里传向四面八方。如此一来，始毕可汗必然怀疑我们的援军已滚滚而至，即使不望风而逃，也决不会像现在这样猖獗进攻了，我们至少可以取得充分的时间来休整待援。其二，速派密使去见义成公主，以义成公主的名义，伪称始毕可汗的牙帐危急。这样，始毕可汗便无论如何也要退兵了。"隋炀帝允准了云定兴的奏请，就依李世民的计策行事。始毕可汗白天见隋军旌旗遍野，数十里不绝；夜间只听到战鼓阵阵，喧声四起，果然大为疑惧，再也不敢急攻雁门关,反思考着如何退兵了。不久,又接到义成公主的急件,说是北方有急,牙帐恐失,宜速还军。始毕可汗见无力前进,后方危急,灰心丧气,败兴而退。隋炀帝即遣骑追击,俘虏了数千名突厥骑兵。

就这样,李世民通过擂击战鼓,使强敌为之却步;利用谣言,顷刻间解了雁门重围。在这里,李世民通过虚张声势,来壮大自己的气势,迷惑突厥兵士,从而使隋朝军队顺利摆脱险境,并反败为胜。

狄青设宴,奇袭昆仑关

运用"金蝉脱壳"计最精彩的战例,可以说是北宋名将狄青夜袭昆仑关了。北宋仁宗年间,南方的地区首领侬智高叛乱,攻陷邕州(今广西南宁),建立大南国,自称仁惠皇帝,又破沿江九州,包围广州,其势日涨。他声言欲得邕、桂七州节度使,即降。主将张忠、蒋偕等阵亡,杨畋、曹修等将帅也久战无功。仁宗很是忧虑,问宰相庞籍道:"不平定侬智高,岭外之地就非朝廷所有了。你看派谁为将,可讨平叛乱。"庞籍道:"非狄青不可!"

狄青(公元1008—1057年),是北宋名将,汾州西河(今山西汾阳)人,行伍出身。他打仗时,披发,戴铜面具,出入军中,所向无敌,屡立战功。经略使韩琦、范仲淹见了他,惊叹道:"此良将材也。"把他一步步提升为大将。范仲淹叫他读左氏春秋,对他说:"为将而不知古今,只能是匹夫之勇。"自此,狄青认真读书,精通秦汉以来的将帅兵法,成为智勇双全的名将。公元1052年(皇祐四年),他被调到京师任枢密副使(相当于国防部副部长),朝中一些官员谏道:出身兵伍当执政者,本朝所无,恐四方轻视朝廷。仁宗不听。狄青脸上还保留着面涅。北宋时,为防备士兵逃跑,在他们脸上刺字,叫面涅。仁宗曾命狄青敷药除去面涅,他说:"陛下以功擢臣,不问门第。我所以有今日,是由于士兵出身。我愿留此面涅,以激励士兵。"狄青始终和士兵同甘苦,作战时,身先士卒,身上留下八处中矢的伤痕。他率领的军队纪律严明,草木不惊,士兵愿为他效力,也受到民众的欢迎。

公元1052年(皇祐四年)九月,仁宗改宣狄青为徽南院使、荆湖南、北路宣抚使、提举广南东、西路经制平定叛乱。帝召见时,狄青要求调用他原在西边统领的骑兵。他说:"侬智高居高履险,南方步兵不能抗。西边骑兵善射,耐艰苦,上下山如平地。"仁宗应允,于十月间调来精锐骑兵一万五千,到广南行营听用。

狄青带领大军来到桂林城南。将士们因屡战失败,存畏惧之心。南方的风俗,出兵前要祈求神灵。狄青就带领将士们到庙里求神,道:"这次打仗,胜败如何,请神灵指示。"他手拿一百枚钱,求神道:"如能大获全胜,就让我投出去的钱全部面朝上。"左右的人劝他不要投,以免投出来的结果不如意,挫伤士气。狄青说:"不必担心!"说着,一撒手,把钱抛在地上,一百枚钱全部面朝上,全军的欢呼声震动了四野和森林。狄青非常高兴,令左右取一百枚钉子,把钱钉在地上,加上青纱覆盖,自己亲手封印,等凯旋回师时,再向神还愿取钱。

邕州位于邕江北岸,四周群山环绕。城东北有高峰峻险峭拔,高出群山,名昆仑山,长百余里,山中有道,狭窄难行,是邕州的门户。山顶有昆仑

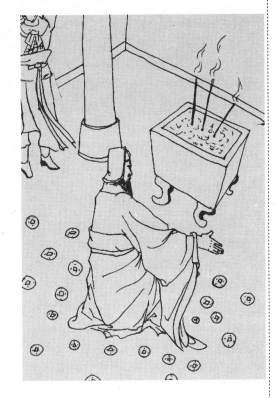

三十六计

关,在此一将镇守,万夫难开。却说那狄青到了邕州北边的宾州,召集全体将士,宣告:"若无将令,任命人不得妄自出兵,与敌作战。违令者斩。"

广西钤辖陈曙,怕狄青独立大功,听部将袁用挑唆,领兵八千攻打昆仑关大败而归。次日晨会,狄青召诸将到堂上,请陈曙起立,道:"有令不行,这就是军队打败仗的原因。"就将陈曙及部将袁用等三十二人,按违令败亡状处置,命刀斧手推出军门问斩。自此军威一振,军纪严明。

时值农历腊月,将近春节。狄青下令将士坚守营寨,不得出征,又下令囤积粮草,以备军需。那侬智高听说狄青为帅,早就在昆仑关下扎重兵,加强防守,并派了许多细作,下山探听消息。这时细作又报告说狄青屯粮备需,侬智高估计,宋军将过了春节再战,就放松戒备。不料次日清晨,狄青忽然下令进军,浩浩荡荡,大军齐集昆仑关前,直逼敌营下寨。侬智高马上加强戒备。那知宋军下寨后又按兵不动。这时已到了正月十五,百姓家,悬灯结彩,欢度元宵,狄青宣称大宴三日。第一日狄青亲自主持,欢宴全军将佐,通宵达旦;第二日,狄青又亲自主持,欢宴全体军官。开宴时,狄青亲自劝酒一巡后,忽然称疾退到后帐,说是少服药即出,其间还几次派人出来劝酒。众人知主帅军令如山,谁敢离席外出,直到天明。忽然军使来报:"狄将军已于昨夜三鼓亲率精锐,攻占昆仑关!"

当时,侬智高得知,宋军宴乐三日,放松戒备。这一夜大风大雨,侬乘机也在寨中欢庆他称帝后的第一个元宵节。其实,当宋军在昆仑关下扎营时,狄青已从广南行营备用的骑兵中,抽调一支最精锐部队,秘密埋伏在山下待命。元宵宴乐到第二夜,风雨大作,狄青心想:破敌的时机来了。他称病退出后,还安排好副将再番出来劝酒。因为全体将佐都在席,他根本没有动用南方的将士,因此全军上下都没人怀疑狄青会去奇袭,更别说敌人的细作了。

这支奇袭昆仑关的骑兵,正是由后来成为北宋名将的杨文广率领。由于他在这次战斗中立了奇功,就被狄青提升,顶替陈曙的广西钤辖一职。

狄青一举攻克昆仑关后,就在归仁铺扎营,乘胜追击,攻克邕州,平定叛乱。在回师途中,狄青经过桂林城南,到了原先在那里求神的庙前,去还愿取钱。帐下的军士们卸下钉子,取钱来仔细一看,原来一百枚都是两面钱。

当初,狄青撒钱,是一种鼓舞士气的做法。

狄青保持了元宵欢宴的伪装外形,神不知鬼不觉地率精兵偷袭昆仑关,打开了邕州的大门。这里使的就是"金蝉脱壳"计。这个"壳"制造的假象,不但可以麻痹敌人,还可用来调动敌军。

神偷施惠,巧妙脱身

南宋时,临安(今杭州)有一神偷,人称"我来也",对于他的真实姓名却不知晓。"我来也"作案都是大案,每次无不得手,所以临安有钱官宦人家都很忌惮他,害怕他偷到自己头上。官府张贴告示,悬赏捉拿,但也没能抓获。

有一次他作案失手被擒。问他姓氏名谁,他闭口不谈。因一时找不着人证物证,无法定他罪行。官府只好将他暂时收监,慢慢侦察。

"我来也"被押期间,也十分担心自己过去罪行被发现,终日寝食不安。后来,他见官府还未能掌握自己的罪证,心里暗喜。一天,"我来也"对狱卒说:"我不是什么'我来也',只是一时穷困才作案,如今官府怀疑我是大盗'我来也',看来会把我终身监禁,出狱是没指望了。只可惜我藏在外面的金钱无法使用。这些日子多蒙您好心照料,我少吃了不少苦头,我知恩必报。我那些金银就藏在保俶塔的塔顶上,你去取来花好了。"狱卒听他一说,半信半疑,夜里按照"我来也"说的地方一找,果然藏有一包金银,他兴高采烈地拿回家。从那以后,他对"我来也"更加照顾。

又过了些日子,"我来也"又对狱卒说:"我还有一坛金银,放在侍郎桥下。你可叫你妻子到那里洗衣裳,取出来后,放到篮子里带回家。"狱卒听了喜出望外,第二天他妻子果然从侍郎桥下带回来一坛金银。狱卒对"我来也"千恩万谢,更加殷勤招待。

狱卒受了"我来也"两次恩惠,觉得他很讲信用,两人处得很融洽。一天晚上,"我来也"对狱卒说:"我进狱这么些天了,家里有些事我得回去料理一下,我也不给大哥你添麻烦,只求你行个方便,我去去就回来,决不能连累你。"狱卒不好意思推脱,就答应了。给他卸掉刑具,偷偷地放他出了狱。狱卒放"我来也"出去后也很担心,害怕他一蹓了之,自己要吃官司。他提心吊胆地等到四更天,"我来也"果真按时回来了,狱卒这才把那颗悬着心放下,照先前一样给他戴好刑具。

第四编 《三十六计》智谋经典

第二天早晨,城里有一巨富到府上报案,诉称昨晚三更天被盗去黄金千余两,此贼在墙上留了"我来也"三个大字。知府大人闻报马上派人去调查追捕,心想:"原来抓到的那个人并不是'我来也',还是放了算了。"于是下令提审"我来也",判为违犯宵禁罪,略施惩戒就放他走了。

"我来也"出狱不几天,一天夜里有人敲狱卒家的门,狱卒开门看时不见人影,再低头一看是一包东西,提了进屋就灯光一看,是白花花的银子。狱卒到这时心里已完全明白谁是"我来也"了。

鸣泰知县,巧妙断案

清光绪年间,满洲人鸣泰字声九,在云南昆明县当知县。他是翰林出身,人很聪明,很会断案。

一天,正在衙门内办公,忽然有一位富豪扭送一位樵夫来到县衙。鸣知县一问,富豪气势汹汹地说:

"我正在街上走路,哪想到这个乡下佬挑担柴来把我眼镜打破了。我要他赔,他却不肯赔。所以拉他到老爷这里来评评理,看他赔不赔?"

鸣知县又问樵夫:"你怎么打破了他眼镜,却又不赔?"

樵夫诉说道:"我挑了一担柴在街上卖,街上人多拥挤,不料柴枝误碰了他,眼镜掉下地打破了。"

鸣知县道:"既然碰掉了人家眼镜,就应赔他。"

樵夫苦着脸道:"不是我不赔,我答应将这担柴赔他,他不答应,硬要我赔八块银洋。我一个打柴的,还有一家老小生活,哪赔得起那么多钱?这担柴卖了也才有两百文铜钱。"

鸣知县见樵夫面黄肌瘦,衣衫褴褛,就劝富豪道:

"老先生就马虎一点吧,你瞧他这样穷,到哪里拿八块银元赔你的眼镜呢?"

富豪气势汹汹,蛮横地说:"这我可不管,他不赔我的眼镜我决不放过他!"

鸣知县心中暗想:这事倒很棘手,樵夫这样穷,分明赔不起,但我若硬判不赔,这富豪在昆明很有势力,为这事同他闹翻了也不好。便问樵夫:"你可识字?"

樵夫道:"小时读过几年书,略识几个字。"

鸣知县便进房写了一个纸条,又拿出两百文铜钱来交与樵夫:

"这担柴就算我买下了,你再拿我这张条子去隆盛钱庄替我拿八块大洋来赔他的眼镜。"

樵夫感激涕零:"我打破了他的眼镜,怎能要老爷代我赔钱?"

鸣知县笑道:"不要紧,我这县衙里也要烧柴,你今后多挑几担柴卖给我不就成了?"

富豪这时虽感到有点尴尬,但却大模大样地坐在那里,他心想:你要代这乡下佬赔就代他赔,我倒不管你。

樵夫接过钱和字条,走到门边,鸣知县大声招呼:

"你把字条看清楚了,不要跑错了地方。"

樵夫连忙打开字条一看，只见上面却写着四个大字：

"火速回家。"

樵夫喜出望外，将两百文铜钱往腰包里一塞，放开大步，出城而去。

富豪在知县办公室等了许久，不见樵夫来。直等到天黑还不见人，鸣知县派衙役到隆盛钱庄去问，回说樵夫没有去，想是早走了。

鸣知县叹了一口气，对富豪笑道："这乡下佬倒敢这样狡猾，老先生请回，等我抓到后，一定重重办他。"

富豪无法，只得悻悻而去。

樵夫能摆脱纠缠，安全离去；富豪仗势欺人，却终未得惩，全在于鸣知县巧妙地运用了金蝉脱壳之计。

黄兴用计，脱出重围

黄兴，字克强，湖南善化(今长沙)人，是湖北两湖书院高材生。当时任两湖总督的是直隶南皮(今河北)张文襄公之洞，颇有知人之明。张之洞一天在书院见到黄兴，当即鼓励赞赏说"真是我们国家独一无二的人才!"但武昌知府兼两湖书院监督梁鼎芬思想守旧，见黄兴言论行动有些激进，很不顺眼，千方百计压制黄兴。黄兴也不甘示弱，常在学生中鼓动抗梁风潮，黄兴因此所受压力很大。一名区区学生和一校之长抗衡，对黄兴自然不会有什么好结果，只是由于张之洞的庇护，黄兴才未被梁鼎芬开除出校。

义和团运动后，清政府举办新政，其中包括派遣留学生出国学习，张之洞派黄兴为官费留学生，黄兴十分高兴地到了日本。

在日本留学期间，黄兴由宋教仁、刘揆一等人介绍，结识了日本在野党的宫崎滔天，后来又由宫崎的介绍，认识了孙中山。孙中山本是革命领袖，黄兴结交孙中山后，革命思想更加坚定，他们共同发起成立了资产阶级革命政党——中国同盟会，从此黄兴便把自己毕生精力献给伟大的革命事业。

黄兴在革命道路上历尽千难万险，但每次在危难之中都化险为夷、安然逃脱。

第一次是黄兴回长沙发动起义，湖南革命党人已有几千，并在湖南军、学两界都已事先联络，准备某晚起事，不幸机密泄露，湖南巡抚下令搜捕黄兴，隐匿者同罪。黄兴无处藏身，正在万分焦急之时，忽见一个彩轮店，有花轿仪仗等器具，出租供结婚迎亲之用。黄兴便面见店主,直接承认自己就是黄兴,并大声喝到:"今天巡抚下令关闭城门搜捕我,势必要抓到我。我如果被捕,一定把你说成是我的同党。你想免祸的话,用花轿抬着我,配上仪仗、吹鼓手,送我出城。"店主怕惹祸,赶忙照黄兴的主意办,使黄兴得以安然脱险。

长沙起义失败后,黄兴在上海隐姓埋名,准备再次起义,但无机可乘。正在旅店闲居愁闷之际,适逢广西巡抚王之春赴任道经上海。王之春平素仇视革命党人,一经他拿获,立即杀害,总计革命党人死他手中已不下六百三十余人,故有王屠户之称。黄兴早就想拿他报仇雪恨,一直没有机会,如今在上海巧遇,真是天赐良机。于是黄兴便改装易服,天天在旅馆门口等候,同时又有几个小贩,挎筐跟随王之春的左右叫卖食品。黄兴见王之春外出,举枪射击,未中。巡捕闻声从四面八方赶来,情形万分紧急,黄兴却从容地把枪扔掉,从小贩手中接过小筐,口喊"刺客!刺客!"巡捕果然把黄兴当作小贩未加阻拦。他们哪里料到,那些小贩正是黄兴预先留作逃亡所布置的。

黄兴一败于湖南,再败于上海,都能从容逃亡,手段可谓高明,更不可思议的是广东黄花岗之役,令人叫绝。那时宣统皇帝年幼继位,一切大事全由无知无识的王公大臣办理,外忧内患相环而至,这些王公大臣非但不以为忧,却依然醋嬉歌舞,粉饰太平。甚至任命某一官吏,公然宣布出自某王公某大臣门下,廉耻丧尽,于此已极。两广总督张鸣岐,更是昏庸得很。黄兴以为在此起义易于成功,便率领革命党人攻打广州,直扑总督衙门。张鸣岐听到枪声,藏在后花园茅房中得以幸免。清军大量内外援军很快赶到,革命党人支持不住,分途逃跑,其中被清军捕杀共七十二人,即今黄花岗七十二烈士。黄兴虽潜伏在草丛一时逃脱,但守城军警林立,盘查过往行人十分严密仔细,依然无法冲出重围。正无计可施时,见一屠夫背只猪肉从身边经过,黄兴急中生智,立即付钱买下猪肉,又和屠夫换了衣服,肩背猪肉安然出城而去。

黄兴生平类似轶事很多,虽然得自传闻未必可信,但黄兴往往在呼吸存亡间不容发之际居然得术以出,足见其弥天大勇和足智多谋。

"葫芦"引敌,偷渡成功

1947年的一个冬夜,北风呼呼地刮,天气十分寒冷。

驻守在黄河南岸的国民党士兵冻得浑身发抖,站岗的敌人,隔一小会儿就用探照灯往河面上照一阵子,看有没有人渡河。

深夜,当探照灯照到河面时,只见一片片头戴钢盔的士兵,悄悄地向南岸游来。一个哨兵惊叫说:"不好了,共军渡河了!"另一个哨兵跳着脚喊:"看,有多少人!快!打电话报告师长!"

"报告师长,白天在河边练习的共军渡过河来了!"

师长在电话里大声说:"不要慌,他们在对岸练渡河也不是一天两天了,我们早有准备了。等共军尽量靠南岸时,要机枪、步枪、大炮一起开火,把共军都消灭在河中!"

北风越来越紧,泅渡的人越来越近,国民党阵地上数不清的枪口、炮口都对准了一个个头戴钢盔的泅渡者。突然,天空中一串信号弹升起,步枪、机枪、大炮一齐响起来了!

只见河面上,浪花飞溅,有的钢盔沉入水中,水面上一片红,敌师长一看大喜,心想这回渡河共军可失败了。

敌师长再拿起望远镜,望河中仔细一看,吓得他一下子坐在了椅子上,怎么了,剩下的二三千泅渡者冒着炮火不顾一切地向南岸涌来。愣了一愣,敌师长对参谋长说:"看来他们是不惜一切代价要强渡黄河了。"参谋长说:"共军厉害,早就听说,今天,才真正服了!"

敌师长命令,"快紧把预备部队统统调到南岸,一定把共军消灭在水中!"

敌人的炮火越来越猛,渡河者也毫不畏惧。

突然,敌人的后面响起了惊天动地的大炮声,轰隆,轰隆!原来是解放军采用的金蝉脱壳计,第二野战军冒着六级寒风,乘木筏、划子、木桶、木排,从另一个地方悄悄过了黄河。这个锦囊妙计,是二野司令员刘伯承和政委邓小平商量布下的"天罗阵"。解放军突然发起攻击,敌人惊慌失措,阵脚一下子乱了,一半多被打死,剩下的都放下武器,高举双手,投降了。敌军师长也被活捉了。

天亮时,走来了一位解放军将领,他40多岁,个子不高,神采奕奕,面带微笑。这位将军用四川话对俘虏说:"你们还没吃饭吧?"他回头叫了一声:"炊事班给他们做一顿饭菜,叫他们吃饱,压压惊嘛!"

正说着,两位战士押着失魂落魄的敌师长走来。敌师长抬头一看,心里一惊,"哎呀! 这不是二野政委邓小平吗?"他惊魂未定,邓小平已来到他身边,微笑着说道:"你瞧瞧吗! 你们六个正规师,全部美式装备,现在怎么样了呢,当了我们的俘虏了。"

敌师长并不服输,他指着河面说:"你们的损失也不小啊!"

邓小平哈哈大笑,转身向一位女卫生员说:"小鬼,你来给他们上一课嘛!"

卫生员向敌师长和俘虏们说:"你们还不服输吗? 我们邓政委巧用3000葫芦军。假装渡河大军,吸引你们的兵力,我们采用金蝉脱壳,包抄到你们背后,把你们六个师打得落花流水。"

原来,为了渡过黄河进军大别山,邓小平和刘伯承想了个妙计,白天全军将士在敌人眼皮下面练渡河,时间一长,敌人以为我军在此地渡河呢! 另外准备了几千个葫芦,每个葫芦上戴个钢盔,下面系个小石头。在夜里让它们顺水顺风向前漂流,活像一个个泅渡的水兵。在葫芦上又系上一些灌满红颜色水的猪尿泡和猪肠子。敌军打烂猪尿泡,红水淌出来,像血一样,敌军还以为泅渡大军伤亡惨重呢? 而大部队则悄悄撤走,从另外一处渡河,朝敌人猛扑过去。

敌师长和俘虏们听的傻了眼。敌师长连连说:"我中了你们的金蝉脱壳计了!"

巧施妙计,阵前撤军

进入1799年下半年,拿破仑在埃及的日子一天比一天难过,他的地中海舰队被英国海军一网打尽，彻底失去了对本土的联系，巴黎的政局如何他一无所知；他计划进军印度的企图，在叙利亚的阿卡一战中又化为泡影，只得无功而返。回到开罗，部队士气低落到几乎哗变的程度。6月下旬，拿破仑已在偷偷准备逃离，他命令海军将领冈托姆在亚历山大港秘密准备两艘快速炮帆船待命出港。7月份，拿破仑集结了1万人，将在阿布基尔湾（亚历山大港附近）登陆的8000名土耳其人全歼，数千人战死或淹死，一部分人被俘。双方在交换战俘时，拿破仑才从英军送给他的报纸中得知，法国国内局势正急转直下。在莱茵和意大利的法军被奥军和俄军击败；举国上下惊慌不安，一片混乱。

就当时的情况而言，拿破仑无论如何也不能离开埃及，因为法军时时处在土耳其和埃及人围攻之中，加上当时瘟疫盛行，身为东方军团司令不可能脱身。但是祖国处在危险之中，自己被土耳其军队紧紧压住，既无法扩大阵地，又不能向内地进攻，真是进退两难。勉强支持到年底清点部队时，发现伤亡已达25万，其中阵亡者为5万人。部队士气低落，兵无斗志，将无战心，人人思退。英国的基钦纳元帅乘机说服英法两国政府撤军。

可是阵前撤军，谈何容易。此时英法仍有15万人在滩头，土耳其守军为10万人。两军对峙，死死咬在一起，最远处相距不过300米，最近处相隔5米，这边战壕里一声咳嗽对面战壕里也能听见。土耳其部队占领着所有高地，对英法部队的一举一动都能看得清清楚楚。如何在土耳其部队的眼皮下，不出声响，不露痕迹地悄悄撤退呢？

英法的撤军计划比进攻计划订得周密。1815年12月10日，北边的英军首先后撤。当日白昼，一切照旧，运输船载着补给品和补充兵员在滩头慢吞吞地活动。可是一到夜晚，这些船只却在灯火管制的条件下，顿时活跃起来，载着部队、马匹和装备加速开离海滩。一周后，只剩下4万人，到12月19日，只有2万人仍然守在原来的阵地上。但是在撤退的过程中，留下的部队仍然像原来一样打冷枪，因为打冷枪是双方没有激烈战斗的惯例。由于剩下的人数越来越少，一名士兵要负责好几个射击位置，打完一枪换一个地方；火炮减少后，也要保持平日里不慌不忙的骚扰射击速度。同时，人员撤走后，帐篷等设施不拆，继续制造假象，迷惑敌人。到

12月20日早上5点最后一批人员撤退时,又设下一些机关,保持冷枪不断,譬如在步枪的扳机上安一个装水的滴漏装置,装的水逐渐滴少以后,步枪就会射击。就这样,英军完全撤出数小时后,土耳其人才发现情况不对,并终于看出是一座空寨。

有了这次经验,土耳其人学精了,希腊角法军的撤退就更加困难、更加危险了。希腊角的撤退是新年过后不久开始的。可是在撤退以前的几日里,滩头"援兵"不断到达,造成假象,仿佛撤退的英军只是向希腊角转移而已。法军先撤,英国援军接替他们防守。撤退时用了英军原来撤退的方法。不过土耳其人有了经验,不肯再次上当,曾于1816年1月7日发动一次猛攻,意在试探虚实。遭到英国守军及增援的舰艇的猛烈还击后,才确信英法军队不打算撤退。不料事过两天,到1月9日,英军就撤得一个不留。土军再次受骗。英法联军进攻时打了一场糊涂仗,撤退时倒显出了几分机巧。

假装固守,金蝉脱壳

1943年秋,苏联军队迅猛地发起了德涅河会战。按照苏联最高统帅部的命令,由司令员杜瓦丁大将率领的沃罗涅什方面军渡过德涅河,夺取了基辅东南140公里的布克林登陆场。

为了夺回布克林登陆场这个军事要塞,纳粹德国军队组织了强大的力量进行了疯狂的反击。经过两次大规模的拉锯大会战,苏联军队的攻击受到严重挫折,如果再坚持下去,有失败的危险。

在苏军前线指挥所内。

最高统帅的代表朱可夫元帅和沃罗涅什方面军的司令员杜瓦丁大将正站在沙盘的前面,研究拟定新的作战计划。

朱可夫元帅用手指着沙盘说:"从目前的情况看,敌人正在不断地增加兵力,我们不能再与敌人硬拼,我看我们需寻找敌人防守比较薄弱的地方,改变攻击的方向,才能取得这场战斗的胜利。"

杜瓦丁大将看了看沙盘,猛地吸了几口香烟,对朱可夫元帅说:"根据我军情报部门提供的材料证明,在基辅以北有一个柳捷日登陆场,由于那里地形复杂,易守不易攻,德军防守比较弱,他们的主力全部集中在我们的正面,如我军在柳捷日攻击德军,那他们是万万也想不到的。"

朱可夫元帅用手托着下巴,来回踱了几步,猛地站下:"那我们可以把我们的主力部队悄悄撤出战场,迂回到德涅河东岸,然后再沿着战线往北走,从基辅以北重新渡河,在柳捷日登陆场发起攻击。"

杜瓦丁大将看了看沙盘的地形,对朱可夫说:"您提出的这个作战方案是十分理想的,可是有一个问题十分关键,像我们近卫坦克第三集团军这样一支机械化的大部队。要从敌人的鼻子底下顺利地转移出去。可不那么容易啊!"

朱可夫元帅立即把情报处长乌里扬诺夫叫进来,说:"我们可以这样做,先制造假象,使德军认为我军暂时退却防守,准备下一步大的攻击行动,而实际上我们将主力转移出去,从德军薄弱环节发动攻击,情报部门要拿出此行动方案的总体方针,立即向最高统帅部报告。"

莫斯科,苏联最高统帅部。斯大林站在军用挂图前,手里拿着朱可夫的电报,他仔细地查看着德涅河地区苏德两军的兵力部署情况,嘴里的烟斗不时地发出嗞嗞的声响。

斯大林的手指顺着德涅河的方向在柳捷日位置停下,他看了一会儿,轻轻地用手拍了一下地图,走回办公桌前。

斯大林把电报纸铺平,提笔在上面写道:"朱可夫元帅同志,杜瓦丁大将同志:我完全同意你们拟定的作战方案,请立即施行。最高统帅部,斯大林。"

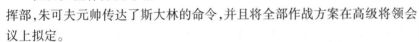

在沃罗涅什方面军指挥部,朱可夫元帅传达了斯大林的命令,并且将全部作战方案在高级将领会议上拟定。

在作战会议结束时,杜瓦丁大将下达了"暂停进攻,就地转入防御"的假命令。

深夜,在前沿阵地,陆军少尉米加带领两名战士,爬到两军交战地带。他们找到一具尸体,给他换上苏军大尉的军装,然后把暂停进攻就地转入防御的假命令塞到这位大尉的公文包里,一起留在了前沿阵地。

天亮了,德军又向苏军阵地进行炮击,而后发起了小规模的反击。

根据司令部的命令,苏军突击兵团的前沿部队一边还击,一边佯败地撤到第二道战壕,给进攻的德军留出机会,让他们及时从那位"大尉"身上搜出那份假命令。

苏军指挥所内,情报机关将无线电台加大频率后向前沿各部队传达苏军最高统帅部命令:在目前苏军全线处于暂时被动情况下,部队要转入固守,以便准备从布克林重新发起新的攻势。

与此同时,朱可夫元帅、杜瓦丁大将率领坦克第三集团军等主力部队悄悄撤离战场,沿德涅河向基辅以北进发。

苏军主力部队撤离后,乌里扬诺夫处长在原地留下的指挥所里多方制造大部集结待命、指挥所几部电台马不停蹄地日夜工作着、反空袭准备工作的加紧进行等假象,致使德军一直误认为苏军主力部队仍坚守在布克林方面。

德军为了巩固胜利,决定要与固守在布克林的苏军决一死战。德军统帅部调来航空兵对苏军已经空虚了的假阵地狂轰滥炸了一个多星期,并且

三十六计

继续向布克林地区调动了大量的预备队。希特勒满心以为,全歼苏军沃罗涅什方面军的时机到了。

苏军主力在朱可夫元帅的指挥下,从敌人眼皮底下回到了德涅河东岸,向北挺进后,在基辅以北处重新渡河,从柳捷日登陆场向德军发起猛烈攻击。

朱可夫元帅的金蝉脱壳之计,给了德涅河德军以毁灭性的打击。

蒙哥马利,施疑兵计

1944 年诺曼底登陆战役前夕,同时有两个蒙哥马利活跃在两个不同的地区,一个在直布罗陀和阿尔及尔,一个在英国南部海岸,这两个人的名字都是伯纳法·芬·蒙哥马利,都是同一职衔的将军,都曾乘坐英国首相丘吉尔的专机,驰骋疆场。这究竟是怎么回事?

5 月,英、美联军决定开辟欧洲第二战场、发动对希特勒大反攻的"霸王行动"正在紧锣密鼓地准备着。德国统帅部也深知一场大战就要开始,连忙调兵遣将,并密切地监视着英、美联军的一切活动。

盟军与德军隔着英吉利海峡,互相虎视眈眈,谁都想把对方一口吞到肚子里去。

5 月 15 日,英军统帅蒙哥马利将军突然乘坐丘吉尔首相的专机,风风火火地飞往直布罗陀和阿尔及尔。蒙哥马利这个人具有极活跃的个性,而且自信心极强。他的部下官兵都一致称他为"蒙特",他精于表演之道,善于建立其威望,也可以说最会出风头。他的言论极大胆,而行动极为小心。虽然有时这种戏剧性的装扮,不免会使他的军官哑然失笑,可是他的那种新拿破仑式的私人文告,例如"我与你们在一起是感到极为骄傲的"、"你们使这个军团变成了一个家喻户晓的名词"等等说法,却在他部下的精神上发生了作用。还是在 1942 年的上半年,当时英军在北非战场上节节败退,丢城失地,损兵折将。蒙哥马利临危受命,出任第八集团军司令,不仅遏止了德军的攻势,而且在阿拉曼战役中打败了德、意非洲军团,取得了决定性的胜利,扭转了北非战场的危急局势。随后,他率部乘胜追击 1000 多英里,迫使德国统帅隆美尔狼狈逃窜,逼使继隆美尔负责整个指挥的意大利军队总司令梅塞陆军元帅投降,结束了北非战争。丘吉尔在蒙哥马利的纪念册上题词祝贺:"敌军在突尼斯全军覆没,最后投降总数达 24.8 万人。这标志着阿拉曼战役以及进军西北非这个伟大业绩的胜利结束。祝你们在以往的成就和新的努力的基础上,取得更加辉煌的胜利。"蒙哥马利这次乘首相专机一到阿尔及尔等地,便到处受到热烈欢迎,即使想保密也保不住。何况,这次蒙哥马利来到非洲,并没要求特殊保密。因此,他每天的行踪,几乎都占了各大报刊的头版头条。他会见当地军政要人,检阅各种部队,参加群众集会,发表谈话演讲,主题就是一个:协力同心,狠狠打击纳粹,准备大规模进攻。当记者询问他此行的目的,他神秘地笑笑,说:"无可奉告。"他自己不说,可是英国的许多小报却将秘密透露了:蒙哥马利到直布罗陀和阿尔及尔的重要使命是组编英、美联军,准备在法国南部登陆,以开始对希特勒发动总攻。英国的政府大报,先是沉默不理,后又反驳小报在造谣、妄测。甚至检查泄密的小报,闹得乌烟瘴气。

德国军方半信半疑,连忙派两名高级间谍前去侦察,果然看见瘦削的蒙哥马利真的在中东穿梭活动,并偷拍了蒙哥马利参加集会的照片,记录了蒙哥马利的活动情况,快速送回德军的统帅部。这使德军将领迷惑不解……

正当这个蒙哥马利在中东大肆活动时,另一个蒙哥马利却率领二十一集团军隐伏在英国南部海岸,厉兵秣马,准备横渡英吉利海峡,突袭德国北部的德国纳粹部队。这个蒙哥马利也没闲着,他乘坐国内武装力量总司令曾经使用过的"轻剑号"专列,不拘形式地访问将要参加"霸王行动"的每支部队,同军官个别谈话,检阅部队。他那瘦瘦的身材和自信的表情,几乎深深地印在超过 100 万的出征官兵的眼里和心头。然而,他的行动却是保密的,报纸上几乎没有他活动的报道。

根据"霸王行动"计划,英、美联军拟定在诺曼底登陆,开辟欧洲第二战场。为此,英、美调集了 39 个师,美国还有 40 到 50 个师正源源不断地运来,各种飞机 13000 多架,战列舰 6 艘,低舷重炮舰 2 艘,巡洋舰 22 艘,驱逐舰 93 艘,小型战斗舰 159 艘,扫雷艇 255 艘,各种类型的登陆艇 1000 多艘,连同运输船只共达 6000 多艘。总计盟军陆海空三军及后勤人员总数达 287 万人。这么大规模的调动和集结,很难完全隐蔽,德国一旦发现,并且在诺曼底设置抵抗部队,联军登陆成功的希望就渺茫了。为了迷惑敌人,麻痹敌人,盟军统帅部便使用了种种疑兵之计,其中的计谋之一便是演出一场真假蒙哥马利之戏,用假蒙哥马利来掩盖真蒙哥马利的行踪,达到掩护军队调动、模糊进攻目标的目的。

英国陆军中尉杰姆士的身材、面貌长得酷似蒙哥马利,并且具有高超的模仿能力和表演天才,于是让他扮演英国登陆部队司令官蒙哥马利,乘首相专机到直布罗陀、阿尔及尔等地尽情"表演"。他来到中东,连当地的一般官员和军官也没事先通知,他们看见杰姆士前呼后拥而来,都以为是蒙哥马利到了,殷勤接待,听他训话,哪知他们阿谀奉承的是假蒙哥马利?英国当地官员大多都以假作真,德国间谍岂能辨别?杰姆士更充分地发挥了他的表演天才,把一场戏演得惟妙惟肖,天衣无缝。德国人便以为蒙哥马利到中东活动了。不过,德国并不相信英国报纸宣传的蒙哥马利在阿尔及尔编组英、美联军,打算从德国南部进攻,而认为蒙哥马利的直布罗陀之行是一

种诈术,即掩盖联军从加莱登陆而搞的迷魂阵。因而,更加认定加莱是盟军登陆的目标,从而把防守诺曼底的两个坦克师和六个步兵师抽调到加莱地区,诺曼底的防守便薄弱了。德国人认为蒙哥马利出现在阿尔及尔是声东击西,声称从德国南部进攻是假,而攻击加莱是真,实际盟军摆疑兵之计的目的却是掩护进攻诺曼底,狡猾的德国统帅部犯了个根本错误,他们更没有想到阿尔及尔活动的蒙哥马利也是假的!

盟军示假隐真,迷惑了敌人,终于达到了调动敌人,减少诺曼底登陆压力的目的。

正是在这种情况下,盟军以5000多艘各种舰只组成的庞大舰队,载着17.6万登陆部队和2万辆军车,于6月5日夜,向诺曼底发起了攻击。而此时,德军的三位海防高级将领,出访的出访,探亲的探亲,只有冯·伦斯德和西线装甲集团军司令盖尔·冯·施韦彭堡将军在坚守岗位,可这两人都没有资格直接与元首通话。而且,不经最高统帅部特许,他们都不能调动战略预备队;盖尔则无直接指挥战斗之权。

6月7日,蒙哥马利在滩头阵地设立了"前进司令部"。7月16日英军突入冈城。至此,盟军诺曼底登陆行动取得了完全的成功,建立了有史以来最大的登陆场,空前的物资运输线建立起来,一端在英格兰,一端在诺曼底,战争物资源源不断地运抵欧洲大陆,反击德国法西斯的"第二战场"开辟了。

索尼巧计,摆脱困境

1956年2月,日本索尼公司的副总裁盛田昭夫又踏上了美利坚的土地。这是他第100次横跨太平洋,寻找产品的销路。

纽约的初春,寒风刺骨,蒙蒙细雨夹着朵朵雪花。大街上的行人十分稀少。

身材矮小的盛田昭夫带着小型的晶体管收音机,顶着凛冽的寒风,穿街走巷,登门拜访那些可能与索尼公司合作的零售商。

然而,当那些零售商们见到这小小的收音机时,既感到十分有趣,又感到迷惘不解。他们说:"你们为什么要生产这种小玩意儿?我们美国人的住房特点是房子大、房间多,他们需要的是造型美、音响好,可以做房间摆设的大收音机。这小玩意儿恐怕不会有多少人想要的。"

盛田并不因此而气馁,他坚信这种耗费了无数心血而研制成的小型晶体管收音机,一定会让美国人所接受。

事情总是这样,多余的解释往往不如试用中所发现的道理。小巧玲珑,携带方便,选台自由,不打扰人,正是小型晶体管收音机的优点。很快地这种"小宝贝"已为美国人所接受。

小型晶体管收音机的销路迅速地打开了。

有一家叫宝路华的公司表示乐意经销,一下子就订了10万台,但附有一个条件,就是把索尼更换为宝路华牌子。盛田昭夫拒绝了这桩大生意,他认为决不能因有大钱可赚而埋没索尼的牌子。

宝路华的经理对此大惑不解:"没有听过你们的名字,而我们公司是50年的著名牌号,为什么不借用我们的优势?"

盛田昭夫理直气壮地告诉他:"50 年前,你们的名字一定和今天的我们一样名不见经传。我向你保证,50 年后我的公司一定会像你们公司今天一样著名!"

不久,盛田昭夫又遇上了一位经销商,这个拥有 151 个联号商店的买主说,他非常喜欢这个晶体管收音机,他让盛田给他一份数量从 5000、1 万、3 万、5 万到 10 万台收音机的报价单。

这是一桩多么诱人的买卖啊!盛田昭夫不由地心花怒放,他告诉对方,请允许给一天时间考虑。

回到旅馆后,盛田昭夫刚才的兴奋逐渐被谨慎的思考取代了,他开始感到事情并非这么简单。

一般说来,订单数额越大当然就越有钱可赚,所以价格就要依次下降。可是眼前索尼公司的月生产能力只有 1000 台,接受 10 万台的订单靠现有的老设备来完成,难于上青天!这样就非得新建厂房,扩充设备,雇用和培训更多的工人不可,这意味着要进行大量的投资,也是一笔危险的赌注。因为万一来年得不到同样数额的订货,这引进设备就会闲置,还要解雇大量的人员,将会使公司陷入困境,甚至可能破产。

夜深了,盛田昭夫仍在继续苦思良策,他反复设想着接受这笔订货可能产生的后果,测算着价格和订货量之间的关系。他要在天亮之前想出一个既不失去这桩生意,又不使公司冒险的两全其美的妙计。

他在纸上不停地计算着,比划着,忽然他随手画出一条"U"字形曲线。望着这条曲线,他的脑海里如电闪般出现了灵感——

如果以 5000 台的订货量作为起点,那么 1 万台将在曲线最低点,此时价格随着曲线的下滑而降低,过最低点,也就是超过 1 万台,价格将顺着曲线的上升而回升。5 万台的单价超过 5000 台的单价,10 万台那就更不用说了,差价显然是更大了。

按照这个规律,他飞快地拟出了一份报价单。

第二天,盛田昭夫早早地来到那家经销公司,将报价单交给了经销商,并笑着说:"我们公司有点与众不同,我们的价格先是随订数而降低,然后它又随订数而上涨。就是说,给你们的优惠折扣,1 万台内订数越高,折扣越大,超过 1 万台,折扣将随着数量的增加而越来越少。"

经销商看着手中的报价单,听着他怪异的言论,眨巴着眼。他感到莫名其妙,他觉得似乎被这位日本人玩弄了,他竭力控制住自己的感情说:"盛田先生,我做了快 30 年的经销商,从没有见过像你这样的人,我买的数量越大,价格越高。这太不合情理了。"

盛田昭夫耐心地向客商解释他制订这份报价单的理由,客商听着、听着,终于明白了。

他会心地笑了笑,很快地和盛田昭夫签署了一份 1 万台小型晶体管收音机的订购合同。这个数字对双方来说,无疑都是最合适的。

就这样,盛田昭夫用一条妙计就使索尼公司摆脱了一场危险的赌博。

银行总裁,力挽狂澜

1928 年夏天,积劳成疾的美国银行家贾尼尼离开了刀光剑影的纽约华尔街,回到风光旖旎的家乡意大利米兰休养。

身在意大利米兰,心在美国纽约。贾尼尼始终密切地关注着万里之遥的纽约华尔街的情况。

一天,贾尼尼突然被一条新闻惊呆了,这条刊登在头版头条的新闻是这样写的:贾尼尼的控股公司纽约意大利银行的股票暴跌50%,加州意大利银行的股票亦出现36%的跌幅。

贾尼尼大吃一惊,心急火燎地赶回加州的旧金山。

在圣玛提欧的豪华住宅中,贾尼尼召开了紧急会议。他阴沉着脸火爆爆地大声质问憔悴不堪的儿子玛利欧:"股价如此暴跌,一定有人在背后捣鬼,到底是谁?"

在一旁的律师吉姆·巴西加尔赶忙替玛利欧回答道:"股价暴跌是由摩根的纽约联邦储备银行引起的,他们认为意大利银行涉嫌垄断,逼我们卖掉银行51%的股份。"

原来,意大利银行收购旧金山自由银行之后,金融巨头摩根怀疑贾尼尼野心勃勃要控制全美国的银行业,因此招来了联邦储备银行的干预。

面对这种情况,玛利欧主张卖出意大利银行的一部分资产,然后再买回公开上市的股票,从而使意大利银行由上市的公众持股公司变成不上市的内部持股公司脱离华尔街的股票市场。

其他的董事也都认为玛利欧所说的是目前惟一可行的办法,只有这样才能挽救意大利银行于倒悬。

但是,他们达成的一致意见却遭到贾尼尼的强烈反对,他认为这一策略不无可取之处,但难免太消极。

大家都沉默了,用征询的目光看着贾尼尼,意思是说,你否决了我们的建议,难道你有什么更好的锦囊妙计吗? 他们对贾尼尼善于出奇制胜的才能一点也不怀疑。

然而,贾尼尼却说出一番使大家更吃惊的话:"再过两年我就进入花甲之年了,而且身体也渐渐支持不住了,我要辞去意大利银行总裁的职务。"

此话一出,令在场的人都大为吃惊。大家都痛苦地低下了头。因为他们都明白,贾尼尼是说到做到的人,是绝不会反悔的。

玛利欧却迫不及待地劝说道:"爸爸,我们焦急地盼望您回国,不是想听您说这句话的,您呕心沥血一手建造起来的意大利银行,如今正处在生死攸关的紧急关头,我们需要您带我们一起渡过这个难关!"

贾尼尼放声大笑起来,他挥动着拳头说:"我决不会让意大利银行倒下的!"

大家的情绪立即激昂起来,他们心里明白,贾尼尼已经有了一个非常好的对策。他们都瞪大眼睛盯着他。

贾尼尼接着说:"不但如此,我还要设立一个比意大利银行大好几倍的控股公司!我之所以辞职,就是要以个人的身份去游说总统和财政部长,促使他们制订一条新的法令,使商业银行的全国分行网络合法化。"

玛利欧却泄气地说:"等您说服他们颁布新法令,意大利银行早就完了!"

贾尼尼瞪了他一眼,似乎是在责备儿子怎么这么没志气:"当然,我去游说一方面是争取合法化,另一方面也是一条缓兵之计。我们不仅不能让意大利银行倒下,而且还要设立一家比意大利银行还大几倍的全国性的巨型控股公司,发展出一个以原始银行业务为支柱的民办最大的商业银行。"

贾尼尼这种高瞻远瞩的气魄,使大家都佩服得五体投地,对他的金蝉脱壳决策一致表示赞同。

于是,玛利欧等人很快就到德拉瓦州注册成立了一家新公司——泛美股份有限公司,该公司的最大股东就是意大利银行。但由于它的股票分散在大量的小股东手里,因而外人很难再怀疑它有垄断嫌疑。

他们再以这家公司的名义,把别人控制下正在暴跌的意大利银行的股票廉价买进,这样一来,便挫败了摩根等人欲置意大利银行于死地的阴谋。意大利银行不仅没有垮下,而且越来越发展壮大。后来它甚至还吞并了美洲银行,并将各分行都全部改名为美国商业银行。

贾尼尼担任美国商业银行这个全美第一大商业银行的总裁,成为改写美国金融历史的巨人之一。

意大利银行不仅未被击垮,反而日益壮大,正是贾尼尼成功地运用了金蝉脱壳之计。

地产大王,借势发家

美国的房地产大王特朗普,当初独闯纽约曼哈顿时,只不过是一个无名小辈,与那些权贵巨富相比起来,他简直微不足道。

在这个只认金钱和权势的冒险家乐园,特朗普多次运用"悬羊击鼓"的策略,来壮大自己的声势和实力,取得了一连串令人匪夷所思的巨大成功。

1968 年,唐纳德·特朗普从沃顿金融学院毕业,便回到家乡肯斯帮助父亲料理房地产生意。

和父亲合作的那段时间,特朗普学到许多房地产生意经,学到了如何在激烈的竞争中变得刚强起来,学到了如何鼓动人心。

但是,特朗普也渐渐开始考虑起自己的未来。他觉得父亲的环境不太适合他的口味,一方面,他感到像他这样一个沃顿金融学院的高材生去和那些粗俗野蛮的房客打交道,索取房租,实在是一件极无聊和有失身份的事;另一方面,恐怕也是更关键的原因,他觉得父亲这种经营方式赚钱太少了。

虽然特朗普从小也耳濡目染了父亲勤俭创业的精神,但沃顿金融学院的高等教育使他更愿意投身于那些风险高却可能获大利的大交易浪潮中。

去冒险,去竞争,去开创自己的天下。

特朗普感到肯斯和布鲁克林的建筑再也不能锁住他的心,他把目光投向了更富刺激意味的纽约曼哈顿。

1971 年,26 岁的特朗普终于实现了他立足曼哈顿的梦想。

他在曼哈顿第 3 大道第 75 大街租下了一套小型公寓。虽然这套房间昏暗狭小,但它毕竟标志着特朗普有了可开展事业的栖身之所。

他曾称这次搬迁比 15 年后他搬入能俯瞰曼哈顿全景的特朗普大厦最高三层还令他激动。

特朗普很喜欢逛街,初进曼哈顿的他很快地熟悉了这里的每个角落,并了解了每块好的房地产的价值。那些房地产真令他兴奋不已,憧憬着不久的将来自己就会成为这些土地的主人。

但是,他知道光有好的鱼钓没有鱼饵,再耐心的垂钓者也别想钓起那一条条大鱼来。

因此,他需要建立一个社交圈,以便日后从中挖掘出大量"鱼饵"来。

他想做的第一件事就是要加入纽约的"乐俱乐部"。

"乐俱乐部"是该城最高级的俱乐部。它的会员都是社会名流和百万富翁。

然而,对无名小辈的特朗普来说,想成为这样一个名人和富豪云集的上流社交圈里的一员,绝非轻而易举可以实现的。但他还是决心试试,去叩开名流之门。

第一次打电话给"乐俱乐部"时,对方仅以"你开什么玩笑"之类的话回绝了他。但他不死心,还是厚着脸皮又打了两次电话,结果仍然被对方以嘲笑的语气给拒绝了。

特朗普心生一计,在电话里谎称他有东西送给俱乐部董事长。对方以为他来头不小,连忙道歉一番并将董事长的电话号码和姓名告诉了他。

特朗普立即打电话给"乐俱乐部"的董事长,告诉他想加入俱乐部。董事长却莫名其妙地要特朗普到酒吧陪他喝酒。

特朗普平素滴酒不沾，但为了讨好对方还是满口答应，立即驱车去酒吧陪董事长喝酒。那天晚上特朗普足足坐了两个多小时，直看着董事长喝得烂醉如泥。最后，特朗普又驾车将他送回住所。

打这以后，特朗普日复一日地陪这位董事长喝酒，讨他的欢心。两周后，终于换取了董事长的恩准，加入了"乐俱乐部"。

俱乐部的社交活动确实使特朗普受益匪浅。通过和这些人的交往，他慢慢清楚了曼哈顿生意场的复杂风云。同时也结识了许多名流富豪，其中好几位后来都成为特朗普大厦和特朗普广场饭店最昂贵房间的买主。

特朗普一直渴望在曼哈顿得到一大片土地，但均由于地价过高，而未购置。直至 1973 年，曼哈顿房地产市场突然陷入一种极度不景气状态，大量坏消息使这座城市新的房地产开发严重受挫。

纽约人都在为这个城市的命运而担心。特朗普也一样，但和别人不同的是，他认为纽约城的困境对他来说正是一种良机。

这年夏季的一天，特朗普从报上破产广告一栏中获悉：宾夕法尼亚中央铁路公司委托一个名为维克多·帕米利的人出售西岸 60 号那些废弃的铁路站场，还有一块更大的西岸 34 号站场。维克多与宾夕法尼亚中央铁路公司的关系是，他每为一笔地产找到一个买主，就可以获得一笔佣金。

这个消息令特朗普大为振奋，他感到时机来了。

为了赢得维克多的信任，他决定把自己所拥有的布鲁克林几个小公司改称为"特朗普集团"，这样它的企业听起来显得很大且很有实力。而事实上当时他的公司连一个正式名称也没有，仅在布鲁克林有几间办公室而已。

第二天早上，特朗普便打电话给维克多表示愿意买下 60 号街那些站场。他们约定在维克多的办公室商谈这笔买卖。

初次见面，衣冠楚楚、一表人才的特朗普给维克多留下了非常好的印象，他非常欣赏特朗普对事业的热情和旺盛的精力。

最后，他们达成了协议。"特朗普集团"以 6200 万美元的价格购买了西岸河滨的两块地皮。

这笔买卖还有一点使特朗普大感意外，那就是作为卖主的宾夕法尼亚中央铁路公司竟然愿意支付买主"特朗普集团"的开发费用。这听起来太不可思议了：英明的卖主为有潜力的买主提供费用，这样的卖主太难得了。

一个虚构的"特朗普集团"使特朗普获得意想不到的好处，令他惊喜万分。

特朗普的惊喜并未能持续多久。

买下西岸河滨两块地皮后，特朗普最初计划是在地上建筑住宅楼，供中等收入的市民租用。当时，纽约市有一项称作"米切尔——拉马"的贷款计划，专为建筑中等收入住宅的房地产开发商提供长期抵押贷款以及减税优惠。因此，特朗普希望通过建中等收入住宅而获得政府贷款和税收的优惠。

但当他打算实施这一计划时，事情却发生了重大变化。纽约市的经济非但没有回升的迹象，反而每况愈下。1975 年 9 月，纽约市政府宣布暂停给所有新施工住宅的贷款。接着又宣布中止"米切尔——拉马"计划，在下一个五年计划中暂停给建筑中、低收入住宅开发商的贷款。

这样一来,特朗普知道要想从政府手中获得建房补贴是不可能的了。他决定放弃第一种方案,而采取他早已设想好的另一种方案。那就是——说服市政府买下西岸 34 号街那块地作为纽约新的会议中心。

这可不是件容易的事。因为那时纽约市政府有许多人主张把会议中心放在曼哈顿南部的"炮台公园城"。在这种情况下,特朗普只有先说动政府放弃"炮台公园城",才有可能使他们采用他的计划。

特朗普知道要改变那些傲慢保守的政府官员是很难的。但不管怎样,他决心大造声势。利用公众舆论影响来与他们大战一场。

首先,他认为自己应该在公众面前树立起一个美好形象来,要不然像他那样的无名小辈怎样引起公众对他的注意信任呢。他精心挑选了几个很有宣传能力和公关意识的助手。他们一起组成了一支游说队伍。

特朗普决定先召开了一次记者招待会,由他的助手们充分施展他们的公关才能去拉拢几位纽约政坛上的显赫人物。后来,在记者招待会上,那些答应支持他们的实力派政客果然做了"非常精彩的演说",大大扩大了 34 号街的影响。

他们的记者招待会见报后,引起了各方的注意,同时也形成了各类不同评价,有的人甚至认为政府财政那么困难,还建什么新议会中心。

特朗普觉得那些不主张建立新会议中心的人实在太鼠目寸光了。他认为,纽约市现在经济不景气,市民对该市的信心大为下降,这时如有一个新的会议中心,振奋该城的士气,恢复它以前的形象,就有可能使它的经济重新走上正轨。

特朗普几乎每到一处就鼓动如簧之舌,向那些目光短浅的反对派们宣传他的观点。不管别人听还是不听,他一遍遍发表演说。在演说中,他除了反复强调纽约市兴建一个新会议中心的重要性,更多的还是说明为什么把会议中心放在 34 号街比放在"炮台公园城"更有利。

特朗普凭借他出类拔萃的口才,赢得了越来越多公众的支持,也赢得越来越多政府官员的支持。

特朗普以强大的舆论攻势击败了各个对手。纽约市政府终于宣布决定购买 34 号场地建设一个新的会议中心。

到此为止,特朗普才得以长吁一口气。这笔房地产买卖给他带来了 83 万美元的丰厚收益。这是他闯荡曼哈顿后的第一笔大买卖,也是他第一次独立做房地产生意。

日后他回忆说,如果当初他未能成功地说服纽约市买他那块地,那么很可能他现在只是在布鲁克林地区收收房租而已。

1982 年 6 月,特朗普在新泽西州南海滨的大西洋城买下了一块好地皮准备修建游乐场。

这时,一家度假村的村长迈克尔·罗斯闻讯赶来,与特朗普磋商合股事宜。

罗斯开出的条件很优越:度假村愿意为施工筹集 5000 万美元,并负责接管贷款工作,拿他们的度假村作为担保使这笔生意获得最优惠的贷款利率。最后,他还表示愿意付给特朗普一大笔施工费。

这样的条件太好了! 好得令人难以置信。他们很快草签了一个合股协议,但尚需将此协议递交给度假村董事会批准。

现在轮到特朗普担心度假村董事会是否会批准他和罗斯私订的合作协议了。

不久,罗斯安排度假村董事会到游乐场施工现场察看施工进度,以便他们作出是否同意合股的表决。

对此,特朗普感到有点担心,因为他们的游乐场现场还没干多少活。不过,这难不倒特朗普,在曼哈顿的那段日子里,他已将"虚张声势"那套伎俩练得滚瓜烂熟了。他迅速找到一个对策,他打算等董事们来的那天调动所有的卡车和推土机投入现场工作,使现场出现一派轰轰烈烈的施工景象,至于推土机和自卸卡车具体干什么并不重要,只要能显出一片繁忙的施工景象即可。

几天后,特朗普陪同度假村高级职员和董事们来到游乐场施工现场。那场面看上去像在筑深沟大坝,许多台机器在其间运转,彼此简直转不开来,工地上一片马达的轰鸣声。

那些董事们看后果然钦佩不已,其中一位董事竟对特朗普说:"你简直太神了!在这么短的时间里调动千军万马,让所有的机器轰鸣。"

董事们都啧啧称赞着离开了壮观的施工现场。

一周后,特朗普终于和度假村董事会正式签订了合股协议。协议中的工程预算额为 2 亿美元,5000 万美元直接来自度假村,1 亿美元由他们提供贷款。

有了条件如此优越的协议作后盾,特朗普的游乐场工程得以顺利进行,并赶在所有竞争对手的前面将工程完成。它成为大西洋城第一座按期按预算竣工的大型游乐场饭店。